天心年鉴

TIANXIN YEARBOOK

（2019）

长沙市天心区年鉴编纂委员会　编

方志出版社
Publishing House of Local Records

图书在版编目（CIP）数据

天心年鉴. 2019 / 长沙市天心区年鉴编纂委员会编
. -- 北京：方志出版社，2019. 12
ISBN 978-7-5144-4091-1

Ⅰ. ①天… Ⅱ. ①长… Ⅲ. ①区（城市）—长沙—2019—年鉴 Ⅳ. ①Z526.44

中国版本图书馆 CIP 数据核字（2019）第300555号

天心年鉴（2019）

编　　者：长沙市天心区年鉴编纂委员会
责任编辑：齐　笑

出 版 者　方志出版社
地址　北京市朝阳区潘家园东里 9 号（国家方志馆 4 层）①
邮编　100021
网址　http://www.fzph.org/
发　　行：方志出版社图书经销中心
电 话（010）67110500
经　　销：各地新华书店
印　　刷：长沙市雅捷印务有限公司

开　　本：889 × 1194　　1/16
印　　张：24
字　　数：769 千字
版　　次：2019 年 12 月第 1 版　2019 年12 月第 1 次印刷
印　　数：001 ~ 400 册

ISBN 978 – 7 – 5144 – 4091 – 1　　**定价**：168.00 元

《天心年鉴（2019）》组稿人员

（按姓氏笔画为序）

丁　珂	马　薇	王　上	王文莉	王　杰	王凯民	王　波	王恒敏
王展宏	王雅婧	王　雷	王　鹏	王新宇	王　静	王　歌	王慧敏
王　黎	毛　萍	仇玉瑜	卞静波	文　琼	孔伟成	邓　旭	龙灼尧
卢　茜	田　园	田　谧	田穗湘	付　余	代嫣云	任先鸿	任咏梅
任　湘	刘　帅	刘军翼	刘芙蓉	刘　波	刘波涛	刘俊秀	刘胜雄
刘润秋	刘　望	刘朝峰	刘　婷	汤　泉	许化圣	许世栋	许湘玲
孙　喆	阳利平	阳　偲	严思宇	严　晋	苏玉婕	李一方	李艺喆
李兰萍	李廷香	李兴秋	李典航	李　凯	李　荣	李　烨	李海君
李　雪	李淑云	李　群	李　慧	杨金杰	杨　威	杨　倩	杨　容
杨　娴	杨雄萍	肖光宇	肖　君	肖　坤	吴亦超	吴静静	何小舟
何正军	何　锦	余洪波	邹定波	邹科敏	邹　涛	闵家喜	汪欣宇
沈　幸	张庆祝	张志华	张武强	张　洋	张铁峰	张　健	张　琼
张博进	张喜盛	张　婷	张　蕊	陆　地	陈正来	陈　苗	陈国其
陈思思	陈　峣	陈晓菁	陈　琳	陈　曦	范诗蕊	林丽云	欧阳莉花
易何煊	易姮君	易凌志	罗　妍	罗晓君	金　杰	周建军	周　茜
周　科	周炳华	周振杰	周晓媛	周　般	周　琼	周雯轩	周　强
周　鑫	项　婷	赵一蓉	赵志芳	胡　娟	胡　晶	柳荔革	柳馨娴
钟翠婷	姚艺丹	贺雪辉	贺路帆	骆兰莎	骆建安	骆　静	袁星宇
莫惠岚	夏　菲	钱伟明	般　婷	高紫嫣	高　翔	郭　银	唐卓琳
唐　媛	陶艳波	黄　进	黄科程	黄紫微	黄　憬	黄　璟	曹晓姣
曹康新	龚细梅	崔　博	符凤姣	梁海龙	梁　慧	彭国辉	彭　莎
董　劲	蒋国坤	蒋敏红	蒋　瑛	焦　畅	童　周	曾　霓	游桃红
谢　舟	谢如薇	谢羽桉	谢丽娜	谢明生	谢彦波	谢真慧	谢湘阳
廖丽琼	廖道荣	谭双剑	谭　清	谭　媛	熊梦飞	熊新蓝	颜　燕
薛宏超	戴立国						

编 辑 说 明

一、《天心年鉴（2019）》以马克思列宁主义、毛泽东思想、邓小平理论、“三个代表”重要思想、科学发展观、习近平新时代中国特色社会主义思想为指导，坚持辩证唯物主义和历史唯物主义的立场、观点和方法，实事求是，力求全面、系统、客观、准确记述2018年天心区各项事业发展的基本情况。

二、《天心年鉴（2019）》是由长沙市天心区年鉴编纂委员会编纂的系统记述天心区自然、政治、经济、文化、社会等方面情况的年度资料性文献。

三、本卷年鉴采用分类编辑法，设类目、分目、条目3个层次，条目为记述基本层次。

四、本卷年鉴所载资料由各部门专人撰写、领导审核，年鉴编辑部编辑人员加工整理后再反馈原单位核对，最后由编委会定稿。统计资料由区统计局提供，文稿中有些部门性数据，由于统计口径不同，与统计局公布的数据不完全一致，请读者在查阅和引用时注意。

五、本卷年鉴收录县级领导、区直各部门各单位、各街道、双重领导和垂直管理单位负责人名单，截至2018年12月31日，在2018年度内有任免的分别予以注明。

天心区行政区划图

望月湖街道
清水塘街道
火星街道
马坡岭街道
马王堆街道
东岸街道
东屯渡街道
五里牌街道
韭菜园街道
定王台街道
文艺路街道
朝阳街道
荷花园街道
芙蓉区
坡子街街道
梅溪湖街道
城南路街道
左家塘街道
侯家塘街道
橘子洲街道
岳麓街道
高桥街道
黎托街道
裕南街街道
东塘街道
金盆岭街道
砂子塘街道
赤岭路街道
新开铺街道
雨花亭街道
雨花区
东山街道
文源街道
圭塘街道
青园街道
井湾子街道
省政府
天心区
桂花坪街道
洋湖街道
洞井街道
坪塘街道
黑石铺街道
洋湖湿地公园
南郊公园
橘子洲公园
长沙汽车南站
长沙火车站
湘江
浏阳河
梅溪湖

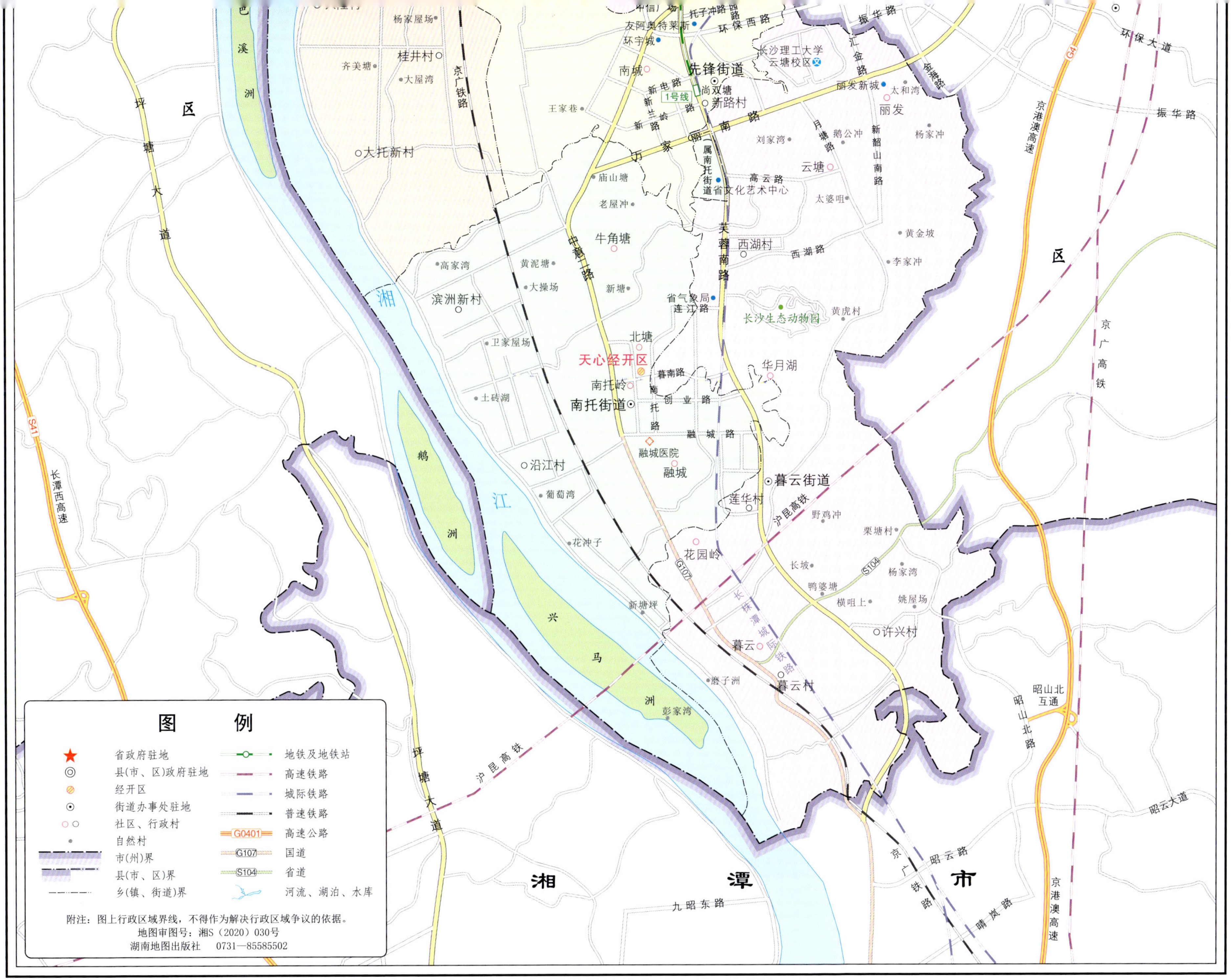

图 例

★	省政府驻地		地铁及地铁站
◎	县(市、区)政府驻地		高速铁路
	经开区		城际铁路
⊙	街道办事处驻地		普速铁路
○ ○	社区、行政村	G0401	高速公路
•	自然村	G107	国道
	市(州)界	S104	省道
	县(市、区)界		河流、湖泊、水库
	乡(镇、街道)界		

附注：图上行政区域界线，不得作为解决行政区域争议的依据。

地图审图号：湘S（2020）030号
湖南地图出版社　0731—85585502

2018 年 4 月 27 日，湖南省委常委、长沙市委书记胡衡华（前右）调研电子 48 所

2018 年 5 月 31 日，长沙市委副书记、市长胡忠雄（前右）调研天心区园区工作

2018 年 9 月 19 日，长沙市人大常委会主任会议成员专题调研南部片区建设

2018 年 12 月 5 日，长沙市政协主席会议成员调研天心区经济社会发展情况

2018 年 2月 22 日，春节后上班第一天，天心区委、区政府召开全区干部大会

2018年 1 月 16 日，天心区召开防控化解政府债务风险工作部署会

2018 年 12 月 24 日，天心区人大召开五届四次会议

2018 年 12 月 26 日，天心区政协召开五届三次会议

2018 年 7月 5 日，区委书记朱东铁（右二）调度全区民生重点工作

2018 年10 月 26 日，区委书记朱东铁（左二）赴通道县调研扶贫工作

2018 年 12 月 26 日，区委副书记、代区长黄滔（右二）调研“千人帮千企百日大行动”

2018 年 4 月 27 日，区委副书记朱远红（中）一行参加“红领新开”工程启动仪式

2018 年 3 月 12 日，区人大常委会主任于献（前排右一）带队走访区人大常委会委员

2018 年 3 月 28 日，区政协主席夏艳兰（前排右一）一行调研区民办学前教育行业

2018 年 1 月 19 日，天心区与红网签约，携手构建全国首家省、市、区、街道四级联动新媒体

2018 年 6 月 25 日，天心区开展党建统领城市基层社会治理大调研活动

2018 年 12 月 18 日，天心区开展“庆祝改革开放 40 周年 · 花样巾帼心向党”主题活动

2018 年 9 月 28 日，天心区与通道县开启“携手奔小康”三年行动计划

2018 年 11 月 16 日，天心区开展“党外人士之家”调研走访活动

2018年 7月 26 日，天心区开展基层武装调研走访活动

2018 年 4 月 24 日，商务部“2018 年发展中国家治国理政经验部级官员研讨班”一行到天心区政务大厅考察政务服务工作

2018 年 10 月 21 日，2018长沙国际马拉松赛在贺龙体育中心东广场鸣枪起跑

雅礼天心中学

湘府英才小学

长郡天心实验中学

长沙青园教育集团青园小学万芙校区

明德天心中学

幼幼教育集团新宇幼儿园

长沙国家广告产业园

长沙黄兴南路步行街

中海环宇城

友阿奥特莱斯购物广场

湘府文化公园

西厢公园

总　目

目　录

中国共产党 长沙市天心区委员会

长沙市天心区人民代表大会

长沙市天心区人民政府

中国人民政治协商会议长沙市天心区委员会

中国共产党长沙市天心区纪律检查委员会 长沙市天心区监察委员会

民主党派

群众团体

法　治

军　事

城市建设

城市管理

经济综合管理

农业·林业·水利

经济和信息化

商务·旅游·服务业

财政·金融·税收

教育 · 科学技术

文化 · 体育

园区建设

街　道

统计资料

附录

全面贯彻中共十九大精神
奋力开启“融城核心、璀璨天心”建设新征程
——在区委五届五次全体（扩大）会议暨经济工作会议上的讲话

中共长沙市天心区委员会书记 朱东铁

2017 年 12 月 29 日

这次会议的主要任务是：高举习近平新时代中国特色社会主义思想伟大旗帜，全面贯彻落实中共十九大和中央、省委经济工作会议精神，以及市委十三届六次全会暨经济工作会议精神，总结 2017 年工作，部署 2018 年经济工作，高度统一全区上下的思想和行动，集中精力谋发展、抓发展、促发展，奋力开启“融城核心、璀璨天心”建设新征程，争当全面建设现代化长沙的示范区。

一、2017 年，我们战胜了一系列困难和挑战，取得了好于预期的发展成绩

中共十九大宣示中国特色社会主义进入了新时代。回望即将过去的 2017 年，在省委、省政府和市委、市政府的正确领导下，全区上下坚持以习近平新时代中国特色社会主义思想为指引，认真贯彻落实上级的各项决策部署，积极抢抓“承东接西、南城崛起”重大机遇，大力实施“北提南进、服务引领、民生造福”发展战略，全力建设“融城核心、璀璨天心”。一年来，我们战胜了不少困难，办成了不少大事、难事和实事，确保了社会大局和谐稳定，全面完成了年初确定的各项目标任务，经济社会发展取得新成效。

1. 迎接、学习、宣传、贯彻中共十九大。我们坚持以此作为全年工作的一条主线，按照中央、省委、市委要求，认真研究，周密部署，统筹推进。十九大闭幕后，第一时间召开大会传达学习，组织了一系列学习培训和集中宣讲。区委常委会带头深入学习贯彻习近平新时代中国特色社会主义思想，开展了系列学习贯彻十九大精神主题活动，不断增强“四个意识”、坚定“四个自信”，坚决维护中共中央权威和集中统一领导。对中共中央和省委、市委作出的重大决策部署，区委第一时间组织传达学习，及时报告相关情况，做到了有部署、有行动、有实效。

2. 总揽全局、协调各方，推动区第五次党代会战略落地生根见效。在深入实践和充分征求各方意见的基础上，出台了《关于加快落实“北提南进、服务引领、民生造福”战略，全力建设“融城核心、璀璨天心”的实施意见》。实施意见着眼于新常态的大背景和天心经济社会发展的新特点、新任务、新使命，

以区第五次党代会提出的目标定位、发展战略为指引，以现实问题为导向，突出重点难点，充分调动各方面的积极性、主动性和创造性，确立了党建引领三大板块建设、六大重点产业发展、九大民生造福工程的战略实施路径。一年来，全区上下围绕实施意见部署的各项任务，心往一处想、劲往一处使，各项工作取得了好于预期的效果。全年预计实现地区生产总值 880 亿元，同比增长 9.5%，增速有望排名内五区第一；完成一般公共预算收入 123 亿元，同口径增长 15%，增速排名内五区第二。其中税收首次突破百亿大关，税收占一般公共预算收入比重达 85.8%，较去年提升了 3.7 个百分点，发展质量大幅提升。

3. 夺取抗击历史罕见洪涝灾害的全面胜利。入汛以来，特别是 6 月下旬至 7 月初，长沙迎来历年同期历时最长、范围最广、强度最大的强降雨。在这场百年难遇的洪灾面前，区委按照省委、市委部署要求，科学研判、精准调度、靠前指挥，全区上下精诚团结、万众一心，严防死守、日夜奋战，成功处置管涌、滑坡、坍塌、城市内涝等险情 500 多处，转移群众 1500 多名，在最短的时间内完成了抗洪抢险各项任务，实现了"不溃一垸、不垮一库、不死一人"的根本目标，确保了长沙主城区的安全，创造了兴马洲遭遇历史最高水位而未被洪水穿洲的历史奇迹。在这场生命至上的"南城"决战中，天心干部群众战天斗地、感天动地，用实际行动诠释了"心齐泰山移"的团结精神、"南城无难事"的拼搏精神和"大灾有大爱"的奉献精神。

4. 经济发展来势喜人。以现代服务业引领转型升级创新发展，商贸物流、现代金融、文化创意、地理信息、健康医疗、旅游休闲等六大重点产业发展齐头并进。前三季度，实现服务业增加值 424.3 亿元，同比增长 12.3%，增速为内五区第一。五一商圈、长株潭商圈南北呼应、竞相发展，麦德龙、迪卡侬相继开业，长株潭商圈全面起航，年销售额突破 120 亿元；国开行湖南省分行、北京银行长沙分行正式营业，总投资达 50 亿元的平安财富中心正式奠基，长沙金融外滩聚集效应凸显，目前已汇集华融湘江银行总部、方正证券、国开行、中国进出口银行、平安财富中心、大地保险、华泰证券等金融机构省级总部，全区金融机构突破 300 家，金融业首次超过房地产行业成为全区第一大税源；引进北京金隅、东方时尚等重大项目共 45 个。园区竞争力稳步提升，天心经开区、暮云经开区"一主一特"产业功能不断提升，地理信息总部基地建成运营（地理空间大数据应用中心）、医药物流园快速壮大；文化产业园、广告产业园成功实现整合升格，获批全国版权示范园区。成功举办全国广告产业大会、全国首届地理信息高峰论坛等重大活动，承办全国文化产业园区建设发展大会，全面推行"互联网 + 政务服务"，深入推进放管服改革，承接市级经济管理权限 58 项，下放 23 项区级经济管理权限到园区，行政审批整体提速 30% 以上。

5. 项目建设成效明显。2017 年，"三大板块"共铺排征拆项目 74 个，先后开展"项目征拆百日攻坚""扫尾清零百日大会战"等活动，完成签约 3230 户、腾地 3000 多亩。项目征拆扫尾清零取得良好成效，"三大板块"共有 29 个项目实现扫尾清零。全年铺排重大项目 148 个，开工率 100%，完成年度投资 279 亿元，为年度目标任务的 140%。汇景发展环球中心、华融湘江银行总部加快建设，财贸医院搬迁取得突破，火宫殿城建设有了实质进展。爱尔眼科、五江国际等 33 宗闲置土地启动建设。省府新区道路建设、暮云片区"四纵六横一环"路网建设进展顺利，多条新建道路即将通车。

6. 城区品质稳步提升。科学编制南部新城、北部城区战略规划、解放垸概念性规划和全域美丽乡村建设规划，积极推进五一商圈、长株潭商圈等重点片区城市设计，以先进理念引领城市更新升级。着力顺畅城管体制，全面推行网格化管理，加快构建"智慧市政"，城区品质在严管严控中全面提升。全年共拆除违章建筑 20 万平方米，拆除混凝土搅拌站 8 家，关停复绿非法洗砂场 12 处，拆墙复绿 57 处；芙蓉南路、赤岭路等 37 个社区提质提档基本完成，沙湖街、和乐街等 16 条特色街巷改造有序推进，雀园路、新姚路等 18 条道路提质改造加快实施；港子河、南托港、双管子河黑臭水体得到有效治理，全区环境质量明显改善。

7. 民生造福事业顺利推进。大力推进社会保障托底、社区提质提档、造绿复绿、学校建设、美丽乡村、食品安全、生态环保、平安畅通、文体健康等九大民生工程，部署推进"厕所革命"，完成 31 所学校和 11 所幼儿园品质提升，荣获全国中小学校责任督学挂牌督导创新区；完成 5 个综合文化服务中心建设；湘雅五医院建设进展顺利，养老工作得到人民日报、焦点访谈推介，昨天，我区养老工作在第五届中国民生发展论坛上被评为 2017 年民生示范工程。成功创建国家慢性病综合防控示范区。组织开展中共十九大特护期及信访积案化解“百日攻坚”行动，解决了许多长期想解决而未解决的现实难题，解决了许多信访群众的现实困难，实现了信访积案化解办结率100%，十九大信访维稳特护期“零非访登记、零社会面分流、零通报批评”的三零目标。同时，正是全区上下众志成城，同向发力，成功化解了多起群体性事件，取得了4—10月进京非访人数排名全市内五区最少的优异成绩，维护了天心社会大局的和谐稳定，体现了天心党员干部的良好形象，展示了省会城市中心城区的责任与担当。

8. 党的建设全面加强。坚持党建引领，深入推进“两学一做”常态化制度化，圆满完成村（居）“两委”换届，打造了“心中的梁家河”等10个党员干部教育基地，实施“党性教育一刻钟”制度，得到省市区各级领导干部一致好评。围绕城市基层党建，打造“15分钟党建服务圈”“一核多极”等多种模式。围绕干部队伍建设，优化干部结构，组织88名年轻干部赴上海等先进地区、基层一线挂职锻炼，新提拔重用30岁以下科级干部17名，全区“80”后科级干部由去年换届前的54名增至170余名。压实党风廉政建设“两个责任”，用好“四种形态”，全年共立案186件，给予党纪政纪处分184人。落实综合派驻纪检机构改革，成立区委巡察机构，全面推进深化国家监察体制改革试点工作。

一年来，我们坚定推动中共中央、省、市委决策部署在天心落地生根，进一步巩固了发展势头好、干事氛围好、政治生态好的可喜局面。实践证明，只要我们牢固树立“四个意识”、始终坚持党的领导，强化省会中心城区的担当和作为，天心各项事业发展一定会百尺竿头更进一步，不断取得新的胜利！

二、准确把握新要求，敏锐抢抓新机遇，坚定发展信心

2018年是贯彻落实中共十九大精神的开局之年，是改革开放40周年，是决胜全面建成小康社会、实施“十三五”规划承上启下的关键一年。做好明年经济工作，必须准确把握发展要求、全面分析发展形势、切实增强发展信心，牢牢把握工作主动权。

1. 准确把握新时代高质量发展的新要求。关于高质量发展的新要求，中央、省委、市委都进行了深入阐述，从宏观层面来看，高质量发展，就是能够很好满足人民日益增长的美好生活需要的发展，是体现新发展理念的发展，是创新成为第一动力、协调成为内生特点、绿色成为普遍形态、开放成为必由之路、共享成为根本目的的发展。主要任务就是要建设现代化经济体系，坚持质量第一、效益优先，坚定推进供给侧结构性改革，推动质量变革、效率变革、动力变革，加快建设实体经济、科技创新、现代金融、人力资源协同发展的产业体系，构建市场机制有效、微观主体有活力、宏观经济有度的经济体制。从区域实际来看，天心的高质量发展应该是具有天心特色的、明确而具体的，关键是把握好三个方面：*一是要坚持创新开放，做到优势更优、特色更特。*从区级层面来看，高质量发展不可能像省、市那样面面俱到，关键是要把握重点，突出优势，发挥特色。天心是省会的中心城区，强化省会中心城区意识、展示中心城区担当、发挥中心城区功能，这是我们谋划各项工作的根本出发点。当前，省、市把实施创新引领开放崛起战略提升到了前所未有的高度，作为省会中心城区，一方面，我们承担着实施这一战略的示范、引领、辐射的天然使命；另一方面，这是实现天心高质量发展的必然选择。一个地区的战略地位和影响力，最根本的取决于一个地方的优势有多优、特色有多特。就天心而言，通过大力实施“服务引领”战略，我们在现代金融、商贸物流、文化创意方面的优势已逐渐凸显，地理信息、健康医疗、旅游休闲等特色产业正快速壮大，但这离我们在全省发挥示范、引领、辐射作用的目标还有不少差距，而弥补这一差距最快捷有效的途径就是坚持创新引领开放崛起。*二是坚持以人民为中心，更好地满足人们日益增长的美好生活需要。*高质量发展的最终目的是要让发展成果更多更好的惠及全区人民。我们大力实施“民生造福”战略，深入推进九大民生工程，就是贯彻以人民为中心的发展思想，让发展成果实实在在的惠及人民群众，这方面我们必须始终坚持和为之不懈奋斗。*三是要坚持底线思维，绝不能以牺牲生态环境为代价。*习近平总书记指出，要正确处理好经济发展同生态环境保护的关系，牢固树立保护生态环境就是保护生产力、改善生态环境就是改善生产力的理念，更加自觉地推动绿色发展、循环发展、低碳发展，绝不以牺牲环境的代价去换取一时的经济增长。大家应该有深刻体会，十八大以来，中共中央对生态环境保护态度之坚决、举措之严厉前所未有，而且越往后抓得越紧、抓得越严。天心守护着近60平方公里的生态绿心，还是湘江水源的重点保护区，在保护生态

环境上使命光荣、责任重大，我们要从对子孙后代负责的高度，坚守好绿色发展的底线。

2. 深刻认识新时代高质量发展的新挑战。新时代最大的特征就是我国社会主要矛盾已经转化，解决好这一新的主要矛盾是我们实现高质量发展面临的新挑战。就天心而言，我们至少面临以下三个方面的新挑战。第一，发展不平衡，是最艰巨的挑战。天心从北至南，三大板块发展不平衡的矛盾非常突出，正是基于这一实际，区第五次党代会提出了实施“北提南进”战略，全力打造底蕴深厚、产业繁荣的长沙外滩，努力建成功能完善、服务高端的省府新区，加快建设生态优美、产城融合的暮云片区。目的就是加快缩小三大板块之间的差距，促进全区均衡发展。但我们要清醒的认识到，这方面面临艰巨挑战，长沙外滩棚户区改造、省府新区城中村改造、暮云片区基础设施建设的任务十分艰巨，面临诸多困难，推进速度不尽如人意。因此，加快三大板块建设，是今后相当长一段时期最重大的任务，必须抓紧抓好。第二，发展制约多，是最现实的挑战。绿心地区产业准入的限制、南部新城建设用地资源释放缓慢、京广铁路对区域的切割、南部过江通道缺乏等等都制约着天心的发展，而且这些制约短期内是难以克服的，这就需要我们保持战略定力，一方面要有“建功必须有我、功成不必在我”的担当，多做打基础利长远的事；另一方面，要有“东方不亮西方亮”的思维，把能做的、要做的事做到极致，变被动为主动。第三，发展理念不相适，是最迫切的挑战。新时代高质量发展对发展理念、发展方式、发展能力有了新的更高要求，但不少干部的思想和理念还没有换档，面对新使命没有新担当、面对新要求没有新理念、面对新问题没有新办法。比如，有的干部认为，区级层面讲创新开放那就是纸上谈兵，有的认为创新是国家层面的，开放起码是省市层面的；讲绿色发展就是喊喊口号，没有认识到现在中央要求越来越高、追责越来越重；讲简政放权就是流于形式，有的把需要自己担责的放下去，真正基层需要的没有放下去；这些现象就是观念落后、进取意识不强、能力不足的突出表现。十九大提出来要推进国家治理体系和治理能力现代化，作为领导干部能力水平要有新的提升。每个同志都要加强学习，提升能力，要有敏锐性，提高政治站位，遇事多想一想，多想几个为什么。

3. 积极抢抓新时代高质量发展的新机遇。天心经过多年努力，税收已突破百亿大关，人均 GDP 突破 2 万美元，已进入高质量发展全面推进的新阶段，改革开放全面深化的新阶段，城乡融合发展全面深入的新阶段，人民生活质量全面提升的新阶段，社会全面进步的新阶段，标志着已经开启新时代全面建设“融城核心、璀璨天心”的新征程。开启新征程，我们要坚定信心，积极抢抓三个方面的新机遇。第一，战略地位提升，是我们的最大机遇。2017 年年初的经济工作会上，我们基于长株潭一体化发展机遇，提出积极抢抓“承东接西、南城崛起”重大机遇，并作出了一系列提升天心战略地位的部署，事实再次证明，“谋事在人，成事在争”。杜家毫书记在 12 月 8 日主持召开的省委常委会上再次指出，长株潭一体化是大势所趋。在刚刚召开的省委经济工作会议上，达哲省长指出，要统筹区域协调发展，推动长株潭一体化发展，率先发展。衡华书记强调，长沙一定要胸怀全局、放眼世界，做到有大格局、大视野，特别是对长株潭一体化问题，要有正确认识和省会意识、省会责任、省会担当，克服“一亩三分地”思维。在昨天闭幕的市委经济工作会议上，文浩市长指出，城市群已成为推进国家新型城镇化的主体形态，要更好地发挥省会城市的核心作用，主动引领长株潭协同一体化发展。作为地处长株潭一体化“几何中心”的南部新城，已正式列入市委、市政府重点发展的六大片区之一，可以说天心区在长株潭一体化建设中“融城核心”地位已基本确立，这是我们未来发展必须牢牢把握的最大机遇。第二，战略思路正确，是我们的最大优势。现在回过头来看，区第五次党代会确立的战略定位、发展战略，不仅符合中央、省、市战略部署，而且深入切合天心实际。一年多的实践证明，我们的发展方向正确、发展战略可行、发展成效明显，这就是我们的最大优势。只要我们保持定力，不折腾、不懈怠、不犹豫，把党代会战略实施路径确定的重大任务一项一项抓好落实、一步一步往前推进，就一定能实现我们的奋斗目标。第三，发展后劲充足，是我们的最大自信。2017 年，我们的主要经济指标全面领跑内五区，说明我们的产业结构优化、发展质量提升的成效已经凸显。而且随着城市南进步伐的不断加快，天心发展后劲提升将进一步加快。比如，长株潭商圈全面起航将带来巨大商机，大托机场搬迁即将释放大量发展空间，“两园两区”整合提升将进一步提升园区经济建设主战场的竞争力，地理信息、健康医疗、旅游休闲等新兴产业快速壮大将为经济发展注入强劲动力。可以预见，再通过三年努力，天心必将成为长沙发展最快、后劲最强的中心城区，因此，我们要有必胜的信心。

基于以上分析判断，**2018 年的总体发展思路是：**全面贯彻中共十九大精神和中央、省委经济工作会议精神以及市委十三届六次全会暨经济工作会议精神，以习近平新时代中国特色社会主义思想为指导，按照中央“五位一体”总体布局、“四个全面”战略布局和省市区党代会部署，坚持稳中求进工作总基调，坚持新发展理念，紧扣新时代社会主要矛盾变化，按照高质量发展的要求，以推进供给侧结构性改革为主线，抢抓“承东接西、南城崛起”重大机遇，大力实施“北提南进、服务引领、民生造福”战略，努力实现“五优天心”目标，奋力开启“融城核心、璀璨天心”建设新征程，争当全面建设现代化长沙的示范区。

全年主要预期目标是：地区生产总值增长 9%，一般公共财政预算收入增长 10%，全社会固定资产投资增长 11%，社会消费品零售总额增长 8%，城乡居民人均可支配收入增长 8%。

以上奋斗目标，主要基于三个方面的考虑：一是与省市发展相衔接。省委提出 2018 年地区生产总值增长预期目标为 8% 左右；市委把明年经济工作的增速确定为 8.5%。我们适当放缓增长速度，同时提出增长预期高于省市 0.5 ～ 1 个百分点，既充分考虑了化解政府债务、信贷政策从严从紧、房地产政策变动、打好污染防治攻坚战等宏观大势，也体现了天心在长沙现代化建设新征程中的责任担当。二是与区党代会目标相匹配。区党代会提出到 2020 年地区生产总值要突破 1100 亿元，实现这一目标，必须保持高基数下的中高速增长。三是与现实基础相吻合。经过多年打基础、利长远的工作，天心的产业基础更加夯实，平台优势更加凸显，发展动能更加充足。宏观经济层面开始企稳回暖，实现奋斗目标有条件、有基础、有支撑。

三、以强烈的使命担当做好 2018 年经济工作，努力在推动高质量发展中走在前列

全区各级各部门要全面深入学习贯彻中央、省委经济工作会议和市委十三届六次全会暨经济工作会议精神，特别是习近平新时代中国特色社会主义经济思想，以强烈的省会中心城区的意识和担当推动高质量发展。

1. 紧扣长株潭一体化建设，加快“南城崛起”步伐。省、市释放出了强力推进长株潭一体化的强大定力和决心，作为长株潭城市群的“几何中心”，我们要大力实施“北提南进”战略，全力打造“融城核心”，加快“南城崛起”步伐。

以更新的理念来谋划定位。按照五大发展理念的要求，精准把握城市群发展规律，坚持走“差异发展、特色发展、互补发展”的路子，避免高强度开发、大密度建设的老路，防止出现新的“城市病”。把握“融城核心”的定位不动摇，把各类资源向以省府新区和暮云片区为重点的南部新城倾斜，在一体化建设中当先锋、打头阵；把握“两型示范”的定位不动摇，将生态守护与产业发展结合起来，在发展两型智慧、文化创意、旅游休闲、高端服务等产业上形成特色与规模，在两型建设上作出示范、结出硕果、得出经验；把握“生态绿心”的定位不动摇，像保护自己的眼睛一样保护生态绿心，努力为长株潭城市群留住青山、美化绿水、洁净蓝天。

以更宽的视野来编制规划。着眼城市群建设，积极对接国家和省市发展战略，对标北京通州副中心、雄安新区等城市群结合部城区，统筹做好南部新城总体规划和各类专项规划的衔接，在大规划体系中实施“多规合一”，进一步提升规划的前瞻性、科学性、严肃性和权威性。要更加重视与周边跨界地区的协调和共管，建立区域协同机制和规划管控机制，实现规划一张图、建设一盘棋。

以更大的力度来推动建设。主动依托长株潭城铁交汇站暮云站，优化设置京广高速、沪昆高速与融城核心区域的交通出入口，加快拉通提质新韶山南路、芙蓉南路、老 107 国道、湘江大道等贯穿南北的城际干道，着力提速万家丽路西延跨江大桥等联通东西的过江通道建设，推动地铁向核心区延伸，构建城铁、地铁、公交、客运于一体的综合交通枢纽。要推动发展模式的大转变，项目实施变“单打独斗”为片区整体实施，产业发展变“同质竞争”为“错位发展”，资金投入变政府、市场各自行动为政府、市场联动投入。

以更高的水准来统筹三大板块。长沙外滩要坚持棚户区改造与老城区提质两手抓、两手硬，老城区改造过去抢抓了机遇的“窗口期”，也取得了丰硕的成果。最近由于中央宏观政策的调整，相关部门要抢抓机遇，

能争取到的资金要尽快争取到位。要注重挖掘放大人文元素，注入国际化元素，提升人居生活舒适度，建设长株潭城市群标杆城区。省府新区要充分利用好省府行政资源、省“三馆一中心”文化资源以及汽车销售、大型商场等商业资源优势，完善功能配套，努力将省府新区打造成品质长沙的靓丽名片。2018 年省府新区的城中村改造一定要取得实质性突破。暮云片区要通过功能织补、景观提升、设施完善、区域联动等方式，还要通过实施乡村振兴战略、美丽乡村建设，建成山水相依、文景相生、高效便捷的“融城核心”。

2. 紧扣产业链建设，加快打造省会现代服务业强区。经济发展的根基在实体、在产业。要坚持以质量效益为中心，继续大力实施“服务引领”战略，以抓改革为重点推动动力变革、以优服务为重点推动效率变革、以促创新为重点推动质量变革，加快实现向高质量发展的根本转变。

要突出重点产业。抓产业链发展要有定力。要围绕商贸物流、现代金融、文化创意、地理信息、健康医疗、旅游休闲六大重点产业和大数据、新能源装备两大产业链，深入研究产业发展方向、发展规律和发展特点，在建链、补链、强链、延链上下大功夫，抢先布局、抢先发力、抢先见效，产业链一定要有行业的龙头企业，这样才能带动，才能形成聚集效益，两个园区在招引方面 2018 年一定要重大突破，加快打造省会现代服务业强区。关于六大重点产业和两大产业链发展，政府工作报告进行了全面部署，这就是我们努力的方向，必须严格抓好落实。我们要围绕这些重点产业，积极加强对接，更多地纳入省级、市级发展平台，力争每个产业链都打造成为全省最好的，甚至中部最强的、全国领先的。

要强力抓好项目。今天的项目，就是明天的发展。要扎实开展“产业项目建设年”活动，瞄准省委、省政府明确的“五个 100”（100 个重大产业建设项目、100 个重大科技创新项目、100 个重大产品创新项目、引进 100 个 500 强企业、引进 100 个科技创新人才），引导全区上下千方百计抓项目、促项目、引项目，进一步形成以项目为中心的鲜明导向。项目是谋划来的，争取来的。从目前的情况看，当前面临最大的问题还是项目总量不多、质量不高、产业项目偏少，大项目、好项目、新项目偏少，要坚持把招商引资作为经济建设的第一抓手，在“精准、舍得、执着”上下功夫，通过举办专项招商和资源推介活动，创新招商引资方式，加紧引进一批高质、高端、高附加值的现代服务业龙头企业落户天心。要着力加大项目征拆力度，继续开展三大板块项目征拆竞赛活动，为项目建设提供“广阔天地”。

要做强园区平台。要加快“两区”合并升格步伐，充分发挥文化（广告）产业园平台升格优势，进一步整合资源、理顺体制，深化园区管理体制改革，该下放的权力一律下放到园区，抢占产业发展制高点。要坚持“园中园”发展模式，抓好地理空间大数据应用中心、中科遥感（湖南）科技园、医药健康产业园等子园的建设发展，打造名副其实的特色园区。要着眼建设长株潭生产性服务业中心，筹建长株潭人力资源产业园，打造人才高地。要注重在棚户区、城中村改造中打造新的服务业集聚区，实现城市空间、产业空间的优化。

要优化发展环境。服务业是环境型经济，环境好就发展快。要全力优化投资环境、政务环境、营商环境、法治环境，为实施“服务引领”战略提供更灿烂的阳光、更适宜的土壤、更滋润的雨露。今年我们台了“工业 30 条”和“人才 22 条”的具体实施方案，推出了创新服务企业长效工作机制的实施意见，这些都是优化发展环境、服务实体经济的最好抓手，要全力抓好落实，做到“不叫不到、随叫随到、服务周到”。要坚决打好防范化解重大风险攻坚战，特别是充分认识解决政府债务问题的重要性和紧迫性，以对长远发展负责、对子孙后代负责的态度，制定整体防控方案，从根本上规范举债行为。

要健全完善机制。健全完善有利于产业发展的目标体系、支持政策、考核办法、奖惩机制，把最主要的精力、最得力的人才、最管用的措施放在抓产业链建设上，逐个产业来培育，逐个企业来服务，逐个项目来推进，逐个机制来落实，逐个问题来解决。比如，在干部使用上，把一些能抓产业、善抓项目、长于与企业家沟通合作的干部放到招商引资、园区建设第一线，营造好干事创业的氛围。

3. 紧扣以人民为中心，大力落实“民生造福”战略。始终坚持以人民为中心的发展思想，抓住人民群众最关心最直接最现实的利益问题，一件事情接着一件事情办，不断满足人民日益增长的美好生活需要。

要着力提升城区品质。要以“绣花”功夫推进城市管理服务的精细化，彻底改变粗放型管理模式，让人民群众生活更方便、更舒心。要全面实施“路长制”“巷长制”，大力推动“厕所革命”，推动垃圾分类减量处理，建设洁净城区；要突出抓好停车场、支路网、公交站场等公共交通建设，切实抓好交通秩序整治，建设畅通城区；要继续大力推进社区提质提档、拆违控违等工作，完善农贸市场、造绿、社区公园等生活设施，建设宜居城区；要深入推进文明创建活动，开展移风易俗、弘扬时代新风行动，不断提升居民文明素养和城市文明程度，建设文明城区；要大力践行“绿水青山就是金山银山”的理念，全力打好污染防治攻坚战，巩固中央环保督察整改落实成果，倡导和推行清洁生产、资源节约和低碳生活，建设生态城区。

要统筹推进社会事业。要统筹抓好教育、医疗、文化、体育等公共服务体系建设，落实学校建设新三年行动计划，积极培育、引进更多优质教育资源；深化医药卫生体制改革，加快湘雅五医院建设，不断扩大公共服务有效供给、优质供给，让幸福在群众家门口升级。要按照兜底线、织密网、建机制的要求，不断提升就业、养老、医疗、住房、救助等社会保障水平。要继续鼓励社会资本进入养老、医疗等领域。要进一步巩固脱贫成果，保证脱贫质量，继续做好支持龙山、浏阳富溪村的脱贫工作，今年按照省委、市委安排，又新增了怀化通道县。建设民生工程，办理民生实事，要坚持“既尽力而为、又量力而行”，避免盲目举债。

要切实维护社会稳定。发展是第一要务、稳定是第一责任。要积极化解社会矛盾纠纷，完善社会治安防控体系。严格落实“属地管理”“谁主管谁负责”等信访工作责任制，畅通人民群众诉求渠道。要完善重大突发事件应急处理机制，妥善处置各类群体性事件，决不能把小问题拖成大问题，让小事情酿成大事件。严格落实安全生产责任制，加强对重点行业、重点企业、重点领域的监管力度，严防安全生产事故发生。

要加强基层社会治理。加强社区治理体系建设，充分发挥好城市基层党建在基层治理中的引领作用，这是2018年一项重大工作，相关部门领导、职能部门要认真谋划，推进基层社会治理创新，努力打造共建共治共享的社会治理格局。完善网格化管理，实行城市管理、治安管理、物业管理等“多网合一”，提高网格化管理效能。要强化为基层服务的工作导向，各级各部门抓紧建立“对下服务”工作机制，强化权责下放同步、资源下沉联动的保障机制。要充分调动社会力量参与基层治理的积极性，加强社会组织的发展，有效扩大多方参与治理的空间。要加强基层民主协商机制建设。

要实施乡村振兴战略。必须坚持农业农村优先发展，按照产业兴旺、生态宜居、乡风文明、治理有效、生活富裕的总要求，加快推进农业农村现代化。要以美丽乡村建设为切入口，坚持保护优先、综合治理、协调推动，做好生态、生产、生活的统筹协调，通过绿脉、水脉、文脉的保护与提质，协同东部石燕湖片区、西部大王山片区、南部昭山片区共同打造中国最具品质的生态新城。要做好休闲农业与全域旅游的结合文章，积极运用“互联网+”方式提升农业、发展农村、富裕农民。要坚持因地制宜，激活要素潜力，努力壮大村级集体经济。

4. 紧扣改革开放40周年，坚定不移深化各方面改革。全面深化改革是决定天心未来发展命运的关键一招，推动创新发展的最大动力。要从回应社会各界最关注的领域抓起，从解决制约发展最突出的问题改起，为经济社会发展增加动力、增添活力。

要进一步浓厚改革氛围。要坚决落实好习近平总书记提出的“三个不能变”（坚持党对改革的集中统一领导不能变，完善和发展中国特色社会主义制度、推进国家治理体系和治理能力现代化的总目标不能变，坚持以人民为中心的改革价值取向不能变）“四个有利于”（多推有利于增添经济发展动力的改革，多推有利于促进社会公平正义的改革，多推有利于增强人民群众获得感的改革，多推有利于调动广大干部群众积极性的改革）的要求，强化各级领导、各级各部门对本地区本领域改革的主体责任，每个部门、街道都要围绕各自工作职责，在2018年谋划一项有特色、可操作的改革任务。要强化各级各部门协作配合，更好发挥改革办统筹、协调、检查、推动作用，积极发动社会各界参与改革，形成改革工作的强大合力。

要进一步突出改革重点。围绕推动发展抓改革。按照“三去一降一补”的要求，以供给侧结构性改革为总抓手，着力激发民间投资活力、提高产品供给品质、创新土地集约利用模式，突出政府投资体制的创新完善，探索用竞争性、市场化办法增强发展活力，全方位增创天心发展新优势。围绕提高效能抓改革。积极转变政府职能，主动回应群众呼声，重点在机构改革、“放管服”改革、园区体制改革等方面发力，使由政府办理更规范的事项留在政府、由基层管理更方便的事项下放基层、由社会处理更顺畅的事项让给社会。围绕破解难题抓改革。坚持“缺什么、改什么”，围绕市场难题、民生难题、基层难题，结合国家级、省级改革试点进行大胆探索实践，打造一批在省市、全国有影响的“天心改革样板”。昨天，养老工作在人民日报社举办的活动上得到了推介，今天人民日报又推介了我们街道大工委制、社区大党委制，各部门、街道要围绕基层实际探索一些特色、亮点、样板。

要进一步完善改革机制。健全领导联系重点改革项目制度，完善分级分项督察机制，健全领导干部改革实绩考核制度，探索第三方评估机制。健全改革创新容错免责机制，严格区分干部改革失误与失职渎职行为，鼓励改革、宽容失败。

四、切实加强党对经济工作的领导，不断提高驾驭新时代经济建设的能力和水平

坚持党的领导是做好经济工作的根本原则。要把加强党的领导贯穿经济建设的全过程，为推动高质量发展提供坚强保证。

1. 要坚定“四个意识”抓经济工作。要突出政治建设的统领地位，着力增强“四个意识”，坚定政治方向，坚决执行党的政治路线，严格遵守政治纪律和政治规矩，始终在政治立场、政治方向、政治原则、政治道路上同以习近平同志为核心的中共中央保持高度一致，自觉维护中共中央权威和集中统一领导，把思想和行动统一到中共十九大精神上来。要深入推进“两学一做”学习教育常态化制度化，开展“不忘初心、牢记使命”主题教育，用习近平新时代中国特色社会主义思想武装头脑、引领方向。

2. 要选准用好干部抓经济工作。习近平总书记强调，我们党既要政治过硬，也要本领高强。要坚持正确导向选用干部，突出政治标准，大力选拔政治强、高素质、懂专业、敢担当、作风正的干部，使选出来的干部组织放心、群众满意、干部认可。要落实为担当者担当、为负责者负责的机制，加大优秀年轻干部储备培养选拔力度，提振干部精气神，集聚发展正能量。要按照中共十九大提出的增强“八种执政本领”的要求，大兴学习之风、调查研究之风，不断提高适应新时代、实现新目标、落实新部署的能力，增强推动高质量发展和建设现代化经济体系的本领。特别是要善于把握经济发展的规律，打破“过去怎么干现在就怎么办”的思维定势，善于从解决“痛点”和难点问题入手，通过深入研究产业发展规律、城市发展规律、乡村发展规律，坚持有所为有所不为，抓细抓小抓具体，提高干部队伍驾驭新时代社会主义市场经济的能力。

3. 要坚持求真务实抓经济工作。推动经济发展，关键是要靠务实的作风、求真的态度。习近平总书记强调：“纠正‘四风’不能止步，作风建设永远在路上。”要坚持领导带头，从各级领导干部做起，以上率下、层层带动，从一件件小事抓起，坚决防止不良风气反弹回潮。要实施效能革命，倡导多干少说、只干不说，整治表态多调门高、行动少落实差等问题，完善有部署、有督办、有跟踪、有问责的工作链，大力推行“马上办、网上办、一次办”，坚决消除“潜规则”。要做到雷厉风行，突出一个“快”字，践行一个“实”字，纠正懒政怠政和为官不为、为官慢为现象，切实提高党员干部的执行力和落实力。市委全会上，衡华书记提出要有真抓的实劲、敢抓的狠劲、善抓的巧劲、常抓的韧劲，“四抓四劲”我们要好好对照一下，区委、区政府的决策落实了没有。要结合习近平总书记对新的形式主义、官僚主义的批示，要对形式主义、官僚主义痛下杀手。

4. 要做到风清气正抓经济工作。抓经济工作一定要做到规规矩矩、清清爽爽，千万不能经济发展抓了上去，领导干部倒了下来。要严格把握运用“四种形态”，压实“两个责任”，坚持惩治腐败“无禁区、全覆盖、零容忍”。要完善区委巡察制度，深化“雁过拔毛”式腐败等专项整治，减少腐败存量，重点遏制增量。要坚持标本兼治，完善不敢腐、不能腐、不想腐的长效机制，巩固反腐败斗争压倒性态势。要充分发挥监察委员会作用，履行“监督、调查、处置”三大职责，实现对全区行使公权力公职人员监察的全覆盖，持续优化全区政治生态环境。今天上午监察委员会挂牌，这是全市区县市的第一家，工作也要走在前面，要在新起点、再出发。当前临近元旦、春节，大家既要管好自己，不该吃的不吃，不该拿的不拿，不该去的不去，同时也要管好班子带好队伍，以清正廉洁的作风欢度喜乐祥和的节日。

站在新起点，踏上新征程，让我们高举习近平新时代中国特色社会主义思想伟大旗帜，紧密团结在以习近平同志为核心的中共中央周围，在省委、市委的坚强领导下，振奋精神，坚定信心，埋头苦干，开拓创新，奋力开启“融城核心、璀璨天心”建设的新征程，争当全面建设现代化长沙的示范区。

政府工作报告（摘要）

——在长沙市天心区第五届人民代表大会第四次会议上

长沙市天心区人民政府代区长 黄滔

（2018 年 12 月 27 日）

2018 年工作回顾

2018 年，是十分不平凡的一年，我们在市委、市政府和区委的坚强领导下，在区人大、区政协的监督支持下，全面贯彻落实习近平新时代中国特色社会主义思想和中共十九大精神，牢牢把握稳中求进工作总基调，紧紧围绕“融城核心、璀璨天心”建设，大力实施“北提南进、服务引领、民生造福”发展战略，加快推进高质量发展，圆满完成年度各项目标任务。全年实现地区生产总值 1005 亿元，同比增长 9%（预计数，下同）；完成一般公共预算收入 136 亿元，同比增长 10.7%；固定资产投资同比增长 11%；社会消费品零售总额 545 亿元，同比增长 9.5%；城乡居民人均可支配收入 54300 元，同比增长 8%。区域经济社会发展保持稳中有进、进中趋优。

——地区生产总值突破千亿元大关，财税收入总量跃居内五区第二位，完成进度和质量居全市前列。

——《长沙南部片区规划纲要》正式出炉，高质量发展的新城典范定位提上战略位置。

——全省第一家人力资源服务产业园成功落户，创造了“当年启动、当年开园、当年达效”的“天心速度”。

——352 家绿心地区工业企业全面退出，完成全市三分之二以上的退出任务，彰显了生态环境保护的责任与担当。

——城市有机更新七大片区项目全面启动，老城区更有长沙味、老百姓更具幸福感。

——“一圈两场三道”建设成效显著，建成 27 个 15 分钟生活圈，市民可就近享受安全、便捷、舒适、品质的都市生活。

——推动“书香天心”建设，湖南首家公园里的新华书店落户，为丰富群众文化生活增添了浓墨重彩的一笔。

——“最多跑一次改革”跑出天心“加速度”，公布便民服务事项清单 736 项，社区服务实现全覆盖、零距离。

——组织举办首届长株潭一体化区域合作联席会议，长株潭三市六区交流合作迈向更宽领域、更深层次。

2018 年，我们着力抓了五个方面工作：

一是着力打好“三大攻坚战”。坚决贯彻落实中央决策部署，把打赢三大攻坚战作为政治任务抓紧抓实。风险防控扎实有效。加快政府债务置换，严格预算管理，“停、缓、调、撤”项目 18 个，调减总投资 45.5 亿元；持续开展专项排查整治，严厉打击非法金融活动。精准扶贫有力推进。重点实施产业扶贫、职业教育扶贫，全区 313 户 984 人建档立卡贫困户全部脱贫。拨付资金 2600 余万元，对口扶持浏阳富溪村、龙山洛塔乡、怀化通道县，在打赢全省深度贫困地区脱贫攻坚战中体现了天心作为。污染防治深入开展。打出蓝天保卫战、黑臭水体整治等一系列“组合拳”，全面落实“河长制”“六控十严禁”等措施，完成中央、省级环保督察交办件 215 件。港子河、南托港、双管子河水质情况明显改善，饮用水源地水质 100% 达标，全区空气优良率达到 75%，空气质量持续改善。

二是着力推动经济高质量发展。始终坚持新发展理念，落实高质量发展要求。产业结构不断优化。三次产业结构比调整为 0.2 ：27.9 ：71.9，以商贸物流、现代金融、文化创意、地理信息、健康医疗、旅游休闲为主体的现代服务业体系进一步优化。金融业完成税收37亿元，占比达31%。新增高新技术企业77家，高新技术总产值达703亿元。中信保诚、中交集团等世界500强企业相继入驻。五一商圈商家联盟正式成立，长株潭商圈年销售额突破150亿元，汽车6S街区品牌影响不断扩大。产业链建设成效明显。举办中国（长沙）大数据暨空间信息应用博览会，中科遥感（湖南）科技园、湖南地理空间大数据应用中心建成运营，九次方大数据集团、北京威特信息等一批优质企业成功入驻。园区平台更加坚实。深化园区管理体制改革，天心经开区（新）、文化（广告）产业园整合工作顺利实施，湖南长沙人力资源服务产业园入驻企业50多家，年产值20亿元。园区作为经济发展主阵地、主战场、主力军的作用进一步彰显。

三是着力提升城乡综合品质。聚焦城乡建管，优化功能布局，城市内涵不断丰富。三大板块加快建设。长沙外滩完成3.15平方公里有机更新布局规划，西文庙坪仁美园巷等12个项目加快建设，完成棚户区改造2954户。省府新区城中村改造由北往南全面推进，中海485地块等6个征拆项目实现清零，完成城中村改造514户。南部片区积极抢抓长株潭一体化建设机遇，中意路城市化改造工程、融城大道西延线等重点项目加快建设。城市功能日臻完善。“一圈两场三道”建设全面启动，建成“15分钟生活圈”27个，新改建农贸市场8个、停车场33个，改造完成人行道41公里、自行车道58公里、历史文化步道11公里。相继打通豹子岭路、刘家冲路等断头路；开通社区便民巴士线路7条。太平街等25个社区提质提档基本完成，海棠路等16条特色街巷改造有序推进。完成电网“630攻坚”任务，告别了用电高峰拉闸限电的历史。城市管理更加精细。新增各类作业车辆41台，机械化清扫率进一步提高。实施垃圾分类管理，在全市率先设立专业果蔬垃圾处理站。推进“厕所革命”，新改建公共厕所83座，改造农村旱厕700多座。加强市政设施维护，改造城区堵点100多处。天心阁公园、南郊公园划归天心区管辖。乡村振兴深入推进。启动农村集体产权制度改革，完成土地承包经营权确权登记颁证。完善美丽乡村建设规划，新建农村公路20公里，27条农村公路纳入“路长制”管理。扎实开展农村“五治”和南部片区环境综合整治，拆除违章建筑12万平方米，整治国土违法图斑69宗832亩，乡村环境面貌不断改善。

四是着力增进群众获得感。扎实推进“九大民生造福工程”，城市生活更有情怀、更有温度。社会保障坚实有力。城镇新增就业11182人，失业人员再就业4572人。社会救助和残疾人“两项补贴”完成提标，持续开展送温暖慰问活动，帮扶困难群众1.8万人。新建居家养老服务中心6家，新增养老床位420张。新增公共租赁住房分配入住670户。社会事业亮点纷呈。推广“名校+”办学模式，成立青园、仰天湖教育集团和幼幼幼教集团；投入8亿多元，新改扩建学校11所，新增学位9140个，在全省率先完成义务教育标准化学校建设。大托铺、坡子街街道社区卫生服务中心加快建设，南托岭社区等卫生服务站投入使用。建成社区文化活动室、多功能运动站场9个，悦方等3家24小时自助图书馆建成开馆。启动第四次全国经济普查。工会、共青团、妇联、老龄、对台、人防、科技、工商、人口计生、红十字会、史志档案、民族宗教、外事侨务、工商联、关工委和民兵预备役等工作都取得了新成绩。社会治理卓有成效。深入开展文明城市创建，城区文明程度不断提升。全面推行网格化管理，打造“有事好商量”议事平台184个，荣获全省城乡社区治理创新试验区。认真开展安全生产隐患“大排查、大管控、大治理”活动，责令违规企业停产停业整顿84个，整改火灾隐患779处，安全事故同比下降73%，荣获全国安全生产宣传教育工作先进单位。畅通信访渠道，化解信访积案57件；办理中央巡视组移交信访事项72件，办结率达100%，息访率居内五区首位。办理法律援助案件353件，被评为全国公共法律服务平台建设示范点。国家食品安全示范城市创建通过省级验收。深入开展扫黑除恶专项斗争，捣毁涉恶团伙5个，刑事拘留1330人。全力抓好森林防火、防汛抗旱、非洲猪瘟疫情防控等工作，社会大局保持和谐稳定。

五是着力加强政府自身建设。围绕打造人民满意政府，切实加强自身建设。依法行政持续深入。扎实推进七五普法，主动接受区人大及其常委会的工作监督、法律监督，区政协的民主监督和社会舆论监督，区政府及其各部门认真办理区人大《关于促进我区人力资源产业发展与繁荣》等议案3件、代表建议127件、委员提案68件，办复率达100%。作风效能明显提升。认真办理区长信箱来信610件，处理“12345”热线工单23000余件。扎实开展“千人帮千企百日大行动”，走访企业400多次，解决实际问题75个，兑现各级惠企资金1.41亿元，其中区本级1.13亿元，居内五区之首。廉政建设不断加强。严守中央八项规定，加强财政审计监督，完成预算执行、政府投资等审计项目24个，累计审查各类政府合同452件，资金使用更加规范高效。

一脉楚文化，万象新天心。一年来，全区经济社会发展取得的成绩来之不易，这是市委、市政府和区委正确领导的结果，是人大、政协监督支持的结果，更是全区广大干部群众扎实苦干、奋力拼搏的结果！在此，我谨代表区人民政府，向各位人大代表、政协委员、老领导、老同志和所有关心、支持、参与天心建设发展的同志们、朋友们，表示衷心的感谢，并致以崇高的敬意。

在总结成绩的同时，我们也清醒地看到，全区发展仍然存在一些矛盾和问题：缺少大项目、好项目的有力支撑，产业优势没有充分彰显；土地、资金等要素制约明显；绿心工业退出后，新旧动能转换压力大，南部片区开发建设任重道远；打好污染防治攻坚战的任务依然艰巨；社会保障能力和公共服务水平与群众的期待还有差距；干部作风有待进一步改进，工作执行力有待进一步增强等。对这些问题，我们必须知不足而奋起、明差距而直追。

2019年工作安排

2019年是新中国成立70周年，也是全面建成小康社会的关键之年。虽然当前宏观经济形势稳中有变、变中有忧，外部环境复杂严峻，经济面临下行压力，但从全局、长远和趋势看，"稳"是主基调、"进"是关键词、"好"是总态势。要跳出天心看天心，要把天心放到全省全国坐标中去考量和审视，作为省府所在地、长株潭几何中心，加之绿心工业退出、南部片区开发带来重大机遇，天心理当在湖南"创新引领、开放崛起"发展战略中当先锋，理当在长沙"加快融合发展、展现省会担当"决策中当主力，理当在全市"过万亿再出发、加快新旧动能转换"部署中当表率。我们必须坚定信心决心、保持定力耐力，充分凝聚各方力量，奋力突破各种难关，共同谱写天心高质量发展新的篇章。

政府工作总体要求是：以习近平新时代中国特色社会主义思想为指导，全面贯彻中共十九大和十九届二中、三中全会精神，坚持稳中求进工作总基调，突出做好"六稳"工作，认真落实中央、省、市重大决策部署，大力实施"北提南进、服务引领、民生造福"发展战略，以人民为中心，以高质量发展为要求，以融合发展为路径，以新旧动能转换为关键，以建立现代产业体系为重点，过千亿、再出发，努力实现"经济结构优质、城区品质优化、人民生活优越、生态环境优美、党风政风优良"的目标，全力建设"融城核心、璀璨天心"，争当全面建设现代化长沙示范区！

主要预期目标是：地区生产总值增长8.5%，一般公共预算收入增长8%，固定资产投资增长10%，社会消费品零售总额增长9.5%，城乡居民人均可支配收入增长8%，主要污染物减排完成约束性指标。

围绕上述目标，突出抓好六个方面工作：

（一）突出打好"三大攻坚战"。坚决打好防范化解重大风险攻坚战。按照"坚定、可控、有序、适度"的要求，扎实推进平台公司转型，进一步规范政府举债行为，建立政府性债务全口径监管机制，严格债务限额管理。严厉打击非法集资，确保不发生区域性系统性金融风险。坚决打好精准脱贫攻坚战。落实"脱贫不脱政策、脱贫不脱帮扶、脱贫不脱监管"要求，切实巩固区内脱贫成果，防止贫困人口返贫。加大对浏阳富溪村、龙山洛塔乡、怀化通道县的帮扶力度，系统开展特色产业、教医联体等项目扶持，圆满完成脱贫攻坚任务。坚决打好污染防治攻坚战。坚守阵地，巩固成果，聚焦打赢蓝天保卫战，力争全年空气质量优良天数达到市定目标。全力抓好中央生态环境保护督察"回头看"整改，做好黑臭水体治理督查整改。全面完成绿心地区工业企业退出任务，抓好常态长效管控。持续开展国土违法图斑整治，帮助企业制定环境治理解决方案，努力让天心生态环境更加优美。

（二）突出抓好实体经济发展。主动适应经济新常态，坚持质量与效益优先，把发展经济的着力点放在实体经济上，打造经济高质量发展样板区。深入推进产业链建设。围绕"建链、强链、延链、补链"，推动产业链、创新链、资金链、政策链协同发力。做强做长大数据产业链，大力开展精准招商，大幅度引进增量，拓展培育人工智能、产业互联网、传感器、小程序、游戏电竞等新兴产业，推动数字经济发展。补齐新能源装备产业链，发挥中电48所等机构竞争优势，进一步整合资源，扩大产业规模、拉长产业链条。着力促进园区转型。园区要去行政化、去碎片化，向改革要活力，向空中要土地，向创新要效益，向社会要服务。加快园区全面整合，科学制定绿心用地新的规划，谋划做好新旧动能转换文章，实现腾笼换鸟、凤凰涅槃。立足"主特产业"功能定位，聚焦数字经济，突出地理信息，协同发展高技术服务业、现代人力资源、总部经济、人工智能等新业态。进一步向园区简政放权，改革园区体制机制，强化"以优质项目论英雄"和"以亩均税收看质量"的考核评价机制，着力引进更多龙头型、创新型、高效型优质企业，大力推进高新、智慧、绿色园区建设。文化(广告)产业园要打响品牌，推动业态融合创新，打造集约化、专业化、规模化的文创产业发展新高地。切实优化营商环境。主动对标北上广深，把优化营商环境作为区域核心竞争力来深入打造，树立"个个是营商环境代表，人人是招商形象大使"的理念。深入推进"放管服"改革，以"最多跑一次、最好一次不跑"为主要内容，让数据多跑路，让企业少跑腿。推进"千人帮千企百日大行动"中的好经验、好做法常态化、机制化，设立区企业服务中心和政策兑现窗口，为企业提供"不叫不到、随叫随到、服务周到"的一站式服务。直面民营企业"融资的高山、市场的冰山、转型的火山"，建立中小微企业融担公司、中小微企业信贷风险补偿基金、贷款贴息补助资金。主动帮助企业进行产销对接和本地两型产品政府优先采购，加大对企业智能制造、管理创新等企业转型升级的公共服务，出台更加精准、更有力度的产业扶持发展政策。坚持"以企业需求为导向，以企业满意为标准"，积极做好安商稳商暖商扶商工作，让"营商环境最佳"成为天心区的核心软实力和最亮新名片。努力扩大招商引资。聚力招商引资"第一菜单"，按照"精准、执着、舍得"的要求，发挥"不怕千难万险、不舍千言万语、不惧千山万水、想尽千方百计"的"四千"精神，整合一切可以整合的资源，团结一切可以团结的力量，以"切开一厘米、切深一米"的产业链思维，切实提高招商引资力度和质效。以园区和楼宇为阵地，灵活运用基金招商、协会招商、以商招商、中介招商、小分队招商等方式，探索更有竞争力的招商考核激励机制，力争引进投资过10亿元项目5个以上。实施"创新驱动"战略。以科技创新为核心带动全面创新，加大对企业人才引进、技术创新的支持。着力发展高新技术产业，充分挖掘长沙理工大学、中南林业科技大学、省科学技术研究开发院等驻区高校及科研院所的创新资源，加大产学研金协同发展，加快成果就地转化，促进更多新经济、新业态在天心培育，新模式、新动能在天心成长，着力打造新旧动能转换示范区。大力发展楼宇经济和总部经济。盘活存量楼宇资源，加大楼宇经济招商和产业生态培育。建立重点楼宇"楼长制"，完善楼宇产业政策，打造一批"亿元楼宇"。着力吸引国内外大型企业设立区域或功能性总部，新增各类企业总部20家以上。

（三）突出抓好三大板块建设。坚定不移实施"北提南进"发展战略，在精耕细作中走出一条人无我有、人有我优、人优我特的路子。全力打造底蕴深厚、产业繁荣的长沙外滩。下大力气做好老城区有机更新，加快上碧湘街、西文庙坪周边地块等项目实施。在开发和提质中注意保护好历史文化古迹，传承好经典历史风貌，守住城市文化乡愁，留住城市文脉记忆。大力推进棚户区改造，启动湖南机床厂周边地块等项目征收，实现太平街一期等项目扫尾清零。全力推动华融湘江银行、汇景发展环球中心等重点项目建设，着力打造"湘江金融外滩"。努力建成功能完善、服务高端的省府新区。发挥省府行政资源优势，推进商务行政、会议会展等业态发展，完善教育、卫生、文体等设施配套。实施城中村改造新三年行动计划，推进黑石、新天、先锋等项目整体拆迁清零，新启动一批城中村改造。加快建设生态优美、产城融合的南部片区。按照"一心一核三组团"总体规划布局，以"国际视野、未来城市"的高起点、高标准，推动相关专项规划编制。围绕"产城融合、宜业宜居、融城核心、发展新极"，有序推动重大基础设施建设、公共服务配套和产业发展布局。启动牛角塘城中村改造，推进长沙七水厂等重点项目建设，确保新韶山南路、西湖路、月塘路二期竣工通车，打造区域融合发展引领区。

（四）突出抓好现代服务业发展。城市的繁荣发展，是靠产业支撑起来的。坚持"服务引领"战略，把握"消费升级"重大机遇，促进现代服务业向高端化、特色化、品牌化发展，推动长株潭"消费升级"产生的巨大增量中更多消费在天心。加快发展商贸物流业。推进黄兴南路步行街等特色街区提质改造，支持五一商圈积极引入新业态、新品牌、新商业模式，打通线上线下双渠道"消费升级"，重塑消费新生态，建设国内一流商圈。加快建设长株潭商圈，充分发挥区位综合交通优势，引导商贸业聚集发展，做好友阿奥特莱斯、中海环宇城、鑫远鑫悦汇等综合体互联互通。加强现代物流产业布局，推动一力物流园转型升级，促进长株潭烟草物流园发展，构建多元物流发展格局。加快发展现代金融业。全年引进各类金融机构总部及分支机构50家以上，吸引各类产业投资基金落户，构建多层次资本市场。大力引进会计事务所、律师事务所等机构，促进金融中介服务机构规模化。加快发展文化创意产业。城市，因商业而兴，因产业而强，因文化而立。要充分发挥老城区文脉底蕴深厚和文化资源集聚优势，扩大国家级文创园区品牌影响，培育形成50家以上具有品牌优势、创新优势、规模优势的文创骨干企业，支持企业做大做强。加快发展地理信息产业。夯实国家地理空间信息中心长沙产业基地、中科遥感（湖南）科技园（三期）、天星云谷等产业平台，加快地理空间大数据交易中心、天心阁研究院、地理空间大数据产业发展公司建设，深入产业链招商，壮大地理信息产业。加快发展人力资源产业。人力资源产业是天心区现代产业体系十分重要且潜力巨大的组成部分。要加快长沙国际人才城、创业公寓建设，大力引进更多平台型、旗舰型、高效益型企业，力争人力资源服务产业园挺进国家级序列。加快发展健康医疗产业。推进湘雅五医院、爱尔眼科集团总部建设，引进医药物流、医疗器械、精准医疗等企业10家以上。加快发展旅游休闲产业。充分发挥“坐城、临江、望岳、观洲、听水”的独特优势，深入挖掘坡子街、白沙古井等历史文化底蕴，盘活“三馆一中心”、生态动物园、美丽乡村示范村等优质资源，着力打造“天天精彩、人人动心”的全域旅游发展格局。

（五）突出抓好城乡品质提升。城市是文化的容器，必须有历史记忆和精神高度，厚重的历史文化让天心区与众不同。在城市规划、建设、管理和品质提升中，要让传统和现代笔断意连，不忘本来，吸收外来，面向未来，坚持“人民城市人民爱，人民城市人民建”的理念，融合国际国内城市精神，打造“让生活更加美好”的城市。发挥规划引领作用。坚定不移走精明增长之路，不断优化全域空间脉络，完善城市空间布局，编制城市“双修”等相关规划，推进重点片区、重要节点城市设计。注重建设规划的前期推敲论证，切实减少建设中的设计变更；注重塑造城市人文气息和特色风貌，切实从细节处彰显精致精美、经久耐看的城市匠心。完善基础设施配套。以应用场景为牵引，引入和带动人工智能生根发展，积极探索在局部推进5G建设和应用，加快“智慧城市”建设，让城市装上“聪明大脑”。加快新建西路等市政道路建设，提质改造支路街巷10条，推进“畅通城市”建设。提升城市管理水平。加强道路清扫保洁，推动厕所革命；拓展垃圾分类覆盖面，力争达到65%。规范物业管理，打造2个市级开放式物业服务精品社区。加强天心阁公园、南郊公园建设管理。大力推进乡村振兴。重点探索建设城郊融合型乡村，发展休闲农业、生态农业，壮大农村集体经济，促进农民增收。持续开展农村“五治”和美丽“三园”建设，深入推进移风易俗，培育文明淳朴乡风，充分展示宜居宜业宜游良好形象。

（六）突出抓好民生福祉改善。围绕人民日益增长的美好生活需要，大力实施“民生造福”发展战略，让老百姓生活在天心、天天都开心。完成十件民生实事。一是推进“一圈两场三道”建设，精心打造15分钟生活圈17个；二是新增学位6000个，新改扩建公办幼儿园3所；三是新增养老服务床位600张；四是提质改造农村公路20公里；五是新建24小时图书馆2个，建设标准化村（社区）综合文化中心5个；六是提质改造站厕108套；七是建设街道卫生服务中心2家，提质村卫生室3家；八是提质改造小餐饮“透明厨房”500家；九是完成棚户区改造1200户；十是新增绿地20公顷。办好人民满意教育。坚持教育优先，加快雅礼书院中学、青园小学友谊校区、南塘中学建设。引进和培养优质教育资源，提高教育教学质量。加快公办及普惠性民办幼儿园建设，促进民办教育发展。推进“健康天心”建设。完善医疗卫生服务体系，落实分级诊疗、医联体建设，完成区公共卫生大楼改造，提升基层医疗卫生和人口计生服务水平。加快基层文化阵地建设，推进公共体育场馆设施向社会免费开放。提高社会保障水平。实施积极就业政策，着力抓好高校毕业生等重点群体的就业工作。建立健全多层次养老服务体系，完善社会福利、慈善事业等制度，提升红十字公益服务水平，保障老年人、残疾人及妇女儿童权益。加快天心佳苑等保障房、定向限价商品房建设。加大市场监管力度。推动市场监管创新，提升事中事后监管效能。加强食品药品监管，建立全链条可追溯监管体系，扎实开展“明厨亮灶”工程，深入治理食品安全突出问题。推进质量强区建设。提升应急管理能力。牢牢守住安全生产底线，健全灾害事故防范救援工作机制，构建统一指挥、反应灵敏、协同有序、运转高效的应急管理体系，坚决防范遏制较大以上安全生产事故发生。推进社会治理创新。坚持党建引领基层社会治理，运用数字化技术，提高“网格化”管理水平，推动“平安天心”建设。加强初信初访的解决，推动信访积案化解。加强法律援助，创建全国公共法律服务示范区。持续深入开展“扫黑除恶”专项斗争，坚决打好禁毒人民战争，强化重点人员、物品、场所管控，依法打击各类违法犯罪活动，共同守护一方净土、共同洁净一片天空。

统筹推进国防教育、双拥创建、民兵预备役、军退事务和人防工作，大力支持工会、共青团、妇联、老龄、关工委开展工作，切实做好史志档案、民族宗教、外事侨务、机关后勤等工作。

全面加强政府自身建设

打铁还需自身硬。我们将始终坚持党的领导，牢固树立“四个意识”，切实增强“四个自信”，着力抓好自身建设，推进政府治理体系和治理能力现代化，竭尽全力为人民服务。

（一）坚持为民执政，努力建设民本政府。“四面云山皆入眼，万家烟火总关心”。天心区因天心阁而得名，这句天心阁的名诗应成为天心干部时刻以人民为中心、始终保持民本情怀的生动写照。我们将大力实施民生造福工程，把老百姓最关心的事情抓实、最期盼的事情做好、最受惠的事情办成，全力保障群众衣食住行，以天心干部天天用心勤勉干事的“辛苦指数”，换取天心人民天天开心幸福生活的“幸福指数”。

（二）坚持务实勤政，努力建设高效政府。为政不实，损政伤民；为政不勤，荒政误民。我们将发扬雷厉风行的工作作风，以真抓的实劲、敢抓的狠劲、善抓的巧劲、常抓的韧劲，扎实做好各项工作，确保政令畅通，切实提高政府执行力。以全面完成新一轮政府机构改革为契机，坚持问题导向，敢于啃硬骨头，把握历史逻辑和发展规律，善于把中央、省、市的改革精神与天心区的实际有机结合，既要坚定不移地做好“命题文章”，也要敢想敢闯做些“自选动作”，进一步坚定信心，将改革进行到底。

（三）坚持依法行政，努力建设法治政府。“法者，治之端也。”我们将弘扬宪法精神，始终保持对法律的敬畏之心，严格依照法定权限、规则、程序行使权力、履行职责。完善重大行政决策公众参与、专家论证、合法性审查等相关制度，做到依法决策、民主决策、科学决策。自觉接受区人大及其常委会工作监督、法律监督和区政协民主监督，主动接受社会舆论监督，进一步加强审计监督，不断提高依法行政水平。

（四）坚持廉洁从政，努力建设廉洁政府。“公生明、廉生威。”我们将始终把廉洁从政作为政府工作的基本原则，严格落实中央八项规定，深入推进政府系统党风廉政建设和反腐败斗争。实施透明阳光行政，强化财政预算管理，严控“三公”经费支出。加大对重点领域、重要环节和重点对象的监督，坚决预防和查处工程建设、项目招投标、资金运行、征拆安置等重点领域腐败行为，坚决做到干部清正、政府清廉、政治清明。

奋斗是最鲜明的底色，新时代是奋斗者的时代！让我们高举习近平新时代中国特色社会主义思想伟大旗帜，在市委、市政府和区委的坚强领导下，在区人大、区政协的监督支持下，紧密团结和带领全区人民，凝心聚力，开拓创新，为全面建设“融城核心、璀璨天心”而努力奋斗，以经济社会发展的优异成绩迎接中华人民共和国成立70周年。

名词解释：

1. 城市有机更新7大片区：太平街片区、火宫殿周边片区、西文庙坪片区、天心阁周边片区、白沙古井周边片区、南门口周边片区和湖南第一师范周边片区。

2. “一圈两场三道”：“一圈”指15分钟生活圈，“两场”指停车场、农贸市场，“三道”是指人行道、自行车道、历史文化步道。

3. “停、缓、调、撤”：对不属于中央重点项目和湖南省委省政府安排的12件民生实事的项目与湖南省政府工作报告明确的重点项目分类处置，未开工建设的，一律停建；虽已开工建设，但停止之后无重大影响的，一律暂缓；已开工建设且停建会造成重大影响的项目，要从严调减投资规模；对于2017年7月15日以后举借的系统外需要财政资金偿还的债务，撤销相应项目，筹措资金予以归还。

4. “六控十严禁”：“六控”为控尘、控煤、控车、控油、控排、控烧；“十严禁”为严禁渣土车、混凝土搅拌车、运砂车等各类车辆带泥上路，严禁违法倾倒渣土，严禁工地裸露黄土，严禁重污染天气下土石方施工，严禁燃烧散煤，严禁燃放烟花爆竹，严禁露天焚烧垃圾，严禁露天烧烤，严禁露天焚烧秸秆，严禁拖拉机等高排放车辆进城。

5. 电网“630攻坚”：指《长沙市电网供电能力提升三年行动计划（2018—2020年）》，明确电网“主干网架”提质、

"骨干网架"补短、"城乡配网"升级三大工程建设，确保到2020年，长沙电网建设改造投资规模约150亿元，满足1000万千瓦负荷下安全供用电需求。

6. "厕所革命"：指对发展中国家的厕所进行改造的一项举措，改善厕所卫生状况，直接关系人民的健康和环境状况。

7. 农村"五治"：即在农村开展治厕、治垃圾、治房、治水、治风工作，改善农村人居环境。

8. "九大民生造福工程"：社会保障托底工程、食品安全工程、平安畅通工程、学校建设工程、社区提质工程、绿色城市工程、美丽乡村工程、生态环保工程、文体健康工程。

9. 数字经济：指一个经济系统，在这个系统中，数字技术被广泛使用并由此带来了整个经济环境和经济活动的根本变化。

10. "放管服"：简政放权、放管结合、优化服务。

11. "一心一核三组团"："一心"即绿心，"一核"即解放垸和大托铺，"三组团"即牛角塘、暮云、雨花经开区三个组团。

12. 消费升级：一般指消费结构的升级，是各类消费支出在消费总支出中的结构升级和层次提高，它直接反映了消费水平和发展趋势。

13. "三馆一中心"：省群众艺术馆、省地质博物馆、省科学技术馆、省青少年活动中心。

14. 城市"双修"：即生态修复、城市修补。

15. 智慧城市：运用信息和通信技术手段，实现城市智慧式管理和运行，为城市中的人创造更美好的生活，促进城市的和谐、可持续成长。

16. 美丽"三园"建设：建设美丽家园、美丽菜园、美丽田园。

天心区蓝天保卫战工作纪实

自长沙市委、长沙市政府吹响打好污染防治攻坚战特别是打赢蓝天保卫战的集结号以来，为了碧水蓝天的承诺，为了人民群众的生态获得感和蓝天幸福感，天心区委、区政府迅速行动，精心谋划部署，蓝天保卫战取得积极成效。

2018 年，天心区区委、区政府出台《长沙市天心区“散乱污”企业专项整治及 VOCs（挥发性有机物）治理工作实施方案》《天心区涉挥发性有机物排放企业错峰生产实施方案》《天心区大气污染防治攻坚期工作方案》；1 月 13 日，天心区成立蓝天保卫战领导小组及办公室，下设 4 个专项工作组，出台天心区蓝天保卫战总体方案和 13 个子方案，“蓝天保卫战”行动全面实施，落实“六控”（即控尘、控车、控排、控烧、控煤、控油）“十禁”（即严禁渣土车、混凝土搅拌车、运砂车等各类车辆带泥上路；严禁违法倾倒渣土；严禁工地裸露黄土；严禁重污染天气土石方施工；严禁在禁燃区燃烧散煤；严禁在禁燃区域时段燃放烟花爆竹；严禁露天焚烧垃圾；严禁露天烧烤。城区内取缔露天烧烤，夜市摊点必须规范经营，并采取相应油烟净化措施；严禁露天焚烧农作物秸秆；严禁拖拉机等高排放车辆进城），执行“三级执法，两级巡查”制度；针对 PM2.5、PM10、NO_2、臭氧等重点污染因子，从加强扬尘管控、燃煤污染防治、餐饮油烟源头治理、臭氧污染防治、涉气企业专项整治等方面精准施策；完成辖区建筑工地视频及扬尘在线监控系统平台建设；实现全区零散煤制销点；清理整治露天烧烤餐饮门店油烟污染，完成坡子街街道坡子街社区、文源街道金汇社区 2 个无烟示范街道创建；引入臭氧索源分析和无人机超本地臭氧浓度实时检测系统，及时调度企业采取错峰生产措施；针对“散乱污”及涉 VOCs（挥发性有机物）企业先后开展专项执法。

（一）空气质量，实现“两降一升”。2018 年，天心区空气质量优良天数 269 天，优良率 74.9%，2017 年优良天数 257 天，优良率 71.4%，2018 年比 2017 年同测点空气质量优良率天数增加 12 天，优良率提升 3.5 个百分点。全区 PM2.5 累计日均值 45 微克 / 立方米，同测点较 2017 年同期下降 6.25%。PM10 累计日均值 63 微克 / 立方米，同测点较 2017 年同期下降 8.7%。

（二）年度任务圆满完成。控车方面：2018 年，天心区交警大队蓝天保卫战查处重型货车、混凝土车、运砂车等高排车辆 9662 台次，查扣高排车辆 613 台次，其中查扣拖拉机 149 台次，查扣三轮摩托车 436 台次，罚款约 145.818 万元；区交通运输局检查重型货车、其他非法营运车辆 3714 台次，立案处罚 292 家，罚款 272 万元。控烧方面：区城管执法大队联合各街道整治露天烧烤 4069 起，餐饮油烟 749 起，其中餐饮油烟处罚 13 起，罚款 8.4 万元；区公安分局办理违规燃放烟花爆竹行政案件45起、行政罚款1.4万元。控排方面：区环保局立案处罚68家单位企业，处罚金额228万元。控油方面：区商务旅游局对辖区加油站点情况全面摸底，建立19家加油站的详细台帐。率先完成全市第一家加油站双层油罐的改造并投入使用，超额完成4家加油站改造全年目标任务，有力推动油品质量管控和油气回收。

（三）重点工作，高效处理。2018年，垃圾焚烧处罚27起，罚款1.9万元，黑石铺街道举办“宣讲周”活动，让宣传工作进小区、进企业，桂花坪街道推出禁熏腊制品倡议书，先锋街道洒水车上加装横幅喇叭进行宣传，各街道清理违规菜园，从源头上治理，区蓝天办加大对有奖举报的宣传和执行。邀请臭氧防治领域专家制定治理方案；引进专业机构技术，设立固定监测点进行臭氧前驱体在线监测系统；在全省范围内率先引入无人机技术对监测区域内空气成分浓度进行实时监测。加大洒水降尘，有力推进扬尘治理；开展VOCs治理，开展170余次专项执法行动，出动执法人员800余人次，对670余家次企业进行执法检查，共办理环境案件124起，其中查封扣押29起，无刑事案件。清查61家“散乱污”企业，完成整治60家，占比98%；完成33家汽车4S店、64家一、二类汽修企业、2家家具涂装企业、49家印刷企业VOCs治理；开展企业错峰生产，各行业领域制订错峰生产方案，签订承诺书，根据当天的空气指数情况进行实时调度；加强交通疏导，维护道路畅通。

接到重污染天气黄色预警，天心区迅速响应，紧急调度。区交警大队开展高排放车辆夜间整治行动，查处重型货车闯禁263起，查扣高污染排放车辆15台、查扣拖拉机1台次，三轮摩托车1台次、罚款3.67万元。区环保局、区城乡建设局、区公安分局均及时启动紧急预案，开展巡查，严查环境污染违法行为。

（四）监管执法，及时到位。区委督查室、区政府督查室、区蓝天办定期、不定期开展相关督查工作。2018年，市、区两级交办问题688个（市级交办，区级交办），完成整改663个，整改完成率96%。市直交办539个（市巡查交办104个、市城管数字化采集429个、市重点督办6个），整改完成516个，整改完成率96%；区级交办75个，整改完成74个，整改完成率98.7%；三级两巡交办问题74个，整改完成73个，整改完成率98.6%。

严格按照“六控”“十严禁”要求铁腕执法，开展综合执法1030次、专项执法7897次，出动执法人员10万余人次，发现并整改“六控”问题33783个，办理多起典型案例。在“控尘”方面，区城管执法大队对长沙铁路建设有限公司在建的项目随意堆放回填渣土的行为罚款5万元；在“控烧”方面，区城管执法大队对餐饮门店油烟管道破损导致油烟外泄扰民行为处以罚款1.2万元。开出第一张露天熏制腊制品罚单；在“控排”方面，区环保局对长沙浩宇餐具消毒有限公司超标排放且在执法部门要求整改后，在处理设备未到位情况下依然进行生产的行为罚款10万元；对湖南雪天精细化工股份有限公司未安装VOCs收集处理设施进行生产的行为罚款3万元。在“控烧”方面，天心区办理露天焚烧案件27起，罚款1.9万元，其中黑石铺街道10月至11月办理3起露天焚烧顶格处罚案件。2018年，天心区针对“六控”“十严禁”工作要求共立案处罚6917家，罚款1290万元。

在“控煤”方面，天心区多部门联动，在查获2起运输散煤车辆后追根溯源，其中1起，通过各部门的配合，连夜查处散煤生产窝点；在“控烧”方面，天心区针对违规种菜行为进行整治，区城管执法局牵头组织暮云、南托街道对芙蓉南路两侧违规种菜、乱搭乱建等问题开展全方位整治行动。清除违规菜地6处、面积1.33公顷；暮云街道对辖区内青年汇小区楼顶违规种菜行为进行专项整治行动，清理楼栋20栋，面积1.2万平方米。通过对违规菜地的治理，从源头上控制焚烧枯枝树叶、秸秆行为的发生。

建设标准化现场，打造“花园式”工地

天心区蓝天保卫战三个月整改督办问题 97 个

长沙晚报 2018 年 5 月 28 日讯（记者 卜劲文）昨日，位于园艺路与杉木冲路交会处的鑫远·嘉城项目一派繁忙的建设景象。与一般工地里尘土飞扬的常态对比，这个工地显得很“另类”：项目现场只见草坪青青，绿意盎然，数百个小喷头喷洒着水雾，尘土被控制在最小范围内，一台配置雾化装置的环保洒水车来回降尘，犹如置身一处生机盎然的花园。这是天心区建设标准化现场，打造“花园式工地”的现场之一。自天心区蓝天保卫战工作启动以来，截止至 5 月 25 日，天心区优良天数 111 天，同测点较 2017 年同期提升 12 天。

蓝天保卫重在节点监管、源头治理，从今年初开始，天心区同时启动“行走天心”行动，由区委书记带队，四大班子成员参与，全区干部走街串巷用脚步丈量民情。蓝天保卫战“三个月治标”时间窗口刚过三天，区委书记朱东铁再次暗访工地落实“回头看”。截至 5 月 25 日，天心区实现对在建工地监管全覆盖，现场交办整改问题 400 余个。

对在建工地的监管仅仅是天心区蓝天保卫战层层责任压实、齐抓共管工作的缩影之一。2018 年年初，天心区委、区政府全面部署蓝天保卫战工作，制定“1+13”行动计划，形成 13 个专项子方案，把目标任务分解到岗位、落实到人头。启动以来，共开展综合执法行动 512 次，专项执法 3506 次，发现并整改问题 14302 个，共立案处罚违法单位 334 家，罚款金额 254.87 万元。截至 5 月 25 日，市级督办问题 113 个，区级督办问题 57 个，全部整改到位。

行走天心，为了蓝天碧水的承诺

——天心区强力推进蓝天保卫战，“三个月治标”行动让百姓乐享“天心蓝”

“人民对美好生活的向往，就是我们的奋斗目标。”

因为目标，这是一条使命必达的任务；因为向往，这是一次没有退路的较量；因为幸福，这一场一鼓作气、必须要赢的战役。

三个月前，长沙市委、市政府以2018年的第一个全市性专题会议，吹响打好污染防治攻坚战特别是打赢蓝天保卫战的集结号。为了碧水蓝天的承诺，为了人民群众的生态获得感和蓝天幸福感，天心区委、区政府迅速行动，精心谋划部署，制订“1+13”行动计划，从城市到乡村，从散煤管控到扬尘整治，从淘汰污染企业到围剿“散乱污”，以“不信蓝天唤不回”的韧劲，以超乎寻常的手段，启动了大气污染治理攻坚战役。力度前所未有、举措前所未有，力拨雾霾见蓝天。

把源头，重监管，强减排，促发展，一系列治污“组合拳”出台，彰显了对环境民生保护的决心、治理的成效，更写下了一份可圈可点的成绩单，让蓝天越来越多地出现在天心群众的身边。

一样的天空，不一样的颜色

用非比寻常的决心和担当打响“发令枪”

近日，行走在天心街头，绿树、花草、游道，构成一派别致景观，市民悠闲地漫步其中；环卫局新购置的30多台快速保洁车，穿行在主次干道，车辆驶过留下一片洁净底色；绿色，布满乡村，也点缀着城市，“涂”满山头。“环境就是民生，蓝天也是幸福，相比较去年，我感觉今年的蓝天更多了，也给了更多我珍贵的拍摄机会。”近日，抢着四五月的好天气，摄影师李跃在坡子街、文庙坪、太平街、湘江东岸、暮云等地，都留下了他的足迹，提前完成了他的一组系列策划。

环境就是民生，蓝天也是幸福，让碧水蓝天成为璀璨天心的生态底色！天心区擂响了大气污染综合治理的战鼓，“行走天心，向大气污染宣战！”

在省委、省政府，市委、市政府的坚强领导下，天心区上下牢固树立创新、协调、绿色、开放、共享发展理念，坚持以全力建设“融城核心、璀璨天心”为目标，奋力攻坚克难，全面打响了环境污染防治攻坚战。

1月13日晚至14日凌晨，天心区“三车专项整治指挥部”集结城管、环卫、交警、交运、环保、建设等八部门上百人组成联合执法行动组，针对渣土扬尘污染展开专项整治，率先打响天心区“蓝天保卫战”第一役。

1月15日，天心区召开全区环境保护工作暨强力推进环境大治理，坚决打赢蓝天保卫战动员部署大会，启动“强力推进环境大治理坚决打赢蓝天保卫战”三年行动计划。

“生态环境优美，是我们对天心人民的庄严承诺，必须不折不扣兑现到位。”天心区委书记朱东铁表示，天心区守护着近60平方公里的生态绿心，还是湘江水源的重点保护区，在两型建设上交好答卷，保护好母亲河湘江，守护好生态绿心，坚决打赢污染防治攻坚战特别是蓝天保卫战，是作为省会中心城区的重要责任和担当。

攻坚战不是一般的事，意味着非比寻常的决心和担当。“发令枪”一响，一系列重磅举措密集推出：出台“1+13”子方案，分领域、分区域、分时段、分行业铺排防污重点；网格化、信息化管理创新体制机制同步推出；营造生态文明这一氛围，推动环保理念、常识、法律进机关、进企业、进社区、进课堂，增强全民环保意识、生态意识，推动绿色发展方式和生活方式在天心蔚然成风。

坚决兑现“生态优美环境”的承诺和真抓实干的作风，让曾经严峻的环保形势初步好转，空气质量有效改善，笔者从天心区蓝天办获悉，截至5月25

日，天心区优良天数111天，优良率77.1%，同测点较2017年同期提升12天，优良率提升7.9个百分点；PM2.5平均浓度为52，同测点较2017年同期下降10.3%。PM10平均浓度为75，同测点较2017年同期下降了9.6%。

一样的天空，多了更多美丽的蓝色。

一样的天空，不一样的守护

用“行走天心”的方式守护民生呵护幸福

守护民生，唤回蓝天，源头治理是关键。

控尘、控车、控煤、控烧、控排、控油，一样都不能少。

时间回溯到2018年1月的一晚，坡子街街道辖区，这个不到2平方公里的街道，聚集了5000余家法人单位，20余家火爆酒吧，头顶“不夜城”。从这里，天心区开启了领导带队，万人参与的“行走天心”行动。天心区委书记朱东铁带队在这里用行走的方式，展开细致的督查。看街巷、看工地、看卫生、看油烟、看立面，足足走了好几个小时，细致到地缝里的一根竹签或一个槟榔渣。

守护民生，平衡“市容”与“繁荣”，是期盼，是压力，更是动力。坡子街街道迅速展开了密集压马路摸底，成立专门的领导小组，开展了为期数月的“大清扫、大清理、大清洗”活动。既然是“不夜城”，整治时间、环卫时间、管理人数、清扫方式都要与时俱进。在城管加大对夜宵门店、摊贩整治的同时，辖区增派了岗位人员，240余名环卫工人采取错时上岗，根据路段污染力调整，增加中晚班岗保洁人员。增加了收集桶，整个街道辖区不少400个，100米间距进行布置，方便市民投放。增添了机械设备，新购置了4台小型垃圾收集车和3台半吨水洗车，方便在小巷中穿梭。

近日，走在坡子街街道街头，一些市民明显感觉到空气中的油烟味少了，坡子街的夜色更加清澈。最近经常去太平街上逛一逛的长沙市民游彩霞也发现了“新大陆”，这条路上的垃圾桶就像变魔术一样，忽多忽少，而且还很有规律，周末特别多，平日里几乎少了一多半。“环境卫生好了很多，地上垃圾明显少了。”游彩霞说。

新开铺街道辖区有近十个工地，项目多、任务重，城市管理难上加难。农历春节前几天，拆迁公司员工都放假回家了，作为属地管理单位，为了尽快完成黄土覆盖、做好全面控尘，在协同环卫部门密集洒水降尘的基础上，新开铺街道蓝天办、城管办组织几十号人“白＋黑”工作，花了5天时间，终于在大年三十完成了辖区拆迁区域裸露黄土的遮盖。春节后，辖区41处新统计的边角裸露黄土、近十个在建工地也通过铺草皮、撒草籽、拉绿网，实现了辖区裸露黄土全覆盖。

蓝天保卫战，散煤整治是重点。天心区发改局制定了燃煤污染防治专项工作方案，全区查处门店经

2018年5月14日，天心区在坡子街开展联合执法行动

2018年10月，天心区坡子街开展散煤专项突击整治行动

营户使用燃煤3338处，收缴煤炉2510个，收缴散煤约12.5吨，查处运送散煤车辆17人次，所有街道提前实现动态清零。在新开铺，一个叫“苏红山坡”的地方既是曾经的散煤生产点，又是现今的交易点。为了整治该地的脏乱差现象，街道多次采取行动。为了了解煤的来源和去向，在“苏红山坡”的两个出入口，新开铺街道相关工作人员连续十多天通宵值守，跟随来往的车辆进行调查。最远的一次跟到了湘潭，返回

时已是第二天凌晨。在掌握了精准的线索后，街道联合交运、交警部门对该聚集地的散煤交易进行了有力打击。目前，街道范围内散煤交易已杜绝，90% 以上的烧煤门店完成转型。

蓝天保卫战，科技应用是亮点。在城南路街道白沙路上，开展无烟道楼栋油烟直排提质改造，利用先进科技助阵大气污染防治“冬病夏治”攻坚战，打造城南路街道无烟示范街。居民实际使用效果验证，升级后的油烟净化设备能够有效收集厨房油烟，并且由于该设备利用了油烟分离科技，试点居民家庭不但厨房没烟，楼栋外墙也再无油烟污染。据悉，全区餐饮油烟整治 520 个问题全部完成整改。

2018 年 5 月 15 日，天心区在黑石铺开展整治行动

一样的天空，不一样的征途

治标到治本，从顶层设计实现全新跨越

蓝天保卫战注定一场攻坚战、持久战、总体战，开局容易，守局难，需要持续发力，久久为功。天心区委、区政府，各级各部门联合作战，拧成一股绳。

有执法。近日，市公安局天心分局以涉嫌污染环境罪将天心区某机电设备经营部法定代表人徐某、现场两名戴姓工作人员依法刑事拘留，该案为天心区蓝天保卫战打响以来首例入刑案件。自蓝天保卫战打响以来，天心区环保局秉持对环境污染零容忍态度，共针对“散、乱、污”及涉挥发性有机物排放企业进行 77 次专项执法行动，对 400 余家次企业进行执法检查，共办理环境违法案件 41 起。1 月 23 日 2 时 57 分，一台牌号为湘 AC5652 的后八轮运输车，在未取得渣土运输资格及未办理运输证照的情况下偷运渣土，沿街撒漏严重，被天心城管处以 10 万元罚款。这也是今年来天心城管查处的污染最严重、罚款额最高的案件。

有退出。今年年初，天心区研究制定了《2018 年天心区绿心地区工业企业退出专项工作方案》，联合各职能部门和相关街道力量，在对绿心地区去年已退出的工业企业构建常态化监管机制的基础上，通过签订退出承诺书、个案研究、执法清退等方式，推动未退出的工业企业按时间节点退出绿心区域。天心区绿心地区工业企业共计 299 家，截至目前，已退出、拟调规退出和承诺退出（含口头承诺）的工业企业 287 家。各园区、各街道也开展拉网式排查，摸清底数，

2018 年 8 月 7 日，副区长许波带队开展执法行动

明确整治清单。计划到 2018 年年底前整治、取缔淘汰 61 家污染企业。截至目前，治理散乱污企业 56 家、完成 28 家 4S 店的治理。

有问政。为解决南大桥社区翡翠林居小区民生问题，提高小区环境质量，保障居民生活幸福感，听取百姓意见和建议，4 月 21 日，天心区政府、赤岭路街道联合长沙晚报开展“政务直通车”栏目现场问政活动，与居民群众进行坦诚、务实的对话，充分了解居民群众的需求。在 1 个半小时的交流中，政府职能部门负责人当场为居民回复近 10 个生活难题，承诺限时落实整改。除了当天的走访外，政府职能部门还将对这些问题进行回访。

有支持。4 月 10 日，文源街道蓝天办工作人员黎宇收到了一份特殊的“礼物”，一张烟花爆竹经营（零售）许可证，送来这份“礼物”的是街道辖区内的经营户郑三德。近日，在文源街道辖区，先后有 3 家拥有“烟花爆竹经营（零售）许可证”的商家自动

退出。“现在全市都在进行蓝天保卫战，街道、社区的工作人员几乎每天上路宣传，作为一名普通市民，也想用自己的方式做一点贡献。”郑先生说。清明节前后，天心区蓝天办对各街道下达烟花禁放通知，全区1000多名“禁放巡查员”全员上岗，强化劝导和烟花置换工作，在巡查员中，还有不少的群众。

有温情。为了彻底根治西湖路建材市场拖拉机整治难题，坡子街街道、社区、交警、城管、巡防队员一起，对辖区内下碧湘街、古潭街、下黎家坡巷、小桥子巷、姚家巷等背街小巷停放的拖拉机，正三轮摩托车进行进行了三次排查。通过与拖拉机驾驶员的反复沟通交流，告之其拖拉机在城区内通行的严重后果，终于做通了拖拉机驾驶员的工作，他们统一换成绿色环保的电动车进行货物运输，高排放的拖拉机永久退出西湖路建材市场，天心区交警用警车开道全程护送拖拉机车队通过天心区、开福辖区回湘阴老家。

有自查。天心区城投集团对承建的7个在建项目主动开展自纠自查，巡查监督，切实落实“10个严禁”“5个100%”要求，对施工场内非作业区域裸土进行覆盖，截至2018年5月25日，覆盖面积达130500平方米。美化施工围挡，雀园西路提质改造项目更换固定围挡500块，活动围挡940块，全线绿网覆盖。据悉，在全区共摸排整治裸露黄土592处，城乡建设局对在建工地监管全覆盖。

有发动。天心区教育局坚持“环境保护从学生抓起”，举行了“践行雷锋精神，护卫蓝天行动”为主题的开学典礼及开学第一课，发起“蓝天小卫士”招募活动，全区5万学子争当蓝天守护天使。在“六五”世界环境日来临之际，还拟在天心区中、小学、幼儿园广泛开展“小绿芽成长”行动，通过课堂学知识、社会观摩实践、参与志愿行动、提交环保金点子等有趣的闯关环节，践行蓝天保卫行动。

党政同责、以上率下、铁腕治污，天心区委、区政府主要领导，坚持每周调度、关键时期实行每日调度、日常工作采取随时调度，压实责任，刚性督考，对治理不力问题严肃问责。天心蓝天保卫形成了一个好氛围，趟出了一条好路子，做出了一个好样子，在同一片天空下，开启了不一样的征程。“下一步，即将启动全区由治标向治本的转段工作，通过顶层设计、调查研究，全面落实蓝天保卫战三年行动计划。”天心区蓝天办相关负责人介绍。

（《长沙晚报》）

大事记

1月

1月3日　召开传达市委主要领导在市“两会”天心代表团重要讲话精神会议。

1月4日　召开深入学习宣传贯彻中共十九大精神实施“五百工程”推进会议。

1月8日　召开2018年民生造福工作推进会，专题研究9大民生工程推进情况。

是日　西牌楼巷提质改造工程完工。

1月9日　召开区2017年度创建国家中心城市实现基本现代化暨绩效考核述职测评大会。

1月10日　召开区政府五届二次全体（扩大）会议，就市、区《政府工作报告》内容进行责任分解。

是日　暮云经开区国家重点高新技术企业顶立科技公司与湖南工业职业技术学院举行共建3D打印顶立学院签约仪式。

1月11日　召开听取《长沙市南部新城空间发展战略规划》方案汇报会议。

1月12日　召开五一商圈片区提质改造工作会议。

是日　天心区第三次妇女代表大会召开。

1月15日　召开研究步行街管委会有关工作会议。

是日　召开区环境保护工作暨强力推进环境大治理坚决打赢蓝天保卫战动员部署大会。

1月16日　召开传达学习市防控化解政府债务风险工作领导小组会议精神暨天心区防控化解政府债务风险工作部署会议。

1月19日　召开专题研究南部新城发展建设会议。

是日　天心区与红网战略合作暨天心区争当全面建设现代化长沙示范区系列报道启动仪式举行。红网街道工作站授牌。

1月23日　召开湖南地理信息产业园科研平台入驻签约仪式暨中国遥感应用协会亚热带分会建设与发展座谈会。

是日　天心区成立全市首个乡贤议事会。

1月24日　召开全区应对防范低温雨雪天气工作紧急会议。

是日　2018年全区“扫黄打非”工作会议召开。

是日　“走进新时代，共筑中国梦”全国社区网络春晚城南路街道吴家坪社区举行。

1月25日　召开学习中共十九大精神、贯彻新发展理念专题暨2018年中共天心区委务虚会议。

是日　区法院院长谭剑辉当选2017年度中国正义人物。

1月30日　天心区获评2017全国社会治理创新优秀区。

是日　长沙市天心区融媒体发展服务中心成立。

2月

2月5日　天心区召开党组织书记抓基层党建和

意识形态工作述职评议考核暨党建引领社会治理改革创新工作会议。

2月6日　2018年春风行动暨长沙市天心区——怀化市靖州县劳务协作专场招聘会在靖州县举行。

是日　天心区2018年迎新春群众精品文艺节目展演活动举行。

2月8日　召开区纪委五届三次全会。

2月9日　在坡子街牌楼南侧（主会场）举行2018长沙火宫殿大庙会启动仪式。

是日　湖南省副省长何报翔到天心区检查指导节前市场供应工作。

2月11日　区住房保障局公共租赁住房摇号选房活动启动，337户住房保障对象获新居。

2月12日　区委召开2017年度常委班子民主生活会，集中交心谈心会议。

2月24日　区委书记朱东铁一行调研政法工作暨部署全国“两会”特护期信访维稳工作。

2月26日　市委副书记、代市长胡忠雄到天心区调研。

3月

3月1日　天心区开展长沙市创建国家食品安全示范城市宣传活动。

3月2日　召开区政府领导班子2017年度民主生活会。

3月3日　天心区见义勇为先进个人表彰暨2018综治宣传月启动仪式举行。

3月5日　“践行雷锋精神，护卫蓝天行动”的开学典礼暨开学第一课举行。

是日　黑石铺街道一力社区书记贺纯雅入选敬业奉献类“中国好人”。

3月6日　召开天心区防控化解政府债务风险工作会议。

3月7日　省委常委、市委书记胡衡华调研天心区老城区有机更新工作。

是日　天心区城乡建设领域2018年“蓝天保卫战”暨安全生产工作推进会议召开。

3月8日　天心区第二届“十大道德模范”表彰仪式举行。

3月9日　天心区2018年优化营商环境暨招商恳谈会召开。

是日　市委常委、常务副市长舒行钢调研南部新城规划建设工作。

3月10～12日　天心区开展第35届青少年科技创新大赛暨第二届创客大赛暨红领巾“创未来”创新创意创造展示主题活动。

3月14日　天心区迎接省政府专项督查中央环保整改工作。

3月15日　2018年长沙市“3·15”国际消费者权益日集中宣传暨“品质消费·美好生活·诚信为本”主题活动在天心区举行。

3月20日　天心区蓝天保卫战“三个月治标”工作讲评会议召开。

3月21日　市人大常委会主任会议成员到天心区考察历史地名和历史文化街巷名称保护工作。

是日　全区河长制与防汛工作调度会议召开。

3月23日　天心区2018年度公益广告联席会议暨天心工商分局2018年度广告工作会议召开。

3月27日　首届基层社会治理创新“桂花论坛”在湖南省地质博物馆举行。

是日　天心区成立首批商超综合体食品安全监管联络室。

3月27～30日　天心区到上海开展招商活动。

3月28日　友谊路人行天桥投入使用。

是日　2018文化产业投融资路演活动在长沙“创谷”举行。

3月29日　天心区统战（民宗）工作会议召开。

3月30日　以“食美药安，你我共担”为主题的“3·31”投诉举报主题宣传日暨食品安全进社区进校园活动启动仪式举行。

4月

4月2日　星耀名楼·点亮蓝灯—2018年关爱自闭症儿童成长活动举行。

4月9日　召开关于落实八项规定有关工作专题部署会议。

4月10日　召开2018年度全区安全生产工作会议暨安全生产宣传教育“天心梦 安全+”主题宣教活动启动仪式。

4月11日　南二环辅道启动提质改造。

4月13日　天心区推进高质量发展落实“服务引领”战略暨六大重点产业和两大产业链工作推进会

召开。

4月18日　召开调度老城区有机更新工作会议。

4月19日　天心区2018年民营企业招聘周开幕。

是日　2018湖南文创企业版权保护运营交流会举行。

4月20日　保障性房源粟塘小区集中交付仪式举行，获得审批入住资格的保障对象办理配租入住手续。

4月24日　天心区召开贯彻执行中央"八项规定"精神专项治理工作推进会。

4月25日　市委副书记、市长、湖南湘江新区党工委书记胡忠雄到天心区调研城市有机更新及"一圈两场三道"工作。

是日　天心区召开民政工作会议。

4月26日　胡衡华到天心区调研中国电子科技集团公司第四十八研究所。

是日　副市长付胜华调研长沙市平安财富中心大厦联点项目。

是日　"筑梦天心·法律服务进商会"三年行动计划启动。

4月27日　以"红领社会治理，新开新的展望"为主题的"红领新开"工程启动。

4月28日　召开区坚持以人民为中心的发展思想贯彻落实民生造福战略暨九大民生工程推进会。

是日　"融城盛会·乐购天心"2018长株潭商圈购物消费节开幕。

5月

5月2日　召开调度中央巡视组交办群众信访事项会议。

5月7日　长沙市"践行新思想，长沙新作为"微宣讲竞赛天心区专场举行。

5月8日　召开白沙路、迎新路提质改造设计方案审定会议。召开天心区经济责任审计工作领导小组会议，天心区双拥工作调度会议。

是日　2018年第二次安委会例会暨安全生产"天心梦 安全+"主题宣教活动推进会召开。

5月9日　天心区坚持以人民为中心的发展思想实施"民生造福"战略推进会召开。

是日　"天心区特殊教育研究培训中心"成立。

5月9～11日　天心区2018年度基层党组织书记暨党务工作者培训举行。

5月10日　南部片区环境综合整治"百日行动"暨农村环境"五治"工作会议召开。

是日　天心区老城区有机更新工作领导小组会议召开。

是日　天心区农村集体产权制度改革工作会议召开。

5月14日　"2018年院士专家长沙行活动"走进暮云经开区。

5月15日　全区重大项目建设暨省"五个100"工程推进调度会议召开。

是日　"南城融合，科创湘情"园校共建交流会举行。

5月16日　2018年创客中国·天心赛区决赛举行。

是日　湖南省社科普及主题活动周启动式在天心区举行。

5月17日　天心区全国科技活动周暨科技嘉年华启动仪式举行。

5月18日　2018长沙休闲旅游节在天心区开幕。

5月21日　召开迎接国家生态环境保护部督察饮用水源保护工作调度会议。

是日　湖南装饰产业设计师峰会暨名峰软装商学院启动仪式在天心区举行。

5月22日　"我看天心新变化·讴歌天心"微理论微宣讲竞赛暨2018年"百名五老共商百年大计"活动举行。

5月23日　在文化（广告）产业园主楼召开天心区人民政府与中证机构间报价系统股份有限公司签约仪式暨文创平台项目培训推介会。

是日　"依法行政天心行"活动暨行政复议法执法检查动员会召开。

5月25日　首届长株潭一体化区域合作联席会议开幕式与首届长株潭一体化区域合作联席会议圆桌会议在天心区现代凯莱大酒店现代厅举行。

5月28日　市政府与国家地理空间信息中心签订合作共建地理空间大数据产业基地框架协议。

是日　天心区首家驻区央企水电八局南托基地物业移交正式协议签约仪式在基地服务管理中心举行。

5月30日　"拥抱新时代，争做好队员"2018年长沙市鼓号队风采展示大赛在天心区举行。

5 月 31 日　胡忠雄到天心区调研园区工作。

是日　湖南省庆“六一”主题队日活动在天心区举行。

6 月

6 月 1 日　区政府与长郡中学、雅礼中学、明德中学举行联合办学签约仪式。

6 月 4 日　天心区第六届环境保护宣传月启动仪式暨铜铺街小学第九届绿色狂欢节活动举行。

6 月 7 日　天心区“一圈两场三道”工作推进调度会议召开。

是日　市委副书记徐宏源率队到天心区调研社区提质提档和城市基层党建工作。

6 月 8 日　商务部调研天心区家政扶贫工作。

6 月 13 日　召开全区上半年绩效考核工作调度会议。

6 月 14 日　市委常委、组织部部长张宏益到金盆岭街道天剑社区调研城市基层党建工作。

是日　天心区平台公司转型工作会议召开。

是日　长沙市雅礼书院中学举行揭牌仪式。

是日　天心区“节能降耗 保卫蓝天”暨节能宣传周低碳日启动仪式活动在湖南省地质博物馆举行。

是日　“筑梦天心・数梦未来”产业对接会暨大数据天使投资签约仪式举行。

6 月 16 日　2018 年湖南省暨长沙市安全生产宣传咨询日活动在天心区举行。

6 月 19 日　在长沙外滩指挥部会议室召开调度长沙外滩棚改“百日攻坚”会议。

6 月 20 日　天心区 19 所小区配套幼儿园签约移交。

6 月 21 日　天心区工会第四次代表大会第一次全体会议召开。

是日　第三届“中国创翼”创业创新大赛天心区选拔赛举行。

是日　“天心艺术品论坛”举行。

6 月 23 日　天心区统一战线庆祝中国共产党成立 97 周年暨纪念中共中央“五一口号”发布 70 周年歌咏比赛在湖南省音乐厅举行。

6 月 26 日　天心区召开总河长会议。

6 月 27 日　召开天心区绿心地区工业企业退出工作调度会议。

6 月 28 日　召开全国深化“放管服”改革转变政府职能电视电话会议。

6 月 29 日　召开老城区有机更新工作调度会议。

是日　天心区城南 220 千伏输变电工程项目举行现场交接会，标志着该项目正式实现交地施工，成为长沙电力“630 攻坚”行动第一家交地的项目。

是日　天心区直机关庆祝建党 97 周年暨“七一”表彰大会召开。

是日　2018 第二届青春诗词大会天心区选拔赛在天心区实验小学举行。

是日　湖南科技职业学院新校区 1# 教学楼建设项目开工仪式在位于暮云片区的新校区建设工地举行。

7 月

7 月 2 日　在鑫悦汇东广场举行“新资源、新动力、新发展”—2018 年湖南长沙人力资源服务产业园启航发布会暨企业入驻签约仪式。

是日　在长沙外滩指挥部召开长沙外滩棚改“百日攻坚”会议。

7 月 4 日　天心区食品安全“百日会战”攻坚推进会召开。

7 月 5 日　2018 年天心区委议军会议召开。

是日　小西门水系系统清淤工作启动。

7 月 9 日　召开传达国家统计局执法宣介布置会。

是日　中意路（新岭路—伊莱克斯大道）城市化改造工程项目启动征收。

7 月 11 日　“大中小企业”供应链云服务对接会举行。

是日　市人大常委会主任程水泉到天心区调研人工智能及机器人产业链企业。

是日　“中南国际文化艺术交流中心”“中华善德网湖南运营中心”挂牌暨“传承好家风，中华小孝星”湖南区启动仪式在天心区举行。

是日　召开调度“一圈两场三道”、老城区有机更新及棚户区改造工作会议。

7 月 12 日　太平街变压器增容相关工作会议召开。

7 月 13 日　2018 年天心区禁毒工作会议召开。

是日　2018 动漫和网络文学 IP 运营及投融资大会在长沙天心文化（广告）产业园举行。

7 月 17 日　南郊公园、天心阁、湘府文化公园、白沙古井公园移交工作会议召开。

7 月 18 日　胡忠雄调研天心区“一圈两场三道”工作。

7 月 19 ～ 21 日　2018 年长沙大数据空间信息应用博览会举行，开幕式上，18 家企业签约湖南地理信息产业园。

7 月 20 日　天心区税务局挂牌成立，标志着原区国、地税局正式合并。

7 月 20 日　召开中央环保督察信访交办件“回头看”暨绿心地区工业企业退出工作推进会。

7 月 25 日　“融城核心·璀璨天心”2018 长沙天心上海招商恳谈推介会在上海举行。

是日　召开天心区城中村改造工作调度会议。

7 月 26 ～ 28 日　天心区开展“筑梦天心·情牵通道·同心同行”精准扶贫活动。

7 月 30 日　召开天心区配合省级环保督察工作专题调度会议。

是日　天心区被确定为全国公共法律服务平台建设示范地区。

是日　2018 年第二期“菁英沙龙”活动在赤岭路街道举行。

8 月

8 月 2 日　召开天心区绿心地区工业企业退出工作调度会议。

是日　“金融助力·文创腾飞”政银企座谈会在创谷召开。

8 月 6 日　召开省环保第一组督察组下沉天心区现场督察会议。

8 月 7 日　湘府文化公园后续建设工程竣工验收。

8 月 9 日　召开绿心地区工业企业退出工作调度会议。

8 月 10 日　棚改征收工作调度会议召开。

是日　市领导督查黑臭水体整治工作。

8 月 12 日　天心区举行首届“最美医生”颁奖典礼。

8 月 14 日　区配套幼儿园移交、民办教育专项整治工作调度会召开。

8 月 15 日　2018 首届中国·长沙文化创意设计大赛新闻发布会召开，标志设计大赛启动。

8 月 19 日　以“节能降耗、保卫蓝天、垃圾分类、机关先行”为主题的垃圾分类大比拼在天心区政府机关大院举行。

8 月 20 日　区委书记朱东铁带队走访湖南建工集团。

8 月 24 日　省政府副省长陈文浩到天心区调研绿心地区企业工作。

是日　2018 年“爱心相伴十年·爱在天心”华侨集团助学活动举行。

是日　徐宏源一行到裕南街街道火把山社区调研社区提质提档工作。

是日　天心区对口帮扶通道县、龙山县（洛塔乡）电工培训班结业仪式暨入职对接活动举行。

8 月 27 日　胡衡华到天心区调研城市有机更新。

是日　迎接市领导调研绿心地区涉及环保督查有关问题工作。

8 月 29 日　天心区社保费征收调研座谈会召开。

8 月 30 日　召开桂花坪街道有关问题调度会议。

是日　天心一中棚改项目全部完成签约清零。

9 月

9 月 3 日　在长沙外滩指挥部会议室召开长沙外滩“百日大会战”前期工作总结暨再动员再部署工作会议。

9 月 4 日　召开全区上半年绩效考核讲评会议。

9 月 5 日　2018 年第 3 次安委会例会暨防范重特大事故会议召开。

9 月 9 日　天心区举行庆祝第 34 个教师节暨“天心教师之歌”主题教育活动。

9 月 11 ～ 14 日　朱东铁带队到北京招商考察。

9 月 12 日　天心区政府、市城乡规划局区局会商会议召开。

是日“欢乐潇湘·品质长沙·璀璨天心”全民健身广场舞大赛举行。

9 月 17 日　在长沙外滩指挥部会议室召开调度长沙外滩棚改“百日大会战”会议。

9 月 19 日　迎接市人大常委会主任会议成员调研南部片区。

是日　人社部到桂花坪街道调研劳动人事争议调解工作。

是日　天心区质量强区工作大会召开。

是日　召开天心区老城区有机更新工作。

9月21日　市政协到天心区调研老城区有机更新工作。

是日　天心区第二次全国污染源普查入户调查动员部署会暨企业培训会召开。

9月25日　召开全区负责干部大会。

9月26日　共青团长沙市天心区第五次代表大会第一次全体会议召开。

9月27日　召开蓝天保卫战调度会议。

9月28日　天心区“助力乡村振兴·实现精准扶贫——秋天里的文明事”主题网络公益活动举行。

是日　召开经济工作推进会议。

9月29日　长沙南部片区百日攻坚行动推进会暨重大项目集中开工活动在天心区中意路城市化改造施工现场举行。

是日　天心区“标准强链、质量强园”质量提升集中培训活动举行。

9月30日　胡忠雄到天心区检查安全生产工作。

9月　南塘小学、梨塘小学扩建工程建成投入使用、八局小学建成投入使用。

10月

10月8日　召开国土卫片违法图斑整改碰头会。

10月9日　区领导调度五一商圈建设工作。

10月10日　区领导调研长沙人力资源服务产业园工作。

10月13日　豹子岭路（青山路至湘府路）段正式竣工通车。

10月17日　召开天心区例行督察违法图斑整改工作调度会议，

是日　“庆祝改革开放40周年浓墨重彩讴歌天心书画展”开幕。

10月18日　五届区委前四轮巡察情况通报暨全区组织工作会议召开。

是日　天心区中小企业公共服务平台信业金盆岭工作站启动。

10月22日　天心区经济形势分析暨绩效考核工作推进会召开。

10月23日　召开研究统计工作会议。

是日　召开调度“一圈两场三道”和绿心地区工业企业退出工作会议。

是日　召开天心区特护期蓝天保卫战暨中央环保督察“回头看”誓师动员大会。

是日　召开今冬明春火灾防控工作动员部署视频会议。

10月24日　天心区意识形态和民族宗教工作专题培训暨工作座谈会召开。

10月25日　天心区特护期蓝天保卫战暨中央环保督察“回头看”誓师动员大会召开。

是日　纪念改革开放40周年“筑梦天心·致敬新时代”非公企业创新创业成果展示报告会举行。

是日　2018年“文化惠民”天心区与龙山县文艺交流活动在龙山县高级中学体育馆举行。

10月26日　研究放管服改革工作会议与“千人帮千企百日大行动”工作调度会议召开。

是日　天心区绿心地区工业退出“一事一议”工作会议召开。

10月29日　胡忠雄督察天心区绿心问题整改工作。

是日　胡忠雄调研天心区绿心地区工业企业退出工作会议。

是日　召开全区非洲猪瘟疫情防控工作紧急调度会议。

10月30日　召开环保督察“回头看”视频会议。

是日　召开2018年天心区专题务虚会议。

10月31日　天心区防控化解政府债务风险工作领导小组会议召开。

是日　美往·天悦和苑安置房交房典礼在小区广场上举行，363户拆迁群众迁新居。

10月　黑石小学扩建工程建成投入使用。

11月

11月1日　舒行钢调研天心区南部片区。

是日　召开配套幼儿园专项整治及无证办学清理整治工作会议。

是日　召开暮云砂场拆除后相关问题协调会议。

11月2日　天心区召开持续深化扫黑除恶专项斗争工作推进会。

是日　舒行钢到天心区调研南部片区。

是日　调度配套幼儿园专项整治及无证办学清理整治工作会议召开。

11月5日　召开天心区例行督察违法图斑整改工作调度会议。

是日　召开暮云片区项目征拆建设10月工作总

结暨 11 月工作铺排会议。

11 月 7 日　召开天心区实施乡村振兴战略工作讲评会议。

11 月 12 日　中央生态环保督察“回头看”下沉督察迎检工作会议，胡忠雄到天心区督查督导中央环保督察“回头看”交办信访件整改。

是日　千人帮千企百日大行动启动。

11 月 13 日　召开调度“一圈两场三道”工作会议。

是日　召开调度六大产业和产业链建设工作会议。

11 月 14 日　举行天心区 2018 年名校长培养工程启动仪式。

11 月 15 日　召开研究长郡中学相关事项会议。

11 月 18 日　红星·欧丽洛雅环球家具博览中心开业。

是日　新华书店·乐之书店天心店开业。

11 月 19 日　召开新新花园团购商品房协调工作会议。

11 月 20 日　召开全区基层党建工作讲评暨绩效考核冲刺调度会议。

是日　长沙市“千人帮千企百日大行动”金融助推企业发展论坛暨文创板上线仪式在天心区举行。

11 月 22 日　召开中意路与伊莱克斯大道西延线项目征拆资金问题会议。

是日　召开暮云片区拆迁安置政策研究会议。

11 月 23 日　召开研究 2018 年重大项目建设考核会议。

是日　召开天心区土地督察整改（违法图斑、闲置土地、违法征地）工作调度会议。

11 月 26 日　召开全区安全生产工作会议。

11 月 27 日　召开天心经开区（新）筹委会市绩效考核工作调度会议。

是日　召开研究 2019 年重大项目投资计划会议。

11 月 28 日　巡查调度湘江（天心段）暨流域综合治理工作。

11 月 30 日　召开天心区“和包支付”推广应用工作会议。

12 月

12 月 3 日　《湖南日报》刊发《40 年绘就天心民生新画卷》四个专版。

是日　召开暮云片区项目征拆建设 11 月工作总结暨 12 月工作铺排会议。

是日　天心区“12·3”国际残疾人日暨“宪法宣传月”集中宣传活动举行。

12 月 4 日　召开天心区农村集体产权制度改革工作调度会议，召开天心区退役军人事务局筹备工作协调会议。

12 月 5 日　市政协主席团会议成员调研天心区经济社会发展。

是日　召开研究长沙医学院第二附属医院项目有关问题会议。

是日　市政协主席团会议成员调研天心区经济社会发展。

12 月 7 日　在雅礼书院中学建设项目指挥部召开调度学校项目建设会议。

是日　2018 年湖南统计法治宣传月活动在天心区举行。

是日　2018 第三届文化创意天心阁峰会举行。

是日　“新时代·心声音”天心区学习贯彻中共十九大精神微朗读大赛总决赛暨颁奖典礼举行。

12 月 10 日　举行天心经开区（新）“千人帮千企”绿心工业企业退出企业家座谈会。

12 月 11 日　中能建控股集团到天心区考察洽谈。

是日　收看全国加强非洲猪瘟防控工作电视电话会议。

是日　召开怡海星城项目工作对接会议。

12 月 14 日　天心区宣传思想工作会议召开。

12 月 13 日　召开天心区食品药品特种设备安全隐患大排查大整治专项行动动员部署会议。

12 月 17 日　全区负责干部会议召开。

12 月 18 日　举行湖南长沙人力资源服务产业园授牌仪式。

是日　召开统计有关工作调度会议。

12 月 19 日　“千人帮千企百日大行动”银企对接会举行。

是日　首届五一商圈党群运动会暨坡子街街道全民健身周启动。

是日　全市项目建设观摩团观摩天心经开区。

12 月 21 日　召开区政府五届三次全体（扩大）会议。

12 月 25 日　区领导开展“千人帮千企百日大行动”走访企业活动。

是日　标志楼宇党群服务中心揭牌暨“千人帮千企百日大行动”进楼宇活动举行。

是日　天心区千人帮千企百日大行动优化营商环境论坛暨“十佳金点子”颁奖典礼举行。

是日　2018年度财政决算工作会议召开。

是日　召开区政府绩效考核重点指标冲刺调度会议。

12月25～28日　政协天心区五届委员会第三次会议召开。

12月26～29日　天心区五届人大四次会议召开。

12月28日　腾讯云与智慧产业华南区一行到天心区对接洽谈。

12月　石青路、石人冲路、中粮储备库西侧道路建成通车。

天心概览

自然地理

【区域位置】 天心区位于湖南省省会长沙市城区南部，前身为南区，得名于长沙城著名地标天心古阁。区域范围东以黄兴路、芙蓉中路、韶山路为界，与芙蓉区、雨花区交界，南至暮云，与湘潭昭山示范区毗邻；西临湘江，以湘江主航道中心线为界，与岳麓区隔江相望；北抵五一路，与开福区接壤。辖区总面积 137.39 平方千米，湘江岸线天心段长 32 千米，具有滨江（湘江）、临洲（橘子洲）、望岳（岳麓山）的独特优势，是长沙“山水洲城”魅力的最佳展示区域。区机关驻地湘府中路 298 号。

【地质地貌】 全区处于湘中丘陵向洞庭湖平原过渡地带，地域成南北长，东西窄的地理走向，南北 20 余千米。地形呈波状起伏，地势南北低、中部为丘陵地带，略高，由东向西略斜，西部地势平坦。由于长期风雨侵蚀，形成红土岗地，地质呈酸性。全区成土母质以板页岩风化物为主（占 48.8%），其次为第四纪红土，砂砾岩则集中分布于桂花坪、青园等丘陵地带，土质肥沃的水稻土集中于大托铺街道临江的 5 个村，鹅洲和兴马洲为湘江上独立的沙洲，特别是京广线以西湖区湘江沉积扇上，适宜于多种农作物的生长。

【水文气候】 全区地处北部亚热带暖湿区域，具有四季分明，春温多变，夏秋多晴，严冬期短，暑热期长的典型内陆季风性湿润温和气候的特点。年平均气温 17.2℃，冬季平均气温 4.6℃。夏季平均气温 29.5℃。年平均日照 1730 小时，年平均无霜期 275 天左右，年平均降水量 1420 毫米。区域内淡水资源丰富，防御自然灾害能力较强，发展经济条件十分便利。南部 120 平方千米的天心生态新城，山体植被保护良好，空气清新、环境怡人、是全国生态示范区。

人口·民族

【人口】 2018 年年末，天心区人口总户数 18.93 万户，户政人口数 49.61 万人，常住人口 66.96 万人，出生率 12.21‰，死亡率 6.63‰，人口自然增长率 5.58‰，出生性别比为 105.53（以女性为 100），城镇化率 96.6%。

【民族】 2018 年，区辖区范围内的民族有汉族、蒙古族、回族、藏族、维吾尔族、苗族、彝族、壮族、朝鲜族、满族、侗族、纳西族、哈尼族、土家族、傣族、黎族、布衣族、佤族、塔塔尔族、水族、高山族、景颇族、畲族、仫佬族、普米族、白族、仡佬族、锡伯族、瑶族、俄罗斯族、土族、傈僳族。其中以汉族为主，占总人数的 98.25%，其后依次为土家族、苗族、回族、侗族、瑶族等。

建置·区划

【中华民国时期】 1927 年，国民党执政当局实行“五家挨户联法”，以五家为一联，二联为一牌，十牌为一甲，南区有四十七个团、区，团为军政合一建制，此建制延伸至1933年建市。1934年，长沙城内设4个区，城南区为第二区，6月成立第二区区公所，驻地朗公庙(今朗公街)。辖4个坊、15个保。1938年，长沙市废除区、坊、保、甲四级，改为镇、保、甲三级建置，城南区改为黄道镇、礼贤镇、天心镇。11月"文夕"大火后，长沙市政府裁撤，原范围归属长沙县管辖，城区分城南、城北两镇。1942年年初，恢复长沙市政府后，城区划为城东、城西、城南（镇址鳌山庙)、城北、城中（镇址火药局)5镇。1944年1月，镇、乡改区，长沙市划为东、南、西、北、会春、文艺、金盆、岳麓8区。抗日战争胜利后，城南恢复区建置，辖8个保，1947年2月，扩充为14个保、453个甲，后调整为292个甲。此建置直至长沙解放。

【中华人民和国成立后】 1949年8月5月，长沙和平解放，市人民政府派军代表接管城南区警察分局及下设四、五、六分驻所。8月26日成立城南区公安分局。27日，市接管国民政府城南区公所。9月，撤销旧区公所，成立城南区人民区公所，所址下黎家坡。1950年6月，全区废除原3个公安分驻所、14个保、292个甲，按地域成立城南路、天心阁、西湖路、社坛街、灵官渡、楚湘街、织机街7个居民委员会。1950年9月，金盆区南大十字路（后更名为南大路）和裕南街2个居民委员会划归南区。1951年5月，南区织机街居民委员会划属东区，西湖路民居委员会划属西区。1952年，7个居民委员会均改为街道人民代表大会常务委员会办事处，次年改称街道办事处。1954年，区域调整。全区设南大路、新兴路、裕南街、天心阁、楚湘街、城南路、灵官渡7个街道办事处。1955年5月，城南区人民政府改称城南区人民委员会。1960年4月，区人民委员会撤销，成立长沙市妙高峰人民公社，驻地席草田7号，下辖8个分社（其中1个农业分社）。1961年9月26日，妙高峰人民公社消失，恢复城南区人民委员会。1968年9月，成立南区革命委员会，取代城南区人民委员会。1980年10月28日，撤销南区革命委员会，成立南区人民政府。

【现行政区划】 2012年7月10日，区委、区政府决定对部分街道行政区划调整：撤销坡子街街道、学院街街道、书院路街道，合并组建新的坡子街街道，将原金盆岭街道析置为金盆岭街道和赤岭路街道；将原新开铺街道析置为新开铺街道和文源街道；撤销大托镇，析置为黑石铺街道、大托铺街道和先锋街道。至此，天心区由原来的九街一镇调整为坡子街、城南路、裕南街、金盆岭、赤岭路、新开铺、文源、桂花坪、青园、黑石铺、大托铺、先锋12个街道办事处。2015年1月15日，长沙市政府决定将长沙县暮云街道和南托街道划入天心区，天心区所辖街道办事处由12个增至14个。2016年根据全市统一布署，全区开展合并村工作，2018年年底，全区有14个街道，下辖83个社区，12个村，1个管委会。另有9个集体资产管理办公室。

国民经济和社会发展

【概况】 2018年，天心区牢牢把握稳中求进工作总基调，全力建设"融城核心、璀璨天心"，实施"北提南进、服务引领、民生造福"发展战略，全区经济社会保持高质量发展势头。根据统计局公布的数据，全年实现地区生产总值（GDP）1019.15亿元，比上年增长9.6%。分产业看，第一产业实现增加值1.39亿元，下降8.5%；第二产业实现增加值270.93亿元，增长5.5%；第三产业实现增加值746.83亿元，增长11.4%。第二、三产业分别拉动GDP增长1.6和8.0个百分点，三次产业对GDP增长贡献率分别为-0.2%、16.9%和83.3%。

全年完成一般公共预算收入137.91亿元，比上年增长12.3%，其中地方一般公共预算收入41.34亿元，增长3.7%。一般公共预算支出60.68亿元，增长7.4%。

【农业】 全年实现农林牧渔业增加值1.47亿元，比上年下降8.8%，其中农业增加值1.19亿元，下降8.9%；牧业增加值0.08亿元，下降3.2%；渔业增加值0.12亿元，下降7.1%；农林牧渔服务业增加值0.07亿元，下降14.4%。

全年粮食总产量8125吨，比上年下降7.4%，其中稻谷产量7914吨，下降8.3%；蔬菜产量40422吨，下降4.3%。

【工业和建筑业】 2018年，天心区实现全部工业增加值比上年增长2.1%，其中规模以上工业增加值增长3.1%。

全区具有建筑业资质等级的独立核算企业77家（不包括劳务分包企业），其中特级4家、一级34家、二级21家、三级16家，不分等级2家。全年完成建筑业总产值945.14亿元，比上年增长12.4%；实现建筑业增加值148.51亿元，增长10.2%。

【固定资产投资】2018年，天心区完成全社会固定资产投资比上年增长11.1%。全区计划总投资超过5000万元的在建项目（不含房地产开发）113个。分产业看，第二产业完成投资增长140.4%，其中工业投资增长158.6%；第三产业完成投资增长0.1%。

全年房地产开发投资比上年增长4.5%；商品房销售面积196.52万平方米，下降14.0%，其中住宅销售面积169.38万平方米，下降14.2%；商品房销售额173.29亿元，下降5.6%，其中住宅销售额140.86亿元，下降5.1%。

【国内贸易、商务和招商引资】2018年，天心区实现社会消费品零售总额550.40亿元，比上年增长9.7%，占全市社会消费品零售总额比重为11.6%。按行业分，批发业零售总额55.83亿元，增长14.8%；零售业零售总额418.74亿元，增长9.3%；住宿业零售总额5.43亿元，增长4.6%；餐饮业零售总额70.40亿元，增长8.4%。限额以上批发和零售业单位商品零售额比上年增长7.0%。分类别看，汽车类零售额增长13.6%；服装、鞋帽、针纺织品类零售额增长3.4%；家用电器和音像器材类零售额下降13.8%，中西药品类零售额下降17.9%。

全年内外资招商项目（企业）173个，实际使用到位外资7.43亿美元，比上年增长8.7%；市外境内资金形成固定资产投资346.4亿元，增长12.1%；实际到位省外境内资金141.4亿元，增长18.8%。

【教育和科学技术】2018年，天心区拥有普通中学15所（含九年一贯制学校2所）、中等职业教育学校3所、普通小学52所（含教学点1个）、幼儿园122所。普通中学在校学生24854人，教职工2149人；中等职业教育学校在校学生3361人，教职工246人；普通小学在校学生43818人，教职工2352人；幼儿园入托儿童22785人，幼师3253人。全区小学生毕业合格率100%，高考二本上线率68.8%，高考录取率91.6%。生均公用经费小学800元/年，初中1000元/年。

全年实现高新技术产业增加值336.60亿元，比上年增长12.3%。完成科技新产品开发162项，增长10.0%；专利申请2889项，增长31.0%，其中发明专利申请1405件，增长36.1%；专利授权1405件，增长23.9%，其中发明专利授权296件，下降1.3%。

【文化、体育和卫生】2018年，天心区有非物质文化遗产项目资源27个，非遗展示中心1个，文化馆1个，公共图书馆10个（其中24小时自助图书馆3个），街道文化站14个，示范性街道综合文化站9个，示范性社区（村）综合文化服务中心88个，绿色上网场所60个，农家书屋30个。

开展全民健身项目735项次，全区全民健身运动参加人数54.6万人次。全年发展社会体育指导员156人，年末拥有各级社会体育指导员2730余人，健身辅导站14个，公共体育场地1033个。

全区拥有医疗卫生机构406个，其中疾控中心1个、妇幼保健所1个、区人民医院1个、社区卫生服务中心13个、社区卫生服务站41个、驻区企事业单位医疗机构34个。全年建立电子健康档案52.39万份，建档率81.4%。管理65岁以上常住居民4.93万人，高血压、糖尿病规范管理人数分别为2.68和1.11万人，慢性病规范化管理率75.0%以上。区级注册卫生技术人员7151人，比上年增加527人，其中医生2882人，比上年增加40人；护师护士4269人，比上年增加487人。

【环境保护和安全生产】2018年，天心区环保共审批建设项目9件。全年空气质量PM2.5优良率77.2%。全年各类生产安全事故死亡5人，其中生产经营性道路交通事故死亡3人；铁路运输事故死亡0人；工矿商贸企业从业人员死亡1人。亿元GDP生产安全事故死亡率为0.0049，比上年下降57.0%。

【人民生活和社会保障】2018年，天心区年末人口总户数18.93万户，户政人口数49.61万人，常住人口数66.96万，出生率12.21‰，死亡率6.63‰，人口自然增长率5.58‰，出生男女性别比105.53（以女孩为100），常住人口城镇化率96.6%。城镇居民人均可支配收入54476元，比上年增长8.2%，高于全市平均水平3684元。

2018年，天心区城市低保对象29110户次、45716人次，累计发放低保金、物价补贴、过节费等1876.21万元；农村低保对象 4643 户次、9616 人次，累计发放低保金、物价补贴、过节费等 320.62 万元；申请廉租房及廉租房补贴 247 户。全年发放城乡困难居民医疗救助金 686.82 万元，1525 人次；特困供养 2939 户次、3005 人次，供养资金 358.14 万元；发放优抚金 2665.9 万元，接待各类退役军人来信来访 3600 余人次；新建 6 个居家养老服务中心。

2018 年，天心区城镇新增就业 11182 人，失业人员再就业 4690 人，就业困难对象再就业 2170 人；年末城镇登记失业率 2.36%，零就业家庭 100% 动态清零；新增农村劳动力转移就业 454 人；新增创业主体 9934 户，带动城乡就业人数 20653 人，带动城镇就业 10355 人。

说明：地区生产总值（GDP）、各产业增加值绝对数按现价计算，增长速度按可比价计算。

精神文明建设

【概况】 2018 年，天心区开展省市文明创建活动 100 余场，评选表彰天心区第二届“十大道德模范”，打造“文明单位结对帮扶，共创文明乡风”等品牌活动。设计制作全市首本《文明创建工作手册》，利用微信 H5，开设“文明有我，天心有‘礼’”市民问答专题，吸引近 20 万市民群众参与、答题。全年全域常态开展“排队日、礼让日”主题志愿服务活动，组织文明交通志愿者上街劝导 7700 余人次，在地铁 1 号线友谊路 3 号出口开设“文明排队礼让”主题站点。组织建立一支 400 余人文明单位网络文明传播志愿者队伍，打造“文明四季”网络文明传播品牌，线上累计阅读量 390 万余、讨论量 4 万余次，线下参与人数过万。推选天心区小蜜蜂志愿者协会会长杨士泉获评全国最美志愿者，1 人获评中国好人，4 人获评湖南好人，4 人获评长沙市道德模范及提名奖。指导推荐金桂社区获评省级文明社区、3 家酒店及农贸市场获评省级文明餐饮示范点及文明集市 ,17 个单位获评市级文明称号。全年开展区级督查 140 余次，分解下发市区级通报 80 余期，整改问题 1000 余个，解决一批环境、设施、秩序等方面的问题。（杨　威）

【天心区成立全市首个乡贤议事会】 2018 年 1 月 23 日，全市首个“乡贤议事会”在天心区黑石铺街道披塘村正式挂牌成立。历时半年，经披塘村村民代表三次评议选出的 6 位贤达被授予“新乡贤”称号，将依托“党为核心、规范管理、村事民治、补位辅助”四个原则，听取反映村情民意，协助化解疑难矛盾纠纷，促进村民自治，通过各类渠道支持参与“美丽乡村”建设，厚实文明新乡风。乡贤议事会常驻披塘村村委安排活动，在街道、村两级党组织的领导下，每月集中召开 2 次专题议事会议，对大小村民村事进行集中讨论，确保涉及群众利益的重大事项顺利推进，使党委政府的导向、要求与群众的意愿、诉求在同一个平台上彼此互动。发挥乡贤的亲缘、人缘优势，与时俱进地融入现代元素，定期开展“乡贤领头”系列志愿服务活动。活动仪式上，表彰“新乡贤”，挂牌成立“乡贤议事会”，披塘村 12 户“星级文明户”登台亮相。（杨　威）

【天心区第二届“十大道德模范”表彰仪式】 2018 年 3 月 8 日，天心区第二届“十大道德模范”颁奖典礼举行，省文明办创建指导处处长张志辉，市委宣传部副部长、市文明办主任郭润葵，区委副书记、区文明委副主任朱远红，区委常委、宣传部部长肖雄伟等参加颁奖典礼。仪式上，表彰杨士泉、唐红伍、黄伊琳、易剑皓、曹晖、陈炫霖、周文君、唐香军、柳军、邹正旺 10 位道德模范。

（杨　威）

2018 年 3 月 8 日，天心区举行第二届“十大道德模范”表彰仪式

区委宣传部 供稿

【天心区“互联网＋帮帮帮”区校青年志愿者学雷锋志愿服务活动月启动】 2018年3月9日，天心区“学习贯彻十九大精神，开启新时代学雷锋新征程”系列主题活动之“互联网＋帮帮帮”区校青年志愿者学雷锋志愿服务活动月启动仪式在中南林业科技大学音乐厅举行。活动旨在依托“文源帮帮帮”微信公众号，形成线上的群众志愿述求与线下的志愿帮扶相结合的“互联网＋”志愿工作模式，通过充分发挥高校优势，鼓励和吸纳更多的青年志愿者加入到志愿服务，推动高校志愿服务与街道、社区志愿服务工作两相融合。活动现场，来自天心区五所高校团委代表与共青团天心区委签订“区校共建共创青年志愿服务品牌合作协议书”，并被授予“共建共创学雷锋志愿服务基地”牌匾。（何小舟）

【“品质消费·美好生活·诚信为本”主题活动】 2018年3月15日，“弘扬诚信文化·建设诚信长沙”2018年长沙市“3·15”国际消费者权益日集中宣传暨“品质消费·美好生活·诚信为本”主题活动在鑫远·鑫悦汇购物中心东广场举行。主题活动围绕纪念“3·15”国际消费者权益保护日和诚信建设体系展开，推广《中华人民共和国消费者权益保护法》《中华人民共和国产品质量法》等法律法规，进行诚信商户认证。来自市区烟草、电信、移动、食药监局、消防、工商、银行等多个部门搭起“问诊台”，为市民群众针对假冒伪劣产品、金融典型防诈骗的种种问题答疑解惑，现场受理消费者投诉及举报10余起。对举报投诉事项进行逐一核实，开展集中整治，对具有不诚信、违法行为商铺、企业、门店进行查处，以保障消费者的合法权益。（杨　威）

【“文明从排队礼让开始”市民素质提升行动】 2018年3月23日，天心区“文明从排队礼让开始”市民素质提升行动暨“春天里的文明话”网络文明传播活动在湖南省地质博物馆举行。活动通过艺术剪纸、绘画作品、文明之声等形式，展现文明“音诗画”的美景。活动前期，以“春天里的文明话”为关键词发布话题，通过线下征集“春天里的文明‘画’、春天里的文明‘照’、春天里的文明‘话’、春天里的文明‘花’”等主题排队礼让剪纸、绘画、摄影、音视频等优秀作品共280余份。活动线上传播阅读量33万次，讨论量2597次。（仇玉瑜）

【“党建引领，做诚信企业、建诚信楼宇、创诚信街区”主题活动】 2018年3月29日，长沙市“弘扬诚信文化，建设诚信长沙”市民教育暨“党建引领，做诚信企业、建诚信楼宇、创诚信街区”主题活动在天心区举行，“企业＋楼宇＋街区＋社区”四方共建模式试点启动，以新经济组织、新社会组织较为集中的黄土岭社区辖区、芙蓉南路沿线为重点地段，依托楼宇联合党支部、楼宇红色驿站等党建平台，重点针对创业诚信、经营诚信、纳税诚信等诚信经营行为，分季度打造诚信承诺、诚信企业书征集、讲述你身边诚信榜样等各具特色的主题环节，同时联合各个职能部门通过企业诚信立档、社会公众满意度测评、楼宇诚信指数发布等监管措施，落实各项共建和评比机制。（杨　威）

【“文明排队礼让六进”主题活动】 通过进学校、进机关、进企业、进社区、进乡村等“六进”模式，以“排队礼让、文明时尚”活动为主题，常态进行宣传、教育、劝导、整治系列主题活动，持续引导市民在日常生活中的各类公共场合有序排队礼让，以实现文明礼让风尚的定点定向传播。2018年5月17日，长沙“文明排队礼让六进”系列市民教育主题活动在长沙远征驾校举行。敬业奉献中国好人、长沙市诚实守信道德模范张建明结合自身近20年驾培行业从业经验为现场300余名新老司机们传授“文明出行、安全出行、礼让出行”的经验与心得，为报考驾照的学员讲课。11月11日，长沙市“双11排起来”网络文明传播暨天心区文明排队礼让“六进”活动在青创汇国际创客广场举行。现场，主办方播放《双11排起来》创意短视频。活动中，在长沙市新时代好少年徐劲博的带领下，天鸿小学学生齐声朗读《文明礼让宣言》。参与活动的嘉宾领导在文明礼让签名墙上写下文明礼让的承诺。（何小舟）

【“亮牌子、结对子、树形象、展风采”共创文明乡风主题活动】 2018年6月15日，区文明委组织全区各级各类文明单位召开文明单位创建工作培训暨“亮牌子、结对子、树形象、展风采”共创文明乡风主题活动。活动上，全国文明单位区人民法院、省级文

2018年6月15日，天心区召开文明单位创建工作培训暨"亮牌子、结对子、树形象、展风采"共创文明乡风主题活动　　区委宣传部　供稿

明标兵单位中国联通长沙分公司作文明单位经验交流。区内优秀文明单位代表与天心区12个建制村签订结对帮扶协议，启动天心区文明单位结对帮扶农村精神文明建设工作，在为期一年的时间内，通过共同开展文明风尚引领、文明村镇创建、文化惠民提质、道德典型培育、移风易俗宣教、共建共创示范6个工程，本着优势互补、资源共享、共同提高的原则，加大城乡共建力度，推动城乡文明一体化发展。（杨　威）

【"弘扬文明家风，建设幸福家庭"网络文明传播活动】 2018年4月18日至6月19日，区文明办联合长沙文明网策划开展"夏天里的文明（家）风——长沙市'弘扬文明家风，建设幸福家庭'网络文明传播活动"。活动在全区征集家书家训、家书家信作品400余份。活动现场对市区级文明家庭、家风家训获奖代表、家书家信获奖代表等30余人进行表彰，全区文明单位、文明校园及居民群众500余人参加，线上话题讨论阅读量累计90.5万次、讨论量5306次。（仇玉瑜）

【长沙市"传承红色基因·童心向党"关爱未成年主题夏令营】 2018年7月10日至8月23日，长沙市"传承红色基因·童心向党"关爱未成年主题夏令营举行。夏令营由街道、社区提供阵地，组织工作，社会组织负责策划、执行，由社工、志愿者提供服务、全程陪伴的模式运行，以传承红色基因，弘扬中华传统文化为主线，其间，300余名孩子在夏令营中，在小蜜蜂志愿者协会社工、志愿者们的带领下，走上街头参与排队礼让劝导、听抗战老兵讲"红色故事"等，包括经典诵读、课业辅导、技能培训、户外拓展、亲子互动等主题活动，为孩子们量身打造一个党史历史、传统文化、爱国主义教育体验平台。（龚细梅）

【"邻里中秋情·共筑中国梦"主题活动】 2018年9月20日，天心区"邻里中秋情·共筑中国梦"主题活动暨暮云街道"邻里守望敬老孝老"学雷锋志愿服务活动在暮云街道云塘社区举行。市文明办副主任杨立平，区委副书记朱远红，区委常委、宣传部部长肖雄伟等，以及近1000名社区居民参与活动。活动上演乐器演奏《花好月圆》，戏曲对唱《中国脊梁》，舞蹈《向快乐出发》《恋人心》《一二一》，情景剧表演《话说中秋》，快板《移风易俗树新风》，诗歌朗诵《满江红》，传统文化表演《旗袍秀》等节目。现场设置孝老敬老关怀、最美全家福颁奖、志愿者服务分享环节，由一师三附小龙湾小学的小志愿者为现场的20位老人送上代表中秋祝福的月饼。活动有利于营造文明和谐的节日喜庆氛围，丰富居民精神文化生活。（杨　威）

【天心区乡村学校少年宫成果展演】 2018年9月21日，天心区乡村学校少年宫成果展演在仰天湖中建小学举行。活动分为两个场地，主场和分场活动同时进行。主场活动，上演黄鹤小学的再现小英雄雨来的故事、暮云小学的《宝贝、宝贝》、桂井小学的《美育儿童》、明德启南中学的《梨花又开放》、龙湾小学的《满江红》。分场活动，有手工制品展示，现场来自不同学校的孩子捏泥人、胶水坦克、沙画、橡皮泥水果拼盘。乡村少年宫的开展为孩子们搭建了挖掘潜能、施展才华的舞台。（龚细梅）

【"秋天里的文明事"网络公益活动】 2018年9月28日，长沙市"文明四季"系列网络文明传播活动——天心区"助力乡村振兴·实现精准扶贫""秋天里的文明事"网

络公益活动在坡子街街道火宫殿举行。活动在贫困对象帮扶、产业合作、全域推广等方面线上线下结合开展网络传播，建立设立专题微心愿网络平台，收集实现首批贫困群众微心愿40余个，来自通道县县溪镇的一批特色产品、文化得到展示与推广。天心区与县溪镇开启"携手奔小康"的三年计划，创新打造"新媒体+精准扶贫"模式，围绕帮扶县溪镇项目为中心，整合资源，多方联动，对通道县开展产业、教育和就业等多方面的帮扶工作，助力脱贫攻坚战。（仇玉瑜）

【纪念"文夕大火"80周年活动举行】 2018年11月13日，长沙市纪念"文夕大火"80周年活动在天心区幼幼小学的报告厅内举行，来自学校的数百名师生参加活动。活动中，全体人员观看有关"文夕大火"的影视资料，为在大火中遇难的同胞默哀；邀请文化学者顾庆丰解析"文夕大火"的前因后果以及长沙人民在抗战中的历史贡献。与会人员集体起立宣誓，表示将铭记历史，不忘使命，努力为长沙的建设贡献自己的力量。（杨 威）

【天心区先锋远征营志愿者协会揭牌】 2018年12月3日，长沙市纪念"12·5"国际志愿者日系列主题活动暨天心区先锋远征营志愿者协会揭牌仪式举行。该协会由先锋街道、长沙远征驾校联合发起，由区文明办、区民政局共同指导成立，致力于以远征驾校为阵地，围绕多年坚持的"文明交通""扶残助残""精准扶贫"三个公益行动上定向着力，以区、街、单位、协会四方联创共建的模式，打造一个集结爱心人士的大本营。活动上，协会与湖南省特教中专签订"志愿服务意向合作书"，为特教中专的近千名残疾学生们提供精心设计的诸如才艺、生活技能、助学帮学等服务项目，为他们创造融入社会的实践平台。（何小舟）

【年度人物·何建军】 何建军，男，汉族，湖南邵阳人，大学文化，1987年9月毕业于中南林业大学政治专业，无党派人士，担任湖南省环保志愿服务联合会会长。

何建军在大学期间加入环保志愿服务行列，2007年担任中南林业科技大学"绿源"环保协会会长，其间，组织获全国保护母亲河先进单位，三湘环保世纪行先进单位，全国湿地使者行动二等奖等多项奖励。毕业后，参与发起、成立绿色潇湘、绿动社区、湖南省环保志愿服务联合会、湖南省益加青社会组织服务中心等多个在湖南省具有影响力的公益组织。从事环保志愿服务14年来，组织参与数百次国家、省市级环保活动，筹集环保公益资金千万余元，组织实施"守望母亲河"湘江流域观察和行动网络、"候鸟守护者"行动网络、绿色循环日、永州"民间河长"志愿服务活动、"美丽中国 我是行动者""守护好一江碧水志愿服务"联合行动等多个有影响力的环保公益项目，多次被中央、省级主流媒体报道，为提高青少年和社会公众的生态文明意识，推动全社会参与"两型社会"建设做出积极贡献。所带领的机构2012年发起的湖南省护鸟营项目推动湖南"候鸟守护者"群体获得"CCTV2012年度中国法治人物"称号；2016年获第七届全国"母亲河"奖；2018年发起的走读湘江获得第八届"母亲河"奖—绿色团队奖；2018年，永州民间河长项目以"双河长制"创新共建共治共享环境治理机制获评湖南省第三批生态文明改革创新示范类案例，湖南省护鸟营获"斯巴鲁生态保护先进志愿者团队奖"、获评团中央2018全国青年社会组织火爆计划五星奖；2014年何建军获团中央和中国青年志愿者协会颁发的"第十届中国青年志愿者优秀个人奖"。2015年获湖南省省文明委、湖南省志工委颁发的"最美志愿者奖"，2018年12月何建军获团中央、环保部等八部委颁发的第八届"母亲河"奖绿色卫士奖。（何小舟）

【年度人物·贺纯雅】 贺纯雅，女，1960年10月出生，中共党员，天心区黑石铺街道一力社区书记、主任，2018年3月4日，中央文明办发布2月"中国好人榜"，共有101位身边好人上榜。经区文明办申报、推选的黑石铺街道一力社区书记贺纯雅入选敬业奉献类"中国好人"。贺纯雅16年来情系百姓，做居民"自家人"的事迹感动全国网友，最终入选。16年的社区工作，贺纯雅坚持以身作则，凭借一副喊不累的大嗓门，一双跑不断的铁腿，在废工棚上崛起一个"家文化"主题社区，搭起一座"亲民爱民"的坚实桥梁。2002年9月至2018年12月，在她的带领下，完成两个社区两栋共2800余平方米的办公楼和两个共4000平方米的健身场建设，完成4万余平方米的社区环境整治，建成全市唯一的社区足球场。依托社区公共服务站这一平台，通过热心接待、精心办理、用心疏导来接待和联系居民群众。社区依托居家养老服务中心成立一力艺术团，她任团长，搭建健身、交谊舞、模特、合唱等平台。针对辖区范围内学校多，青少年多情况，开辟植物生态园，搭建青少年绿色植物探索新平台。针对妇女维权，通过成立巾帼创意工作室、姐妹悄悄话室、妇女儿童物资救助站等，维护妇女合法权益，促进妇女就业创业。针对涉军困难群体众多、成份复杂的问题，她组织600余名自主择业涉军群体分层面座谈，重点上门走访沟通。主动与政府对接，搭建双方连心桥，确保稳定和谐。她走访辖区单位和居民家庭，为困难居民送去温暖。一力社区自2006年以来先后获评全国综合减灾示范社区、全国职工书屋、全国基层妇联组织建设示范社区等几十项称号。她个人先后记二等功2次、三等功1次、嘉奖1次。先后获评湖南省社区建设先进个人、长沙市劳动模范、市雷锋式人民公仆、市文明市民标兵、市社区建设先进个人等称号，是天心区第一届政协委员，工商联常委，区第三届、第四届党代表，区第四届人大代表。2013年5月《长沙晚报》、长沙新闻频道分别作“市最美基层干部”专题报道。（杨 威）

【年度人物·范雪清】 范雪清，女，1982年2月出生，中共党员，长沙市天心区桂花坪街道金桂社区党支部书记。她充分发挥党建带妇建的先锋模范作用，帮助群众解决实际问题50余起，成立党员巾帼志愿服务队伍，发展社区巾帼志愿者91人，开展各类志愿服务上万次，密切党群关系，充分发挥妇女在社区中的先锋模范作用。用实用好惠民项目资金，5000余居民受到实惠。通过“一走进”“二了解”“三提高”，做到知民情、解民意、帮民困，2018年社区争取资金1500万余元对北片进行提质改造。2009年被评为长沙市文明创建先进个人。2011年被评为长沙市劳模、长沙市优秀共产党员、长沙市社区教育先进工作者。2012年被评为天心区明星社区主任、天心区文明创建工作先进个人；获得长沙市文明创建工作三等奖。2013年被评为长沙市拥警模范市民；当选长沙市天心区第三届人大代表。2018年，当选为中国妇女第十二次全国代表大会代表。（何小舟）

【年度人物·谭剑辉】 谭剑辉，男，1965年2月出生，中共党员，法律硕士学历。2018年1月27日，2017年度中国正义人物名单发布，天心区人民法院党组书记、院长谭剑辉等11人当选2017年度中国正义人物。谭剑辉，1986年毕业于西南政法大学，在检察系统工作30年，先后获2008年度湖南省十大最具影响力的法治人物、“CCTV2011中国法治人物湖南十佳”等称号。2016年，谭剑辉调任天心区人民法院院长后，他要求法院执行人员理直气壮加大失信违法成本，严格依法制裁失信违法行为，从而推动社会征信体系建设。为解决“执行难”问题，区法院创新执行方法，在全省法院系统首创，将36个审判执行团队法官、法官助理、书记员的办公电话通过官方微信公众号向社会公布。（杨 威）

【年度人物·戴煜】 戴煜，男，湖南新邵人，1966年出生，1992年参加工作，民革党员，材料学博士学位，国家“万人计划”领军人才。从事碳/陶基新材料、高比重合金材料、金属基3D打印材料等先进材料和先进制造技术研究工作。2006年4月在湖南暮云经开区创立湖南顶立科技有限公司，任董事长和总经理。他以材料学者身份将材料制造工艺与装备制造技术紧密结合，通过搭建创新创业平台和科技成果转化平台，通过承担国家重大工程和国防建设工程，吸引一大批高水平技术人才，攻克中国粉末冶金、碳材料等行业急需的关键热工装备的技术瓶颈，实现中国相关领域高端热工装备的重大突破。顶立发展成为一家专业从事粉末冶金、炭及碳化硅材料、真空热处理装备研究开发与制造的“国家火炬计划重点高新技术企业”，国家新材料热工装备龙头企业和军民融合型高科技企业，拥有湖南省企业技术中心、湖南省质量信用AAA级企业。在2018年湖南省加速推进新型工业化工作会议上，戴煜获2017年“湖南省优秀企业家”称号。（龚细梅）

【年度人物·欧阳艳华】 欧阳艳华，女，天心区铜铺街小学党支部书记、国家二级心理咨询师，“本会团体”心理咨询研究院118号渡老师、中国社会工作联合会心理健康工作委员会本会团体心理咨询学部委员，丝带心理学志愿者。

她从事小学教育工作25年，是长沙市天心区首批卓越教师、天心区教育局心灵驿站总执行，天心区未成年心理健康辅导中心志愿教师，倡导“让生命在爱里成长”的教育理念，践行生命教育，创建长沙市第一个小学生命教育中心，开辟基地，编写教材，开设课程，为学生身心健康生长探索实践。她指导创建全国第一所心理学网络学校区域分校，应用“本会团体心理咨模式”，组建心理学成长团队，带领心理科普读书群，开设并带领全公益地面团体课程。

她善于运用教育学与心理学理论知识、方法技能，开发家长“家庭文化”课程、教师“心资本”课程以及学生“学习力提升”课程，并且面向全市师生家长，做志愿服务活动。2018年成功进行自杀干预2人、公共危机干预10件，2018年，为学校、社区以及相关单位志愿送课近百堂。

欧阳艳华获评2014年湖南省优秀辅导员、2015年长沙市课题管理先进个人、2018年获评天心区十佳魅力教师，2018年获评全国课题实验先进个人，2018年，带领师生，将铜铺街小学创建为国际生态学校，这是由环保部授予的长沙市第一所获此称号的小学。（龚细梅）

【年度人物·张建明】 张建明，男，1949年出生，汉族，中共党员，大专文化，长沙市远征驾校党支部书记、校长，湖南省残疾人驾驶技能培训基地负责人，天心区怡智家园智障人士服务中心主任。

自2000年开办远征驾校以来，他积极投身扶贫帮困、扶残助弱等社会公益事业。2010年，在政府的支持下，张建明投资4000万余元打造国内首家助残公益驾校，修建培训考试一体化的全科目训考基地，并为肢残学员修建专用招待所，并全程免费为肢残学员及其陪护人员提供食宿，还以每人2480元的超低学费，培训全国各地1100名肢残学员，帮助他们顺利考领C5驾驶证。

2018年，他主动与省残联对接，个人全额出资，对全省建档立卡的肢残贫困户实施精准扶贫三年行动计划，每年为100名符合扶贫条件的肢残人全免费进行驾驶培训，并考领C5驾驶证，截至2018年，有100余名符合条件的肢残学员到校报名学习，帮助已考证残疾人走上新的创业就业之路。2018年被推荐为助人为乐全国道德模范。2018年年底，被授予“全国助残先进个人”称号。（杨 威）

中国共产党长沙市天心区委员会

重要会议

【区委常委会会议】2018年，中共长沙市天心区委员会（简称"区委"）召开常委会会议30次：

1月14日，区委召开第一次常委会会议，传达学习习近平总书记关于环保工作重要论述、全市环境保护工作暨强力推进环境大治理坚决打赢蓝天保卫战动员部署大会精神、上级有关文件精神，研究全区环境保护工作暨强力推进环境大治理坚决打赢蓝天保卫战工作。

1月31日，区委召开第二次常委会会议，传达学习有关文件精神，研究干部人事工作。

2月3日，区委召开第三次常委会会议，研究确定民主推荐对象。

2月5日，区委召开第四次常委会会议，研究审议区2017年度各党（工）委书记抓基层党建和意识形态工作述职评议考核情况。

2月7日，区委召开第五次常委会会议，传达学习中央和省市纪委全会精神，研究部署2018年区党风廉政建设和反腐败工作。

2月10日，区委召开第六次常委会会议，传达学习全市蓝天保卫战工作领导小组2018年第1次会议精神，研究全区2017年度绩效考核工作，听取全区绩效考核讲评暨“三大板块”征拆、产业项目建设推进大会筹备工作情况汇报，审议《长沙市天心区人大常委会2018年工作要点》和《政协长沙市天心区委员会2018年工作要点》。

2月28日，区委召开第七次常委会会议，传达学习《关于印发〈湖南省环境保护工作责任规定〉和〈湖南省重大环境问题（事件）责任追究办法〉的通知》（湘发〔2018〕4号）精神，听取全区政法工作情况汇报，审议《关于进一步优化营商环境的若干意见》，研究干部人事任免工作。

3月9日，区委召开第八次常委会会议，传达全市老城区有机更新座谈会精神及部署相关工作。

3月22日，区委召开第九次常委会会议，传达学习上级文件精神，学习全国“两会”精神及《中华人民共和国宪法修正案》，传达学习全市城市基层党建年社区党建工作动员部署会议精神并听取全区城市基层党建工作情况汇报，审议《中共长沙市天心区委常委会关于坚决维护中共中央集中统一领导的有关规定》等8个文件，听取全区统战工作情况汇报。

4月4日，区委召开第十次常委会会议，传达市委常委会关于中央巡视组交办信访案件工作议题的会议精神并听取天心区关于中央巡视组交办信访案件办理情况汇报，研究2018年全区社区提质提档工作、全区农村集体产权制度改革及脱贫攻坚工作、全区网格化综合管理改革工作，听取了天心、暮云经开区工作情况汇报及研究2018年相关工作，听取全区宣传思想文化及文明创建工作情况汇报、全区组织工作情况汇报。

5月11日，区委召开第十一次常委会会议，传达全省扶贫工作暨作风建设年动员大会和全省金融工作会议精神，听取区老干工作、关工委工作、机要密码和保密工作、首届长株潭一体化区域合作联席会议筹备工作和干部教育工作情况汇报，研究全区“一圈两场三道”、群团改革、防控化解政府债务风险和扫黑除恶工作。

6月8日，区委召开第十二次常委会会议，研究干部人事工作，传达省委十一届五次全体会议、杜家毫在全省深入学习宣传和贯彻实施宪法座谈会上的讲话精神，听取全区2018年全面深化改革工作、步行街管委会工作、乡村振兴战略及脱贫攻坚工作情况汇报。

6月29日，区委召开第十三次常委会会议，传达全市基层党建工作重点任务暨城市基层党建年工作推进会议精神，习近平、李克强、韩正同志在全国生态环境保护大会上的讲话精神，听取区人大常委会、区政府、区政协、区人民法院、区人民检察院党组2017年度工作情况汇报和全区禁毒工作情况汇报，研究2018年度全区绩效考核工作、干部人事工作。

7月16日，区委召开第十四次常委会会议，传达全国组织工作会议精神，全国全省县（区）级宣传部部长培训班精神，杜家毫、许达哲、陈文浩在全省生态环境保护大会上的讲话精神，全市实施乡村振兴战略工作推进会议精神，学习《中共湖南省委办公厅湖南省人民政府办公厅关于落实食品安全党政同责的意见》《地方党政领导干部安全生产责任制规定》文件精神，听取半年度纪检监察、垃圾分类、食品安全、安全生产及乡村振兴工作情况汇报，研究干部人事工作及有关党纪政务处分问题。

7月27日，区委召开第十五次常委会会议，研究确定民主推荐对象。

7月31日，区委召开第十六次常委会（扩大）会议，传达省委十一届六次全会及市委常委会第二十一次（扩大）会议精神及部署下阶段工作，传达全市意识形态领域形势分析研判暨工作部署会议精神。

8月3日，区委召开第十七次常委会（扩大）会议，传达学习习近平总书记对湖南工作重要讲话指示精神；传达学习习近平总书记在中央政治局第六次集体学习上的重要讲话精神；传达中央第八巡视组巡视反馈会议精神。

8月8日，区委召开第十八次（扩大）常委会会议，传达中共长沙市委有关文件精神。

8月20日，区委召开第十九次常委会会议，会议传达杜家毫在长沙市四大片区专题调研座谈会上的讲话精神，听取全区巡视整改、绿心地区工业企业退出、配合省级环保督察及蓝天保卫战工作情况汇报。

8月31日，区委召开第二十次常委会会议，会议传达《湖南省委办公厅关于五起党员领导干部搞封建迷信活动典型案例的通报》《中共长沙市委办公厅关于严禁利用领导干部职务影响力“提篮子”的通知》文件精神、全国宣传思想文化工作会议及全省宣传思想工作会议精神、省委常委、市委书记胡衡华调研天心区经济社会发展有关指示精神，听取全区2017年度促进区域经济发展奖励评选工作、房地产稳控工作、干部人事工作情况汇报。

9月21日，区委召开第二十一次常委会会议，传达习近平总书记关于下塞湖矮围整治工作重要批示精神及中共湖南省委办公厅关于认真学习贯彻《中国共产党纪律处分条例》的通知、《中共湖南省委办公厅、湖南省人民政府办公厅印发〈关于禁止利用领导干部职权或者职务上的影响“提篮子”谋取私利的规定〉的通知》文件精神，学习杜家毫、王少峰在全省组织工作会议上的讲话精神、全市意识形态和民族宗教工作专题培训暨工作座谈会精神，听取全区民族宗教、卫生计生、区委常委会党风廉政建设主体责任分工及任务分解、共青团长沙市天心区第五次代表大会换届、文学艺术界联合会成立、扫黑除恶工作情况汇报，研究干部人事工作。

9月25日，区委召开第二十二次常委会会议，研究确定民主推荐对象。

9月27日，区委召开第二十三次常委会会议，传达全市组织工作会议精神，听取了全区维稳工作形势分析报告。

9月28日，区委召开第二十四次常委会（扩大）会议，传达省委常委、市委书记胡衡华的重要指示精神。

10月23日，区委召开第二十五次常委会会议，传达学习习近平在十九届中央政治局第八次集体学习时的讲话精神、市委落实省委第四巡视组工作要求部署会议精神，审议《区五届人大四次会议筹备工作方案（送审稿）》《区政协五届三次会议筹备工作方案（送审稿）》《关于贯彻稳中求进基本工作方针推动全区纪检监察工作高质量发展实施意见（送审稿）》，听取全区基层党建、扫黑除恶、禁毒及综治、移风易俗和精神文明建设、民政及人武工作情况汇报。

11月16日，区委召开第二十六次常委会会议，传达学习习近平同志在民营企业座谈会上的讲话精神、中国妇女第十二次全国代表大会及省委常委会会议精神，传达《中共湖南省委、湖南省人民政府关于全面加强生态环境保护坚决打好污染防治攻坚战的实施意见》文件精神，听取“千人帮千企百日大行动”、中央生态环境保护督察“回头看”交办信访件办理、绿心地区工业企业退出及省委巡视组交办信访件办理工作情况汇报。

11 月 23 日，区委召开第二十七次常委会会议，审议 2018 年区第五届人大代表、政协委员届中增补建议人选，研究干部人事有关工作。

12 月 11 日，区委召开第二十八次常委会会议，传达学习《中共长沙市委长沙市人民政府关于印发〈长沙市较大环境问题（事件）责任追究办法〉的通知》《中共湖南省委办公厅印发〈关于进一步激励广大干部新时代新担当新作为的实施意见〉的通知》《中共湖南省委办公厅关于认真学习贯彻〈中国共产党支部工作条例（试行）〉的通知》文件精神，听取关于法治天心建设有关工作情况汇报，研究审议全区 2018 年财政预算执行情况、2019 年财政预算草案及 2019 年财政预算安排方案。

12 月 14 日，区委召开第二十九次常委会会议，听取“千人帮千企百日大行动”、绿心地区工业企业及房地产项目退出工作情况汇报，研究审议 2018 年全区国民经济和社会发展计划执行情况、2019 年全区重大项目投资计划制订情况及 2019 年国民经济和社会发展计划草案，研究岁末年初安全生产工作。

12 月 18 日，区委召开第三十次常委会会议，听取区人大代表届中增补情况的汇报，区人大常委会、区政府、区政协常委会工作报告起草情况的汇报，研究干部人事工作。

（范诗蕊）

【民生造福工作推进会】 2018 年 1 月 8 日，天心区召开 2018 年民生造福工作推进会，专题研究九大民生工程推进情况。区委副书记、区委党校校长朱远红，以及区教育、民政、人社等 13 个牵头单位主要负责人参加会议。各单位分别就九大民生工程推进情况、存在的问题及 2018 年工作计划详细汇报。会议肯定各项民生工程实施以来取得的成效，并指出，区委、区政府努力践行以人民为中心的发展思想，把“民生造福”作为区域发展的三大战略之一，从百姓最关心、最直接的利益问题着手，通过逐年增资民生投入、增量民生项目、增大民生实施来改善民生。会议强调，高度重视民生造福工作，多谋民生之利、多解民生之忧，将民生工作做实、做细；每一项民生工程都要成立一个专项工作组，科学铺排工作计划，确定年度重点项目，统筹推进，形成工作合力；民生办将严格执行“周例会、月报送、季调度”工作制度，统筹协调解决民生跨部门、跨领域问题。

5 月 9 日，天心区召开坚持以人民为中心的发展思想实施“民生造福”战略推进会议。区委书记朱东铁出席并讲话。朱远红、于献、夏艳兰等区领导及相关单位负责人参加会议。2018 年，天心区铺排 171 个重点民生项目，涉及社会保障托底工程、平安畅通工程、生态环保工程、文体健康工程等 9 个方面，巩固养老事业的品牌优势、优化公交出行、完善 15 分钟公共服务圈、全力推进“厕所革命”，将“一圈两场三道”工程与老城区有机更新、农贸市场、停车场、历史步道建设等项目结合，突出天心特色、打造民生精品工程，形成典型引领示范。

（范诗蕊）

【环境保护工作暨强力推进环境大治理坚决打赢蓝天保卫战动员部署大会】 2018 年 1 月 15 日，天心区环境保护工作暨强力推进环境大治理坚决打赢蓝天保卫战动员部署大会召开。2018 年，天心区开展大气污染防治，坚决打赢蓝天保卫战；开展水污染防治，坚决打好碧水攻坚战；开展土壤污染防治，坚决打好净土持久战；开展污染源头治理，铁腕推动环境监管执法，做到全区空气质量持续改善，优良率 75%，重污染天数较 2017 年减少 3 天以上；集中式饮用水水源地水质达标率 100%，湘江长沙段断面水质优良比例达到 100%；区域声环境质量全面达标；土壤污染治理取得积极进展，绿心问题基本整改到位。

（范诗蕊）

【党组织书记抓基层党建和意识形态工作述职评议考核会议】 2018 年 2 月 5 日，天心区召开党组织书记抓基层党建和意识形态工作述职评议考核暨党建引领社会治理改革创新工作会议。会议指出，全区各级党组织紧紧抓住全面从严治党这条主线，落实上次述职评议作出的各项承诺，在推动基层组织建设、意识形态方面全面提升全面过硬，在党建引领社会治理改革创新方面

取得成效。（范诗蕊）

【天心区绩效考核讲评暨“三大板块”征拆、产业项目建设推进会】 2018年2月22日，天心区绩效考核讲评暨“三大板块”征拆、产业项目建设推进大会召开，明确2018年将推进重大项目136个，完成年度投资218亿元，其中社会民生类项目占57个，包括12所幼儿园、中小学。2018年，天心区围绕全区六大重点产业、九大民生工程和两大产业链发展，继续坚持项目为大、项目为重、项目为王，以项目建设的大推进，形成经济发展的新优势。突破放管服瓶颈，针对重大招商等社会投资项目及政府投资类项目，成立区投资建设联合服务办公室，提升办事效率。突破征拆瓶颈，从政策、房源、力量、依法推进四个方面着力加快征拆腾地步伐。突破环境瓶颈。对妨碍、阻挠项目征拆建设的涉黑涉恶犯罪和“村霸”坚决打击，净化项目建设环境。突破要素瓶颈，解决用地指标和建设资金问题。突破招引瓶颈，力争引进一批过10亿元、过30亿元、过50亿元的战略投资项目。（范诗蕊）

【天心区2018年优化营商环境座谈会】 2018年3月9日，天心区2018年优化营商环境座谈会在现代凯莱大酒店召开，会议由区委书记朱东铁主持，区委、区人大、区政府、区政协、区直相关部门、各园区、街道主要负责人以及全区89家重点企业代表参加会议。会上，区领导介绍天心区经济社会发展情况，推介天心优质资源、重大项目及发展前景，与会企业代表就优化营商环境和促进经济发展进行交流。会议下发《关于进一步优化营商环境的十条措施》，从提高行政服务效能、优化创业创新环境、规范执法司法行为等方面入手，对优化营商环境提出“十条”举措，旨在构建坚实有力的实施保障环境、便捷高效的投资服务环境、优质优惠的市场主体运营环境、健康规范的企业发展环境。

（范诗蕊）

【区委政法工作会议】 2018年3月20日，天心区召开区委政法工作暨全区扫黑除恶专项斗争会议。会议由区委副书记、区委党校校长朱远红主持，区领导张界贻、曾卫国、黄文先、张少林及相关单位负责人参加会议。会议总结2017年全区全力推进平安天心、法治天心和队伍建设，先后获评全国文明单位等10个国家级称号、湖南省平安县（市、区）等10个省级称号和全市维稳红旗区县（市）、全市综治考核优秀等次区县等17个市级称号，实现“五个不发生”工作目标。会议对全区扫黑除恶专项斗争进行专门部署，强调各单位部门要提高政治站位，切实增强工作责任感和紧迫感，坚持扫治并举，立即行动，压实责任，精准推进，形成合力，坚决打赢新一轮的扫黑除恶专项斗争攻坚战，为全力建设“融城核心、璀璨天心”营造安全的政治环境、稳定的社会环境、公正的法治环境、优质的服务环境。

（王　杰）

【意识形态工作会议】 2018年4月16日，天心区召开宣传思想文化暨意识形态工作部署会。市委宣传部副部长李卫政就意识形态工作作专题辅导。

6月12日，全区宣传思想文化工作暨意识形态工作半年度推进会召开，会议专题学习中共中央办公厅印发的《关于进一步激励广大干部新时代新担当新作为的意见》。

10月24日，天心区意识形态和民族宗教工作专题培训暨工作座谈会召开。李卫政、市委统战部副部长刘佳勇受邀为机关、园区和街道的党委（工委）书记进行专题授课。（范诗蕊）

【首届长株潭一体化区域合作联席会议】 2018年5月25日，主题为“融合·创新·开放·崛起”的首届长株潭一体化区域合作联席会议在天心区举行。在区委、区政府的率先倡导下，长沙市天心区、长沙市雨花区、株洲市石峰区、湘潭市岳塘区、株洲云龙示范区、湘潭昭山示范区等长株潭一体化几何核心区参与，参会的四个行政区和两个示范区达成以融合促发展、以合作促共赢的全新共识。国家发改委地区经济司副司长于合军、人民网舆情数据中心执行主任董盟君等出席会议，樊纲、钟伟、朱翔等专家学者作主旨演讲。会上，人民网舆情数据中心执行主任董盟君发布《长株潭城市群消费活力指数研究报告》。该报告显示，长株潭城市群进入消费需求持续增长、消费结构加快升级、消费拉动经济作用日益增强的发展阶段，同时伴随着“两型社会”建设成果的显现以及城市群生态“绿心”的建设与居民环保意识的增强，以低碳、低耗、节能为主的生态型绿色消费占据日益重要的位置。（范诗蕊）

综 述

【概况】中共长沙市天心区委办公室（简称“天心区委办”）是协助区委领导处理日常工作的机构，主要职责有：负责中央和省、市委重大方针、政策和重要会议精神以及区委决策部署贯彻落实情况的督促检查；牵头组织开展调查研究，做好区委工作情况综合、信息反馈，为区委提供决策参考；负责上级有关文件、资料的收集、传阅等工作；负责区委和区委办公室文件、文稿的起草、修改、校核、印发等工作；负责全区办公室系统的业务建设，抓好全区办公室系统队伍建设等。该部门编制数26名，在职人数26人。

2018年，天心区区委办贯彻落实省委办公厅加强统筹联动更好履行党办抓落实基本职能文件精神，围绕区委中心工作和全区发展大局，突出加强统筹协调、加强信息宣传、加强督查督办、加强服务保障“四个加强”，弘扬敢于负责、动真碰硬、深入细致、吃苦耐劳和只争朝夕的精神，全面提升办公室工作规范化、制度化、科学化、精细化水平，推动办公室工作提标提档、提质提效。（孙 喆）

【政策研究】2018年，天心区委办起草各类文稿300余篇，在省市党报刊发文章20余篇。以“抓重点、补短板、强弱项”大调研活动为载体，围绕领导的关注点和决策的需求点开展全局性、经验性、前瞻性调研，撰写、收集35篇调研报告，为各类中心工作提供解决措施100余条，参与区委发展思路的谋划和全区重要制度的研究。搭建信息传输和共享平台，强化信息工作的归口管理，完善紧急信息报送制度，加强网络舆情、社情民意、社会动态等信息报送，全年编发《信息业务通报》12期，向中办、省办、市办报送信息800余条，采用400余条。（孙 喆）

【督促检查】2018年，天心区委办建立督查工作“一台帐四清单”，完善督办归口、分解立项、回访复核、通报报告、督办问责、成果运用等6项制度。年初制定下发《关于加强区委督查工作的意见》《2018年区委督查工作清单》，明确督查工作的新思路、新举措、新要求。全年完成区委、区政府主要领导在月工作调度会上明确事项责任分解下发、情况汇总共12批次，印发《天心督查》23期，完成16次区委常委会议、3次区委常委议事协调会议113项议决事项落实情况督查。开展中央巡视第八组、省委巡视第四组交办信访件办理情况、“三大攻坚战”“三大板块”征拆建设、五项重点民生工作等重点专项督查50余次。上报有关市委领导批办件落实情况报告。办理红网“问政湖南”栏目网民向市委书记来信，办复188件，满意率100%。（廖道荣）

【统筹协调】2018年，天心区委办每月制发月工作要点，每周制发区领导周工作安排表，编发全区办公室系统业务工作流程指南，加强与市委办公厅、区四大家、常委部门和相关承办单位的对接。开展办公室文山会海精简行动，对全区简报进行重新梳理，精简24份。对中央、省、市、区委重要会议、重要文件精神，均及时召开专题会议进行传达学习，组织区委常委会、区委全会、区委务虚会等重要会议，全年承办各类会议150余次，其中区委常委会会议30次、区委书记专题会议9次。科学统筹机关三楼、南栋九楼等会议室的使用。规范办文程序，办理上级文件875个、各级领导批示件1125个，制发本级文件189个、大会书面通知37个。全年向市委报备党内规范性文件29个，审核通过街道和部门规范性文件26个。8月，顺利完成电子政务内网（一期）省级测评验收，视频会议系统运行有序。配合做好高考、中考和成人高考保密工作，机要工作获得全市一等。结合实际出台《天心区牵头落实巡视整改工作清单》，梳理细化成15个方面26个具体问题，提出66条整改措施，加强区级整改工作推进，每月按时向市巡视整改办报送情况。统筹配合做好省委巡视长沙有关工作，牵头推进环保工作中不担当不作为、工作不平衡专项整治。由区委办联点推动8家绿心地区工业企业退出工作完成。（夏 菲）

【接待活动】2018年，天心区委办承办主要接待活动45批次，其中负责长株潭一体化区域合作联席会议、2018长沙大数据空间信息应用博览会、2018第三届文化创意天心阁峰会、国家地理空间信息中心到长沙考察、北京市朝阳区人大到区考察、沈阳市皇姑区和上海市浦东新区代表团到区考察等重大活动接待16次，指导湖南省人力资源服务产业园起航发布会暨企业入驻签约仪式、区先进党员优秀事迹分享暨“清风南城”专题教育活动等大型活动14次，迎接五一商圈、老城区有机更新等考察8批次，接待汇景集团等知名企业到区考察7批次。接待到区委上访来访者200余人次，帮助解决问题。加强公车有序管理，规范财务、人事、档案等管理，定期组织开展离退休老领导干部文化活动。

（马　薇）

【全面小康工作】2018年，调整全面小康工作领导小组，把全面小康工作与全区重点工作和中心工作全面统筹，将相关数据指标全部分解到各个责任部门和数据提供部门，明确部门“一把手”为第一责任人，建立定期碰头、专题调度、问题交办等制度机制。

（孙　喆）

【全面深化改革工作】2018年，天心区委办协助区委实施48项改革任务，其中9项重点攻坚改革事项、25项统筹实施改革事项、14项街道探索改革事项，除2项由市级统一部署的改革任务外，另外46项全部完成。公共法律服务平台被司法部确定为全国三个公共法律服务平台建设示范地区之一。社区15分钟服务圈改革事项为全省示范试点。做好改革开放40周年宣传报道工作，在《潇湘晨报》推出《风起天心——光荣与梦想：改革开放40年璀璨天心之路》，共计16个整版。（孙　喆）

【社会建设工作】2018年，坚持以党建为引领，以网格化综合管理改革为抓手，实施“党群服务网格化、城市管理智慧化、基层治理社会化”的基层治理改革创新。组建区级网格化综合管理中心，建立网格化综合管理“四纵四横”工作架构，418个子网格联通服务群众的“最后一公里”。收集整理网格创新案例177个，“有事好商量”等4个案例入选全国城市基层党建工作创新案例评选。统筹推进九大民生工程，172个民生项目基本完成。（陈晓菁）

组　织

【概况】中共长沙市天心区委员会组织部（简称“区委组织部”）是主管全区基层党建和干部工作、牵头管理全区人才工作的区委工作部门，下设办公室、研究室、干部科、组织科、干部档案室、人才科6个科室，党员教育中心、基层党建工作领导小组办公室、党代表联络工作办公室、绩效考核工作领导小组办公室4个归口管理单位和两新工委1个挂牌机构。核定编制23名，有干部19人。

2018年，区委组织部落实全国和省、市组织部长会议精神，抓好领导班子、干部队伍、基层党建、人才队伍、绩效考核和部门自身建设工作，为建设“融城核心、璀璨天心”提供坚强的组织保障和人才支撑。获评全市组织系统调研课题优秀成果奖、市级文明标兵单位、市直机关党建工作示范点。

（李　群）

【基层党组织建设】2018年，天心区下辖14个街道，83个社区、12个村，1个管委会（新开管委会），有26个区属党（工）委，895个基层党组织，19704名直管党员。全区街道、社区党组织有各类兼职委员282人。区委15次召开常委会会议研究基层党建工作，4次召开基层党建重点工作推进会议。完善“2+4”基层党建工作责任体系，将基层党建工作纳入年度绩效考核和全区重点工作讲评，实施基层党建工作年度述评、半年考评、季度讲评、月度点评。制定出台党组（党委）党建工作责任清单、年度绩效考核组织工作考核细则、年度党建工作要点和党建工作考核办法。聚焦“城市基层党建年”各项重点任务，以党员群众为对象，以习近平新时代中国特色社会主义思想为内容，采取“讲习所”“讲习夜校”“学习小组”等多种方式，开展讲习活动815次，703名科级以上领导干部通过闭卷测试检验学习成果。开展党支部“五化”建设，制定出台“五化”建设工作指导手册。明确一批“五化”示范党支部，第一批40个区级示范党支部完成建设并通过验收。对“四类党员”（直管党员、流动党员、在职党员、离退休党员）进行兜底管理，通过发布通知公告、设立流动登记点、上门入户登记、网络信息反馈等形式，全区排查摸底社区直管党员9838人，到社区报到的在职党员8915人，离退休党员3224人，流动党员485人。区委牵头开展各类培训615场，覆盖党员1.5万余人，全区在职党员到社区开展活动1.1万余人次。两新组织工作推进“两个覆盖”，新建党组织17个，选派党建指导员243名，提质改造支部阵地78个，投入专项经费210万元，在商圈、楼宇、市场新建多功能党群服务中心7个。推出“两争一创”（争创先进基层党组织、争当优秀共产党员、创一流发展业绩）三年行动计划，探索建立“开放式主题党日活动”综合评价体系，形成“先锋学堂”“智绘中国梦”“同安读书会”等创意组织生活模式。建强骨干队伍，面向社会公开招聘30名党务工作者，作为专职党建工作指导员，派驻到街道、园区和部门党工委。出台加强社区专职工作人员队伍建设的实施方案，加强社区书记区级宏观管理，将全区926名社区专职工作人员纳入到员额管理。建立“三岗十六级”（“三岗”即社区正职、社区副职和工作人员）职业薪酬体系，全年社区工作人员薪酬增加3848.5万元。将全区95个社区、村划分为418个基本网格，采取“一格一支部”或“多格一支部”等方式，构建“区委—街道党工委—社区党总支（党委）—网格（小区）党支部”为基本框架的党组织体系，全区成立网格支部215个，网格党小组135个，功能性小区党支部45个。建成社区、网格、邻里三级党群服务中心183个，统一标识标牌和基本功能设施，打造15分钟党群学习服务圈，探索实施“GPS工作法”（G: Grid management网格化管理，P:Pluralistic participation多元化参与，S:Socialized services社会化服务）。搭建“有事好商量”议事平台184个，在北部9个街道试行网上智慧化议事平台，打造线上线下互联互通的网格小区居民“议事圈”。《人民日报》等媒体就天心区党建引领基层治理创新工作进行专题报道。“三级党群服务中心建设”“有事好商量”“两争一创”和“红领新开”四项工作的经验做法入围全国城市基层党建创新案例评选。（刘润秋）

【干部人才队伍建设】2018年，天心区出台《天心区关于以政治建设为统领进一步加强科级领导班子和干部队伍建设的实施意见》《天心区关于进一步加强和改进年轻干部培养选拔工作的实施意见》。坚持“三个一批”（甄别一批不廉洁的干部、退出一批不作为的干部、掌握一批善作为的好干部）选任导向，更加健全完善干部发现、培养、选拔、使用工作机制，全年提拔干部15人，政策性安置副团职军转干部5人，交流干部75人，公选“85后”正科级领导干部3人、“88后”副科级领导干部5人，选派4名科级领导干部到上海挂职锻炼，选派7名优秀年轻干部赴龙山、通道和浏阳精准扶贫，62名“88后”年轻干部参加青年干部训练营，举办清华大学、复旦大学、浙江大学等异地培训班12期，培训干部630余人。全区35岁以下科级领导干部增至76人，占比12.4%。全面落实党管人才，5名县级领导干部对口联系高层次人才，“长沙人才新政”人才落户、补贴受理、创新创业项目等数量居全市前列。（肖 坤）

【绩效考核工作】2018年，天心区委组织部制定“2018年度市绩效考核工作目标责任分解表”，将责任分解到相关职能部门和街道。对纳入考核的部门进行分类。将街道分成南部街道和北部街道两大部分进行考核，结合各自的重点工作对指标分值进行调整。对党政领导班子和领导干部绩效考核细则进行修订和完善，在双倍加扣分、直接定等以及兑现市考成绩上作出规定。实施重点工作季度考核讲评机制，制定下发《长沙市天心区2018年度重点工作季度考核讲评实施办法》，将经济工作和项目建设、文明创建、城市管理、环境保护、食品安全、基层党建7项指标纳入季度考核讲评。加强对各项市绩效考核指标的日常督查、调度。

2月22日，天心区委、区政府通报2017年度全区绩效考核结果。经区委、区政府审定，决定对城际轨道暮云站等3个示范项目、富通路周边零星地块棚改等24个优胜项目、区法制办等9个优秀保障单位、晏荣祥等30名征拆标兵进行通报表扬。经区委常委会会议审定，桂花坪街道、黑石铺街道等获街道类一等；区商务和旅游局、区统计局等获经济管理类一等；区机关后勤服务中心、区委党校等获党群政务类一等；区人社局、区民政局等获社会发展类一等；区国税局、区工商分局等获双重领导和垂直管理类一等；区委宣传部、区委办等获常委部门一等；区广告产业园获园区类一等。蔡泽敏等33名工作人员记三等功，孙美青等328名工作人员获嘉奖。（王 上）

【年轻干部全链式培养机制】2018年，天心区出台《关于进一步加强和改进年轻干部培养选拔工作的实施意见》，建立健全年轻干部全链条式培养，激励年轻干部新担当新作为，着力打造一支与省会城市功能定位相匹配的高素质专业化年轻干部队伍。以“精准培训”拓展教育链，让年轻干部学习有方向。以党性锤炼和专业化能力建设为重点，组织4批次236名年轻干部赴井冈山、延安、西柏坡和“心中的梁家河”等地接受党性锻炼；与清华大学、浙江大学、复旦大学等学校建立定点培训合作机制，开展“菜单式”点学，举办高校异地培训班32期，660人次年轻干部参训；分两批选拔104名30岁以下年轻干部，举办后备干部班和“新时代新作为”青年干部训练营，组织学员周二、周四晚上和周六全天开展学习、军训、户外拓展、党性锻炼、一线接访、辩论赛、读书沙龙、课题调研等一系列活动。以“四选四派”强化实践链，让年轻干部干事有舞台。选派20名新提拔科级干部到区信访局挂职锻炼，从事信访接待、案件调解等具体工作；选派56名优秀年轻干部到征拆一线实践锻炼，实行导师带班、定期汇报、锻炼纪实、跟踪考察、全程淘汰五项制度；选派7名优秀年轻干部赴湘西龙山、怀化通道和浏阳市富溪村从事精准扶贫，推进干部培养与脱贫攻坚互融互促；每年选拔10名左右优秀年轻干部赴上海等地挂职锻炼。以“三个一批”创新选拔链，让年轻干部成长有机会。构建基层一线优秀年轻干部培养选拔，腾出副科级岗位公开选拔，5名“87后”优秀年轻干部通过公选任街道、区直部门单位副职；将选人用人视野聚焦项目、征拆、维稳、园区、招商、党建、扶贫一线，提拔一批实绩突出、群众公认的优秀年轻干部，全区“80后”科级干部由换届前的54人增至176人；对46名专业型年轻科级干部进行优化调整。以“立体管理”严格监管链，让年轻干部懈怠有危机。采取日常、动态、分类相结合的方式加强年轻干部管理，各单位主要领导每季度与本单位年轻干部谈心谈话不少于1次，区委组织部定期加强与年轻干部的经常性沟通交流，建立完善全区后备干部库和后备干部比选常态化机制，进行动态管理，对年轻科级干部和后备干部进行分类管理，强化德、才、绩、廉和日常表现，对于群众有反映，出现苗头性、倾向性问题的，及时提醒告诫，对于出现严重问题的，给予严厉处置和严肃处理。

（张武强）

【朱东铁调研组织人事编制工作】 2018年3月13日，区委书记朱东铁调研全区组织人事编制工作。区委常委、组织部部长张界贻及相关单位负责人、区委组织部中层干部参加座谈。会上，张界贻汇报全区组织工作情况，区人社局、区编委办主要负责人分别汇报全区人事、编制工作情况。朱东铁强调，要旗帜鲜明讲政治，要强基固本抓党建，要从严要求树形象。（李　群）

【天心区村务监督工作会议】 2018年4月28日，区委常委、组织部部长张界贻组织召开天心区村务监督工作会议，就加强村级民主监督和管理，完善村党组织领导下的村民自治机制，推进“阳光村务”建设召开座谈。区纪委、区农林水局、区财政局、区民政局、区审计局相关单位负责人，涉农街道负责人和12个村务监督委员会主任参加会议。会议强调，要精准定位，正确处理好“村党组织、村委会、监委会”三个关系；要规范运行，确保村务工作公开透明合法；要公开评议，定期监督考核突出实效；要强化保障，推动村务监督有效开展。

（李　群）

【天心区2018年度基层党组织书记暨党务工作者培训】 2018年5月9～11日，天心区组织2018年度基层党组织书记暨党务工作者培训。培训旨在通过培训，进一步提升党务干部队伍素质，提高党员干部的工作水平，196名基层党组织书记，30名新招录的党务工作者，23名街道、战线党建专干参加培训。培训内容包括如何抓城市基层党建、党员教育管理实务、党支部组织生活制度落实、两新组织党建工作开展、基层党建实地经验交流等。（李　群）

【徐宏源调研天心区党建工作】 2018年6月7日，市委副书记徐宏源到天心区裕南街街道长坡社区、青园街道井湾子社区山水洲城网格邻里党群服务中心，调研社区全面提质提档和“五位一体”网格化综合治理与服务工作。徐宏源强调，要牢固树立以人民为中心的发展思想，坚持以党建带社建、社建促党建，突出工作重点，夯实基层基础，加快项目实施，做到“应提尽提、全面覆盖”，让社区全面提质提档成果惠及更多居民。徐宏源指出，要深入推进“城市基层党建年”活动，突出党建引领；要强化社区阵地建设，完善教育、医疗、卫生、就业、社保等服务功能；要创新“三社联动”机制，积极开展居家养老、社会救助、优抚安置、社区康复等服务。（谢丽娜）

【朱远红调度村级党群服务中心建设】 2018年10月29日，区委副书记朱远红现场调度黑石铺街道披塘村、大托铺街道桂井村、南托街道沿江村、滨州新村的村级党群服务中心建设，区委组织部、区民政局及相关街道负责人陪同。朱远红走访各村政务大厅、村党群服务中心建设规划地，对照设计图纸进行实地察看，考察党建阵地建设情况，分别召开座谈会。会上，听取各村关于支部设置、党员队伍管理、党员活动开展、村集体建设规划和阵地建设等方面的汇报。朱远红强调，各村要坚持党建引领，强化基层干部队伍和党群阵地建设，充分发挥村级党群服务站综合功能，搭建便民服务平台，并从“为当地百姓提供最优质化的服务，做好招商引资工作提高集体经济效益，解决历史遗留问题维护地区大局稳定”三个方面入手，推动长足发展。

（李　群）

【“五百工程”推进会议】2018年1月4日，天心区召开深入学习宣传贯彻中共十九大精神实施“五百工程”推进会议。会议强调，把贯彻中共十九大精神融入各项工作推向深入；要打造精品，优化“五百工程”（撰写百篇优秀报告、收集百件协商案例、展示百件原创佳作、征集百个创新点子，推进百个民生项目）方案内容；要营造声势，以点带面抓推广，以推进单个事项促进制度完善。

（童　周）

【区委常委班子民主生活会集中交心谈心会议】2018年2月12日，2017年度天心区委常委班子民主生活会集中交心谈心会议召开。会议由区委书记朱东铁主持，所有常委一对一进行交心谈心。通过谈心查摆彼此问题，达到沟通思想，消除隔阂，找准问题，增进团结，力求把问题和不足谈开谈透，做到敞开心扉，坦诚相见，畅所欲言，促进工作的目的。通过谈心，进一步梳理6个方面查摆的问题，准确分析存在问题的根源，深入了解和把握班子成员的思想状况，达到同事之间互相提醒，互相帮助，增强向心力和凝聚力，激发工作的创新力和活力，促进工作作风的转变。

（刘润秋）

【全区组织工作会议】2018年10月18日，五届区委前四轮巡察情况通报暨全区组织工作会议召开。区委书记朱东铁，区领导朱远红、张界贻、曾卫国、周志军、贺国权、侯向宇参加会议。关于五届区委前四轮巡察情况，朱东铁指出，对巡察发现的问题，都要建立清单、细化整改措施，抓好整改落实，确保巡察成果运用落地生根；要全面加强作风建设，推进全面从严治党，加强作风建设。关于全区组织工作，朱东铁指出，要抓好新时代党的建设和组织工作，通过深化街道行政管理体制改革、优化社区管理服务职能等重点工作，加强党的组织体系建设，在提升基层党建中做实中心工作；培养一批能担当时代重任的高品质、专业化的年轻干部队伍；要在优化营商环境和创新生态上下功夫，把优秀人吸引到天心来。

（李　群）

【基层党建工作讲评暨绩效考核冲刺调度会】2018年11月21日，天心区基层党建工作讲评暨绩效考核冲刺调度会召开。会议由区委书记朱东铁主持，区委、区政府班子成员，区人大、区政协主要负责人参加会议。会上，区委副书记朱远红通报全区三季度重点工作考核结果，对市绩效考核指标完成情况进行讲评；区委常委、组织部部长张界贻对全区基层党建工作进行讲评；区委常委、宣传部部长肖雄伟传达学习全市宣传思想工作会议精神，就进一步推进文明创建工作进行安排部署。朱东铁指出，意识要进一步浓厚，基础要进一步夯实，引领要进一步强化。朱东铁强调，氛围必须再升温，要发挥“南城无难事”的拼搏精神，负重加压，全力冲刺；重点必须再突出，要强力推进老城区有机更新、五一商圈提质、“一圈两场三道”以及三大攻坚战、重大项目建设等重点工作；责任必须再压实，做到各司其职、各负其责、各尽其职；统筹必须再加强，确保中央环保督察“回头看”、省委巡视长沙等重点工作落实到位，加强对安全生产、信访维稳等重点工作的管控，纵深推进全面从严治党，抓好党风廉政建设。

（王　上）

宣　传

【概况】中共长沙市天心区委员会宣传部（简称“区委宣传部”）是区委主管意识形态方面工作的综合职能部门。

2018年，区委宣传部与全区57个党（工）委、党组和相关责任单位签订“责任书”，落实项目化定责、制度化压责、常态化履责、科学化考责“四化四责”工作机制。全年4次开展意识形态领域风险隐患排查与整治，对5类重点人群和7大类阵地展开“拉网式”排查，形成常态化管控。清查各类文化场所690家、境外非政府组织10家、社会团体27家、宗教场地4处、户外广告205处，取缔非法网络媒体“新湘报”。组织区委中心组学习12次，开展中共十九大精神微信知识竞答、微朗读大赛、“微理论·微宣讲”，打造“五老金牌讲师团”“教师巡回报告团”“小巷蜜蜂宣讲团”等3支队伍，当好群众“理论翻译”。“共读100天”亲子阅读活动成为“书香天心”特色品牌。连续11年保持全省舆情信息先进联系点称号，全年在市级以上纸质媒体刊发正面宣传报道4800余条，央媒刊播84条，其中人民网关于“融城”报道和新华网关于抗洪英雄“周文君”等一批重大报道产生积极社会反响。及时监控和处置30余起重要舆情事件。创新提质天心新闻网、手机报、微天心三大平台，立体式宣传推动中共十九大精神落地生根。推行“问题交办制、整改督办制、提请约谈制、纳入考核制、启动问责制”五制并举的督查督办机制。区人民法院获评全国文明单位，区工商分局等3家单位获评省级文明单位，天心区小蜜蜂义工协会获评湖南省“最美”志愿服务组织，戴瑞芳获评“中国好人”。天心区作为唯一区县代表在中宣部来湘座谈会上作“社会主义核心价值观”主题经验发言。诚信建设工作经验被“全国文明城市巡礼”重点报道。全年举办“欢乐潇湘”、校园文化进社区、火宫殿大庙会等群文活动100余场，3部作品获市“五个一工程奖”。举办全国文化产业园建设推进会，引进湖南省广告协会等企业（项目）120余家（个）。（杨金杰）

【理论教育】2018年，天心区开展习近平新时代中国特色社会主义思想“天天见”“天天新”“天天深”三做一评活动，组织区委理论学习中心组集体学习，《长沙晚报》中心组学习专栏首刊报道区委中心组关于“以新发展理念推进南部新城规划建设”专题学习，中宣部《新时代面对面》湖南省首场发行赠书活动在天心区南城社区举行；举办全区宣传文化系统复旦大学研修班、新闻舆论素质培训班；开展“担当使命任务、加快文化强省建设思与行”等主题学习讨论活动和“新时代心声音”微朗读大赛；“奋进新时代”微电影《除尘》获评全市二等奖。实施“新思想进基层”微宣讲工程，按照“传习中心—传习所—传习点”三级体系架构，分别在区、街道、社区（村）建立讲习基地，组建专家宣讲团、“五老金牌讲师团”“小巷蜜蜂宣讲团”等宣讲团队17支，建设“心中的梁家河”“流动讲习所”等优秀新时代讲习基地，打造优秀宣讲精品课程；组织“践行新思想·长沙新作为”主题宣讲和“将改革开放进行到底”百姓宣讲系列活动，承办全市“微理论·微宣讲”竞赛区县市首场比赛，邀请专家学者授课70余堂，开展各类宣讲155次。《留住城市文脉传承文化基因，文化视域下天心区城市有机更新的探索和思考》获评2018年度长沙社科规划重点项目，《做好“破”“创”文章，培育乡风文明》等10余篇理论文章在湖南宣传等刊物刊发，《中华优秀传统文化“两创”的理论逻辑》在全省新思想“天天见”“天天新”“天天深”理论征文比赛中获二等奖，10篇理论文章在全市征文竞赛中获奖；社科工作作为全省唯一区县（市）代表在2018年全省社科普及工作经验交流会上作典型发言；舆情信息连续12年被评为全省优秀联系点。

（代嫣云）

【意识形态工作】2018年，天心区召开专题研究部署会、工作推进会、座谈会等系列会议，实施十项推进机制，与全区57个党（工）委、党组和相关责任单位签订“责任书”，出台考核办法、考核细则、操作流程、重点任务分解表和职能责任清单等系列文件。联合各类阵地管理责任单位对五类重点人群和7大类阵地展开“拉网式、地毯式”重点排查和管控，将排查触角延伸至基层党支部。完善意识形态领域分析研判、监测预警机制，建立健全联席会议制度、风险预警提示和情况通报制度，及时掌握动态，定期分析研判，辨析思想文化领域的突出问题。开展全区意识形态工作专项督查，抓好党委（党组）书记履行意识形态工作责任述职评议和专项考核，将意识形态工作责任制落实情况纳入区委巡察工作安排。组织55名宣传系统干部参加复旦大学—天心区意识形态和舆情应急专题研修班，提高宣传系统干部的业务素质和工作能力。（刘芙蓉）

【新闻舆论工作】2018年，天心区在中央、省、市各级平面媒体、电视媒体刊发正面宣传报道4800余条，在互联网媒体开展正面宣传报道、转载1万余条。在市级以上媒体刊（转）发正面宣传报道1.4万余条（含网媒），央媒刊播120条，其中《人民日报》头版报道《长株潭城市群一体化建设十年，中部崛起新高地》文章。围绕“宜居”“宜业”“宜游”三个维度，在《新中原日报》《香港商报》等媒体刊发改革开放40周年、产业发展和项目建设等专版。制定出台《天心区重大政策重大事项重大活动舆情风险评估制度》《天心区重大新闻策划与绩效评估制度》等近10项舆情监控与应急处置制度，组建200人的网评员队伍，及时监控和处置30余起重要舆情事件。创新提质天心新闻网、手机报、微天心三大区级宣传平台，天心新闻网年上稿6000余条；“微天心”被评为全市十大最具影响力政务微信公众号。成立红网天心站及街道分站，开通新湖南天心专属频道（APP）、智慧长沙天心区频道和天心政务直播网络电视台《直播天心》，打造立体式宣传格局，组建融媒体发展服务中心。开通“天心发布”微博、今日头条、抖音、百家号等多个新媒体账号。全年监测到涉区负面信息500余条，及时督促各单位处理450余条。加强网络执法，净化网络文化环境。开展“净网”“清朗”等专项行动，抓好区属网站、论坛及自媒体的日常巡查和重点清查，排查网站4000余家，手机APP1000余个，微信公众号2000余个，联合市网信办约谈违规网站3家，违规微信公众号2个。

（董　劲）

【文化文产工作】2018年，举办2018年长沙火宫殿大庙会，匠心庙会、民俗庙会等7大活动吸引市民游客近百万人次，《人民日报》、中央电视台等媒体倾力报道，获评2018年长沙文化消费十大节会。组织“欢乐潇湘”文艺展演、广场舞大赛，戏曲文化进校园、微朗读大赛等主题活动近百场次。发动文化企业、群文团队和文艺骨干参加文艺精品创作，《相思大围山》《赞歌》《芙蓉国里》等一批文艺节目在第六届湖南省艺术节、“欢乐潇湘·品质长沙”2018年长沙全民健身广场舞大赛等活动中斩金夺银，田汉大剧院出品的歌剧《爱莲说》获国家艺术基金重点扶持。引进和培育文化创意、广告、互联网三大产业，新引进文化企业125家；举办首届长株潭一体化区域合作联席会议、第三届文化创意天心阁峰会等活动；启动2018首届中国·长沙文化创意设计大赛，纳入文化和旅游部“2018年度国家级文化产业园区服务能力提升计划支持项目”；在全市文化消费十大地标、十大品牌、十大创意、十大园区、十大企业和十大节会评比中，田汉大剧院、长沙天心文化（广告）产业园等6家单位获评，12家企业获评2018年长沙市文化消费示范单位。建成湘府馆、悦方馆和机关中厅馆24小时自助图书馆3个，新增社区图书分馆2个，引进“乐之书·天心店”新华书店1个。

（田　谧）

【改革开放40周年系列宣传】2018年，为纪念改革开放40周年，全面展示天心区改革开放以来取得的成就，天心区分线分批在中央、省、市主流媒体集中刊发深化改革经验报道50余条。与亚文地铁传媒合作，在地铁1号线专列纪念改革开放40周年图文展，打造穿梭在长沙城的移动主题展；在《湖南日报》《长沙晚报》《潇湘晨报》推出庆祝改革开放40周年专版23个，《潇湘晨报》的《风起天心——光荣与梦想：改革开放40年璀璨天心之路》系列宣传16个专版，对天心区改革开放以来经济、社会、民生、生态等方面进行全面梳理和报道。与新浪湖南、腾讯大湘网、红网合作推出改革开放40周年专题报道并进行首页轮播图，朋友圈广告等方式进行宣传推广。在12月推出1期特刊，以专版加图文展示的形式向海外进行传播，全面展示天心区改革开放40年取得成就。

（董　劲）

【“新时代·心声音”微朗读大赛】“新时代·心声音”微朗读大赛是天心区学习贯彻中共十九大精神在形式上的自主创新和内容上的自觉丰富，旨在用文字传达心声、用朗读传递情感，为迎接新时代、开启新征程加油鼓劲。自2017年12月启动以来，天心区参与到微朗读大赛的总人数超上万人次，覆盖全区26个党工委，来自社会各界、各行各业的人士参加。通过一年来40轮周赛、10轮月赛以及网络投票等多种赛制相结合，通过线上微信平台和线下朗读亭两种参与方式评选出14组选手参加总决赛。12月7日，“新时代·心声音”天心区学习贯彻十九大精神微朗读大赛总决赛暨颁奖典礼举行，14组选手参赛，最终参赛选手陈慧获总决赛一等奖，石晶、李卫华获二等奖，张瑞等人获优秀奖。（田　谧）

【红网街道工作站授牌】2018年

1月19日，湖南红网新媒体集团党委委员、总经理方华和区委常委、区委宣传部部长肖雄伟签署红网与天心战略合作文件。红网天心站14个街道工作站授牌，红网、天心区携手开启构建全国第一家省、市、区、街道四级联动新媒体平台，形成四级合力引导网络舆论的立体化新格局。（董 劲）

【长沙市天心区融媒体发展服务中心成立】 2018年1月30日，为适应新媒体发展形势需要，强化融媒体的对接、运用与服务，经区机构编制委员会2018年第1次会议研究，长沙市天心区融媒体发展服务中心成立。该中心的成立，有利于提升基层媒体传播力、引导力、影响力、公信力，更好服务群众、满足群众美好生活需要。

（董 劲）

【2018年长沙火宫殿大庙会】 2018年2月9日至3月2日，持续22天，2018年长沙火宫殿大庙会在天心区举行。庙会由区委、区政府主办，区委宣传部、区文明办承办，围绕“快乐长沙，璀璨天心”主题，以老民俗为切入点，以新时尚为发力点，挖掘最具本土特色的民间文化，呈现一个传统与现代交融，高雅与民俗共赏、“新老年味”交汇的热闹长沙年。2018长沙火宫殿大庙会对庙会文化的内涵进行深入发掘，将风情民俗和地方特色融为一体，处理好继承和创新的关系，保留经典，同时吸纳时尚元素。2018长沙火宫殿大庙会，坚持社会效益与经济效益相结合，让市民享受传统长沙年，展示天心区在经济、社会快速发展过程中蕴藏的发展动力，庙会活动的辐射效应带动长沙的商贸、旅游、餐饮等相关行业发展。庙会包括“快乐长沙·璀璨天心”——2018年长沙火宫殿大庙会启动仪式、狗年吉祥物创意大赛——我把吉祥带回家、全民拜年萌萌拍——我把祝福带回家、民俗庙会——我把记忆带回家、新春大舞台——我把欢乐带回家、红娘庙会——我把幸福带回家、正月初十唱大戏——民俗戏曲展演、正月十五闹元宵——闭幕式8个主题活动。

2月9日，2018年长沙火宫殿大庙会启动仪式举行。舞台上演嘻哈歌舞表演与戊犬年cosplay主题舞蹈、为长沙而创作的歌曲《我们的长沙》等节目，同时有非遗庙会、火宫殿的美食庙会、太平老街的文创庙会等。

2月25日，2018年长沙火宫殿大庙会之正月初十唱大戏活动在长沙太平老街宜春园古戏台举行。戏台上演花鼓戏《刘海砍樵》、昆曲《牡丹亭》、越剧《游园初遇》、京剧《中华颂》等节目。

3月2日，2018年长沙火宫殿大庙会闭幕式举行。龙狮队伍、戏曲人物cosplay造型的民间故事名人一起巡游展演，弘扬传统文化。

（田 谧）

【区委中心组学习】 2018年4月19日，区委理论学习中心组（扩大）集中学习举行。邀请湖南师范大学教授、博导、湖南省政府参事朱翔进行授课。朱翔以长株潭一体化建设与天心区创新发展为主题，从新时期城市规划思路、长株潭产业和绿心建设、南部片区建设要点和工作重点等方面讲课。

5月11日，天心区组织开展以“深入学习习近平总书记关于学哲学用哲学、推进马克思主义中国化时代化大众化的重要思想”为主题的区委理论学习中心组集体学习。

6月8日，区委理论学习中心组组织集体学习，对《习近平新时代中国特色社会主义思想三十讲》第一讲、第二讲、第三讲，《中华人民共和国宪法》和省委十一届五次全体会议、省委书记杜家毫在全省深入学习宣传和贯彻实施宪法座谈会上的讲话精神进行学习。

7月25日，区委理论学习中心组集体学习召开，围绕“习近平总书记关于坚持党对一切工作的领导、坚持以人民为中心的发展思想”主题，采用自己学、自己讲的形式，对《习近平新时代中国特色社会主义思想三十讲》第七讲至第八讲，《关于进一步激励广大干部新时代新担当新作为的意见》和《中华人民共和国监察法》进行学习。

8月3日，区委书记朱东铁主持召开区委常委（扩大）会议暨区委理论学习中心组（扩大）集体学习，学习习近平对湖南工作重要指示精神、中共中央政治局会议精神和省委、市委有关会议精神。

9月21日，区委理论学习中心组集体学习召开，深入学习习近平新时代中国特色社会主义思想，特别是习近平关于中国社会主要矛盾发生历史性变化的重大政治判断，习近平对湖南工作的重要指示精神以及加强党的政治建设、新发展理念、坚持党的领导、坚持以人民为中心的发展思想等重要论述。

10月23日，朱东铁主持召开以“习近平总书记关于脱贫攻坚重要思想”为主题的区委理论学习中心组集体学习。省扶贫办党组成员、副主任黎仁寅作“坚持用习近平扶贫思想武装头脑指导实践”的专题辅导。区委副书记朱远红作书面发言，区委常委、宣传部部长肖雄伟发言。

11 月 16 日，朱东铁主持召开以“习近平新时代中国特色社会主义经济思想”为主题的区委理论学习中心组集体学习。市委党校教授李跃就该主题作专题辅导。

12 月 11 日，朱东铁主持召开以“习近平总书记关于全面深化改革的重要思想”为主题的区委理论学习中心组集体学习。会上观看《改革开放之路——纪念改革开放 40 周年》视频，专题学习《中国共产党支部工作条例（试行）》文件。（代嫣云）

【长沙市“践行新思想长沙新作为”微宣讲竞赛天心区专场】 2018 年 5 月 7 日，长沙市“践行新思想长沙新作为”微宣讲竞赛天心区专场在湖南省群众艺术馆举行。活动由市委宣传部、市委讲师团指导，区委宣传部主办，市委常委、宣传部部长高山，市委讲师团主任刘莉霞，区委书记朱东铁，区委常委、宣传部部长肖雄伟等，以及长沙市各区县（市）委宣传部分管副部长，以及党员群众共 240 余人参加活动。活动中，9 名选手以《中国共产党人最有理由自信》《让创新蔚然成风》《从“有学上”到“上好学”教育走进新时代》《不忘初心砥砺前行》《文化自信助力“中国梦”》等为题，围绕党的发展历程、科技创新、教育创新、文化自信、争做新时代建设者等内容进行主题宣讲，来自长沙市明德天心中学的阳森和来自浏阳市胡耀邦故居管理局的周靛获一等奖。（刘芙蓉）

【湖南省社科普及主题活动周启动式在天心区举行】 2018 年 5 月 16 日，湖南省社科普及主题活动周启动式暨省社科工作经验交流会在天心区举行。活动周的主题是“全面贯彻新思想，奋力建设新湖南”。省市相关单位负责人、省市州（市、区）社科联代表、社科志愿者及市民朋友约 600 人参加启动式。出席启动式的相关负责人为第六批湖南省社科普及基地、2018 年湖南省社科普及基地、第八届湖南省优秀社科普及读物作者（编者）代表授牌和颁奖，主办方为群众带来社科艺术节目表演和社科普及知识有奖答题活动。启动式结束后，省社科联召开 2018 年湖南省社会科学普及工作经验交流会，天心区社科联作为全省唯一区县（市）代表在工作经验交流会上作典型发言。（刘芙蓉）

【“将改革开放进行到底”百姓宣讲活动】 2018 年 9 月至 11 月，天心区聚焦群众生产生活、衣食住行实际，紧密联系改革开放以来的城市变化、乡村变化、家庭变化、身边变化，组织“将改革开放进行到底”百姓宣讲活动，以真人、真事和真情实感，讲好在改革开放大潮中的生活变迁和奋斗故事，形成自上而下层层宣讲的局面。11 月 28 日，天心区在黄土岭社区、赤岭路社区举办两场“将改革开放进行到底”百姓宣讲活动。（代嫣云）

【2018 年“文化惠民”天心区与龙山县和洛塔乡文艺会演】 2018 年 10 月 25 日，由天心区委、湘西自治州龙山县委、天心区人民政府、龙山县人民政府共同主办的“擎画新时代·同圆幸福梦”——2018 年“文化惠民”天心区与龙山县文艺会演在龙山县城高级中学体育馆举行，当地近 1000 名扶贫一线干部群众观看文艺会演。文艺会演以艺术的形式向人们呈现两地扶贫工作的成果，有利于加强天心区与龙山县的文化艺术交流。（田谧）

【“担当使命任务、加快文化强省建设思与行”专题座谈会】 2018 年 11 月 9 日，天心区召开宣传文化系统“担当使命任务、加快文化强省建设思与行”专题座谈会。会上，分析天心区文化产业、文化事业发展的优势和不足，就进一步统一思想、明确责任、抓住机遇、主动开拓，全力推进天心区文化强区建设提出意见和建议。区委常委、宣传部部长肖雄伟表示，下阶段，天心区做好文化产业生态招商，做优一批文化产业，做强一批文化企业，打造一批特色项目，锻造一支专业队伍。（代嫣云）

【天心区宣传思想工作会议】 2018 年 12 月 14 日，天心区宣传思想工作会议召开，区委书记朱东铁，区领导朱远红、肖雄伟、谭文敏、黄会、黎小玲、及区直部门、街道相关负责人参加。会议总结过去五年来全区宣传思想工作的成绩，对下阶段全区的宣传思想工作进行部署。（严晋）

【2018 潇湘诗会“四季飞花”系列主题诗会】 2018 年 5 月 2 日，由区委宣传部、天心区非遗馆、潇湘诗会共同主办的 2018 潇湘诗会“四季飞花”系列——春花似锦主题诗会在天心区非遗馆举行。“春花似锦”主题诗会是 2018 潇湘诗会“四季飞花”系列的第一场。该系列诗会在延续对二十四节气的推广之外，聚焦于中国独特的传统花神文化，从诗歌文学艺术的视角去挖掘、理解、阐发十二月花神与二十四节气。诗会每季举办一期，每场设置当季 3 位花神及 6 位节气使者分别讲述花神与节气相关的知识，同时结合与当月花神相关的诗歌、乐曲，以大众喜闻乐见、具有广泛参与性的方式举行。12 月 26 日，“冬花傲骨”主题诗会在长沙新华书店天心乐之店举行。该场诗会由来自冬天的三位“花神”（十月芙蓉、冬月山茶、腊月水仙）和六位“节气使者”串联起整场诗会，10 余位表演者吟诵古今中外与冬花有关的诗词歌曲，把花的姿态、节气的知识贯穿于表演之中。设置特别节目，邀请 12 位“花神”同台诵读潇湘诗会打造的作品《四季飞花》。 （田　谧）

【天心区文学艺术界联合会成立】 2018 年 9 月 28 日，天心区文学艺术界联合会成立大会暨第一次代表大会召开。市委宣传部常务副部长赵柏林，市文联党组书记、副主席王俏，区委常委、宣传部部长肖雄伟，区直机关各单位相关负责人、各街镇相关负责人及区文联书画协会、诗词楹联协会、广场舞协会等各协会代表 100 余人参加大会。会上选举区文联主席团成员，张少林当选为天心区文学艺术界联合会主席，陈萍、李春和、雷永鸿担任兼职副主席。会议审议并通过《天心区文学艺术界联合会章程（草案）》《天心区文学艺术界联合会选举办法（草案）》。区文联的成立，有利于团结凝聚广大文艺工作者和文艺爱好者的智慧和力量，激发调动全区参与文化工作的积极性和创造性，培育优秀文艺人才，推出文化艺术精品。 （田　谧）

【天心区纪念改革开放 40 周年地铁专列上线】 2018 年 12 月 3 日，天心区纪念改革开放 40 周年地铁专列在长沙地铁 1 号线上线。这是首个穿梭在长沙城的纪念改革开放 40 周年移动主题展，6 节车厢被布置成“城市向南崛起天心”“经济繁荣富强天心”“民生造福和谐天心”“老城新颜蝶变天心”“古今贯通人文天心”“生态发展绿色天心”六个展示版块，展示改革开放 40 年来天心区的奋进路和取得的成果，再现“峥嵘四十载，璀璨天心路”。 （董　劲）

统一战线

【概况】2018 年，中共长沙市天心区委员会统一战线工作部（简称“区委统战部”）按照中央和省市区委关于统一战线系列重大决策部署，全面落实全国、省市统战部长会议精神和中央巡视组巡视反馈意见，推进全区统一战线各领域工作落到实处，最大限度地为区域经济社会发展凝聚共识、凝聚智慧、凝聚力量。全年收集统战信息 280 余篇，在长沙和网、天心新闻网、天心手机报、微天心等平台发布各类稿件 130 余篇，在《长沙统一战线》内刊发表署名文章 4 篇，上报市委统战部信息 110 余条。丰富“秉初心·养廉心·兴天心”主题系列活动，举办“语·家人书”“明·廉洁责”“书·廉洁志”等廉政文化活动。 （周　科）

【统一战线学习教育】2018 年，在全区制定下发《天心区统一战线学习宣传贯彻中共十九大精神工作方案》，采取常委部长领学、专家

2018 年 9 月 28 日，天心区文学艺术界联合会成立大会暨第一次代表大会召开
区委宣传部 供稿

教授辅导、专题研究讨论、撰写心得感想等形式开展学习。在全区统一战线开展“两学一助”“不忘合作初心，继续携手前进”等专题教育，组织形式多样的学习活动。在西安交通大学举办“天心区党外代表人士思维创新与履职能力提升”专题研修班，组织非公经济代表人士到浙江开展谈心谈话活动，召开天心区统一战线纪念马克思200周年诞辰座谈会等活动。召开全区统战（民宗）工作会议和民主党派工作会议，出台实施《天心区街道统战工作年度绩效考核实施细则》《2018年统战工作要点》等文件。

（周　科）

【多党合作】2018年，通过“活力指数”评估体系，各民主党派基层组织、知联会全年撰写提交提案96篇，反映民意信息67条，围绕“抓重点、补短板、强弱项”完成区委委托重点课题9个，开展“老城区有机更新”和“棚户区改造”专题调研，并做好调研成果转化工作；组织召开纪念中共中央“五一口号”发布70周年座谈会，举办庆祝中国共产党建党97周年暨“五一口号”发布70周年歌咏比赛、“同心杯”羽毛球赛等同心实践活动。全区72名特约人员向19个特约人员聘任单位提交意见建议93条，帮助协调解决问题11个，参与工作例会21次、项目审批147件、执法监督46起。向市委统战部、区委推荐党外干部10名，引导党外干部为经济社会发展献计出力。打造集荣誉展示、资料存放、联谊会晤、学习培训等功能于一体的“天心区党外人士之家”。

（周　科）

【服务经济发展】2018年，区委统战部推进“筑梦天心”三年帮扶行动，围绕构建亲清新型政商关系，建立区委常委联点非公企业制度和政企恳谈长效机制，开展“强基础、补短板、办实事”“千人帮千企”大走访大调研，走访非公企业112家，举办政企恳谈会5场，收集解决问题310余个，开展融资、法律服务活动18场次，编印《天心区优化营商环境政策汇编》，推进区委、区政府《关于进一步优化营商环境的十条措施》落地实施。举办“筑梦天心·数梦未来”等产业项目对接活动15场次，召开深圳湘籍企业家回乡投资专场座谈会，协办首届长株潭一体化区域合作联席会议，接待到天心区考察客商11批次197人，捕捉招商信息93条，促成启迪科服等40余家投资机构与天心本土企业达成投资意向。围绕纪念改革开放40周年，举办“筑梦天心·致敬新时代”非公企业创新创业成果展示报告会。组织召开2次基层商会专题建设培训会议。

（周　科）

【服务社会发展】2018年1月，制定实施《天心区“同心创建”工作方案》，将“同心创建”工作纳入街道年终绩效考核内容和民主党派“活力指数”评估体系。引导区各民主党派基层组织、知联会与8个社区（村）开展联创共建工作，结合“五大同心活动”，在全区14个街道分别打造1个“同心创建”工作点，全年开展各类富有特色的同心社会服务活动46场次。民革天心区工委开展的“防范非法金融、打击非法咨询专项整治行动与反洗钱宣传‘天心行’”活动，农工党天心区工委在沿江村开展的健康义诊、产业帮扶等系列活动，民建天心区工委开展的“送法律进社区”，民进天心区工委开展的“阳光成长+”，民盟天心区工委开展的“科技成就梦想”，致公党天心区工委开展的“精神助学”，九三学社天心区工委开展的“同心见真情·爱尔光明行”，区知联会开展的“学人防知识·建平安社区”系列主题活动。11月，举办天心统一战线“同心创建”工作现场观摩会。

（周　科）

【台侨联络联谊】2018年，重点走访慰问困侨、老侨、归侨侨眷52户，帮扶“侨联重点服务企业”协调解决困难问题7个，组织开展“新侨牵老侨”“双百扶贫”“侨法巡展”进社区、进学校、进企业、进家庭等活动20场次，指导侨联富心工程工作站开展公益活动，成立全区首个“侨胞健康之家”和“侨法服务工作站”，免费为辖区广大归侨侨眷提供健康体检和法律咨询服务。接待“2018年第五届两岸慢垒湘台杯邀请赛”台湾参访团以及香港元朗青年商会访湘团。全年帮扶困难台胞台属17人，收到台企、台胞、台属来电来信来访案件13起，化解矛盾纠纷5件，湖南亿斐房地产开发有限公司为区委统战部、区台办寄来感谢信。组建86名新的社会阶层代表人士队伍，提请区委出台《天心区新的社会阶层人士统战工作联席会议制度》，组织召开区新的社会阶层人士座谈会、恳谈会。依托天心文化（广告）产业园，成立天心区首个“新的社会阶层人士实践创新基地”，组织同心系列活动 9 场次。

（周　科）

【海外交流交往】深入开展辖区长沙欧美同学会会员工作，定期举办“智汇天心·共创未来”主题沙龙活动，积极为天心发展献计出力。支持、指导天心区海外顾问杨星明女士承办“芙蓉国印象”2018 春节慰问演出，为美国旧金山湾区、拉斯维加斯、达拉斯、孟菲斯和洛杉矶等地的湘籍侨胞献上精彩纷呈的文艺表演。（周　科）

【民族宗教】2018 年，制定《天心区宗教工作巡视整改方案》，举办全区意识形态和民族宗教工作专题培训班，加大摸底排查力度，协调相关部门依法治理打击以宗教名义进行的非法敛财活动，有效应对宗教领域网络舆情，办理“一单四制”安全隐患事件。成立“天心区少数民族服务站”，做好区少数民族流动人口服务管理工作和在区西藏、新疆籍少数民族学生教育服务工作。（周　科）

【基层协商民主】2018 年，颁布实施《天心区推进基层协商民主建设实施办法》，明确协商主体、协商内容、协商形式和基本程序，搭建区、街道、社区（村）三级协商民主议事体系。各街道围绕辖区“四公一题”（重大公共事务、公共决策、公众利益、公益事业和民生热点难点问题）上报 100 个重点协商议题。区委统战部成立基层协商民主工作组，班子成员分别赴各街道、社区（村）指导开展基层协商民主工作，通过“联商联谈”的模式，全年完成民主协商案例 122 起，其中关于征收补偿方面的问题46起，劳动纠纷 11 起，停车难问题 43 起，子女上学问题 4 起，城市管理问题 12 起，其他方面的热点难点问题 6 起。天心辖区内各街道通过“同心法律工作室”“同心心理疏导室”“社情民意信息采集点”等统战平台，打造“桂花议事堂”“南城议事”等基层协商民主品牌。

（周　科）

【统一战线精准扶贫】2018 年，对接怀化市通道县精准扶贫工作，建立天心·通道统一战线产业扶贫、教育扶贫联盟，开展“筑梦天心·情牵通道·同心同行”精准扶贫活动，与通道县人民政府、县人社局、县农业局、县残联等单位签订系列对口扶贫协作框架协议；在通道县第一中学成立“天心同心励志班”（初 1806 班），由天心区 7 个民主党派区工委、区知联会以及部分非公企业中的 51 名统战成员结对帮扶全班 51 名学生初中三年的学杂费和生活费；举办天心·通道精准扶贫农产品供销对接会，帮促通道县销售红薯粉皮 3.2 吨。启动实施中药材产业扶贫开发项目，建立集中药（材）种植、加工、销售于一体的中药（材）产业链，2018 年完成一期投资 1000 万元。民建天心区工委组织会员两次前往桑植看望帮扶“天心民建班”“长沙民建班”100 名贫困学生；民盟天心区工委、农工党天心区工委、民进天心区工委分别委派党派成员赴怀化鹤城区、溆浦县、新疆吐鲁番地区开展支教活动。（周　科）

【天心区非公企业“筑梦天心·优化营商环境”政企恳谈会】2018 年 1 月 24 日，天心区非公企业“筑梦天心·优化营商环境”政企恳谈会举行，旨在探索建立服务企业的有效机制，营造有利于企业发展的良好环境。区委常委、常务副区长周志军，区委常委、统战部部长刘向，区政协副主席、工商联主席罗超纲，以及来自湖南顶立科技有限公司、湖南天城置业发展有限公司、长沙华远商业管理有限公司等重点非公企业的 10 位代表及 13 个区直相关部门主要负责人参加会议。会上，组织学习全国工商联第十二次代表大会精神及 2018 年中央经济工作会议精神。10 位企业代表围绕行业趋势、企业经营、转型升级、营商环境、行政效能等方面发言，分析自身企业在发展中遇到的问题和困难。周志军对下一步如何创建优质的营商环境提出意见，要在构建现代经济体系建设上体现新作为；要在持续推进“放管服务”改革中体现新作为；要在优化经济奖励政策上体现新作为；要在构建新型“亲”“清”政商关系中体现新作为。（周　科）

【天心区统战（民宗）工作会议】2018 年 3 月 29 日，天心区统战（民宗）工作会议召开。区委常委、统战部长刘向，区政府副区长黄会出席会议并讲话，区政协副主席、工商联主席罗超纲主持会议。会上，通报表彰区各民主党派、知联会 2018 年课题调研成果，下发 2019 年全区《统战工作要点》等文件，并授予桂花坪街道“心中的梁家河”为全区“党外人士同心教育基地”。区委统战工作领导小组成员单位相关负责人，各街道分管统战工作负责人、统战专干，各社区（村）统战专干，部分新的社会阶层代表人士、民宗界代表人士、非公经济人士以及统战系统各单位班子成员共160余人参加会议。刘向强调，做好统战工作，要在拥护核心上绝不动摇，在围绕中心上绝不停滞，在凝聚人心上绝不懈怠，在自身建设上绝不放松。黄会强调，要着力开创依法管理宗教事务的新气象和新局面，为区域经济社会发展营造和谐稳定的良好环境。

（周　科）

【“侨法宣传进社区”活动】2018年4月27日，“侨法宣传进社区”活动在金盆岭街道赤岭路社区举行。市侨联主席陈慧，区委常委、统战部部长刘向，区委统战部、区侨联、金盆岭街道、辖区侨资企业的相关负责人以及社区部分归侨侨眷代表参加活动。侨法宣传活动以“赤岭红心暖侨心，法护侨益促和谐”为主题，坚持“以侨为本、为侨服务”的宗旨，依托赤岭路社区广泛宣传普及涉侨法律法规，维护和保障归侨侨眷、侨企的合法权益。活动现场，赤岭路社区与长沙南湖医院签订“侨胞健康之家”合作协议，刘向为南湖医院授牌。社区聘请长沙理工大学副教授阳明武为社区法律顾问，免费为归侨侨眷、侨企提供法律咨询服务。活动邀请归侨侨眷代表李仲华、粟石恒分享涉侨历史知识和个人海外经历。陈慧强调，要营造爱侨护侨的浓厚氛围，维护归侨侨眷的合法权益，积极引导广大归侨侨眷为区域经济社会发展做出新的更大的贡献。

（周　科）

【市委台办走访调研天心区台资企业】2018年5月17日，市委台办副主任袁湘鄂一行到天心区走访调研台资企业。区委常委、统战部长刘向，区委台办等相关负责人参加调研活动。调研组一行到南托街道花之林总部大厦项目，实地考察项目的规划设计、建设进度等情况，现场帮助协调解决项目提出的困难和问题；到大润发（天心店），了解企业的生产经营、员工管理、市场销售等方面的基本情况，收集企业发展存在的问题。在座谈交流会上，袁湘鄂希望企业增强发展信心，做大做强，区委台办要加强与台商的交流与沟通，真心实意为台商服务，竭力为台资企业排忧解难。通过走访调研，有利于密切与台商、台企的联系，为推动国台办31条惠台措施的落实收集意见和建议。

（周　科）

【天心区台海形势大讲堂】2018年7月25日，天心区台海形势大讲堂在区机关南栋9楼会议室举行。市委统战部副部长、市台办主任袁义和作台海形势报告，区委常委、统战部部长刘向主持会议。市台办相关处室、区对台工作领导小组成员单位有关人员、各街道统战工作分管领导、对台工作专干、各社区（村）主要负责人、区涉台教育基地、法律援助服务工作站负责人以及辖区台资企业、台商代表，台胞、台属及居民群众代表近160人参加活动。袁义和分别从台湾历史问题、当前台海形势的主要变化、新时期对台工作的思考及十九大报告中的台湾未来发展解读等方面对台海形势进行分析。通过聆听报告，使大家更深入了解了台海形势和两岸发展趋势，正确领会中共中央对台方针政策。（周　科）

【“筑梦天心·情牵通道·同心同行”精准扶贫活动】2018年7月26～28日，区委统战部、区工商联组织区各民主党派工委、知联会相关负责人及部分非公企业家代表到怀化市通道县开展“筑梦天心·情牵通道·同心同行”精准扶贫活动，与通道县同心牵手建立统一战线产业扶贫、教育扶贫联盟，引导广大统战成员参与脱贫攻坚。产业联盟涵盖人力资源培养、现代家庭服务业、侗苗风情旅游业、水产品养殖业、土地流转等7个产业链。首批7家非公企业与通道县人民政府、人社局、农业局、县残联等单位签

2018年3月29日，天心区统战（民宗）工作会议召开　区委统战部 供稿

订“农产品产业扶贫框架协议”“旅游产业开发扶贫框架协议”等对口扶贫协作框架协议，明确从2018年7月至2020年7月底双方根据协议中规定的权利和义务结对开展产业扶贫工作。活动期间，刘向一行在通道县委常委、统战部部长蒋慧铭，县政协副主席、工商联主席吴通爱的陪同下考察通道县第一中学、木脚村中药材种植基地等项目。（周　科）

【“天心同心励志班”精准扶贫对接启动仪式】2018年9月28日，天心区统一战线“天心同心励志班”精准扶贫对接启动仪式在通道侗族自治县第一中学举行。区委常委、统战部部长刘向出席并讲话。经区委统战部、区工商联与通道县委统战部、县教育局、扶贫工作组等单位的前期沟通，决定将“天心同心励志班”设为通道县第一中学“初1806班”，全班共51名贫困学生。精准助学扶贫以各统战团体为责任主体，由天心区7个民主党派区工委、区知联会以及部分非公企业中的51名爱心人士一对一结对帮扶51名学生，承担他们初中三年的学杂费和生活费，保证顺利完成学业。启动仪式上，区委统战部向“天心同心励志班”学生赠送书包和文具，爱心人士向51名结对学生捐赠第一年的助学金，爱心企业向贫困学生家庭捐献衣服，并与县工商联、县人社局进行对接交流，落实人力资源招聘计划。启动仪式结束后，爱心人士代表一一走访结对学生家庭。（周　科）

【“筑梦天心·致敬新时代”非公企业创新创业成果展示报告会】2018年10月25日，天心区举行纪念改革开放40周年“筑梦天心·致敬新时代”非公企业创新创业成果展示报告会。市委统战部副部长、市工商联党组书记丁文，区委书记朱东铁，区政协党组书记、主席夏艳兰，区委常委、组织部部长张界贻，区委常委、统战部部长刘向等，天心区优秀的企业家代表、区工商联执常委、区重点非公企业负责人、区两新党组织负责人代表、园区及相关经济职能部门主要负责人、各街道商会分管领导、会长、秘书长等200余人参加报告会。湖南同安医药董事长高步云分享创业历程故事；湖南家家红食品有限公司、湖南文和友文化产业发展集团有限公司、土流集团有限公司、湖南鑫远投资集团有限公司、湖南金领玮业现代家庭服务产业联盟管理有限公司、长沙世纪情国际珠宝广场、湖南亚文传媒有限公司等8家企业的主要负责人围绕“话创业初心”“述精业匠心”“展公益爱心”“诺扎根天心”4个主题进行分享；长沙远征驾校、湖南园艺建筑集团有限公司等12家企业负责人代表向全区非公企业家发出“筑梦天心·致敬新时代”的倡议。丁文希望企业家们重家国情怀，敢为天下先，为地方经济社会平稳较快发展做出积极贡献。（周　科）

【市、区政协委员结对长沙市涉台教育基地活动】2018年10月26日，天心区开展市、区政协委员结对长沙市涉台教育基地活动。市委统战部副部长、市台办主任袁义和，区委常委、统战部部长刘向等参加活动。袁义和一行参观仰天湖金峰小学的涉台教育宣传栏及手工报，听取学校关于涉台教育工作情况的汇报，进行助学捐赠活动，为仰天湖金峰小学、南大桥小学捐赠棋类用品28套。袁义和在南大桥小学为与会的市、区政协委员、区委统战部及街道干部、仰天湖金峰小学、南大桥小学师生120余人讲授涉台知识，从台湾现状、两岸关系及对台工作三个方面介绍台海形势及中央对台方针政策，与学生们进行互动。（周　科）

【台湾参访团到天心区考察交流】2018年10月29日，“2018年第五届两岸慢垒湘台杯邀请赛”参赛台湾球队及台商代表一行120余人到天心区参观考察。参访团一行实地考察天心区文化（广告）产业园，参观园区广场、展厅及党群服务中心，了解园区概况、产业发展、政策扶持等情况。交流中，区委常委、统战部部长刘向介绍天心区经济社会发展情况，希望台湾青年多到天心区创业、就业，搭建天心与台湾经贸合作、两岸青年交流的平台。参访团表示乐意与天心区建立长效交流机制，为两岸经济文化发展做出新的贡献。（周　科）

【天心区首个新的社会阶层人士实践创新基地揭牌】2018年10月30日，天心区首个新的社会阶层人士实践创新基地在长沙天心文化（广告）产业园揭牌，并举行新的社会阶层人士“创谷·星领汇”品牌推介会。市委统战部副部长饶福明，区政协副主席、工商联主席、园区管委会主任罗超纲等参加活动。饶福明一行考察天心区新的社会阶层人士实践创新基地。该基地以长沙天心文化（广告）产业园为依托，以“创谷·星领汇”为品牌，主要服务于民营企业和受聘于外资企业的管理人员、技术人员，以及部分新媒体、中介组织、社会组织从业人员和自由职业者。

（周　科）

【天心区“同心创建”现场推进会】 2018年11月22日，天心区“同心创建”现场推进会举行。区委常委、统战部部长刘向一行实地考察白沙井社区、九峰苑社区两个“同心创建”典型，与会人员了解社区创建情况，交流工作做法，学习创建经验。在九峰苑社区会议室召开会议，刘向指出，全区统一战线要全面把握全区“同心创建”的新视野，进一步扩大“同心创建”的覆盖面，拓宽新维度，提升影响力，做好品牌规划、丰富工作内涵、形成品牌集群。

（周　科）

【“筑梦天心·千人帮千企防范企业法律风险”现场咨询活动】 2018年11月27日，区委统战部、区工商联、长沙天心文化（广告）产业园、区“千人帮千企百日大行动”办公室等联合在创谷·天心文化(广告)产业园举办“筑梦天心·千人帮千企防范企业法律风险”现场咨询活动。区委常委、统战部部长刘向，区政府副区长张建，区政协副主席、工商联主席罗超纲，以及湖南南燕律师事务所、湖南汗青律师事务所、湖南锐和律师事务所及“千人帮千企百日大行动”192小分队、193小分队、194小分队召集的50余名非公企业代表参加活动。刘向为活动致辞，希望通过现场咨询活动，进一步帮促企业健全完善法律风险防范机制，改进经营管理方式，提高企业的竞争能力。活动现场，律师代表一一解答事先收集的企业在法律风险方面的疑问，企业代表提出在股权设计、互联网如何规避风险、债务纠纷、合同效力、知识产权侵权等一系列问题，律师做解答。

（周　科）

【天心区统一战线举行庆祝中国共产党成立97周年歌咏比赛活动】 2018年6月23日，“与党同心·歌颂新时代”——天心区统一战线庆祝中国共产党成立97周年暨纪念中共中央“五一口号”发布70周年活动举行。市委常委、市委统战部长谭小平，市政协副主席、民革长沙市委主委朱建军，市政协副主席、民进长沙市委主委李平，区委书记朱东铁等参加活动。谭小平实地调研天心区“党外人士之家”阵地建设（办公面积有500余平方米，为各民主党派区工委、区知联会分别配备办公用房和会议室），与各民主党派区工委主委进行面对面交流；参加歌咏比赛活动，为获奖代表队颁发奖杯。活动现场，来自天心区7个民主党派基层组织、区工商联、区知联会及长沙理工大学共十支代表队用“紧紧凝结在一起的心”唱响活动主题。最终，致公党天心区工委和九三学社天心区工委获得一等奖，民建天心区工委和区党外知识分子联谊会获得二等奖，其他代表队分别获得优秀奖、组织奖。

（周　科）

【天心统一战线获四项市级“同心”称号】 2018年12月24日，长沙市首届同心人物颁奖典礼暨长沙统一战线凝心聚力新时代行动推进会举行。会上，天心区湖南省李丽心灵教育中心负责人李丽获评长沙市首届“同心人物”，天心区乡村互联网+“三个一”项目获评长沙统一战线同心创建示范点，天心区党外人士之家、桂花坪街道九峰苑社区分别获评2018年度市级“同心项目”和“同心社区”。

（周　科）

直属机关党建

【概况】 中共长沙市天心区委员会直属机关工作委员会（简称“区直机关工委”）负责区直机关党建、纪检、作风建设、工、青、妇、关协等群团工作及其他日常事务性工作。区直机关共有党支部50个，其中包括1个机关党委、3个党总支，共计党员1020人。有52个工会小组，会员1396人。区直机关工委工作人员6人。

2018年，区直机关工委紧紧围绕“服务中心、建设队伍”两大核心任务，推进“两学一做”学习教育常态化制度化和支部“五化”建设，创新机关党建工作思路，拓展机关党建工作领域，强化机关党建工作举措，机关党的建设各项工作取得进展，引领全区机关基层党组织和党员干部在推动全区改革发展中彰显战斗堡垒作用和先锋模范作用。

（毛　萍）

【基层组织建设】 2018年，结合推动“两学一做”常态化制度化，按季度编发区直机关基层党组织党课学习内容提示，为每位党员购买《党的十九大报告辅导读本》《习近平谈治国理政》等一系列书籍，分别围绕“不忘初心、牢记使命”“学习新《党章》”和“改革开放四十年”等专题组织党员干部学习讨论。组织开展区直机关“习近平新时代社会主义思想天天见、天天新、天天深”“微理论·微宣讲”专场比赛。开展“七个一”系列活动（“参观一次红色教育基地”“重温一次入党誓词”“撰写一篇心得体会”“聆听一次党课”“观看一部革命历史短片”“开展一场党的优良传统讨论”及举行一次学《中国共产党章程》《中国共产党党内监督条例》竞赛），设立党员示范岗、互动沙龙、打造党建文化阵地。开展“身边的榜样（党员）”活动，分四期将各党支部推荐的20名党员通过橱窗和微天心进行宣传，其中有1名党员成为全区“榜样”，“七一”时在全区大会上作事迹巡讲。

（毛　萍）

【机关党建主题活动】2018年，区直机关工委指导机关党支部开展“亮身份、强服务、争先锋”主题实践活动，推进各党支部开展党员积分管理工作，督促在职党员进社区报到和参加志愿服务活动。开展党建示范点打造和复核，促进发挥示范引领作用，开展党支部联创共建活动。在4月召开的全区组织工作会议上，区直机关工委作《多措并举强意识，发挥作用促发展》的交流发言。（毛　萍）

【机关党务干部培训】2018年，区直机关工委每季以会代训，对党支部书记进行不同专业知识的培训。9月上旬，组织50余名机关党支部书记和委员到山东临沂进行专题培训。利用年终实施交叉检查的方式，对支部委员进行现场培训，提升党务干部的业务能力和专业素质。

（毛　萍）

【机关作风建设】2018年，制定《2018年区直工委党风廉政建设主体责任和监督责任清单及责任目标分解》。将贯彻民主集中制、严格资金使用作为履行主体责任的关键环节，协助区委巡视组对巡查单位的党建工作进行反馈，督促单位负责人履行好党建责任。坚持领导干部主讲廉政党课，组织党员干部学习习近平总书记关于党风廉政建设和反腐败工作的系列重要讲话，以及省市区相关会议精神及《中华人民共和国监察法》。组织党员干部观看警示教育片，动员各党支部利用党日活动组织机关干部参观静园等警示基地。严格落实领导干部财产和重大事项报告制度。开展金融机构从业、参与涉矿经营、“小管大贪”等专项整治活动。加强作风监督检查，紧盯元旦、春节、清明、“五一”、端午等重大节日，开展明察暗访，对发现有违纪苗头的单位找主要负责人谈话。集中调查机关食堂就餐乱象，规范就餐秩序。

（毛　萍）

【机关群团工作】2018年，解决1450名机关干部职工“七个法定节假日福利”，共发放慰问物资490万余元，做好会员生日慰问、广大干部职工及直系亲属生老病死慰问、干部职工子弟高考及困难党员干部职工等慰问，慰问金额50万余元。组织开展区直机关庆“三八”登山智跑活动，举办机关干部羽毛球赛、拔河比赛等文体活动，机关52个工会小组，1000余人参加比赛。动员机关工会小组参与工会医疗互助。动员机关年轻党员干部200余人次参加植树护绿、结对帮扶、义务献血、除冰扫雪等志愿服务活动。深化“青年文明号”“青年岗位能手”等品牌创建推荐活动，激励青年岗位建功、奉献社会。开展“改革开放40周年浓墨重彩讴歌天心”书画比赛及“微理论微宣讲”比赛。开展女性防癌普查和购买女性安康保险。联合区妇联深化“巾帼文明岗”创建活动，开展文明家庭、两型家庭、书香家庭评选推荐活动。关爱妇女儿童，全年投入资金近15万元，组织2次主题为“如何进行有效沟通，加强家庭教育”的专题授课，组织“书香天心·父母同行”亲子阅读竞赛及“健康成长·快乐暑假”观看话剧等活动。（毛　萍）

【天心区直机关庆祝建党97周年暨“七一”表彰大会】2018年6月29日，天心区直属机关工委举行庆祝建党97周年暨“七一”表彰大会。区委副书记朱远红，区委常委、组织部部长张界贻，区委常委、区委办主任侯向宇参加，会议由张界贻主持。会上，区直机关工委书记张宁作工作报告。侯向宇宣读“七一”表彰决定，对区委组织部等10个先进基层党组织、徐璐等110名优秀个人予以表彰。朱远红向受到表彰的先进基层党组织和优秀个人表示祝贺，指出要提升新时代抓好机关党建的使命感与责任感；要找准新时代抓好机关党建的着力点与深化点；要压实新时代抓好机关党建的责任制与提高保障能力。（毛　萍　李　群）

2018 年 6 月 29 日，天心区直属机关工委举行庆祝建党 97 周年暨“七一”表彰大会
区直机关工委 供稿

巡察工作

【概况】2018 年，天心区委巡察工作深化政治巡察，突出“六个围绕”（政治建设、思想建设、组织建设、作风建设、纪律建设、夺取反腐败压倒性胜利），坚持发现问题、形成震慑不动摇，围绕一届区委任期内巡察高质量全覆盖的目标任务，健全巡察工作各项制度，创新巡察方式方法，强化巡察成果运用。全面完成 4 轮常规巡察任务，巡察 16 家区属党组织。探索性开展 1 轮机动式巡察，巡察 2 个村级党组织；延伸巡察 4 个村级党组织。配合市委联动交叉巡察组巡察区农林水利局。按规定报备 2 次区委书记专题会听取巡察汇报情况。组建涵盖纪检监察、组织人事、财政审计等60余人专业巡察人才库队伍，选派 6 名巡察干部参与市委联动交叉巡察，1 名巡察干部参与省委巡视。（薛宏超）

【健全巡察工作制度】2018 年，建立《巡察底稿管理办法（试行）》《关于巡察发现问题线索的梳理、分类和处理意见》《天心区委巡察工作人才库人员选配与管理暂行办法》等 10 余项制度，提高巡察工作制度化水平。对标中央、省、市巡视巡察规划，相应修改区委巡察规划，制定《推动巡察向村级党组织延伸的实施办法》。（薛宏超）

【巡察成果运用】2018 年，对巡察发现的 202 个问题向被巡察单位进行反馈，144 个问题完成整改，整改完成率 71.2%。对 2018 年度巡察发现的 21 件问题线索移交区纪委进行调查处置，办结 17 件，办结率 81%，区纪委监委立案 21 人，其中科级干部 1 人、村（社区）主要负责人 4 人、其他 16 人，移送司法机关 2 人；问责科级干部 6 人。对市委联动交叉巡察发现的 8 条问题线索移交区纪委监委调查处置，办结率 100%，区纪委监委立案 2 人（含正科职干部 1 人），问责 7 人。对 2017 年年底巡察发现 2018 年年初移交的 7 条问题线索，区纪委立案 6 人，6 人被给予党政纪处分（含副科级干部 1 人）。召开区委前四轮巡察情况通报会，放大巡察成果运用，增强巡察震慑力。（薛宏超）

【机动式巡察】2018 年，天心区对南托街道牛角塘村、桂花坪街道集资办开展巡察，巡察移交的南托街道牛角塘村朱拉练的违纪线索，经区纪委监委调查，其违反六大纪律，涉嫌贪污、受贿等多项违法罪名，被开除党籍并被移送司法机关，牛角塘村村支两委其余 8 名涉案人员被给予开除党籍处分。移送桂花坪街道集资办的违纪问题线索，3 名现（原）村级党组织班子成员被给予党政纪处分。（薛宏超）

【依规巡察】2018 年，落实巡察底稿制度，使得巡察报告经得起实践、历史、人民的检验。落实巡察报告撰写制度，突出“六个围绕”，规范各巡察组巡察报告的撰写体例，从政治高度归纳问题，精准分析问题线索，提出合理化的意见建议。落实巡察线索移交制度，线索不遗不漏，附件精准齐全。落实移交的巡察问题线索办理情况向巡察机构反馈制度，通过月度反馈，周度跟踪的线索跟踪督促机制，督促纪检监察机关优先办理。（薛宏超）

【常规巡察与专项巡察对接】2018 年，天心区开展五届区委第五轮常规巡察，将全区 3 家区属平台性国有公司一并纳入同一轮次巡察，实现常规巡察与对国有公司的专项巡察有效对接，发现平台性公司在项目建设、项目招投标、项目资金管

理的共性问题，精准查找廉政风险点，为区委、区政府加强对国有公司的风险防控提供决策依据。

（薛宏超）

【巡察监督与审计监督结合】2018年，巡察开始前，向审计部门调阅被巡察单位的相关审计报告。巡察进行中，结合审计报告深挖问题，同时检查被巡察单位对审计报告指出问题的整改是否落实到位。巡察后与审计单位对接，反馈审计报告指出问题的整改落实情况，推动审计指出问题整改落实。区审计部门进驻已被巡察过的单位前，了解被巡察单位的巡察报告情况。

（薛宏超）

【巡视整改工作调度会】2018年9月6日，天心区召开巡视整改工作调度会，会议听取区相关单位巡视整改工作情况汇报，对下阶段巡视整改工作和当前各项重点工作进行研究和部署。区委书记朱东铁，区领导张界贻、曾卫国、周志军、贺国权、肖雄伟、侯向宇，以及区直相关单位、街道主要负责人参加会议。会议肯定前期巡视整改工作所取得的成效。就下阶段巡视整改工作，朱东铁指出，要聚焦政治建设抓整改；要聚焦作风建设抓整改；要聚焦意识形态抓整改。朱东铁强调，要着力推动高质量发展；要持续打好三大攻坚战；要深化全面从严治党。

（薛宏超）

【五届区委巡察工作动员部署会】2018年2月27日，五届区委第三轮巡察工作动员部署会召开，传达学习中央、省、市委关于巡视巡察工作的新精神新要求，动员部署五届区委第三轮巡察工作。区委常委、区纪委书记、区监委主任、区委巡察工作领导小组组长曾卫国，区委常委、组织部部长、区委巡察工作领导小组副组长张界贻参加。会议提出，要结合“红包礼金”“涉黑涉恶”等专项整治，聚焦扶贫帮扶、棚户区改造、民生资金下拨等重点领域，围绕全面建设小康、三大板块建设、乡村振兴战略、蓝天保卫战等重点工作来坚持问题导向，用好巡察成果，确保巡察实效。区委制定《2017—2021年天心区委巡察工作规划》，计划用5年时间完成17轮巡察，对街道、区直单位、区属国有企业开展巡察，确保区委一届任期内实现巡察全覆盖。第三轮巡察为期两个月，对金盆岭街道、黑石铺街道、区城乡建设局、区住保局4家单位党组织开展巡察。

6月21日，五届区委第四轮巡察工作动员部署会召开。该轮巡察抽调16名巡察干部组成4个巡察组，分别对裕南街街道、桂花坪街道、区教育局、区工务局开展为期两个月的常规巡察。会后，4个巡察组分别进驻被巡察单位，召开工作动员会，按程序同步开展巡察工作。

9月26日，五届区委第五轮巡察工作动员部署会召开，对区城市建设投资公司、顺之安棚改公司、南湖新城公司、大托铺街道等4家单位党组织开展巡察。

11月30日，五届区委第六轮巡察工作动员部署会召开。该轮巡察对区人社局、区人防办、区史志档案局、区残联4个部门党组织开展巡察，巡察为期一个半月。

（薛宏超）

【巡视巡察整改专项监督工作部署会议】2018年8月24日，巡视巡察整改专项监督工作部署会议召开。会议由区委常委、组织部部长张界贻主持，区委常委、区纪委书记、区监察委主任曾卫国，区委常委、区委办主任侯向宇出席会议。会议全面布置开展巡视巡察专项督查工作的相关事项，明确督查的目标任务、具体内容、实施步骤和工作要求。会议强调，开展巡视巡察专项督查工作是强化党内监督，加强政治建设的重要内容，是深化和巩固巡视巡察整改成效的重要手段，要通过实施专项督查，促进整改措施的落地落细落实，以实实在在的整改成效体现对党绝对忠诚。

（薛宏超）

【听取第五轮巡察工作汇报】2018年11月22日，区委巡察工作领导小组召开会议，专题听取区委第五轮巡察工作开展情况汇报。区委常委、组织部部长张界贻，区委常委、区纪委书记、区监察委主任曾卫国出席会议。10至11月，区委第五轮巡察对区城投集团、顺之安棚改公司、南湖新城公司、大托铺街道4家单位开展巡察，共发现问题61个、重点人重点问题线索6件。会议要求，要聚焦扫黑除恶、脱贫攻坚、生态环保等重点领域，围绕群众反对痛恨的突出问题，紧盯区委区政府确定的重点工作、重点活动、重点项目，着力发现“三大攻坚战”“涉黑涉恶”，官僚主义、形式主义“新表现”“新问题”，加强工作统筹，细化任务分工，及时启动第六轮巡察。11月28日，区委召开书记专题会议，听取五届区委第五轮巡察工作专题汇报，研究部署推进下一阶段巡察工作，区委书记朱东铁主持会议并讲话。区委副书记朱远红，张界贻、曾卫国出席会议，分别对巡察工作提出意见建议。朱东铁强调，要按照在一届区委任期内实现区属党组织巡察全覆盖的要求，贯彻落实市委出台的《关于对全市村级党组织巡察全覆盖的意见》，合理安排巡察轮次和被巡察单位数量，把握巡察重点任务，做好巡察“后半篇文章”，锻造高素质的巡察干部队伍，推动全面从严治党不断深入。（薛宏超）

机构编制管理

【概况】长沙市天心区机构编制委员会办公室（简称“区编办”）为区机构编制委员会的常设办事机构，既是区委的工作机构，又是政府的工作部门，负责全区机构编制管理工作。区行政审批制度改革工作领导小组办公室（简称“区审改办”）设在区编办，负责全区行政审批制度改革的牵头组织工作，承担区人民政府行政审批制度改革工作领导小组办公室的日常工作。区编办由1个行政单位和2个二级事业单位（即区事业单位登记管理局和区机构编制实名制信息中心）组成，区编办(区审改办)内设办公室、机构编制科和审改科3个科室。部门编制数15名，在编在岗人数13人，编外聘用人员3人。办公地点在区机关北栋2楼。

（汤　泉）

【行政审批制度改革】2018年，天心区实行“最多跑一次”改革，公布《天心区政府部门“最多跑一次”事项目录》，涉及事项736个，涵盖26个区直部门、4个垂直管理单位，全程网上办理、让企业和群众“零跑腿”的事项66项。深化“就近办”改革，出台《天心区进一步推进审批服务“就近办”改革实施方案》，分两批印发并实施《天心区审批服务“就近办”事项》，涉及208项事项；推行“全岗通”改革，综合窗口“9变2”，办事人员专科变全科；打造湘园社区“错时服务全天办、网格服务帮代办、容缺服务马上办、特殊群体上门办、特色服务专人办”“五办”特色服务，推出44项个性便民服务。开展“减证便民”行动，通过两轮自查清理、摸底上报、查漏补缺，组织进行反复调研、梳理，经合法性审核论证，取消“奇葩证明”、无理证明和重复证明等不符合法律法规的证明证材料157项，规范证明文本23项，在区政府门户网站和区政务大厅对外公布。清理“中介服务”事项，对《天心区政府部门中介服务清单》进行梳理规范，涉及调整事项12项、新增取消事项2项，涉及17个区直部门，减少行政审批过程中的灰色地带和寻租空间。明确“多规合一”事项，2次将投资建设领域49个事项纳入“多规合一”平台，打通部门之间的信息壁垒，实行联合审批、在线办理。规范清单管理，对《天心区人民政府权力清单》《天心区人民政府公共服务清单》进行动态调整，调整行政职权800余项、公共服务事项10项；梳理公布《天心区政府部门“马上办、网上办、就近办、一次办”事项清单》，涉及“马上办”事项86个、“网上办”事项409个、“就近办”事项87个、“一次办”事项414个。（汤　泉）

【政府职能转变和机构改革】2018年，组织深入学习中央和省市关于深化机构改革相关会议和文件精神，到佛山市南海、深圳宝安和岳阳华容学习机构改革举措，钻研深圳、上海等地的改革经验。对全区机构设置、领导职数、人员编制、职能职责等情况进行全面摸底；对承担行政职能事业单位所承担的行政职能进行梳理汇总，列出情况一览表。制定区委深化党政机构改革领导机构框架和推进党政机构改革工作时间表、路线图，推进机构改革。区委主要领导多次指导工作开展，深化机构改革领导小组召开专题会议听取工作推进情况，领导小组办公室2次召开会议对工作进行部署安排。拟定党政机构机构改革方案和承担行政职能事业单位的改革方案；反复与省、市沟通衔接，修改完善改革方案。先行组建区退役军人事务局筹备组，明确人员、办公地点和设备。开展执法队伍人员编制摸底，为推进改革奠定基础。启动街道机构改革，开展职责职能情况的摸底，推动治理重心下移，理顺区级部门与街道关系，构建简约高效的基层管理体制。

（汤　泉）

【机构编制资源管理】2018年，在全区编制限额范围内统筹调剂使用编制和消化超编人员。配合区派驻纪检组、区委巡察组、区统计局盘活调剂使用行政及事业编制34名；助力综合性、专业性人才以及卫生医疗、教育、城市建设、环境保护、依法治区专门人才的引进，盘活调剂使用84个事业编制；通过统筹调剂编制、干部调整、干部调任提拔及自然减员等措施，消化各类超编人员95名。争取市政、环卫、园林三局事业编制629名，纳入事业编制总基数；争取市级核增天心区中小学教职工编制169名；为天心经开区、暮云经开区向市级争取事业编6名。协调天心文化（广告）产业园、区委巡察组、区派驻纪检组、区电政办、区两型办、黄兴南路步行街管理服务中心、南郊公园管理处和天心阁公园管理处等机构的领导职数，为全区争取科级以上领导职数46名，其中副处级3名、正科级16名、副科级27名。在编制总额内对各中小学校教职工编制进行分配备案，核定编外教师计划数1315名。推进内部审批规范，实行即来即办，全年办理入编手续487人次，修改人员信息2300余次，办理销编人员手续170人次。（汤　泉）

【事业单位登记管理】2018年，完成事业单位的年度报告公示，对全区209家事业单位上报材料的真实性、合法性进行审核，将事业单位年度报告书在政府门户网站进行公布，全年办理设立登记1家、变更登记71家。开展事业单位法人公示信息抽查，在各单位全面开展自查的基础上，对6家事业单位进行抽查，对发现的问题下达整改通知书，督促整改到位。开展机关、群众团体和事业单位法人信用代码工作，共完成赋码59个。（汤　泉）

【服务经济社会发展】2018年，推动天心文化产业园和广告产业园融合，编制文化（广告）产业园“三定”规定，按照新的“三定”方案进行机构的设置和人员的分工，对外正式行使职能。推动天心经开区、暮云经开区的整合升格工作，成立长沙市天心经济开发区管理委员会（新）筹备委员会，两个园区进行整合，明确成员分工及工作组职能。配合区纪检监察部门设立9个派驻纪检监察组，从全区18个单位划转24个行政编制至派驻纪检组；向市编办申请，同意设立2个区委巡察组，核定2名组长（乡科级正职）和2名副组长（乡科级副职），从限额内调剂4名行政编制至区委巡察组。配合推进城管体制等改革，天心阁公园、南郊公园和黄兴南路步行街由市管移交至区级管理。结合两园移交管理，增加事业编制168名；结合黄兴南路步行街移交管理，增加事业编制12名，人员编制对接移交到位。

（汤　泉）

【南郊公园、天心阁等公园移交工作会议】2018年，按照市委、市政府的统一部署，南郊公园、天心阁、湘府文化公园、白沙古井公园由市园林局移交至区政府管理。2018年7月17日，区委常委、常务副区长周志军，区政府副区长许波组织召开专题会议调度有关工作，区委组织部、区编办、区财政局、区人社局、2个公园管理处的负责人参加会议。会议听取关于移交方案的情况汇报，作工作部署。会议指出，要强化组织领导，成立专门办公室，明确由区编办牵头，相关职能部门共同参与，落实机构编制人员和财务资产移交等工作任务；要严格执行上级精神；机构编制人员移交要先行，在上级规定的时限内完成机构编制人员的移交、审档和接收工作；财政部门要安排专人摸清4个公园的财务、资产等情况，并向区政府提出专题报告，要尽量多争取市级财政支持；要确保稳定，严格遵守区内的各项纪律要求。

（何正军）

老干部工作

【概况】中共长沙市天心区委员会老干部局（简称“区委老干部局”）是主管全区离退休干部工作的机构，归口区委组织部管理，主要负责做好离休干部和区直退休干部的党的建设、管理服务、医疗保健、来信来访、走访慰问等工作，宏观指导全区离退休干部党建工作，组织老干部开展有益身体健康的文体活动，开展“发挥五老优势、进行四项教育”主题活动，引导老干部贡献余热、发挥作用等。区委老干部局下设关心下一代工作委员会办公室、老干部活动中心2个二级机构。全区有离休干部70人，其中老干局直管离休干部20人、代管异地离休干部14人、接管省属破产企业离休干部32人。直管退休干部338人。全局在编人员11人。

2018年，区委老干部局贯彻落实全国、省市老干部工作会议精神，坚持把政治建设摆在首位，坚持精准服务工作理念，坚持求真务实工作作风，坚持为党和人民事业增添正能量的价值取向，努力提高老干部管理服务水平，引导发挥作用。（杨　容）

【落实老干部政治待遇】2018年，区委、区政府召开老干部新春座谈会、政情通报会2次，通报天心区经济社会发展情况；区委老干部局组织100余名离退休女干部参观长沙简牍博物馆、开展“趣味运动会”，共庆“三八”妇女节；组织近200名区直离退休老干部参观湖南省博物馆；组织老干部参加《2018政府工作报告》征求意见座谈会，区委副书记、区长黄滔到会与老干部交流；组织老干部参观杨开慧故居、朱镕基旧居。向区直离退休干部支部赠送《习近平谈治国理政（二）》《习近平新时代中国特色社会主义思想三十讲》等学习资料；赠阅《老年人》《长沙晚报》等报刊资料。

（杨　容）

【落实老干部生活待遇】2018年，区委老干部局组织333名离退休干部到湖南省中医院参加健康体检。开展困难离休干部慰问活动，向38名生活困难离休干部发放困难慰问金3.16万元。走访慰问离退休干部遗孀13人次，协助10位过世的老干部家属办理后事，为7名病重离休干部报销医药费，全年上门探望生病住院、生活困难老干部183人次，到深圳、广州、天津看望异地安置离退休干部3人。

（杨　容）

【离退休干部党建】2018年，开展“不忘初心、牢记使命”主题教育，组织《厉害了，我的国》《榜样3》观影会、“新时代·心声音”微朗读、“银发先锋大课堂”暨离退休干部形势报告会，“改革开放40周年”主题征文活动。推进离退休支部“五化”建设，制定《离退休干部党支部工作制度》，印发《天心区离退休干部党员积分管理纪实手册》，重新打造白沙世纪佳园、青山祠两个党建活动室，引导离退休干部到社区报到，截至2018年年底，报到率超过60%。推进街道社区离退休党组织规范化建设，开展全区“离退休支部书记工作经费保障情况”“离退休干部党员充实基层党务力量情况”“离退休干部基层党组织、党员基本情况”等摸底调研6次，对全区28个离退休党支部、196个混合支部、5573名离退休党员信息进行更新，按标准在全区28个离退休党组织中落实支部书记补贴、党费返还、党建经费等各项经费保障。年中组织全体工委成员、14个街道、9个单位分管党建工作副职以及27个离退休支部书记召开全区离退休干部党建工作推进会议。指导全区各街道打造“一街道一品牌”社区离退休党建点，成立以先锋街道南城社区“先锋家园”，坡子街街道坡子街社区“老党员工作室”、文源街道梅岭社区“少年之家”为代表的社区离退休党建工作室11个。区离退休干部工委退休五支部、退休六支部，坡子街街道机关退休党支部获评全市离退休干部示范化“五化”党支部。

（杨　容）

【老年教育】2018年，区老干部大学开设14个专业41个班级，年参学3500余人次。全区新增老年教育网络示范站点12个，覆盖全区14个街道42个社区（村），年参学超过2万人次，参学人次比2017年翻一番。青园街道井湾子社区等8个社区被列入市级支持老年教育网络课堂站点运行名单，青园街道湘园社区等15个社区被列入区级支持老年教育网络课堂站点运行名单。

（杨　容）

【关工委工作】2018年，举办第八期“快乐诵经典·阳光伴我行”鑫远杯暑期公益夏令营，招募73名困境青少年开展为期13天的“八个学会”主题教育；举行“爱心相伴十年·爱在天心”华侨助学捐助活动，华侨集团10年累计投入100万元扶助213名大学生延续学业；组织“百名五老共商百年大计”暨楼栋关工委观摩会，各街道关工委主任、专干、“五老”共120余人参观桂花坪街道银桂苑社区公益430孝亲课堂、城南路街道白沙井社区红龙庙小区楼栋关工委、新开铺街道桥头社区特色项目“崇文尚武、最美少年”，并召开经验交流总结会；“四百工程”（百名“五老”访问百户青少年家庭、百名领导干部联系百个贫困学生、百名青年志愿者结对百名学生、百万资金助解百个难题）重点加强对“十类”困境青少年的精准关爱工作，全区各级关工委共确定4000余名关爱对象；举办天心区2017—2018年度关爱青少年健康成长推进会，评选出10个特色项目、36个爱心团队、72名关爱之星、宣讲之星、奉献之星。

（杨　容）

【“五老四教”工作】2018年，创新开展“组建百名‘五老讲习团’、宣讲百堂党课、编印百篇优秀讲稿”的宣讲宣传中共十九大精神“三百工程”。发动百名“五老”进社区（村）学校等宣讲党课500余场，受众3万余人次，编印《五老宣讲十九大精神专集》，该项目获评2018年度天心区文明风尚引领十大最佳品牌项目。为全区“五老”发挥作用搭建平台，支持暮云街道丽发社区“五老”工作室等3个市级、6个区级“发挥五老作用”阵地建设，拨付建设资金18万元，以“天剑社区志愿服务队”为素材拍摄的《特别的爱，给特别的你》短片获全市“五老”基层社会治理项目推介活动一等奖，社区获评全市“发挥五老作用”观摩基地。全区组建“五老”引领团、志愿服务队200余个，吸引1.5万余名“五老”在矛盾调解、法律援助、义务巡逻、文明传播、禁毒帮教、蓝天碧水净土保护等方面发挥作用。（杨　容）

【庆祝“改革开放40周年”系列活动】2018年5月22日，举办“我看天心新变化·讴歌天心”“五老”微理论微宣讲活动，“五老”人员刘美仁、王仲秋分别从天心教育的发展以及小区环境的变化反映改革开放的巨大成就，同获一等奖。组织开展“改革开放40周年”征文活动，从8月到10月共收到全区老干部稿件56篇，其中老干部李子玲的《改革开放开启了民富国强的新时代》、唐耀明的《思想大解放创造了一个时代》获得全市征文一等奖，区委老干局获全市征文比赛优秀组织奖。10月17日，由天心区深入推进“书画之乡”建设工作领导小组和区史志档案局联合举办的“庆祝改革开放40周年浓墨重彩讴歌天心书画展”开幕。市书法协会秘书长魏大巧，区委副书记、区委党校校长朱远红等参加会议。本次展赛活动，从4月始至9月结束，共收到28个单位书画作品459幅，从社会、经济、民生等各方面反映改革开放以来的巨大发展变化。根据参赛作品实际情况，经专家评审，择优评选出少年组、中老年组获等次奖作品50幅，优秀作品280幅，评选组织奖19个。会议对获个人一、二、三等奖次及获组织奖的单位进行现场颁奖。（杨　容）

【“我身边的银发先锋”推介活动】2018年12月5日，区离退休工委、区委老干部局举行全区离退休干部党员先进事迹推介会暨“银发先锋大课堂”活动。区委常委、组织部部长张界贻，以及区离退休干部工委全体委员、全区近200名退休干部参加活动。活动以事迹展的形式展出33名以涉老组织带头人、支部书记、理论宣讲员、义务志愿服务者等为代表的“我身边的银发先锋”，通过一个简介、一个故事、一句感言的形式，讲述全区各离退休党组织中涌现出来的爱党护党、忠诚担当、关爱下代、乐于奉献的离退休干部党员先进典型，现场通过党课的形式进行事迹介绍、学习和弘扬。活动邀请湖南师范大学历史文化学院副教授段炼作“中国传统孝文化与生命教育”专题授课。（杨　容）

2018年10月17日，天心区“庆祝改革开放40周年浓墨重彩讴歌天心书画展”作品展示　区委老干局 供稿

【天心区诗词楹联协会2018年度工作总结表彰大会】2018年11月21日，区诗词楹联协会召开2018年度工作总结暨表彰大会。现场表彰2018年度先进分会、先进个人及“十佳诗词、散文、书画、摄影奖”获得者。2018年，区诗词楹联协会与省岳麓诗社在天心阁公园举办《古阁新吟》诗词书画展，在各街道社区开展诗词楹联写作与欣赏培训班。2018年，区诗词楹联协会下设有17个分会（小组）。曹柏荣、赵燕山、钟胜天、杨汉南、张仲华、陈觉群6人的诗作分别在国家级诗赛、诗刊中获奖或入展；楚士杰等多人在省、市、区级诗词书画活动中获优秀奖。区政协党组书记、主席夏艳兰指出，要不忘初心，为人民服务；要用诗词楹联去讴歌省会长沙、璀璨天心的新成就、新变化；要去服务基层；要创建一支才华横溢的团队，传递正能量。（杨　容）

信访工作

【概况】长沙市天心区信访局（简称“区信访局”）是区委直属行政单位，负责来信及网络信访办理、来访接待、党政领导大接访；信访事项转办、交办和督办，案件办理、复查复核；突出信访事项处理；信访形势分析研判；组织协调处理跨行业、跨部门的信访突出问题及群体性事件；组织指导全区社会矛盾纠纷排查调处工作，主持重大疑难矛盾纠纷的调处。内设党政办、联席办、办信网络室、交办督办室、复查复核室和人民来访接待中心6个科室。现有工作人员14人，在编8人，其中正科职1人、副科职4人、科员3人，编外聘用人员6人。2018年，全区信访工作以“信访法治化建设”为主线，以“三无街道”创建为抓手，以“四大攻坚”为重点，注重源头治理、加快积案化解、严防信访极端事件发生。牵头办理中央第八巡视组交办群众信访问题8批72件、省委第四巡视组交办群众信访问题11批107件，办结率100%。区信访局被长沙市信访工作联席会议评为“2018年度信访‘三无’乡镇（街道）创建优秀组织单位”。（殷　婷）

【领导公开接访】2018年，每个工作日安排区领导公开接待到访群众，29名县级领导参加接访，接待来访群众349批次1320人次，组织召开专题协调会80余次；转送来信来访交办件1415件，办结1403件，办结率99.15%，群众满意率98%。（殷　婷）

【信访维稳】区信访工作联席会议定期分析研判全区信访工作形势，梳理、摸排突出信访问题交办至责任单位，重大信访事项及时报告区委、区政府。2018年，在全区范围内开展信访工作“三无”街道创建活动。（殷　婷）

【信访法治宣传】2018年5月，在全区范围内开展“信访法治宣传月”活动，印制信访法治宣传手册2000余份；在社区设立48个宣传咨询台、解答各类法律咨询500起；展出宣传展板80余块、印发宣传资料4300余册，宣传单5300余条、宣传标语等200余条，电子显示屏滚动宣传100余条。（殷　婷）

【信访积案化解】2018年，在全区启动信访积案化解“百日攻坚”和“百案攻坚”行动，区委书记朱东铁强调，要进一步明确工作目标，加强调度督查考核，强化后勤保障；各包案领导要集中精力，坚决化解信访遗留问题、不打折扣兑现对群众承诺。全年化解信访积案57件（区级交办23件、街道自办34件），一批遗留问题得到妥善解决。（殷　婷）

【部署全国“两会”期间信访维稳工作】2018年2月24日，区委书记朱东铁调研政法系统暨部署全国“两会”期间信访维稳工作。朱东铁一行到省政府周边处突指挥中心、区综治中心进行实地调研，了解治安防控、网格化建设、基层矛盾纠纷调解等工作的开展情况。朱东铁强调，要做天心和谐稳定的维护者、社会公平正义的忠实捍卫者、人民安居乐业的守护者；要全力推进经济社会高质量发展，确保社会稳定；加强沟通理解，坚持领导接访制，落实属地和部门责任。（殷　婷）

党校教育

【概况】中共长沙市天心区委员会党校（简称“天心区委党校”）于2003年4月兼办区行政学校，实行一套班子两块牌子，2007年顺利通过全省中专体制评估验收，升格为副县级机构。2018年，天心区委党校有班子成员4人，校长由区委副书记兼任，常务副校长1人，副校长2人。内设办公室、教研室2个科室，人员编制数10人，在编在职人员9人。2018年，天心区委党校获评“长沙市党校系统先进单位”，被省委党校、省行政学院定为法学教育基地，被省委统战部、省社会主义学院定为统一战线教学基地；天心区“青年干部训练营”干训品牌获评全市十大优秀教学载体。加强干部教育培训，发挥党校轮训培训党员干部的主渠道、主阵地作用。坚持“党校姓党”，聚焦理论武装和党性教育主业主课，宣传贯彻党的理论方针政策和区委各项重大决策部署，提升全区党员干部理论素养和党性修养。（田　园）

【干部教育培训】2018年，天心区委党校以中共十九大、十八届五中、六中全会和习近平新时代中国特色社会主义思想为指导，以落实中央、省、市委党校工作会议精神为契机，紧紧围绕区委建设“融城核心、璀璨天心”战略目标和“党风政风优良”的干部队伍建设要求，开拓创新，务实干事，完成全年工作任务，发挥党校轮训培训党员干部的主渠道、主阵地作用。坚持主业主课。坚持“党校姓党”的基本原则，落实党校培训“两个不低于”（党的理论教育和党性教育这两门课在教学安排中不低于总课时的70%，其中党性教育不低于总课时的20%）的要求，聚焦理论武装和党性教育主业主课，宣传贯彻党的理论方针政策和区委各项重大决策部署，提升全区党员干部理论素养和党性修养。在年内举办的主体班中，党的理论教育和党性教育课达到75%，党性教育课达到26%。优化教学布局。制定《主体班考核考试制度》，在主体班次设置党性教育单元，把马列主义经典著作辅导、习近平系列讲话精神、中共十九大精神等内容，作为党校教育的核心板块，把党章和党规党纪学习作为必修内容，强化党员的宗旨意识、纪律意识。落实区干教工作安排，突出科级领导干部、后备干部、青年干部和发展对象等培训重点，组织各类教育培训，全年举办基层党组织书记、党务干部、纪检干部、青年干部、发展对象等19期主体班，培训党员干部和理论骨干4115人次；配合组织、纪检等部门做好各时期的联合办班。（田　园）

2018年4月21日，天心区“新时代新作为”青年干部训练营趣味运动会举行　区委党校　供稿

【科研工作】2018年，区委党校立、结省级课题4个、市级课题4个，完成省、市、区课题9个，获省、市党校和社科联系统科研成果奖4项，在《新农村》《长沙社科》等刊物发表文章5篇。以服务决策为导向集中攻坚。围绕各时期区政工作中的大事难事要事选题，组织《关于天心区网格化综合管理改革》等课题研究。刷选区委、区政府关注、干部群众关心、影响区域发展的热点难点问题，有序展开课题研究，组织《基层党组织建设》等调研。完善科研课题申报、立项办法，健全科研经费管理办法，对课题经费实行课题负责人责任制，落实科研工作奖励办法。（田　园）

史志档案工作

【概况】长沙市天心区史志档案局（简称“区史志档案局”）是负责全区党史、地方志和档案工作的区委直属事业单位，参照公务员管理。2018年3月1名干部到龄退休，2018年年末，有工作人员6人，其中班子成员3人，借调1人，临聘人员1人。2018年，区史志档案局做好史料编撰，党史文物征集，年鉴编撰，方志宣传，档案检查等工作。（王新宇）

【党史工作】2018年，区史志档案局挖掘整理天心辖区内历史名人吟咏天心山水名胜、社会人文、物产资源等有关诗词歌赋，出版书籍《历代名人咏天心诗词选》。发挥党史联络组老同志“亲历、亲见、亲为”的优势，开展资政文章编研工作，全年推送优秀资政文章12篇，3篇收录在《回忆与思考》（第十一辑）并公开出版，3篇入选《长沙改革开放实录》（第一辑）。发动全区征集文物线索，向中国共产党长沙历史馆（筹建）捐送党史文物4类25件。在“长沙党史”微信公众号、“纪念新民学会成立100周年专栏”刊发文章2篇。报送市委党史研究室“纪念改革开放40周年征文活动”诗词、散文、论文共7篇。5月，组织史志书籍进军营活动，给空军驻长某旅赠送书籍100余本。（王新宇）

【地方志工作】2018年，完成《天心年鉴（2018）》编撰，完成《湖南年鉴（2018）》《长沙年鉴（2018）》

天心部分组v稿任务，组织《长沙年鉴（2018）》“双评”（年度人物、年度事件评选）工作。推荐4位人物参加年度人物评选，区市政局抗洪英雄周文君获评《长沙年鉴（2018）》年度人物。参加《长沙市志（1988—2016）·人物篇》的撰稿、评审和修改工作。审读望城区、开福区承编的61名传主的人物志稿并出具评审意见。对涉及天心区的8名立传人物事迹进行收集、整理，上报市志办。向市志办报送改革开放40年来区地方志工作发展历程总结及图片等。在《地方志工作条例》颁布实施12周年之际，开展系列宣传，利用电子显示屏、网站、公众网宣传方志文化。5月17日，在书院小学举办方志进校园、进社区宣传活动。

（王新宇）

【档案工作】2018年，向到期未进馆区属有关单位发催交通知，全年有14个单位到期档案共1772盒按要求进馆。接收区部分企业人事档案、死亡档案、独生子女奖扶档案、拆迁档案共1156盒民生档案进馆。4月，召开社区建档工作街道分管负责人会议。5月5日，联合中国民主同盟长沙市委员会、湖南省德鑫瑞书画院在湖南省图书馆举办庆改革开放40周年书画展暨民间艺术家作品收藏仪式，为民间艺术家现场颁发区档案馆收藏证书并发放奖金。建立收藏档案专柜。10月，联合区深入推进“书画之乡”建设工作领导小组举办“改革开放40周年浓墨重彩讴歌天心”书画展赛活动，将4幅一等奖作品收藏进馆，并颁发收藏证书，截至年底馆内收藏艺术作品27件。配合区政务中心、区电政办做好平台录入工作，调整优化办事流程，简化申请材料数量，缩短办结时限，在政务大厅设置综合服务窗口。作为区文物审查委员会成员单位，与其他成员单位一起依法依规撤销天鹅塘岭1号文物点。协助区文体新局完成太平街马家巷17号—共进会旧址的不可移动革命文物报送工作。接待各类查档及电话查询2837人次，免费提供复制件2526份。建立档案利用效果登记，汇编档案利用效果实例。完成馆藏档案数字化10233卷（盒）、204.7万页，完成一卷就挂接到天心区档案管理系统一卷，做到同步实时利用。推进电子档案远程利用的建设，配置专用系统，制作新式查档专用章，对查档员进行系统培训，提高服务质量。9月25至10月17日，对全区84家单位档案归档工作进行实地检查，针对检查中发现的问题，及时向单位领导和档案员反馈检查意见，现场给予指导，对于存在的问题明确整改期限，并对检查结果进行通报。

（王新宇）

【党史暨党史联络工作年会】2018年2月7日，天心区2017年度党史暨党史联络工作年会在桂花坪街道金桂社区召开。区委党史联络组成员及区史志档案局全体工作人员参加，区委常委、区委办主任侯向宇出席并讲话。会前与会人员参观设在金桂社区二楼的党员干部红色教育基地“心中的梁家河”。区史志档案局局长王晓文总结2017年全区在党史宣传、史料编撰、党史联络等方面取得的成绩，提出2018年党史及党史联络工作设想，并对区委党史联络组一年来的工作表达感谢和敬意。区委党史联络组组长唐齐义认为下一步党史及党史联络工作要进一步发挥老同志优势，推动党史工作向前发展。侯向宇从坚持党史姓党的原则、正确把握党史研究方向、切实服务全区工作大局、切实抓好自身建设、不断提升党史工作地位等五个方面对2018年党史及党史联络工作提要求。

（王新宇）

【《天心年鉴（2018）》组稿培训会议】2018年3月1日，《天心年鉴（2018）》组稿培训会议在区委党校1817教室举行。天心区各街道、区直部门组稿人参加培训会议。会议由区史志档案局副局长王富英主持，区史志档案局局长王晓文讲评2017年度的年鉴组稿工作，表扬交稿及时和稿件质量较高的单位，指出年鉴组稿工作中存在的问题，对2018年度年鉴组稿工作提出要求，希望各组稿单位与《天心年鉴》编辑部通力合作，完成《天心年鉴（2018）》的组稿编撰任务。市地方志办公室年鉴处处长陈晓红作年鉴组稿相关知识培训。

（王新宇）

【市档案局调研天心区档案工作】2018年4月10日，市档案局党组成员何立根带领业务指导处处长刘汉光、副处长朱翠兰一行3人到天心区调研档案工作。何立根一行实地察看档案库房，了解档案库房的

2018年2月7日，长沙市天心区党史暨党史联络组工作会议在桂庄社区召开
区史志档案局 供稿

设施情况，对档案工作进行交流。何立根强调，要注重农村承包土地确权的档案业务指导工作，组织学习好《村级档案管理办法》，加强档案馆新馆建设。（王新宇）

【市地方志办公室督查天心区地方志工作】2018年4月24日，市政府督查室、市地方志办公室联合到天心区进行地方志工作情况督查。督查组由市政府办公厅副县级干部王飞带队，市地方志办公室副主任贺国成、肖清平及相关业务处室负责人组成，区政府副区长张建、副调研员唐建云、区史志档案局班子成员及有关人员陪同督查。督查组实地察看相关资料，听取情况汇报，会议由区史志档案局局长王晓文主持。王晓文汇报天心区地方志事业的发展情况和存在的主要问题及下一步工作计划；张建表示一定将有关工作要求落实到实处。肖清平就长沙市二轮修志、“一年一鉴”等工作提出明确要求：务必按时间节点铺排工作；务必保证志书按时保质出版。贺国成安排部署园区志、《长沙市志》天心部分、方志活动宣传等工作。王飞对地方志和档案工作的融合及人员的配备等方面发表意见。（王新宇）

【“阅读天心史志传承湖湘文化”活动】2018年5月17日，为纪念《地方志工作条例》颁布12周年，区史志档案局联合区教育局、坡子街街道办事处在书院小学举办“悦读天心史志，传承湖湘文化”方志进校园进社区宣传活动。区史志档案局局长王晓文，副局长王富英、李强，区教育局副局长杨晓雄，区史志档案局相关科室人员和学校老师、学生代表共200余人参加活动。活动现场向学校赠送《长沙市天心区志》《长沙史话》《中华诗词大会》《中国成语故事》《中小学电脑制作》、“四大名著”等文化、科技和工具用书；王富英向孩子们介绍《诫子书》、黄庭坚家书、朱子家训等家风家训，讲述身边百年老校—书院小学、第一师范、长郡中学等学校的校风校训。孩子们表演诗歌朗诵、龙舟手工展示等。活动有利于提升方志文化知晓率和影响力。（王新宇）

【开展优秀档案评比活动】2018年5月23日，为配合“6·9”国际档案日系列活动，区史志档案局首次在全区范围内开展优秀档案评比活动。区属80余家单位100余盒档案参加评比。经过专家评审一个单位获一等奖，两个单位获二等奖，3个单位获三等奖，18个单位获纪念奖。6月底区史志档案局对获奖单位颁发奖金和证书。

（王新宇）

长沙市天心区人民代表大会

综述

【概况】 长沙市天心区人民代表大会常务委员会（简称“区人大常委会”）是天心区人民代表大会的常设机构，对天心区人民代表大会负责并报告工作。区五届人大常委会于 2016 年 11 月选举产生，设主任 1 名，副主任 5 名，委员 23 名。天心区人民代表大会设法制委员会、财政经济委员会（加挂农业农村工作委员会）2 个专门委员会，天心区人民代表大会常务委员会设办公室（下设人大代表服务中心）、城乡建设环境与资源保护工作委员会、内务司法工作委员会、教育科学文化卫生工作委员会、选举任免联络工作委员会 5 个办事机构和工作机构。全区 14 个街道均设立人大街道工委，配备人大街道工委正副主任和兼职委员。

2018 年，区人大常委会发挥人民代表大会制度优势，依法履职，尽责担当，全年召开常委会会议 8 次，主任会议 27 次，听取和审议各类专项工作报告 37 个，对 3 部法律法规的实施情况进行检查，完成区五届人大三次会议确定的目标任务。（许化圣）

【审议决定重大事项】 2018 年，区人大常委会作出决议决定 5 项。决定批准区 2017 年财政决算和 2018 年财政预算调整方案，通过《天心区 2017 年重大项目计划完成情况及 2018 年重大项目计划安排》；初审区《2018 年国民经济和社会发展计划执行情况与 2019 年国民经济和社会发展计划（草案）》《2018 年预算执行情况与 2019 年预算（草案）》，提交代表大会审查批准。（许化圣）

【人事任免】 2018 年，根据中央关于推开国家监察体制改革试点方案，完成区监察委员会的选举和任命等任务；把握党管干部的基本原则，执行见面询问、法律考试、任前陈词、审议表决和任职宣誓等措施，依法任免国家机关工作人员 20 人次，决定代理区长 1 人，决定接受 4 名市人大代表辞去代表职务，补选市、区两级人大代表 8 名，按照中央、湖南省委司法体制改革统一部署，备案员额法官、检察官 26 人。任命罗园为区人大常委会坡子街街道工作委员会副主任，李亚飞、魏立宇为区法院审判员，柳彬、何维、张志颂为区检察院检察员；决定任命张建为区政府副区长，李勇军为区政府办公室主任，黄滔为区政府副区长；决定黄滔为区政府代区长；免去李永辉的区检察院副检察长、检察委员会委员、检察员职务，任慧、胡久辉的区检察院检察员职务，邓国辉的区法院人民陪审员职务，陈香兰的区人大常委会坡子街街道工作委员会副主任职务，唐文东的区法院审判员职务，李萍、任红的区法院审判员职务；决定免去蔡泽敏的区人政府办公室主任职务，康镇麟的区政府副区长职务；决定接受谢进辞去区政府区长职务；备案胡精华为区法院副院长、审判委员会委员、审判员，汤伟为区法院党组成员、审判员，李若兰、陈铁军、谭小松、周卫红、李学军、张红、彭星、胡益、羊宝林、蒋维、唐玉、向利、谢琳、黎阳、舒智玲、石红星、曹淑伟、

李亚飞、魏立宇为区法院审判员，周洁、明敏、柳彬、何维、张志颂为区检察院检察员。（许化圣）

【监督工作】 2018年，深入调研全区国民经济和社会发展情况，专题听取“十三五”规划纲要实施的中期评估报告、2018年重点工程项目完成情况和2019年重点工程项目计划报告，就完成规划目标、科学铺排重点项目提出工作建议。针对发展方式转型、经济结构调优、增长动能转换等课题，常委会会议、主任会议分别听取区科技工作和天心经开区、文化（广告）产业园工作的情况报告。落实中央《关于人大预算审查监督重点向支出预算和政策拓展的指导意见》精神，规范预算、决算报告（草案）编报工作，提高财政资金的使用绩效和政策实施效果。常委会会议听取2017年区本级预算执行和其他财政收支审计查出问题整改情况的报告，对审计查出问题的14家单位的整改情况作满意度测评，促使五大类33个问题全部整改到位，推动出台一系列相关制度。加强政府债务监督，听取区政府关于防控债务风险工作的情况报告。开展为期5个月的《中华人民共和国环境保护法》执法检查工作；以“天心环保世纪行”活动为载体，听取农村环境综合整治、美丽乡村建设的情况报告。听取和审议关于困难群众救助工作的情况报告。常委会会议听取和审议区政府关于贯彻实施国务院《国有土地上房屋征收与补偿条例》的情况报告，要求政府健全征收补偿沟通协调机制，妥善处理城市发展当前与长远、房屋征收与有机更新之间的关系。主任会议听取区政府关于防洪工作、城区防涝排渍工作、消防工作、人防指挥所建设等情况报告，督促公共基础设施的加快完善。将检查《中华人民共和国行政复议法》贯彻执行情况作为年度主题，召开全区行政部门参加的部署会议，组建两个执法检查小组，分别到17个职能部门和街道听汇报、查案卷、回访行政相对人，对近三年涉及的104起行政复议案件，逐一进行检查，总结分析问题，督促立行立改，并向常委会作专项报告；跟踪监督《中华人民共和国土地管理法》执法检查审议意见的办理情况，推动完成35宗闲置土地的处置任务。主任会议听取区人大法制委员会、区政府法制办的专题汇报，全年备案审查政府规范性文件8件，向市人大常委会报备区人大常委会决议决定5件。协助市人大在天心区开展《长沙市城市绿化条例》《长沙市养犬条例》等地方性法规的立法调研工作。主任会议听取区法院刑事审判工作、区检察院侦监工作和区公安分局扫黑除恶工作的情况报告。推进人大信访工作，接待来访群众50余人次。（许化圣）

【代表工作】 2018年，对区人大各街道工委创建“五星级”代表联络站工作进行评比验收。加快区级代表服务中心建设，打造常委会联系各级代表的主阵地。借助常委会网站、微信公众号和代表微信群等载体，加强与代表在线互动、信息互通。主任会议成员和常委会组成人员定期、集中上门走访代表，交流工作。有计划地邀请代表列席常委会会议以及参加常委会会前调查、执法检查、议案建议督办、专项视察等，召开半年度工作情况通报会。围绕“一圈两场三道”建设、“放管服”改革等内容，人大各街道工委组织闭会期间代表活动50余次；推进代表向原选区选民述职，开展现场点评、民主测评，促使代表更好扎根选区、为民代言，有68名代表完成述职任务，选民满意率96.9%。依托“三湘农产品安全质量行”“三湘农民健康行”和“民族团结进步行”等活动，代表们参加美丽乡村建设和乡村人才队伍情况调研，支持“健康科普活动示范基地”“食品安全示范街”创建，连续第十年对安化天心小学进行帮扶。分批选送各级代表赴重庆大学、浙江大学、全国人大深圳基地参加培训，加强法律法规以及审议报告、撰写建议等实务训练。开展“五好”代表、优秀人大工作者、优秀代表建议评选和代表履职经验交流、代表履职故事宣传，有69名代表获表彰，23名代表事迹被推介。代表提出《关于促进我区人力资源产业发展和繁荣的议案》议案建议，助推建成湖南首个省级人力资源服务产业园。执行代表建议办理公示制度，对大会议案建议做到办理责任、办理进度和办理结果三公开，听取和审议区政府关于议案建议办理的情况报告，督促责任单位及时回复和办理代表建议；经过努力，五届人大三次会议的3件议案办理取得进展，130件代表建议的满意率、基本满意率分别为95.4%、4.6%。（许化圣）

【人大基础工作】 2018年，建立

和实行《重大事项、重要工作向区委报告单制度》，规范请示报告的流程。完善人大工作机制，从人大党组、常委会会议、主任会议和机关管理四个层面着手，修改、新增各类会议的议事规则、审议意见办理办法、代表建议办理办法、机关公文处理等20项制度。争创“省级文明单位”，围绕7大类别19项内容开展工作。与新路村结对创建；到通道、龙山开展精准扶贫工作；人大机关干部定期深入联点社区。结合宪法法律等内容，设计机关文化长廊和活动室。宣传天心人大工作，公开发布新闻信息388条，在《人民之友》《长沙人大》等刊物上发表专题文章9篇；北京、上海、南宁、西安、汕头、东营等地人大到天心区交流工作。开拓工作视野，到浙江、山东考察，学习司法监督、民生实事监督等方面的经验做法。指导人大街道工委依托各代表联络站点，组织开展代表服务、代表述职、代表补选、联系选民、调研视察等活动。安排人大街道工委负责人参加常委会会议和相关工作。（许化圣）

【2018年“司法公正天心行”活动】 “司法公正天心行”活动是区人大常委会打造的监督载体，由区法院、区检察院、区公安分局、区司法局共同组织实施，按照“一年一个活动主题，聚焦一项司法工作”的思路，有计划、有步骤地加强司法监督，促进司法公正。2018年，活动主题定为推进“扫黑除恶”专项斗争，要求各司法机关紧扣本职，创新举措，依法推进活动，为人民群众安居乐业创造良好环境。5月10日，区人大常委会召开2018年“司法公正天心行”活动启动会，区人大常委会主任于献、副主任张少林、原副主任汤楚罗出席，活动成员单位的负责人以及区人大法制委、内司工委兼职委员参加会议。会上，下发“司法公正天心行”活动实施方案，与会人员就开展活动发表意见。于献指出，要提高站位、突出重点、精心组织。

（许化圣）

【2018年“依法行政天心行”活动】 “依法行政天心行”活动是区人大常委会开展法律监督工作、支持行政机关依法行政的重要抓手，2018年，活动主题定为“开展行政复议法、环境保护法执法检查”，要求全区各行政单位结合自身职能，突出重点，完善措施，提升依法行政工作水平，推动“法治天心”建设。5月23日，“依法行政天心行”活动暨行政复议法执法检查动员会在区机关南栋九楼召开，区人大常委会主任于献，区委常委、区政府常务副区长周志军和区“依法行政天心行”活动领导小组全体成员出席；区政府相关部门、人大街道工委负责人及部分人大代表参加。会议由区人大常委会副主任张少林主持。会上，下发2018年“依法行政天心行”活动和行政复议法执法检查两个工作方案，区食药监局局长童振宇发言，区政府法制办主任赵纯作行政复议法辅导学习。周志军强调活动的重要性，明确任务和措施，提出工作要求，表明区政府推进依法行政的决心和信心。于献指出，提高站位，深刻认识推进依法行政工作的重要意义；总结回顾，充分肯定“依法行政天心行”活动成效；把握重点，不断提升天心区依法行政工作的能力水平。（许化圣）

【王柯敏到天心区调研长株潭城际铁路公交化建设】 2018年5月4日，省人大常委会副主任王柯敏参加省代表天心小组2018年上半年活动，专题调研长株潭城际铁路公交化建设情况。省人大民侨外委主任委员李平、省人大常委会联工委主任张云英、市人大常委会联工委主任周松波等对活动进行指导。区委书记朱东铁、区人大常委会主任于献等陪同调研。王柯敏实地考察长株潭城际铁路先锋站与地铁中信广场站连接情况，并乘坐城铁到湘潭站，进行实地体验。湖南城际铁路有限公司副总经理谭学亮在列车上就长株潭城际铁路公交化运营情况进行汇报。在城际铁路湘潭站会议室召开座谈会，会议由省代表天心小组组长、区政府副区长康镇麟主持。会议听取省国资委、省发改委、省交通运输厅和广铁集团关于《关于推进长株潭一体化，加速长株潭城际铁路地铁化》建议办理情况汇报。代表们提出进一步加大城际铁路的宣传力度，增加芙蓉南路、暮云站等停靠站点，优化便民服务体系，科学规划站点周边产业布局，丰富站点周边节会活动等意见建议。张云英指出，省人大联工委将跟踪、督促建议后续办理情况，确保代表建议办理取得实效。王柯敏要求，建议办理单位要加快推动长株潭城际铁路公交化建设，为推进长株潭城市群发展作出积极地贡献。

（许化圣）

【区人大系统新闻宣传培训班】2018年5月17日，区人大常委会在区政府北栋1716会议室举办2018年全区人大系统新闻宣传培训班，区人大机关干部、各人大街道工委负责人共46人参加培训。区人大常委会副主任李曦作动员讲话。培训班邀请省人大常委会《人民之友》杂志社副主编田必耀讲课。田必耀从人大新闻采写概述、需要注意的问题、人大新闻舆论工作要点以及新时代人大新闻报道选题进行阐述。学员们就如何报道人大会议、怎样展示人大代表履职实践、努力提升人大新闻报道可读性、新闻稿与公文的关系及区别等方面与授课老师进行互动交流。（许化圣）

【区人大系统履职能力提升专题培训】2018年5月28日至6月3日，天心区人大系统履职能力提升培训在重庆大学举行。区人大常委会组成人员、机关干部、人大街道工委负责人共50余人参加学习。培训课程有宏观理论讲述，结合当前经济热点、政治理论等进行剖析，有学员分组讨论、情景演示和交流分享，以及“悦动·活力四射”趣味竞走比赛、“悦读·渝城之夏”微摄影等多项活动。6月7日，区人大常委会组织召开重庆大学学习交流汇报会。区人大常委会主任于献对人大工作者提出要求：系统学习、学以致用、共促发展。（许化圣）

重要会议

【区五届人大四次会议】2018年12月26～29日，区五届人大四次会议召开。会议听取和审查区人大常委会、区人民政府、区人民法院、区人民检察院工作报告，审查《天心区人民政府2018年国民经济和社会发展计划执行情况与2019年国民经济和社会发展计划草案的报告》《天心区2018年预算执行情况与2019年预算草案的报告》，通过上述6个工作报告的决议；会议选举黄滔为天心区人民政府区长，选举吴浩为天心区第五届人民代表大会常务委员会委员；会议收到代表建议93件。（许化圣）

【区人大常委会会议】2018年，区人大常委会共召开常委会会议8次。

2月28日，区五届人大常委会召开第十次会议。听取和审议区政府2017年重大项目计划完成情况及2018年重大项目计划安排；审议通过区五届人大常委会2018年工作要点；经表决，会议未许可邵阳市公安局双清分局对人大代表孙晓岳采取强制措施。

4月19日，区五届人大常委会召开第十一次会议。听取和审议区政府科技工作情况的报告和贯彻实施《国有土地上房屋征收与补偿条例》的情况报告；接受范小新辞去长沙市十五届人大代表职务；依法任命张建为区人民政府副区长、李勇军为区政府办公室主任；组织学习十三届全国人大一次会议通过的宪法修正案及内容解读。

6月28日，区五届人大常委会召开第十二次会议。听取和审议区政府关于困难群众救助工作情况报告；审议通过《长沙市天心区人民代表大会常务委员会关于进一步提高人大常委会议质量的若干规定》《长沙市天心区人民代表大会常务委员会关于进一步深入开展“双联”工作的意见》；书面听取区政府落实区人大常委会关于土地管理法执法检查报告审议意见的情况报告。

8月30日，区五届人大常委会召开第十三次会议。免除区人民法院个别人民陪审员职务；听取和审议区政府2017年区本级预算执行情况及其他财政收支情况的审计工作报告和2017年财政决算（草案）和2018年上半年预算执行情况的报告，批准区政府2017年财政决算，对2017年度审计查出问题单位进行测评；通报2018年上半年出席区人大常委会议情况。

10月31日，区五届人大常委会召开第十四次会议。免去陈香兰的区人大常委会坡子街街道工作委员会副主任职务，唐文东、李萍、任红的区人民法院审判员职务；任命罗园为区人大常委会坡子街街道工作委员会副主任，李亚飞、魏立宇为区人民法院审判员，柳彬、何维、张志颂为区人民检察院检察员；对区法院21名第二批遴选入额法官、区检察院5名第二批遴选入额检察官依法进行备案；审查和批准区2018年财政预算调整方案；接受罗倩、李可佳、刘爱军3名辞去天心区五届人大代表职务，接受刘必争辞去长沙市十五届人大代表职务；听取和审议区人民政府关于贯彻落实行政复议法和环境保护法情况的报告及及区人大常委会的执法检查报告；审议通过区五届人大四次会议筹备工作方案和区人大常委会及主任会议相关制度；

书面听取区政府关于科技工作和国土征收补偿条例审议意见落实情况的报告。

12 月 17 日，区五届人大常委会召开第十五次会议。接受谢进辞去天心区五届人大代表职务和长沙市第十五届人大代表职务。

12 月 20 日，区五届人大常委会召开第十六次会议。接受谢进辞去天心区人民政府区长职务，免去康镇麟的天心区人民政府副区长职务，决定任命黄滔为区人民政府副区长，决定黄滔为区人民政府代区长，确认黄靓、吴浩、柳宏伟、蒋苒、钟萍的天心区五届人大代表资格有效；听取和审议“十三五”规划中期评估报告、区 2018 年重大项目计划完成情况及 2019 年重大项目计划安排的报告、区五届人大三次会议议案和代表建议批评意见办理情况的报告、2018 年审计查出问题整改落实情况的报告；初审国民经济报告和财政预算报告，提交区五届人大四次会议审查批准；初审区人大常委会、区人大法制委、财经委、区人大常委会各委办及各人大街道工委 2018 年工作情况报告；审议通过天心区人大代表“五星级”联络站、“五好”人大代表、优秀人大工作者的表彰决定；审议决定区五届人大四次会议列席人员名单。

12 月 26 日，区五届人大常委会召开第十七次会议。确认黄滔区五届人大代表资格有效，依法补选黄滔、谢文辉为长沙市第十五届人民代表大会代表。

（许化圣）

【区人大常委会主任会议】 2018 年，区人大常委会共召开主任会议 27 次。

1 月 18 日，区人大常委会召开 2018 年第 1 次主任会议。审议 2018 年人大工作要点（草案）和 2017 年人大街道工委考核工作方案。

2 月 6 日，区人大常委会召开 2018 年第 2 次主任会议。审议区人大机关文明创建工作规划。

2 月 27 日，区人大常委会召开 2018 年第 3 次主任会议。初审区五届人大常委会第十次会议材料，审议 2018 年“代表走访月”活动方案。

4 月 17 日，区人大常委会召开 2018 年第 4 次主任会议。初审区政府科技工作情况报告及贯彻实施《国有土地上房屋征收与补偿条例》情况报告。

4 月 26 日，区人大常委会召开 2018 年第 5 次主任会议。听取区政府关于防洪抗旱工作情况报告。

5 月 15 日，区人大常委会召开 2018 年第 6 次主任会议。听取区政府人防工作情况报告。

6 月 15 日，区人大常委会召开 2018 年第 7 次主任会议。听取长沙天心文化（广告）产业园工作情况报告。

6 月 22 日，区人大常委会召开 2018 年第 8 次主任会议。初审区五届人大常委会第十二次会议材料。

8 月 24 日，区人大常委会召开 2018 年第 9 次主任会议。研究审议区五届人大常委会第十三次会议议题。

8 月 28 日，区人大常委会召开 2018 年第 10 次主任会议。听取区消防工作情况报告。

9 月 20 日，区人大常委会召开 2018 年第 11 次主任会议。听取区人大法制委关于规范性文件备案审查工作报告。

9 月 29 日，区人大常委会召开 2018 年第 12 次主任会议。听取区法院刑事审判工作情况报告。

9 月 30 日，区人大常委会召开 2018 年第 13 次主任会议。审议区五届人大四次会议筹备工作计划（草案）和区人大常委会机关工作制度。

10 月 12 日，区人大常委会召开 2018 年第 14 次主任会议。调研长沙天心经开区管委会（新）筹建委员会经济运行情况。

10 月 17 日，区人大常委会召开 2018 年第 15 次主任会议。听取区政府防控化解债务风险工作情况报告和 2018 年财政预算调整情况报告。

10 月 18 日，区人大常委会召开 2018 年第 16 次主任会议。听取区检察院侦监工作情况报告。

10 月 22 ～ 23 日，区人大常委会召开 2018 年第 17 次主任会议。初审区五届人大常委会第十四次会议材料。

11 月 13 日，区人大常委会召开 2018 年第 18 次主任会议。审议区五届人大四次会议秘书处各工作组方案。

11 月 19 日，区人大常委会召开 2018 年第 19 次主任会议。审议区人大常委会工作报告提纲。

11 月 26 日，区人大常委会召开 2018 年第 20 次主任会议。听取“我的履职故事”征文评选工作情况和“五星级”人大代表联络站、“五好”人大代表、优秀人大工作者评选情况汇报。

11 月 28 日，区人大常委会召开 2018 年第 21 次主任会议。听取优秀人大工作者评选情况、区五届人大三次会议议案和优秀建议评选情况和“学习宪法 尊崇宪法”学习100天活动开展情况汇报，审议“12·4”国家宪法日宣传活动方案。

11月29日，区人大常委会召开2018年第22次主任会议。听取区公安分局“两行”及“扫黑除恶”情况汇报。

12月3日，区人大常委会召开2018年第23次主任会议。审议区人大常委会工作报告(一稿)。

12月10日，区人大常委会召开2018年第24次主任会议。审议区人大常委会工作报告(二稿)。

12月17日，区人大常委会召开2018年第25次主任会议。初审区五届人大常委会第十六次会议材料(区人大常委会各工作机构材料)。

12月18日，区人大常委会召开2018年第26次主任会议。初审区五届人大常委会第十六次会议材料(区政府有关部门材料)。

12月25日，区人大常委会召开2018年第27次主任会议。听取区人民政府关于将丁家垅铁路宿舍棚户区改造项目纳入天心区2019年国民经济和社会发展计划的报告；初审区五届人大四次会议主席团成员和秘书长建议名单；听取区人大常委会联工委关于市、区人大代表补选工作情况汇报。（许化圣）

【区“一府两院”工作通报会】 2018年7月21日，天心区“一府两院”上半年工作通报会召开，会议组织全体区人大代表在区机关三楼会议室听取“一府两院”上半年工作报告，并分六个小组审议讨论报告和提出意见建议，会议组织开展代表履职交流。7月22日，市“一府两院”向市代表天心区联组通报上半年工作情况会议在区机关南栋九楼会议室召开，市政府副市长、市公安局局长唐向阳，市法院副院长钊作俊，市检察院副检察长李宗戈及市代表天心区联组全体代表出席会议。市代表审议市“一府两院”上半年工作,并提出意见建议。12月12～13日，区人大常委会和“一府两院”工作报告向人大代表征求意见会分别在14个街道召开。（许化圣）

【天心区第5个国家宪法日纪念大会】 2018年12月4日，区人大常委会组织举行天心区第5个国家宪法日纪念大会。区委副书记朱远红，区委常委、纪委书记、监察委主任曾卫国，区人大常委会副主任李曦、颜小平、邱忠献、张少林，区检察院检察长袁征参加会议。区人大常委会主任于献主持会议。会议向宪法宣传志愿者赠送宪法读本，表彰宪法学习100天活动优秀组织单位和学习先进个人。朱远红指出，要把宪法确立的国家指导思想落实到全区政治和社会生活中去，要抓住党员领导干部这个“关键少数”，要丰富宪法宣传教育形式。开展宪法知识抢答赛，从全区各单位共36支队伍中胜出的12支代表队展开比赛，最终，区监察委代表队获得一等奖，区商旅局、金盆岭街道代表队获得二等奖，区城管执法局、区司法局、暮云街道代表队获三等奖。（许化圣）

长沙市天心区人民政府

重要会议

【天心区政府五届三次全体（扩大）会议】2018 年 12 月 21 日，长沙市天心区人民政府（简称“区政府”）五届三次全体（扩大）会议召开。区政府代区长黄滔，区领导周志军、洪孟春、肖向东、黄会、许波、张建，以及区属各单位、街道主要负责人参加会议。会议听取区政府政策研究室关于《政府工作报告（审议稿）》的起草说明，审议并表决通过《政府工作报告（送审稿）》。会议指出，《政府工作报告（送审稿）》客观总结天心区 2018 年的工作成绩，分析当前面临的形势和存在的困难，明确 2018 年的工作思路和主要目标任务。会议要求，报告起草组要更加广泛听取社会各界和广大人民群众的意见和建议，进一步修改和完善，让报告全面凝聚各方智慧，确保报告更具指导性、针对性和可操作性。黄滔指出，未来几年，天心将处在“三转”关键时期（经济面临向更高质量发展转型的关键时期；结构面临绿心工业退出、新旧动能转换的关键时期；城区面临适应消费升级、加快有机更新、城区面貌转变的关键时期），全区上下必须把握机遇，坚定信心，以让天心人民过上更美好的生活为目标，凝心聚力，开拓进取，全力建设“融城核心、璀璨天心”。会议就抓好区“两会”相关工作、全力冲刺各项考核指标任务、推动项目建设和招商引资、全面加强城市管理、认真谋划 2019 年工作、维护社会大局和谐稳定等当前工作进行安排和部署。（蒋国坤）

【2018 年长沙大数据空间信息应用博览会】2018 年大数据空间信息应用博览会由中国遥感协会和长沙市政府主办、天心区政府、暮云经开区承办，于 2018 年 7 月 19 ~ 21 日在长沙举行，博览会以“空间信息应用—新型大数据新时代发展新产业”为主题，分展览和高峰论坛两个部分，吸引中国资源卫星应用中心、北大数字中国研究院、华为、百度、京东等 400 余家单位参与。3 名两院院士、70 余位专家学者和企业家、投资者齐聚论道，共促遥感、导航、通讯、空间信息行业新理论、新技术和新产品的推广应用和创新发展。博览会设 3 场主旨演讲和六个分论坛，同时开设航天科普展，观众现场观摩中国航天事业建设成就，并体验太空 VR 畅游、航天员训练等科目。展厅现场，多家企事业单位展示“互联网 + 智慧城市”的应用。开幕式上，湖南九次方大数据信息科技有限公司、阿里云计算有限公司等 18 家单位与湖南地理信息产业园进行集中签约。其中，中国资源卫星应用中心拟与湖南省国土资源厅在园区共建南方数据中心。博览会聚焦大数据与实体经济的深度融合，促进长沙在产业平台构建、技术标准制定、法律政策研究等方面加大力度，将进一步推进空间遥感大数据在测绘、农林、水利、交通、城乡建设、公共安全等诸多领域的应用。这次会议是中部地区首次举办的大型大数据博览会，也是中国首次以空间信息应用为主题的大型博览会，会展客观推进天心区、长

沙市以及湖南省的数字经济发展。

（蒋国坤）

长沙市天心区人民政府办公室

【概况】长沙市天心区人民政府办公室（简称“区政府办”）内设机构有秘书科、政策研究室、文电室、督查室和综合信息科以及一个直属事业单位：应急管理办公室。核定行政编制 15 名，事业编 5 名，工勤编 4 名。

2018 年，区政府办围绕“创一流业绩、建一流队伍、树一流形象”的目标，在政务工作上档次、当好“大参谋”，在事务管理上水平、当好“大管家”，在各项服务上台阶、当好“大内勤”上下功夫，积极主动，开拓创新，取得各项工作成绩。（蒋国坤）

【统筹协调】2018 年，区政府办强化服务方式，发挥参谋助手的职能作用，通过加强与领导、部门、街道的沟通衔接，完善办文办会、联络工作、督查督办等各项制度。围绕区政工作中心，牵头组织开展“一圈两场三道、农村环境整治百日行动、国土图斑整治等工作，制定《关于优化营商环境的十条措施》，特别是在首届长株潭一体化区域合作联席会议、中国（长沙）大数据暨空间信息应用博览会等活动中，会同有关职能部门协调部署，就重点工作落实情况定期开展专项调研和督查。（蒋国坤）

【政策研究】2018 年，区政府办研判宏观形势，围绕区域发展，撰写《关于推进楼宇招商工作的思考》《让群众幸福感在家门口升级》等调研文章和理论文章。撰写会议讲话、汇报材料、经验典型等各类文稿 500 余篇，编发《天心政情》2 期，上报政务信息 120 余条。

（蒋国坤）

【政务督查】2018 年，区政府办共分解《区政府工作报告》任务 70 项；印发区政府主要领导周工作责任分解 20 期，印发区政府月工作要点督查通知 12 期，编印《督查通报》《督查专报》32 期，围绕区政府常务会和区长办公会决策事项开展专项督查，督查各类事项 94 件。全年承办各级代表建议 118 件、委员提案 68 件，办复率 100%。（蒋国坤）

【办文办会】2018 年，区政府办处理传阅性公文 1678 份，请示性公文 633 件，其他呈送区领导文件 2733 份；制发文件 588 件，纪要 69 份；组织常务会议 8 次，对 35 个议题进行审核；处理区政府行政公章使用审批件 695 份，每份文件都做到不出差错和遗漏。制发《长沙市天心区人民政府公文处理“马上就办”工作实施办法》《关于进一步加强公文流转管理的通知》，简化公文审批流程，提升公文办理效率。全年主办、承办各类会议 1300 余次，组织省市区人大代表和政协委员视察督查活动 21 次，接待各级领导考察调研 53 次。

（蒋国坤）

【应急处突】2018 年，区政府办建立健全应急预案体系，开展以“行动起来，减轻身边灾害风险”为主题“5·12”集中宣传活动和食品药品安全、公共卫生安全、校园人防及防汛、消防等系列应急演练活动。组织开展冬季消防和居民用电用气安全等多方面预警，排查处置丽江翠园小区山体滑坡等较大安全隐患 10 余处。及时高效应对 1 月的低温雨雪灾害天气和 12 月的低温天气。全区协调处置 390 余起一般性的突发事件，全年没有发生较大和重特大突发事件。（蒋国坤）

【政务运行】2018 年，区政府办围绕法治政府建设，开展政府规范性文件合法性审查、行政执法监督等工作。全年审查政府性合同 908 件；制定政府规范性文件 8 件；办理区政府本级应诉案件 118 件，办理行政复议案件 30 件，办结 30 件；开展南部片区“百日行动”执法竞赛活动，编撰《“百日行动”执法竞赛典型案例》，各执法部门共立案 16086 件，结案 11693 件，处罚 11829 件。（蒋国坤）

【民生实事】2018 年，天心区按照市委、市政府的决策部署，把推进民生实事项目任务作为密切联系群众、改善全区民生的根本措施和实际行动，各部门密切配合、通力协作，把实事办好、好事办实。主要目标完成情况：

1.“一圈”情况。将辖区划分 44 个“15 分钟生活圈”，其中 2018 年重点打造 27 个圈，建设项目 246 个，12 月底全面完工，特别是中心城区公交站 500 米覆盖率 98% 以上。对 44 个生活圈的设施进行差异化配置，铺排48个群众性体育设施、13个社区卫生服务中心、4个24小时图书馆和新华书店，实现各类设施均衡化。

2.“两场”情况。2018年新改建农贸市场8个，其中新建5个，改建3个。新建中心城区公共场所停车场12个计2829个泊车位、中心城区配套建设停车场8个计4685个泊车位。

3.“三道”情况。2018年建设人行道8条计40.9千米、自行车道13条计57.9千米、历史步道13条计8.6千米、文化步道计2.7千米。

4.其他民生实事情况。2018年，省级考核项目6项，分别为城镇新增就业、城镇棚户区改造、基本消除义务教育超大班额、孕产妇免费产前筛查、困难残疾人生活补贴和重度残疾人护理补贴发放标准提高、城乡低保标准和救助水平提高，市考2项，分别为标准化母婴室、0～14岁残疾儿童抢救性康复救助。截至2018年年底均完成。

主要工作及做法：精心组织，部署安排到位。成立专门的领导小组和工作班子，明确各分管区领导、主要责任单位和相关责任单位的工作职责。建立和强化“一把手”负总责、分管领导具体抓、承办人抓落实的工作机制，主要负责人带头抓好衔接，带头抓好协调，带头抓好落实，并按照重点民生实事项目的总体要求，将目标任务进一步分解到科室、落实到个人，层层传导压力，明确奖罚，做到人人头上有任务，个个肩上有担子。每个责任单位确定一名联络员，并对各联络员就重点民生实事项目业务工作进行专门培训，确保信息传递和数据报送及时准确，资料收集和整理规范有序。强化协调，合力凝聚到位。坚持把民生实事项目纳入绩效考核范围，建立主要责任单位和相关责任单位联席会议制度，通过召开联席会议及时解决难点问题。城建、经信、交运、教育等职能部门建立领导协调责任制、部门服务承诺制，落实优惠政策，简化项目审批手续，开通“绿色通道”，为实事项目建设创造公开、优质、高效的服务环境。各相关街道、社区干部积极协助化解矛盾、排除纠纷，为项目建设营造良好的施工环境。加大对重点民生实事项目的投入，及时拨付资金，并加强对资金的统筹监管。严格督查，考核评估到位。推行“每月一汇总，每季一调度，半年一考评，年底一考核”的工作机制，采取全面督查与重点督查相结合，实行跟踪督办，倒排工期，精准推进。将重点民生实事项目纳入区绩效考核，日常工作开展情况和督查调度情况作为民生实事项目考核计分的依据，重点民生实事项目得分直接计入单位绩效考核分数。结合实际，创新工作特色。将“一圈两场三道”与“厕所革命”工作相结合，两年内将对全区的厕所全部进行改建，2018年新建4套示范性站厕、改造79座老旧公共厕所；与幼儿园产权回收等工作结合，努力补齐教育短板，2018年回收小区配套幼儿园24所、新增公办幼儿园5所，全区122所幼儿园已实现公、民办普惠性幼儿园的占比率80%，为打造15分钟生活圈“幼有所育”提供保障。在部分农贸市场、生鲜超市的建设中，配建“菜市场专职配套果蔬垃圾‘三化’处理站”，实现市场内垃圾减量化、资源化、无害化，在邻爱、豹子岭等生鲜市场实行“线上购物、线下配送”的经营模式等。（骆建安）

【736项“最多跑一次”事项公布】 5月28日，天心区公布“最多跑一次”事项目录，共包含736个政务服务事项。婚姻登记、办理老年人优待证、教师资格认定……“最多跑一次”事项范围涵盖26个区直部门和4个区垂直管理单位，在申请材料齐全、符合法定受理条件的前提下，群众、企业等服务对象到政府办理一件审批事项时，从受理申请到形成办理结果的全过程“最多跑一次”。事项主要涉及与企业和群众生产生活密切相关的社会保障、就业创业、养老医疗、教育卫生、工程项目等领域，其中涉及群众事项351项，涉及企业法人的事项546项，全程网上办理、让企业和群众“零跑腿”的事项66项。2018年，天心区结合网格化综合管理改革试点和放管服改革工作，梳理一批“就近办”事项下沉到街道、社区，进一步方便企业和群众办事。在“优化审批流程、简化办事环节、压缩审批时限、规范网上办事”上发力，加快“最多跑一次”事项在“互联网+政务服务”平台上运行。（王文莉）

电子政务

【概况】 长沙市天心区人民政府电子政务管理办公室（简称“区电政办”）负责整合、调控和管理区域网络、网站资源，指导协调电子政务应用，下设办公室、网络组、网站组，核定编制3人，办公地点在区机关北栋1908室。

2018年，区电政办加强网络设施运行管理，提升政务网站平台作用，推进智慧政务应用建设，天心区公众信息网在全市区县政府网站月度考核中10个月拿满分。在中国软件测评中心发布的“2018年中国政府网站绩效评估结果”中，天心区在全国507家县区级政府中位居第30位。 （陈正来）

【网站建设管理】2018年，在天心区公众信息网首页政务动态等栏目发布信息10420条，视频新闻栏目320条，媒体报导栏目274条，转载央网重要信息1633条，转载省网重要信息44条。在市政府门户网站发布信息2019条，其中工作动态1705条，通知公告7条，法规公文86条，规划计划58条，人事信息55条，财政信息52条，政府采购2条，应急管理2条，统计数据50条，重大项目1条，监管信息1条。解读文件25份，其中文字解读12份，图解13份。新建财政预决算、金融安全建设、蓝天保卫战、最多跑一次等专栏26个。全年实施网站安全漏洞检查和补丁升级8次，网站安全演练2次。 （陈正来）

【网络安全防护】2018年，天心区政府网全年维护量181次，其中设备故障36次、运营商网络故障104次、网络移机21次；区属大楼网络维护、终端维护提供24小时服务，维护量2135次，月均200余次。完成天政务组网设备的链路聚合工作，打破政务网络出口带宽1G的瓶颈；协助市电政办完成市政务外网天心汇聚点工作；推动完成政务外网、政务内网分离，实行统一出口、统一调度、统一运维。推动完成政务外网机房提质改造，2018年新增服务器资源120个CPU、768G内存、存储28T，出口带宽增至1.3G。防范勒索病毒、比特币病毒等多次网络安全攻击，维护全区政务网络的安全稳定。 （陈正来）

【智慧政务建设】2018年，编制“智慧天心”顶层设计，形成编制成果。部署应用长沙基层工作平台，完成全区14个街道、97个社区（村）硬件配套和软件调试，推动“网上办、马上办、就近办”，11月试运行以来，平台覆盖率100%，办件量近9.3万件。建设无纸化协同办公系统，完成区本级协同办公系统的公文模块、流程模块、会议模块的上线试运行。启动全区政务信息系统资源普查，梳理区级自建各类应用系统87套。协助建设区政府办协同办公OA平台、区发改局重大项目管理信息平台、区农水局河长制平台等10余套系统。 （陈正来）

政务公开与服务

【概况】长沙市天心区政务服务中心（简称“区政务中心”）的主要职责是拟订全区政务公开工作和政务服务机构内部建设规划，并组织实施；负责全区政务公开、政府信息公开、公共企事业单位办事公开的指导、协调、服务、监督和考核等工作；负责政务窗口工作人员的管理、监督和考核工作，受理、交办、督办政务窗口行政效能投诉等工作。内设办公室、监察考核科和业务指导科3个职能科（室），天心区“12345”市民服务热线管理办公室（全市统一新设立机构）、天心区优化经济发展环境办公室（原区纪委下属单位）的职能职责由区政务中心承担。区政务服务中心核定全额拨款事业编制8名。区政务服务大厅面积近3000平方米，设立窗口49个，进驻中心的单位（部门）有发改局、教育局、城建局、民政局、财政局、人社局、环保局、商务局、文体新局、卫计局、卫监所、食药监局、城管局、园林局、交运局、住保局、残联、公安分局、工商分局、国土分局、消防大队等窗口单位29个，有工作人员77人（其中区政务服务中心工作人员28人，窗口工作人员49人），可办理行政确认、行政许可、行政给付、行政征收、其他行政职权和公共服务等类别的依申请类事项共389项。

2018年，区委、区政府3次专题听取政务公开政务服务工作汇报，政务公开政务服务培训纳入区委党校干部培训课程。区政务中心被长沙市精神文明建设指导委员会授予“长沙市文明窗口示范单位”称号，区政务中心党支部被天心区区直工委授予“优秀党支部”称号。 （欧阳莉花）

【政府信息公开】2018年，主动公开各类信息23129条，其中上报市政府门户网站信息2505条，转载央网、省网信息2036条，区政府网站主动公开政府信息 17514 条，通过微信、微博、政府公报等其他渠道主动公开政府信息 1074 条。区政府网站主动公开政府信息包括：机构职能类信息 22 条，领导信息类信息 4 条，政策法规类信息 363 条，工作动态类信息 11700 条，通知公告类信息 617 条，规划计划类信息 221 条，人事信息类信息 124 条，资金信息类信息 123 条，政府采购类信息 22 条，应急管理类信息 33 条，统计数据类信息 176 条，重点领域类信息 1169 条，解读回应类信息 63 条，便民便企类信息 215 条，其他类信息 2662 条。政府信息公开查阅场所受理咨询、接待、查阅公开资料 8800 余人次。网上“区长信箱”收集、受理群众来信、来访等共 591 条，办复率 100%。坚持主动公开的及时性和全面性原则，做到具有相对稳定性或经常性的政府信息长期公开、阶段性信息定期公开、临时信息随时公开，除涉及国家秘密、商业秘密、个人隐私以及可能危及国家安全、经济安全和社会稳定以外的政府信息都主动公开；坚持依申请公开的公正性和公平性原则，完善接收、登记、办理、审核、答复、归档等环节的制度规范，依法保障公民、法人和其他组织获取政府信息的权利。把重点领域信息公开纳入主动公开基本目录，持续加以推进。在区政府门户网站设“政务公开工作要点”专栏，全面公开区政府关于经济社会发展的战略部署和各部门（单位）、各街道工作实施进展，重大项目建设、减税降费、财税体制改革、公共资源配置、食品药品安全、防范遏制重特大生产安全事故等涉及面广、公众关注度高的重点领域信息公开。全面公开区本级、69 个部门（单位）、14 个街道和 2 个园区的财政预、决算情况和“三公”经费使用情况。区政府有关部门主要负责人利用新闻发布会、在线访谈、署名文章等方式，主动回应社会关切、释放信号、引导预期。在区政府门户网站设“解读回应”专栏，运用文解、图解、音视频解读等多元化方式增强解读的吸引力和亲和力。全年完成调查征集 9 次，调查征集结果反馈报告 8 条，回应社会关切 33 条，全年收到网民来信留言 569 条，回复率 100%。

（欧阳莉花）

【政务大厅服务】2018 年，在政务大厅的督导台、工商导办区和婚姻登记服务台，设立“帮代办”志愿服务平台。三处平台统一调度，分工协作，为企业及群众提供全流程、无差别、精准化的无偿帮代办服务。以落实“首问责任制”为切入点，主动耐心解答群众提出的相关业务问题，指导填写表格，并引导至对应窗口；全程帮代办，为办事群众提供“保姆式”服务。联系需办理老年证的街道、社区，收到其邮寄的资料立马办理老年证，再寄回群众家中，让群众“零跑腿”。为行动不便以及身体残障的群众提供全程帮代办服务，代其排队取号、填写表格、复印证件，办理结果免费寄送到家。2018 年在各级明察暗访和季度文明指数测评中未出现负面情况，多次被正面报导。10 月 16 日《长沙晚报》的专版《文润天心礼让先行》；10 月 28 日《长沙晚报》头版《最美礼让线串起大文明》；12 月 12 日，《红网》报导《擦亮城市“眼睛”天心区政务大厅暖心服务助力文明创建》。

（欧阳莉花）

【“12345”市民服务热线】2018 年，坚持每月及时更新热线平台数据、工单分类归档，每月编辑热线工单办理情况简报。全年全区处理工单 22994 件，办结率 100%，在全市排名第一，推进天心区“12345”市民服务热线社会求助平台工作制度化、规范化、科学化，畅通群众诉求渠道，解决群众的实际问题。针对热线工作不力的部门（单位）和街道，采取强化督查、约谈、培训、问责等举措提升满意率。

（欧阳莉花）

【基层政务服务】2018 年，辖区内 14 个街道政务服务中心均按照应进必进的原则，将计生、民政、劳动保障等涉及群众切身利益的项目进驻中心，人员进驻授权到位；办事大厅均设立学雷锋志愿者服务站，站点常备常用应急药品、饮用水、报纸、老花镜等，组织志愿者做好审核、审批、办证、咨询、收费等引导服务，免费提供和发放办事指南，严格落实领导值班、预约服务、限时办结、责任追究等制度，并将制度上墙、上网公布，接受社会公众和社区居民的监督。

（欧阳莉花）

【行政审批制度改革】2018 年 5 月 28 日，完成“最多跑一次”事项清单的梳理和公布，区直部门可以实现“最多跑一次”事项 429 项，实现比率 100%。落实国务院网上政务第三方评估迎检工作，全面完成省“互联网＋政务服务”平台的实施清单填报发布和校对工作，对接使用长沙市基层工作平台，实现平台上线运行。印发《行政审批“只进一个厅”管理办法》（天优营办发〔2018〕4号），要求全区所有行政审批事项全部进窗。与中国邮政建立合作，以政府采购形式，为前往区政务大厅办事的群众和企业提供免费物流快递服务。印发《关于将投资建设项目相关的行政职权纳入长沙市“多规合一”平台的通知》（天优营办发〔2018〕3号），确定将9个单位的共49个事项纳入“多规合一”改革。联合区电政办，完成“多规合一”平台的事项配置，并组织平台操作培训。印发《天心区进一步推进审批服务“就近办”改革实施方案》（天审改发〔2018〕1号），并分两批印发《天心区审批服务“就近办”事项目录》，囊括“就近办”事项共208项。

（欧阳莉花）

【优化营商环境】2018年，出台《加快落实优化营商环境十条措施的实施方案》（天优营办发〔2018〕1号），从审批环境、法治环境、产业支持、配套服务、企业帮扶等十个方面协调督促各相关单位（部门）齐抓共管、形成合力，优化营商环境。成立由区委、区政府主要领导挂帅的天心区优化营商环境工作领导小组，建立联席会议制度。统筹开展天心区“十佳窗口人员”“十佳服务单位”“十佳服务案例及工作者”“十佳金点子”评选活动。在区政务服务大厅设立优化营商环境服务窗口，开通0731-85898808投诉热线。与普华永道（深圳）咨询有限公司达成合作，聘请其对天心区各单位（部门）开展优化营商环境指数测评，测评结果纳入年终绩效考核。使用全省网上政务服务和电子监察系统，对审批事项开展实时全过程电子监察，2018年无电子监察发牌。（欧阳莉花）

2018年3月9日，区政务中心设立优化营商环境窗口

区政务中心 供稿

【市政务中心调研天心区“互联网＋政务服务”平台建设】2018年4月11日，市政务中心副主任黄文彬一行调研天心区“互联网＋政务服务”平台建设情况，区政府副区长张建、区政务中心主任谭继超、区委编办、区电政办、天心经开区管委会、暮云经开区管委会等相关人员参加汇报和座谈。调研组听取“互联网＋政务服务”平台建设进度及面临的重难点问题汇报。调研组针对天心区所面临的问题提出指导意见，带来省、市“互联网＋政务服务”平台建设的最新要求和部署。张建表示，区政府将按省、市统一要求和时间节点抓好落实。黄文彬强调，加快推进“互联网＋政务服务”是2018年省委省政府、市委市政府重点推进的改革工作，

要强化互联网思维，充分调动各级各部门的积极性和主动性。

（欧阳莉花）

【政务公开政务服务工作汇报】2018年4月17日，区委常委、区政府常务副区长周志军，区政府副区长张建组织召开优化营商环境联席会议，研究讨论《关于加快落实天心区"营商环境十条"实施方案》。6月13日，周志军、张建召集14个街道办事处主任，区城管执法局、区城乡建设局、区文体新局等8部门主要负责人进行热线工作集中督办会议，会上听取区政务中心2018年前5个月"12345"热线工作汇报，明确对6月产生的不满意工单要尽快处理到位。7月27日，周志军、张建组织召开优化营商环境二季度联席会议。会议围绕如何更快更好落实《长沙市天心区优化营商环境工作领导小组办公室关于印发〈加快落实优化营商环境十条措施的实施方案〉的通知》（天优营办发〔2018〕1号）展开。

（欧阳莉花）

【政务公开政务服务培训】2018年5月31日，区政府副区长张建组织召开"最多跑一次"改革工作培训会议，区编委办（区审改办）、区政务服务中心、区电政办主要负责人及26个区直涉改部门的分管领导和业务专干参加会议。开展送培训到单位活动，深入暮云、南托、文源、裕南街、教育局等单位进行热线业务培训和技术指导。深入基层一线勘察实情，全年在优化营商环境、"放管服"改革、"最多跑一次""就近办"、"互联网+政务服务"创新、强化街道政务中心功能、完善社区（村）便民服务措施、提高热线工单处理满意度等方面开展一系列深入调研、督导工作。

（欧阳莉花）

机关后勤

【概况】长沙市天心区机关后勤服务中心（简称"区后勤中心"）为区人民政府直属事业单位，主要负责区直机关后勤管理和服务。内设办公室、公共机构节能管理科、公务用车管理科、食堂管理科、机关大院物管科和市场管理科6个职能科室。机关编制为17名，其中事业编制16名，工勤编1名。2018年有工作人员24名，其中班子成员3人，正式事业编干部9人；党员干部13名。（李兰萍）

【物业管理】2018年，区后勤中心设立电动停车棚，实行电动车和自行车的分划停放，对负一、二楼停车场进行严格管控，全年处理违停车辆1560次，夜间查岗144次，举行消防演练4次，处理上访事件160起；完成机关北栋一楼功能性改造等重点项目，区人武部综合训练大楼改造项目进场施工，完成机关大院南北栋12台电梯更换；对公共会议室的桌椅和茶水设备更换，定期对会议室的音响设备进行调试。全年完成区委办会议800余次、政府会议1200余次、大中型会议服务300余场。（李兰萍）

【食堂管理】2018年，区后勤中心引入市餐饮协会LESS厨房管理体系，机关食堂硬件设施和软件服务均有提升。每周制定中餐菜谱，提升膳食质量。定期组织学习新食品安全法相关知识，严抓从业人员的体格健康和个人卫生，严把采购关、仓管关。以"文明，从排队礼让开始"为主题，打造排队礼让示范站点，开展主题实践活动。完成机关食堂"明厨亮灶"改造工程，更新厨房设备，优化厨房设施。全年机关食堂进行4次成本核算；完成全区重要接待70余次，完成全区"两会"等重大活动后期保障工作 。（李兰萍）

【公务用车管理】2018年，区后勤中心对公务用车管理服务平台所属公务用车统一安装GPS定位系统，开展平台调度软件系统培训，同步上线网络电子化派单系统。全年派车4031台次，租赁车辆62台次，维修及保养267台次，报废更新车辆2台，提供车辆洗车服务4337台次，完成车辆年检125台次；针对夏季行车安全，联合政府采购定点维修厂和汽车保险公司组织开展全区"夏季车辆安全检测"活动，分别对186台公务用车和190台干部职工私车进行免费检测，排查车辆安全隐患，提升行车安全可靠性；区公车平台获长沙市"工人先锋号"称号。（李兰萍）

【公共机构节能减排工作】2018年，天心区公共机构人均综合能耗和单位面积能耗分别比上年下降2.92%和1.27%。（李兰萍）

【机关大院工程项目】2018年，完成机关大楼南北栋中央空调管道漏水、爆管等情况抢修30余次，每次及时处理。2月，完成机关北栋一楼功能性改造项目，进入结算阶段。3～9月，完成中央空调管网改造、机关老宿舍房屋维修改造、区纪委监委办案区装饰改造项目的立项手续。3月，完成青园街道七楼整层改造工程及家具、设备采购并在8月完成工程结算手续；完成天心区社会保险缴费中心改造项目，立项、图纸设计及招投标程序，完成人武部综合训练大楼的中央空调主机采购程序，办理合同签订。4月，完成天心区教师进修学校改造项目，立项、图纸设计及招投标程序。5月，完成机关大院12台电梯采购程序。7月，完成机关大楼南北栋电梯机房内的台式空调采购，武装部楼顶机房台式空调采购，北栋维稳办台式空调采购；完成三楼会议室顶部维修、青山祠老年大学房屋屋顶防水及楼层零星维修、北广场文化墙修补及清理工作、机关食堂外排水管开挖维修等工作。9月，完成区纪委监委办案区装饰改造项目工程招标工作、中央空调分体机组采购并完成原工商局东一楼两间办案区恢复原办公室；完成机关大楼门顶及南北大门顶部维修改造项目的结算手续。

（李兰萍）

【办公用房清查】2018年4月，区后勤中心协助配合区纪委对全区办公用房进行清查，对区食药监局、区团委、区卫计局等区直单位的办公用房需求进行调配。

（李兰萍）

【固定资产管理】2018年，天心区移交资产有：原后勤服务中心1801会议室桌椅、政府办五楼会议室电子显示屏、青园街道办事处7楼统战部办公桌椅及打印机等；报废资产有：电梯机房及南北大门岗亭空调、西外围绿化喷灌加压泵、大院广播控制系统、大院消防报警联动系统。

（李兰萍）

【扫把塘市场改造】2018年10月开始，区后勤中心按照全区“一圈两场三道”（15分钟步行生活圈；停车场、农贸市场；人行道、自行车道、历史文化步道）工作要求，推进扫把塘农贸市场提质改造，加强扫把塘市场工作人员管理、摊位管理和卫生管理，按时足额收取市场租金，扫把塘集贸市场全年收入59.6万元，上缴税金16.1万元。

（李兰萍）

【垃圾分类趣味赛】2018年8月，开始施行垃圾分类，在全区组织垃圾分类活动。8月22日，一场以“节能降耗、保卫蓝天、垃圾分类、机关先行”为主题的垃圾分类大比拼在区政府机关大院举行。天心区引入社会力量在机关大院推行垃圾分类，经过一段时间的试行，垃圾明显减量。

（李兰萍）

中国人民政治协商会议长沙市天心区委员会

综述

【概况】 中国人民政治协商会议是中国人民爱国统一战线的组织，是中国共产党领导的多党合作和政治协商的重要机构，是我国政治生活中发扬社会主义民主的一种重要形式，是国家治理体系的重要组成部分，是具有中国特色的制度安排。2018年年末，中国人民政治协商会议长沙市天心区委员会（简称“天心区政协”）在职工作人员22人，其中县级干部7人（2人为兼职），科职干部9人，一般干部4人，借调人员2人。2018年，区政协深入学习贯彻习近平新时代中国特色社会主义思想和中共十九大精神，在区委的坚强领导下，突出团结和民主两大主题，准确把握政协性质定位，忠实履职、开拓创新，全年组织召开1次全体委员会议，召开4次常委会议（其中开展2次常委会议协商），开展1次主席会议视察协商、2项专题调研，围绕9件重点提案开展提案办理协商，对1项重点主题进行协商评议。 （丁 珂）

【协商议政】 2018年，天心区政协五届二次会议围绕区域经济社会发展中的重点、难点、热点问题进行全面协商。区政协围绕南部新城发展从三个层面建言，发挥政协系统的优势，通过省、市、区重点提案，市政协主席会议视察以及市政协专题协商会发言等形式，在省、市、区层面为南部新城发展赢得更多关注与支持。天心区政协常委会议重点就“完善学前教育的配套和管理”和“建立天心区律师调解机制”开展常委会议+专委会专题协商。区政协主席会议围绕“促进地理信息产业园健康快速发展”开展主席会议+专委会+工商联专题协商，并推动协商成果落实，促进相关工作的开展。区政协各委员组分别围绕全域旅游发展、园区建设、商圈提质、绿心工业退出等主题开展考察与协商20余次，有力促成相关问题的解决。 （丁 珂）

【民主监督】 2018年，天心区政协重点开展民主监督。组建民主评议小组，围绕“深化行政体制改革，优化营商环境”主题，形成3个调研小组，对32家相关单位涉及企业的行政审批工作进行民主评议，民主评议报告得到东铁书记批示。对2017年民主监督议题开展“回头看”。加强社情民意信息报送。加大对社情民意信息员队伍的指导力度，编审上报社情民意信息74条。委员苏剑撰写的《关于建立行政复议合议庭制度的建议》的社情民意被全国政协采纳，《鼓励生育的政策成本需要考虑企业的承受能力》《关于适时调整探亲假的建议》《编制缺乏制约公办幼儿园发展亟待破解》等一批社情民意得到省、市、区领导的批示。社情民意信息工作位于全市前列，被市政协评为先进单位。 （丁 珂）

【提案工作】 2018年，天心区政协坚持“精、准、深、实”的工作思路，2018年，收集提案77件，立案74件，同类提案合并后共交办68件，其中9件重点提案交由区领导领办。通过全区上下各个层面的共同发力，68件提案办复率 100%，办结率 93%，并围绕 9 件重点提案，组织区政协主席会议成员、相关委员开展提案办理协商。2018 年 3 月，区委书记朱东铁、区委副书记朱远红、区政府常务副区长周志军分别就领办的重点提案开展办理前协商，由提案领办领导分别组织召开办理前协商会议，在天心区属于首次。

（贺路帆）

【基层民主协商】 2018 年，结合区委“五访五查”活动要求，区政协党组联合青园街道工委，深入探讨党建引领社区居民自治的有效途径，形成“突出党建引领、做实居民自治”专题调研报告，为天心区探索建立“有事好商量”基层协商议事机制提供有益参考。围绕“建立天心区律师调解机制”主题，通过常委会会议协商、重点提案办理等形式，促成天心区律师调解试点工作的全面启动。

（丁 珂）

【关注民生】 2018 年，天心区政协关注民生实事办理。加大 37 件民生类提案的督办力度及社情民意的采纳力度，一批社情民意得到省、市、区领导的批示。区政协班子成员参与蓝天保卫战、信访积案化解、环保督察、安全生产检查、文明创建、绿心工业退出、基层党建联系指导等重点工作。开展扶贫帮困活动。组织委员赴通道县开展爱心助学活动，将 10 万余元爱心助学款及区政协 5 万元专项扶贫经费捐赠给贫困学生及学校，对口援助所在辖区的“雷锋超市”，组织开展携手“燕离”家庭、捐资助学、慰问贫困户等 30 余次扶贫帮困、助残扶弱活动。截至 2018 年年底，委员从政协、统战、民主党派、行业协会等各种途径投入 2000 万余元参与扶贫帮困工作。

（丁 珂）

【政协委员服务与管理】 2018 年，区政协全面建设智慧政协委员工作站（室）。下拨 140 万元建设和工作经费，配备工作人员，出台工作制度，确保各工作站（室）良性运转。202 名区政协委员、54 名驻区的市政协委员已全部入驻，通过线上、线下平台，零距离地听取居民群众的意见与建议，协调解决基层难题。开展委员“菁英沙龙”活动。由区政协主办、各委员组和联络处轮流承办的沙龙活动，每季度一次，每次活动主题由各承办的委员组和担任主讲嘉宾的委员协商确定。围绕“新时代的法律智慧”等 4 个主题开讲，200 余名委员及社会各界人士参与到沙龙活动之中。设立委员学习实践基地。发挥委员的资源优势，对 14 个委员学习实践基地（其中 3 个 A 类、11 个 B 类）进行授牌，为委员组履职、学习及交流提供便捷、多样的阵地。完善委员管理服务机制。健全委员述职考评制度，建立委员履职管理档案，加强委员管理。天心区政协将 3 月确定为“委员走访月”、每月 10 日确定为“政协主席接待日”，密切与委员的联系，增进与委员的友谊。

（沈 幸）

【“菁英沙龙”活动】 2018 年 4 月 27 日，区政协在南托街道鑫明现代农庄举行天心区政协委员学习实践基地授牌仪式暨 2018 年第一期“菁英沙龙”活动。第一期沙龙活动以“委员组活动的组织与开展”为主题，黑石铺街道委员组组长赵礼发担任主讲嘉宾。

7 月 30 日，区政协 2018 年第二期“菁英沙龙”活动以“健康养生”为主题在赤岭路街道举行，赤岭路街道委员组组长刘敏担任主讲嘉宾。

10 月 25 日，区政协 2018 年第三期“菁英沙龙”活动以“新时代的法律智慧”为主题，在长沙外滩党群服务中心举行，裕南街委员组组长甘元春担任主讲嘉宾。

12 月 7 日，区政协 2018 年第四期“菁英沙龙”活动以“深根固柢—漫谈曾国藩”为主题，在暮云街道三只熊冰雪王国举行，区政协委员、湖南金州律师事务所高级合伙人文武担任主讲嘉宾。

（沈 幸）

【市政协主席会议成员调研天心区经济社会发展情况】 2018 年 12 月 5 日，市政协主席会议成员调研天心区经济社会发展情况。市政协主席文树勋，副主席石长松、龚振湘、彭继球、邓自力、朱建军、李平参加调研。区委书记朱东铁，区政协党组书记、主席夏艳兰以及区政协全体班子成员参加。市政协主席会议成员到汇景发展环球中心，了解“金融外滩”建设情况；调研南部新城建设、长沙人力资源服务产业园等。（丁 珂）

重要会议

【区政协五届三次会议】 政协长沙市天心区第五届委员会第三次会议于 2018 年 12 月 26 ~ 28 日在天心区机关大院举行。会议听取并审议夏艳兰所作的常务委员会工作报告和赵英华所作的提案工作报告，会议听取并赞同黄滔所作的《政府工作报告》。会议期间，委员们围绕区委、区政府中心工作，通过大会发言、专题协商、委员提案、委员组协商讨论等形式，提出意见和建议，履行政协职能。会议就“长沙外滩发展”和“南部新城发展”开展专题调研，李雷、许彬等12名委员围绕两个主题进行发言。（丁 珂）

2018年3月21日，区政协召开重点提案办理前协商会议　　区政协 供稿

【区政协常委会议】 2018年，天心区政协召开常委会会议4次。

3月27日，区政协召开五届八次常委会会议。会议就“完善学前教育的配套和管理”开展专题视察和协商，审议通过《区政协2018年提案（重点提案）督办安排》《各委办、各委员组及各街道政协工作联络处2018年工作安排》、各专委会成员名单、人事任免安排，听取关于调整专委会设置的说明，集体学习全国政协十三届一次会议精神。

6月27日，区政协召开五届九次常委会会议。会议开展“建立天心区律师调解机制”专题协商，审议关于“建立健全物业矛盾化解机制”的调研报告，听取“政协云”及智慧政协委员工作站（室）工作布置。会上，常委会组成人员交流“追寻红色足迹，传承革命精神”培训心得体会，夏艳兰领学《习近平总书记关于加强和改进人民政协工作的重要思想专题摘编》。

9月29日，区政协召开五届十次常委会会议。会议审议人事任免安排和委员辞退安排，学习《关于加强新时代人民政协党的建设工作的若干意见》文件精神。会议开展“深化行政审批制度改革，优化营商环境”工作民主评议，区政协民主评议小组代表饶灿作评议报告，部分常委作补充发言，区政务服务中心、区发改局、区工商分局负责人分别作接受民主监督的表态发言，朱远红、夏艳兰、张建作重要发言。

12月13日，区政协召开五届十一次常委会会议。会上，区政府通报关于五届二次会议以来提案办理情况，就《政府工作报告》征求意见。会议审议“促进文化旅游产业发展”专题调研报告，审议区政协五届三次会议议程、日程（草案），听取关于区政协五届三次会议筹备工作情况的报告，审议区政协五届三次会议常委会工作报告及五届二次会议以来提案工作情况的报告，审议区政协五届三次会议履职考评情况，审议拟新进委员名单。（丁 珂）

【“促进地理信息产业园健康快速发展”专题协商会议】 2018年9月13日，区政协召开“促进地理信息产业园健康快速发展”专题协商会议。区政协党组书记、主席夏艳兰一行对地理信息产业园进行考察。暮云经开区工委书记侯烛天汇报园区工作情况，张向阳等区政协委员作协商发言。夏艳兰表示，园区要争取国家、省、市更大的支持，加强项目建设和管理服务，注重发挥园区、平台、企业、人才4个主体的作用，密切地理信息产业园和人力资源产业园的沟通和互动，进一步突出园区优势、彰显园区特色。区委常委、常务副区长周志军指出，园区要完善配套建设、强化产业支撑、落实人才政策，争取更大发展空间。（丁 珂）

中国共产党长沙市天心区纪律检查委员会
长沙市天心区监察委员会

综 述

【概况】 2018年是贯彻落实中共十九大精神的开局之年，也是长沙市天心区监察委员会成立后开展工作的第一年。区委加强对党风廉政建设和反腐败工作的领导，强化管党治党政治责任。全区各级纪检监察组织忠诚履行党章和宪法赋予的职责，不松劲、不停步、再出发。在各方面共同努力下，全区党风廉政建设取得新成效，反腐败斗争取得压倒性胜利。

（李兴秋）

【主体责任】 2018年，区委切实担负起全面从严治党主体责任，把“两个维护”作为首要政治任务。全年，区委听取党风廉政建设和反腐败工作情况汇报20余次，先后下发推进纪检监察工作高质量发展、落实主体责任等文件，强化党对反腐败工作的集中统一领导。各级纪检监察组织深入学习贯彻习近平新时代中国特色社会主义思想，自觉把“两个维护”落实到日常监督、审查调查、追责问责中，着力强化政治监督，重点加强对践行“四个意识”、贯彻党章和其他党内法规、执行党的路线方针政策和决议情况的监督检查，确保中央和省市区委决策部署的有效落实；进一步压紧压实各街道党工委、各部门党组织落实党风廉政建设主体责任，签订责任书800余份，以问责倒逼责任落实，全年共查处落实党风廉政建设主体责任不力问题8起，问责8人。

（李兴秋）

【机构转隶】 2018年，随着区监察委员会挂牌成立和《中华人民共和国监察法》的颁布，天心区实现监察对象全覆盖。不断健全纪法贯通、法法衔接机制，修改完善区纪委监委机关执纪监督监察工作办法等6项制度，研究制定案件证据收集指引、调查措施使用规范等10项配套制度；在调查职务违法犯罪过程中全要素试用《中华人民共和国监察法》赋予的“12+2”种调查措施，为审查调查工作顺利开展提供有效保障。全年办理违法犯罪案件20起，挽回经济损失4188.5万元。

（李兴秋）

【专项整治】 2018年，天心区纪委、监委坚持靶向发力，先后部署开展“小官大贪”“雁过拔毛”式腐败、违规收受红包礼金和“扶贫领域监督执纪问责”“优化营商环境”“违规征订教辅材料”“清理国家公职人员违规参与涉矿经营活动”等10余个专项整治（治理）行动，集中向“蝇贪”“蚁腐”亮剑。2018年，全区查处违反中央八项规定精神案件22起32人、“雁过拔毛”式腐败问题70起70人、纠“四风”治陋习问题30起37人；开展“扫黑除恶”斗争专项整治，共受理涉黑涉恶腐败和“保护伞”问题线索11条，其中立案7起，给予党纪政务处分6人。

（李兴秋）

【监督检查】 2018年，天心区纪委、监委强化社会监督，在14个街道、93个村（社区）以及重点部位设立200余个信访举报箱，全年受理信访问题190起，其中纪检监察业务内85起，办结77起，成案17起；上级巡视交办12起，办结10起。强化日常监督，聚焦工作重点，全年组织开展日常监督检查100余次，发现各类问题500余个，下发监察建议书17份、纪律检查建议书18份；强化派驻监督，全年组织分片联组交叉督查60余次，督促相关单位对40余个问题进行了整改；强化专项监督，围绕精准扶贫工作开展专项监督检查4次，发现问题31起，给予党纪政务处分3人，问责2人，约谈26人，围绕环保工作开展专项督查5次，问责10人。（李兴秋）

【审查调查】 2018年，天心区纪委、监委受理问题线索486件，立案178件，给予党纪政务处分138人，其中科级干部17人，采取留置措施7起，移送司法机关15人；成功查处肖钢、刘友军、韦向东、钟新建、朱拉练、左文等一批具有影响力的大案要案。精准运用“四种形态”处置问题线索467起，其中第一种形态322人次，占比68.95%，第二种形态103人次，占比22.06%，第三种形态32人次，占比6.85%，第四种形态10起，占比2.14%，“四种形态”结构进一步优化。（李兴秋）

【巡察工作】 2018年，天心区纪委、监委建立《天心区委巡察工作人才库人员选配与管理暂行办法》《巡察底稿管理办法（试行）》等10余项制度，巡察规范化水平不断提升。先后开展4轮常规巡察、1轮机动式巡察，配合市委开展联动交叉巡察，共巡察17个区属党组织、2个村级党组织，巡察发现的202个问题向被巡察单位进行了反馈，144个问题已完成整改，反映重点人员的36件问题线索全部移交区纪委监委进行调查处置，其中立案29人，涉及科级干部3人、村（社区）主要负责人5人、移送司法机关2人。召开区委前四轮巡察情况通报会，增强巡察震慑力。（李兴秋）

【预防教育】 2018年，天心区纪委、监委着力营造崇尚廉洁的浓厚氛围，组织开展“夏天里的文明家风”“榜样”为主题的优秀党员先进事迹报告会等“清风南城”专题教育活动；着力加强廉政宣传，全年在各级媒体宣传报道150余次，进一步提升“清风南城”微信公众号影响力，全年共编发50余期400余篇新闻信息。做好案件审理“后半篇文章”，开展“以身边事教育身边人”警示教育140余场次；着力加强对受处分党员干部的回访教育，全年回访29人次，增强案件处理综合效果。全面完成科级领导干部廉政档案建设，为全区800余名科级领导干部建立廉政档案，廉政档案成为反映科级领导干部廉洁履职情况的“晴雨表”，实现精准监督的“指南针”。（李兴秋）

【队伍建设】 2018年，天心区纪委、监委突出政治要求，用习近平新时代中国特色社会主义思想武装头脑、指导实践，增强“两个维护”的坚定性和自觉性，开展“重温誓词忆初心”等活动；着力强业务补短板，举办纪检监察业务培训班和高级研修班，开设法律讲堂，提高纪检干部法律素养；加强实战技能锻炼，一批干部在实践中成长为办案能手；加强内部监督制约，坚持将党建工作与审查调查工作同部署、同落实，每一个专案均成立审查调查组临时党支部，带头落实中央

天心区纪委 区监委组织机构

- 办公室
- 党风政风监督室
- 信访室
- 案件监督管理室
- 第一纪检监察室
- 第二纪检监察室
- 第三纪检监察室
- 第四纪检监察室
- 第五纪检监察室
- 案件审理室
- 驻区委办纪检组
- 驻区委组织部纪检组
- 驻区委宣传部纪检组
- 驻区委政法委纪检组
- 驻区政府办纪检组
- 驻区卫生计生局纪检组
- 驻区财政局纪检组
- 驻区城管执法局纪检组
- 驻区城乡建设局纪检组

“八项规定”精神，严禁打听案情、过问案件、说情干预，严防“灯下黑”。（李兴秋）

【《中华人民共和国监察法》知识竞赛】 2018年7月26日，天心区举行学习《中华人民共和国监察法》知识竞赛。竞赛由区纪委监委主办，区纪委监委派驻区委办、区委组织部、区城乡建设局纪检监察组承办。区人大常委会主任于献，区政协党组书记、主席夏艳兰，区委常委、区纪委书记、区监察委主任曾卫国，区委常委、统战部部长刘向等出席。活动有25个单位28支队伍报名参加，通过笔试的形式最终选拔12支队伍进入决赛。知识竞赛分必答题、抢答题和风险题3个环节，各参赛队员就《中华人民共和国监察法》意义、法条理解及实际运用等问题进行论述，现场串插观众互动环节。经过角逐，区住保局代表队获得一等奖，区征地办、区委老干部局代表队获得二等奖，区纪委监委、区委组织部、区城乡建设局代表队获三等奖。

（李兴秋）

【“学好监察法·践行十九大”演讲比赛】 2018年9月29日，区纪委监委举办“学好监察法·践行十九大”主题演讲比赛，旨在在全区进一步掀起学习宣传贯彻《中华人民共和国监察法》和党内法规热潮，筑牢广大党员干部法治意识。市纪委监委宣传部部长周国庆、第一纪检监察室副主任易莎，区委常委、区纪委书记、区监察委主任曾卫国出席。13名来自全区各行业的党员干部从34名初赛选手中脱颖而出参加决赛，选手们围绕学习践行中共十九大精神讲述对监察法的认识，交流学习监察法的心得，表达对正风反腐的期待。经评委现场评分，张晓耘获一等奖，蔡卫平等2人获二等奖，胡雨柔等4人获三等奖。年初，区委将学习运用《中华人民共和国监察法》作为廉政文化建设的重点内容，通过赠送《中华人民共和国监察法》理论读本、组织专题学习、开展专题讲座、演讲比赛、知识测试、知识竞赛等多种方式，系统、深入、持续推进《中华人民共和国监察法》的学习、运用。（李兴秋）

重要会议

【五届纪委第三次全体会议】 2018年2月8日，天心区五届纪委第三次全会召开，会议深入学习贯彻十九届中央纪委二次全会、省纪委十一届三次全会和市纪委十三届三次全会精神，总结2017年天心区党风廉政建设和反腐败工作，部署2018年任务。区委书记朱东铁出席会议并讲话。区委常委、区纪委书记、区监察委主任曾卫国代表区纪委常委会作《以习近平新时代中国特色社会主义思想为指导坚定不移推进全面从严治党向基层延伸》的工作报告。全区副县级以上领导干部及全区500余名副科职以上领导干部参加会议。朱东铁指出，2017年全区查办案件186起、处分违纪人员184人，涉及科级领导干部22人，移送司法机关7人，“雁过拔毛”“小官大贪”等整治行动卓有成效。朱东铁要求，要坚决维护中共中央权威和集中统一领导，打牢理想信念的根基；要坚持驰而不息正风肃纪，始终保持与人民群众的血肉联系；坚决防止“四风”反弹回潮，全面加强纪律建设，坚持密切联系群众；奋力夺取反腐败斗争压倒性胜利；要增强自我净化能力，要打造一支忠诚干净担当的纪检监察队伍。会后，与会人员观看警示教育片《勿忘初心——长沙典型贪腐案件警示录》。（李兴秋）

【贯彻执行中央“八项规定”精神专项治理工作推进会】 2018年4月24日，天心区召开贯彻执行中央“八项规定”精神专项治理工作推进会。区委书记朱东铁，区委常委、区纪委书记、区监察委主任曾卫国及各单位主要负责人参加。会议传达学习市委、市政府《关于开展违反中央八项规定精神突出问题专项治理工作的实施方案》等文件精神，部署对党员领导干部、公职人员违规收送红包礼金、违规公款吃喝、违规配备使用办公用房、违规变相公款旅游、违规操办婚丧喜庆事宜等五个方面突出问题的治理工作。朱东铁指出，要把违反中央“八项规定”精神专项治理作为政治任务来抓，全区各级各部门要立即全方位、无死角地进行自查，对发现的公款吃喝或使用公款违规报销、冲抵吃喝费用及违规公款旅游等问题，要坚决整改。朱东铁强调，各级党组织要站在讲政治的高度，履行管党治党的政治责任；各级党组织书记要带头示范自查自纠；要注重建章立制，以制度来规范执行、堵塞漏洞；开展违反中央“八项规定”

精神突出问题专项治理工作，既要加强监督检查，又要严格责任追究。（李兴秋）

【党风廉政建设和反腐败工作情况通报会】2018年12月21日，党风廉政建设和反腐败工作情况通报会召开。区政协党组书记、主席夏艳兰，区委常委、区纪委书记、区监察委主任曾卫国，区政协副主席、区工商联主席罗超纲出席并讲话，区委常委、统战部部长刘向主持会议。会议表示，民主监督是深入推进党风廉政建设和反腐败工作的有力支撑，是接受统一战线组织和党外人士批评监督的制度要求，特别是纪检监察队伍扩大、权力加强、监督范围更广，区纪委监委将民主监督与党内监督、司法监督、群众监督、舆论监督贯通起来，更加自觉接受监督。会议号召，各民主党派、工商联、无党派人士以及统一战线人员要发挥人才荟萃、智力密集、联系面广、包容性大的优势，加强民主监督。

（李兴秋）

2018年11月10日，廉政文化走进社区——书法名家崔向君（右一）即兴创作廉政书法作品　　先锋街道 供稿

民主党派

中国国民党革命委员会天心区委员会

【概况】 2018年，民革天心区工委加强自身建设，开展同心活动，各项工作有序开展。3月31日，组织区工委全体党员召开学习传达全国“两会”精神暨2017年工作总结会议。7月7日，组织工委部分党员前往西安交通大学参加由区委统战部组织的“党外人士履职能力提升研修班”学习。年内发展民革党员3名 。9～11月，撰写调研报告《更美丽、更文明、才会更幸福 - 提升社区管理水平，巩固社区提质提档成果》《汇聚天心力量，打造一流优质学校，办好人民满意教育》。党员中各级人大代表、政协委员利用“两会”平台，提交提案、议案9件。参加民革长沙市委纪念中共中央“五一口号”发布70周年朗诵比赛、区委统战部组织的通道县扶贫调研活动等各类赛事及活动，举办“防范非法金融、打击非法咨询专项整治行动与反洗钱宣传”主题活动。 （周 科）

【同心活动】 4月12日，民革天心区工委参加民革长沙市委纪念中共中央“五一口号”发布70周年朗诵比赛并获评三等奖。6月26日，组织30名民革党员合唱团参加区委统战部庆祝中国共产党成立97周年暨纪念中共中央“五一口号”发布70周年大型歌咏比赛，并获评“最佳风尚奖”。7月27日，参加区委统战部组织的通道县扶贫调研活动，发动工委党员为通道县一中“天心同心励志班”资助5名学生3年初中学习及生活费用。11月11日，参加天心区委统战部、开福区委统战部合办的2018年“同心杯”统一战线羽毛球友谊赛，获“体育道德风尚奖”。11月25日，在火把山社区举行“防范非法金融、打击非法咨询专项整治行动与反洗钱宣传”主题活动。 （周 科）

中国民主同盟天心区委员会

【概况】 2018年2月3日，民盟天心区工委召开2017年终总结会。5月13日，民盟天心区工委各支部主委等20余人在天心区党外人士之家举行“不忘合作初心，携手砥砺前行”主题学习交流会议。6月29日，民盟市委机关支部组织20余名盟员到浏阳市参观文家市秋收起义纪念馆和胡耀邦故居；民盟雅礼天心中学支部组建1支队伍代表学校参加校党委主办的建党97周年知识竞赛。7月15～16日，雅礼天心中学支部全体盟员到常德开展社会实践考察活动，参观常德抗战纪念碑，考察常德卫生文明城市建设和社会主义新农村建设。7月17日，天心区教育支部组织盟员到沙湖桥小学开展学习活动。10月12～14日，区工委全体班子成员及各支部主委到芷江爱国主义教育基地考察学习。参政议政，撰写调研报告《加快推我区全域旅游的建议》，到北山镇开展市政协民盟界别委员活动，到雨花非遗馆参观学习。《关于优化火宫殿城公交配置的建议》等提案基本落实，参加完善学前教育配套和管理协商会议和建立天心区律师调解机制协商会议。全年发展新盟员17名。6月23日，组织盟员参加全区统一战线庆祝中国共产党成立97周年暨纪念中共中央“五一口号”发布70周年歌咏比赛并获优秀奖。9月9日，长郡湘府中学支部在浏阳大光山举行组织生活会暨教师节庆祝活动。9月21日，参加庆贺长沙民盟地方组织成立70周年的“我的盟·我的梦”演讲比赛，并获优秀成绩。发挥民盟教育界优势，集中盟员师资力量和智慧，指导基层开展送课下乡、送教下乡、课桌椅下乡、捐资助学等活动。3月23日，民盟市委常委、长郡湘府中学校长杨万维率长郡湘府中学支部全体盟员到怀化湘郡郡永实验学校交流学习。4月18日，雅礼天心中学支部到怀化雅礼中学开展“烛光行动”。在嘉和社区打造同心·创客梦工厂的社会服务模式，引导盟员在同心社区开展四创活动。4月25日，民盟天心区工委联合嘉和社区承办天心区“中华经典美文诵读”暨先锋街道嘉和社区“世界读书日”公益共读启动式，民盟天心区工委为同心书屋捐赠价值5000元的书籍。10月24日，民盟天心区工委在嘉和社区开展“携手同心扶贫”和“科技成就梦想”社会公益活动。民盟天心区工委5位盟员资助通道一中5位初中贫困学子完成初中学业，每人每年2500元，总计12500元。1月，区政协坡子街委组盟员委员集中慰问坡子街社区困难群众5户，每户800元。 （周 科）

【参政议政】 2018年，完成《加快推我区全域旅游的建议》的调研报告。参与各级课题调研。7月18日，民盟市委组织20余位省市区盟员人大代表、政协委员，赴长沙县北山镇开展市政协民盟界别委员活动，调研湘江流域水生态环境和农村环境治理工作。10月16日，民盟省委、市委组织9个支部50余位盟员开展联合调研，赴综合支部盟员郭存勇创办的雨花非遗馆参观学习。追踪提案办理，《关于优化火宫殿城公交配置的建议》《关于开展律师调解工作试点，促进基层矛盾化解的建议》《关于加快普及家庭生活垃圾分类处置建议》等提（议）案基本落实。盟员代表委员撰写社情民意30余件。3月，参加完善学前教育配套和管理协商会议；6月，参加建立天心区律师调解机制协商会议。 （周 科）

中国民主建国会天心区委员会

【概况】 2018年，民建天心区工委将桑植县教育扶贫助学工作纳入社会服务工作重点，抓好“天心民建班及长沙民建班高中生”100名学生的扶助。1月、9月，先后两次到桑植调研看望学生。关注会员“一对一”，引导会员与学生不定期开展交流。9月，邓霞辉、张顺新、侯四海、赵礼发、王德军5名会员参加通道“天心同心班”，主动承担5名学生初中阶段每年2500元生活费。全年上报各种会务、活动、信息、赛事等新闻近30篇，均被民建中央、省市委采用。到社区开展春节送温暖、慰问30户贫困家庭、召开创建工作专题研讨会、送法律进社区，联系区法院刑事审判庭到社区开庭等活动。各支部分别进行看望慰问贫困家庭、开展法律知识、健康知识讲座等活动。组织骨干会员到徐州市民建、青海省民建十二支部、四川凉山州民建等学习交流。 （周 科）

【参政议政】 2018年，民建天心区工委集中抓好区委统战部下达的调研课题的调研起草工作。5月组建以工委主要负责人为首的三人小组，10月上旬形成调研课题初稿《关于我区健康产业发展的建议》，10月底形成课题定稿。树立参政意识，二、四、五支部均向民建市委提交多篇社情民意和统战信息。向市政协提交《加强对医院骗取医保监管确保救命钱用到实处》《建议错峰使用老年免费公交卡解决高峰期乘车难》《影珠山风景区名胜区乱建乱搭亟待整治》《韶山景区管理混乱问题亟待整改》4篇社情民意，被市政协采用并得到市政协主席文树勋的批示交办。 （周 科）

中国民主促进会天心区委员会

【概况】 2018年，民进天心区工委以纪念长沙民进成立60周年为契机，以思想建设为主题，注重自身建设、参政履职和社会服务。深入学习中共十九大、民进十二大及省、市有关会议精神，工委班子集中学习9次。推进“不忘合作初心，继续携手前进”主题教育活动；加强新会章、会史和会内优良传统教育。培养工委宣传信息人才，完成调研报告《突出“生态公园商圈”特色，推动长株潭商圈建设“加速度”》。开展纪念长沙民进成立60周年系列活动，民进天心区工委参加“纪念民进长沙市委成立60周年”主题征文并投稿12篇，获评优秀工委；直属三支部投稿3篇并获评“优秀支部”。组织会员参加纪念改革开放40周年暨民进市委成立60周年书画摄影作品展。6月28日，组织会员参加民进市委成立60周年大型纪念活动，选送节目《音·诗·画——与你同在》。9月10日，参加民进会市委组织的首届羽毛球赛,获一等奖。6月23日，工委选送合唱节目《绣红旗》,参加“与党同心·歌颂新时代”天心区统一战线庆祝中国共产党成立97周年暨纪念中共中央”五一口号”发布70周年歌咏比赛,获优秀奖。4月1～30日,组织布置“天心统战之家”民进天心区工委活动室。7月7～13日参加在西安交通大学举办的长沙市天心区党外代表人士“思维创新与履职能力提升”专题研修班。（周 科）

【参政议政】2018年，民进天心区工委参加各种协商会、座谈会，积极建言献策。民进党员彭燕燕执笔所撰《推动长株潭商圈建设“加速度”开启城市向南“新时代”》作为2018年度1号提案由天心区委书记朱东铁批示和领办。4月3日，董凰参加长沙市税务局在长郡中学的调研会。3月应邀参加“湖南永州（江永）女书文化暨香柚文化旅游周”的活动筹备。11月9日，黄金利参加区委统战部调研，考察天心区棚改和有机更新工作。11月，在市委会参政议政培训班上，作为优秀参政议政骨干会员代表，天心区工委律师陈铭分享其《撰写社情民意的“三心”》的经验；周红金分享《立足专业，反映信息》。女子学院支部参与民进省委课题调研活动，全年完成4个课题。围绕《突出“生态公园商圈”特色，推动长株潭商圈建设“加速度”》撰写1篇以上调研报告。（周 科）

中国农工民主党天心区委员会

【概况】2018年，农工党天心区工委结合农工党十六大精神，通过参加农工党市委召开的基层组织工作会议、常委会和“身边的榜样”报告会等形式集中学习，特别是通过参加市委会4月18日“学精神、学党章、学党史”的学习、教育活动和5月30日纪念中共“五一口号”70周年知识竞赛活动以及9月30日深入贯彻中共十九大精神、践行农工党“不忘合作初心、继续携手前进”主题演讲赛等活动。协助农工党市委、天心区委统战部做好纪念中共中央发布“五一口号”70周年系列活动。5月，参加“与党同心、歌颂新时代”——天心区统一战线庆祝中国共产党成立97周年暨纪念中共中央发布“五一口号”70周年歌咏比赛；6月，发动基层组织和党员参加“学精神、学党章、学党史”学习、教育活动；7月15日邀请部分党员进行“走进天心、了解区情，看天心发展”专题调研。市政协常委、区工委主委李光焰撰写提案《湘江水域长沙段统一环卫管理的建设》得到市城管局重视。（周 科）

【社会服务】紧扣“健康、绿色、扶贫”三大主题，发挥党派特色和党员优势，农工党天心区工委牵头开展乡镇和街道送医、送药、送法律等活动。2月，组织各支部主委和党员分别对天心区南托街道沿江村、赤岭路街道环卫工人进行爱心慰问、健康义诊、法律咨询等社会服务。7月，为支援宁乡坝塘镇灾后重建，组织相关医疗专家和爱心人士进行“一对一”送医、送药、送法律活动，为当地居民捐赠物资和现金2万余元。9月，响应区委统战部倡议，农工党天心区工委第三医院总支、直属一支部、长郡支部、药业支部和工委主委为5名通道县“天心区同心励志班”贫困学生资助3年学杂费和生活费。文艺支部主委但旦主动请缨到怀化溆浦北斗溪镇坪溪村教学点支教半年，区工委现场捐赠学校现金1.8万元、校服和药品2万余元。（周 科）

中国致公党天心区委员会

【概况】2018年，致公党天心区工委参加市委组织的党内监督廉洁教育大会，会后工委组织班子成员及支部主委学习市委统一战线廉政建设工作专题会议精神；开展“不忘初心、牢记使命”主题教育，组织新老党员学习致公党章程。加强阵地建设，成立民主党派之家和楚园森林里党员活动中心。年内发展9名新党员，安排2名新党员与1名70岁以上老党员结对。坚持活动常态化，上半年组织参加统战部举办的庆祝中国共产党成立97周年暨“五一口号”发布70周年歌咏比赛，并获冠军。在“同心杯”羽毛球比赛中，致公党天心区工委获第三名。致公党天心区工委党员阚小良还组织20名党员在潇湘国际影城东塘店观看《正正的世界》，号召党员更多关爱留守儿童。致公党天心区工委向市委举办的“五一口号”征文活动报送征文6篇。7月，组织核心骨干进行撰写社情民意培训，提交5篇社情民意、8篇提案。围绕《加快提质升级步伐，打造底蕴深厚、产业繁荣的省府新区》的课题，致公党天心区工委广泛调研长沙南片区养老产业，形成《关于南城养老服务事业与产业协同发展的调研报告》。开展社会服务，湖南李丽心灵教育中心（致公党“精神助学”基地）打造“开绘啦”阅读点亮心灵公益项目教育模式，筹措公益资金200万元。（周　科）

【社会服务】 2018年，致公党天心区工委组织三医院支部以城南路街道天心阁社区健康小屋为平台，每月进行1～2次专家坐诊，不定期进行包括大型义诊、专家健康讲座、针对出门不方便的老弱病残上门义诊等活动。3月底，三医院支部在健康小屋开展义诊活动，接待群众80余人；湖南李丽心灵教育中心打造“开绘啦”阅读点亮心灵公益项目教育模式，筹措公益资金200万元，服务学校超20所，200个班级，投入近500名志愿者，1万余名学生受益。4月，致公党天心区工委联合天心区法院在中南林业科技大学开展“送法进校园”活动，公开开庭审理1起机动车交通事故案件。在YOUTH法律平台与桂花坪小学合办的“法治周”系列活动中，向桂花坪小学捐赠法治图册，在书院路小学开展关爱随班就读智障儿童活动。联合关工委组织“快乐诵经典，阳光伴我行”公益夏令营，带领仰天湖小学学生参观长沙市禁毒教育基地，在天心区法院观摩庭审；在雨花家园社区捐建致公蓓蕾书屋，向社区图书馆捐赠1000册图书。致公党天心区工委5名党员资助通道民族中学“天心励志班”5名贫困学生，并到所帮扶学生家中走访。

（周　科）

九三学社天心区委员会

【概况】 2018年6月，九三学社天心区工委在各街道或社区开展“同心见真情 爱尔光明行”科技论坛系列活动；10月，开展“同心见真情 爱尔光明行”九三科技论坛系列活动之“九九重阳节 爱让您看见”活动；12月，在云塘社区开展“同心见真情 爱尔光明行”九三科技论坛系列活动之同心健康E站走进一师三附小龙湾小学。开展“两学一助”主体学习活动，指导工委各支社开展学习。组织工委骨干成员于12月到革命老区学习优秀革命历史传统。组织学习考察社员企业，学习企业优秀管理经验以及助力企业进一步发展，利用党派自身优势帮助企业解决实际困难。6月，九三学社天心区工委阵地建设完成，各项制度上墙。11月鼓励社员申报九三调研课题，开展调研活动。落实区政协委员提案工作，保证每位委员完成1篇提案。（周　科）

群众团体

长沙市天心区总工会

【概况】 天心区总工会有班子成员3人，其中党组书记、主席1人，副主席2人。全区有14个街道工会联合会，2个园区工会联合会，1个农民工工会联合会，3个行业性工会联合会，14个战线工会，全区有基层工会组织5279家，其中规模以上企业工会154家，全区工会会员近6万人。6月21日，天心区工会第四次代表大会召开，审议通过区总工会第三届委员会工作报告、经审工作报告、财务工作报告，选举产生区总工会第四届委员会和经费审查委员会，协商产生第四届女职工委员会；区总工会第四届委员、经费审查委员会选举产生区总工会新一届领导班子。印发《长沙市天心区总工会深化改革实施方案》。打造“赛场秋点兵”“党工桥”等14个重点和创新项目，明确9家基层“活力工会”。加强“互联网＋工会”平台建设，在“天心工会”职工微信公众平台的基础上，建立近30余个工会主席、工会工作者微信群。5月，区总工会组织2018年劳模疗休养活动。为92位劳模发放慰问金5.52万元。深入实施《天心区工会系统农民工创业就业帮扶行动试行办法》，5家企业申报农民工创业就业帮扶。4月，专项培训第二期在大托远征驾校开班，60名“两优一困”职工报名参训。开展“进社区、联企业、访职工”活动，深入企业班组、职工家庭走访3000余家次。1300家企业签订“企业工资集体协议”和“集体合同”，并培育北方物业和保利物业作为全市企业工资协商典型。（杨 娴）

【工会组织建设】 2018年，新组建工会组织630家，发展会员1.5万人。组建长沙方向感汽车6S街区、长株潭商圈等7个商圈（楼宇）工会联合会，并将工会服务职工项目覆盖至商圈（楼宇）党群服务中心。基层工会规范化建设水平不断提高，全区非公小微企业工会规范化建设率85%，规模企业工会规范化建设率92%以上。开展会员评家活动，在全区基层工会中广泛开展以“建会、建制、增活力”为主要内容的创先争优活动，红海人力资源有限公司、天剑社区外来务工人员工会联合会等6家企业被评为市级模范职工之（小）家。裕南街街道工会联合会、桂花坪街道金桂社区工会小组分别被评为省级“六好”街道工会、职工小家。“以奖代拨”街道、园区、战线工会经费1万～3万元。年内，建成全国职工书屋示范点2家、省级职工书屋示范点1家、市级职工书屋示范点19家，市级优秀读书项目2个。（杨 娴）

【职工劳动竞赛】 2018年，根据市总工会“十行状元、百优工匠”竞赛活动要求，天心区总工会组织辖区33名职工参赛计算机编程、汽车修理工、中式烹饪等项目。10月19日，天心区2018年工会系统“安康杯”汽车驾驶员职业技能竞赛在远征驾校举办，23支代表队、138名职工参加比赛。11月举办2018年天心区餐饮行业职工技能大赛，30名大厨同台竞技，获奖选手取得市人社局核发的中式烹调师高级职业资格证书。4月，北山建筑、国药潇湘等企业、职工被评为市级“五一劳动奖状”“五一劳动奖章”“工人先锋号”。（杨 娴）

【职工服务帮扶】 2018年，为做实“冬送温暖、春送岗位、夏送清凉、金秋助学”等传统帮扶品牌项目，天心区各级工会组织帮助职工实现就业、再就业岗位2800余个，区总工会为全区发放困难职工各项救助金、慰问金近14.5万元，高温慰问辐射企业130余家、发放慰问物资价值25万元，推动全区近6万会员、职工的“普惠服务”。2万余会员职工参与职工医疗（住院）互助计划，区工会经费补助一线企业职工和困难职工40万余元互助费。开展“文化惠职工”活动拓宽职工帮扶工作内涵，元旦、春节期间开展为期3月的“文化惠职工·帮扶再提质”系列活动，安排为职工送书籍、送演出、送电影、送戏剧、送春联等“惠职工”行动。推进“母婴关爱室”民生工程。2018年，天心区总工会在辖区内创建10家普及型“母婴关爱室”，天虹百货“母婴关爱室”被授予“长沙市标准化母婴室建设点”。做实职工心理帮扶，区总工会在全省率先成立“天心区职工心理疏导中心”，依托“李丽心灵教育中心”常态化开展职工心理疏导咨询，开展“职工道德讲堂”“职工志愿服务”“职工心理健康调查”等。（杨 娴）

中国共产主义青年团长沙市天心区委员会

【概况】 中国共产主义青年团长沙市天心区委员会（简称“团区委”）为正科级单位，单位办公地址位于长沙市天心区湘府中路298号。单位核定编制3名，其中领导职数2名；全体职工数6人，其中正科级干部1人，副科级干部1人，挂职干部1人，临聘人员3人；党员人数5人。2018年，团区委依托“青年天心”微信公众号推出“我是青年党员 我想对党说”“习近平教你如何学好马克思主义”“学习团十八大精神 天心青年想对共青团说点心里话”“勇担民族复兴大任的新时代追梦者圆梦人”等主题宣传信息，开展“青年岗位能手”申报、“分享岗位成长故事 畅想美好奋斗人生”青年岗位能手分享会等活动，承办第三届“中国创翼”创业创新大赛天心区选拔赛、湖南省2018年庆“六一”主题队日活动、“拥抱新时代 争做好队员”2018年长沙市鼓号队风采展示大赛；开展“精准助扶贫 爱心助学行”学雷锋志愿服务活动，举办“爱心捐赠零花钱 关爱困难小伙伴”爱心义卖活动；开展“圆梦行动”，帮助贫困大学生实现大学梦；助力城市文明创建开展“文明排队礼让”“天心区机关干部文明交通劝导”等活动；加强志愿服务，助力2018年大数据空间信息应用博览会、第16届中国国际农产品交易会暨第20届中国中部（湖南）农业博览会等活动；加强示范性基层团组织建设，指导1个街道（新开铺街道）、2个社区团支部（暮云街道云塘社区团支部、先锋街道嘉和社区团支部）、2个非公企业（中化石油湖南有限公司、湖南省第四工程有限公司）创建团建示范单位。（陶艳波）

【志愿服务】 2018年，团区委组织开展文明旅游、文明交通、环境保护、邻里互助、健康教育、社会治安、扶贫帮困、法律援助等志愿服务。1月26日，开展“青年铲雪保畅通，志愿除冰暖人心”铲雪除冰志愿服务活动；2月6～8日，开展“青春志愿行·温暖回家路”春运“暖冬行动”，设立服务点12处，200余名志愿者参与；3月12日，开展“青春助力·共护绿色家园”青春植树季暨学雷锋志愿服务活动，100余青年志愿者参加；3月23日，开展“河长制促河长治 河小青护河长清”——天心青年志愿者助力治水攻坚行动启动仪式，组建12支河小青志愿服务队开展“清洁大巡查”活动；5月25日，20名青年志愿者助力首届长株潭一体化区域合作联席会议；7月19日，2018年大数据空间信息应用博览会召开，组织20余名志愿者提供解说、引导等服务；11月1～5日，第16届中国国际农产品交易会暨第20届中国中部（湖南）农业博览会在长沙举办，组织为期6天的志愿服务活动，200余人次提供讲解、引导、咨询等志愿服务；全年开展2次2018年机关干部文明交通劝导志愿服务活动，区直机关1000余名志愿者在辖区内进行志愿劝导。（陶艳波）

【精准扶贫】 2018年3月5日，以第55个学雷锋日为契机，团区委携手天心区红卫小学承办“爱心捐赠零花钱·关爱困难小伙伴”爱心义卖活动，现场捐款近3万元，筹集义卖善款1.5万余元；7

月20日，联合暮云街道小蜜蜂志愿者协会团支部到怀化通道开展“精准助扶贫·爱心助学行”学雷锋志愿服务活动，现场帮助20名贫困学子实现微心愿，10名学生签订结对帮扶助学协议；12月22日，联合天心区志愿者协会开展“真情温暖冬日·爱心呵护成长”暖冬系列行动，组织贫困留守儿童及外来务工人员子女参观雷锋纪念馆，并发放书包、文具等爱心礼物及助学慰问金。加强与辖区内青年社会组织、青年企业家、青年创业企业的联系沟通，依托“圆梦行动”“芙蓉学子”“湘窖·我的大学梦”“希望工程·怡基金”等活动的开展，筹集助学资金，帮助特困青年健康成长。（陶艳波）

【基层团建】 2018年，团区委加强示范性基层团组织建设，指导1个街道（新开铺街道）、2个社区团支部（暮云街道云塘社区团支部、先锋街道嘉和社区团支部）、2个非公企业（中化石油湖南有限公司、湖南省第四工程有限公司）创建团建示范单位；完成2018年度市级“两红两优”及十佳“两红两优”的申报工作。其中，天心区新开铺街道团工委获2018年度十佳“长沙市五四红旗团委”，长沙市公安局天心分局巡逻警察大队团支部、青园教育集团万芙梓枫团支部获2018年度十佳“长沙市五四红旗团支部”，天心区城南路街道团委副书记金晶获2018年度十佳“优秀共青团干部”；5家青年集体获2018年度“长沙市青年文明号”称号，21名青年获2018年度“长沙市青年岗位能手”称号；全年指导“青年之家”新申请综合服务平台6家，实现14个街道“青年之家”全覆盖。（陶艳波）

【共青团改革工作】 2018年，形成《共青团天心区委改革实施方案（送审稿）》，经2018年第11次区委常委会会议通过。6月5日，共青团天心区委改革实施方案由区委办印发，团区委机构设置等改革完成：增配3名兼职副书记，配齐5名专职团干部（包括领导职数）；落实街道团（工）委主要负责人由同级党委领导班子成员兼任制度；团区委按照每个街道不少于3万元的标准安排街道大团委工作经费，每个社区（村）不少于3000元的标准列入街道财政预算。青少年活动阵地规划纳入基层综合文化场所和社区（村）建设。（陶艳波）

【天心区青年智库启动仪式】 2018年5月4日，学习宣传贯彻落实中共十九大精神活动之“青春圆梦新时代·共谋发展建南城”天心区青年智库启动仪式暨“青春建功在南城”主题沙龙活动举行。湖南师范大学“潇湘学者”讲座教授，博士生导师，湖南省优秀专家、湖南省优秀社科专家，享受国务院特殊津贴专家徐晨光作为天心青年智库特邀顾问出席此次活动。共青团湖南省团校校长朱雄君及长沙市委党校马列教研部副主任陈果应邀参加活动。共青团长沙市委副书记赵雪峰，区委副书记、区委党校校长朱远红，区委常委、组织部部长张界贻，区人大常委会副主任张少林，区政协副主席黎小玲以及200余名优秀青年代表参加活动。（陶艳波）

【周坤调研天心区共青团工作】 2018年6月14日，共青团长沙市委副书记周坤、共青团长沙市委基层工作筹备部部长余晓玲深入天心区南托街道、暮云街道、先锋街道等地调研共青团农村青年创业工作和基层团组织建设工作。团区委书记周钰沂率团区委班子成员全程陪同。周坤一行实地查看长沙星南农村创客孵化中心、暮云街道云塘社区、长沙市天心区暮云小蜜蜂志愿者协会、嘉和社区青少年创客梦工厂，就团组织阵地建设、人才管理、品

2018年5月4日，天心区青年智库启动仪式暨“青春建功在南城”主题沙龙活动举行 团区委 供稿

牌项目创新等工作展开调研。下午，在嘉和社区“青年之家”会议室召开调研座谈会。（陶艳波）

【长沙市共青团“青年大学习”基地在天心区挂牌】 2018年7月11日，长沙共青团“青年大学习”教育实践基地揭牌仪式在桂花坪街道金桂社区举行。团市委全体机关干部、各区（县、市）等约50名团干部出席，团市委党组成员、副书记周坤主持。团市委党组成员、副书记赵雪峰向金桂社区党支部书记范雪清授予长沙市共青团“青年大学习”教育实践基地牌匾。（陶艳波）

【天心区青年志愿者协会成立】 2018年7月16日，以“志愿服务携手同行·青春公益聚力共赢”为主题的天心区青年志愿者协会启动仪式暨“传承红色基因·童心向党”夏令营开营典礼在暮云小蜜蜂志愿者协会举行。省志工办副主任、志愿服务处处长李仕铭，省未成年人思想道德建设处处长史锋，共青团长沙市委副书记赵雪峰等近500人出席或参加活动。赵雪峰向天心区青年志愿者协会授牌；青年志愿者代表龚乐梅宣读青年志愿服务倡议书。（陶艳波）

【共青团长沙市天心区第五次代表大会】 2018年9月26日，共青团天心区第五次代表大会开幕，154名青年代表参加大会。共青团长沙市委书记叶妙出席会议并讲话。会上，共青团天心区委书记周钰沂作题为《勇担新使命，展示新作为，团结带领天心青年在加快建设“融城核心、璀璨天心”的新征程中书写青春华章》的工作报告。大会审议通过共青团长沙市天心区第四届委员会工作报告，选举产生共青团长沙市天心区第五届委员会成员，周钰沂等30人当选共青团长沙市天心区第五届委员会委员。闭幕式后，共青团长沙市天心区第五届委员会第一次全体会议召开，天心区委组织部常务副部长曾科出席会议。会上，周钰沂、邓玉冰等11人当选共青团长沙市天心区第五届委员会常务委员会委员。周钰沂当选团区委书记；邓玉冰、何汶蔚分别当选团区委副书记、挂职副书记；何为、黄乾洁、连雯当选兼职副书记。（陶艳波）

长沙市天心区妇女联合会

【概况】 2018年，长沙市天心区妇女联合会（简称“区妇联”）在编人员4名，其中主席1名，副主席1名、科员2名。是年，区妇联开展巾帼创业、扶贫帮困等工作，举办一系列家风家训、亲子阅读等活动，组织开展普法宣传活动。1月12日，召开第三次妇女代表大会，审议通过区妇联第二届执委所作工作报告，选举产生区妇联第三届执委和新一届区妇联领导班子。3月7日，长沙市天心区反家暴联动工作基地、“中国白丝带志愿者”长沙服务站在青园街道友谊社区揭牌。3月30日，全国人大常委会副委员长、全国妇联主席沈跃跃到区调研，实地考察区婚调委、湖南李丽心灵教育中心以及金桂社区。全年开展慰问贫困妇女儿童活动2次，为辖区内贫困“两癌”妇女、特困单亲母亲、贫寒学子等72人发放慰问金。5月31日，区妇联开展“六一”儿童节关爱留守儿童活动。与天心区崇善公益联盟签订政府购买服务合同，在天心区坡子街街道、先锋街道等开展“忘忧草”馨家园项目，开展10余次活动，500余位单亲妈妈受益。开展婚姻家庭纠纷调解，全年接待咨询381对，调和207对。11月14日，举办学习贯彻中国妇女第十二次全国代表大会精神宣讲会暨妇联执委能力提升培训班活动，140余人参训。（焦畅）

【家庭文明建设】 6月19日，由长沙市文明办、市妇联、天心区文明委、区纪委、区文明办、区妇联联合主办的长沙“弘扬文明家风，建设幸福家庭”网络文明传播活动暨天心区“清风南城”专题教育活动在桂花坪小学举行。10个市、区级文明家庭受到表彰，一批优秀廉洁家书家信、家风家训得以传播和展示。（焦畅）

【促进未成年人健康成长】 区妇联联合湖南李丽心灵教育中心，于10～11月在天心区4个学校，18个班级，为1040余名学生开设16场儿童性教育活动，为100余位家长开设2场儿童性教育家长工作坊，向家长和孩子传递正确的性教育观念和知识。“六一”期间，联合桂井小学举办“领巾舞动戏曲，爱心灿烂童年”关爱留守儿童活动，捐赠价值1万元的图书。（焦畅）

【维护妇女儿童权益】 2018年，区妇联开展婚姻家庭纠纷调解，

2018 年 6 月 19 日，长沙市“弘扬文明家风，建设幸福家庭”网络文明传播活动暨天心区“清风南城”专题教育活动在桂花坪小学举行

区妇联 供稿

全年接待咨询 381 对，调和 207 对。深化多机构合作反家庭暴力模式，推动公安机关发出家庭暴力告诫书 12 份，推动法院发出人身安全保护令 38 份。3 月 7 日，长沙市天心区反家暴联动工作基地、“中国白丝带志愿者”长沙服务站在天心区青园街道友谊社区揭牌。“11·25”国际反家庭暴力日期间在坡子街街道开展反家庭暴力普法宣传，全年在基层普法宣讲 165 堂。（焦 畅）

【妇联基层组织建设】 2018 年，区妇联全面完成妇联改革工作，以区委办名义印发文件，改革妇联的组织机构、管理模式和工作方式。6 月 30 日前，全区 14 个街道全面完成妇联组织区域化建设工作。培育先锋街道嘉和社区、赤岭路街道广厦新村社区、新开铺街道豹子岭社区 3 个市级示范“妇女儿童之家”，征集 5 个市级“妇女儿童之家”优秀品牌案例，建成 7 个区级示范“妇女儿童之家”。（焦 畅）

【天心区第三次妇女代表大会】 2018 年 1 月 12 日，天心区第三次妇女代表大会在区机关三楼会议室召开。区委书记朱东铁，市妇联党组书记、主席文方，区委副书记朱远红，区人大常委会主任于猷，区政协党组书记、主席夏艳兰，区委常委、组织部部长张界贻等出席开幕式。开幕式上，文方肯定区妇联工作所取得的成绩，对区妇联提出要求。朱东铁希望与会代表奋力开创天心妇女事业新局面。会上审议通过区妇联第二届执委所作的工作报告；选举产生区妇联第三届执委和新一届区妇联领导班子，孙咏华当选为妇联主席，张平当选为副主席，李小兰、李盈晶、周云、金晔、金萍当选为兼职副主席。（焦 畅）

长沙市天心区残疾人联合会

【概况】 天心区残疾人联合会（简称“区残联”）是全区各类残疾人的统一组织，是将残疾人自身代表组织、社会福利和事业管理机构融为一体的残疾人事业团体。2018 年，区残联有在职干部 5 名，临聘人员 5 名。2018 年，累计完成 60 名 0 ～ 14 岁残疾儿童康复训练指标。完成 309 名残疾儿童康复救助，完成 8 名截肢患者假肢安装，完成白内障患者复明手术 50 例、胬肉 32 例、眼底、青光眼、泪道 8 例，低弱视力救助 80 例。发放残疾人辅助器具 450 户 796 件。纳入助残范围的 160 名居家托养和 120 名日间照料托养服务的残疾人（家庭）由服务机构精心服务。

全年接待中残联党组成员、副理事长相自成、王梅梅，组联部主任曹跃进及省残联理事长肖红林、市残联理事长刘增三等调研指导。周佳霖获评中国残联残疾人事业十大新闻人物奖（全省唯一）；听力残疾人张霞获评共青团湖南省委“湖南省青年岗位能手”、湖南省妇联“湖南省巾帼建功标兵”；全区 7 名运动员参加全省残运会比赛获 8 块金牌 2 块银牌 3 块铜牌。专职委员党贾参加全省辅助器具技能大赛获全省第一名；残疾人汤俊杰获评湖南省“湖南好人”、长沙市残联、市文明办“最美家庭”及天心区“见义勇为”先进个人；仰天湖社区残疾人彭思勤、桥头社区书记康姣等 5 位获得市残联、市文明办第六届新时代学雷锋扶残助残“善行四十佳”先进。15

名残疾人参加全市残疾人就业技能大赛获得全市优秀组织奖，总成绩名列第二。在全市率先成立“天心区特殊教育资源中心”，24名未入学的残疾儿童实施“送教上门”，试点实施20名未康复训练儿童“送康复上门”。3月24～25日，举办全区第二期“爱在天心，关爱来自星星的孩子”三年培训活动培训班。4月1日，在天心阁城楼举办全市首个“星耀名楼·点亮蓝光”关爱自闭症活动。6月25～27日，与天心区委党校合办天心区残疾人工作者培训班，街道残联副理事长、社区（村）残疾人专职委员、区残联工作人员等120人参训。12月3日，举办“国际残疾人日”暨宪法宣传月学雷锋志愿服务主题活动。39个社区分获市级残疾人工作五星、四星、三星社区，指导文庙坪社区、白沙花园社区、新天社区举办助残日主题系列活动。2018年，全国残疾人基本服务和需求动态更新调查入户率97.97%。（张 琼）

【精准助残服务】 2018年，区残联联合区人社局举办3场残疾人就业招聘会，促进残疾人集中就业，全年新增就业28人，累计实现实名制残疾人就业1405人。为20名购买灵活就业人员保险的困难残疾人按照40%～50%的标准发放养老保险补贴5.37万元；为14名残疾人个体工商户申请市残联保险补贴1.4万元；为6名残疾人申报6个创业扶持省级项目，场租设备补贴6.64万元。为225名困难残疾人子女就学实施全额救助，发放救助金84万余元；为350余名困难残疾人实施临时救助，发放救助资金73万余元；为64户家庭开展无障碍改造，免费修建坡道、安装扶手，沐浴凳、坐便椅；联点帮扶桂井村、黄合村，在春节、助残日、中秋节期间帮扶慰问残疾人10余户；帮扶通道县捐赠爱心轮椅20台，价值2万元；帮扶20户残疾人家庭实施无障碍改造，帮扶改造资金10万元。（张 琼）

【刘增三调研爱心家园工作】 2018年3月22日，市残联党组书记、理事长刘增三，党组成员、副理事长任铁强一行到天心区爱心家园，调研指导残疾人康复、托养、就业培训工作。区残联党组书记、理事长夏继明，副理事长何映章、郑跃晖，主任科员陈智汉陪同调研。刘增三到怡智家园、家嘉康复中心、湖南成才职业培训学校了解托养对象服务、儿童康复、成人职业培训等情况。（张 琼）

【承办“爱在天心，关爱来自星星的孩子”培训班】 2018年4月2日是世界第11个世界孤独症日，3月24～25日，天心区“爱在天心，关爱来自星星的孩子”三年培训行动项目第二期培训在天心区实验小学举行。北京大学第六医院副教授、北京市孤独症康复协会培训部主任郭延庆为此次培训授课，省、市、区自闭症儿童康复机构负责人及家长代表共计400余人参训。此次培训由天心区政府残疾人工作委员会主办，天心区残疾人联合会承办，天心区星学园教育发展中心协办。郭延庆为大家讲述儿童孤独症的诊断与治疗、儿童孤独症行为的功能分析、孩子的情绪行为管理与预防、孤独症基本的行为教学技术、如何做新知性家长等知识。（张 琼）

【点亮蓝灯呼吁关爱自闭症儿童活动】 2018年4月2日晚，天心阁城楼点亮蓝灯，回应世界自闭症日，呼吁更多的人群关注自闭症儿童。活动由天心阁管理委员会、天心区政府残疾人工作委员会主办，区残联承办，天心区启航培智中心协办。市残联理事长刘增三，副理事长左锡涛，区政府副区长张建，天心阁管理处书记、主任陈杰，天心区残联党组书记、理事长夏继明，天心阁管理处副书记王静，天心阁管理处副主任王凯民，天心区残联副理事长郑跃晖参加活动。天心阁管理处为天心区的自闭症孩子们带来一份厚厚的礼物，将中国16大历史文化名楼游园套票96张和天心阁游园票200张赠给区残联。（张 琼）

【曹跃进调研天心区残疾人专职委员工作】 2018年6月19日，中国残联组联部主任曹跃进一行在湖南省残联组人部部长言建文、长沙市残联副理事长左锡涛等陪同下到天心区，调研残疾人专职委员工作，现场参观怡心家园日间照料站、快递投递工作室、茶艺培训室等，详细了解托养残疾人工作情况，对社会组织在社区开展残疾人托养服务工作给予肯定。区政府副区长张建主持调研座谈会。区残联理事长夏继明就天心区专职委员工作情况作简要汇报，彭君、汤俊杰、陈建平等五名残疾人专职委员及豹子岭社区残协主席范海波分别发言。曹跃进对天心区残疾人专职委员工作给予肯定，并提出希望与要求。

（张 琼）

2018 年 11 月 21 日，中国残联副理事长王梅梅（左五）一行到天心区爱心家园调研指导政府购买助残服务工作　　区残联 供稿

【相自成调研天心区基层残联组织建设工作】 2018 年 10 月 11 日，中残联党组成员、副理事长相自成等一行 3 人到天心区调研基层残联组织建设工作。省残联党组书记、理事长肖红林，党组成员、副理事长侯建斌，市残联党组成员、副理事长任铁强，区委副书记朱远红，区委常委、常务副区长周志军，区政府副区长张建等领导陪同调研。调研组首先到坡子街创远社区看望贫困残疾人黄屹家庭，实地调研视察新天社区残协工作、爱心家园康复托养就业基地。随后召开调研座谈会，听取省、市、区残联及残疾人代表基层残联组织建设和社区残协工作情况汇报。（张　琼）

【王梅梅调研天心区政府购买助残服务工作】 2018 年 11 月 21 日，中国残联副理事长王梅梅一行到天心区爱心家园调研指导政府购买助残服务工作，省残联党组书记、理事长肖红林，市残联党组书记、理事长刘增三，副理事长曾军，天心区政府副区长张建等陪同调研。2018 年天心区全面推开政府购买服务项目范围，扩展政府购买服务目录，将康复、就业、托养、无障碍改造、文体等基本公共服务内容纳入政府购买服务目录，总金额 700 万余元。王梅梅一行参观一楼怡智家园智障人士服务中心手工坊、三楼湖南成才职业培训学校、二楼家嘉康复训练中心。（张　琼）

长沙市天心区工商业联合会

【概况】 2018 年，天心区工商联坚持政治建会、团结立会、服务兴会、改革强会，创新开展各项工作。注重加强非公经济代表人士的培养，努力提高非公经济人士素质。结合庆祝“三八”妇女节，组织“不忘创业初心·坚定发展信心”为主题的“筑梦天心·经典诵读”活动，非公企业女企业家、女书记 60 余人参加活动；7 月 25 日举办“向上的文化，凝聚向上的力量”企业文化交流展示活动，同安医药、远征驾校、弘高车世界、土流网、大象设计、本宫会计 6 家非公企业代表围绕“党建引领·红色传承聚活力，筑梦天心·亲情统战聚人心”主题分别展示诚信经营、廉政教育、制度建设、创业奋斗、学习分享等方面的企业文化。组织副会长单位远征驾校参加区委统战部组织的“与党同心·歌颂新时代”歌咏比赛。举办“筑梦天心·数梦未来”产业对接会暨大数据天使投资签约仪式，金融机构、投资机构、企业代表、街道商会会长等 100 余人参加活动。7 月上旬，组织 8 名非公企业负责人参加统一战线培训班到西安交大进行为期一周的培训学习。倡导非公企业“致富思源、回报社会”理念，立足光彩事业，倡导社会责任。工商联先后三次赴通道县开展精准扶贫，并于 7 月底组织金阳城、文和友、远征驾校等 7 家非公企业家代表同区委统战部一起赴怀化市通道县开展“筑梦天心·情牵通道·同心同行”精准扶贫活动，与通道县相关部门进行产业帮扶签约。9 月底，在“天心区同心励志班”学生的认领帮扶活动中，区工商联先后有 30 多位企业家帮扶 51 名学生。优化营商环境，构建“亲清”新型政商关系。分别召开主席（会长）会议、基层商会会长（秘书长）会议，重点学习传达中共十九大会议精神、《长沙市构建“亲”“清”政商关系的若干意见》等，搭建非公企业交流平台。1 月 24 日，举办非公企业“筑梦天心·优化营商环境”政企恳谈会。顶立科技、天城置业、华远商业等重点非公企业的 10 位代表及 13 个区直相关部门

主要负责人参加会议，会后对企业反映的涉及企业发展、营商环境、困难问题等方面的27个问题，由区委书记、区长审阅，交由相关职能部门限期答复，并要求区委督查室督办到位。6月底，首届长株潭一体化区域合作联席会议在天心区举行，区工商联联系21家湖南或长沙异地商会负责人参会。10月底，承办纪念改革开放40周年“筑梦天心·致敬新时代”非公企业创新创业成果展示报告会，7家企业分别在产品创新、技术创新、商业模式创新、管理创新、奉献社会等方面进行推介，12家企业负责人代表向全区非公企业家发出“筑梦天心·致敬新时代”的倡议。区工商联围绕“融城核心、璀璨天心”发展战略目标，协调和促成区委常委点对点帮扶联系非公企业，构建新型“亲”“清”政商关系；区工商联2名班子成员参与“千人帮千企百日大行动”活动。全年深入文和友、同安医药、三远钢、长钢控股、爱善天使等50余家非公企业走访调研，实地了解企业经营状况，鼓励企业提振信心。组织“筑梦天心·优化营商环境”政企恳谈会。利用五届三次执委大会的时机，组织14个街道商会与6家银行、6家律所现场签约，开展“筑梦天心·银企对接、法律服务进商会”帮扶活动，以街道商会为主体，年内举行大小银企对接会14次。区工商联编印《天心区优化营商环境政策汇编》，并多方宣传推介。加强与异地商会对接，9月16日组织召开深圳湘籍企业家回乡投资专场座谈会，在招商引资项目上牵线搭桥。11月中旬，组织部分非公人士代表赴浙江杭州、温州、嘉兴等地与兄弟工商联、异地湖南商会进行学习交流，宣传和推介区域政策。以抓基层商会建设为工作节点，做好全区商会系统组织建设工作，严把街道商会会长人选关，年内改选的青园街道依法依规选出基层商会会长。以“四好”商会创建为工作切入点，年内2次召开基层商会专题建设培训会议，组织与会人员赴开福区望麓园街道商会交流学习。发展8名非公有制经济代表人士入会，力促工商联事业发展。

（游桃红）

【非公企业“筑梦天心·优化营商环境”政企恳谈会】 2018年2月1日，非公企业“筑梦天心·优化营商环境”政企恳谈会召开。区委常委、常务副区长周志军，来自顶立科技、天城置业、华远商业等重点非公企业的10位代表及13个区直相关部门主要负责人参加会议。会上，与会人员共同学习全国工商联第十二次代表大会精神及2018年中央经济工作会议精神。10位企业代表围绕行业趋势、企业经营、转型升级、营商环境、行政效能等方面各抒己见、共谋发展。通过讲问题、提建议、谈对策，分析企业自身在发展中遇到的问题和困难，交流坦诚，分析全面。（游桃红）

【“筑梦天心·经典诵读”活动】 2018年3月7日，天心区开展非公企业女企业家、女书记“筑梦天心·经典诵读”活动。市委统战部副部长、市工商联党组书记丁文，市妇联副调研员柳宝玲，区委副书记朱远红，区政协党组书记、主席夏艳兰，部分重点非公企业女高管、女书记等80余人参加活动。经过激烈角逐，评选出慷慨激昂奖、最佳形象奖、最佳原创作品奖等11个奖项。

（游桃红）

【“筑梦天心·数梦未来”产业对接会】 2018年6月14日，区工商联、区金融办、启迪之星（长沙）联合举行“筑梦天心·数梦未来”产业对接会暨大数据天使投资签约仪式，区委常委、统战部部长刘向，区政府副区长康镇麟参加，会议由区政协副主席、区工商联主席罗超纲主持。各街道商会，金融机构，投资机构，企业代表等100余人参加活动。德衡数据、世纪互联、华远进行大数据产业主题演讲，涉及网络文学、在线监控、智能防控眼镜等6个融资项目参加路演，启迪科服、大成投资等20余家投资机构与路演项目进行互动并达成投资意向，集中展示大数据领域项目的创新创业风采，成功搭建项目融资平台。清数大数据产业联盟秘书长王霞就大数据产业主题与大家进行分享，与区工商联签定战略合作协议。路演活动不仅为中小微企业对接大数据资源搭建良好平台，为企业创新驱动、转型发展提供资金、技术、人才、项目等一系列支持。（游桃红）

【“筑梦天心·千人帮千企防范企业法律风险”现场咨询活动】 2018年11月27日，“筑梦天心·千人帮千企防范企业法律风险”现场咨询活动在创谷·天心文化（广告）产业园举办，区委常委、统战部部长刘向，区政府副区长张建，区政协副主席、区工商联主席罗超纲，湖南南燕律师事务所、湖南汗青律师事务所、湖南锐和律师事务所及“千人帮千企百日大行动”192、193、194小分队召集的50余名非公企业代表参加活动。现场，律师代表一一解答企业在法律风险方面的疑问，企业代表与律师一问一答进行互动，企业代表提出在股权设计、互联网如何规避风险、债务纠纷、合同效力、知识产权侵权等一系列问题，律师们通过专业知识讲解、举例说明、案例分析等方式做解答。

（游桃红）

2018年6月14日 天心区成功举办“筑梦天心·数梦未来”产业对接会暨大数据天使投资签约活动　　区工商联 供稿

法治

政法委与综治工作

【概况】 2018年，中共长沙市天心区委政法委员会（简称“区委政法委）着力法治惠民，创新社会治理，致力平安天心、法治天心和队伍建设。加强国家安全教育，在“4·15”及“11·1”宣传活动中，发放宣传短信23万余条，悬挂宣传横幅700余条，宣传展板320余块,开展“提高警惕，军民一体，共筑反奸防谍钢铁长城”等全民国家安全教育日宣传活动。制定反恐宣传方案，在商业中心及人口集中处多次开展反恐宣传周活动。组织开展“开启反邪教工作新征程”万人签名活动，“防邪反邪，从我做起”万人宣誓活动，“反邪教联盟”授旗仪式等警示教育活动，落实防控措施，做好重大节假日和全国、省、市、区“两会”以及党代会期间的稳定工作。开展建设领域、投资受损、欠资欠薪、涉拆等隐患问题专项排查，源头防范赤岭路乾城二期小区、裕南街玉泉寺等不稳定问题20余起。对亿裴中意地块项目、贵州百灵等15个项目进行风险评估。协调化解裕南街谢家冲外贸仓库火灾、新开铺博林金谷停水停电等突发事件100余起。及时处理多批次上访和社会面不稳定事件40余起。针对各类重大活动、重要节点，提前安排调度，确保省“两会”、橘子洲焰火晚会、国际马拉松赛等200余场会议和活动顺利进行。健全领导接访制度，完善窗口日常接访。启动信访积案化解“百案攻坚”以来，化解信访积案53件，其中区级交办20件，街道自办33件。开展“三无”街道创建，信访秩序好转。接到中央第八巡视组交办群众信访问题8批72件，办结72件。推进扫黑除恶专项斗争工作，安排专项经费200万元。印制扫黑除恶宣传扇5万把，印发扫黑除恶宣传册5万份、制作大型户外广告30个，在所有社区制作可以保持三年的宣传广告牌或宣传栏，扫黑除恶专题宣传巡演10余场。收到涉黑涉恶线索125条，核查办结线索97条，立案侦查18条，推进重点领域扫黑除恶，侦破以马某某为首的组织经营涉黄违法犯罪的恶势力团伙案、牛角塘村朱某某涉恶案件、“10·10”张某业等插手民间纠纷、充当地下执法队违法犯罪案件、“1·20”江某某敲诈勒索的涉恶团伙案、侯某某强迫卖淫案。保持对重大毒品案件的高压稳控态势，摸排和掌握吸贩毒窝点及人员情况，全年查处吸毒人员793人、强制隔离戒毒执行204人、社区戒毒202人。破获“2018-317”部督目标案件、“2018-45”省督目标贩毒案、“2018-665”部督网络制贩毒目标案等一系列重大毒品案件。（张庆祝　陈国其　王波　陈琳）

【平安天心建设】 2018年，区委政法委员会分别与14个街道及57个综治成员单位签订差异化综治责任状。制定街道部门《综治日常考核实绩记录》，用好综治手段，创新实施综治“黄牌预警告”，每季度约谈平安指数和刑事发案排名靠后指标责任单位。区政府常务会议专题研究“雪亮工程”建设，工程招投标完成。深化“大巡防工作格局”，完善“网格化巡逻、立体化防控”长效机制，通过织严织密防控网络、定期研判警情指导精准防控、严格勤务考勤和常态化联勤武装巡逻，全区网格化、等级化、精准化巡逻防控进一步推进。推进社区矫正指挥中心以及社区矫正信息化建设，实现社区矫正日常监管、帮扶教育情况与区法院、区检察院无缝对接。健全“心岸”教育培训平台，推进社区服刑人员教育学习方式的自主化。印发严重精神障碍患者救治救助实施办法和实施细则，向区政府争取100万元专项经费，对301名重点对象实施“以奖代补”，对二级严重精神障碍患者（含）以上购买监护人险，其他购买治安保险，全区未发生精神障碍患者肇事肇祸案（事）件。加强涉毒人员管控，2281名在册吸毒人员全部纳入网格管理，落实363名社区戒毒康复人员动态管控措施，研发社区戒毒管理系统APP，社区戒毒社区康复执行率逐步提高。推进反家暴和预防青少年犯罪工作，成立反家暴联动工作基地，开创全省反家暴新模式。率先在全市设立见义勇为英雄荣誉墙，走访慰问历年见义勇为先进个人。公共法律服务提档升级，组织42家普法责任单位签订“谁执法谁普法”责任状。设立“法润三湘”公共法律服务志愿点，开展公共法律服务站点标准化建设，全区完成253个志愿点申报，社区（村）法律顾问配备全覆盖。开展集中主题宣传，平安宣传实现全覆盖。平安天心V公众号获评长沙市区县版十大优秀政务微信公众号。（张庆祝）

【法治天心建设】 2018年，区公安分局严打严治涉“盗抢骗毒枪”等违法犯罪行为，维护辖区社会政治稳定和治安平稳。区司法局提升矫正实效，针对服刑人员中的特殊群体采取不同的教育管理措施。做好刑满释放人员的衔接管理工作，落实“五包一”安帮管控机制，衔接率和帮教率100%，在册社区服刑人员监管到位。规范案件评查工作，评查全区政法单位各类案件42件。落实认罪认罚从宽制度，制定《认罪认罚案件实施细则》，建立值班律师制度，委托律师全程见证犯罪嫌疑人签署《认罪认罚具结书》。探索打造“智慧法院”，融入“互联网+”的诉讼服务新模式，加强诉讼服务创新体系建设。在全省率先实现远程视频提讯。收集整理“七五”普法责任单位近三年工作资料；印发《中华人民共和国宪法修正案》口袋书2万份，组织开展宪法讲座、有奖问答、免费咨询等72场次。（陈国其）

【履行服务职能】 2018年，推动公益诉讼，突出办理生态环境、食品药品安全等群众反映强烈的公益诉讼案件。联合开展湘江饮用水保护、校园食品安全等专项监督行动。在全省率先成立职务犯罪检察部门与控申科合署办公，实行捕诉侦合一，所有案件全部实现提前介入。攻坚执行工作，将603个单位或个人纳入失信被执行人名单或限制高消费。组织全区97个社区（村）重新签订社区（村）法律顾问合同。狠抓公共法律服务案例建设，编撰《基层公共法律服务宝典》。法律援助咨询服务实现全覆盖，加强法律援助值班室规范化建设，聘用认罪认罚从宽法律帮助志愿律师。提供法律帮助95人次，受理法律援助案件318件。主动融入和服务防范化解重大风险攻坚战，重点惩治非法吸收公众存款，集资诈骗，组织、领导传销等涉众型经济犯罪。（项　婷）

【天心区建立案（事）件流转督办制度优化营商环境】 2018年6月27日，区委政法委出台《政法机关优化营商环境案（事）件流转督办实施办法》，建立案（事）件流转督办制度，为营商环境优化提速换挡。区委政法委成立工作领导小组，建立联点负责制，指定班子成员联系全区3大板块建设项目指挥部，全区政法机关通过上门走访、定期座谈、挂牌联系等方式，畅通诉求渠道，听取意见和建议，加强与企业联系，帮助解决实际困难和问题；设立政法机关优化营商环境专用邮箱（19973102283@163.com）、专用微信（TX19973102283）、热线电话（0731-85898208），指定专人管理，向全区140个重点项目、企业负责人精准定向发放宣传手册，广泛听取和收集各重大项目业主单位、施工单位对政法机关优化营商环境的意见和建议及涉企涉项目违法犯罪线索。（陈国其）

【平安志愿者“四进四入”活动】 2018年1月2日，“践行十九大精神，争做平安天心守护神”暨“红袖章”平安志愿者“四进四入”启动仪式、政法综治干部能力提升培训班举行，旨在通过加强政法综治干部专题培训，提升政法综治干部的思想理念、政策理论和业务知识等整体素质。区委常委、政法委书记黄文先及相关单位负责人出席仪式，区委政法委全体干部、各街道分管副职、社区（村）书记、街道社区（村）政法综治信访维稳防邪群工专干、各街道、社区（村）“红袖章”平安志愿者协会分会长等近500人参加仪式和培训。培训班为期三天半，邀请市委政法委、市信访局的相关负责人就政法综治、信访、维稳、防邪、群工等主题作专题授课。（项 婷）

【天心区获评2017全国社会治理创新优秀区】 2018年1月26日，第三届全国社会治理创新经验交流会在北京举行，会上天心区获评“2017全国社会治理创新优秀区”。天心区社会治安综合治理工作围绕平安天心建设目标，突出群防群治网格化服务管理，以“社会化”为导向，组建区、街道、社区（村）三级红袖章平安志愿者协会。截至2018年1月，发展协会会员2万余名，完成12间交警岗亭、68个警务室的新建和提质改造，组建“铁骑巡防”队伍。（项 婷）

【2018综治宣传月启动仪式】 2018年3月3日，“学见义勇为，创平安天心”——天心区见义勇为先进个人表彰暨2018综治宣传月启动仪式举行。市委政法委副书记、市综治办主任闵文，区委常委、政法委书记黄文先出席并讲话，相关单位负责人及历年见义勇为先进个人代表等300余人参加。黄文先指出，全区要大力提倡见义勇为精神，迅速掀起综治宣传月热潮，推动社会各界共同参与综治工作。活动共展出见义勇为、志愿者优秀事迹及区综治宣传主题展板30余块，发放综治宣传手册2000余份，集中展示平安天心、法治天心建设成果。活动有利于提升全区综治工作的群众知晓率、参与率和满意度，凝聚平安天心、法治天心创建的强大合力。（项 婷）

法治政府建设

【概况】 2018年年末，长沙市天心区人民政府法制办公室（简称“区法制办”）在职工作人员8人，其中科级干部2人，一般干部2人，政府雇员2人，临聘人员2人。2018年，区法制办着力于区政府各级各部门法制工作制度和机制的建立健全，以制度和机制为引领，推动全区法治政府建设全面提速。强化法治思维和法治方式，坚持依法决策、严格权力监督制约；推行规范性文件全过程管理，坚决防范和杜绝出现规范性文件违法现象发生；出台新的《天心区政府合同管理办法》，加强合法性审查；规范执法队伍，开展专项治理。规范全区行政执法工作，区法制办定期、不定期对全区所有行政执法单位行政执法案卷进行评查。10月，组织开展半年度全区行政执法案卷评查工作，对全区14个行政执法部门（单位）共79宗行政执法案卷进行封闭评查，并召开会议将问题逐一反馈至执法单位并要求整改到位。11月，组织全区所有行政执法部门（单位）认真做好市政府年度案卷评查的迎检工作。以参加全省行政执法人员执法资格考试为契机，组织考前培训，完成行政执法证考试、申请、换证、年审工作。（肖光宇）

【规范性文件全过程管理】 2018年，区法制办严格落实规范性文件合法性审查、“三统一”、定期清理等制度，全年制定政府规范性文件8件，并向法定监督机关报备，报备率、及时率和规范率均为100%，且未发生任何规范性文件被确认违法或被建议停止执行现象。（肖光宇）

【行政复议和行政应诉工作】 2018年，区法制办落实《长沙市行政负责人出庭应诉工作办法》，着力推动行政负责人出庭应诉。2018年，区法制办对重大行政诉讼案件特别是区政府作为被告的集体诉讼案件，先后由分管相关工作的副区长5人次代表区政府出庭应诉。区政府本级收到行政复议申请30件，全部办结，其中作出维持决定10件，驳回复议申请的6件，当事人撤回的2件，转送其他机关1件，责令履行1件，撤销或确认违法的10件；区法制办代表区政府行政应复议14件（2018年转结7件，新收7件），全部办结；办理区政府诉讼案件117件，办结70件并全部胜诉。（肖光宇）

【政府合同审查管理】 2018年11月，天心区出台新版《天心区政府合同管理办法》，要求各单位建立健全本单位的合同法律审查制度，在提升效率的同时加强合法性审查。2018年，区法制办累计审查各类政府合同908件，出具98条意见，为长城资产等一批优质企业入驻，湖南地理空间大数据应用中心建成运营等重大项目把控风险，保障财政资金安全，优化全区营商环境。（肖光宇）

公 安

【概况】2018年，长沙市公安局天心分局（简称“公安天心分局”）设有34个正科级二级机构，其中派出所14个，大队13个，机关科室7个。全局有在职民警职工320人，其中党委成员11人，科所队室正副职干部187（含中队干部64人），大队警力201人，基层一线派出所警力总数为379人，占总警力的61.13%。2018年，公安天心分局立案5351起，同比下降10.6%，破案1863起，破案率34.8%，刑拘1443人，捕诉1448人，抓获网上逃犯246名。现行命案发2起破2起，侦破率100%。擦亮电信诈骗案件侦破“天心品牌”，刑拘电诈嫌疑人112人。受理扫黑除恶线索107条，立涉恶类案件111起，破案75起，刑事拘留201人，侦破“1·20”“10·10”“8·24”等涉恶专案。破获毒品刑事案件133起，刑事拘留197人，移送起诉189人，缴获毒品折算成海洛因3104克。打掉黄赌团伙9个，办理黄赌刑事案件22起，行政案件166起，刑事拘留104人，治安拘留533人，破获省督案件2起。深化维护3大板块建设秩序“铁拳行动”，出动警力8460余人次，整治重点工程项目周边环境122次，调解阻工纠纷193起，整改安全隐患204处，打击处理32人。推进“放管服”，全年接待办理各类户口业务90325人次、身份证65320张、居住证50790张，受理审批出国境业务136645人次。规范“一标三实”信息采集，采集实有人口170384人，实有房屋60908家，实有单位4775家，以及车辆信息453332条。出动警力14615人次，完成256场大型活动安保和39批71场次警卫任务。

（卞静波　周　强）

2018年2月27日，天心区召开2018年度全区公安工作会议

公安天心分局 供稿

【维稳安保】2018年，公安天心分局加强省政府等重点区域的视频巡查和专人值守。全年出动警力13000余人次，做好对省政府、区委区政府及辖区其他重点单位的安全稳定防护任务，有效化解947批次17656人次上访事件，完成省“两会”、全国“两会”和大型群众性活动安保维稳工作。全年出动警力9986人次，256场大型活动安保确保万无一失。出动警力4629人次，共设哨位740个，实现39批71场次“零差错率”警卫目标任务。（卞静波　周　强）

【扫黑除恶】2018年，公安天心分局推进扫黑除恶专项斗争，全年受理扫黑除恶线索107条，立涉恶类案件111起，破案75起，刑事拘留201人，先后侦破“1·20”涉恶专案、“10·10”涉恶专案和“8·24”涉恶专案等一大批有较大社会影响力的案件。对“村霸”及乡村宗族恶势力开展专项整治行动，保障乡村工程建设及乡村治安环境的安稳。

（卞静波　周　强）

【缉毒禁毒】2018年，公安天心分局破获毒品刑事案件133起，刑事拘留197人，移送起诉189人，缴获毒品折算成海洛因3104克。组织破获“2018-317”部督目标案件、“2018-45”省督目标贩毒案、“2018-665”部督网络制贩毒目标案等多起部督、省督重大毒品案件。组织相关单位开展禁毒集中宣传活动20余次。

（卞静波　周　强）

【黄赌整治】2018年，公安天心分局打掉黄赌团伙9个，办理黄赌刑事案件22起，行政案件166

起，刑事拘留 104 人，治安拘留 533 人，破获省督案件 2 起。强化宾馆酒店、娱乐休闲等行业的阵地管控，遏制黄毒现象滋生。全年出动警力 1300 余人次，开展集中清理整顿 121 次，摸排场所 236 家，查处 1 家，停业整顿 9 家，下发整改通知书 482 份。

（卞静波　周　强）

【巡逻防控】 2018 年，公安天心分局持续推进网格化巡逻防控，开展常态化联勤武装巡逻，借鉴“枫桥经验”，推行互联网 + 群防群治，运用“红袖章”等社会力量挤压违法犯罪空间，全区刑事立案同比下降 10.61%。落实“星城快警”要求，推行“一三五分钟快速反应机制”，确保快速反应、及时处置。规范夜巡勤务，全年受理各类群众救助 209 起，协助抓获各类犯罪嫌疑对象 68 人次，配合盘查、清查活动共 49 次。强化重点单位的安保，加强检查督导，落实“三防”举措。检查单位 481 家、发现隐患 233 处，下达整改意见 46 条。搜集情报信息 16 条，化解不安定事端（苗头）15 起。（卞静波　周　强）

【窗口服务】 2018 年，公安天心分局办理“12345”市民服务热线工单 2442 起，解决群众求助 2000 余条。加快推进“放管服”，全年接待办理各类户口业务 90325 人次、身份证 65320 张、居住证 50790 张，受理审批出国境业务 136645 人次。开展上门服务 40 人次。打通服务群众“最后一公里”，先锋人口与出入境受理点投入使用，办理出入境业务 4000 余次。推行“互联网＋”服务，加强“96111”便民服务桥推广。

（卞静波　周　强）

【信息采集】 2018 年，公安天心分局规范“一标三实（标准地址和实有人口、实有房屋、实有单位）”信息采集，采集实有人口 170384 人，实有房屋 60908 家，实有单位 4775 家，以及车辆信息 453332 条。2018 年，天心分局代表市公安局迎接全省“一标三实”信息采集工作检查，录入率、及时率、准确率均为 100%。加强重点人员管控，全区重点人员在控率 55.22%，管控率 97.87%。严格涉外管理工作，坚持严打“三非”人员，查处各类涉外行政案件 127 起，处警告 101 人次，行政拘留 1 人，罚款 31.55 万元。

（卞静波　周　强）

【特种行业管理】 2018 年，公安天心分局采取领导包片、责任民警包点的方式推动特种行业管理项目的落地落实。推进机动车修理业、娱乐服务业两大信息系统的联网应用及机动车修理、娱乐服务、旅馆等行业的实名登记管理工作，处罚未实名登记旅馆 168 家，实名登记率 100%。加强对辖区加油站开展散装汽油加注实名制台账日常监管检查，对全区 22 家加油站安装散装汽油身份识别系统。开展寄递物流专项整治行动，通过严查重罚，全区 163 家寄递物流网点实名率 99% 以上。

（卞静波　周　强）

【公安基层基础】 2018 年，公安天心分局加快“七所一站”建设，完成大托铺、先锋、桂花坪、黑石铺、青园、文源、坡子街多个派出所的建设及改造，完成 15 个示范警务室、34 个提质改造警务室的项目建设。斥资 500 万余元在新开铺派出所建设分局执法监管中心。投入 16 万元经费，购置自助报案查询机器 2 台。

（卞静波　周　强）

【侦破“6・22”时时彩诈骗专案】 2018 年 3 ～ 12 月，湖南省（长沙）反诈中心接到多起长沙市内群众在网上购买时时彩被诈骗的警情。经过公安天心分局多部门联动，严厉打击电诈案件，捣毁分布在长沙、湘潭、深圳、永州等地的犯罪窝点 33 个，查获涉案金额 3000 万元，抓获涉案人员 121 人，刑事拘留 70 人。（卞静波　周　强）

【侦破“8·26”恶性伤害案】 2018 年 8 月 26 日，天心区卫国街与孚嘉巷交界处君诚大药房门口发生一起恶性故意伤害案，受害人左手手肘以下部位被当场被砍断。案件性质恶劣，公安天心分局成立“8·26”专案组，通过综合研判分析，9 月 6 日，专案组抓获主要嫌疑人马某勇、夏某海、周某民、周某平、舒某君、田某金 6 人，并依法刑事拘留。

（卞静波　周　强）

【侦破“6·25”特大入室盗窃案】 2018 年 6 月 25 日，格兰小镇小区内某栋别墅发生入室盗窃，被盗物品包括黄金首饰、珠宝玉石、名牌包包等，价值 63 万余元。受案后，公安天心分局抽调精干警力组成专案组，6 月 27 日将犯罪嫌疑人刘某明成功抓获，并为群众挽回全部损失。

（卞静波　周　强）

【破获“京东白条”诈骗案】2018年1月12日，区公安分局书院路派出所、分局刑侦大队联合办理一起“京东白条”诈骗案，办案组民警分别在天心区、岳麓区、浏阳市等地同时收网，共抓获涉案人员28名。2017年10月10日，书院路派出所接北京京东世纪信息技术有限公司报警，称自2017年1月来，有一团伙多次冒用他人身份信息、留下虚假联系方式，进行线上、线下面签骗取“白条”额度进行恶意赊购消费，赊购款项到期后拒不偿还欠款，对其公司造成损失98万余元。区公安分局刑侦大队电诈中队全力指导协助派出所侦破该案，侦查过程中，办案民警多次前往京东北京总部、贵州省等地调取线索，分析研判出嫌疑人身份背景、活动轨迹以及落脚点。经过三个多月的侦查，2018年1月12日，联合办案组的八路抓捕力量一举抓获以汪某、张某为组织策划者及26名骨干成员的诈骗团伙。经审讯，该诈骗团伙成员均对自己的犯罪事实供认不讳，区公安分局依法刑事拘留20名该团伙成员，浏阳市局刑事拘留8名。

（卞静波　周　强）

【破获“1·20”涉恶团伙案】2018年6月21日，区公安分局召开“1·20”专案新闻发布会，通报“1·20”涉恶团伙案的案情。据群众举报，有一个恶势力团伙在天心区新开铺、金盆岭一带动漫城等部分娱乐场所用暴力手段进行打砸恐吓，对经营者进行敲诈勒索并收取“保护费”，同时通过“强买强卖”的方式垄断多个娱乐场所的槟榔、矿泉水等货源供应，以达到非法获取暴利的目的。获此情况后，市公安局、治安支队、区扫黑办、区公安分局成立“1·20”专案组，全面展开细致侦查收集证据，经过五个月的连续侦查，于5月24日，在长沙、永州、慈利、温州、惠州和东莞等三省六地同时收网，“1·20”专案成功侦破。该案共抓获涉案人员10人，依法刑事拘留10人，扣押作案的发令枪1把、管制刀具3把，摧毁一个以江某某为首的敲诈勒索涉恶团伙。

（卞静波　周　强）

【扫黑除恶工作“10·10”新闻发布会】2018年8月7日，扫黑除恶工作“10·10”新闻发布会召开，介绍天心区开展扫黑除恶专项斗争工作的情况。6月12日，在市公安局“10·10”专案组指挥部及区扫黑办的统一指挥下，公安天心分局抽调近50名警力在长沙、怀化、福建等地同时收网，抓获犯罪嫌疑人10人，刑事拘留团伙成员5人，多名犯罪嫌疑人被上网追逃。至此，“10·10”涉恶专案得到成功侦破，张氏两兄弟和邹某为首的两个聚众斗殴的涉恶团伙被摧毁。（卞静波　周　强）

公安消防（应急消防）

【概况】2018年，长沙市天心区消防（救援）大队全面提升“政治建队常态化、火灾防控立体化、灭火救援高效化、后勤管理规范化、作风建设长效化”五个水平，着力防火、灭火，开展体能技能强化训练，狠抓消防救援队员体能、技能战术训练、团队操法训练，开展辖区消防安全重点单位、商场市场等重点部位的“六熟悉”，组织所辖中队开展“数字化”预案摸索制作，修订灭火预案200余份，有效提升灭火预案的科学性、针对性。大、中队对辖区所有的市政消火栓建立健全档案，开展定期巡查制度，确保消火栓完好有效。对辖区大型城市综合体、易燃易爆场所、化学危险品、高层、地下建筑等加大灭火演练力度，加强与区应急办、安监、环卫、交通等部门联动，开展各类演练231次。6月，长沙市校园人防突发事件综合应急演练在天心明德中学举行，大队指战员参加综合应急演练。9月，罗家坡中队代表支队参加全省实战化比武，获全省第四名。截至12月底，全区接警出动1332次，出动车辆2077辆次，人员14025人次，抢救被困人员86人，疏散人员163人，抢救财产价值1808.20万元。推进暮云中心消防站建设，6月29日区长办公会确定建设资金5500万和规模在8000平方米后，消防站建设进入正轨。土地拆迁、土方施工及拆建手续完成。（李　凯）

【专项整治】开展易燃易爆化危场所、KTV场所消防安全专项整治、长沙市电动车消防安全整治专项行动、文博系统消防安全专项整治、电气火灾综合治理、大型商业综合体等专项整治。截至2018年12月底，检查单位4810家，发现火灾隐患9612处，整改火灾隐患9538处，临时查封397家，责令“三停”43家，拘留7人，罚款185.34万元。

（李　凯）

【创建消防安全社区】 在14个街道、290家消防安全重点单位建立健全微型消防站，落实执勤人员、执勤装备及保障制度，定期组织消防救援队伍与微型消防站进行联勤联训。加大对街道社区两级消防培训，全年举办业务培训14次。开展消防安全单位户籍化管理，督促单位严格落实“六加一”，在酒吧一条街、商业步行街建立联防联治的区域联防体系，在坡子街试点“智慧消防”，并在全区推广应用。 （李　凯）

【消防宣传培训】 在裕南街、赤岭路、金盆岭、文源街道等开展集中培训1062场，消防应急演练350场，门店巡查培训6248家，入户宣传69254家，消防宣传活动118场，培训177850人次。开展“119”宣传月活动，联合安监、工商、质监等部门和先锋街道在鑫悦汇广场开展主题为“全民参与、防治火灾”启动仪式；11月9日，各街道同步开展大型消防安全逃生疏散演练。截至12月7日，全区发生火灾89起，同比下降26%。 （李　凯）

2018年11月，天心区消防救援大队开展“119”宣传月活动

长沙市天心区消防（救援）大队 供稿

检　察

【概况】 2018年，长沙市天心区人民检察院（简称“区检察院”）有政法专项编59人，事业编制5人。在职干警中党员47人，占79.7%。在行政职级方面，有县处级副职1名，乡科级正职11名，乡科级副职14名；在法律职务方面，员额检察官28人，检察辅助人员21人（其中检察官助理13人，行政人员8人），司法警察5人。内设3室6科1队，分别是办公室（技术室）、政工室、监察室、侦查监督科、公诉科、监所科、民事行政检察科、控告申诉科、案件管理科（包含人民监督员办公室）、法警大队。

2018年，区检察院依法履行审查批捕、审查起诉职能等，批准逮捕各类刑事犯罪案件665件933人，提起公诉1044件1472人，办理公益诉讼案件35件，发放司法救助资金2.5万元，办理羁押必要性审查案件98件，提出变更强制措施建议44份，发布案件程序性信息1856条、重要案件信息10件，公开法律文书933份。区检察院办理的支持中国音像著作权集体管理协会起诉KTV著作权侵权纠纷系列案，获评全国检察机关保护知识产权十大典型案例。

2018年，区检察院在湖南省检察机关率先将职务犯罪检察部门与控申科合署办公，实行捕诉合一（即一个刑事案件的批捕和审查起诉，由同一部门同一检察官负责），全年受理区监察委移送职务犯罪案件10件10人，决定逮捕9件9人，提起公诉3件3人。成立扫黑除恶专项斗争领导小组，出台办理涉黑涉恶案件流程文件，公布举报电话、邮箱，建立线索摸排核查、案件信息报告、公检法联动等长效机制。4月13日，区检察院在湖南省检察机关率先建立远程视频提审室，运行远程视频提讯系统缓解办案压力，推进智能化办案平台建设；5月30日，设立驻区环保局、区食品药品监督管理局检察联络室，以重大监督事项“案件化”办理案件80件；11月28日，挂牌成立“12309”检察服务中心，开通“12309”检察服务热线，化解矛盾纠纷。区检察院在黄兴路步行街广场举办“维护公共利益·检察官在行动”主题活动；联合开展湘江饮用水保

2018年11月28日，天心区“12309”检察服务中心挂牌成立

区检察院 供稿

护，校园、农贸市场的食品安全等专项监督行动；举办“走近‘12309’，检察为民新体验”“法暖重阳专题巡讲”、检察官进校园等检察宣传。

（谢如薇）

【打击刑事犯罪】 2018年，区检察院依法履行审查批捕、审查起诉工作职责，将暴力犯罪、毒品犯罪、多发性侵财犯罪、涉众型犯罪、危害食品药品安全犯罪等作为打击重点。全年批准逮捕665件933人，提起公诉1044件1472人。对情节较轻、社会危害性较小的犯罪，酌情依法从宽处理，不批准逮捕和不予决定逮捕248件496人，决定不起诉92件195人。 （谢如薇）

【诉讼监督】 2018年，区检察院监督公安机关立案26件27人，纠正漏捕后起诉16人，向公安机关发出书面纠正12件次，向区法院提出刑事抗诉7件14人，办理羁押必要性审查案件98件，提出变更强制措施建议44份。

（谢如薇）

【公益诉讼】 2018年，区检察院推行公益诉讼，即对损害国家和社会公共利益的违法行为，由法律规定的国家机关或组织向人民法院提起诉讼。全年办理公益诉讼案35件，其中生态环境和资源保护领域4件，食品药品安全领域24件，国有土地使用权出让领域6件，国有财产领域1件，提起刑事附带民事公益诉讼案9件，发出诉前检察建议16份。 （谢如薇）

法 院

【概况】 2018年，长沙市天心区人民法院（简称“区法院”）受理各类案件16785件，结案15718件，结案率93.6%，审限内结案率100%，结案数居全省基层法院第六。在“决胜执行难”战役中，通过最高人民法院的检查以及第三方评估。2018年,先后获授“全国法院司法宣传调研工作先进单位”“全国政法系统优秀新媒体案例奖”“全省诉讼服务中心建设示范法院”“全省法院第十五届理论研讨会组织工作先进奖”等荣誉称号。 （谢明生）

【刑事审判】 2018年，区法院受理刑事案件1046件，同比增长33.6%；审结949件1187人，审结案件同比增长30.9%；结案率90.7%。其中判处10年以上有期徒刑23人，3至10年有期徒刑128人，3年以下有期徒刑1036人。启动以审判为中心的刑事诉讼制度改革，试点扩大律师辩护全覆盖改革。规范羁押必要性审查，对需要判处实刑的被告人，决定逮捕112人。开展扫黑除恶专项斗争，成立领导小组并出台实施方案，与政法各家形成联动机制，受理涉黑涉恶案件2件。运用刑罚手段保护环境和食品安全。参与“春雷行动”，审结天心区污染环境罪第一案，被告人孙某被判处有期徒刑1年。审结5起销售有毒、有害食品犯罪案件，首次颁发食品销售工作禁止令。严厉打击暴力性和黄赌毒犯罪。依法严惩故意伤害、绑架、抢劫等暴力犯罪，审结案件95件。审结涉毒品犯罪案件142件167人，判处实刑164人，监禁刑适用率98.2%，其中10年以上有期徒刑7人。妥善处理涉众型经济犯罪。惩治非法吸收公众存款等涉众型经济犯罪6件。审结职务犯罪案件7件，判处实刑6人，追缴资金700万元。对接区监委处理的职务犯罪案件3件。

（谢明生）

【民商事审判】 2018年，区法院受理民商事案件9559件，审结8951件，结案率93.6%。首次召开“涉农民工案件审判执行工作”新闻发布会，发布《2017年度涉农民工工资案件审判白皮书》，公布涉农民工工资典型案件。依法处理与引导因“绿心”保护规划导致辖区工业企业退出的关联案件。组织召开辖区内13家知名企业家参加“优化营商环境”座谈会，出台《关于公正司法优化营商环境的十项举措》，就司法保护诚信营商环境等形成制度要求。维护知名商标、知名企业的品牌形象和商业信誉，审结“大润发”“王朝”“解百纳”“张裕”等一批侵权案件。在涉及国外知名商标“大嘴猴”系列案件中，平等保护外资外企合法权益。（谢明生）

【行政审判】2018年，区法院受理行政案件254件，同比增长22.7%；审结239件，同比增长40.6%；结案率94.1%，同比上升11.9个百分点。审结的73件以区属行政机关为被告的案件中，判决行政相对人胜诉案件29件，胜诉率39.7%。严格落实行政负责人出庭应诉制度，有19个行政机关负责人参加45起案件庭审，占审结案件27.6%，其中辖区内厅级行政机关负责人出庭率71.4%。审查和强制执行土地、房屋征收案件16件。（谢明生）

【执行工作】2018年，区法院受理执行案件5878件，执结案件5538件，执结率94.2%；执行标的到位17.2亿元。有财产可供执行案件法定期限内实际执结率95.5%，无财产可供执行终本案件合格率98.4%，涉执信访案件办结率100%，整体结案率94.3%，“三个90%、一个80%”等核心指标全面达标。运用财产保全、拘留、罚款、限制出境、限制高消费、公布失信名单等强制措施，查控财产7000余次，纳入失信名单790人，司法拘留78人，罚款13人。从严惩处规避执行行为，变更、追加第三人为被执行人20人，依法驳回规避、拖延执行的异议51起，移送涉嫌拒执犯罪2起，公布典型失信案例10件。运用区法院首创的“失信彩铃”，创新推出定点定时精准推送失信信息的“易执行”。（谢明生）

【妇女儿童权益保障】2018年，区法院引进中国白丝带，成立“天心区法院心灵驿站”，由专业力量疏导未成年人心理，多名未成年案犯受益心理疏导。发放人身保护令56份，让保护令成为受家暴妇女“护身符”。发布《未成年人犯罪审判工作白皮书》，公布5起青少年权益保护典型案例。

（谢明生）

【司法宣传】2018年，区法院利用新媒体以案说法，每周固定推送微信公众号，引导社会应用法制方式与法制思维解决矛盾纠纷，公众号阅读量和影响力长期居全省法院前列。举行3场新闻发布会，在主流媒体、知名新媒体上发稿600余篇，6名法官特邀参加“经视说法”等电视栏目说法。送法进校园进社区，在湖南师大、中南林业大学、桂花坪社区、青园社区等地组织巡回审判或法律宣讲12场次。（谢明生）

司法行政

【概况】长沙市天心区司法局（简称“区司法局”）主要职能有公共法律服务、法律服务管理、法律援助、法制宣传教育、人民调解、社区矫正、安置帮教等。内设办公室、法制宣传教育科、基层工作科、法律服务管理科、社区矫正科5个科室，下设长沙市天心区法律援助中心和14个司法所。建有天心区社区矫正中心和天心区公共法律服务中心，加挂区委法治天心建设领导小组办公室、区依法治区领导小组办公室、区人民调解领导小组办公室、区刑释人员安置帮教工作领导小组办公室、区社区矫正工作领导小组办公室等非常设机构牌子。有区属律师事务所6个，基层法律服务所12个。

2018年，区司法局围绕全区中心工作，以“基层基础工作夯实年”“队伍能力素质提升年”和“满意在司法深化创新年”活动为抓手，突出一个总揽（公共法律服务），狠抓两个基础（队伍建设、阵地建设），构建五大网络（法律服务、法律援助、法治宣传、人民调解、社区矫正）。2月，司法部确定区司法局为湖南省唯一全国法律援助工作联系点。7月，天心区作为中部地区代表在全国公共法律服务平台建设现场推进会上作经验发言。区司法局获评全省“三调联动解纠纷、防控风险促发展”专项调解活动先进集体。裕南街街道长坡社区获评第七批“全国民主法治示范村（社区）”。9月，《精准发力打造多层次普惠型公共法律服务体系》被《中国司法》（2018年第9期）杂志报道。10月，区司法局被中华全国人民调解员协会评为2018年度人民调解宣传工作先进集体。《长沙晚报》5月4日头版报道天心区探索推动律师“家庭化”，6月19日专版报道全民普法新成效。《法制日报》“法治中国行”对天心区精准打造普惠型公共法律服务体系进行报道。区司法局被评为全省“三调联动先进集体”，新开铺、南托街道调委会被湖南省司法厅授予“湖南省优秀人民调解委员会”称号，戴义被评为“全国人民调解工作先进个人”，刘新春、谭自立被评为“湖南省优秀人民调解员”。（周雯轩）

【人民调解】 2018年，区司法局开展“三调联动解纠纷、防控风险促发展”和“四防四查化纠纷、千乡万村创四无”专项调解活动，全区调处各类矛盾纠纷1905起，调解成功1905起，调处率100%、成功率98%以上。其中疑难复杂案件68起，达成书面协议564件，协议涉及金额7970.25万元，协议履行率100%，各级人民调解组织共开展纠纷排查3099次，排查预防纠纷1242起。全区无重大防范民转刑案件的发生。推进专业行业人民调解组织建设，在创谷（长沙）国家广告产业园区设立人民调解室，对龙珠英、满嗲等个人调解室进行规范化指导，加强已建成的专业行业调委会组织，其中交调委成功调解112件道路交通事故纠纷案件；婚调委受理离婚纠纷案件210起，成功调解和好357对，调解成功（夫妻双方重新和好不离婚）199对；医调委受理69件医疗纠纷案件，物调委处理物业矛盾纠纷107起。（赵志芳）

【社区矫正和安置帮教】 2018年，区司法局投入34万余元进行社区矫正指挥中心以及社区矫正信息化建设，实现社区矫正日常监管、帮扶、教育情况在纵向上与“中央—省—市—区—街道”的直通互联，在横向上与区法院、区检察院无缝对接。健全“心岸”教育培训平台，推进社区服刑人员教育学习方式的自主化。全区累计组织社区服刑人员开展网上教育学习1200余人次，社区服刑人员线上学习教育总时长约为4800小时，个人线上学习时长每月均在4小时以上。对全区在册的246位社区服刑人员全面落实社区矫正分级处遇，对新入矫的社区服刑人员进行入矫考核和心理测验。针对服刑人员中的特殊群体采用不同的教育管理措施。率先与湖南省坪塘监狱协调沟通，对在狱刑犯实现远程会见。做好刑满释放人员的衔接管理工作，摸排重点对象，突出重点帮扶。2018年新入矫的151人全部完成入矫教育、考核，合格率100%，衔接率和帮教率均达到100%。在册社区服刑人员未发生因监管不到位而导致脱漏管。（周雯轩）

【法律服务】 2018年，区司法局组织全区97个社区（村）重新签订社区（村）法律顾问合同。建立全区社区（村）法律顾问工作交流群和社区（村）法律顾问微信服务群，法律顾问在微信群交流工作开展、案例讨论、解疑释惑。全年社区（村）法律顾问接待咨询4808人次，开展法治讲座191堂，参与化解矛盾纠纷519件。编撰公共法律服务工作手记9篇，编撰《基层公共法律服务宝典》，为公共法律服务工作者及群众提供服务指引、案例参考。启动公共法律服务站点标准化建设三年行动计划，制定站点标准化规范化建设三年行动计划方案，开展站点建设标准化建设示范活动，截至2018年年底，区公共法律服务中心接待群众咨询827人次，区法院接待（涉法涉诉）群众咨询524人次，接待领导调研235人次，各基层站点共接待咨询4296人次。设立“法润三湘”公共法律服务志愿点，形成社区（村）公共法律服务“1+N”模式。截至2018年年底，全区共完成506个志愿点申报工作。（周雯轩）

【法律援助】 2018年，区司法局办理法律援助案件406件，其中民事127件，刑事279件。区法律援助中心驻法院律师参与值班111人次，接待群众咨询314人次。以全国法律援助工作联系点为基础，加大法律援助覆盖面，借助公共法律服务平台延伸法律援助触角，实现法律援助咨询服务全覆盖。推动法律援助参与以审判为中心的诉讼制度改革、认罪认罚从宽制度改革试点、律师代理申诉制度等工作。加强法律援助值班室规范化建设，与检察院签订认罪认罚从宽试点合作协议，招募认罪认罚从宽法律帮助志愿律师。（许湘玲）

【法治宣传教育】 2018年，区司法局组织对“七五”普法责任单位近三年工作资料进行收集整理，迎接工作验收。以宪法修正案为重点，动员各街道、各单位开展宪法学习宣传教育系列活动。把宪法列入党委（党组）理论学习重要内容，纳入干部教育培训主要课程。印发《中华人民共和国宪法修正案》口袋书2万份，结合“12·4”主题宣传，组织各街道开展宪法讲座、有奖问答、免费咨询等72场次。黑石铺街道以农村法治宣传月活动为契机，引进民间法治文艺团队，编排创作社区法治文艺节目。联合长沙理工大学开展宪法主题微视频创客大赛，联合驻区企业YOUTH法律平台开发法治文化产品。组织42家普法责任部门签订“谁执法谁普法”责任状，以项目化的方式推进责任落实。持续推进农村法治宣传教育月和青少年法治宣传教育周等主题活动。优化“天心法治大讲堂”普法品牌，在法制日报主办的《法制与新闻》客户端开设专题栏目转播活动实况。（周雯轩）

【“满意在司法”大走访活动】 2018年，区司法局组织全区司法行政系统工作人员在全区各街道开展“满意在司法”大走访活动，共发放法治宣传资料1万余份，解答劳动合同纠纷、工伤赔偿、婚姻家庭、房产纠纷等法律咨询7000余人次。11月9日，区司法局在赤岭路街道步步高商场前坪开展“满意在司法”大宣传、大走访、大调研活动，吸引1000余名群众参与。活动现场设置法治宣传、法律援助、人民调解等6个服务台，摆放以宪法修正案、扫黑除恶专项斗争等内容为主的8块宣传板，党员普法志愿者现场为群众提供免费的法律咨询，向群众发放宪法口袋书、“满意在司法”、扫黑除恶宣传册等法治资料1000余份。（周雯轩）

【天心法治大讲堂】 天心法治大讲堂通过每月邀请知名人士和法治工作者，采取“以案释法”模式，分享他们对于法治的感悟和案例的思考，从真实、生动的实例出发，在讲解法条的同时剖析法理，在点评案件的同时弘扬正义，旨在打造法律专家学者的分享平台，百姓学法的互动平台和弘扬法治精神的前沿阵地。1月19日，天心法治大讲堂2018年第一讲在天心区公共法律服务中心开讲。大讲堂邀请湘潭大学法学院教授、博士研究生导师、湖南省调解理论研究基地副主任、湖南调解理论研究与人才培训中心副主任胡军辉授课。区委常委、政法委书记黄文先出席活动并致辞。区司法局全体班子成员及局干部、各司法所干部及工作人员、区属各律师事务所、法律服务所、以及通过网络、电话报名的听众近300余人聆听讲座。（周雯轩）

【“筑梦天心·法律服务进商会”三年行动计划】 2018年4月26日，区司法局与区工商联、区金融办共同启动“筑梦天心·法律服务进商会”三年行动计划。活动启动仪式上，天心区组织6家律师事务所与14个街道商会签订战略合作协议，结对提供法律服务。各律师事务所每年将为结对的街道商会提供“私人定制”公共法律服务：开展1次专题法律服务咨询、至少举办1次法治讲座、为会员企业提供免费法律体检服务并提供1套会员企业法律风险解决方案。区司法局安排律师加入街道商会调解组织，参与涉及商会会员之间、会员企业与职工之间、会员单位与生产经营关联方之间的各类民事纠纷。（许湘玲）

【“新时代、新宪法、新使命、新征程”宪法微朗读大赛】 2018年6月，区司法局组织启动“新时代、新宪法、新使命、新征程”宪法微朗读大赛，来自法院、检察院、公安、司法行政、律师多个领域600余名人员参与。11月28日，天心区人民调解员技能大比武暨宪法微朗读大赛现场展评在区政府九楼会议室举行。省司法厅基层工作处副处长刘委东、省司法厅法制宣传处副处长肖忠华、市司法局法制宣传处处长蒋开明、市司法局基层工作处处长杨昌励出席，区司法局、法院、检察院等相关负责人及全体司法行政工作人员参加活动。参加展评的五位选手，从司法行政、公安、检察院、法院及法律工作者的角度围绕宪法主题进行展演。经过评委的专业评审，区司法局桂花坪司法所肖思敏获得冠军，区公安与出入境管理局谢理、湖南汗青律师事务所田雪萍获得亚军，区检察院王兰青、区法院何幸获得季军。通过宪法微朗读大赛现场展示，有利于增强全区法治工作者争当法治弘扬者、法治践行者的积极性。（周雯轩）

【人民调解员技能大比武】 2018年9～11月，区司法局组织开展人民调解员岗位大练兵大比武系列活动，全区有720余名调解员参加岗位练兵。11月28日，天心区人民调解员技能大比武暨宪法微朗读大赛现场展评在区政府九楼会议室举行。省司法厅基层工作处副处长刘委东、省司法厅法制宣传处副处长肖忠华、市司法局法制宣传处处长蒋开明、市司法局基层工作处处长杨昌励出席，区司法局相关负责人及全体司法行政工作人员参加活动。通过笔试的七支队伍参加人民调解员技能大比武竞答比赛，最终文源、青园联队获得一等奖，金盆岭、新开铺联队，桂花坪、黑石铺联队获得二等奖，坡子街、城南路联队，南托、暮云、公共法律服务中心联队，裕南街、赤岭路联队，大托铺、先锋联队获得三等奖。通过比武，有利于增强全区法治工作者业务技能和综合素质。

（赵志芳）

2018年9月19日，天心区司法局开展“满意在司法”岗位技能大比武活动　　区司法局 供稿

军事

人民武装

【概况】 2018年，长沙市天心区人民武装部（简称“区人武部”）向全区民兵骨干发放《学习宣讲系列讲话活动民兵应知应会基本常识》和《中共十九大精神民兵应知应会100题》口袋手册，同时精选学习内容，拓展学习宣传途径，固化学习宣讲成效，把活动融入整组训练征兵环节、融入日常工作生活、融入信息网络媒介，把系列讲话内容通过多种方式传到街道、社区。

加强国防动员建设，落实廉洁征兵监督员制度，制作廉洁征兵监督卡和应征青年家长信息反馈表，公示廉洁征兵热线电话，严格廉洁征兵“零报告”制度，协同驻区高校开展征兵宣传，完成上级下达的新兵征集任务，并在新兵入伍前组织开展包括观看红色主题电影、开展法治讲堂活动等形式内容多样的役前训练。在辖区各高校举行国防教育宣传展览、“爱我国防”演讲比赛，天心区2018年新兵欢送仪式等一系列活动，组织全体干部职工、街道人武专干和民兵观看革命历史题材电影《国礼》。

区人武部推进军地统筹融合，协调地方相关部门在国防动员、军民融合、征兵工作、后备力量建设等方面出台系列法规政策。2018年7月，区委常委、区人大常委会主任、区政协主席等区领导干部与部党委委员共同参加2018年天心区委议军会，围绕深入贯彻落实《我军后备力量建设“十三五”规划》实施意见精神，集中讨论以“我军后备力量建设”为主题的党管武装工作开展情况。设立在区人武部的军人军属法律援助站及时为有需要的军人军属提供法律维权咨询和帮助。（柳馨娴）

【2018年民兵整组点验大会】 为检验民兵队伍组织和建设情况，进一步加强民兵的自身素质和应对突发事变的集结反应能力，2018年3月15日，区人武部举行2018年民兵整组点验大会。民兵队伍着装整齐，准时准点集结，接受整组点验。基干民兵点验大会在《中国人民解放军军歌》声中开幕。会议宣读民兵干部骨干任职命令并授旗；按编组花名册对到场民兵进行逐人呼点；新老基干民兵进行宣誓、重温民兵誓词；新入队民兵代表发言。区人武部政委苏宏洲、区人武部部长周永顺在会上分别讲话。（柳馨娴）

【民兵应急排暨抗洪抢险分队训练】 为有效应对2018年汛期可能出现的各种险情灾情，增强民兵抗洪抢险分队的防汛抢险救灾应急能力，2018年4月23日，区人武部组织开展民兵应急排暨抗洪抢险分队训练。此次集训严密组织、开展，紧贴抗洪抢险任务实际，重点开展应急点验训练、队列体能训练。（柳馨娴）

【共建书香军营】 2018年4月23日，区人武部与区图书馆签订“双拥共建”协议，并在人武部图书阅览室设立图书流动服务站。该站点有图书500余册，内容涵盖政治、经济、文化、法律等多个类别，可满足基层官兵不同层次的书籍阅读需求。根据协议，站点的图书资源将定期基于官兵实

际阅读需求调查进行更新，实现文化共享。（柳馨娴）

【区委议军会议】 2018年7月5日，区委书记、区人武部党委第一书记朱东铁主持召开区委议军会议。区领导于献、夏艳兰、张界贻、曾卫国、黄文先、苏宏洲、肖雄伟、侯向宇、周永顺等参加会议。朱东铁强调，要进一步强化做好武装工作的思想认识，增强政治自觉、坚持党管武装、强化忧患意识，各级党政“一把手”要扎实抓好党管武装各项工作，不断提高民兵预备役部门快速动员和遂行作战任务的能力；要进一步提高领导武装工作的能力水平，加强政策法规学习，提升军事素质，强化制度管理。朱东铁要求；要进一步开创全区党管武装工作的崭新局面。要进一步营造浓厚氛围，抓好以爱国主义为核心的全民国防教育，不断增强全民的忧患意识、大局意识和国防观念；要夯实基层基础，完善基本设施、充实基本队伍、落实基本制度、抓好基本教育；要推动融合发展，坚持军民结合、寓军于民，把国防和军队现代化建设融入经济社会发展体系之中；要突出特色打造，创新工作思路，找准突破口，挖掘和培育一批新的特色亮点；要加强后勤保障，增强基层武装队伍的凝聚力和向心力，优先保障军事训练和专业技能训练经费，确保武装工作顺利、高效开展。（柳馨娴）

【“八一”慰问】 2018年7月26日，区人武部政委苏宏洲、部长周永顺带领区民政局、区人武部、街道主要负责人一行到坡子街街道等地看望慰问退伍老兵以及抗战老兵，在“八一”建军节来临之际，为他们送去党和政府的关心与祝福。苏宏洲、周永顺一行到残疾军人袁心宽、抗战老兵何业鸿、梁承彦家中送上慰问物资。（柳馨娴）

人民防空

【概况】 2018年，长沙市天心区人民防空办公室（简称“区人防办”推进15019工程建设，完成项目建设及信息系统工程的预算编制和审核、信息化建设的招标准备工作，11月开建。提升人防指挥通信能力，区人防办通过政府购买服务的形式，对全区警报设施全面巡查，对其中5台存在线路老化的警报设施及时进行线路更换和维修，确保人防警报设施正常运转和“11·1”全省警报试鸣日鸣响率100%。做好移动指挥车辆维护保养，定期开展卫星通信演练活动；参加市人防办在长沙县、开福区开展的人防通信指挥室外联动训练。完成新增2台警报器的选址、安装工作。定期保持与市人防办及各区县的电台沟通联系，电台沟通语音清晰，畅通率100%。组织开展指挥通信野外实战训练和人防疏散路线考察工作，有效提高全办干部职工机动指挥通信系统的实际操作能力和街道人防专干的组织指挥能力。加强人防工程维护管理，通过政府购买服务，加大巡查全区人防工程力度。全年地毯式巡查全区人防工程2次，对存在问题的人防工程单位提出限期整改要求，将巡查结果向所在街道通报，要求限时整改。通过巡查整改，全区人防工程基本达到灯明、路洁、水畅、设施完备，状态良好。探索人防工程四级管理模式，实行区人防办、街道办事处、社区和人防工程物管单位等四级管理模式，加强对人防工程的管理。制定《人防工程维护管理标准化方案》，明确《人防工程维护管理标准化细则》，全年无人防工程安全事故。完成新竣工人防工程的验收、登记和挂牌。组织各街道、社区和物管单位责任人开展2次业务培训，邀请专家进行人防工程设施设备维护知识和消防知识培训，组织大家观看由长沙市安委制作的安全生产警示教育片。开展人防宣传教育，制作《人防小卫士》动画片并在全区推广。年内完成两集以“常规空袭如何防护”和“核武器袭击如何防护”为主题的《人

2018年10月下旬至2018年11月2日，天心区人防办联合天心区教育局开展人防宣传教育，制作《人防小卫士》动画片并在全区推广

区人防办 供稿

防小卫士》科普动画片制作。联合区教育局在全区中小学校进行推广，并号召基层人防专干利用朋友圈向全社会进行推广；借助“民众应急”“微天心”“平安天心”等微信公众号平台进行有奖转发。（刘俊秀）

【人防宣传教育“五进”活动】 2018 年，在天心区政府南、北栋电梯口设置 2 台集人防宣传和警报功能于一体的智慧人防多功能宣教终端，滚动宣传人防方针政策、法律法规，内容定期更新；在学校和社区安装 9 个户外人防滚动宣传栏；“11·1”全省警报试鸣日，在全区 700 余个楼栋的电梯电子显示屏播放警报鸣响知识和警报鸣放的温馨提示；常态化开展人防宣传进社区、进学校活动，4 ～ 11 月先后在 7 所学校、4 个社区组织开展 12 场人防宣传活动。其中，结合“5·12”防灾减灾宣传日在湘府文化公园的南广场承办市人防办“学人防知识，建平安社区”主题宣传活动；6 月 27 日，配合区安监局承办市安监局、市人防办主办的“长沙市校园人防突发事件综合应急演练活动”；9 月 21 日，在龙湾小学开展“廉洁家风伴我成长暨小手拉大手，防空防灾体验嘉年华”人防宣传进校园活动；11 月 1 日，协助市人防办在先锋人防主题公园开展湖南省防空警报试鸣日长沙市“关注人防、关爱生命”主题宣传演练演示活动，近 2 万人通过星辰在线观看播出；11 月 15 日，在雅礼天心中学开展“学人防知识·建平安校园”主题宣传活动。先锋人防主题公园先后接待甘肃张掖市人防办、芙蓉区人防办等多个兄弟城区人防系统学习交流，市人防办、先锋街道嘉和社区等多家单位在人防主题公园开展人防疏散演练活动。

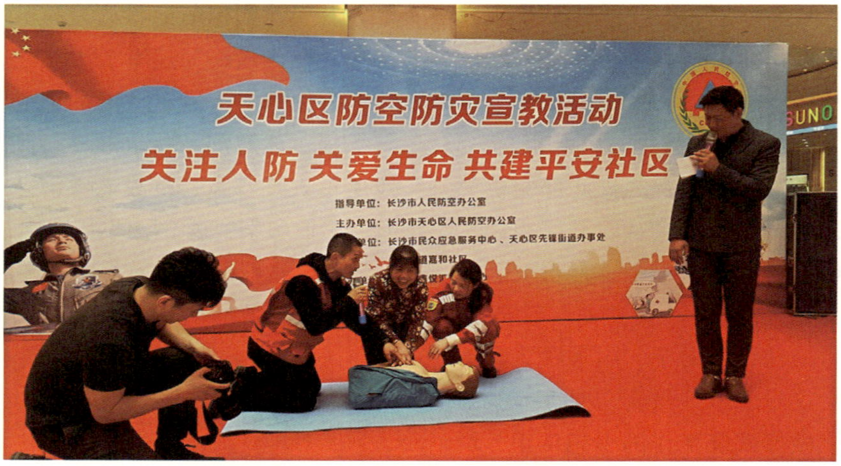

2018 年 11 月 1 日，天心区人防办协助市人防办在先锋人防主题公园开展湖南省防空警报试鸣日长沙市“关注人防、关爱生命、共建平安社区”主题宣传演练演示活动

区人防办　供稿

（刘俊秀）

城市建设

规划管理

【概况】 长沙市城乡规划局天心区分局（简称“区规划分局”），为长沙市城乡规划局派驻天心区的正科级行政机构，属双重领导垂直管理单位，负责天心区区域范围内城乡规划管理工作。工作重点为参与辖区范围内的规划编制、规划审批、批后管理以及规划服务。区规划分局（含区规划监察执法大队）定编 12 人，领导班子 5 人，在职员工 16 人，党员 9 人。办公地点为天心区新姚南路 188 号。（周晓媛）

【规划编制】 2018 年，区规划分局配合市规划局、天心区政府编制天心区发展大纲、南部片区概念规划、天心区公共厕所专项规划、天心区城市建设用地外集体土地上全域美丽乡村规划、“630”电网规划。推进老旧城区有机更新 7 大片区、绿心地区、城际轨道中信站点及周边区域、长株潭商圈及五一商圈、人力资源服务产业园等重点片区的城市设计，助推商贸老区、金融强区、文化新区建设。开展特色性规划，开展港子河—双管子河—南托港一河一册治理方案设计、儿童友好型城市设计、湘江洲岛概念规划编制工作。（周晓媛）

【规划审批】 2018 年，区规划分局受理行政许可申请 78 次，核发城市个人住宅“建设工程规划许可证”8 本，面积 639 平方米；核发临时建筑“建设工程规划许可证”22 本，面积 34667 平方米；核发公房“按四原翻建”“建设工程规划许可证”1 本，面积 294 平方米；核发农房“建设工程规划许可证”1 本，面积 240 平方米。为区政府重点支持的村集体经济项目、农民安置房项目办理规划审批手续，配合区政府规范天心区农村集体经济组织成员住宅建设用地审批工作。完善天心区“15 分钟生活圈”设施整合规划，推进天心区各类民生项目和设施规划建设。（周晓媛）

【批后管理】 2018 年，天心区规划监察执法大队对已审批的在建项目进行日常巡查 16 次、现场放线 14 次、建设位置复验 6 次、竣工检查 27 次，规划公示 136 次。根据职责分工向城管部门移送违法建设案件 18 件，出具专业咨询意见 79 次，认定违法面积 21.87 万平方米。完成长沙市城乡规划局第十八、十九期卫星遥感图斑核查和住建部 2017 年图斑核查工作。配合区政府开展中央环保督查信访件交办、绿心地区工业企业退出等专项行动。（周晓媛）

【规划服务】 2018 年，区规划分局主动配合市规划局、天心区政府人力资源服务产业园、中南大学湘雅五医院、长沙医学院、市民活动中心、渔政执法码头、全区社区阵地、天心区域内渣土消纳场等项目建设或选址筹备工作，加强规划指导和引领。从提质方面，重点服务 3 大板块征迁工作，全年进行未登记建筑合法性认定 342 起，总计面积 3.48 万平方米。（周晓媛）

【天心区公共厕所专项规划】 2018 年，区规划分局、区环卫局共同组织编制《天心区公共厕所专项规划（2018—2035）》，对区内公共厕所现状进行摸底调查、分析研究，对需求规模进行预测，制定天心区公共厕所的建设布点规划，提出针对性改造建议。区规划分局对接长沙市总体规划、控制性详细规划、南部片区概念规划等相关上位规划，结合用地权属和开发时序增强布点规划的落地性，结合天心区有机更新工作规范老旧城区公厕提质改造标准。（周晓媛）

【绿心地区工业企业退出工作】2018年，天心区政府全面开展绿心地区工业企业退出专项行动，区规划分局牵头完成退出工业企业30家，每批退出任务完成情况皆名列天心区第一位，同时联合工商、税务、环保、国土部门对符合退出后奖补政策的工业企业做出五项合规认定，对193家企业的规划合规情况进行认定。为确保工业企业退出后，土地性质及时调整，区规划分局使区内土地处置方案同市规划局、市国土局、市两型办方案顺利接轨，与经开区（新）未来发展方向相适。（周晓媛）

【“一圈两场三道”建设工作】2018年，区规划分局推进“一圈两场三道”建设工作（“一圈”是指15分钟生活圈，“两场”是指停车场、农贸市场，“三道”是指人行道、自行车道、历史文化步道），实施天心区“一圈”建设任务规划设施整合，在摸底调查现有设施配置基础上，结合实际和居民意愿，补短板、强弱项，完善社区服务中心、文化中心、多功能运动站场、居家养老服务站、小学和幼儿园等资源的布点设置，打造15分钟步行路程内满足居民衣食住行、看病养老、教育健身等基本生活需求的生活圈，验收完成区内27个生活圈，含2个示范生活圈，其中9个一类生活圈，18个其他生活圈的建设。（周晓媛）

【老旧城区有机更新及历史文化步道建设工作】2018年，天心区政府、长沙市城乡规划局共同编制老旧城区有机更新改造规划，以宜居性、持续性为目标，立足城市本源、延续城市文脉，坚持“留、改、拆”相结合的城市有机更新理念和思路，统筹协调功能设施建设和文化记忆保留间的关系，区规划分局协助完成区有机更新城市设计落地，配合打造试点更新和特色街巷，有序推进天心区7大片区12个项目的老旧城区有机更新工作计划，以新面貌焕发老旧城区新活力。（周晓媛）

【长沙南部片区规划】2018年5月14日至6月5日，长沙南部

2018年9月20日，天心区规划分局牵头负责的绿心工业企业贴封条确认关停

区规划分局 供稿

片区建设工作协调领导小组办公室联合《长沙晚报》开展“我为南部片区建言”活动，收到全国各地团体及个人发来的近300份建议，大家围绕长沙南部片区的战略定位、空间布局、产业发展、生态建设等多方面进行论述。7月8日，“金点子”评选结果正式揭晓，共有28名获奖者，主办方为其颁发相应奖金。其中，一等奖1名,奖金5000元;二等奖2名，奖金各2000元；三等奖5名，奖金各1000元；优秀奖20名，奖金各200元。活动中，长沙市规划设计院有限责任公司认为，长沙南部片区位居长株潭之心，占据湘江东岸之核，拥有绿心之优势，建议围绕国家转型变革战略，按照“联动大区域、挖掘新动能、树立新典范”的思路，将南部片区所在的湘江湾、环绿心区域打造成为“湘江科创湾、中部健康谷”。长沙市政协研究信息处处长车昭益认为，如何破解保护和发展的矛盾，是南部片区规划必须直面的首要问题。南部片区应定位为：湖南首善之区、科学研究高地、山川秀美的幸福之城。在该片区高起点建设大学城，将长沙理工大学、中南林业科技大学、湖南农业大学等大学迁往南部片区，并借鉴深圳南方科技大学、杭州西湖大学经验，建设一所高水平的基础研究型大学。来自望城区委党校的张琴认为，在长沙南部片区的发展中，必须要明确界定不同特征的两大区域，即南部核心区和跳马生态绿心区。南部核心区包括解放垸、大托、天心经开区、雨花经开区和暮云经开区；跳马生态绿心区为跳马全境。市民肖瑞青既从长沙南部片区的发展战略规划等方面展开整体性地论述，又对该片区路网、轨道交通等方面提出优化建议。省内外不少个人及团体为长沙南部片区发展建言献策。“金点子”具体获奖名单如下：一等奖：《湘江科创湾、中部健康谷——区域联动，长株潭一体化发展视角下长沙南部片区发展的建议》——长沙市规划设计院有限责任公司；二等奖：《建设首善之区，开启南向时代》——车昭益、《关于长沙南部片区规划建设的建议》——张琴；三等奖：《关于南部片区发展的意见建议》——肖瑞青、《推动长株潭一体化发展“加速度”开启长沙向南“新时代”》——谭迎国、《关于长沙南部片区—香山新区之发展规划的战略构想》——何高全、《关于南部片区发展的几点建议》——刘佰忠、《对南部片区建设的若干建议》——黄显耀；优秀奖获奖者：瞿理铜、曾鸿、张富泉、许刚、乔刚、李杰超、范美新、肖文锋、隆定军、湛建平、严中华、费模家、高建桥、石学敏、张浩、孔祥柯、刘中武、姬志勇、毕丽颖、徐大山。

7月6日，市政府举行南部片区概念规划专家评审会，对3家招标入围单位提交的概念规划方案进行专家评审，最终推选出优胜方案,该方案围绕“城垸共生、蓝绿交融、绿色宜居”的规划理念和功能有序、城乡融合、疏朗有致的空间布局模式，获与会评审专家一致认可。长沙南部片区是长沙着力打造的“六大片区”之一，是市委、市政府展现省会城市担当，引领加快长株潭城市群一体化的重要载体，根据规划，该片区范围为绕城高速以南、西至湘江、南面及东面至天心区、雨花区行政边界（含解放垸全部范围），总用地面积约294平方千米，其中80%以上区域位于长株潭城市群生态绿心地区总体规划控制范围内。为贯彻落实省委、省政府关于长株潭一体化发展的战略部署，市委、市政府积极引领三市融合发展，部署推进长株潭融城核心区长沙南部片区的规划建设工作，于2018年5月初开展南部片区概念规划方案编制国际招标，北京清华同衡规划设计研究院有限公司、华南理工大学建筑设计研究院、德国欧博迈亚工程咨询有限公司3家单位入围，3家规划单位均具有雄安新区相关规划方案编制经验。5月初，3家规划单位到南部片区进行实地踏勘，6月初进行中期成果汇报。经过2个月，3家规划单位均按要求提交规划成果。

7月15日，“高位协调南部新城规划建设”暨市政协重点提案办理协商会议召开。该提案由市委常委、常务副市长舒行钢领办，市政协副主席彭继球出席办理协商会。该提案在市政协十二届二次会议上提出，谋划建设南部融城片区，是优化长沙城市功能布局、促进长株潭融合发展的重要战略举措。彭继球建议，进一步调整、优化规划编制，尽快处置内部遗留问题，推动南部融城片区科学有序发展。舒行钢强调，要优化顶层设计，借鉴雄安新区建设经验，高起点规划、高标准建设；要优化产业布局，积极吸纳和集聚创新要素资源，高起点布局科技智造产业、数字信息产业、文化创意产业、生态康养旅游产业等高端绿色产业；要强化生态保护，严格落实生态优先和绿色发展理念，实现南部新城生态、品质发展。

11 月 14 日，《长沙南部片区规划纲要》（以下简称《规划纲要》）正式公布，长沙南部片区将建设成为全国两型发展引领区、长株潭融合发展核心区、长沙创新发展示范区，成为新时代山水特质鲜明、绿色基底深厚的国家级生态文明典范区。规划期限至 2035 年，将选择特定区域作为起步区先行开发。《规划纲要》指出，南部片区坚持城乡一体规划、一体建设、一体发展，形成“一心、一核、三组团”的城乡空间布局。其中，“一心”即绿心，“一核”即解放垸和大托铺，“三组团”即雨花经开区、牛角塘、暮云三个组团。《规划纲要》提出，认真贯彻落实长株潭城市群生态绿心总体规划和保护条例，实施最严格的环境保护制度，按照禁止开发区、限制开发区、控制建设区的空间管控要求，综合运用规划、产业、土地、环境、技术、法律等手段，对绿心实行最严格的全方位管控。将绿心打造成为国际一流的高品质生态屏障和标杆型生态客厅，联动株洲、湘潭创建长株潭生态绿心国家森林公园。《规划纲要》提出，着力构建面向长株潭的半小时交通圈、服务圈和商业圈。《规划纲要》立足长株潭城市群一体化发展战略，根据三市现有业态，聚焦新经济业态和现代服务业，构建各具特色的“智慧五谷”产业发展格局。其中都芯梦谷依托解放垸、大托铺和中信新城，建设辐射全国、链接全球的中央商务区，集中提供专业化、定制化、国际化的高端商务服务和双新创业服务，构建覆盖企业初创、成长、成熟等各个成长阶段的一站式保障体系，打造投资兴业梦想天堂。科创智谷依托雨花经开区和湖南机器人产业集聚区，培育壮大人工智能、新能源汽车两大新兴产业集群，打造智能产业示范区。（周晓媛）

国土资源管理

【概况】长沙市国土资源局天心区分局（简称“区国土分局”）内设 12 个科室队所：办公室（党建办）、后勤科、人事监察科、财务科、规划用地科、地籍地产科、拆迁法规科、信访科、国土资源执法监察大队、大托管理所（中心管理所）、暮云管理所和征地拆迁事务所。在职在编干部职工 39 人，退休 11 人。办公地点设在天心区新姚南路 188 号。（谭　清）

【征地拆迁】2018 年，天心区实施的集体土地征拆项目 36 个，其中新启动 12 个，续拆项目 24 个，全年累计腾地 230.55 公顷，完成私房补偿 422 栋，拆除合法房屋面积 13.58 万平方米。实施阳光拆迁，每一户的合法面积、人口、补偿明细、补偿金额等信息全面张榜公布，让征拆群众全程知晓和监督。在中信 485 项目拆迁中，区国土分局 30 天实现项目内 95 户合法房屋全部签约。（谭　清）

【规划用地】2018 年，区国土分局通过增减挂钩方式购买贫困县增减挂钩耕保指标 168.06 公顷。通过省公共资源交易平台易地交易补充旱改水耕地指标 24 公顷，旱土指标 21 公顷，率先兑现省国土资源厅旱改水承诺 13 个项目 7.70 公顷。建立天心区耕保规划用地服务平台，及时发布耕地指标购买、规划调整、用地手续办理等最新信息。2018 年针对天心区 136 个重大项目，主动上门听取用地单位对建设用地的需求、规划、用地时限等意见。帮助各平台公司和项目建设单位在贫困县购买增减挂钩占补平衡指标。（谭　清）

【执法监察及地灾防治】2018 年，区国土分局加强动态巡查工作，巡查 331 次，出动 803 人次。全年核查处理违法线索 52 条，对 57 户建（构）筑物所占土地进行违法用地认定，立案查处违法用地行为 8 宗，共收缴罚没款 139.43 万元，没收建（构）筑物 3.91 万平方米，移送公安部门追究刑事责任 7 人。做好土地矿产卫星遥感图斑（以下简称“卫片”）执法监督检查工作。省国土厅最终确认天心区 2017 年度土地矿产卫片执法监督检查违法图斑 12 宗，面积 5.61 公顷，除 1 宗补办用地手续外，其余全部整改到位。全天候卫片共下发图斑两期（第一期 49 宗，面积 55.23 公顷；第二期 31 宗，面积 20.94 公顷），绿心地区疑似违法图斑共下发 3 批次共 18 个图斑，长株潭绿心地区省国土厅下发调查整改图斑 8 个，所有图斑均按相关要求处置到位。2 家非煤矿山企业全面关闭并按“六个不留”（即不留井口、不留设备、不留厂棚、不留人员、不留电源、不留后患）要求高标准退出。女

子大学滑坡治理项目和新路村不稳定斜坡治理工程全面竣工，完成验收工作。（谭　清）

【建议提案办理及信访】2018年，区国土分局承办建议提案13件，其中主办1件，协办12件。对每件建议提案都进行研究商讨，与代表委员见面，在规定时间内进行回复。按照程序和时限办理43件依申请政府信息公开，33起“12345”市民热线的回复工作。全年接待人民群众来信来访15批（次），协助相关单位办理信访案件3件。完成扫黑除恶阶段性工作并对2017年全年及2018年全国两会期间群众到部信访积案排查化解建立台账，完成国务院、自然资源部人民群众网络留言处理等专项工作。开展“信访法制宣传月”活动和“网络信访五周年”宣传活动。（谭　清）

【地籍和集体土地不动产登记】2018年，区国土分局办理地籍确权及调处地籍纠纷12宗；下达约定指界通知书一宗，向市国土局汇报违约指界一宗；全年办理农民住宅建设用地许可证84本；接待来访群众15人次。做好城区农村集体土地及房屋、林权登记发证的各项工作。（谭　清）

【区国土分局开展法治宣传活动】2018年5月28日，区国土分局在分局前坪广场开展信访法治宣传活动。区国土分局党组书记、局长刘勇军，党组副书记、纪检组长张杰，副局长姚文等，分局办公室、信访科、执法大队、征地拆迁事务所、规划用地科、地籍地产科、大托管理所、暮云管理所等八个科室队所参加活动。活动现场通过观看播放信访法治宣传录音、设立法律咨询台等形式普及信访法律知识，提高活动的参与率和知晓率。工作人员向人民群众重点解读《信访条例》《关于依法处置信访活动中违法犯罪行为的实施意见》中涉及到的信访人的权利义务和依法上访的相关规定，引导群众逐级上访。活动当天有100余人参加活动，发放信访问题法治宣传资料200余份，接受群众咨询50余人次。（谭　清）

2018年9月27日，天心区国土分局举行文明创建活动　区国土分局 供稿

【违法图斑整改工作】2018年9月30日，天心区召开全区土地例行督察违法图斑整改工作调度会。区委常委、常务副区长周志军，以及区直相关单位、街道主要负责人参加会议。会议听取区国土分局、相关街道及责任单位关于天心区土地例行督察违法图斑整改工作的情况汇报，就天心区前期整改工作中存在的具体问题进行研究，并就下阶段的整改工作进行部署。会议强调，要一处一策，对每宗用地、每个图斑、每个问题迅速拿出详细整改方案，根据实际情况进行整改；要强化工作机制、执法工作及经费保障，成立“10·30”违法图斑整改工作领导小组办公室，集中力量，集中调度，确保在规定的时间节点内完成整改工作；要加强督查和追责。会议要求，各责任单位和部门要进一步强化土地管理意识，健全和完善土地全方位监管体系，发现问题即查即改。10月10日，周志军督查天心区违法用地图斑整改工作。督查组一行实地察看2处违法用地现场，听取整改进度的汇报，随后召开专题调度会议。会议指出，要明确街道的属地责任和国土、城管部门的执法责任，确保严肃执法、严肃追责，国土部门要把握好原则标准，对于违法违规用地的问题，要坚持以法律和政策为依据，稳妥、有序、有效地推进整改。（谭　清）

【“宪法暨国土资源法制宣传月”活动】2018年12月，区国土分局结合区域内国土资源法治工作面临的新形势、新任务、新要求，

启动“宪法暨国土资源法制宣传月”活动。区国土分局成立以党组书记、局长刘勇军为组长，其他局领导为副组长，各科室负责人为成员的领导小组。宣传关于耕地保护、农村宅基地管理、土地节约集约利用、征地补偿等方面的政策法规，做好各项业务培训。区国土分局制定实施方案，对各阶段的工作安排细化到条，计划到周，分工到人，明确各阶段工作责任领导。（谭 清）

房屋征收管理

【概况】 长沙市天心区城市房屋征收和补偿管理办公室（简称“区征收办”）主要职能是依据国家、省、市有关征收管理法规、政策对城市规划范围内国有土地上的房屋实施征收，并对补偿、安置进行监督；负责国有土地上房屋行政征收的审批；负责监督、管理征收补偿资金的使用和征收委托合同的备案；负责辖区城市房屋拆除工作监督管理。内设办公室、征收科，在职在编职工12人。办公地点设天心区白沙路389号。（曾 霓）

【火宫殿周边零星地块（二期）棚户区改造项目】 2018年5月21日，区征收办发布火宫殿周边零星地块（二期）棚户区改造项目征收范围公告，正式启动征收工作。5月24日，受区政府办委托，区征收办主任胡伟军在征收项目部（人民西路173号、原晶菱光学仪器厂）组织召开火宫殿周边零星地块（二期）棚户区改造项目房屋征收补偿方案征求意见公告论证会。区政府办、区法制办、区发改局、区财政局、区城建局、区征收办、区住保局、天心棚改公司、文源街道、区规划分局、区国土分局等相关单位负责人参会。会议听取区征收办对项目征收工作开展的情况介绍和项目征收补偿方案征求意见稿制定情况的说明，就相关问题进行研究。会议认为，该项目房屋征收补偿方案经参会相关部门、街道认真论证并予以修订之后，原则通过；同意火宫殿周边零星地块（二期）棚户区改造项目房屋征收补偿方案征求意见公告报请区人民政府批准后发布。（曾 霓）

【建筑垃圾集中整治行动】 2018年2月11日，区征收办与新开铺街道长机指挥部共同组织街道、拆除公司、环保公司人员对长机棚改项目拆迁建筑垃圾未及时清理和覆盖的问题进行整治，对裸露的建筑垃圾用绿色遮尘网进行全面覆盖。3月23日，区征收办与赤岭路街道及新建西路指挥部共同组织拆除公司、环保公司人员对新建西路棚改项目进行围挡，将拆迁建筑垃圾用绿色遮尘网进行全面覆盖。（曾 霓）

【胡衡华调研天心区老城区有机更新工作】 2018年3月7日，省委常委、市委书记胡衡华到天心区老城区实地探访，听取基层干部、居民和专家的意见、建议，深入调研天心区老城区有机更新工作。胡衡华强调，老城区有机更新，不能大拆大建、推倒重来，要以对这座城市、对长沙人民高度负责的精神，以对历史文化的强烈敬畏感，加快推进有机更新，让老城区更有长沙味，让老百姓更具幸福感。8月27日，胡衡华再次深入天心区调研城市有机更新，强调要以市民视角，摸清群众诉求，将他们的满意度作为衡量标准，城市有机更新要把握好拆、留、改的要求，突出宜居性和可持续性，广泛听取群众意见，深入细致做好群众工作。（曾 霓）

【中意路（新岭路—伊莱克斯大道）城市化改造工程项目启动征收】 2018年7月9日，中意路（新岭路—伊莱克斯大道）城市化改造工程项目启动征收。该项目旨在加快长沙城市化进程，提高城市品质，完善城市交通网络。该项目北起新岭路，南至伊莱克斯大道（以土地调查红线确定的范

2018年5月21日，区征收办发布项目征收公告　区征收办 供稿

围为准）。项目由南托街道办事处承担房屋征收与补偿的具体工作。（曾 霓）

【天心一中棚改项目签约清零】 2018年8月30日，天心一中棚改项目全部完成签约清零，进行后续房屋拆除与渣土运输工作。天心一中棚改项目位于裕南街街道，东、南临天心一中，西至公共通道，北邻火把山居民楼。该项目于2017年11月16日发布项目征收决定的公告，由裕南街街道办事处承担房屋征收与补偿的具体工作。（曾 霓）

征地管理

【概况】 长沙市天心区人民政府征地办公室（简称"区征地办"）是财政全额拨款的正科级常设机构，编制8名，共有工作人员7人，其中主任1人，副主任1人。2018年，区征地办获得全市集体土地征地补偿安置工作年中考核第一名；区征地办取得天心区《中华人民共和国监察法》知识抢答赛决赛团体二等奖和个人优胜奖1名。（谭 媛）

【征地补偿工作】 2018年，区征地办依法依程序共审核发布《征收土地方案公告》9个，按要求完成项目社会稳定风险评估方案，及时报送市国土资源局和市征地办进行备案。全年集体土地实施征拆的103号令项目有36个，腾地137.9公顷，完成私房补偿422栋，拆除合法房屋面积13.6万平方米。（谭 媛）

【安置工作】 2018年，区征地办对省府新区103号令征拆项目中86名被征地农民进行货币安置，592名被征地农民进行住房安置；对暮云片区103号令征拆项目中的351名被征地农民进行货币安置。协调相关部门将暮云中学、大托铺卫生服务中心、长沙县暮云镇统征用地（一）、伊莱克斯大道西延线等项目中914名被征地农民先后分16批纳入医保社保。7月和10月，经过三榜公示，区征地办联合长沙天悦投资有限责任公司开展保障住房小区天悦和苑一期的选房分房工作，第一批分房263套，安置被征地农民322名；第二批分房100套，安置被征地农民128名。8～10月，区征地办联合长沙天悦投资责任有限公司同时开展团购商品房小区克拉美丽山庄的选房分房工作，启动4批，共分房90套，安置被征地农民142名。2018年共对103号令征拆项目中592名被征地农民进行住房安置。（谭 媛）

建设管理

【概况】 长沙市天心区城乡建设局（简称"区城建局）内设机构有办公室、建筑行业管理科、总工室、房屋安全管理科、房产市场管理科、物业监管科、公共事业管理科。下属建设工程质量安全监督站、城乡建设执法队和物业维修基金管理办公室3个二级事业单位。在职干部职工54人，其中行政编制13人，事业编制14人，政府雇员2人，聘用人员25人。

2018年，区城建局率先在全市出台《天心区业主大会和业主委员会议事规则》《管理规约》《临时管理规约》的示范文本，倡导将监事会对不称职业委会成员的罢免权、物业社工进入监事会、召开业主大会临时会议情形等条款写入业主大会议事规则。制订加强物业承接查验工作的要求，最大限度减少开发建设单位遗留问题，减少物业矛盾纠纷。安监站优化简化项目建设审批程序，监管与执法并行，针对园区项目实行一事一议，缩短项目建设周期，提升效率。建立工地视频及扬尘在线监控系统平台建设，增强辖区建筑工地信息化管理水平。配合拆迁工作快速推进，做好行政排危工作。2018年，天心区涉及坡子街、城南路、裕南街、新开铺、南托街道行政排危户共35户，涉及7户法院起诉，开庭18次。其中：坡子街街道3户、城南路街道4户、裕南街街道21户、新开铺街道6户、南托街道1户。断头路、瓶颈路涉及到天心区的共5个项目，分别为新建西路、杉木冲路、桂花坪路、丽江路过京广铁路涵洞拓改、新城路项目。停车场项目完工9个，共2407个车位，进行停车位划线的1个，另外长坡社区和天心苑小区（井湾子社区）2个老旧小区提质改造项目完成建设；新增停车场为15个，共有停车位6591个。对全区13条自行车道和一个轨道站点考核项目负责牵头协调，共56.7千米。（谢羽桉）

【施工图审查备案、行政审批工作】 2018年，区城建局对区投资区建设项目进行施工图审查备案工作，线上备案共3次，其中市政项目2个、房建1个；线下备案21次，其中市政项目5个；社区提质改造及有机更新14次；社会装修2次，对负责的相关项目进行节能备案共2次。区域范围内与权属内的建设项目设计审查工作开展顺利。召开方案设计审查会4个；初步设计审查会9个；模拟审查会2个；工程设计变更会5个。下达批复14个，其中方案设计批复3个，初设批复11个。（谢羽桉）

【黑臭水体整治工作】2018年，区城建局督促区内各责任单位于年初完成全区6处黑臭水体治理，5月初，通过生态环境部、住建部全国黑臭水体整治督查，根据生态环境部通报，天心区3处黑臭水体，湘江B（港子河）达到消除黑臭标准，湘江A（南托港）、湘江C（双管子河）达到基本消除黑臭的标准。加强港子河、南托港、双管子河流域已完成整治黑臭水体的日常监测监管，例行巡河、交办问题，组织召开全区黑臭水体治理调度会并督促遗留问题整改。牵头组织编制港子河、南托港、双管子河长制久清工作方案。（谢羽桉）

【排口管理工作】2018年，区城建局牵头负责湘江流域区管排口管理工作，由区农林水局、区市政局、区工务局分别负责责任范围内的排口管理。对城区排口及管道进行全面普查。区城建局牵头管理的建成区排口，除劳动西路排口因地铁施工进度问题无法彻底解决溢流问题外，基本实现旱季污水不下河。（谢羽桉）

【管线及排污许可工作】2018年，区城建局对市政局下发管网清淤通知1次，为防汛做好准备；配合区城管执法局对管线项目占道、开挖许可进行审查，签署管线项目占道、开挖施工意见5份；对区管建设项目、历史现状建筑物核发20本城镇污水排入排水管网许可证。（谢羽桉）

【房地产市场监管、调控工作】2018年，区属建安企业签订的合同额共计280亿元，同比减少3.45%；完成建筑业总产值130亿元，同比减少2.26%；完成外拓产值35亿元，同比减少2.78%。新建商品房网签面积208.72万平方米，同比增长18.83%，其中：住宅169.25万平方米，同比增长18.86%；天心区新建商品房、住宅供应情况：批准预售面积178.99万平方米，同比增长1.87%，其中：住宅159.27万平方米，同比增长23.47%；住宅网签均价8134元/平方米，同比增长14.80%，非住宅网签均价13640元/平方米，同比增长16.21%。对新开楼盘在开盘前进行一次执法约谈，要求严格按照“6·25”新政策实施选房，根据开盘参与选房人数分别报当地街道派出所或区公安分局、区维稳办、区建设局等相关主管部门备案，确保开盘有序、稳定，防止重大恶性安全事故发生。（谢羽桉）

【建筑工程招标投标及施工许可工作】2018年，区城建局建设工程招标投标备案项目备案202项，投资总额288549.20万元，其中社会投资187170.2万元，政府投资101379万元。区政府投资应招标项目的招标率基本达到100%，公开招标率100%，未出现投诉举报事件。共办理项目合同备案52个。共办理建筑工程施工许可21个，其中房屋建筑项目19个，市政基础设施项目2个。2018年，区城建局承诺3个工作日内办结。区城建局“最多跑一次”依申请类事项24项，暂不能实现“最多跑一次”需申请类事项2项，无需申请类事项144项，共170项行政权力事项全部录入省“互联网+政务服务一体化”平台。“多规合一”平台录入事项13项。“基层工作平台”录入事项23项。（谢羽桉）

【物业行业监管工作】2018年，天心区城乡建设局迎接市物业管理绩效考核。全年受理使用物业维修资金申请项目93个，办结一般程序和应急程序使用维修资金申请项目58个，拨付维修资金264.5万元；调处物业矛盾纠纷、办理“12345”物业热线工单、来信来访件等共1200件；办理164个物业项目企业的资质年度报送；指导新成立业委会27个，换届、变更业委会17个。印发《关于加强天心区物业承接查验工作的通知》，办理“12345”物业热线工单、物业矛盾纠纷来信来电来访件等240余件，处理重大物业矛盾纠纷10余起。督促186家物业企业完成年度信息报送、128家本区注册物业企业做好信用信息归集。受理申请物业维修资金项目184个，办结128笔，完成资金拨付约633万元。与区规划分局、质监分局、（公安）消防大队等部门进行对接，推动出台《天心区既有多层住宅增设电梯工作实施方案》。（谢羽桉）

【建设工程质量安全监管工作】 2018年，区城建局监管14个项目，其中房建项目建筑面积89.06万平方米，市政道路投资额3165万元；对受监项目开展日常监督检查和专项检查218人次，下发隐患整改通知书56份，下发停工18份（含局部停工）。建立工地视频监控和扬尘在线监测系统平台；对建筑工地落实8个“100%”抑尘措施情况开展专项监督检查，对辖区内项目，开展12次专项检查，检查项目145个，对存在问题的项目督促其及时整改到位。未发生一起监管范围内的安全责任事故。 （谢羽桉）

【房屋安全管理工作】 2018年，天心区有危房总栋数722栋，5808户，总面积25.07万平方米。其中私房183栋3318户，面积16.51万平方米；公房539栋2490户，面积8.56万平方米。危险程度方面，C级危房336栋607户，面积5.29万平方米；D级危房281栋3610户，面积15.51万平方米；疑似危房105栋1591户，面积4.27万平方米。2018年棚改拆除停用22栋1502户，面积6.32万平方米；以补促改危房2栋5户，面积150平方米；业主自主拆除危房8栋8户，面积359平方米。及时处置房屋（构筑物）安全隐患20余起。下达房屋安全隐患整改督办函31份，受理房屋危房鉴定6起，妥善处理涉及破坏房屋承重结构的装饰装修投诉200余起，下达房屋装饰装修整改通知4份。 （谢羽桉）

【护坡治理工作】 2018年，区政府明确由区城建局组织实施湘江大道西侧猴子石南三水厂西侧护坡治理工程、塔松小区护坡治理工程、长坡二街水利水电机械施工公司护坡治理工程，总投入1000万元。推进2017年灾后重建项目，青园小学围墙隐患治理工程、赤岭路广厦新村C10–C11栋边坡治理工程、赤岭路长沙油漆厂临乾城小区边坡治理工程、新开铺丽江翠园小区护坡隐患治理工程、金桂路长铸宿舍12号栋护坡治理工程、玉泉寺藏经阁护坡治理工程、湖南女子学院校内滑坡隐患治理工程等7个隐患点全部整治完成。 （谢羽桉）

【房屋产权市场管理工作】 2018年，按照市处遗办指导意见，对城南公寓房产证问题开展处遗办证基础工作，市国土局对顺之安棚改公司部分土地划拨和城南公寓的土地收回手续进行批复批示。业主代表和社区工作人员同时上户上门对9层133户（其中住房112户，商业门面21户）住户的基本资料进行登记和收集，其中商品房46户，拆迁安置户26户，公租房安置15户，原单位公房拆迁安置8户（其中7套已由破产单位卖给了职工），法院判决3户，未交资料产权不明12户，2户拆迁安置资料遗失（只有原被拆迁房屋产权证明），商业门面21户。收集119户住户基本产权证明及身份证明资料。天心区在册剩余项目中建五局一公司职工宿舍于6月28日领取158户的分户产权证；中域蓉城项目办理45户分户产权证。天心区受理租赁登记备案435本。 （谢羽桉）

【建设执法工作】 2018年，区城建局下达责令改正通知书60份，督促11个项目办理质量安全监督提前介入手续，督促21个项目办理施工许可，依法行政处罚项目14个，处罚金额42.5万元。对扬尘控制不达标和不按规定将施工污水排入排水管网的建筑工地进行执法查处。立案9起，处罚金额41万元。联合城管部门对韶峰星苑综合楼、华远华中心等违法装修项目进行执法。 （谢羽桉）

【燃气监管工作】 2018年，区城建局印刷安全用气知识不干胶7万份，用户安全知识宣传单7万份，要求送气工送气时，将《安全用气》不干胶和宣传单送到每一个用户家。1月22日，邀请市热力局专家对全区71个供应站负责人进行液化气安全培训。2月初，邀请市热力局专家对街道、社区50余名专干进行“长沙燃气”APP手机应用软件安全专题培训。每季度对全区71个站点进行一次安全检查，督促企业和站点安全责任人限期整改销案。对全区天然气热水器无烟道用户进行清查，建立台账，按属地原则，将隐患台账分配给每个街道、社区和小区，督促用户做好安全隐患整改工作。在全区物业工作群下发《关于切实加强预防物业小区燃气管损事故的通知》，要求物业加强管控，将管损事故控制在萌芽状态。联合市燃气热力局、街道、公安、交警、交运等单位开展联合执法行动，取缔黑点2个（坡子街仁美园99号、沿江村袁民主家）、黑面包车2台。1月30日，对某公司披塘站经营户瓶对瓶倒灌气，依法予以立案处罚，罚款5000元。 （谢羽桉）

【天心区建筑施工安全生产工作会议】2018年1月3日，天心区建筑施工安全生产工作会议召开。区直相关单位及各街道办事处负责人、辖区规模以上在建项目建设、施工、监理单位负责人等400余人参会。区政府副区长王海军主持。区城建局分析通报辖区建筑施工安全生产形势，并就冬季施工及岁末年初建设行业安全生产工作进行再动员、再部署，要深入开展工程建设领域突出问题专项治理和打非治违；要加强项目建设规范化管理；要继续组织开展施工安全专项整治行动；要提高安全基础保障能力；要提升基层作业人员素质；要常态抓好工地文明施工。区工务局、先锋街道办事处、凯悦名城保障房项目承建单位作为代表表态发言。王海军提出要求，要深刻认识抓好建筑施工安全生产工作的重要性；要深入贯彻落实安全生产责任制；要切实强化基层基础工作防患未然。会议要求监管部门和建设主体把安全工作摆到更加突出的位置，落实责任，加强管理，确保全区建筑施工安全生产形势持续稳定向好。

（谢羽桉）

【王海军调度黑臭水体整治工作】2018年1月5日、3月2日，区政府副区长王海军2次主持召开全区黑臭水体整治工作调度会。相关职能部门和街道主要负责人参会。会上，区城建局对2017年度港子河、双管子河及南托港三条河流共6处黑臭水体的整治工作情况进行汇报，各相关责任部门和街道对所负责的整改任务点分别进行汇报。会议全面总结天心区2017年度黑臭水体整治工作所取得的成绩，剖析不足，为后续全区河流环境保护工作的持续深入开展提供指导意见。王海军强调，全区要提高主观能动性，继续巩固、完善黑臭水体整治工作所取得的成绩，形成环境保护长效机制。全区各单位要在既有成果上加大整治力度，因地制宜，科学推动全区黑臭水体整治工作。3月19日、3月26日、7月10日、9月17日，王海军4次对港子河治理工作展开从源头至入江口的全程巡河，对全线存在的突出问题进行现场交办。要求各责任部门依旧要根据“长治久清”工作方案，实现常态化治理，定时定点巡查，严厉查处偷排漏排行为。

（谢羽桉）

【“蓝天保卫战”暨安全生产工作推进会】2018年3月7日，天心区城乡建设领域2018年“蓝天保卫战”暨安全生产工作推进会议召开。区直相关单位及各街道办事处负责人，辖区在建工程项目的建设单位、施工单位项目负责人，区属建筑企业、物业服务企业、燃气经营企业代表等300余人参会。区政府副区长王海军主持。会上，区城建局就2018年城乡建设“蓝天保卫战”和安全生产工作作报告。区城建投、南托街道办事处、石人村安置房项目部、湖南泰和物业作为代表表态发言。王海军指出，各部门各单位要突出工作重点，开展专项整治行动；要落实安全生产责任制，强化企业安全生产主体责任，健全安全生产监管体制，严格安全执法。

（谢羽桉）

【天心区房地产专题银企对接会】2018年4月25日，天心区房地产专题银企对接会在华融湘江银行召开。华融湘江银行、交通银行、北京银行、光大银行4家金融机构及21家房地产企业相关负责人参加会议。会上，根据房地产行业融资难点，银行推介各自的特色产品及服务，并对企业提出的问题现场给予答复，企业和银行在会后进行一对一地深入交流。房地产专题银企对接会，是区政府为企业搭建金融平台，让金融服务实体，实现金融资本与企业需求的有效对接，助推产业聚集、企业发展，实现银企互利双赢。

（谢羽桉）

【天心区“平安小区（网格）”“平安物业”创建活动推进培训会】2018年6月27日，区综治办、区城建局联合召开“平安小区（网格）”“平安物业”创建活动推进培训会。区委常委、政法委书记黄文先，各街道综治工作、城建工作分管负责人，社区综治专干、物业专干和天心区“平安小区（网格）”“平安物业”申报单位负责人参加会议。会议由区政府副区长王海军主持。会上，区城建局局长李劲松通报并部署全区“平安小区（网格）”“平安物业”创建工作，区委政法委副书记、综治办主任张庆祝、区城建局副局长邓利民分别作创建指导、创建培训。黄文先要求，要明确“平安小区（网格）”“平安物业”创建工作重点，搭建党支部、业委会、监事会、袖章平安志愿者协会四位一体、四方联动格局；要加强“平安小区（网格）”“平安物业”创建组织领导。

（谢羽桉）

【天心区既有多层住宅增设电梯工作会议】2018年6月29日，天心区召开既有多层住宅增设电梯工作会议。会议由区城建局局长李劲松主持，区政府副区长王海军出席，区规划分局、质监分局、区公安消防大队等部门负责人参加会议。会上，区城建局介绍天心区既有多层住宅增设电梯工作相关情况，与会人员就既有多层住宅增设电梯工作进行交流、探讨。王海军要求，各相关部门要抓紧完善实施，加强沟通协调，积极回应群众期盼，把好事做好。区城建局牵头起草《天心区既有多层住宅增设电梯工作实施方案》（征求意见稿），多次组织相关部门召开会议，讨论具体的实施方案和流程。（谢羽桉）

【王海军调度停车场建设工作】2018年7月3日，区政府副区长王海军主持召开区停车场建设工作调度会。区“一圈两场三道”办公室、区城乡建设局、区规划分局、区国土分局、区财政局、区发改局、区城管执法大队、区城投等相关部门及街道负责人参加会议。王海军听取区城建局关于2018年停车场建设任务工作情况的汇报，了解各部门及街道在建设过程中遇到的问题，就下一步工作提出具体要求。王海军指出，要落实财政补贴，鼓励社会资本参与投资建设；深度研究市级政策，优化停车场审批流程；加强工作统筹，相关职能部门和街道必须协调联动、整合资源，加快停车场设施建设。9月6日，王海军现场巡查停车场建设工作，并主持召开区停车场建设工作调度会。王海军现场巡查南郊公园停车场、新开铺路停车场、湘府文化公园停车场的建设情况，听取相关单位关于停车场建设任务工作情况的汇报，就下一步工作提出具体要求。王海军指出，相关职能部门和街道要定期进行督查，确保停车场建设任务落地。（谢羽桉）

工务工程

【概况】长沙市天心区工务局为区人民政府直属正科级事业单位，具体承担天心区政府各部门和区城建投公司原承担的公益性建设项目、重点工程建设项目、区政府投资的非经营性工程（工业园区项目、水利项目及城管、市政、环卫、园林等市城管系统下达的建设任务除外）的组织实施和代建管理职责，涵盖市政基础、学校、公安站所等项目建设管理内容。区工务局内设办公室、财务科、技术科、计划前期科、工程管理科5个科室。2018年，区工务局投身政府投资项目建设，全年实现建成项目13个，完成投资约7亿元。（刘　望）

【豹子岭路（青山路至湘府路）建成通车】豹子岭路（青山路至湘府路）道路工程是天心生态新城中心区控规中的一条城市支路，北起新联路，南至湘府路，道路全长772.6米，设计行车速度为30千米/小时。竣工通车段北起青山路，南至湘府路，全长344.1米，路幅宽度20米。工程于2017年12月底开工建设，2018年6月中旬道路完成建设，2018年10月投入使用。该段道路的拉通，为周边的明德中学、华菱嘉园及鑫远逸园等单位居民的出行带来便利，提升区域交通能力。（刘　望）

豹子岭路建设前

豹子岭路建成后　　区工务局 供稿

【金桂路道路工程】 金桂路道路工程为城市支路，北起木莲路，南至枫香路，路幅宽 20 米，施工道路总长 130 米，设计车速为 30 千米 / 小时，于 2018 年 4 月底进场施工。道路建成后木莲路至枫香路段全线贯通，为道路两侧小区居民出行带来便利。（刘 望）

【朱东铁调研历史步道妙高峰段建设】 历史步道妙高峰段项目为天心区历史步道示范线南段书院路段，主要是对书院路和妙高峰巷进行改造，并结合第一师范景点通过指示牌进行串联，形成历史步道。项目围绕“历史、环境、宜居、宜游”展开，挖掘妙高峰片区历史文化资源，建立完善的导视标识（共设 20 处导向节点），引导游客在该片区的参观游览，实现城市文化资源共享。同时打造一个开放式的青创空间，以增强文化交流和体验，在将历史文化作为亮点打造的同时，通过“微改造”，改善和提升社区居民的生活环境。2018 年 12 月 5 日，区委书记朱东铁率队调研历史步道妙高峰段项目建设，区委副书记朱远红，区委常委统战部部长刘向，区委常委、区委办主任侯向宇，区政府副区长许波参加。调研中，朱东铁强调历史步道建设要深入挖掘沿途历史文化内涵，突出特色建设；要注重满足周边居民生活需要，打造高品质的宜居环境，让周边市民生活更加舒适美好，把妙高峰段建设成天心区历史步道建设的示范路线。（刘 望）

【宜春路人行天桥建成通行】 宜春路人行天桥位于宜春路湘府英才小学西大门北侧，该主桥为钢桁架结构，总长为 44.7 米，桥面总宽 4.3 米；两端梯道采用四梯段钢结构楼梯，梯道宽 2.8 米。该项目 2018 年 4 月 5 日开工，2018 年 9 月 30 日完工。建成后使穿越宜春路的行人和道路上的车辆实现完全的分离，有效解决周边行人过街问题，方便市民安全通行。湘府英才小学师生和家长上下学通行不用再横穿马路，减少安全隐患，减轻周边交通压力。（刘 望）

【石青路、石人冲路、中粮储备库西侧道路建成通车】 石青路（石人冲路—书香路）长约 163 米，道路宽度 20 米；石人冲路（新韶路—石青路）长约 247 米，道路宽度 20 米；中粮储备库西侧道路南起青山路，北至青山小区内部道路，其中改建部分长 107 米，宽 8 米，新建部分长 144 米，宽 5 米。该 3 个项目整体发包，为城市支路。2017 年 10 月启动建设，2018 年 12 月完成建设。（刘 望）

【黑石小学扩建工程建成投入使用】 黑石小学扩建工程位于天心区黑石铺街道黑石小学内，工程范围为新建一栋综合楼、校门和围墙改造；主要工作为新建一栋三层综合楼，建筑面积为 1968 平方米，框架结构，基础为柱下独立基础和墙下条形基础。2018 年 4 月开工，2018 年 10 月建成投入使用。（刘 望）

【南塘小学扩建工程建成投入使用】 南塘小学扩建工程项目为区民生工程，位于南托街道伊莱克斯大道，紧邻南鑫小区。该项目总用地面积 1118.82 平方米，总建筑面积 4854.53 平方米，其中地下建筑面积 76.47 平方米，建筑高度 20.49 米，综合楼层数 5 层。该项目于 2018 年 9 月建成投入使用，改善和提升了南塘小学硬件设施，解决周边居民上学难的问题，改善南塘小学教育用房紧缺的现状。（刘 望）

【梨塘小学扩建工程投入使用】 梨塘小学扩建工程项目位于南托街道牛角塘村。该工程结构为框架结构，采用独立基础，抗震设防烈度为 7 度。主要建设任务包括综合楼、教学楼及室外工程，总建筑面积 6005.81 平方米，其中新建综合楼建筑面积 3862.8 平方米，地下建筑面积 438.6 平方米，建筑高度 19.73 米，地下 1 层，地上 4 层。教学楼建筑面积 2143.01 平方米，地上 4 层，建筑高度 16.87 米。该项目于 2018 年 9 月建成投入使用，改善了梨塘小学基础设施，对提升梨塘小学教学能力和水平提供有力保障。（刘 望）

【八局小学建成投入使用】 八局小学项目总建筑面积约 4000 平方米，主要建设内容包括新建综合楼一栋（地上四层）、门卫、室外部分附属工程。项目于 2017 年 11 月启动建设，2018 年 9 月建成投入使用。（刘 望）

【大托铺“两队一所”项目建成投入使用】 天心区交警大队、巡警大队、大托铺派出所业务用房建设项目位于天心区大托铺街道大托新村，建筑面积 29681.05 平方米。其中交警大队业务用房主楼六层，副楼四层，总建筑面积 16135.39 平方米。巡警大队业务用房主楼五层，副楼三层，总建筑面积8550.81平方米。大托派出所主楼四层，副楼二层，总建筑面积4994.85平方米。该项目于2016年10月开工建设，2018年完成二次装修投入使用。（刘 望）

城市建设投融资开发

【概况】 长沙天心城市建设投资开发集团有限公司（简称"天心城投集团"）主要职能为接受区政府委托，从事授权范围内国有资产运营和资本运作，盘活城建存量资产，广泛吸纳社会资本，实施项目投资和管理、资产收益管理、产权监管、资产重组和经营。旗下包含母公司长沙天心城市建设投资开发集团有限公司，6家子公司（长沙天悦投资有限责任公司、长沙天晖医疗投资有限责任公司、长沙天泰投资有限责任公司、长沙天安置业有限责任公司、长沙天涵建材有限责任公司、湖南天信文创发展有限公司）以及2家参股公司（长沙市南湖新城建设开发有限责任公司、长沙天凯置业有限公司）。

2018年，天心城投集团围绕"建设三大板块"具体任务，坚持转型改革的总体目标，强化项目抓手、资金保障、产业发展、改革推动，促进集团持续健康发展。（谢真慧）

2018年10月9日，港子河示范段　　天心城投集团 供稿

【基础设施项目】 2018年，天心城投集团拉通大托路、碧云路、美联路，完成雀园西路提质改造及2个港湾式公交中途站建设，引入社会资本对二环线以南132个公交站进行提质，新建、归集5个停车场共1684个泊位；中南大学湘雅五医院南栋主体建至第五层，北栋出正负零（即指的是主体工程的一个基准面，在主体工程基准面下工程完成，该进行主体地上工程施工）。完成港子河（西塘冲－远征驾校）段治理，两厢新增绿化面积15公顷，打造景观小品，设置休闲健身设施，消灭黑臭水体。打好蓝天保卫战，建筑工地启用洒水车、除尘雾炮机、塔吊喷雾等设备降尘，配置PM2.5扬尘24小时监测系统。规范施工围挡及广告投设，更换围挡1600余块，覆盖裸土17万平方米。推进砂场整改，拆除南托砂场旧址，整改违法图斑、解决突出环境问题。新联南路用地报批完成调查红线、用地预审，办理农用地转征审批，项目报建完成方案设计审查、可研批复。（谢真慧）

【安置房建设项目】 2018年，天悦和苑、凯悦名城完成建设，424套农民安置房、198套定向棚改安置房交付使用；团购中悦领秀城、凯富·南方鑫城、克拉美丽山庄共605套商品房，共筹集实物房源15.9万平方米。规划新建农民安置房约25万平方米，天悦和苑二期进入总图并联审查阶段；天悦馨苑、天悦怡苑进入调规公示。理顺分房流程，分批组织农民安置房、团购商品房、定向棚改安置房分房工作，签约548套，13.67万平方米，安置598个指标（不含棚改安置）。支付货币安置资金1.98亿元，实现货币安置724个指标。（谢真慧）

【融资化债】 2018年，全面清理资产及负债情况，推进债务申报、债务审计、债务清查、资金投向清查等系列工作，规范融资举债行为。在融资渠道持续收紧的情况下，重点保障还本付息。2018年，到位固贷、流贷12.61亿元（不含"城中村"改造项目贷款），及时化解债务风险。紧抓棚改项目政府购买服务融资政策窗口期，合力攻坚，将城改纳入棚改，完成黑石、新天、新开3个"城中村"改造项目的政府购买服务融资，取得银行综合授信21.6亿元，到位"城中村"改造项目贷款9.61亿元。加大组织收入力度，通过往来款收回、政策性资金返还以及飞地转让、安置房销售等途径，

回笼资金4亿元。制定资金滚动预算，优化资金支付审批流程，完成豹山路、仙姑岭山体保护工程、新联北路、丽江路竣工财务决算。全年接受各类审计12次，未出现任何重大财务管理问题。2018年，集团累计新增融资授信36.21亿元，到位融资资金22.22亿元。通过合理调度资金，偿还贷款本息15.3亿元，投入拆迁建设资金18亿元，全年现金流高达150亿，确保重大项目建设的资金需求和公司的正常运转，维持主体AA、债项AAA的信用评级。（谢真慧）

【城中村改造项目】 2018年，天心城投集团配合街道征拆进度，及时将拆迁资金支付到位。2018年，共支付城中村改造项目拆迁资金6.08亿元。完成天悦1号地、2号地、3号地、5-1号地、11号地、8-2号地共计18.05公顷土地整理。加快推进城中村改造土地用地手续办理，省府新区涉改四村收地总面积40.01公顷，在用地手续办理过程中，克服指界单位多、政策变更、指标限制等困难，完成89家单位指界盖章以及调查红线、耕地补充指标核减、社保资金缴纳，进入"一书四方案"（建设项目用地呈报说明书，农用地转用方案、补充耕地方案、征用地方案、供地方案）办理阶段，为实施公告拆迁提供政策保障。（谢真慧）

【土地收储】 2018年，天心城投集团主动对接规划、国土部门，暮云、南托街道以及各村，对存量集体土地及安置人口进行摸底，在暮云选址落地16宗65.2公顷土地，完成地籍调查、测绘成果、"两型"准入手续备案，进入调查红线办理阶段。聘请专业单位对暮云片93.33公顷土地资源利用进行整体规划，为后续片区土地开发提供参考。完成暮云4号地（5.34公顷）调查红线、用地预审等手续办理。完成天悦8-3号地、12号地、19号地（共9.64公顷）用地预审、"一书四方案"以及天悦20号地（1公顷）调查红线、社保指标核定、用地预审等手续办理。（谢真慧）

【市场化改革】 2018年，应融资平台清理、集团转型发展需要，考虑平台实际情况，经过多次沟通、论证，报请区委、区政府专题会议决策，明确平台转型的方向。完成尽职调查，收集、拟定债权人清单，梳理各家公司债权债务情况。加强自有资产管理、招商，完成清风站物业、天悦嘉园1700平方米商铺招商以及新建3个停车场5年期运营项目招标，通过零散资产招商招租创收900万元。理顺天信文创公司管理机制，调整运营思路，合理规划园区产业布局。完成创谷园区物业招商17497平方米，销售20841平方米，回笼资金1.79亿元，签约入驻企业38家，创造税收数千万元。建立智慧停车系统，完成智慧园区APP顶层架构设计，塑造"创谷君"IP经典形象。依托政府支持，利用砂场、消纳场等特许经营权，探索培育建筑建材产业链。2018年，推进生态复绿、盾构土环保处置、低洼田改造3个项目。生态复绿项目6月底正式运营，全年完成80万方土方消纳。低洼田改造项目10月底投入运营。盾构土环保处置项目10月中旬启动建设。（谢真慧）

【张建调研省府新区城中村改造工作】 2018年3月13日，区政府副区长张建专题调研省府新区城中村改造工作，区征地办主任王学中陪同，在天心城投集团公司会议室进行座谈。天心城投集团公司总经理谢毅，财务总监贺利华，副总经理江宇、杨柳参加座谈，相关部门负责人列席会议。会上，谢毅从融资、收地、安置、招商方面详细介绍省府新区城中村改造工作进展情况，制约瓶颈，并就后续工作推进提出建议。张建强调，在集体土地征拆方面，要理顺业主单位与拆迁实施主体的关系；在资金安排上，要集中精力保核心，做到有的放矢;在方式方法上，要着力解放思想，更多地关注社会效益。（谢真慧）

【美往·天悦和苑安置房交房典礼】 2018年10月31日，美往·天悦和苑安置房交房典礼在小区广场上举行。美往·天悦和苑是天心区第二个103号令农民安置房项目，总建筑面积64082平方米，建设5栋16层小高层住宅，共424套安置住房，可安置585个指标，主要用于安置天心区范围内103号令被征拆农民。2018年7月以来，通过先后两次分房，有363套房屋完成签约。（谢真慧）

南湖新城建设开发

【概况】 长沙市南湖新城建设开发有限责任公司（简称"南湖新城公司"）作为南湖片区的投融资

主体，独立承担“南湖片区”及政府指定的其他项目的建设开发和土地一级整理工作。公司经营范围是城市基础设施投资开发建设、房地产开发经营等。公司总体工作思路是：政府引导，市场运作，滚动开发，项目偿债，突出配套，环境优先。2018年年末，在职工作人员52人，其中科职干部4人，临聘人员48人。（张 婷）

【项目建设】 2018年，南湖新城公司铺排重大项目10个，其中工程项目6个、棚改项目4个。其中，天心馥园小区项目系市、区重大项目，2018年底基本达到主体建设进度。新城路（猴子石路－湘江大道）系市级断头路、瓶颈路考核项目，完成方案设计；湘汉路及富通路完成全部建设；湘江大道边坡完成施工前期手续办理；火车头绿化文化休闲广场项目基本完成建设；长熔电器厂棚改项目实现清零；鼓风机厂周边地块、书院巷地块、湖南省水利水电机械化施工有限公司三个棚改项目全部完成前期手续办理。（高 翔）

【招商引资】 2018年，南湖新城公司对接招商银行、湘财证券等金融企业10余家，对接卓越地产、五矿地产、绿地集团等地产企业50余家，全方位展示片区地块的稀缺优势和商业价值，获招商方认可，带动片区土地效益的大提升。5月17日，经过36轮竞拍，卓越置业集团以5.22亿元总价成功竞得南湖新城建设公司华光外贸地块，溢价率达到38.25%的水平。其他可出让地块中7号地块南通过土委会、C-05二期筹备上土委会。（高 翔）

【湘汉路及富通路项目】 2018年，由南湖新城公司负责建设的位于天心区的湘汉路及富通路完成竣工验收。湘汉路总投资3314.5万元，东起书院路，西至湘江大道，全长247米，宽30米，设计车速40千米/小时，为城市次干道。建设内容主要包括道路工程、排水工程、交通工程、绿化景观工程、照明电力工程以及相应的市政和城管等一体化配套设施（含天网工程）。富通路总投资3636.83万元，西起湘江大道，东至书院路，长约254.905米，标准路幅宽9米，设计车速30千米/小时。（刘 婷）

【火车头绿化文化休闲广场项目】 2018年，火车头绿化文化休闲广场项目基本完成建设，主要建设内容包括：保留和修缮火车头公园内现有的风雨廊、廊架、景墙和景石、广场铺装、新建广场配套用房、休息廊架、景观雕塑等设施，对火车车厢进行提质改造及其他配套设施等。该项目定位为打造一个示范性火车主题公园，位于湘江中路与殷家冲路交会处南侧，背靠南郊公园，西临湘江，遥对麓山，处于城市中心和核心地段，是南湖片区重要的公共绿地组成部分。项目基地面积33341.35平方米，在控规中为3个绿地地块。根据设计，该项目定位为打造一个示范性火车主题公园，项目整体绿地率为71.08%，建筑总面积933.68平方米。（刘 婷）

棚户区改造

【概况】 长沙顺之安棚户区改造投资有限公司（简称“顺之安棚改公司”）系国有独资公司。经营范围：天心区区域范围内棚户区、旧城区改造建设的投资；房地产开发。长沙市天心棚改投资有限责任公司（以下简称“天心棚改公司”），系长沙市棚改投资有限责任公司全资子公司，专门负责实施天心区纳入统贷范围内的棚改项目相关业务。经营范围：天心区区域范围内棚户区、旧城区改造建设的投资；房地产开发、城镇化建设。顺之安棚改公司和天心棚改公司实行“两块牌子、一套人马”。2018年6月，长沙市天心区老城区有机更新工作领导小组办公室设在区棚改办（天心棚改公司）。2018年9月，公司办公地点由芙蓉中路692号新世纪大厦17楼搬迁至南湖路56号顺安大厦4楼。

2018年10月底，完成省住建厅下达天心区的年度棚改任务，共计1223户；11月底，全区完成棚改2998户、面积44.3万平方米、投入资金38.6亿元，占市棚改办下达天心区年度棚改任务的101.5%；根据市2018年度重大项目投资计划，全年完成固定资产投资1.31亿元，占年度目标的131%。（陈 苗）

【棚改征收】 2018年，公司涉及新建和续建棚改项目12个。至12月底，3个项目实现扫尾清零，包括续建项目天心一中和新建西路、新建项目中铁十二局；夏家冲、火宫殿二期2个新建项目由于社会稳定风险评估等级较高终止；火宫殿一期、碧湘街二期、太平街一期、西文庙坪（A地块）、长机、古道巷三期、劳动广场等7个续

建项目抓紧推进。（陈　苗）

【项目征收结算】2018年，天心区牵头拟制《天心区棚改项目成本结算工作实施方案》，启动已清零棚改项目的征收结算工作。截至2018年年底，完成狮子山、古道巷二期、天心一中3个项目的区级初审。（陈　苗）

【棚改土地出让】2018年，天心区完成新建西路棚改项目商业用地出让的挂网；完成大古道巷片区规划控规指标调整公示及入库，为古道巷一、二期挂牌奠定基础。（陈　苗）

【资金房源保障】2018年，天心区共到位资金234406万元，其中顺之安棚改公司到位资金52950万元、天心棚改公司到位资金181456万元。全面筹集棚改征收房源，其中筹措东业地产商品房94套（选房94套），五矿·龙湾国际商品房90套（选房23套），克拉美丽商品房255套（选房179套）、和庄二期商品房584套，完成天凯东苑经适房交房367套。（陈　苗）

【工程建设项目】2018年，公司共涉及棚改配建商品房建设项目3个。其中顺安大厦于2017年底交付使用，基本完成网签销售，实现交房248户；碧水湘街7栋住宅主体结构全部封顶，进行内外装饰；天心佳苑完成土方与基坑支护的预算和招标上限值的审核。（陈　苗）

【老城区有机更新】根据长沙市历史文化名城保护规划，天心老城区有机更新范围约3.15平方千米、占全市总面积的56%，具体为天心辖区内，北至五一大道，东南至白沙路、人民路、建湘路，西至湘江大道范围，包括坡子街街道全域12个社区、城南路街道辖区4个社区；涉及保留或历史建筑约131处，房屋改造约4600栋、约29918户、人口约85677人，道路（街、巷）总长约63570米。天心老城区划分为7大片区（太平街片区、火宫殿片区、西文庙坪片区、天心阁片区、白沙古井周边片区、南门口周边片区和第一师范周边片区），细分为12个有机更新项目，下发《长沙市天心区老城区有机更新工作方案》。截至2018年年底，除火宫殿周边零星地块（二期）棚改项目配套改造工程进行办理前期手续外，历史步道妙高峰段和青山祠社区有机更新项目、西文庙坪周边地块棚改项目配套改造工程、太平街地块棚改项目配套改造工程、黄兴路两厢有机更新项目、白沙路（劳动路—人民路）两厢城市有机更新改造工程、太平路及两厢有机更新项目、古道巷有机棚改项目（三期）配套改造工程、西湖及楚湘社区有机更新项目、上碧湘街有机更新项目、吴家坪社区有机更新项目、燕子岭及熙台岭社区有机更新项目等11个有机更新项目全部进场施工，开工率为92%。（陈　苗）

【国务院督查组督查天心区棚改工作】2018年8月25日，国务院大督查第18督查组组长、中科院副院长张涛，副组长黄晨光一行到天心区督查棚改工作。张涛一行现场察看天心阁（高正街）周边地块、碧湘街（一期）地块、南湖巷地块3个棚改项目，了解项目情况，深入商铺住户听取意见。在外滩指挥部召开座谈会，听取市政府关于全市棚户区改造工作情况汇报，就项目如何平衡、地方奖励政策等进行交流。张涛肯定长沙市及天心区棚改工作取得的成绩和经验。（陈　苗）

住房保障

【概况】2018年，长沙市天心区住房保障局（简称“区住保局”）为区政府直属事业单位，主要职能是负责全区保障性住房建设及管理、住房保障资格审批等工作，负责原区房产局退休人员及单位自管房产管理工作。内设办公室、审批管理科、项目管理科、职工住房补贴办公室和住房管理中心5个职能科（室）。在局机关设置住房保障审批办事大厅，在区政务服务中心设置审批服务窗口。核定编制20名，其中领导职数3名；全体在职干部职工数30人，其中普通雇员13人；退休141人；内退1人；党员13人，其中在职党员13人。办公地点设在天心区新韶东路318号。

2018年，区住保局把握高质量发展根本要求，推动住房保障工作发展。全年新增公租房租赁补贴13户、公租房实物配租556户，新增经济适用房购房资格313户、棚户区改造安置补贴606户。全年发放租赁补贴约258万元，截至2018年12月31日，天心区公租房实物配租达到2515户、公租房租赁补贴744户，经济适用房保障对象累计达到1.23

万户，所涉及到的户数、人数、补贴金额，均占内五区总数的近40%。（阳 偲）

【服务重点项目】2018年，区住保局面向各棚改征收项目指挥部，就全区保障性住房房源（公共租赁住房、经济适用房、棚改安置房及棚改项目配建商品房、团购商品房）进行统筹调配。全年为棚改项目调度房源1093套（其中经适房542套，公租房84套、限价商品房144套、合作商品房139套、团购商品房184套）。以“扫尾清零”为重点，采取送服务上门的方式，走访各“扫尾清零”项目指挥部，了解房源需求、预判保障资格、信息互通有无，确保房源全盘统筹、信息共享、灵活调度的工作原则得以落实。为棚改项目开辟项目审批绿色通道，全年审核办理棚改安置补贴606户，办理个案15户。（阳 偲）

【职补工作】2018年，区住保局整理校对纸质档案，通过清理、分类、打印、装订、入盒、编号，市住保局系统26个单位全部归档完毕。全年完成26个单位1050户收件、初审、复审职补工作。（阳 偲）

【保障性住房小区管理工作】2018年，区住保局全面落实中低收入城市户籍家庭、新就业大学生和外来务工人员住房保障工作，以各级审计的高标准为准绳，加大整改力度，在入住率达90%以上的基础上，做好房源分配工作。2018年全区有公共租赁住房2555套，安置2515套公租住房，其中2018年新增公共租赁住房户670户，入住率为98%。破解保障性住房入住巡查、租金收缴、消防安全、整改腾退、物业监管、维修维护等难题，专人专职负责小区巡查、租金收缴、整改腾退等日常管理工作，推动保障性住房运营管理市场化运作。加强保障性住房违规现象专项整治，对于“违约转租、违规装修、违章经营、违法搭建”等保障房使用中经常出现的违规现象做到及时发现、规范劝导、严厉制止。对各保障性住房房屋的安全隐患进行排查，开展“安全生产月”“一单四制”等活动，将新增的71处房屋安全隐患全部报送市住保局，并多次协调市住保局到现场进行调研，督促开发商及时消除安全隐患，避免造成重大事故。（阳 偲）

【租金收缴工作】2018年，区住保局健全公共租赁住房租金收缴制度，坚持“一月一上户”租金收缴不间断，加大运营机构租金收缴力度，对于长期欠租或不再符合条件的配租对象，开展欠租追缴与劝退工作，促进住房保障工作协调推进，维护保障性住房服务公平公正。对定向配租的广告产业园、徐记海鲜、龙骧巴士集团等单位做好租金收缴及集中汇缴工作。2018年，收缴租金235.27万元，汇缴221.66万元。（阳 偲）

【房源筹措工作】2018年，区住保局以服务棚改项目为核心，组织召开7次开发商合作协调调度会议。为确保被征收户能选到称心如意的房子，主动积极跟项目负责人谈合作。2018年，共筹集社会合作房源528套（其中鑫远玲珑212套、五矿·龙湾国际90套、北辰·慧辰园136套、南湖二手房55套、中越·领秀城35套）。开展定向限价商品房启动工作。通过对接区城投、南湖公司、天棚公司等单位，确定天心区第一批、第二批定向限价商品房项目，并按照程序上报至市政府。该两批定向限价商品房项目均为棚户区改造安置项目配建项目，旨在推动项目征收，多余房源用于社会户。2018年筹集到天心佳苑675套、天心馥园二期170套房源。（阳 偲）

【克拉美丽山庄项目选房活动】2018年2月2日，区住保局集中组织

2018年2月2日，天心区住房保障局集中组织克拉美丽山庄项目选房活动
区住保局 供稿

棚改被征收户参与克拉美丽山庄项目选房活动。选房活动现场，区住保局工作人员维护现场秩序，为选房者讲解选房政策、户型设计、朝向、面积、价格等。活动邀请区棚改办等相关部门进行现场监督公证，各项目指挥部房源科科长到场协助，配合做好安全防范工作。选房依据选房者认购审批的先后顺序有序进行，遵循“先签协议先选房”的原则，选房者依顺序依次进入，两人一组同时选房，3 分钟内确定房号并现场签字确认。最终天心区 37 户棚改被征收户选中满意房源。

（赵一蓉）

【保障性房源粟塘小区集中交付仪式】2018 年 4 月 20 日，区住房保障局举行保障性房源粟塘小区集中交付仪式，获审批入住资格的保障对象办理配租入住手续。交付仪式由区住保局副局长廖道荣主持，局班子成员、住管中心全体干部、运营机构工作人员代表和保障对象参加。区住保局住管中心主任杜烜向保障对象介绍房源情况、小区环境、配套设施，讲解此次房源交付流程办理流程及入住事项。区住保局局长张善翥重点明确“不转租转借”“不闲置公共租赁住房”等入住要求。现场，配租对象携带前期签订的《长沙市公共租赁住房租赁合同》到工作人员处领取入住通知书、公租房租赁凭证等资料，签订入住承诺书，交付房屋租金。交付使用的公共租赁住房小区为粟塘小区，交付房源为 21 号栋、25 号栋共 432 套，面积从 40 平方米到 60 平方米不等。粟塘小区是长沙市最大的公共租赁住房小区，依据商品房小区指标配建，房屋内部装修、水、电、绿化等配套设施一应俱全，住户可以实现拎包入住。在后续管理上，区住保局采取引入住房管理运营机构外包服务的举措，专人专职负责小区巡查、租金收缴、整改腾退等日常管理工作，全面强化公租房后续管理，推动保障性住房运营管理市场化运作。（赵一蓉）

【住房保障业务知识培训】2018 年 6 月 14 日至 7 月 4 日，区住房保障局组织街道、社区住保专干共计开展四批次业务知识培训。培训旨在进一步推广住房保障网上审批，提升街道、社区住保专干业务能力，推动住房保障事项办理向街道（社区）前移，让群众申报“最多跑一次”，实现政务便民服务“马上办、就近办、一次办”。6 月 14 日，开展第一批住房保障业务知识培训，组织裕南街、赤岭路、金盆岭等街道及社区住保专干进行业务培训。培训会上，区住保局副局长熊磊对公共租赁住房资格审批细则、定向限价商品房审批流程、经济适用住房政策进行解读，采取理论讲解、实际操作、现场互动、解答提问等方式，向培训人员现场演示具体审批步骤，介绍天心区房源情况，对现场提出的问题一一答疑解惑。7 月 4 日，组织社区、街道专干在黑石铺街道开展第四批次住房保障业务知识培训。培训会上，熊磊强调，住保专干要提高认识，熟悉业务，耐心细致，确保审批资料录入不出差错、财政拨款落到实处、动态管理监管到位；并从政策解读、实操讲解、房源介绍、现场互动等环节让培训人员了解政策、熟悉业务、掌握流程。通过上述住房保障业务知识培训，有利于提高住房保障政策知晓度，推进各环节业务开展，方便群众办事服务。

（赵一蓉）

【保障性住房小区安全专项巡查】2018 年 5 月 25 日，市住保局联合区住保局深入天悦鑫苑等保障性住房小区开展安全巡查工作，就公租房小区中存在的安全隐患进行实地排查。检查组检查保障性住房小区楼房楼道间、电梯口、房屋内部等处的安全设备，针对电动车管理、电梯门失灵、房屋漏水等问题进行具体分析，并研究提出相应的整改措施。8 月 14 日，区住保局副局长廖道荣带领局住管中心、项目科有关负责人，深入天凯南苑、凯悦荣城等保障性住房小区开展安全生产检查。检查过程中，重点对小区是否落实火灾防范措施，消防设施器材是否完好有效，安全出口、疏散通道是否畅通，是否落实电梯专业维护等情况进行检查。9 月 18 日，区住保局住房管理中心工作人员到粟塘小区开展安全生产巡查及住户走访工作。在小区巡查过程中，区住保局工作人员查看小区公共设施、消防通道、物业服务等安全生产工作情况，并就消防安全方面与物业公司、运营机构进行沟通交流，排查小区安全隐患；逐栋逐户对承租人的身份证及租赁合同进行核实、排查，动态监管保障性住房入住、使用情况，杜绝转租、转借行为的发生。10 月 24 日，区住保局副局长熊磊带领局住管中心有关负责人深入天悦鑫苑等保障性住房小区开展安全巡查工作，就公租房小区中存在的安全隐患进行实地排查，巡查围绕公租房小区房屋管理、物业服务、维修维护、安全稳定等内容开展。12 月 28 日，熊磊带领住房管理中心有关工作人员深入天悦鑫苑、天凯南苑等保障性住房小区，对小区安全生产管理情况进行全面检查。现场，工作人员对供水排水管线、消防管线进行全面检查，确保供排水畅通，防止冻结冻裂；重点检查公共部位电、气、消防及电梯等配套设施设备，检查电动车停放、充电是否安全；对道路及主要出入口进行检查，防止因道路结冰造成路面湿滑的现象发生。

（赵一蓉）

【公租房违规行为综合整治工作】 2018 年 6 月 29 日，根据媒体和群众反映公租房粟塘小区存在房屋转租现象，区住保局联合市住保局深入粟塘小区开展现场违规整治工作。针对粟塘小区 14 栋 1503 房保障对象戴某祥房屋违规转租事件，工作人员向其宣讲保障房有关政策，明确要求严禁转租转借，对其违规行为进行整治并将依法依规取消保障资格；对转租事件发生的中间介绍人进行现场教育与严厉批评。区住保局以整治戴某祥住户违规转租事件为契机，进一步加大公租房有关政策的宣传力度，全面清查所辖公租房保障对象入住情况，分类登记、建档造册，对违规行为予以立行立改。从 11 月 19 日起，持续一个月，区住保局在粟塘小区、鄱阳小区、天凯东苑等公租房小区开展违规行为专项整治及欠缴租金催缴工作，将公租房小区违规违约清理整治工作列入工作常态化管理体系。整治活动集中上门入户核实情况，重点对公租房内开设麻将馆等经营或违法活动进行排查建档，对涉嫌赌博的依法予以取缔，对长期拖欠租金的进行租金催缴，加强对小区内转租转借、购房购车、违章搭建、店外经营等违规行为的排查整改，对存在违规行为的承租人发放限期整改通知单，责令其限期整改到位。

（赵一蓉）

【公共租赁住房摇号选房活动启动】 2018 年 2 月 9 日，区住保局公共租赁住房摇号选房活动启动，337 户住房保障对象在春节来临之际获新居，实现住房梦。摇号活动分 9 日、11 日两天进行，公租房分配房源为粟塘小区新建房源 21 号栋、25 号栋共 432 套，面积从 40 平方米到 60 平方米不等，房屋内部装修、水、电、绿化等配套设施全部到位，住户只要添置一些必需的家具、家电就可入住。选房过程中邀请市住保局、区纪委驻城建系统纪检组、湖南都市频道等进行全程监督。将保障对象分配入住后，天心区将对保障对象情况进行动态监管，严格资格审核，对不符合条件的保障对象予以清退，杜绝因保障对象条件发生变化而违规享受保障的情况出现。

（赵一蓉）

环境保护

【概况】 长沙市天心区环境保护局（简称“区环保局”）为区人民政府综合管理环境保护的职能部门，也是区生态环境保护委员会的办事机构，主要职责是对全区环境保护工作实施统一监督管理，防治污染和其他环境公害，保障公众健康，推进生态文明建设，促进经济社会可持续发展。区环保局内设办公室、政策法规科、综合管理科和污染防治科 4 个职能科室，核定编制 18 名，其中局机关行政编制 8 名。环境监察大队、环境监测站为区环保局直属事业单位，核定事业编制 10 名，其中监察大队参公事业编制 6 名，监测站事业编制 4 名。2018 年底，区环保局实际工作人员 43 人，其中正式干部 17 人，政府雇员及临聘人员 20 人，劳务派遣人员 6 人。

2018 年，天心区重点开展“蓝天保卫战”“碧水攻坚战”行动，加大污染控制和生态环境保护力度，空气质量累计优良天数 269 天，累计优良率为 74.9%，全区集中式饮用水水源地水质达标率 100%。完成省级环保督察工作，中央环保督察“回头看”案件办结率 93.1%；铺开并完成生态环境保护项目 26 个；市级以上各类媒体对天心区环保工作相关报道 210 余篇次。存在的问题：环保历史欠账多，治污设施配套不完善；区级环保部门人员、技术力量严重不足，不能满足现有监管形势要求。

（林丽云）

【大气污染防治】 2018 年，区环保局出台《长沙市天心区“散乱污”企业专项整治及 VOCs（挥发性有机物）治理工作实施方案》《天心区涉挥发性有机物排放企业错峰生产实施方案》，牵头制定《天心区大气污染防治攻坚期工作方案》；1 月 13 日，天心区成立蓝天保卫战领导小组及办公室，下设 4 个专项工作组，出台天心区蓝天保卫战总体方案和 13 个子方案，"蓝天保卫战"行动全面实施，落实"六控"（即控尘、控车、控排、控烧、控煤、控油）"十禁"（即严禁渣土车、混凝土搅拌车、运砂车等各类车辆带泥上路；严禁违法倾倒渣土；严禁工地裸露黄土；严禁重污染天气土石方施工；严禁在禁燃区燃烧散煤；严禁在禁燃区域时段燃放烟花爆竹；严禁露天焚烧垃圾；严禁露天烧烤。城区内取缔露天烧烤，夜市摊点必须规范经营，并采取相应油烟净化措施；严禁露天焚烧农作物秸秆；严禁拖拉机等高排放车辆进城），执行"三级执法，两级巡查"制度；针对 PM2.5、PM10、NO_2、臭氧等重点污染因子，从加强扬尘管控、燃煤污染防治、餐饮油烟源头治理、臭氧污染防治、涉气企业专项整治等方面精准施策；完成辖区建筑工地视频及扬尘在线监控系统平台建设；实现全区零散煤制销点；清理整治全区 3513 余处露天烧烤及 1507 余家餐饮门店油烟污染，完成坡子街街道坡子街社区、文源街道金汇社区 2 个无烟示范街道创建；引入臭氧索源分析和无人机超本地臭氧浓度实时检测系统，及时调度企业采取错峰生产措施；针对"散乱污"及涉 VOCs（挥发性有机物）企业开展 170 余次专项执法行动，出动执法人员 800 余人次，对 670 余家（次）企业进行执法检查，共办理环境案件 124 起，其中查封扣押 29 起，无刑事案件。专项治理涉 VOCs 企业，完成 61 家"散乱污"企业、97 家汽修企业、2 家家具涂装企业、49 家印刷企业整治。截至 12 月 31 日，全区 PM2.5 累计日均值 45 微克 / 立方米，较上年同期下降 6.2%，PM10 累计日均值 63 微克 / 立方米，较上年同期下降 8.7%。（林丽云）

【水污染防治】 2018 年，区环保局实施水污染防治工作联防联控机制，牵头开展饮用水水源地保护行动。对已建成排污口加强日常管理维护，对市政管网、沉砂池及时进行清淤疏浚，旱季无污水溢流。完成暮云砂石基地拆除清运工作。全面完成集中式饮用水水源地环境问题整治，安装 4400 米隔离防护栏，实现湘江饮用水水源一级保护区天心区段全面隔离，顺利通过生态环境部饮用水水源地专项督察组验收。配合区城建局推进黑臭水体整治，对沿线企业加强排查和监管，采取截污纳管、河岸护砌、清淤、景观示范段建设等一系列的措施进行黑臭水体综合治理，天心区 6 处黑臭水体基本消除黑臭。2018 年，天心区集中式生活饮用水水源地猴子石、五一桥、橘子洲三个断面水质均符合 Ⅱ 类标准，水质优，饮用水水源地水质达标率为 100%，港子河入湘江口断面水质达到 Ⅳ 类。（林丽云）

【噪声污染防治】 2018 年，区环保局开展"三考禁噪"（"三考"即高考、中考、学考）行动，联合区城管执法局、公安分局、区文体新局和各街道开展夜间执法行动，对考点周边基建工地以及 KTV、酒吧开展禁噪执法检查。开展各类噪声专项整治，完成湘江电缆和文思昌制管厂噪声治理；完成乐巢酒吧噪声治理和鑫远熙山裙楼中央空调外机噪声治理；完成文源街道状元坡社区噪声达标示范区创建工作。（林丽云）

【土壤污染防治】 2018 年，区环保局强化源头预防，对不符合国家法律法规、产业发展政策、选址规划布局、生态保护红线要求的项目，坚决不予立项、不予办理审批手续，全年办理建设项目环评审批 9 个。经严格把关，实现天心区零土壤污染重点行业企业和零污染土壤地块。（林丽云）

【污染源普查】 2018 年，成立长沙市天心区第二次全国污染源普查工作领导小组，下设污染源普查办，投入专项经费 300 万元，选聘 12 位指导员、26 位普查员，制定两员管理制度，对每日工作进行日调度周总结。区环保局牵头编制《天心区第二次全国污染源普查实施方案》，负责工业源、生活源、市政入河（海）排污口、集中式污染治理设施的普查。完成 326 个污染源点入户普查工作和相关技术表格的填报与佐证资料的收集，按照"一企一档"要求完善档案台账。（林丽云）

【网格化环境监管体系】 2018 年，区环保局完善网格化监管，建立网格化综合管理信息系统。将环保与党建、综治、城管、卫计、公安、交警等部门整合一体，实现"区 – 街 – 社区 – 子网格"四级网格管理。通过"网格通"APP 对 418 名网格员进行动态管理，督促加强网格内环境监管、建立污染源信息台账，及时发现、处理环境问题，上报处理环保案件 1487 条。（林丽云）

【“双随机”抽查】2018年，区环保局对辖区日常环境污染源监管名单实施动态更新，确立7家重点监管单位、3家特殊监管单位及181家一般监管单位，通过开展“有计划、全覆盖、规范化”日常环境监管随机抽查，明晰执法责任，加强现场环境监管和执法，全年抽查企业67家。（林丽云）

【环保执法】2018年，区环保局开展最严环境监管执法，全年累计对800余家（次）企业进行环保执法检查，办理一般行政处罚案件67件，4个配套案件34起（其中查封扣押32起，停产限产2起），刑事案件4件，移送刑事拘留8人，处罚金额261万元。（林丽云）

【环境信访投诉处理】2018年，妥善处理各类投诉478件，有效处理率100%，较2017年同期下降37.5%，维护群众环境权益，全年无环境污染事故发生。

（林丽云）

【环评审批】2018年，落实项目审批、验收、发（换）证等行政许可工作，严格控制涉危、涉化、涉重金属、涉水污染的项目准入，对于不符合环保产业政策以及必须淘汰关闭的项目予以否决，对于符合环保要求的项目指导完成，做好服务工作。2018年共接受办事咨询200余次，在“天心区公众信息网－区环保局”版块设置“登记表备案系统”专栏，实现登记表项目网上备案279件。2018年新批项目全部经天心区网上政务服务和电子监察系统在线办理，审批进展情况通过天心区公众信息网进行公示。（林丽云）

【配合省级环保督察工作】2018年7月25日，湖南省第一环保督察组进驻长沙，区委、区政府成立由区委书记任组长的突出环境问题整改领导小组，由常务副区长任组长的省级环保督察工作协调联络组。从“两办”、城管、食药等部门抽调12人集中办公，安排专项经费100万元，确保信访（案件）交办、办理及上报工作的有序开展。省级环保督察期间（2018年7月25日至8月15日），共收到群众信访举报转办件137件，其中重点案件7件，均整改销号。在案件办理过程中，共对125家企业下达责改决定书，立案查处企业24家，罚款金额42.65万元，涉及2017年中央环保督察重复信访件有4起，对6名责任人追究责任。坚持每日收集各部门工作信息及时上报给市协调联络组，共编发《天心区配合省级环保督察工作专报》11期。向社会公众宣传环保督察立行立改成效，在《湖南日报》《长沙晚报》、红网等各类媒体报道20余次。

（林丽云）

【迎接中央生态环保督察“回头看”】2018年10月30日，中央第四生态环保督察组入驻湖南，区委、区政府成立由区委书记任组长的突出环境问题整改领导小组，由常务副区长任组长的天心区配合中央生态环境保护督察“回头看”工作协调联络组。协调联络组下设9个专项小组，从环保、城管、食药监等部门抽调20余人集中办公，安排专项经费100万元，两次组织部门和街道人员对办理信息报送的流程和要求进行培训，确保信访（案件）交办、办理及上报工作的有序开展。中央生态环保督察“回头看”期间（2018年10月30日至11月30日），共收到群众信访举报转办件86.5件，与2017年中央环保督察重复5件，无重点件，截至12月31日办结80.5件。坚持每周收集各部门工作信息及时上报给市协调联络组，共编发《天心区配合中央环保督察“回头看”工作专报》5期。

（林丽云）

【曹再兴调研天心区散煤整治工作】2018年3月10日，市委副秘书长、市委办公厅主任、市蓝天办主任曹再兴调研天心区散煤整治工作，市发改委主任夏文斌、市能源局局长肖波、市环保局副局长李中秋、市工商局副局长谢辉、区政府副区长许波陪同调研。曹再兴一行现场调研刘家冲路友谊社区友谊小区散煤整治情况，听取相关工作汇报，要求加大对散煤的生产源头、运输、销售、使用四个环节的严厉打击，严防死守，杜绝反弹。加强宣传，广泛推广清洁能源的使用。（林丽云）

【区人大常委会研究农村环境综合整治工作】2018年3月28日，区人大常委会召开2018年第3次主任会议，专题研究天心区农村环境整治工作。区人大常委会主任于献一行进行现场调研，查看南托街道滨洲新村垃圾分类房、生活污水四格净化池及暮云街道垃圾压缩站，了解天心区农村垃圾分类工作及村民生活污水处理情况。调研考察结束后，天心区人大常委会主任会议听取审议天心区农村环境综合整治工作报告。

（周　敏）

【天心区第六届环境保护宣传月启动仪式】2018年6月4日，天心区第六届环境保护宣传月启动仪式暨铜铺街小学第九届绿色狂欢节活动在长沙火宫殿举行。该活动由区环保局、区教育局和区文明委联合主办。活动分为“我是河小青”“我心护蓝天”“我手护碧水”三部分，启动现场，由铜铺街小学学生组成的“河小青”湘江水质监测小队正式成立。铜铺街小学自编自导环保主题歌舞、环保服装秀、才艺秀等节目。现场有食品安全展示区、水质监测小队体验区、“变废为宝”体验区、环保酵素体验区、“蛋壳绿植”体验区、“蓝天碧水我守护”签名区。宣传月期间天心区先后开展环保知识讲座、环保志愿服务活动、环保进校园、环保进企业等各类活动20余场次，发放宣传资料1000余份。（周 殷）

2018年6月4日，天心区第六届环境保护宣传月启动仪式暨铜铺街小学第九届绿色狂欢节活动在长沙火宫殿举行 区环保局 供稿

【环境监管网格化及环保法专题讲座】2018年6月15日，由区委法治天心建设领导小组办公室、区环保局共同举办的天心法治大讲堂—环境监管网格化及环保法专题讲座召开。天心区生态环境网格化管理相关职能部门分管负责人，暮云经开区、天心经开区及14个街道、102个社区（村、集资办）分管领导和专干，以及辖区内重点企业负责人300余人参加讲座。讲座邀请省环保厅环监局主任科员刘焱明授课。刘焱明阐述各部门的环境监管网格化职责，以及如何进行履职，并以法律知识指导企业环境守法。（周 殷）

【迎中央环保督察“回头看”工作调度会】2018年7月17日，天心区召开迎中央环保督察信访交办件“回头看”工作调度会议。区人大常委会副主任邱忠献、区政府副区长许波、区政协副主席黎小玲、区政府副调研员何建明、区政府30个单位以及各街道分管负责人参加会议。区环委会办公室主任徐乙天对中央环保督查信访案件办理情况进行汇报。许波要求各部门共同配合、联防联治，围绕绿心企业退出、黑臭水体治理、中央环保督察后督察三项重点工作。邱忠献强调要有属地意识，对潜在的环境污染风险要及时做好自查、自排，各相关职能部门在环保问题上要形成合力。（周 殷）

【危险废物规范化管理培训】2018年9月13日，区环保局组织辖区内7家产废单位参加长沙市2018年危险废物规范化管理培训会，会上对《建设项目危险废物环境影响评价指南》、湖南省环保厅、长沙市危险废物规范化管理考核方案和危险废物管理计划制定进行讲解。湖南省固废站副站长吴岱镰提出各单位要细心研读指南及方案，对照落实到位。（周 殷）

【第二次全国污染源普查入户调查动员】2018年9月21日，天心区第二次全国污染源普查入户调查动员部署会暨企业培训会召开。会上总结天心区污染源普查前期工作情况，对下一阶段入户调查工作的开展提出要求。会议要求把污染源全面普查阶段工作落到实处，进一步深化宣传，动员全社会力量广泛参与污染源普查工作，进一步加强监督，确保污染源普查工作顺利推进。动员会议后，第三方技术专家刘运年对企业代表进行普查表相关信息填报的培训，并对企业代表提出的问题进行答疑。（吴亦超）

【印刷企业治理工作推进会议】2018年9月30日，区环保局、区文体新局、区蓝天办联合天心区

印刷协会召开印刷企业治理工作推进会议。天心区内19家印刷企业代表负责人参加会议。区蓝天办通报印刷企业挥发性有机物治理工作前期开展情况；区环境监察大队对印刷企业废气排放、危废处置、噪声控制等提出指导意见；区环保局管理科对印刷企业环保审批手续提出相关建议。区环保局局长徐乙天强调，各企业要强化社会责任意识，明确目标，严格按照时间节点，按照工作要求抓紧整改到位。 （刘 帅）

2018年10月25日，天心区召开特护期蓝天保卫战暨中央环保督察"回头看"誓师动员会议 区环保局 供稿

【蓝天保卫战暨中央环保督察"回头看"工作会议】 2018年10月25日，天心区召开特护期蓝天保卫战暨中央环保督察"回头看"誓师动员会议。区委常委、常务副区长周志军参加会议。会议要求统筹实施扬尘、煤烟、机动车尾气、秸秆焚烧等专项整治，保证大气环境质量保持"两降一升"的状态；要高度重视中央环保督察"回头看"，提高站位，整改要落实落细。11月9日，天心区召开配合中央生态环保督察"回头看"工作调度会。会议通报中央生态环保督察"回头看"交办件办理情况。朱东铁要求各级各部门要切实维护好百姓利益。 （林丽云）

【蓝天保卫战工作领导小组第五次全体会议】 2018年12月14日，天心区召开蓝天保卫战工作领导小组第五次全体会议，研究部署相关工作。会上，传达市蓝天保卫战第四季度工作讲评会议精神，总结天心区蓝天保卫战工作情况，部署相关工作。朱东铁强调，要狠抓特护期大气污染防治工作，突出抓好重点问题、专项行动、日常监控及问题处置，聚焦治理颗粒物、治理臭氧等方面，对特护期天气变化要保持高度敏感、提前进行预判，做好应急预案，出现中度以上污染天气第一时间启动黄色预警。 （林丽云）

城市管理

城市管理和行政执法

【概况】 长沙市天心区城市管理和行政执法局（简称“区城管局”）是天心区牵头负责城市管理的政府工作部门，内设党群办、办公室、监督检查科、行政审批科、建设工程科、基础指导科6个职能科（室），下设爱国卫生运动委员会办公室、数字化城市管理协调中心、重点窗口地区管理办公室3个直属事业单位。局领导班子5人，有正式编制人员22人。2018年度城管局退休1名，调入干部2名，通过公开招考招录政府雇员1名。共有党员16名，其中女党员5名，本科以上学历党员13名。

2018年，天心区城市管理工作以打造“品质天心”为目标，坚持问题导向与品质导向并举，创新城市管理体制，强化管理，严格执法，完善《天心区城市管理工作考核办法》，坚持以问题为导向，深入城市管理课题研究，通过落实整合三局一队监督检查力量、以“行走天心”方式深入街道社区现场办公、定期通报《天心城管》等措施，加强全区城市管理基础工作。2018年在市对区年度绩效考核排名一类。2018年承办的18个2017年中央环保督察主办件、134个协办件，全部结案销案，无反弹；协助主办单位办理98个2018年省级督察协办件，均完成协办任务；承办中央环保督察“回头看”主办件6个，办结主办件3个，无反弹，协办件59个，全部完成协办任务。

（陈　曦）

【拆违控违】2018年，天心区完成市拆违办下发的城市建成区违法建设治理工作拆除任务清单及国土、规划卫星遥感影像违法建设等市级交办工作。全区共拆除历史违建862处25.4万平方米，拆除新建违建77处10597平方米，12345投诉4处104平方米。由市拆违办下达的59处规划和36处国土卫片拆违任务全部处置到位。

（陈　曦）

【数字化城市管理】 2018年，区城管局完善天心区网格化综合管理系统，全区划分为98个社区（村）基本网格，提出“1+N+Y”的基本思路。制定并下发《全区城市网格化管理工作方案》《天心区城市网格化综合管理标准》以及拓展管理标准。开展关于网格化综合管理工作的改革，确定坡子街街道、城南路街道、青园街道为城市网格化综合管理改革试点街道，成立区级城市网格化综合管理工作领导小组，通过整合区综治中心和区城管数字化中心，组建全新区城市网格化综合管理中心，完成14个街道的网格化培训工作，加快系统升级。1～10月，采集案卷数32808，数量上报数同比增长200%以上，结案率99.92%，分类涵盖增加56%以上。488个天心区网格落实下沉部门的管理和服务力量，实现费随事转。通过全网通改革，厘清街道政务服务中心和社区公共服务中心工作职责，指定服务事项清单，明确街道办结、社区一次性办结和社区帮代办事项。（陈　曦）

【行政审批和招牌备案】 2018年，区城管局推进“最多跑一次”改革工作，通过落实3项举措，优化城管业务审批通道，优化营商环境。优化审批流程、减少审批环节、压缩审批时间，将审批时限由20个工作日缩短到7个工作日；开辟城管业务“绿色通道”，对事关全区经济发展的大企业、大项目开通城管业务“绿色通道”优先审批。通过政务服务大厅快递服务，将办结件证照直接邮寄给申请人，实现群众和企业到政府办事“最多跑一次”，尽可能为项目推进提供便利。（陈　曦）

【垃圾分类工作】 2018年，区城管局下设垃圾分类办公室，开展垃圾分类工作。区委研究制定并下发《2018～2020年全区生活垃圾强制分类处置三年行动计划》，明确机构、人员、设备、经费。全区累计派发宣传手册10万余份，组织街道社区开展各类培训103次、大型宣传活动26次、垃圾分类知识讲座65次，在中小学推广义务教育阶段垃圾分类校本课程（蓝本）。推进垃圾处理项目建设工作，其中绿化垃圾、大件垃圾资源化利用处置场所启动运营，喜民家贸市场易腐垃圾就地处置设施在全市率先完成安装，并投入运营；渣土消纳场、盾构土消纳场项目完成选址及前期准备工作；投放收集设备及相关服务采购进行招投标。推进垃圾分类试点工作，在29个示范社区、10个示范小区进行试点，覆盖面36%，区内各级政府机关单位全面实施垃圾分类。2018年，全区生活垃圾较2017年同期减少10342.21吨，完成年度生活垃圾分类减（控）目标。

（陈　曦）

【社区提质提档】 2018年，区城管局牵头推进以“五增六改七配套”（“五增”即增路、增绿、增亮、增网、增空间；“六改”即改水、改电、改气、改危、改卫、改管线；“七配套”即配套社区阵地、物业管理和教育、医疗、养老、文体服务、菜市场）为主要内容的2018年度天心区老旧社区提质提档工作，全区实施提质提档项目25个，完成道路改造40.9万平方米，打通断头路6条，新增绿化1.1万平方米（社区平均绿化率达到40.1%），改造疏浚地下管道4.3万余米，整理空中管线2.3万余米，新增停车位1080余个，改造新增社区游园22个，改造新增文体活动场所24处3193平方米，新增车禁、门禁系统285套。经提质，2018年4个社区实现等级提升，文源街道梅岭社区由“基本合格”升为“合格”，金盆岭街道赤岭路社区和黑石铺街道一力社区由“合格”升为“良好”，坡子街街道八角亭社区由“基本合格”升为“良好”。（陈　曦）

【人行道改造提质】 2018年，区城管局开展人行道提质改造，改造8条，40.9千米，解决人行道板破损和沿街店排水污水管错位等问题；统一人行道材料和标准，使之风格统一；推进人行道清障，拆除各类岗亭、设施28处，启动拆除23处，计划拆除53处。

（陈　曦）

【“四大片区”提质】 2018年，区城管局牵头开展省府周边、长沙外滩区域、南部片区、五一商圈“四大片区”提质。省政府周边环境综合整治主要包括：市政设施和园林绿化的全面维护修复（其中弱电箱体美化500余个、围墙美化2000余米、人行道改造500余米、增加绿化1.5万平方米、新建广场1800平方米、归整建设停车位500余个）、日常环卫保洁标准提升、机动车及共享单车乱停乱靠整治、违章广告招牌整治、违章建筑拆除等。长沙外滩区域以“清、拆、整、提、管”为具体内容，针对重点区域及周边主次干道、背街小巷开展市容环境专项整治工作，清运垃圾堆物1200余吨，拆除违规广告招牌600余处，整治店外经营132处，收缴暂扣各类违规经营物品316件，立案46起；拆除违规广告招牌28处；处罚违停车辆1800余起，规范共享单车停车行为100余次，暂扣乱停乱放单车300余辆。南部片区整治乱搭乱建，拆除违章建筑11.63万平方米，办理案件80起，罚款9.2万元；整治乱倒乱卸，查扣违规车辆85台，办理案件177起，罚款65.31万元；整治市容乱象，整治店外经营、流动摊贩3000余个，清理各类垃圾堆2600余吨，拆除各类广告招牌500余处，立案查处违停整治560起，其他市容乱象整治180起，罚款24.19万元。五一商圈重点整治违规夜市占道经营、车辆行人无法通行、噪音扰民、油烟扰民、油污随意排放、卫生脏乱差等市容乱象，整治行动共出动执法力量1200余人次，整治店外经营167处，收缴暂扣各类违规经营物品415件，立案91起；拆除违规广告招牌33处；处罚违停车辆1200余起，规范共享单车停车行为200余次，暂扣乱停乱放单车200余辆，清理流浪乞讨人员

10 名。（陈　曦）

【9大专项整治】2018年，区城管局结合蓝天保卫战，开展违法建设、违章夜市、渣土扬尘污染、机动车违停、工地噪音、广告招牌、餐厨垃圾、古道巷综治、“牛皮癣”等9大专项整治行动。（陈　曦）

【双管子河黑臭水体治理】2018年，区城管局增加巡河次数，加强河道两岸保洁督查，不定期突击检查周边企业排污情况，及时查处偷排污水、偷倒垃圾等现象。全年巡河33次，下发督办函25份，现场督办问题18个。完成3处截污工程，分别为辉宏公司的污水提升排至新开铺路污水管，蓝天路截污（主要是披塘安置区二期污水）至新开铺路污水管，黑石路口（主要是48所沿线污水）截污至新开铺路污水管。与一力物流对接，要求一力物流完善下水管网系统，将一力物流市场交易区实施雨污分流工程，将污水接入至新开铺污水管。开展河道清淤、干管疏通、河沿提质、绿化保护等工作，在3个支流源头新建3处一体化污水处理设备设施，从硬件上强化双管子河环境保护。截至2018年年底，双管子河水质达到国家排放标准。（陈　曦）

【爱国卫生工作】2018年，区城管局开展城郊结合部的城乡环境卫生整洁工作，新创市级文明卫生单位1个、文明卫生社区1个、垃圾分类减量示范村3个。病媒生物防制服务和设施建设项目依法招投标，全区病媒生物防制分别由3家专业公司进行服务，新建10个病媒生物防制基础设施示范社区，新增100盏太阳能灭蚊灯、1000个诱蝇笼。开展农村改厕工作，全区改造无害化厕所700座。（陈　曦）

【长沙外滩区域市容环境百日整治行动】2018年1月3日，天心区召开专题会议对长沙外滩区域（二环线以北重点部位）市容环境整治行动进行部署。区委常委、区委办主任侯向宇，相关部门及各街道主要负责人参加会议。会议要求，各单位一把手亲自抓，明确责任，工作任务落实到岗、到点、到路、到店、到人。整治针对坡子街、黄兴南路商业步行街、太平街、解放西路、贺龙广场、湘江风光带（南）、白沙古井、天心阁等重点区域存在的各类市容问题，以“清、拆、整、提、管”为主要措施，包含环境卫生、乱搭乱建、店外及占道经营、违规广告、设施残缺陈旧、绿化缺损、违规停放7大专项整治行动。整治工作延续至2018年2月底。通过整治，解决一批市容环境的突出问题，攻克一批城市管理的难点顽疾。（陈　曦）

【天心区城管系统铲雪除冰】2018年1月25～27日，为应对雨雪冰冻天气，天心区城管系统出动6300余人次，出动铲雪车、运雪车、撒盐车等各类设备、车辆354台次，撒盐180余吨，对结冰路滑部位铺设草垫、麻袋3000余个。冰雪天气来临之前，天心区城管系统各单位制定应急预案，储备铲雪除冰物资，人员在岗待命。1月25日晚，雪降长沙。区城管委办公室成立宣传、应急、后勤、督查四个工作组。1月26日凌晨4时开始，各路应急队伍奔赴一线进行铲雪除冰。到1月26日，全区桥路、重点路段和重点部位积雪基本铲除干净。1月26日晚，区城管委办公室组织会议调度，强化工作标准。各单位人员采取机械主导、人工配合、撒盐预防、清扫除根的方式，对积雪进行全面清理。加强责任落实，对辖区内每一处桥梁、每一段主次干道、每一处重点部位，明确责任单位，进行24小时不间断巡查，每小时报送一次路面情况。全力服务省“两会”，突出省人民会堂周边、代表驻地现代凯莱酒店周边、驻地至会场道路沿线3大重点，对积雪反复清扫，对道路彻夜巡查，确保畅通。

（陈　曦）

【卫生大扫除活动】2018年2月2日，天心区按照“属地管理”“谁主管、谁负责”的原则对区重点区域、地段，特别是城区主次干道、主要广场、重要景点、交通枢纽等周边道路以及站厕的环境卫生进行清扫。

2月8日，天心区组织发动辖区机关团体、企业、事业单位、街道、社区干部职工、学生、各驻街单位、门店业主、居民群众等万余人参与大扫除活动。区市政局以湘江大道（猴子石大桥至橘子洲大桥）周边为重点，出动1台沥青罐车，3台自卸车，1台运泥车，1台高压水车对下水管道及人行道板进行修复和清理，对全区开放式小区下水管网进行排查，提前搞好疏浚；区环卫局组织水车120台，机扫车50台，垃圾车78台，对区域内所有道路进行清洗，对芙蓉中路、湘江大道、南二环、芙蓉南路、湘府路、奥特莱斯广场周边区域等进行人工重点清洗；区园林局组织力量加强对全区绿化的维护，做到无缺株死苗，乔木无枯枝、牵挂、捆绑等现象，出动18台水车，3台货车清理全区绿化带、花坛和湘江风光带；区城管执法大队组织160余名队员，出动执法车8台分别对南湖路沿线进行清扫整治。此次行动，天心区组织动员辖区机关团体、企业、事业单位、街道、社区干部职工、学生、各驻街单位、门店业主、居民群众共约2万余人，出动洒水、清扫、清运车615台，清运垃圾1200车，清理各类堆物843余处，清除乱涂乱画乱张贴8972处。

7月13日，由区城管局牵头组织动员区环卫局、南部片区黑石铺等5个街道组织辖区机关团体、企事业单位、街道社区（村）干部职工、各驻地单位、门店业主和广大居民群众开展南部片区卫生大扫除行动。各街道、各单位制作宣传旗帜、横幅，重点组织对辖区内重点区域、地段，特别是主次干道、出入城口、大型广场、重要景点的周边道路和站厕以及乡村道路进行清洗保洁。大扫除行动共出动洒水、清扫、清运车22台，清运垃圾68车，清理各类堆物145余处，清除乱涂乱画乱张贴820余处。

9月30日，区城管局组织区机关团体、企事业单位、街道社区干部职工、小区物业单位、门店业主、居民群众、志愿者等万余干部群众，在全区范围内开展“喜迎国庆”环境卫生大扫除活动。大扫除主要对重点区域、地段，特别是五一商圈周边、长株潭商圈周边及省府周边主次干道、出入城口、主要广场、重要景点、交通枢纽点的环境卫生以及市政、环卫、渣土、交通等公共设施进行大清洁大清洗。活动共动员10085人，出动洒水车108台，机扫车60台，垃圾车50台，清洗道路面积近50万平方米，清理各类设施1900处，清理牛皮癣万余张，共清运垃圾190车约260吨。

（陈　曦）

【社区提质提档工作调研及会议】 2018年3月13日，区委副书记朱远红，区政府副区长许波率相关部门到北部城区相关街道实地调研社区提质提档工作。朱远红一行到裕南街街道火把山社区、长坡社区和金盆岭街道黄土岭社区、涂新社区察看居民楼栋、小区道路、消防及便民设施等情况，听取部分居民群众的建议诉求，组织有关街道和社区工作人员召开座谈会。会上，街道社区汇报社区提质提档工作的相关情况，城管、民政和建设等部门提出建议。许波指出，要结合政府防控债务风险的大背景，科学控制项目投资；要坚持“安全、实用、美观、经济”的原则，让居民群众安居宜居；要讲求经济实惠。朱远红强调，要明确工作理念；要调整推进方式；加快工作推进。

4月24日，天心区召开社区全面提质提档工作推进会。朱远红、许波，相关部门、街道、社区负责人参加。组织街道社区到新开铺街道木莲社区、金盆岭街道赤岭路社区、裕南街街道东电社区等示范社区进行现场观摩，集中学习管线整治、下水疏浚、道路改造、停车位建设等，现场交流工作经验。召开推进会，听取各街道、牵头部门、后盾单位的情况汇报。朱远红强调，要充分提高认识，发挥资金效益，确保三年行动计划圆满收官；要突出问题导向，发挥“两代表一委员（即党代表、人大代表、政协委员）”的作用，结合网格化建设；要加强区街合作，形成合力，统筹城市有机更新、特色街巷等项目；要落实各项纪律，严格建设标准，打造高品质民生项目。许波要求，要重点解决油烟、道路、停车等与群众生活息息相关的问题，确保所有项目8月底前进场施工。

5月7日，朱远红、许波到城南路街道调研城市有机更新范围内社区提质提档工作，相关区直部门、城南路街道、坡子街街道及相关社区负责人参加。朱远红一行深入城南路街道实地查看白沙路沿线及熙台岭社区等区域，随后在城南路街道三楼会议室召开座谈会。会上，街道社区就城市有机更新范围内的提质提档工作有关问题和思路作汇报，区直部门就工作开展提出建议。许波表示，要明确目标、坚持原则、明确实施主体、抓住重点。重点抓住危房、消防等问题解决安居问题，要抓住道路、水电气改造、下水、生活配套等问题解决宜居问题。朱远红指出，要形成合力；加快推进；加强对接；健全机制。

5月21日，朱远红、许波组织召开2018年社区提质提档设计方案联审会议。天心区提质提档联席会议成员单位、区发改局、区城建局、相关街道的分管负责人及设计单位参会。许波主持会议。会议对第一批共16个项目的设计方案进行联审，各设计单位汇报方案成果，各街道补充相关情况，各部门提出完善方案的建议。朱远红指出，要进一步做实基础工作，解决基本问题，再结合社区实际打造特色；要进一步加强部门支持；要进一步形成各单位合力，要统筹片区提质，相关单位协调配合，合理布局功能区划和特色节点，提升整体效果。

7月17日，朱远红到裕南街街道长坡社区、金盆岭街道黄土岭社区进行调研。朱远红一行查看长坡社区、黄土岭社区的改造区域和社区阵地，提出要完善细节，要加强管理，要加速推进。

8月29日，朱远红组织召开社区提质提档工作调度会议。会上，区城管局通报社区提质提档各项目的进展情况，各建设单位进行汇报，与会部门发言。朱远红要求，要加快手续办理，限期完成前期手续；要加速项目推进，确保各项指标全面达标；要确保工程质量，保证材料检测合格，工艺合规；要及时总结经验，提升工作影响力。

9月13日，朱远红深入暮云街道、南托街道、黑石铺街道督促指导社区提质提档工作，就小区提质提档招投标、施工进场前期工作与街道主要领导及相关社区负责人进行交谈。朱远红要求，要加速推进；要注重实效，增加公共配套设施；要强化管理，保障居民群众生活环境安全有序。

11月21日，天心区召开社区提质提档工作调度会。朱远红、许波，区委组织部、区委宣传部（文明办）、区委政法委（综治办）、区城建局、区民政局、区人社局、区城管局及相关街道社区主要负责人参加。会上，天心区提质提档办传达市提质提档工作调度会议精神并通报工作情况，各建设单位进行汇报，与会部门作发言。许波指出，要加快进度；要完善手续；要迎接考核。朱远红强调，严格对标，全面达标；规范运作，借力聚力；营造氛围，加强宣传。

12月4日，市联席办主任杨文斌一行到暮云街道、南托街道、青园街道指导社区全面提质提档工作。杨文斌一行实地查看暮云街道卢浮社区、华月湖社区，南托街道融城社区、南托岭社区以及青园街道井湾子社区项目进展情况以及社区阵地建设情况，听取街道和社区的介绍，并召开座谈会。杨文斌指出在下步工作中，要精准把握提质提档工作的要求，做好这件增进民生福祉的好事；要通过党建引领，实现环境做美，文化做精，治理做活，服务做优；要抓好进度，做好梳理，全面完成提质提档各项工作；要加强宣传，推介工作中产生的好经验、好做法、好典型。（肖　君）

【徐宏源调研社区提质提档和城市基层党建工作】 2018年6月7日，市委副书记徐宏源率队到天心区调研社区提质提档和城市基层党建工作。市委副秘书长谭慧慧，市委组织部、市民政局、市联席办相关负责人参加调研，区委书记朱东铁等区领导、相关区直部门及相关街道负责人陪同调研。徐宏源一行到井湾子社区，查看党建阵地，了解网格党支部、党员服务窗口等情况；到长坡社区，实地查看改造情况，了解下一步改造计划，查看社区阵地，了解党建引领作用发挥情况，在社区居家养老中心与居民群众和社会组织交流。徐宏源对天心区的社区提质提档和城市基层党建工作表示肯定，指出，要深入推进"城市基层党建年"活动，突出党建引领；要强化社区阵地建设，完善教育、医疗、卫生、就业、社保等服务功能；要创新"三社联动"机制，开展居家养老、社会救助、优抚安置、社区康复等服务。（肖　君）

【垃圾分类工作宣传培训及会议】 2018年7月29日，由区城管局牵头组织、青园街道具体实施的在金葳小区举办以"为垃圾分类助力，给美好生活添彩"为主题的宣传活动。活动现场，通过拉横幅、立宣传牌、发宣传手册、指导居民群众使用"收可多"垃圾分类智能回收系统等方式让居民群众更快捷的了解和学习垃圾分类相关知识。活动引导群众学习垃圾分类知识，传授垃圾分类环保技巧，起到宣传效果，为下一步垃圾分类工作全民参与奠定群众基础。

8月14日，区城管局组织本单位参赛人员开展垃圾分类专题培训以及实战训练。队员们在干湿分类、四类投放两个方面展开专项练习。训练中，大家讨论应赛方法，并不断改进。

10月16日，区政府副区长许波组织召开垃圾分类工作调度会议。区政府办、区财政局、区商务旅游局、区卫计局、区后勤服务中心、区环卫局、区园林局、区城管执法局，各街道相关负责人及示范小区垃圾分类服务中标单位参加，会议由区城管局局长杨维君主持。会上，区城管局通报垃圾分类工作整体进展情况，各与会部门就前期的工作进行专题汇报。许波要求，要加快进度；要强化监督，各街道要加强对辖区内学校、机关、医院、大型企业和商场的垃圾分类工作指导；要打造品牌，要让垃圾分类成为天心区的名片，打造天心垃圾分类品牌。杨维君强调增强民众垃圾分类意识关键是宣传教育工作到位，要求区垃圾分类指导办公室要加强工作统筹，做好指导、督促、服务3项工作，确保垃圾分类工作有序推进。（陈　曦）

城市管理综合执法

【概况】 长沙市天心区城市管理综合执法大队（简称“区城管执法大队”）为正科级全额拨款的参公事业单位，负责全区的城市管理执法工作，与区城管公安大队合署办公，派驻14个街道办事处中队、3个窗口地区中队、4个直属中队，内设办公室、政工科、法制科、后勤科。有大队班子8人（大队长、教导员正科职2名、副科职副大队长4名，副科职纪委书记1名，党委委员1名），有编制236名（有干部职工229人，其中病休2人，另退休5人，去世1人）。中共党员207人。区城管执法大队位于天心区书院路枣子园9号。

2018年，区城管执法大队办理各类案件13899件，处罚金额415.86万元。参加重大会议活动保障工作，出动执法干部2000余人次，参加各项保障行动10余次，完成铲雪除冰行动、两会市容保障、橘子洲焰火晚会、长沙市国际马拉松赛等重大会议活动赛事。全体执法干部换上全国统一制式服装，办公场地、执法车辆更换新标识标牌。加强执法过程全记录建设，增加执法监控系统和执法记录仪配置，协调区各部门，重点对贺龙广场、步行街中队办公场地进行搬迁和改造升级，改善办公环境；大队每月组织中队法制员开展一次法制培训，规范办案流程，中队每月组织执法队员开展一次法制学习，加强法律法规学习。明确要求执法干部每人每月办案2起，每月在大队中层干部会议上对各中队执法办案情况进行通报。被中央、省市各级媒体专题报道155起，坡子街中队“水枪执法”工作被中央电视台2台、新华网、人民日报网等正面报道，抗冰抢险工作两次被湖南卫视新闻联播报道，《湖南日报》对渣土中队对污染路面的，车辆和单位罚款10万元的案例进行报道。（易凌志）

【“蓝天保卫战”整治行动】 2018年，区城管执法大队每周二、四开展全区范围集中整治大行动，对全区重点难点区域进行集中整治。采取不定时不定点对全区渣土运输路段设卡检查，严查渣土工地违法违规行为，全年办理渣土案件594起，罚款20.54万元，工地噪音污染案件59起，罚款23.6万元；全面排查辖区范围内餐饮门店油烟净化设施安装、使用情况，对拒不履行安装的门店予以重罚，处罚14家，罚款8.5万元；加强违规早夜市方面整治，处置违规早夜市行为2000余起，暂扣烧烤摊担和店外经营夜宵工具2600余件，办案1214起，罚款29.09万元；对全区垃圾焚烧情况及时处置，对严重违规行为加大处罚力度，办理相关案件51起，罚款3.91万元。对散煤进行专项治理，联合街道开展散煤清理工作，对门店使用燃煤等违规情况进行集中整治，共查处门店经营使用燃煤1000余处，收缴煤炉1500余个。（易凌志）

【区域环境综合整治】 2018年，区城管执法大队加大暮云、南托等城乡结合部拆违控违工作力度，

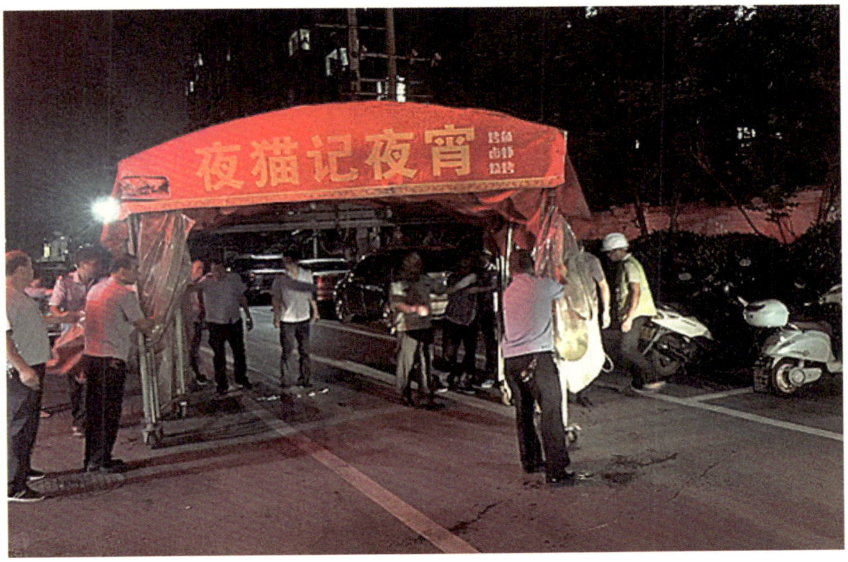

2018年5月15日，区城管执法大队在黑石铺开展整治行动

区蓝天办　供稿

以点带面，推动全区拆违控违工作。全年共拆除新增违建88处1.09万平方米，历史违建878处，25.56万平方米；推进绿心地区企业清退工作，完成10家企业清退工作，协助其他相关单位完成17家企业退出工作；重点整治南部片区乱搭乱建、乱倒乱卸、机动车违停等行为，加大办案力度，严厉处罚各类违法违规行为，办案1020起，处罚99.34万元。对其中一起违法建设实行顶格处罚；多次集中整治五一商圈市容乱象，对王府井、春天百货等商场大型违规户外广告进行集中拆除和整治。辖区各中队加强巡查，对违规户外广告发现一起拆除一起，全区拆除319处，面积4.86万平方米，依法处罚76起，罚款4万余元。（易凌志）

【专项执法整治】2018年，区城管执法大队采用手持终端、锁车抄牌等方式加大机动车违规停放行为整治力度，处置违停行为11611起；配合区相关部门加强学校、农贸市场周边整治工作，加大餐厨垃圾处置执法力度，办理餐厨案件127起，处罚17.61万元，多次联合新闻媒体开展执法整治行动；加强路面巡查，对擅自占道、破路等行为及时进行处置，对占道施工不围挡、围挡不规范等行为加大执法办案力度，全年处罚相关案件75件次，罚款8.09万元。加强占道亭棚整治工作，退出人行道亭棚10个，拆除19个。

（易凌志）

【执法创新工作】2018年，区城管执法大队探索文明执法，改进工作方式。开展“水枪执法”，在大气污染防治过程中，大队执法队员对门店、摊贩使用的煤炉，改变以前用泼水、脚踩灭火方式，采用彩色玩具水枪浇灭方式，更加人性化，更容易得到摊贩的理解；大队运行全市首个城管手机平台现场办案系统—“手机现场办案系统”，不需暂扣经营物品，也不需执法对象来回奔波，只需几分钟，城管执法人员现场就能出具执法文书；利用环保执法“微信群”解决疑难问题，在污染防治期间，坡子街中队经过认真研究，建立6个微信群，将街道社区、城管执法、物业公司相关负责人，投诉人、被投诉店面负责人拉入群中，每天执法人员将检查情况进行通报，门店负责人将采取的减少污染的措施发到群里，接受投诉人的随时监督，如果投诉人发现扰民现象，随时在群里反映，街道社区、城管中队、物业公司迅速督促被投诉者立行立改。

（易凌志）

环境卫生管理

【概况】2018年，长沙市天心区市容环境卫生管理局（简称“区环卫局”）下设2办（办公室、渣土管理办）、6科（人事科、财务科、业务管理科、安技科、基建科、督查科）、1队（垃圾运输队）、9所（坡子街环卫所、城南路环卫所、裕南街环卫所、赤岭路环卫所、新开铺环卫所、桂花坪环卫所、青园环卫所、黑石铺环卫所、先锋环卫所），共18个部门；区环卫局党总支下设机关、业务、渣管、车队、退休5个支部。有正式在职职工137人、退休职工205人。临聘职工1603人。有班子成员7人，中层干部50人。有各类环卫作业车辆233台，其中垃圾运输车84台（垃圾车33台、融资垃圾车6台、钩臂垃圾车43台、压缩直运车2台）、水车81台（洒水车71台、小水车10台）、洗扫车40台（机扫车36台、全能扫路车2台、高台清洗车2台）、工作用车28台（其中6台公务用车）。负责全区95条主次干道632.9万平方米，主次干道绿化带106.81万平方米，共计739.71万平方米的清扫保洁；负责每年近28万吨生活垃圾的日产日清；负责全区131座厕所、126座垃圾站、58座环卫休息室的管理维护和公共厕所、垃圾收集站、环卫工人休息室等环卫设施的改造与建设；负责全区41个地下通道、1座车行通道、5座人行天桥的管理和日常维护；负责全区渣土工地、渣运车辆的监管和南二环线桥下天心段的维护管理。

2018年，环保督查期间，区环卫局共接收5件主办件，协助多个街道和部门对35件交办件进行处理。在扫雪除冰期间，成立10支应急分队，24小时巡查，发现冰冻情况，及时处置，保障桥梁、省“两会”线路、省府周边、主次干道交通畅通。（胡晶）

【新移交区域维护作业】2018年，32千米湘江河滩天心区段、黄兴南路步行街、湘江风光带天心区段、先锋、暮云片区15条主次干道的清扫保洁移交至区环卫局。区环卫局采购50个垃圾箱解决107国道及周边无垃圾站问题；针对32千米湘江天心段河滩险要地貌，在配好安全绳、安全帽、救身衣等保障环卫工人安全的情况下，按8个所包干负责，保证河滩保洁常态化。黄兴南路步行街、湘江风光带天心区段作为重要区域，区环卫局按照景区化维护模式，加大人员、设备投入，实现常态化维护。保障新移交区域维护作业水平，共新增人员298人、水车19台、快速保洁车22辆。

（胡　晶）

【市容专项整治】2018年，区环卫局开展“省府周边”及北部外滩百日整治行动，开展城乡结合部裸露垃圾清理、“牛皮癣”清除、渣土扬尘治理、河滩卫生整治及环卫设施完善等专项行动。出动清扫员4800余人次，对城乡结合部道路及入城口进行卫生清扫，清理卫生死角1300余处，清运裸露生活垃圾及绿化带白色垃圾7000余吨；清除牛皮癣9700余张；更换、维修环卫设备460余次。（高紫嫣）

【垃圾分类减量】2018年，区环卫局通过强化生活垃圾种类进站管控力度、设立专业果蔬垃圾处理站等措施减少生活垃圾清运量，截至年底共清运生活垃圾277869.28吨，比2017年同期减少9585.53吨，完成年度减量任务，全区生活垃圾做到日产日清，实现100%无害化处理。（胡　晶）

【天心区智慧环卫管理系统平台】2018年3月，天心区智慧环卫管理系统平台开始建设，6月投入使用。天心区智慧环卫管理系统平台对每台环卫作业车辆安装高清摄像头、油耗监控系统、GPS定位系统、实时对讲系统，进行24小时实时监控和及时调度；针对机扫车，在驾驶室、车前、车后、机扫右边安装4个摄像头，随时查看驾驶员的实时作业情况和效果；为每名管理人员配发定位手持终端，设定管理区域及范围，发生异常情况（如：脱岗、离岗等），系统自动报警，实现远程管理和现场管理的互通，发现问题及时通知整改；在站厕安装1～2个高清摄像头及视频录像系统，全面直观对环卫设施进行监控，实时统计如厕人员，实时显示空厕位数量，安装异味监控系统，氨气等异味达到一定数值自动报警，及时解决因异味扰民的问题。

12月21日，智慧环卫平台培训会议在天心智慧平台指挥中心召开。区环卫局督查科、业务科、各所所长及内勤人员参与培训，邀请天心智慧环卫系统开发工程师主讲。工程师对智慧环卫平台进行全面讲解，就智慧环卫系统的环卫人员管理、车辆及作业管理、环卫设施管理等进行介绍，重点针对掌上环卫APP的应用、业务考核等进行讲解，列举在实际操作中遇到的一些问题，通过培训指导大家如何有效使用智慧环卫系统进行环卫作业监督管理。（胡　晶）

【蓝天保卫战】2018年，区环卫局联合城管、公安、交通、环保等部门先后开展集中整治行动147次，整治工地563处，查扣违规车辆224辆，处罚金额150.44万元。2018年空气优良天数比2017年增加12天，提升3.5个百分点。区环卫局在避开三个上下班高峰期的基础上，对重点主次干道坚持1个小时降尘1次，根据臭氧浓度情况实时调度，按30分钟1次的降尘频率，加大对全区主次干道洒水降尘力度，抑制扬尘污染。加大渣土管理力度，每天对辖区内开工的基建工地进行督查，对未开工基建工地进行守点，严格要求净车出场、裸露黄土全覆盖、洒水降尘，加强源头管控。

1月17日，区环卫局召开专题会议部署“蓝天保卫战”。会上，区环卫局局长蒯建红传达区委、区政府的会议精神，就如何贯彻落实《长沙市天心区“强力推进环境大治理 坚决打赢蓝天保卫战”三年行动计划（2018～2020）》工作要求进行安排部署。会议要求，加强源头管理，做到工地周边围挡、物料堆放覆盖、出入口路面硬化、安装冲洗设备、出入车辆一车一冲，渣土运输车辆做到百分之百密闭运输；加强道路巡查，实施24小时无间隙监控；加强道路扫保和机扫水洗的力度和频次。会议强调，局属各部门要结合大气污染防治工作，进巩固和提高全区道路降尘、抑尘整治成果，坚决打赢“蓝天保卫战”。

1月20～21日，区环卫局调动全局人员、设备，对全区主、次干道道路进行大清洗，落实环境治理工作任务，坚决打赢“蓝天保卫战”。两天白天，区环卫局组织并出动人员1500余人次、大水车37台次、8吨高压水车6台次、3吨水车30台次、机扫车51台次、垃圾车56台次，对劳动路、芙蓉路、湘江大道、南二环、省府周边、猴子石大桥、中意一、二路进出城出入口及城郊结合部等全区36条主次干道和重点窗口、地下通道进行机扫、清洗。制定

《天心区环卫局大清洗整治行动安排表》，于每晚20:00起至次日06:00，派出39台次大、小水车、90余名随车清洗人员，对全区70条主、次干道进行强冲。据统计共冲水886车次。

3月29日，区环卫局组织并出动人员1200余人次、水车87台（其中抑尘车1台，8吨水车46台、8吨高压水车2台、3吨水车28台、路面养护车10台），机扫车32台。对劳动路、芙蓉路、湘江大道、南二环、省府周边、猴子石大桥、中意一、二路进出城出入口及城郊结合部等全区36条主次干道和重点窗口、地下通道进行了机扫、清洗，并由日常的2小时降尘一次改为半小时降尘一次，加大对全区主次干道洒水降尘力度，抑制扬尘污染。

4月17日，由“三小车”指挥部牵头，联合天心区城管、环卫、公安、交通、交运、环保等职能部门在中意二路设点检查，打击“三黑”车辆，对渣土车不按线路行驶、乱倒乱卸、污染路面等现象进行严厉查处，从严打击渣土运输过程中各类违规违法行为。出动人员50余人，检查车辆20余台，未发现渣土车违规违法运输行为。区环卫局渣土办严格执行定岗值守、路面巡查等强化措施，联合相关职能部门每周至少开展2次渣土管理整治工作。

4月18日，区环卫局对全区主次干道路面洒水降尘频次进行调整，时刻保持路面湿润，降低路面温度，抑制臭氧形成。重点道路与重点区域的洒水降尘作业频次由原1小时1次，调整至30～40分钟1次；其他道路的洒水降尘作业频次由原2小时1次，调整至1小时1次；重点道路与重点区域晚班水车作业时间由原来22：00提前至20：30。

6月26日，区环卫局渣土办与天心区渣土执法中队组成联合执法组，在新开铺路湘府大桥北匝道口设卡守点，开展专项整治行动。此次行动，重点查处渣土车在运输过程中带泥上路、超载、超速、抛洒滴漏、无密闭装置、不按指定路线、时间行驶等各类违规违法行为。出动人员30余人，检查车辆20余台，扣车5台。

7月25日晚，区环卫局渣土办联合渣土执法中队在芙蓉南路中意路段设卡守点，对过往“三车”进行查处，重点查处非专用车辆运输、非法倾倒建筑垃圾等违规违法行为，出动人员30余人，检查车辆20余台，未发现违规违法现象。

8月7日晚，区环卫局渣土办联合渣土执法中队在芙蓉南路和美星城段设卡守点，严查过往渣土运输车辆，重点整治渣土运输车辆装载不合理现象及车身不洁等系列违法违规行为，检查车辆20余台，扣留违规渣土车1台。

8月9日，由区政府副调研员何建明带队，开展天心区“蓝天保卫战”日常执法巡查行动，区环卫局党总支书记、局长蒯建红一起参加巡查督查。在行动中，巡查小组对天心区鑫远嘉城工地、长沙市第二医院土石方工程、美的梧桐工地、五江书香苑基建工地进行巡查，对不符合规定的美的梧桐工地和长沙市第二医院土石方工程提出整改意见，要求加强工地夜间施工管理，特别是工地停工后对出入口道路的冲洗，恢复道路本色，场内裸露黄土需覆盖到位，并责令在规定时间内整改到位。

9月19日晚，区环卫局渣土办与天心区渣土执法中队组成联合执法组，在时代阳光大道与芙蓉南路东南角设卡守点，开展专项整治行动，出动人员20余人，检查车辆20台，扣车2台。

10月11日晚，区城管执法队、区环卫局渣土办出动20余人，开展渣土专项整治行动，行动组在木莲冲路与韶山路交汇处设点守卡，此次行动共检查车辆20台，扣车1台。

11月27日晚，区环卫局联合天心区城管执法渣土中队开展渣土车专项整治行动，出动20余人，在书院路与新韶路交界处设点，共检查车辆20台，暂扣2台。

（胡 晶）

【“厕所革命”工作】 2018年，天心区用于“厕所革命”项目的总投资2500万元，包括新建2套站厕、新建2座示范性公厕、改造79座老旧公共厕所、改造5座旧式垃圾站、改造1座旱厕及安装30座公共厕所除臭设备。区环卫局完善残卫、母婴板、无障碍设施等人性化改造，“统一色调、统一Logo”，制作手机APP，示范性公厕建设新引入3D打印技术。加大对公共厕所的常态保洁，二环以北延长保洁作业时间至22:00（原作业时间为8:00～18:00），二环以南延长保洁作业时间至20:00；强化督查考核机制，确保天心区公共厕所干净整洁，设备完善，无异味。（胡 晶）

【天心区南部片区百日整治暨渣土新规学习培训会议】 2018年7月9日，天心区南部片区百日整治暨渣土新规学习培训会议举行。市城管局渣土管理处副处长首珍、督查科科长王岸舸、勘察办证科科长谭显明参加会议。区环卫局副局长张文广就抓源头管理、抓集中整治、抓严管重罚、抓队伍建设四个方面总结上半年渣土管理成绩，指出渣土管理工作存在的不足，对下半年渣土管理工作进行布置安排。区城管局局长杨维君强调，蓝天保卫战全面打响，渣土扬尘整治刻不容缓；新规范、新机制全面推行，最严治理正在实施；密切配合，合力推进渣土运输规范、有序、高效运行。渣土监管员代表与渣土运输企业代表作表态发言。首珍对天心区渣土管理工作取得的成绩给予肯定，并提出工作要求。王岸舸组织学习渣土处置考核办法；谭显明组织学习渣土管理新规。区城管系统纪检组长吴宏智作发言，提醒所有渣土处置工地建设单位负责人遵纪守法，严格按照相关要求进行渣土作业。

（张 洋）

【庆祝湖南省第23届环卫工人节表彰大会】 2018年10月25日，天心区举行庆祝湖南省第23届环卫工人节表彰大会。区政府副调研员何建明、市城管局市容环卫管理处处长钟庭、区城管局党委书记、局长杨维君出席会议，区环卫局班子成员、全体中层干部、一线环卫工人代表等100余人参会。大会授予垃圾运输车队等6个部门“先进集体”荣誉称号，授予唐冰等10人“优秀中层干部”荣誉称号，授予王演等40人“先进个人”荣誉称号。

（胡 晶）

市政工程管理

【概况】 长沙市天心区市政工程管理局（简称“区市政局”）主要承担全区范围内104条主次干道、276条支路街巷市政道路和排水设施维护、管理；车行道面积671万平方米，人行道面积171万平方米，泄水井、检查井约5.92万余个，排水管网约678余千米的日常维护；承担辖区范围内高排涵系统、无物业小区化粪池的日常维护管理工作及城区防涝排渍工作。区市政局设党政办、财务科、巡查维护科、督查科、安全设备科、路政审批科、内审科、业务考核科、工程科、防涝排渍科、劳资人事科、工会共12个科室。2018年有干部职工256人，其中正式职工96人（包含班子成员7人、政府雇员1人），编外临聘人员79人（其中28人为排水队一线维护人员），劳务外包人员82人（其中人行道队51人、车行道队24人及化粪池队7人），退休职工87人。

2018年，区市政局围绕“道路更平整、排水更通畅、设施更安全、施工更文明、服务更贴心”的工作目标，推进各项工作。共接到环保督察案件12个，其中1个主办、11个协办，均及时进行整改和办结回复。市政府副市长廖建华对区市政局智慧城市系统给予肯定。防涝排渍科排水队获长沙市总工会“长沙市工人先锋号”称号，排水队刘华国被推荐为长沙市第三届“最美城管人”候选人。区市政局在市对区业务考核中两次获市政类排名第一，连续八年获得长沙市级文明单位称号。

（唐 媛）

【除冰防汛】 2018年年初的雨雪冰冻天气期间，区市政局分两批次购置价值约400万元的防汛及生产用车、设备，并组织人员参加市级防涝排渍应急演练；重点保障湘府路桥、殷家冲桥及侯家塘桥等易结冰路段的安全通行；做好灾害天气后市政设施的维护修复工作。对南湖路隧道、雀园东路内涝点、西湖路周边、中意一路、涂新社区等城区重要堵点进行整治改造及清淤，解决城区几个重要堵点的积水难题。主汛期启动防汛应急预案，建立和健全应急体系，实行汛期24小时值班制，保障安全度汛，共计出动防汛34次（其中启动四级响应9次、三级响应1次、雨期随时调度22次），出动人员1.4万余人次，调配车辆和设备460余台，累计出动工程车、清淤车、抢险车、大型抽水泵车、小型排水单元等各种车辆3000余台次。城区没有出现大面积、长时间内渍。

（唐 媛）

【市政道路维护】 2018年，区市政局对全区主次干道车行道、人行道采取巡查发现、问题交办、及时处置的举措，实行有计划、分步骤的维护与管理，变被动处置为主动维护；对泛浆路面，一律要求先开窗强补再做油。累计维护维修沥青路面4.5万余平方米、人行道1.5万余平米，安装侧平石2000余米、麻石球1000余个、U型障碍杆770根、立柱障碍杆1400余根。全年平台系统受理（市、区两级）案卷11276条，处置完成率100%。

（唐 媛）

【地下管网改造】 2018年，区市

政局完成排水管道清淤620余千米、清理淤泥530余吨、清掏雨水篦子2.21万余个次、疏通明沟1.16万余米、更换排水井盖1680余套、修复各类井座1770余座次、安装维护防坠网800余个、整治改造小型堵点106处、改造管道2400余米。对铜铺街小学门前、湘江大道（南湖路至殷家冲段）、广厦新村、解放西路高排口、小西门、南部片区、双管子河、新开铺路湘府路桥至三环线、商贸旅游职业技术学院的截污干管或排水管网进行了应急清淤或改造，确保全区排水畅通。（唐　媛）

【市政专项整治】 2018年，开展五一商圈、省府周边、南外滩、南部片区百日整治行动及人行道清障、洗车场整治行动等；在五一商圈整治行动中，出动维护人员280余人次，对宝岛眼镜店前、解放西路万达广场等多处人行道进行改造或整修；在解放西路黄兴铜像前、万达广场等8处增设无障碍通道设施；拆除不规范的护栏，修复、改造沥青路面及人行道约4000平方米。该区域市政品质受到湖南卫视、湖南都市、《长沙晚报》等新闻媒体的专题报道。（唐　媛）

【市政民生项目】 2018年，区市政局实施白沙路有机更新、“一圈两场三道”自行车道、人行道及青园、城南路街道示范生活圈自行车道建设项目；对全区人行道及路面基础较差的十条支路街巷进行提质；实施窨井整治改造项目，将人民西路、芙蓉路等路段的1059个窨井设施升级为D700可调式“五防”沉降检查井盖，提升井座井盖安全性能和品质；对桂花坪、新开铺、先锋等七个街道的化粪池开展无公害化处置，提高废物再利用率。（唐　媛）

【开通市政24小时服务热线】 2018年，设立市政24小时服务热线，随时接受群众的情况反映和意见，并按照“快速反应处理机制”，及时解决群众反映的排污沟堵塞、人行道破损、化粪池澎溢等各种问题。2018年受理“110”热线774条，处置率、满意率均为100%。（唐　媛）

【道路隐患排查】 2018年，区市政局重点加强对井座井盖安全运行的监控，通过安装防坠网、更换“五防”井座井盖等措施，及时消除井盖设施安全隐患。争取专项资金对全区可能有安全隐患的48条、900余千米道路进行塌陷隐患专项检测，发现塌陷点，及时采取措施进行应急处置或督促相关单位处置。2018年，全区范围内未出现一起路面塌陷引发的安全事故。（唐　媛）

【古道巷老旧小区综合整治】长沙市古道巷区域建筑多半建于20世纪80～90年代，原设计建造、配套设施建设等方面均不完善。普遍存在缺少公共照明、环卫设施、消防设施、停车场等市政基础设施不全，下水道年久失修、路面损毁严重、火灾隐患多的问题。除此之外，老旧小区周边公共厕所、农贸市场等公共设施配套不足，布局不合理，给居民日常生活带来很多不便。2018年，区委、区政府决定对古道巷老旧小区进行综合整治。区市政局协同区城管局、区园林局及街道，分析存在的困难和问题，推进项目建设，清掏原有堵塞的化粪池，更换受损井盖，在原有道路的基础上进行平整扩宽，完善区域基本功能，确保按时完成综合整治。整治之后的古道巷区旧貌换新颜，城市品质得到提升。（唐　媛）

【西牌楼巷提质改造工程完工】坡子街街道西牌楼店铺林立，为三湘历史名街。2004年，西牌楼划入“太平街历史文化街区”。西牌楼巷为连接太平街和药王街的主要支巷，也是西牌楼小区千余户居民进出、居民车辆出行的唯一通道。路面坑洼，且西牌楼沿线店铺招牌杂乱，墙体老旧，电线及通讯线路架设混乱，易造成安全事故。2017年11月初，西牌楼支巷提质改造工作启动。区市政局在街道和社区的配合下，对门店招牌进行统一，对空间进行规整，对管线及台阶进行改造，路面铺垫沥青，对墙体进行翻新，统一整体风格。2018年1月8日，西牌楼社区西牌楼巷顺利完成沥青铺垫工作，由区市政局负责的西牌楼巷景观提质改造工作全面完工。（唐　媛）

【友谊路人行天桥投入使用】 2018年3月28日，友谊路人行天桥投入使用，为居民出行提供安全的保障。友谊路过街天桥项目作为2017年全市城管系统建设项目，是区政府办理天心区五届人大一次会议代表提出的重点民生工程。该工程由区市政局负责实施修建。2017年下半年，在天桥的修建过程中，市城管局、区人大、分管区领导多次现场调研、调度，在相关区直部门、学校和群众的支持配合下，项目进展顺利，2018年2月，天桥主体工程全部完工。经过1月余的时间对天桥各设施、手扶栏进行全面维护和验收，投入使用。（唐 媛）

【南二环辅道启动提质改造】2018年4月11日，南二环辅道启动提质改造，进行封闭施工作业，计划工期4个月，主要采取部分路段半封闭、部分路段全封闭两种形式进行施工。由于交通量增加较大，直接导致南二环两侧辅道路面损坏，破损率接近40%，出现局部横向块状龟裂、块状裂缝、纵向裂缝、横向裂缝、坑槽、沉陷、断裂、麻面、脱皮、露骨、角隅部分开裂等情况，导致车辆行人通行不便。原有辅道老路为沥青路面，路面宽度为40.0米，双向6车道和辅道双向2车道，道路等级为快速路及城市主干道。为改善辅道通行能力，南二环路面提质改造工程列入2018年长沙市天心区政府改造建设计划，提质改造工程拟对南二环3.2千米长的环线两侧辅道进行全面提质改造。工程具体实施建设单位为区市政局。提质改造工程将对病害路面进行铣刨、开挖换填等处理，并对沿线市政管井进行改造升级。（唐 媛）

【小西门水系清淤工作启动】2018年7月5日，区市政局启动小西门水系清淤工作。小西门水系北至五一路，南抵西湖路，东靠蔡锷路，西达湘江大道，涉及坡子街、城南路两个街道共18个社区，水系内多属老城区，行车多、人流多、住户多，道路却狭窄，一般的清淤车辆、设备无法进入，很多地方仅靠人工进行清掏疏浚。施工过程中既不能影响商铺的正常营业，又不能扰乱百姓的起居出行，施工要求专业性、可操作性高。借鉴以往的清淤经验，区市政局与所属街道、社区进行密切沟通，动员群众、广泛宣传，尽可能争取市民对清淤工作的理解与支持，同时结合区域特点，利用白天时段，采取人、机结合的清淤办法，从7月5日起至8月初，对整个小西门水系112条总计约15.2千米长的排水管道进行系统清淤。（唐 媛）

【朱东铁调研白沙路两厢城市有机更新工作】2018年8月17日，区委书记朱东铁一行到白沙路提质改造现场调研白沙路两厢城市有机更新工作。朱东铁一行实地察看劳动路至人民路两厢城市有机更新改造项目，听取区市政局相关负责人的现场工作情况汇报，对施工过程中存在的困难和问题进行了解，指出要加强安全管理，抓好工程质量，确保白沙路有机更新整体进度；要注重工程品质，重点突出白沙路的文化品味；要坚持以人为本，注重提质改造的功能性和普惠性。白沙路的改造是天心区城市有机更新项目之一。（唐 媛）

【新开铺路黑石路口顶管施工项目启动】2018年9月21日，新开铺路黑石路口顶管施工项目启动。区市政局工作人员对新开铺路黑石路口东侧行车道上一处长6米宽3米的区域进行围挡安装，做好施工前的准备工作。新开铺路黑石路口顶管施工项目是为响应黑臭水治理工作整体部署和考核要求，对新开铺路黑石路口段排水管道进行顶管施工，把新开铺路东侧部分污水引流至西侧截污干管，从而减少流入双管子河的污水量。该项目顶管施工长约40米，新建工作坑、接收井2座，同时对周边2000余米排水管网进行清淤疏浚。因施工区域处在南往北车行道上，为充分保证行车安全、施工安全，区市政局防涝排渍科工作人员多次会同设计方、施工方作现场论证，研究制定科学的施工方案，为文明施工、安全施工夯实基础。经过30天奋战，按计划如期完工。（唐 媛）

园林建设与绿化

【概况】长沙市天心区园林管理局（简称“区园林局”）属全额拨款事业单位，负责辖区内公共绿地、社区公园绿化维护和设施管理；负责辖区内新建及新建未移交绿化的监管；负责新增绿地的统计；负责区级部分园林绿化工程项目建设；设区造绿复绿领导小组办公室，负责“新三年造绿大行动”的各项统筹协调工作。区园林局设有党政办、绿委办、行政审批科、计财科、物资设施科、数字督查科、工程科、质量技术监督科、维护一公司、维护二公司、维护三公司、维护四公司、湘江风光带北段管理办公室、湘江风光带南段管理办公室、省府景观轴管理办公室15个部门，办公地址位于天心区玉桂路6号桂花坪街道办事处二楼。

2018年，区园林局完成造绿面积41.31公顷，全区绿化覆盖率 45.16%，绿地率 41.05%。共补栽大乔木 0.11 万棵，灌木 31 万株，草皮 2.5 万平方米，草花 135 万盆；受理社区居民死、危树砍伐报告 35 例，配合各级各部门及时清理排除隐患，处理死、危树 48 株；协助区城管综合执法队、区城管局及时处理“110”、数字化信息平台、“12345”服务热线平台及社区紧急危树事件 63 件，紧急处置危树 103 株。处理数字化平台案卷 2650 件，处置率 100%。对全区 102 棵古树名木、2 个古树名木群进行实地鉴定和勘查工作。

（王　雷）

【绿化工程建设】 2018 年，区园林局完成杉木冲路（新姚路—五凌路雨花区界）、新联路（杉木冲路—豹子岭路）、新姚路（芙蓉南路—新韶路）、正塘坡路（刘家冲路—芙蓉路）、披塘西路（芙蓉南路—新开铺路）、和平东路（芙蓉南路—雨花区）、青山路（书香路—新联路）、白沙路（星电宾馆—湘江大道）、竹塘西路（书院路—韶山南路）、时代阳光大道（芙蓉南路—万芙路）、黑石铺路（新开铺—新姚路）11 条林荫大道的建设任务，更换行道树 2802 株。新建金桂社区北片小游园、青园社区公园、南二环街头小游园 3 个社区公园，提质改造九峰小区社区公园、浦沅立交桥社区公园 2 个社区公园，新建及提质改造公园总面积约 6.41 万平方米。完成 1 个特色花坛项目建设、2 个园林特色街巷项目建设，1 个街道零星绿化项目建设。完成林科大人行天桥、书院路湖南开关厂人行天桥及豹子岭边坡立体绿化。建成浦沅立交桥下生态林荫停车场，现有 131 个停车位，建设绿道 1000 米，建成林荫广场 900 平方米。

（王　雷）

【绿化维护管理】 2018 年，区园林局对辖区内园林植物、景观设施、亮化设施进行全面的维护修补，重点对湘江风光带、省府景观轴、社区公园进行全面维修。全年共补栽大乔木 0.11 万棵，灌木 31 万株，草皮 2.5 万平方米，草花 135 万盆；大乔木修枝抹芽 12 万余棵，与 2017 年持平；修剪绿篱及草皮 180 万平方米，比 2017 年增加 30%；安装护栏 2800 米，比 2017 年减少 51%；更换麻石边 3200 米，比 2017 年增加 100%，更换景观灯 1400 盏，比 2017 年减少 28%；修复亮化线路 4200 米，比 2017 年减少 50%；检修直饮水龙头 110 个，比 2017 年减少 46%；修复钢木结构并喷涂油漆 3.1 万平方米，更换防腐木地板 1200 平方米。（王　雷）

【义务植树】 2018 年，区园林局推动“全民义务植树运动”。3 月 12 日，区园林局组织驻区相关单位及个人志愿者代表等 1000 余人在南湖大道义务植树基地栽植桂花、银杏等苗木 3200 余株，组织志愿者认养爱心树，志愿者分批认养爱心树近千株。植树系列活动持续两个多月，累计 24 万人次参与，完成 72 万株造绿任务。

（王　雷）

【三年造绿】 2018 年，全区坚持用“绿色项目＋精品维护”的工作模式，推进增绿、造绿、补绿工作，全方位建设绿色生态天心。全区完成新增绿地 41.31 公顷；完成杉木冲路、正塘坡路 11 条林荫道路建设；完成青园社区公园林荫广场、九峰小区社区公园林荫广场、一力社区林荫广场、青园都市园艺林荫广场 4 个林荫广场建设；完成湘府文化公园东侧停车场、湘府文化公园西侧停车场、青园都市园艺停车场、一力社区停车场、浦沅立交桥下停车场 5 个生态林荫停车场建设；建成芙蓉南路至正塘坡路交汇处、芙蓉南路至中意一路交汇处 2 个街心转角。完成浦沅立交桥社区公园、青园社区公园、九峰小区社区公园、港子河景观带、金桂社区北片小游园、南二环沿线街头小游园、青园都市园艺 7 个公园及 1 个乡村公园建设。建成增花添彩工程花卉特色道路 2 条，完成天心区范围内道路、边坡立体绿化 1.6 公顷。建成 1 个市级、5 个区级义务植树基地，创建 6 个绿色示范社区（城南路街道白沙井社区，文源街道天鸿社区，黑石铺街道一力社区，暮云街道云塘社区、丽发社区、华月湖社区）、1 个绿色示范村庄、10 户绿色示范庭院，完成森林生物防火隔离带建设。2018 年全区绿化覆盖率 45.16%，绿地率 41.05%。（王　雷）

【园林垃圾处置场建设运营】 2018 年，天心区园林绿化垃圾及大件垃圾处置场位于大托镇黄合村下中棚组，占地约 0.53 公顷，日处理能力约 80 吨，能够基本满足全区树木、枯枝、杂草等园林绿化垃圾及废旧木质家具和藤、竹制品等大件木质垃圾的粉碎工作。粉碎后的物料可用于生物发电、制作有机肥料和绿化带覆盖物。2018 年 5 月开始，该垃圾处置场筹备建设，生产厂房约1000平方米，外场地约2000平方米，先后投资180万余元，完成场地选址及租赁，场地建设、厂房维修、设备采购、人员培训等工作。设备配有：生物质粉碎机1台，破碎机1台，挖机1台，铲车1台，雾炮机1台。配有5名人员，其中管理人员1人，粉碎机操作员1人，挖机铲车司机1人，绿化工2人。2018年8月，区园林绿化及大件垃圾场正式建成，承接全区的园林绿化和大件垃圾无害化处置工作，截至2018年年底，处置园林垃圾及大件垃圾约1500吨。园林绿化垃圾年处理能力可达到1.2万吨。9月4日，市政府副市长刘明理率队到天心区调研生活垃圾分类工作情况。刘明理一行实地察看天心区园林绿化垃圾及大件垃圾处置中心，听取天心区相关工作汇报，询问园林垃圾及大件垃圾处置流程和再利用情况。刘明理对天心区生活垃圾分类处置工作给予肯定，要求进一步加快工作推进，做好垃圾分类处置，从而实现资源再利用最大化。 （王　雷）

【浦沅立交桥社区公园】 浦沅立交桥社区公园是天心区2018年“城乡公园”建设中的重点工程项目，项目位于长沙市芙蓉南路与南二环交叉口处，总面积约3万平方米，共分为六大片区，整体绿化率80%。该项目不仅具备南城“街心转角”的交通区位优势，突出在交通路口平面、立交桥立面增添大量绿色元素，而且结合“一圈两场三道”的功能要求，新建绿荫停车场3个、新增停车位131个；建成林荫广场900平方米、绿道1000米、健身设施15套，是一座集生态、休闲、文化、通行等多功能于一体的城市公园。 （王　雷）

2018年1月10日，天心区委书记朱东铁（前排左二）一行到天心滨江公园三期进行调研 区园林局 供稿

【朱东铁调研天心滨江公园三期】 2018年1月10日，区委书记朱东铁一行到天心滨江公园三期进行调研。朱东铁沿着健康步道参观滨江公园，听取区园林局局长李政煌关于滨江公园三期情况介绍，指出滨江公园三期建设要将造绿复绿项目打造成“精品工程”，为市民提供舒适宜居的生活环境。 （王　雷）

【省府周边绿化整治行动】 2018年1月10日，区园林局完成为期100天的省府周边绿化整治行动。区园林局坚持问题导向和品质导向相结合，将芙蓉南路、新姚路、书香路、湘府路、新韶路、友谊路、刘家冲路等路段作为重点，全面清理省府周边存在的绿化残缺、精细化程度低、小区外绿化质量差等问题，通过对道路沿线进行补栽补种、复绿及提质，打造形态优美、色彩丰富、设施完善的区域绿化环境。补栽苗木1.8万余株、栽补草花近13万盆、补植草皮5000余平方米、铺设游路40米。 （王　雷）

【市绿委办到天心区调研】 2018年4月27日，市林业局总工程师恭映璧、市绿委办副主任王起宏等一行到天心区调研2018年绿色示范创建工作。恭映璧一行对天心区绿色示范创建工作给予肯定，强调要严格按照全市重点民生实事“创建绿色示范村庄、社区”考核指标验收标准进行实施，提升广大市民的获得感、幸福感。 （王　雷）

【绿色示范创建工作验收】 2018年10月16日，恭映璧、王起宏一行对天心区2018年市级义务植树基地及绿色示范社区创建工作进行实地验收。恭映璧一行实地察看天心区市级义务植树基地和暮云街道华月湖社区等绿色示范社区，

对天心区市级义务植树活动及绿色示范创建工作给予肯定，要求进一步通过义务植树活动和绿色示范创建，提升人民群众的植绿、爱绿、护绿意识，同时要加强后期的维护管理。（王　雷）

【市园林管理局调研天心区园林绿化工作】 2018年5月16日，市园林局党委书记、局长李志坚，市园林局工会主席陶晓明、市园林局绿化处处长申飞等一行到天心区对园林绿化工作进行调研，区政府副区长许波陪同。李志坚一行实地调研浦沅立交桥社区公园项目建设情况，听取区园林局工作情况汇报，对天心区园林工作给予肯定，对天心区园林绿化下一步工作提出要求：要在践行“绿水青山就是金山银山”的理念中创造特色；要在“一圈两场三道”建设中植入绿色元素；要在建设“四个园林”工作中打造亮点。（王　雷）

【市园林系统人员观摩天心绿色城市项目】 2018年7月5日，市园林局副局长黄哲带领各区县园林系统相关责任人员一行到天心区就“街心转角、街巷庭院”等绿色城市项目进行观摩学习。黄哲一行实地察看县正街、都正街等历史步道的街巷庭院，在浦沅立交桥社区公园听取天心区街心转角工作情况汇报。黄哲对天心区街心转角、街巷庭院及大型居住区内外空间绿化工作给予肯定，指出，天心区县正街、高正街、和乐街、火药巷街巷庭院项目打造了一个集旅游、休闲、文化、购物于一体的长沙新景点；浦沅立交桥社区公园突出在交通路口平面、立交桥立面增添大量绿色元素，打造了集生态、休闲、文化、通行等多功能于一体的城市公园，天心区的做法值得各区县借鉴。（王　雷）

天心阁景区

【概况】 天心阁景区坐落于长沙城市中心，东临天心路，西接蔡锷南路，南起城南路，北抵人民路。天心阁景区占地面积30390平方米，其中建筑面积4033平方米；道路面积7494平方米；水面396平方米；绿化面积23108平方米；绿化覆盖面积30602平方米；绿化率60.8%，绿化覆盖率91%。景区是以天心阁和古城墙为主体景观的历史名胜，古阁古城连为一体。其中古城墙始建于西汉高祖五年（前202年），距2018年约2200余年，2013年被国务院公布为全国重点文物保护单位；天心阁始建于明万历年以前，距2018年有400余年，2003年被国家旅游局公布为国家AAAA级旅游景区，2005年被中国文物学会历史文化名楼协会公布为中国历史文化名楼。

长沙市天心阁管理处成立于1952年，原名为天心公园管理所，先后隶属于长沙市建设局、长沙市文化局、东区天心阁人民公社；1978年更名为天心公园管理处，隶属于长沙市园林管理局；2003年更名为长沙市天心阁管理处；2018年7月13日始隶属于天心区人民政府，为正科级差额拨款事业单位。2018年9月白沙古井公园由天心阁管理处接管。

2018年天心阁管理处内设八个科室：办公室、人事科、计财科、经营科、保卫科、文物科、营销部、园林科。人员编制数为84名，在编人数82人，编制空缺数2人。有各类人员207人，其中：在编人员82人（含长病休2人)，合同聘用制人员26人；退休人员99人。

2018年12月26日由天心阁景区承建的天心区石人冲水库公园（海棠公园）建成开放。天心阁景区文化展陈项目列入2019年天心区政府重大项目计划。2018年12月，天心阁景区通过湖南省两型旅游景区认证审定。（王　静　王凯民）

【景区管理与经营】 2018年，长沙市天心阁管理处建立景区综合管理、旅游安全、环境卫生、导游讲解、园区增绿、文物保护、咨询投诉制度。采取日常巡查与专项检查相结合的办法，管理天心阁租赁门店的经营工作。天心阁景区组建讲解员、职工、学生、市民志愿服务团队。并与城南路街道、天心阁社区建立合作关系，组织“共创共建、文明长沙”活动。11月19日《天心阁里学雷锋，历史文化名楼下彰显城市温度与文明》于中国文明网发表。“五一”期间，景区参与美团开展的“五一大放价”网络门票促销活动，并策划“着汉服免费游天心”的景区活动。（王　静　何　锦）

【“智慧旅游”景区建设】 2018年，天心阁景区构建电商平台，运用“互联网＋旅游”模式，与智游宝、携程、去哪儿等网络分销商合作。并完成视频监控的安装工作，完成安装后的软件、平台的对接工作。1月5日，国家旅游局信息中心通报表扬湖南省 AAAA 级景区数据对接工作优秀单位及人员名单，天心阁在表扬通报之列。

（钱伟明　王凯民）

【旅游宣传】 2018 年 4 月 2 日，天心阁景区举办“星耀名楼·点亮蓝灯—2018 年关爱自闭症儿童成长”活动。6 月 13 日，在景区东门前坪举办“节能降耗 保卫蓝天”主题宣传活动。11 月 13 日，景区和新浪湖南联合举办“回顾历史，砥砺前行—长沙‘文夕大火’80 周年祭”活动。12 月 10 日，中国文物学会历史文化名楼保护专业委员会第十三届年会在云南弥勒市召开，会议进行《中国历史文化名楼系列文丛·词曲卷》首发仪式，天心阁景区搜集、整理并收录从清代至 2018 年的天心阁词曲 8 篇。（王　静　王凯民）

南郊公园

【概况】 长沙市南郊公园地处长沙市天心区南二环 442 号，是青年毛泽东第一次指挥军事战斗并取得胜利的地方，是湖南省、市青少年素质拓展和企业团队精神培训基地，总面积 36 公顷，绿化覆盖率 97%，是长沙城区离湘江最近的综合性山体公园，享有“湘江东岸绿色明珠”之称号。公园有南郊八景：“双亭映秀”“竹苑听泉”“杜鹃报春”“甘露飞珠”“秀峰醉月”“高阁数红”“江天一揽”和“天趣乐园”。公园地处湘江之畔，远眺岳麓山、西邻橘子洲头，凭借其独特的地理位置和富有特色的文化内涵，成为长沙市一处集休闲、游赏、娱乐为一体的综合性城市公园，年接待游客 220 万人次。公园经过提质改造，拉通西向游步道，开通公园东大门、西大门。南郊公园的发展历经三个历史阶段：1959 年前苏联援建猴子石大桥时的配套公园，史称“桥头公园”；1979 年改为“南郊苗圃”；1986 年 5 月 1 日，更名为“南郊公园”，正式对外接待游客。

南郊公园管理处属于副处级公益二类事业单位，负责对南郊公园绿地管理、设施维护与管理，游览与娱乐项目组织管理以及植物栽培与养护，内设人事宣教科、办公室、经营管理科、财务科、园林科、保卫科，2018 年 7 月 13 日，南郊公园由长沙市政府移交下放至天心区人民政府管理。2018 年年末净资产 32960.25 万元，实行差额管理，2018 年末有工作人员 98 人。

（任　湘）

【公园工程项目】 2018 年，南郊公园整体提质改造建设项目一标段一审出具定案表，三标段结算资料收集整理；应急抢险修复工程完成施工及竣工预验收。新增游客休闲集散广场 5 处 3105 平方米、休息桌凳 122 套、垃圾桶 108 个、健身器材 8 件、标识牌 128 块，开通西大门，修整西向山体游步道 1746 米。采取一系列措施对公园环境进行生态修复，解决公园山体滑坡的安全隐患，增加公园立体绿化 2800 平方米。方便游客“看得见江、近得了水”。湘府文化公园后续建设项目完工，完成专项验收及竣工验收。2018 年完成年度创收 360 万元，完成莱茵园招投标工作，做好艺绿居、卡通乐园、趣乐园、罗汉拱文化体验中心等项目招商准备工作。

（任　湘）

【公园日常管理】 2018 年，南郊公园加强网格化管理，更换制作宣传中共十九大精神、蓝天保卫战等内容的公益广告 280 余块，制作有安全生产宣传内容的施工围挡 35 块。加强园务公开力度，及时配合市园林管理局新闻中心和新闻媒体工作，把公园新点、亮点和特色及时向社会发布，提升公园外部形象。全年报送信息 42 条，回复“12345”市民热线 44 件，采纳游客合理化建议 5 条、整改游客反映的问题 8 处。共创“平安公园”，全年召开综治工作会议 6 次，安全生产专题会议 11 次；组织安全生产综合检查 7 次，下达整改通知单 15 份；制作宣传横幅 12 幅，宣传专栏 4 栏。2018 年未发生安全责任事故和治安案件。

（任　湘）

【园容园貌维护】 2018 年，逢传统节日在南郊公园的南门口、黑松花坛及公园主要景观节点摆放花卉，通过立体花坛、地栽花卉、创意花器、悬挂彩旗和灯笼等方式进行环境布置。全年使用各类鲜花 5 万盆，悬挂彩旗 4 批次共 126 面、灯笼 3 批次 80 个。推进共建共管服务平台。为明德中学、雅礼中学、黄土岭小学、湖南中医药大学等各类学校提供爱卫护卫志愿者服务场地。合理安排晨练场地，让晨练市民参与公园共建共管。开展专项治理，对公园办公区前坪黄土裸露地面进行复绿提质，黄土裸露治理成效显著。组织专业力量对白蚁危害严重区域进行集中消杀，挖出大小巢 80

2018年12月7日，南郊公园抢险修复工程建设小组组织召开长沙市南郊公园抢险修复工程竣工验收会议　南郊公园 供稿

个，挖出蚁王蚁后10余对。针对漫竹湖蓝藻现象，组织专业水污染治理公司进行治理。（任　湘）

【湘府文化公园后续建设工程竣工验收】 2018年8月7日，湘府文化公园后续建设工程指挥部召开整体竣工验收会。市质监站、市城建档案馆、市园林管理局纪检部门、指挥部、施工单位、设计单位、监理单位、地勘单位负责人参加会议。在现场查看和资料查阅后，会议原则通过湘府文化公园后续建设工程整体竣工验收，要求进一步做好后续整改工作，完善验收程序，尽快做好工程结算。（任　湘）

【朱东铁调研南郊公园、天心阁公园】 2018年11月15日，区委书记朱东铁率队实地调研南郊公园、天心阁公园相关工作。朱东铁听取两个公园管理处负责人对相关情况的汇报，要求开创南郊公园、天心阁公园工作新局面，全面推动规划建设管理再上新高度，要结合天心特质和自身特色，着力满足市民需求，将其打造成为长沙市民的乐园、花园和家园。（任　湘）

【南郊公园抢险修复工程竣工验收】 2018年12月7日，南郊公园抢险修复工程建设小组在公园艺绿居会议室组织召开长沙市南郊公园抢险修复工程竣工验收会议。除五方参建责任主体单位外，会议邀请市园林局、市质监站、市安监站、市城建档案馆等单位参加。与会人员进行施工现场实地查看和相关资料查阅审核，原则上一致同意长沙市南郊公园抢险修复工程竣工验收合格。（任　湘）

步行商业街管理

【概况】 长沙市步行商业街管理委员会办公室（简称“步行街管委会”）负责管理黄兴南路步行商业街，促进街区市场经济发展工作。负责制订步行街中长期发展目标和实施方案；负责步行街内的活动管理和宣传，对各有关职能部门和物业公司进行协调；规范经营户的经营行为；管理步行街“两个文明”建设等，实施经费自理。2017年12月21日移交至天心区政府管理，办公地位于芙蓉区人民西路247号（新福源大厦5楼），2018年末净资产1104万元，正式在职在编人员6人。（陆　地）

【步行商业街常规工作】 2018年，开展消防、安全生产、信访法规等政策的学习教育，全年开展20余场公益宣传活动，悬挂横幅50余条。联合区消防大队、区食药监局、坡子街派出所、步行街物业公司定期对街区安全进行督查。办公室与物业、物业与街区商户层层签订“安全生产目标管理责任书”。全年组织开展安全生产宣传教育讲座4次，发放各类安全宣传单上万份，直接受教育人数1000余人。受理各类工单60余件，按规定向投诉人回复回访率100%，其中工单内容涉及流浪乞讨、车辆乱停、环境卫生、经营秩序、噪音扰民等各方面内容。对街区指示牌、水池、栅栏、路面、井盖、路灯等公共设施进行日常维修、维护150余次。开展全国高品位步行街建设相关工作，经过专家论证、审定，编制《长沙市黄兴南路步行街改造提升方案》，并按要求报商务部。（陆　地）

【五一商圈品质提升】 2018年，按照省委常委、市委书记胡衡华调研五一商圈建设工作要求，以“精细化、景观化、人性化、时尚化”理念打造五一商圈。步行街管委会办公室作为天心区五一商圈建设工作领导小组下设办公室，

在领导小组的直接指导下，与相关成员单位密切配合、齐力共建，在优化交通、改善市容环境、推进街区提质、加快业态升级、浓厚商圈氛围等方面全方位推进五一商圈建设工作。工作得到王府井、春天百货、悦方等多家商户及群众的肯定。（陆 地）

交通运输

【概况】 长沙市天心区交通运输局（简称“区交通运输局”）属事业单位，主要承担打击非法营运、治理超限超载、道路运输许可、三类维修企业检查、农村公路建设、道路水路安全监管等职能职责。内设办公室、运政管理科、法规科、稽查队、安全监督科5个职能科室，核定编制10人，领导4人，在职干部19人；退休干部10人；党员16人。

2018年，区交通运输局围绕“五个交通”目标，坚持“党建引领、强化措施、创新机制、提升效能”的整体思路，凝心聚力、务实奋进、开拓创新，探索执法困局破解之道，从规范、实干、创新、民本入手，推进全面深化改革。天心区政务服务中心交运窗口优化审批流程，依法申请办理的权力事项11项全部实行“最多跑一次”，办结率和群众满意率均100%。天心区获长沙市“推进公路‘路长制’工作优秀区县市”和“治超工作优秀区县市”称号。彭应良、陶曙山、唐科被评为长沙市“治超工作优秀个人”。（苏玉婕）

【稽查管理工作】 2018年，区交通运输局专门从区交警大队、区特巡警大队抽调2名警察，在区交通运输局执法队驻队工作，构建“双警”联合强保障的“打非”“治超”工作格局，以南部片区环境综合整治“百日行动”执法竞赛为契机，深化南部新城整治工作，在“百日行动”执法中完成区下达任务数的130%。全年查扣非法营运车辆346台，查处超限超载车辆115台，年度考核排名全市第一位。（崔 博）

【执法现场模拟训练】 2018年，区交通运输局每半个月进行一次执法现场模拟训练，提高执法人员的应对能力，全年成功处置10余起暴力抗法事件。（崔 博）

【农村公路提质改造项目】 2018年，天心区在建农村公路总里程20千米。其中，大托铺街道农村公路提质改造项目立项6千米，牛冻路（全长4千米）及桂苏路（全长2.2千米）完成建设通车；暮云街道农村公路提质改造项目立项8千米，许兴村暮石路至十九厂公路（1.7千米）、暮石路至曲尺塘公路（1.7千米）完成提质改造，猫公咀通组道路及碧家冲组道路完成水稳层建设；南托街道农村公路提质改造项目立项6.7千米，沿江村沿江中路（5千米）、滨洲新村西干道（1.7千米）提质改造项目完成建设通车。（王 歌）

【农村公路安全整治项目】 2018年，区交通运输局设立“路长制”工作标牌36块，里程碑57块，百米桩485块，完成农村公路建设和提质改造20千米，投入200万元对35千米农村公路进行安全隐患整治，设立反光镜45块、标识标牌231块、波形护栏4500米、减速带360平方米。（王 歌）

【“公交都市”进校园系列宣传活动】 2018年，区交通运输局组织执法人员走进湘府英才小学、青园小学等8所中小学开展“公交都市”进校园系列宣传活动。3月30日，“文明交通·绿色出行”进校园活动启动，拉开天心区“公交都市”进校园活动序幕。活动首站设在湘府英才小学，区交通运输局执法队的队员给学生讲文明交通知识课，倡导“公交都市全民参与，文明交通绿色出行”。讲课通过动画展示和PPT播放，让学生们更加直观的理解文明出行的重要性；进行互动提问和解答，同学们提出疑惑和观点；执法队员组织学生们来到操场现场进行列队排练，并为表现优秀的学生颁奖。课后实践活动中，要求学生们做好文明出行小宣传员，向家人和朋友宣传交通法规知识，监督家人遵守交通规则，文明礼貌行车，不超限超载；优先选择公交出行的方式，不乘坐非法营运的“黑车”。在青园小学开展主题为“安全出行每一天·文明礼让记心中”的宣传活动。活动中，通报表彰“文明交通·绿色出行”活动先进集体和优秀标兵，活动主要向小朋友介绍文明出行的必要性和安全出行的重要性。课堂上进行互动问答，通过看图答题、举手抢答的方式加深小朋友对交运知识的理解。活动共发放宣传资料500余份，并将青园小学四（10）班确定为区交通运输局联络点，聘请小朋友们作为小宣传员开展后期的家庭宣传和社会宣传活动。（崔 博）

【开通7条社区巴士线路】2018年，区交通运输局通过前期反复实地踏勘、广泛听取意见建议、争取市交通运输局的支持，天心区开通7条社区巴士线路，覆盖全区38个居民小区、5所小学，衔接7个地铁站。天心区成为全市开通社区巴士最多、乘坐率最高的城区。（崔 博）

【推进“港湾式公交站台”】2018年，区交通运输局开展公交专用道划线，推进“港湾式公交站台”建设和改造，全年新增公交线路4条，调整公交线路3条，实现中心城区公交站点500米覆盖率99%，城区建成区公交覆盖率100%。（崔 博）

【推行“非诉执行”】2018年，区交通运输局将打非治超、三类维修企业、安全监督管理等交运执法工作全面纳入案件“非诉执行”范畴。全年查处的600余台违法违规车辆，全部主动接受行政处罚，无一滞留，没有一起“非诉执行”案例。（周炳华）

【校车安全联合整治】2018年1月9日，区交通运输局联合区教育局、区交警大队，组织两个行动小组，出动执法车辆3台、18名执法人员，检查校车线路12条和停靠站点68个。检查人员发现安全隐患路段3处，立即下达暂停校车运行通知书，禁止校车在莲云公路通行，并要求禁行路段消除隐患、确保安全后恢复线路运行。检查小组抽查12台校车，发现某湘A校车后轮磨损严重，当即下令要求整改，消除安全隐患。（崔 博）

2018年，天心区开通7条社区巴士线路　　区交运局 供稿

【“僵尸船”专项整治行动】2018年1月11日，区交通运输局联合市海事局和相关街道，出动执法船舶3艘，执法人员58名，在湘江坡子街杜甫江阁附近水域，开展湘江“僵尸船”专项整治行动。共驱赶“僵尸船”10艘，劝离“僵尸船”7艘，对湘江天心段长沙新某纪油脂公司的“长某01号”趸船和鑫某物流公司所属的疑似水上餐饮的3艘趸船进行收缴取缔，天心区趸船除执法船外全部“清空”。4月13～15日，区交通运输局联合市海事局，对湘江饮用水源保护区天心段内两处趸船开展整治行动。一处于4月18日前拖离水域进行拆解销毁，一处取缔工作有序推进。（刘波涛）

【开展“治超治限”行动】2018年3月22日，区治理车辆超限超载领导小组办公室（简称“区治超办”）联合市公路局城郊分局、区交警大队等职能部门，在辖区内牛角塘路段查获一台严重超载车辆，该车辆限重49吨，实载91.25吨，超载42.25吨，超载率86%。区治超办将超载车辆违法信息分别抄告公安交警、交通运输等职能部门，分别对违法车辆驾驶人、车属单位、货物运输企业、货运装载源头企业一并进行处罚。对该货运车辆所属单位实施2.1万元行政处罚，对车辆驾驶人进行劝诫教育、纳入诚信黑名单，对货物运输企业进行约谈，对货运装载源头企业调查取证。

4月7日晚，区治超办组织交警、巡特警共10名执法队员在绕城高速大托收费站展开联合治超行动，行动由天心区治超办常务副主任、区交通运输局局长陶曙山带队。联合执法队准时在区政府南门集合，陶曙山要求执法队员要注意安全，佩戴好夜间执法设备；要有序配合，绝不放过任何超限超载车辆；要严格执法，强有力打击超限超载行为。联合执法队在大托收费站有序开展治超行动，整个行动共排查载货车辆50余台，分别查看车辆道路运输许可证、从业资格证、实载货物是否超标、是否存在非法改装行为等。

6月，天心区开展南部片区环境综合整治“百日行动”执法竞赛活动。区治超办在辖区开展“治超”宣传，深入源头企业发放《湖南省治理货运车辆违法超限超载“一超四究”制度（试行）》；组织运输企业主要负责人学习文件精神和《公路安全保护条例》相关规定；向货车司机和市民群众发放由湖南省交通运输厅制定的《公路路政宣传手册》，宣传超限超载行为的危害性。区治超办出动执法人员820余人次，发放宣传资料3000余份，检查车辆1000余台次，查扣超载车辆78台。

7月4日，区治超办在牛冻路开展“治超治限”行动，查扣一台超载车辆，车辆荷载总重为25吨，实载54.4吨，超载率117.6%，执法人员当即依法暂扣车辆，因该车辆刚出厂门令其原路返回将超载货物及时卸载。

7月20日，区交通运输局执法人员到辖区内牛冻路一家货运源头公司，对其允许超限超载车辆出站（场）行为送达行政处罚事前告知书。截至7月底，南部片区环境综合整治“百日行动”出动900余人次，车辆200余台次，检查车辆1500台次，发放宣传资料4000余份，暂扣“非法营运”和超限超载车辆138台。

8月24日，区治超办在组织常规巡查执法的基础上，组织人员在重点道路107国道蹲点执法，查扣超载车辆3台，查获超载货物77.85吨。巡查队伍在新开铺路发现两台超载车辆，经检查，两台车辆荷载均为31吨，实载分别为55.04吨和57.85吨，分别超载77.5%和86.6%。11时30分左右，蹲守队伍在107国道查获一台超载车辆，车辆荷载31吨，实载57.96吨，超载86.9%。执法人员依法暂扣3台超载车辆，现场对3名司机进行教育，其他处罚程序随后进行办理。

9月27日，区交通运输局联合交警、巡特警、环卫等部门开展夜间“治超治限”行动，行动持续到28日凌晨1点，暂扣超载车辆4台。（崔　博）

【开展汽车维修企业专项检查】2018年6月4～8日，区交通运输局开展汽车维修企业安全生产检查。检查组对辖区内的27家三类汽车维修企业进行检查，重点对各企业消防设施、安全防护设施设备及各项安全生产措施是否落实到位进行检查。通过检查发现维修企业作业均能根据维修机具设备安全操作规程作业；重点维修设备维护、保养、使用记录基本健全。在检查过程中发现2家企业在厂区卫生方面存在废旧配件未及时清理，5家灭火器过期失效等问题。针对上述安全隐患，检查组下达整改通知书。区交通运输局对出现问题的7家维修企业进行复查，促进辖区维修行业健康发展。（崔　博）

【开展易燃易爆危险物品运输联合执法】2018年6月，由区交通运输局牵头，联合交警支队天心大队和区质监分局，对辖区危货运输企业开展联合执法行动，压实运输企业安全生产主体责任，防范危险货物道路运输事故，推动“安全生产三湘行”活动的开展。执法人员分为两组，一组重点检查长沙华海运输有限公司，另一组开展路面执法行动。执法行动小组主要采取听汇报、看资料、现场执法等形式，针对易燃易爆危险物品运输企业从业人员、运输车辆、货物装卸等环节存在的突出问题，开展全面、严格、彻底的集中整治。主要检查各类企业资质证照持有情况；危险货物道路运输发货“四必查”制度建立、公示和执行情况；事故防控双重预防机制建立执行情况；安全生产“五落实五到位”执行情况；运输车辆、安全设备设施检测检验情况；安全生产月活动和应急演练情况。从检查的情况看，华某运输公司安全生产“五落实五到位”执行基本到位，但离标准化管理还存在一定的差距，如全员安全培训及相关记录不全面、不完整，应急演练预案针对性不强等。执法小组当场责令企业负责人6月底前整改到位。路面执法小组现场稽查车辆32台，暂扣车辆3台，暂扣道路运输证3本，从业资格证2本，罚款1.2万元。（崔　博）

交警管理

【概况】长沙市公安局交警支队天心大队（简称“天心交警大队”）主要职责是担负天心辖区的道路交通管理工作，实行市区双重管理模式。大队下设11个路面勤务中队以及综合管理、执勤执法、处罚、“122”、机动、停车管理6个内务中队，大队有警力251人（其中民警145人，市、区辅警105人，职工1人），大队党总支成员7人。天心区交警大队位于长沙市天心区南湖路61号。

2018年，天心交警大队围绕

“营造平安畅通、方便市民出行、服务经济社会又好又快发展”的总体要求，坚持向管理要效率，向科技要警力，向政治工作要战斗力，推进队伍建设管理，开展治堵攻坚整治，实施交通组织优化，夯实事故预防基础，提升窗口服务水平，完成全年交通管理工作任务，实现“队伍保健康稳定、辖区保安全畅通”的年度工作目标。（杨雄萍）

【交通秩序整治】 2018年，天心交警大队加强对五类严重影响交通秩序和安全的交通违法行为的整治力度、加强“四治四规”“蓝天保卫战”等重点整治工作。“蓝天保卫战”出动警力2.09万人次，出动警车3744台次，对重型货车等高排车辆进行简易处罚9662次，查扣拖拉机149台次，查扣三轮车436台次，查扣低速货车25台次，查扣潲水车3台次。在南部片区环境综合整治“百日行动”暨农村环境“五治”工作中，执法办案立案11789起，移交检察院、法院的刑事案件26起，结案7928起，处罚8018起。对237人次的二次酒驾、无证驾驶等违法驾驶人采取行政拘留措施。（杨雄萍）

【交通安全勤务】 2018年，天心交警大队强化“动静结合，以动为主”的动态巡管勤务模式，实行“1+2”铁骑巡逻管控机制，依托指挥中心指挥调度平台，进行可视化指挥调度，提高动态用警效益；严格规范执法记录仪佩戴，为辅警统一配发执法记录仪，依托执勤执法监管模块，对巡逻铁骑、定点值守、机动管控等岗位民警、辅警的履职状况进行科学评估、绩效考核，提升履职效能。依托智能交通三期建设，强化电子警察抓拍和分控中心视频抓拍，通过监控大屏，随时通知路面勤务警力，不留死角。针对“五一商圈”、南部片区、地铁口、重要交通节点、路段的交通整治，根据各处不同的特点采取差异化整治。（杨雄萍）

2018年9月12日，天心交警大队在芙蓉南路与南湖大道路口开展渣土车专项整治行动　　天心交警大队 供稿

【交通组织优化】 2018年，天心交警大队共上报支队交通组织优化方案68个，上报区政府完善南部片区交通设施报告8个，提升路网通行能力，缓解交通拥堵。落实五一商圈行人优先的交通理念，确保人流动态平衡。在司门口设立全长沙第一处全向人行横道线，在解放路、黄兴路另新增3处人行横道线，使路段人行过街设施平均间距由原来的320米左右缩短至190米左右。重新规划药王街、怡长街、三兴街的微循环线路，完善相应的交通标志标线，盘活局部交通路网。完成林大路路段等交通节点治理工作，通过铲除绿化增加车行道、利用辅道调整车道设置、规划完善车道线型、升级信号灯控制系统等措施，增加道路通行效率。经高德地图以及海信数据统计，木莲路林大路路口流量数由优化前星期一高峰3166台次/小时提升至5046台次/小时（增加1880台次/小时）。（杨雄萍）

【交通事故预防】 2018年，天心辖区共接交通事故报警数32667起，死人事故50起、死亡51人，同比报警数下降4%，死亡人数上升27%。天心交警大队牵头组织力量对暮云片区路段的交通安全隐患进行排查，形成《暮云片区道路交通安全隐患排查治理台帐》《黄合村村级公路新增基础交通设施明细》《桂井村交通标志设施拟新增表》《兴隆村村级道路隐患路段新增基础交通设施明细》《天心区暮云街道农村公路

安全隐患路段安保设施新增表》，争取相关部门、街道进行完善治理。采用先进交通安全设施，保障校园周边道路交通安全，推行“爱心斑马线”，爱心地面标识为“注意儿童”+“■”的长方形组合，红底+爱心+注意儿童的图案，路段加装“礼让行人、限速30km/h、禁止停车、解除限速”等标识，对驾驶人起到警示作用。在校园周边，驾驶员视线不良路段增设广角镜；货车多、速度快路段增设相关警示标志和蓝色停车位等。（杨雄萍）

【交通安全宣传】2018年，天心交警大队组织十余家媒体深入一线随警采访报道专项整治行动安排、重大活动交通组织、节假日出行温馨提示等实况报道，对大队开展的各项工作动态及先进典型进行多渠道、多角度、全方位的宣传报道。其中央视报道1场次、湖南卫视报道5场次，其它酒驾整治、不礼让斑马线、校园周边综合治理直播等报道359场次。大队以春运、百日会战等主题宣传活动为载体，全年摆放宣传展板50余块，张贴宣传遵守交通规则和行车安全知识挂图共8000余张，悬挂交通安全横幅共60余条，发放交通安全宣传资料共4万余份，通过短信平台向辖区驾驶人发送交通安全提示信息2.63万条，直接受教育人数2.63万人次。

（杨雄萍）

2018年1月10日，重点企业驾驶员安全宣传会议　　天心交警大队供稿

经济综合管理

宏观经济管理

【概况】 长沙市天心区发展和改革局（简称“区发改局”）为区人民政府工作部门，加挂物价局牌子，内设办公室、发展规划科、投资项目管理科、招投标管理办公室、价格管理办公室5个职能科室，“两型社会”建设综合配套改革办公室（为区政府直属事业单位）、能源管理办公室、价格认证中心3家事业单位。有行政编制12名，事业编制9名。

2018年，区发改局坚持“建一流班子、带一流队伍、创一流业绩”的工作思路，围绕“融城核心，璀璨天心”建设目标，立足服务全区经济建设和社会发展大局，扎实工作，狠抓落实，完成市、区下达的各项工作任务。在2017年度长沙市重大项目建设考评中被评为协调服务先进单位。

（吴静静）

【政府投资管理】 2018年，区发改局牵头制定并出台《天心区区级重大项目决策审批程序规定》《天心区政府投资建设项目管理办法》等办法，对政府投资建设项目全过程进行规范管理。简化审批环节、压缩审批时限，实行承诺时限内审批，所有建设项目审批的承诺审批时限都压缩三分之二以上，动态调整将审批时限压缩到最少；完善投资项目审批、核准、备案管理办法，明确审批条件和审批程序；创新审批制度，实行模拟审批方式，提高审批效能。2018年，共办理政府投资项目立项378个，涉及投资额27.71亿元；项目备案111个，涉及投资额400.2亿元；核准招标项目89项，参与招标项目监管87项；对104个建设项目的概算进行审查，核减资金1.37亿元。推进投资项目在线审批监管平台建设，制定办事指南及办事流程，出台全区网上审批事项目录。

（张博进）

【重大项目建设】 2018年，天心区铺排重大项目138个（不含预备项目），年度总投资213.5亿元，其中：基础设施项目35个，社会民生项目58个，产业项目45个，项目开工率94.7%，完成投资280亿元；67个市级重大项目年度总投资258亿元，开工率100%，投资完成率139%。建立完善项目管理体系，加快推进重大项目库建设，对项目实行精细化管理；牵头组织召开调度会议17次，现场察看项目165次，对项目推进中的重点难点问题进行全面梳理、分类汇总、专题解决和动态管理。在市对区2018年度重大项目建设绩效考核中，天心区排二等（内五区第三名）；在市对区2018年度项目观摩中，天心区排二等（内五区第四名）。为项目争取上级资金，2018年为天心一中改扩建工程争取中央棚改配套基础设施项目资金1600万元。

（张博进）

【宏观经济发展】 2018年3月，区发改局联合相关部门开展2017年度区域经济奖励评选工作，共有279家企业获奖励资金，奖励金额5721.52万元。加强对固定资产投资、第三产业增加值等经济指标的调度，及时跟进指标进度情况，督促各园区、街道做到应报尽报。在各季度对全区经济发展形势进行深入调研和分析，形成各个季度的经济形势分析报告。做好“十三五”规划中期评估工作，2018年5月，牵头开展“十三五”规划中期评估工作。对“十三五”规划实施以来的重点工作进行评估。做好区域经济和社会发展的总结和谋划工作，完成2018年度国民经济和社会发展报告和2019年国民经济和社会发展计划草案报告工作。加强与省、市相关规划政策的对接，为推动区域经济发展建言献策，研究回复省、市各级规划、政策相关意见90余件。

（张博进）

【“两型社会”建设】2018年，天心区加大绿心地区资金投入，设立绿心保护专项资金400万元，出台《天心区绿心地区生态补偿暂行办法》，整合其他区直部门资金用于绿心保护工作。制定区级审核流程，针对进入绿心的项目做好审查把关。区两型办组织相关部门和街道做好违法违规案件的核实核查工作，对每个项目制定具体整改方案。牵头出台《2018年天心区绿心地区工业企业退出专项工作方案》，联合各职能部门和相关街道力量，通过签订退出承诺书、个案研究、执法清退等方式，推动未退出的工业企业按时间节点退出绿心区域。天心区列为市级要求退出的工业企业361家，关停企业352家。研究出台《天心区绿心地区规模以下工业企业退出奖补办法》和《天心区绿心地区规模以上租地企业奖补政策》，为加快绿心地区工业退出提供政策支持。通过向各园区、街道和相关部门征集南部片区发展政策诉求后形成天心区南部片区发展政策要点上报至市发改委，政策要点涉及产业发展、绿心发展、人才引进等各个方面。对市级出台的《南部片区概念规划》和《南部片区产业发展规划》提出具体修改意见和建议。建立南部片区重大项目库，2018年，全区在南部片区共铺排重大项目52个，总投资364.7亿元。湖南地理空间大数据应用中心（二期）、长利家居组装配送中心等一批产业项目进展顺利；推进“三纵四横”市政道路（桥梁）项目建设；完善城南220千伏输变电工程、湘雅五医院、和美学校等公共资源的配套。

（张博进）

【能源监督管理】2018年，区发改局牵头开展蓝天保卫战“六控之一”控煤工作，开展燃煤污染整治综合执法2636次，专项执法3884次，收缴煤炉2738个，收缴煤球约21.37吨，捣毁制售散煤窝点1处。完成市对区“十三五”GDP能耗“双控目标”考核任务，2017年度能耗总量目标控制进度为70.2%，落实固定资产投资项目节能评估备案制度，2018年完成固定资产投资能源评审备案31个。组织全区重点用能企、事业单位开展市、区级节能示范单位创建活动，其中包括中南林业科技大学在内的6家单位获得长沙市节能项目补助资金共计36万元，累计为辖区企业争取省、市节能专项资金近100万元。2018年有12家单位获得区级节能专项资金160万元。推进节能技术推广应用和新能源基础设施建设，对全区新建的202个充电桩进行现场验收。举办“节能降耗，保卫蓝天”等一系列大型节能主题宣传活动。加强对《中华人民共和国安全生产法》及油气管道保护工作的宣传，制定出台《天心区落实企业油气管道保护主体责任年实施方案》《天心区油气管道保护宣传教育工作实施方案》等方案文件，推进具体责任落实。组织开展16次油气管道安全生产检查和督查，全区油气管道领域未发生安全生产事故。（张博进）

【价格服务】2018年，区发改局组织开展行政事业性收费、医药价格、教育、服务性收费等专项检查。密切关注居民生活必需品价格和重要生产资料、原材料价格走势，确定专人负责，实时上报，全年上报主要粮油食品价格监测表167期。及时掌握市场供应和价格变化情况，定期对居民消费价格指数进行分析，落实价格政策，市场明码标价率保持在98%以上。开展房地产市场价格调查，上报12期房地产市场价格。2018年，处理各类投诉举报案件、“12345”市民服务热线共904件，所有案件均在规定时间内予以结案，回复率和结案率100%。受理完成各类价格鉴证业务422例，评估值722.48万元，受理结案率100%，复核裁定案件为零。

（张博进）

【区发改局研学活动】2018年1月12日，区发改局第二期研学活动在区人大常委会议室举行，区发改局全体干部、各园区、经济部门分管负责人和各街道经济办主任参与活动。活动邀请市发改委副主任胡圣国对习近平新时代中国特色社会主义经济思想，建设现代化经济体系以及中央、省、市经济会议等最新精神和政策形势变化进行解读，就新常态、供给侧结构性改革、新发展理念、稳中求进和底线思维5项内容进行重点阐述。

2018年2月11日，区发改局第三期研学活动在区人大常委会议室举行。活动邀请市两型办党组书记、主任彭鉴西就天心区南部新城发展和绿心保护进行阐述和指导，从南部新城概念的提出及时代背景、南部新城的核心重点以及下阶段要做的工作3个方面进行重点阐述，成立高规格的领导小组；完善规划体系；策划项目实施；工业退出；加快机场迁建；实施拆违控建；加快政策研究；强化协同机制；积极汇报对接；加强宣传造势。暮云经开区、区发改局、区农林水利局的参会代表分别就南部新城的发展、绿心保护、工业退出、产业转型等方面的情况与思考和彭鉴西进行了交流。

2018年7月27日，区发改局第四期研学活动在区人大常委会议室举行。活动邀请彭鉴西就生态文明建设和绿心保护条例进行专题解读，从习近平十八大以来生态文明思想的形成、内涵、具体要求、重大现实意义进行重点阐述，从“1+6”制度设计、“八个坚持”“五要一保障”等方面就生态文明建设思想进行解读，着重介绍长沙在生态保护方面所做的工作以及绿心保护相关情况，就绿心地区工业企业退出工作进行分析与交流。区发改局研学小组成员就绿心保护工作的重要意义、生态补偿、绿心规划修编、绿心工业退出等重点工作进行交流。（姚艺丹）

【充电基础设施项目联合验收】 2018年4月12～13日，区发改局组织区经信局、区质监分局、区农林水利局、区消防大队及辖区电力公司等相关单位，对天心区第一批分布式充电桩开展联合验收。验收现场采取集中审验资料、现场查看方式，对已申报的6家单位12个项目共84个充电桩进行验收。10月24～25日，区发改局会同区经信局、区质监分局、区农林水局、区消防大队、区后勤服务中心、电力公司等部门和单位，开展2018年度辖区第二批充电桩验收工作。验收涉及企业四家，25个点位，充电桩124个，其中交流桩96个、直流桩28个，额定总功率共计达2318千瓦。（姚艺丹）

【市发改委调研天心区南部片区规划政策情况】 2018年5月4日，市发改委党委书记、主任夏文斌一行到天心区调研南部片区规划政策相关情况。夏文斌对天心区未来如何围绕南部片区发展提出建议：要通过腾笼换鸟、转型退出来解决空间不足的问题，用土地价值结构的变化来改变土地增值结构的变化；要成为产城融合发展的示范区，依托大数据、康养产业的发展，成为辐射三市的发动机；要围绕公共服务做文章。（姚艺丹）

【节能宣传周低碳日活动】 2018年6月14日，天心区“节能降耗保卫蓝天”暨节能宣传周低碳日启动仪式活动在湖南省地质博物馆拉开帷幕，辖区内机关、街道、社区、企事业单位代表300余人参加活动，区委常委、常务副区长周志军出席并讲话。湖南一路共享汽车服务有限公司的负责人代表企业发出倡议，倡议大家要用实际行动践行节能低碳，为节约能源、保护环境贡献自己的力量。（姚艺丹）

【2019年重大项目投资申报工作会议】 2018年9月14日，天心区2019年重大项目投资计划申报工作部署会议召开。区委常委、常务副区长周志军，天心经开区（新）筹委会、区发改局、区财政局、区工务局等区直机关有关单

2018年9月14日，天心区发改局牵头召开2019年重大项目投资计划申报工作部署会议

区发改局 供稿

位相关负责人、项目申报经办人及各街道办事处分管负责人、项目专干参加会议。区政府副调研员于德海主持会议强调，要高度重视项目申报工作；精准做实项目申报工作，突出项目申报的重点，深挖企业潜力，论证项目可行性；用好项目申报的成果。

（姚艺丹）

【长沙南部片区重大项目集中开工活动】 2018年9月29日，长沙南部片区百日攻坚行动推进会暨重大项目集中开工活动在天心区中意路城市化改造施工现场举行。市委常委、常务副市长舒行钢宣布重大项目集中开工。在产业项目建设上，长株潭烟草物流园、长利家居组装中心、中小企业研发及孵化基地、杰峰医药健康产业基地、峰高医药健康产业基地等一批重点项目完成主体封顶，湖南地理空间大数据应用中心（二期）、远见嘉华有序推进。推进新韶山南路、中意路（新岭路—伊莱克斯大道）城市化改造及综合管廊工程、伊莱克斯大道西延段（107国道—湘江大道）、长沙城南220千伏输变电等基础配套建设。以中意路（新岭路—伊莱克斯大道）城市化改造及综合管廊工程项目为城市主干路，建成后道路红线宽46米，绿线宽66米。启动牛角塘村城中村改造，完成天悦和苑建设、和美学校、暮云片区学校扩建，推进湘雅五医院主体建设等。

（姚艺丹）

【清理规范转供电环节加价工作调度会议】 2018年10月25日，区发改局主持召开清理规范转供电环节加价工作调度会议，区城建局、区商务局、区经信局、长沙电力公司、街道等相关负责人参加会议。会上，组织学习国家发展和改革委、国家工业和信息化部、国家市场监督管理总局及省、市的相关文件，发放（天发改〔2018〕452号）《清理规范转供电环节收费工作实施方案》并提出要求：要提高思想认识，高度重视清理规范转供电环节收费工作；要突出工作重点，各街道要对商业综合体、物业小区等转供电单位进行全面摸排；加强政策宣传，对商业综合体等转供电主体的收费工作进行提醒告诫；要强化检查督办。

（姚艺丹）

【胡忠雄督察天心区绿心问题整改工作】 2018年10月29日，市委副书记、市长、湖南湘江新区党工委书记胡忠雄到天心区，现场督察绿心问题整改工作。胡忠雄一行现场督察暮云街道莲华安置区、长沙长乐建材有限公司、长沙大圆化工设备有限公司、南托街道光远产业园、长沙聚双环新材料科技有限公司的工业企业退出整改情况。胡忠雄强调，要做好“退”字文章，做到绿心地区工业企业全部退、彻底退、按时退、安全退；做好“帮”字文章，帮扶企业在本地转型发展或异地搬迁发展；做好“改”字文章，坚持真改、快改、实改；做好“转”字文章，转变思想观念、调优用地规划、转型产业发展，推动传统工业向生产性服务业转型升级。

（姚艺丹）

【朱东铁督查绿心地区工业企业退出工作】 2018年11月22日，区委书记朱东铁率队督查绿心地区工业企业退出工作。朱东铁一行实地督查长沙东驰印刷有限公司、湖南天翊米粉加工有限公司、湖南菲尔斯特传感器有限公司。朱东铁强调，全区上下要帮助绿心地区工业企业退出，多站在企业的立场了解其困难和想法，尽最大努力减少企业损失，为企业再生产打下良好的基础。

（姚艺丹）

审计监督

【概况】 长沙市天心区审计局（简称“区审计局”）主要负责区级财政预算执行审计；区直单位、街镇、政府性公司、临时指挥部的财务收支审计及专项审计调查；受区委组织部委托，对全区科级党政主要负责人的经济责任审计；对政府投资及以政府投资为主的建设项目进行审计等。内设办公室、专项资金审计科、领导干部经济责任审计科、法规审理科、财政审计科5个职能科室；下设天心区政府投资审计中心、内部审计指导站2个二级机构。有干部职工29人，其中在编工作人员19人，聘用工作人员10人，局班子成员5名。

2018年，全年完成审计项目23个，查出问题金额40.06亿元，向区纪检监察及主管部门移交案件线索8起。一个审计项目获长沙市优秀审计项目评选第一名，并获全省审计项目表彰奖；两个审计案例分获长沙市优秀审计案例评选二、三等奖；一篇审计论文获湖南省审计学会论文评选一等奖；一名干部获评为区“天心榜样·南城先锋”优秀共产党员。

全市审计系统“感动身边的审计人”演讲比赛获三等奖，工作信息在《中国审计报》刊登 15 次。（易姮君）

【预算执行审计】2017 年度区级预算执行审计于 2018 年 2 月 23 日开始，查出问题金额 11545 万元。对区本级预算执行、部门预算、专项资金、重点工程和美丽乡村建设等情况进行审计，重点关注财政预算执行、部门预决算、重点工程等项目的进度、成效及资金的使用等情况，促进财政体制改革、规范财政管理、防范财政风险。对重点工程和美丽乡村建设的情况进行重点审计，通过审计发现自然资源及环境保护不够到位、竣工验收多计工程量致超付工程款、工程管理欠规范等问题，提出立章建制、强化施工现场管理，加强资金管理等审计建议。针对审计建议，天心区政府出台《天心区政府投资项目财政评审管理办法》等文件，规范工程造价管理制度，提高建设投资效率。（易姮君）

【专项审计调查】2018 年，天心区开展审计专项调查项目 9 个，查出问题金额 1156 万元。开展政府性债务专项审计调查，密切关注政府隐性债务风险，推动坚决遏制隐性债务增量、积极稳妥化解隐性债务存量。围绕打好精准脱贫攻坚战，在财政收支审计、经济责任审计等项目中予以重点关注，针对“美丽乡村”建设开展专项审计调查。围绕打好污染防治攻坚战，开展区环保局领导干部自然资源资产离任（任中）审计。（易姮君）

【经济责任审计】2018 年，天心区安排对区卫计局等 4 个区直部门，暮云等 3 个街道的 22 名领导干部进行领导干部经济责任审计，查出损失浪费金额 2460 万元，管理不规范金额 1.049 亿元，侵害人民利益 40 万元。在经济责任审计过程中，重点关注领导干部贯彻执行党和国家有关方针政策和决策部署情况，各年度目标任务完成情况，本部门法定职责履行情况，各部门单位主要领导“三重一大”决策制度的执行情况等情况，揭示部分领导干部履职不到位，单位内控制度不健全、财务管理不规范等问题。审计发现的相关问题线索移送至区纪委进一步查处。（易姮君）

【政府投资审计】2018 年，天心区推动政府投资审计转型升级，全面退出招投标、合同签订、物资采购、项目结算、竣工验收等工程管理性事项，开展重大项目跟踪审计和结算评审项目质量审计调查，着力反映工程质量管理、招投标及合同管理、履行基本建设程序、项目建设进度等方面的问题。通过审计，查出问题金额 278 万元，揭示建设计划推进较慢、工程管理欠规范、相关单位履约、履责不到位等问题。（易姮君）

【审计整改工作】2018 年 12 月 20 日，区人大常委会审议 2017 年度预算执行和其他财政收支审计发现问题整改情况的报告，进行满意度测评。测评结果显示，涉及 14 个部门单位的 33 个具体问题全部整改到位。区审计局建立审计查出问题整改台账，定期下发整改责任清单，严格执行审计整改跟踪检查报告机制，先后以政府会议部署、整改专项督查、整改要情通报、人大满意测评等形式督促被审计单位落实整改责任。累计盘活闲置资金 1.62 亿元，收回财政借款 1890.23 万元，追回多付工程款、代建费等 75 万元，推动出台《天心区政府投资项目财政评审管理办法》《天心区应急抢险救灾工程实施办法》《天心区政府合同管理办法》等规章制度。（易姮君）

【“审巡结合”长效机制】2018 年 9 月 20 日，区审计局和区委巡察办联席召开 2013 年至 2017 年审计发现问题整改落实情况的座谈会，会上明确建立审计与巡察联动、“审巡结合”长效机制，通过审计提供审计报告、审计要情、审计决定等文书，审计人员加入巡察组参与巡察工作，巡察办将审计发现问题的整改落实情况纳入巡察重点，对多次整改不到位、敷衍了事的单位领导进行问责，让审计和巡察共同形成监督合力，实现优势互补，推进审计职能的发挥，提高审计整改质量。（易姮君）

统计工作

【概况】长沙市天心区统计局（简称“区统计局”）是主管全区统计和国民经济核算工作的区人民政府工作机构，主要职责是承担国家和地方统计调查任务，承担组织领导和协调全区统计工作，检查监督统计法规的实施情况，查处各类统计违法行为；拟订并组织实施全区统计改革和统计现代化建设规划及统计调查计划，组织实施全区国民经济核算制度和全区投入产出调查；组织实施全区人口普查、经济普查、农业普查等重大国情国力普查；组织实施各项各类统计调查，定期发布全区国民经济和社会发展情况的统计信息等。内设办公室，核算和综合研究室（社情民意调查科），工业和能源科（政策法规科），人口和社会科技科，固定资产投资科，贸外和服务科 6 个职能科（室）。

2018 年，区统计局刊发《统计参考》22 期，完成重点课题研究 20 个，发布《2017 年天心区国民经济和社会发展统计公报》，开展多样化的“统计开放日”活动，进行第四次全国经济普查、《统计法》宣传，普及推广统计知识，展示统计改革成果。（梁海龙）

【智慧型统计】 2018 年，区统计局借助“互联网＋”，在街道全面运行“楼宇信息管理系统”，精准掌握全区经济大数据。借助信息管理平台，摸清区域内所有楼宇和企业的基本情况，建立管理、监测、查阅、定位、分析于一体的位置信息地理系统，监控企业数据质量、及时发现新增“四上”企业、了解企业异动和税收变化情况，形成“智慧型＋服务型”统计管理模式。通过此系统，街道统计站能够全面掌握街域内所有楼宇和企业的基本情况，监控企业数据质量、及时发现新增“四上”企业、了解企业异动和税收变化情况，服务街域经济发展，提升统计服务实效和水平。（梁海龙）

【名录库更新维护】 2018 年，区统计局利用区综合治税和商事主体登记平台，加强与电子政务、工商、税务等部门的联系，及时动态更新维护名录库，细化街道维护节点，对新增、变更等单位的维护工作流程。按照“先进库、后有数”原则，规范工作制度和流程，严格执行“四上”企业调查单位的新增、变更、退出审批流程。落实部门统计工作联席会议制度，理顺和规范各部门统计秩序，完善部门统计资料交换制度，推进单位信息互联共享，形成“共享型＋交换型”统计信息模式。（梁海龙）

【基层统计规范化建设】 2018 年，区统计局细化区、街、社区（村）三级目标管理考核细则，以考核为抓手，推进基层统计规范化建设。以观摩的形式看亮点，组织部分街道统计站到岳麓区先进街道统计站学习观摩；向市统计局推荐桂花坪街道金桂社区和先锋街道新宇社区作为天心区的典型社区，区内评选金盆岭街道黄土岭社区、南托街道南鑫社区、坡子街街道碧湘社区、新开铺街道木莲社区及文源街道文源社区 5 个社区为区级先进社区，每个社区奖励 8000 元经费，通过典型引路、示范奖励鼓励街道加强对社区（村）平台的建设，促进基层统计工作。（梁海龙）

【统计调查】 2018 年，区统计局组织实施常规统计调查任务。完成基本单位、核算、工业、重点服务业等国民经济领域，以及人口就业、社会科技、能源资源环境等领域常规统计调查工作。完成服务业、批发零售与住宿餐饮业小微企业调查、采购经理指数调查、工业品生产价格调查、月度劳动力调查、城乡一体化住户调查。完成一次性调查工作。完成投入产出调查、2018 年全区妇女儿童“两纲”监测评估等。（梁海龙）

【统计服务】 2018 年，区统计局及时对经济运行中的热点、难点进行分析，每季组织召开全区经济形势分析会，对全区经济态势进行研究，2018 年刊发《统计参考》22 期，其中 5 篇统计分析被市级以上统计网站采用。牵头每月召开经济运行情况分析会，相关经济部门参与，强化统计部门的数据预测、情况分析和参谋评估职能，实现部门之间信息互通资源共享。年初发布《2017 年天心区国民经济和社会发展统计公报》《2017 年天心区统计提要》，每月编印《天心经济运行快报》和《数字天心》，为全区经济发展提供参考。定期举办重点企业座谈会，了解单位的统计需求和生产经营情况，收集单位意见并及时反馈给区政府和各职能部门。参与省、市、区要求开展的“为民办实事”考核、“十强十快”街道评比；为部门和街道季度经济工作考评、全区绩效考核、小康监测、文明创建等中心工作做好统计服务；配合市、区各项考核开展社情民意调查。（梁海龙）

【统计数据质量管理】 2018 年，《天心区统计局基层统计工作联点制度》通过“分片包干”的形式确保每一个园区、街道都有一名联点干部，联点人员对联点单位统计数据质量负联点责任，数据质量实行网格化管理。区统计局全体班子成员和科室负责人对全区14个街道、2个园区进行统计数据质量巡查，抽查部分社区（村）和企业。对数据质量进行全过程跟踪管理，通过社区（村）初审、街道复审，查看每个企业上报数据是否存在口径错误、计算错误、逻辑错误和异常波动，并通过税务平台数据，评估其统计数据的准确性。区统计局和专家一起对汇总数据开展综合性评估，对汇总数据研判是否符合行业发展趋势；通过纵向、横向比对，分析其变动幅度是否在合理范围内；对数据的逻辑关系等内部指标进行对比验证。对辖区内20家企业开展统计执法“双随机”抽查，规范统计执查，提高统计数据质量。向辖区内“四上”企业、重点企业统计人员开展《中华人民共和国统计法》宣传；利用“9·20”中国统计开放日和“12·8”《中华人民共和国统计法》集中宣传日做好统计知识、统计法律等宣传，将统计普法工作纳入到区对街道统计站的季度考核。要求对重点企业和新申报“四上”单位必须由专业人员进行实地走访、考察，了解企业生产经营规模、基础设施、联网直报条件，并通过工商、税务反馈的注册信息、年检信息、缴税信息，综合评估企业是否达到标准，严把“四上”企业申报关。（梁海龙）

【第四次全国经济普查】2018年，天心区开展第四次全国经济普查工作，完成普查动员、普查小区划分与绘图、普查指导员和普查员选聘与培训、编制清查底册、实施单位清查、普查宣传与入户登记准备等6个环节的工作。全区完成单位清查24218个，其中法人单位21625个；完成个体户清查68613户，其中有工商执照的21874户。通过前期的单位和个体户清查，为经济普查入户登记打下基础。（梁海龙）

【统计法治暨经济普查知识大比武活动】2018年7月19日，区统计局举办统计法治暨经济普查知识大比武活动。市统计局党组成员赵安明、普查中心主任陈万龙出席活动并颁奖。大比武活动分为百人笔试答题和街道代表队面试答题两个阶段。通过大比武活动，有利于提高天心区统计系统统计人员的依法统计、依法普查意识，加强经济普查基本知识的学习。（梁海龙）

【天心统计微信平台上线发布】2018年9月18日，天心统计微信平台正式上线发布，它包含统计的业务知识、前沿资讯、最新工作动态、四经普专栏活动及中华人民共和国统计法》宣传等，兼具新闻性、知识性、适用性和趣味性，是天心区统计局创新统计服务的一个举措。（梁海龙）

【天心区智慧楼宇经济信息平台上线运行】2018年11月5日，天心区智慧楼宇经济信息平台正式上线运行。该平台创新性的将“互联网＋地理信息技术”运用到统计工作中来，通过整合工商、财政、税务、统计、发改、商务旅游等部门数据，实现全区数据的共建共享，实现数据库与名录库的无缝链接。平台可以实现数据导入、查询、分析、预警及图表展示、动态更新等功能，足不出户就能精准掌握全区经济大数据的效果，为区领导及各部门提供决策参考。（梁海龙）

【2018年湖南统计法治宣传月活动在天心区举行】2018年12月7日，2018年统计法治宣传月活动启动仪式在长沙市天心区黄兴路步行街黄兴广场举行，活动由省统计局、国家统计局湖南调查总队、市统计局、国家统计局长

2018年12月7日，2018年统计法治宣传月活动启动仪式在长沙市天心区黄兴路步行街黄兴广场举行

区统计局 供稿

沙市调查队、区政府联合主办，区统计局承办，坡子街街道办事处、黄兴路步行街管委会协办。省统计局党组成员、总统计师戴乐平，国家统计局湖南调查总队党组书记、总队长胡国亮，国家统计局湖南调查总队党组成员、纪检组长岳忠诚，市统计局党组书记、局长肖正波，国家统计局长沙调查队党组书记、队长张殷海，区委常委、常务副区长周志军共同启动了主题为“全面弘扬宪法精神，奋力推进依法治统”的2018年湖南统计法治宣传月活动。省统计局、省调查队，市统计局、市调查队，区统计局、街道、社区、企业，以及群众200余人参加活动。活动现场摆设10块法制宣传展板，12名统计人员为群众做统计法律法规知识答疑咨询。活动设置统计法律法规知识抢答环节，增进群众对统计法律法规知识的了解。（梁海龙）

安全生产监督管理

【概况】2018年，全区未发生较大及以上生产安全事故，生产安全事故4项指标同比全面下降，事故起数5起，同比下降66.7%；死亡人数5人，同比下降50%；受伤人数2人，同比下降87.5%；直接经济损失30万元同比下降81%。天心区代表湖南省入选应急管理部十佳安全月特色宣教活动展示交流，省安监局向应急管理部推荐天心区为“全国安全生产宣传教育工作先进单位”，获评“湖南省安全生产宣传教育工作先进单位”“湖南省2018年‘安全生产月’和‘安全生产三湘行’活动优秀组织奖”。（黄 憬）

【安全生产监管】2018年，针对道路交通、仓储物流、烟花爆竹、人员密集场所消防、建筑施工等15个重点行业领域，由区领导带队，组成检查组，坚持“四不两直”方式，检查企业，排查隐患，对发现的问题和隐患，及时进行交办并负责跟踪督办。全区由3名正科级领导干部任组长，组成3个区级安全生产巡查组，开展2018年安全生产工作巡查。2018年开展两批次巡查，巡查6个街道、6个区直部门、检查抽查企业43家，发现各类隐患（问题）152条，所有问题均已限时整改到位。印发《天心区安全生产隐患“大排查、大管控、大治理”行动方案》，全面推行“5463”工作法，即实施“五级排查”，构筑安全隐患排查体系；建立“四包管理”，构筑安全隐患管控体系；做到“六个落实”，构筑安全隐患治理体系；严格“三类复查”，构筑安全隐患验收体系，组织开展安全生产隐患“大排查、大管控、大治理”行动。对于市安委交办的“百姓市场”、景之源起重设备隐息实行挂牌督办，2017年年底均整改到位，于2018年年初销号；对于省、市安全检查查出的顶立科技公司、湘江华融银行在建工地等存在的63个隐患（问题），制定整改实施方案，督促责任主体整改落实，均整改到位。提请区委、区政府对安全生产工作保障实施“绿色通道”，对应急性等各项目刚性支出应保尽保，追加全省暨全市安全生产咨询日活动、危险源管控辨识托管服务等专项经费200万余元，2018年天心区在安全生产方面投入2380万元。（黄 憬）

【落实安全生产责任】2018年，天心区安监局组织每季度一例会，每月一安监站长例会、每周一调度会，印发《“压实企业安全生产主体责任年”活动方案》《安全生产宣传教育“天心梦安全+”主题活动方案》《“强执法防事故”行动方案》等文件。落实《天心区人民政府有关部门及有关单位（机构）安全生产工作职责分工暂行规定》，组织召开全区安全生产大会，区政府与安委成员单位签订安全生产工作责任书；将安全生产目标责任纳入到目标管理考核体系，通过定期分析形势、通报情况、挂牌督办、追责问责，严格执行安全生产“一票否决”“党政同责、一岗双责”“五个全覆盖”和“三个必须”。督促重点企业建立全员安全生产责任制，强化企业实际控制人、法定代表人、主要负责人的责任。加强安全费用管理，开展企业从业人员培训，尤其是特种作业人员培训。定期组织开展应急救援预案演练，提升应急响应、现场处置和救援能力，避免次生事故发生。（黄 憬）

【安全生产专项整治】2018年，区安监局全年组织检查企业9217家，责令限期改正5360个，责令停产停业整顿187个，罚款761起，罚款1057万元，暂扣许可证415个，吊销许可证82个，提请关闭276家，其他类别行政强制措施831件，行政拘留36人。组织开展危险化学品、烟花爆竹隐患排查治理和粉尘防爆、有限空间专项整治行动，坚决取缔“下店上宅”“前店后宅”的烟花爆竹零售门店。区安监局检查生产经营单位 1780 家，排查四类场所危险化学品等隐患 814 处，责令企业限期改正 835 家，停业停产整顿 62 家，暂扣许可证 38 个，提请关闭 215 家，行政处罚 247 起，处罚金额 207.5 万元，其他类别行政强制措施件数 16 件，行政拘留 2 人。组织区交运、交警、城管等部门深入辖区“两客一危一校”企业，开展交通运输安全生产“隐患清零”工作。累计检查企业 826 家，暂扣许可证 226 家，罚款 302 起，罚款金额 496 万元，累计审验货运车辆 1020 台，淘汰不符合安全要求的车辆 298 台，稽查车辆 828 台次，暂扣“黑车”302 台，检查三类维修厂家 51 家，下发整改通知书 18 份。检查兴马洲等 3 家渡口安全生产 87 次，消除安全隐患 58 起。针对辖区北部多老旧小区，消防隐患突出的特点，区政府加大财政支持，突出街道、社区、公安派出所对“三小”场所和居民住宅楼院的监管。推进微型消防站建设，发挥救早、灭小和“3 分钟到场”扑救初起火灾的作用。组织开展联合执法行动 12 次，集中夜查 4 次，检查单位 4246 家，发现火灾隐患或违法行为 8457 处，督促整改火灾隐患或违法行为 8377 处，下发责令改正通知书 3085 份，临时查封单位 326 家，停业停产整顿 36 家，拘留 22 人。（黄 憬）

【压实企业安全生产主体责任】 2018 年，组织召开“压实企业主体责任年”活动动员会，下发《天心区“压实企业安全生产主体年”活动方案》《关于开展“压实企业安全生产主体责任年”执法大竞赛活动的通知》，督促企业做到安全责任压实。连续 2 个月开展“一企一档一清单”工作。对辖区重点行业企业和规模以上的工贸行业进行走访摸底，为企业建立档案，核实基本情况、厘清属地、行业监管责任人。宣传压实企业安全生产主体责任的意义和要求，引导企业履行主体责任。组织开展对企业主要负责人的专题培训；采取线上网络学习、平台自学和线下班前会集体讨论学习的形式；采取监管与服务相结合的方式，督促指导企业深入开展全员安全教育和岗位安全操作规程培训。开展“互联网 + 企业隐患排查治理与落实企业主体责任自评系统”试点工作，实现企业安全生产提质提效提标。市“互联网 + 企业隐患排查治理与落实企业主体责任自评系统”试点工作落户南托街道后，推进试点工作，以“互联网 + 企业隐患排查治理与落实企业主体责任自评系统”平台为抓手，整合各类安全生产信息网络，推进企业安全生产主体责任落实。（黄 憬）

【安全生产宣传教育】 2018 年，天心区开展“安全生产月”活动，咨询日活动开启安全宣教“六月风暴”。6 月 16 日，2018 年湖南省暨长沙市安全宣传咨询日在天心区举办。印发“天心安监员为您剖析事故”安全宣传册 5 万余本，向企业推广安全远程教育培训平台，开展长沙市校园人防应急安全突发事件综合演练，组织 500 人次的企业安全知识竞答活动，观看安全生产警示片 2 万人次，编印安全知识读本、宣传海报、《小学生水上交通安全教育读本》等宣传册 8 万余册，设置各类展板、标语等 340 块，接受群众咨询 14.2 万人次。利用微信平台、安全信息平台、政务网站等内部宣教平台，利用电视、报纸、网站等媒体进行宣传报道；“天心梦安全家”微信公众号每日更新发布安全动态、安全警示等信息。拓展微博、微信、楼宇电视、户外 LED 屏幕、网络电视台等自媒体传播平台，采用文字、声音、影像、动画、网页等多种表现手段，加强安全宣传。 从北到南，坡子街、城南路、赤岭路、桂花

2018 年 6 月 16 日，湖南省暨长沙市 2018 年安全宣传咨询日在天心区举办

区安监局 供稿

坪、黑石铺、先锋、南托等街道相继建成安全文化宣传教育长廊，每个街道均有安全文化宣教阵地。全区 51 块电子显示屏，持续定期或不定期播放安全宣传短片、典型事故警示教育短片或安全生产字幕提示，每日播放不少于 2 小时。建立月月有活动、季度有覆盖的宣教长效机制。（黄 憬）

【不安全产能退出】 2018 年，天心区在推进绿心地区工业企业退出、危化三年行动等重点工作时，注重与安全生产相结合，运用行政处罚、责令停工停产停业整顿、关闭退出、吊销证件等法律赋予的权利，依法依规关闭、劝退 275 家工业生产企业，注销 55 家门店的烟花爆竹零售许可证，注销 36 家门店的危险化学品经营许可证，关闭拆除 2 家非煤矿山企业。去除不安全产能，把小、乱、差的工业企业换出去，装进数字地理、人力资源等高附加值企业，优化产业结构，提升安全发展动力。（黄 憬）

【“警示约谈＋行政处罚简易程序”】 2018 年，推行“警示约谈＋行政处罚简易程序”，强化小微企业安全生产监管。具体做法是：在监督检查中，发现被检查小微企业存在主体责任落实不到位、存在较少安全隐患的情况，对其进行约谈警示；对违法事实清楚、证据确凿并有法定依据，但情节较简单，按行政处罚简易程序实施，当场作出行政处罚决定，并针对隐患开具责令限期整改指令书。截至 2018 年年底，组织警示约谈 104 批次，约谈 4203 人次，其中各行业部门组织警示约谈 43 批次，约谈相关人员 1868 人次；各街道（园区）组织警示约谈 61 批次，约谈相关人员 2335 人次。运用行政处罚简易程序开出 192 张行政（当场）处罚决定书，执行到位 186 起。该措施让基层执法人员在面对案情简单、处罚较轻的违法行为时能够快捷、高效地执法。（黄 憬）

【应急救援演练】 2018 年 2 月 12 日，市安委办主办、区政府承办城市经典商住楼综合灭火演练，探索城市消防应急救援新模式。6 月 27 日，天心区组织区消防大队、蓝天救援队、人人居安公司在明德天心中学举行校园人防应急救援演练大直播，现场模拟 2100 余名学生突遇火灾事故，在消防、救援机构和老师协助下，有序从教室撤离到操场安全空旷地带。通过大型应急救援演练，有利于强化快速反应，强化战术应用，强化协同联动，提高高效处置各类事故的能力。（黄 憬）

【粉尘防爆和有限空间作业专题培训班】 2018 年 3 月 16 日，企事业单位有限空间作业和粉尘涉爆专题培训班举办，对各经开区、各街道安全监管工作人员和相关企业安全生产主要负责人，以及安全生产负责人进行业务培训，全区共 120 余人参加培训。培训会上，区安监局工贸和职业健康监管科负责人对参训人员作出要求：高度重视粉尘防爆和有限空间作业的安全管理工作；通过理论和实践学习，加强粉尘防爆和有限空间的辨识；明确管控风险，做好安全防护工作；整章建制，建立台账。通过此次培训，要求企业落实粉尘防爆和有限空间作业的主体职责，加强管理人员和作业人员粉尘防爆和有限空间作业专题培训。（黄 憬）

【安委会例会】 2018 年 5 月 8 日，2018 年第二次安委会例会暨安全生产“天心梦 安全＋”主题宣教活动推进会召开。区委常委、常务副区长周志军，区政府副区长洪孟春，区安委会成员单位及各街道分管负责人参加会议。会上，各单位观看“安全生产警示教育片”，区城建局等 5 个部门部署安全生产专项整治工作，区安委办主任、区安监局局长丁洪带领大家学习《地方党政领导干部安全生产责任制规定》，传达学习长沙市安委会第二次例会精神，分析天心区安全生产形势，对安全生产“天心梦 安全＋”主题宣教活动、“压实企业主体责任年”执法大竞赛活动、打非治违、汛期安全生产工作、迎接长沙市安全生产交叉检查等重点工作进行安排部署。会议强调，各单位务必要扎实做好安全生产规定动作、创新活动、本职工作，不断强化问题导向，深入排查各类安全隐患，坚决维护社会安全稳定。会议要求，天心区各部门、各街道要强化执法大竞赛，以执法倒逼企业安全生产主体责任落实；推进“天心梦 安全＋”主题宣教活动。9 月 5 日，天心区召开 2018 年第 3 次安委会例会暨防范重特大事故会议。会上，丁洪组织学习 2018 年 7 月 27 日全国、全省安全生产电视电话会议和市安委会例会的重要会议精神，通报 2018 年 1 ～ 8 月安全生产形势和半年度督查考核情况及存在的主要问题，明确2018年度市对区安全生产考核责任分工，部署下阶段安全生产工作。坡子街街道、区消防大队、区教育局、区交警大队汇报各自行业范围的重大安全隐患的整改情况，分析当前安全生产形势，安排下阶段工作。区政府副区长、区公安分局局长肖向东表示，各街道对辖区重点场所要开展专项督查，道路交通工作应从压减事故数着手解决当前严峻形势。洪孟春提出抓安全生产浮躁不得，要深入扎实；抓安全生产粗放不得，要细之又细；抓安全生产大意不得，要慎重稳妥；抓安全生产封闭不得，要活学活用。周志军表示要从3个方面着手部署安全生产工作：从数字看执法，必须补短板做到质量提升；从事故看原因，必须下决心做到标本兼治；从现象看本质，必须下狠心倒逼责任。

（黄 憬）

【职业健康专题培训班】 2018年5月16～18日，区安监局举办职业健康专题培训班，对辖区内存在职业病危害因素企业的主要负责人和职业健康管理人员进行业务培训，参加培训人数为185人。培训班邀请专业授课老师进行培训，授课内容涵盖职业病防治基础知识与法规标准体系；职业健康监护与档案管理；职业病危害因素与职业病；职业病危害告知与警示标识；个体防护用品使用与管理；粉尘、化学毒物、噪声及高温等危害与防控技术；工伤保险政策解读等方面的知识，并于5月18日就培训内容组织考试。

（黄 憬）

【2018年湖南省暨长沙市安全生产宣传咨询日活动】 2018年6月16日，以“生命至上、安全发展”为主题的2018年湖南省暨长沙市安全生产宣传咨询日活动在天心区湘府文化公园莲花广场举行。活动由省安委办、市安委会主办，省安监局、省教育厅、省交通运输厅、区政府承办，市安委办、区安委办执行。省安委办主任，省安监局党组书记、局长李大剑出席咨询日活动，为在全省安全宣教“七进”活动中表现优异的10名优秀安全通讯员颁发荣誉证书；省安委办副主任，省安监局党组副书记、副局长罗德龙，省交通运输厅副厅长钱俊君，省教育厅党组成员、省委教育工委委员解答网友提问。活动现场分为舞台区、安全知识咨询区、应急救援装备展示区及互动体验区，现场摆满了各类安全宣传展板，涵盖建筑施工安全、交通安全、溺水施救、公安消防、地铁防灾减灾等各类安全知识。活动将安全知识融入快板、歌舞的文艺节目，现场的应急救援演练吸引大批群众。湖南卫视《新闻大求真》栏目现场呈现特别节目《安全知识大求真》，现场讲解交通事故、溺水等情况下的救援知识。市委常委、常务副市长、市安委会副主任舒行钢与主持人一诺互动交流。金鹰955广播电台现场连线广大驾驶员，邀请两位安全方面的资深老师现场为广大驾驶员答疑解惑。新湖南网络直播平台对现场进行全程直播，将安全知识送到千家万户。通过网络平台、广播、电视等多媒体同步直播，此次咨询活动共吸引百万余人次参与线上线下互动，有利于普及安全知识，提升全社会安全意识。

（黄 憬）

【胡忠雄到天心区检查安全生产工作】 2018年9月29日，市委副书记、市长、湖南湘江新区党工委书记胡忠雄带队到天心区检查安全生产工作。市政协主席文树勋参加安全检查。胡忠雄一行实地检查长沙恒泰物流公司、中建五局华融湘江银行建筑工地、中石化金盆岭加油站、贺龙体育中心、魅力四射酒吧的安全生产情况。胡忠雄叮嘱恒泰物流企业负责人要严格排查安全隐患，加强安全应急演练，全面落实整改措施；听取贺龙体育中心安全生产隐患整改落实、安全生产主体责任落实和国庆期间的安全生产工作安排部署等情况，要求长沙市消防支队、安监局、体育局和运营管理单位要强化责任、创新思路，从体制机制上破解大型体育场馆消防难题；胡忠雄重点检查中建五局华融湘江银行建筑工地、中石化金盆岭加油站、魅力四射酒吧的消防控制室、消防设施设备、消防通道，询问当班负责人安全操作规程、应急处置物资和处置流程等情况。胡忠雄强调，要时刻把人民生命财产安全摆在首要位置，提高全体员工的安全生产意识，强化安全生产日常检查，完善安全隐患排查整改常态化机制；要突出抓好隐患整改，对排查出的事故隐患和问题；要认真落实监管责任，以监管责任落实倒逼企业主体责任落实，坚决遏制各类事故发生。（黄 憬）

【企业主要负责人和安全管理人员培训班】 2018年10月10～12

日，区安监局在黑石铺街道一力物流办公楼6楼举办企业主要负责人和安全管理人员培训班，共200余人参加培训。培训期间，安全生产方面的领导和专家对《中华人民共和国安全生产法》、安全生产管理知识、消防安全、特种作业和特种设备安全、应急救援与事故预防、隐患排查与危险源管控等内容进行讲授。培训后所有学员将参加现场考试，考试合格者发放合格证书。培训有利于提高安全管理水平和企业本质安全，杜绝工伤事故，促使生产经营单位依法安全生产。（黄 憬）

【企业安全生产班前会工作专题会议】 2018年11月13日，区安委办组织召开专题会议推进企业安全生产班前会工作。区政府副区长洪孟春，区安委会有关成员单位、各街道安全生产分管负责人参加。会议组织学习《长沙市天心区安全生产委员会办公室关于在全区企业推进安全生产班前会工作制度的通知》，就下阶段天心区企业安全生产班前会工作进行部署；组织学习《国务院安委会办公室关于进一步加强当前安全生产工作的紧急通知》，调度部署近期安全生产工作、年度安全生产目标管理考核工作，交办湖南省安全生产明查暗访查出隐患（问题）。会议强调，各单位要监督企业履行安全生产主体责任，推动辖区企业组织召开安全生产班前会，让企业把开好安全生产班前会形成习惯、形成制度，守好安全生产防范第一道防线。洪孟春指出，要吸取事故教训，防范发生生产安全事故；强化工作措施，认真做好当前安全生产工作；结合绩效考核，推动安全生产工作。（黄 憬）

【电气火灾防控工作会议】 2018年11月30日，区安委会在裕南街街道仰天湖社区召开全区电气火灾防控会议。区政府副区长洪孟春，区安委办、区消防大队、各街道安全生产分管负责人及安监站长参加会议，会议由区安委办主任、安监局局长丁洪主持。会上，上海华宿电气有限公司介绍电气火灾智慧用电防控系统，现场演示电气火灾防控操作流程。裕南街街道就电气火灾防控试点情况做经验交流汇报；各街道就今冬明春火灾防控工作情况进行发言；丁洪就今冬明春火灾防控工作进行安排部署，就安全生产工作提出几点建议：安全生产工作要实；宣传培训要深；打非治违要广；责任体系落实要细；重点整治发力要准。洪孟春提出，防控电气火灾要将宣传放在首位；要将隐患排查落到实处；要将试点成果逐步推广。（黄 憬）

【《中华人民共和国安全生产法》宣传周咨询日活动】 2018年12月1日，由区安委办主办，黑石铺街道承办的《中华人民共和国安全生产法》宣传周咨询日活动在湖南一力物流园前坪开展，200余家重点企业负责人及社区居民前来咨询。活动启动会上，区安委办、黑石铺街道安监站工作人员深入企业普及安全生产法律法规，发放《安全生产法》读本，宣传普及安全生产法。宣传周活动期间，工作人员及志愿者将组织辖区企业、各社区（村）开展安全生产法学习活动、安全生产法咨询日活动、安全生产法警示教育活动、安全知识答题活动等，向居民群众和广大企业职工宣传安全生产法律法规、方针政策和安全健康知识。黑石铺街道安监站在现场设立安全生产非法违法现场举报点，派发关于安全生产非法违法行为举报宣传小册子，接受市民群众现场举报。（黄 憬）

工商行政管理

【概况】 长沙市工商行政管理局天心分局（简称“区工商分局”）下设9个工商所（坡子街工商所、裕南街工商所、金盆岭工商所、青园工商所、桂花坪工商所、黑石铺工商所、城南工商所、新开铺工商所、暮云工商所）、16个科室（含区个体私营经济发展指导中心、消费者权益保护委员会），2个二级局（商事登记局、经济检查局）。机关在编人员163人，其中在职在岗干部职工101人，离退休62人。各登记窗口和服务岗位临聘人员37人。

2018年，区工商分局探索新的消费维权模式，深化“诉转案”机制，维护群众合法权益；加强“12315”维权网络和“一会两站”“五进工作”建设；开展“放心消费”创建实践探索，推进全社会共同维护消费者合法权益的新机制开展“网络诚信·消费无忧”消费维权年活动，结合“3·15”宣传活动日，开展系列主题宣传活动；强化流通领域商品质量监管，全年共抽检66个批次，13批次不合格，12批次立案查处。开展“五一”商圈市场主体经营秩序专项整治系列行动。2018年，天心区有市场主体75785户，其中企业31937户，个体户43848户。受理各类消费举报投诉5062起（“12315”互联网平台受理申诉举报2434起），群众来访、来函和转办件77件，来函、来访187起，办结率100%，满意率100%；政务工单1334条，办结1297条，满意率98%。全部按期办结，为消费者挽回经济损失162.3万元。全区报送企业22524户，年报率87%，超过年报达标率2个百分点；报送个体21650户，年报率60%。（王慧敏　刘军翼）

【商事登记制度改革】2018年，区工商分局在登记上实行“一窗办理、一站导办、一网通办、一次办成、一单速达”，企业办结时间由原来的15个工作日缩短为2.5个工作日。4月28日在全区率先推出“最多跑一次”改革，全面落实《优化营商环境十条措施》：推出登记范本服务、网上查询办理服务、预约服务（开通8个综合业务网上预约业务，办结业务量超过2万人次）、导办服务（在政务中心大厅开辟“工商导办服务”站，提供专业的咨询、指导、预审和导办帮办服务，配有自助电脑、自助打印、纸质登记范本和办事指南）、免费寄送服务（为企业提供免费的“执照寄送”服务达800余件）。深化“多证合一”改革，整合改革涉企证照事项37项、涉及21个职能部门，全面实行“一套材料、一表登记、一窗受理”的工作模式。11月22日起正式推行“证照分离”改革，全面贯彻落实国务院确定的第一批106项涉企改革。推进企业集群注册，天心区集群注册企业8户（2018年新登记2家集群企业）。组织召开2017年度小微企业会议，为2017年注册的6家集群企业下发补助款100万元。（周振杰）

【工商行政服务】2018年，区工商分局组织开展银行代办人员业务培训工作，全面实施“长沙工商企业通”。为招商引资项目落地开方便之门，加大与区金融办和区国税局的交流，及时将开户信息、股权变更数据共享。开展非公党建工作，在全区非公经济独立组建党组织209家、团支部145家、组建民营经济关工委88家。帮助企业解决融资困难，全年为1315家企业从银行融资18.35亿元，办理动产抵押登记12件，抵押金额9.843亿元。牵头市绩效考核指标“后置许可办证率”工作，天心区后置办证率90.45%，为天心区年度考核加0.2分。参加蓝天保卫战工作，完成散煤燃具销售“清零”目标任务；协同办理省级环保督察案件47起，中央“回头看”环保督查案件42起；负责29家“绿心”企业清退工作，全部签订搬离“承诺书”，其中21户退出并完成验收，8户停产等待验收。截至11月30日，全区外地育龄经营户应报1419户，实报1419户。（周振杰）

【“查无打非”工作】2018年，区工商分局督促个体工商户办理营业执照9488户，查处无照经营案件4起。加大校园及周边综合治理力度，发挥“12315”综合执法网络的作用，全面排查中、小学校园周边各类无照经营、“水晶泥”、抽奖类游戏200余家，发现问题“水晶泥”117盒，全部下架处理。开展医疗美容行业、职业中介行业、食品行业等“三大重点行业”无证无照经营专项整治行动，查办“一桌餐”典型案件1起，立案并处罚医疗美容和规模生活美容机构5起，没收部分器械，没收违法所得和处罚款10万余元。（王　鹏）

【农贸市场管理】2018年，区工商分局做好节假日市场监管，做好H7N9禽流感和非洲猪瘟防控。完成糖酒会布展和维权任务以及配合市工商局对辖区油品使用情况抽查和市环保局对辖区汽车4S店开展“一致性”抽查。开展“红盾护农”专项执法行动，年度考核中“红盾护农”工作在内五区排名第一。（王恒敏）

【打击传销】2018年，区工商分局接到涉嫌传销投诉举报38起，接省、市工商局交办7起，全部办结并回复。全区创建无传销社区59个、无传销村11个，覆盖率74%。移送公安传销案件1起，全区未发生因传销引起的社会稳定事件和恶性刑事案件。完善打传“网格化”监管体系，层层签订“监管目标责任书”，召开两次全区打击传销工作联席会议。开展为期3个月的打击整治传销集中行动，集中清查楼盘、小区38个，捣毁涉传窝点72个，驱散劝返涉传人员464人。公安机关立案1起，破案1起，刑事拘留39人，检察院批捕21人，移送起诉19人，法院判决人数10人。成立湘府文化公园打击传销巡逻队，清查驱散涉传人员1128人，移送公安派出所处理5人。开展各类打击传

销宣传活动10余场次，发放各类宣传资料近5万份。（蒋 瑛）

【网络市场信用体系建设】 2018年，区工商分局扶植一批大型网络商品经营企业和第三方交易平台企业。推送省电子商务企业消费维权服务站2个。把日常网络监管与专项整治有机结合，针对问题比较集中的房地产、教育咨询、娱乐休闲等行业，对市场主体线上线下经营进行集中整治，网络巡查经营主体1175（个次），实地检查网站、网店经营者213（个次），约谈企业75家次，删除违法商品信息311条，责令整改网站109（个次），提请关闭网站1个，责令停止平台服务的网店2个。推进2427户网络企业在年报公示中如实申报网站、网店。

（李一方）

【广告监管】 2018年，区工商分局出台《关于强化户外广告规范管理的制度》，进行意识形态领域户外广告（信息发布）风险隐患排查，严肃查处户外广告违法案件。对辖区涉及广告行业经营单位5335家、广告经营企业415家进行动态管理，建立督查台帐。查处锦绣中环东侧户外广告发布内容含有涉及暴力字眼案件等3起。开展全区楼宇电视刊播公益广告专项清理，检查298栋楼宇，及时下载发布新设计的非物质文化遗产内容的公益广告。明确把省府周边1.5千米范围内大型广告牌及五一商圈范围内大型广告牌作为重点风险防范点。（柳荔革）

【执法工作】 2018年，区工商分局立案52件，结案41件，罚没入库100.6万元，其中10万元以上的重大案件3件。区工商分局作为被申请人复议案件2起，新增的行政诉讼案件16起，全部涉及由于身份证遗失等原因导致被虚冒注册为公司股东、法定代表人、监事等行政许可的诉讼。查处湖南华杰工程咨询有限公司电力工程质量评估虚假宣传重大案件（罚没入库20万元）等12件。对辖区27家现货交易平台进行地毯式地摸底排查清理，查处涉嫌网络欺诈的企业1家，为网购消费者挽回直接经济损失29.78万元。深入农贸、钢材、成品油等重要市场，开展“市霸”“行霸”等黑恶势力和市场治安乱象乱点线索排查。开展扫黄打非专项行动，对网吧、音像市场、出版物及文化市场进行拉网式清查。加强非法集资风险排查，对汇金国际大厦、保利国际等私营金融公司集中的重点区域进行摸排检查，共排查企业158家，发现风险企业83家，均责令改正。（邹 涛）

【“双随机、一公开”监管改革】 2018年，区工商分局深化“双随机、一公开”（即在监管过程中随机抽取检查对象，随机选派执法检查人员，抽查情况及查处结果及时向社会公开）监管改革，构建及时、规范、高效的事中事后监管体系。通过“天心工商”微信公众号、短信通知等形式宣传年报工作。核实比对1455户连续两个年度未依法报送年度报告的企业，进行实地检查后，进行公告送达，确定清理吊销1098户企业。完成国家市场监督管理总局从金融、教育培训、医疗美容、环保、知识产权代理5个领域抽取区工商分局登记的108家市场主体的双随机定向抽查工作，把抽查中发现的29家“通过登记的住所或者经营场所无法联系”的经营户列入异常名录。经过三个多月的实地核查，完成2018年度企业1363户、个体1886户“双随机、一公开”检查，其中第三方机构完成审计286家，列入异常名录的企业312户。因通过登记的住所或经营场所无法联系被列入经营异常名录的企业有1201户、因未按照规定报送年报列入经营异常名录的企业有3967户。全年移出异常名录579户。（王 鹏）

【区工商分局防控非洲猪瘟】 2018年，为落实非洲猪瘟综合防控措施，区工商分局配合食药监、街道社区等相关部门，对辖区内生猪养殖场、屠宰场、生猪交易市场等进行全面排查，生猪定点屠宰场、无害化处理场均实行日报告制度。8月27日，桂花坪街道牵头，区工商分局桂花坪工商所配合街道食药所对邻爱生鲜市场生猪屠宰经营户进行肉类检查。11月14日，区工商分局召开非洲猪瘟防控工作部署会，区工商分局重大动物疫情防治工作小组组长、分局党委书记、局长邹展出席会议并讲话。会议传达省、市政府防控非洲猪瘟电视电话会议精神，通报常德桃源、益阳桃江、怀化沅陵等县相继发生非洲猪瘟疫情及长沙市面临的严峻形势，就如何贯彻落实2018年11月3日长沙市工商系统非洲猪瘟防控部署会精神，提出落实措施：对辖区内的交易市场和农贸市场进行摸排，对辖区内农贸市场做到底数清、情况明；与区重大动物疫情防控指挥部取得联系，由指挥部对全区所有农贸市场统一配发消毒设备和消毒剂，配合相关部门督促市场开办方落实一日一清洗、一日一消毒防控措施；对全区所有农贸市场肉食经营户开展一次营业执照摸排，坚决查处肉食无照经营行为；维护市场内正常的经营秩序、配合各职能部门搞好联合执法。邹展强调，要加强协调沟通，落实部门责任和防控措施，全面开展排查，坚决查处肉食无照经营行为，维护好市场秩序。11 月 23 日，邹展带领市场科人员对辖区内农贸市场非洲猪瘟防控工作进行检查。检查组一行检查下碧湘农贸市场、莲湖市场、披塘市场、邻爱生鲜市场，对市场内的肉食经营户办证情况，肉食的进贸渠道，每天是否消毒进行询问，查看消毒记录情况，反复嘱咐在场工作人员切实按要求抓实非洲猪瘟防控工作。邹展希望加强组织领导，压实工作责任，做实做细，不留死角，把市场监督工作做到位。

（王恒敏）

【工商业务培训】 2018 年 2 月 26 ～ 28 日，区工商分局进行为期三天的政治理论、业务培训。培训采取专家讲座、业务能手授课等方式对分局全体在职干职工进行集中培训，包括党风廉政建设、传统文化、党史党建等方面系列讲座，以及企业监管、网络监管、法制等方面的业务培训。省直机关党校副教授孙士云作党风廉政建设专题辅导；岳麓书院副教授钱永生讲授中华传统文化；企监科科长王鹏讲授查处取缔无证无照经营管理办法；网络监管科科长李一方讲授网络办案操作实务；法制科科长席立文专题解读新的反不正当竞争法。

（彭国辉）

【“3·15”国际消费者权益保护日集中宣传】 2018 年 3 月 15 日，天心区在长株潭商圈鑫远．鑫悦汇举行“弘扬诚信文化，建设诚信长沙”——长沙市“3·15”国际消费者权益保护日集中宣传暨“品质消费·美好生活·诚信为本”主题活动。活动由区委宣传部、区文明办、天心经开区、先锋街道、区工商分局、区食药局、区质监分局、区金融办、区消防大队、区消费者委员会等单位组织承办。活动当天，举行商户“诚信经营”倡议并签名承诺，宣讲诚信经营小故事，进行消费维权知识抢答赛，组织文娱节目表演。区工商分局、区质监分局、区食药监局、区消防大队、区金融办、烟草专卖局、长沙银行、建设银行等单位设立真假商品鉴别台，消费知识宣讲台、举办打击传销、打击非法投融资知识讲座，设立消费投诉现场举报受理台。 坡子街街道、裕南街街道、金盆岭街道、赤岭街道、黑石铺街道等办事处及所属工商所组织相关职能部门举办纪念活动。区法院在黄兴路步行街设立专门法律知识宣讲台，公布消费维权案例，宣讲《中华人民共和国消费者权益保护法》，现场解答消费者的疑问。

（张铁峰）

【2018 年度广告工作会议】 2018 年 3 月 23 日，天心区 2018 年度公益广告联席会议暨天心工商分局 2018 年度广告工作会议在区工商分局三楼会议室召开，会议由区工商分局协同区委宣传部、区文明办共同举办。区委宣传部副部长杨军，区工商分局党委书记、局长邹展，湖南成美广告有限公司、湖南东盛新野文化传媒有限公司、湖南天闻地铁传媒有限公司等 9 家广告经营企业代表参加会议。会上，区工商分局广告监管科科长柳荔革对关于强化户外广告规范管理工作的开展进行发言，强调楼宇电梯内框架广告、多媒体电子显示屏发布公益广告的要求，并对户外广告（信息发布）阵地管理、事中事后监管制度、户外广告监管风险防控机制等广告工作提出明确要求。区工商分局副局长王密对全区户外广告管理工作进行再动员，提出针对全年广告工作要注意的 11 个要点，强调广告发布程序及工作纪律要求，提出“各广告公司公益广告宣传不得低于 30%”的硬性要求，要求各广告公司要建立健全承接、登记、发布、审核等管理制度。邹展对各广告公司提出意识形态整治、公益广告投放等方面的要求，要求各广告公司学习好《中华人民共和国广告法》，做一个学法、守法、懂法的广告业主。杨军提出要求，要求各广告公司对广告设计要细，要求区工商分局对广告发布督察管理要严。会议上，湖南成美广告有限公司、长沙黄兴南路步行商业街物业管理有限公司等单位纷纷表态，表示一定严格审查广告发布内容，建立健全广告承接、发布制度，为共同维护社会公序良俗，为促进广告业健康有序发展而努力。

（柳荔革）

【区工商分局捣毁传销团伙】 2018 年 5 月 28 日，区工商分局在花之林浦沅店捣毁一传销团伙，现场抓获涉传头目12人，没收手机19台，并将头目带回分局进行调查询问。是日上午，区工商分局接反传志愿者举报有多名传销头目在花之林浦沅店召开会议。区工商分局立即组织经济检查局、反不正当竞争科、金盆岭工商所的执法人员与金盆岭派出所、反传志愿者和长沙市政法频道一起上门采取行动。经初步调查得知，该团伙打着“连锁经营”“1040工程”的名义，拉人头发展下线，要求投资者以缴纳投资款加入其中，并按照一定顺序组成层级，直接以发展人员的购买份数作为返利依据，引诱参加者继续发展他人参加，骗取财物。该12名头目均为“上总”，每个头目及其发展的下线共投资500至600份投资款，每个头目涉案金额达170万元至200万元不等，整个团伙内部参与传销活动人员500余人，涉案金额过千万元。该团伙头目都对自己的违法行为供认不讳。调查发现该团伙以商会名义在联通购买的155800xxxxx号段集团号，且准备在联通更换156及157开头的号段。由于该团伙参与人员众多且涉案金额巨大，团伙头目涉嫌构成组织、领导传销活动罪，将此团伙的12名头目全部移送至区公安分局。（蒋 瑛）

2018年11月1日，天心区委书记朱东铁（左二）调研“老太爷”、“华润节能”企业

区工商分局 供稿

【“双随机、一公开”执法人员业务培训会】 2018年9月13日，区工商分局企监科组织全局在分局六楼会议室召开“双随机、一公开”执法人员业务培训会。区工商分局副局长夏志对各部门和各执法人员从高度重视、加强配合、注重成效、严明纪律4个方面提出要求。纪检监察室科长黄雅京发言，各检查组要严格执行上门检查的工作要求，坚持廉洁执法、秉公执法，坚守行政人员廉政底线。区工商分局企业监管科科长王鹏宣读《长沙市工商行政管理局天心分局2018年企业公示信息及登记事项、直销行为“双随机、一公开”联合检查方案》，讲解工作方案中的具体检查要求。区工商分局企业监管科副科长曾灿，讲解双随机抽查工作操作指南。（王 鹏）

质量技术监督

【概况】 长沙市质量技术监督局天心分局（简称“区质监分局”）系长沙市质量技术监督局的派出机构，为正科级单位，主要承担辖区内综合管理特种设备安全监察、监督工作的责任，负责产品质量宏观管理工作，组织实施辖区内标准化战略，负责统一管理辖区内计量和认证认可工作等。内设办公室、产品质量监督科、特种设备安全监察科和标准计量

科4个职能科室。有在编职工7名，编外聘用人员5名，

2018年，区质监分局抓好特种设备、产品质量两大安全，以加快实施质量强区建设为抓手，推进质量提升、品牌强市、标准强市3大战略，夯实计量利民惠民基础工程。获评2018年度全市质监系统执法打假工作先进单位称号。（邹定波）

【特种设备安全监管】 2018年，区质监分局开展重点时期、重点行业、重点单位的安全检查，对67家特种设备使用单位1386台设备开展安全检查，发现安全隐患141处，下达监察指令书10份，督促完成整改129处，隐患整改完成率为91.5%，立案查处2起，警示约谈相关单位3家。联合区安监局、黑石铺街道等单位在保利花园举办特种设备安全进小区暨电梯应急救援演练活动，保利花园120余名业主参加并在电梯安全倡议书上签字。区政府组织质监、财政局、建设、安监等部门专题研究全区“三无”电梯安全隐患整治工作，通过《天心区“三无”电梯安全隐患整治方案》。区质监分局联合属地街道对全区“三无”电梯进行地毯式排查，完成对82台“三无”电梯的现场检查、建档和评估工作。（邹定波）

【重点工业产品安全监管】 2018年，区质监分局联合市质监局稽查支队对南托牛角塘附近一家水泥砂浆料分装窝点连夜开展执法行动，查封水泥生产线2条。对辖区防火门、防火卷帘门、消防自救呼吸器等消防产品生产企业进行突击检查，现场发现制度不全、记录不完善、标识不明等问题18条，下达整改通知书7份，责令企业限期完成整改。对汽车尾气检测、污水处理等重点单位开展监督检查，出动执法人员40余人次，检查相关单位9家，检查尾气排放检验、污水排放监测、实验室计量检测等环节使用的设备90余台（套），发现人员未持证上岗、标识不规范、制度不健全和台账未及时更新等问题10余处。开展重点工业产品质量监督抽查，涉及水泥、电线电缆、食品相关产品等6类重点产品，监督抽查20个批次，检测合格率100%。2018年综合省、市、区三级质量监督抽检共175个批次，合格170个批次，合格率97.14%。（邹定波）

【品牌创建】 2018年，区质监分局着力于在物流、金融、汽车内饰等行业培育名牌产品，深入企业20余家，实行“保姆式”服务，通过宣传发动、精准帮扶、实地走访等方式，推进名牌培育工作。天心区有11家企业的11个产品申报2018年湖南名牌产品。（邹定波）

【标准化工作】 2018年，区质监分局引导跃泰科技等7家单位完成制修订国家标准1项、地方行业标准5项，采用国际先进标准3项，协助红太阳装饰等3家企业成功申报省级服务业标准化试点项目，获批省、市标准化专项扶持资金20万余元。现场指导金领玮业承担的母婴保健一站式服务门店服务标准化试点项目以高分顺利通过评估验收，协助湖南大球泥瓷艺有限公司成功申报国家级标准化试点项目，将湘瓷定制服务推向标准化、专业化、高端化。督促铃本环保等29家企业开展标准自我声明公开，2018年共公示130项，累计标准公示共计409项，涵盖产品484种，其中国家标准200个，行业标准82个，地方标准8个，企业标准119个。（邹定波）

【计量监督】 2018年，区质监分局开展节会期间计量专项行动，出动执法人员60余人次，涉及农贸市场、大型超市商场、钢材市场等17家，现场检查电子秤、台秤、吊秤等计量器具40余台套，发现主动设置、标识引导、定期维护等方面存在不足8处，当场责令立即整改到位。组织开展对辖区重点排污单位和环境监测机构的计量监督检查，现场检查流量计、分光光度计等在用计量器具50余台套，督促企业加强过程监控和质检把关。（邹定波）

【质量提升行动】 2018年，区质监分局联合区经信局、园区和街道开展“标准强链、质量强园”质量提升行动，质量调研组出动工作人员80余人次，实地走访大数据地理信息、光伏新能源、医药物流等重点企业20余家，发放“天心区‘标准强链、质量强园’质量提升行动调查表”“天心区企业标准化工作状况调查表”“长沙市市民质量满意度调查问卷”等80余份，形成《天心区医药物流行业质量状况分析报告》。组织重点产业链、医药物流和重点服务行业相关企业40余家100余人，举行质量提升集中培训班。组织全区标准化试点示范企业和新申

报企业10余家重点单位召开座谈会。（邹定波）

【质量安全宣传】2018年，区质监分局在天心区雀园路九峰小区开展产品质量安全、诚信计量常识等质监文化进社区活动；在大润发超市天心店开展“关注民生、诚信计量”的诚信计量进商场活动，在鑫远和城小区开展“计量在我身边”的计量惠民进社区活动，在区政府开展计量文化进机关活动等计量系列宣传活动。现场发放法律法规宣传册、质量安全常识手册等1000余份。3月15日，区质监分局在“鑫远·鑫悦汇”前坪广场举宣传教育活动，区内部分经营单位、街道社区工作人员及志愿者队伍共计300余人参加活动。区质监分局工作人员在活动现场设置咨询服务台和质量宣传展示区，包括真假产品鉴别、法律咨询服务、投诉举报受理、宣传资料发放等内容，就质量技术监督方面的法律法规和安全常识进行宣讲，对现场提出的咨询问题一一做出解答，现场发放法律法规宣传册、质量安全常识手册、特种设备安全须知、诚信计量宣传画等500余份。“质量月”期间，在天心区政府一楼开展质量“进机关”活动，在区中小企业服务中心开展质量“进园区”活动，在远航企业广场开展质量“进企业”活动，在鑫远－鑫悦汇开展电梯安全宣传活动，共发放调查问卷800余份，质量宣传手册300余份，电梯安全宣传画册200余份。（邹定波）

【区质监分局开展生态环境保护】2018年，区质监分局对列入中央环保督察组绿心地区应退出的450家工业企业，从行政许可、检验检测、产品质量、特种设备安全等多角度开展现场检查，收集整理300余家企业相关资质证明材料。牵头负责26家工业企业的退出工作，其中2家规上企业，24家规下企业，督促企业按照时间节点和验收标准要求，有序停工停产、拆除设备、搬迁退出。联合工商和相关街道、社区组成散煤整治联合检查组，出动执法人员30余人次，对暮云、南托、大托街道辖区进行“回头看”检查；联合城管、环卫、交运、交警、城建、环保、公安等部门，出动执法人员80余人次，在重要路口设卡值守，打击违规运输行为；联合青园街道、区环保、安监、食药、建设、城管等多部门，对油烟噪音扰民环保投诉件进行研究处理，督促物业公司及时整改到位。对列入长沙市重点排污单位名录的11家单位和4家车检机构有计划、分步骤地组织开展检查，检查尾气排放检测、车辆安全检测、实验室计量检测等环节使用的设备60余台（套），生产过程用计量器具20余台，发现人员未持证上岗、标识不规范、制度不健全和台账未及时更新等问题11项，当场整改到位8项，责令限期整改3项。开展重点单位特种设备现场监察，出动执法人员40余人次，检查11家18台油（气）锅炉和4家11辆场(厂)内机动车，发现存在运行记录更新不及时、水质处理不规范、无安全管理人员等问题4项，执法人员现场下达安全指令书1份，要求企业限期内完成整改。（邹定波）

【“关注民生、诚信计量”的宣传活动】2018年2月8日，区质监分局在大润发超市天心店开展“关注民生、诚信计量”的宣传活动。市质监局副局长耿良安现场督查指导，湖南省计量院检测专家全程配合。活动以专项检查与宣传教育相结合的方式，对超市公平秤进行检查，重点查看主动设置、标识引导、定期维护等情况；对超市20台在用计量器具进行检查，重点查看定期检定、人员管理、台账建立等情况；对节前干果、熟食等6大类商品随机抽样检查10个批次，未发现净含量不合格的情况；督促超市在显眼位置摆放宣传栏，对消费者主动作出诚信计量公开承诺。活动现场设置检测台、宣传台和咨询台，现场接受消费者各类咨询40余条，发放计量法律法规宣传读本300余份，计量知识普及宣传册500余份。（邹定波）

【天心区质量强区工作大会】2018年9月19日，天心区质量强区工作大会召开。市强市办主任、市质监局局长张庆和，区委副书记朱远红，市质监局副局长肖磊，区政府副区长康镇麟，以及全区质量强区工作领导小组成员单位、各经开区、各街道及社区、优秀企业代表和相关媒体共300余人参加会议。区政协副主席彭泽南主持。会上，康镇麟作质量强区工作报告。对湖南名牌产品和省级标准化试点优秀企业颁发奖牌。湖南金领玮业和大球泥瓷艺负责人作代表发言。朱远红强调，要坚持企业主体，政府推动；坚持重点突破，整体互动；坚持惩防并举，民生为重；坚持部门合力，

2018 年 9 月 19 日，天心区组织召开质量强区大会　　区质监分局 供稿

多方联动。张庆和强调，要认清形势、抢抓机遇，加快建设质量强市；要深入实施“创新引领、开发崛起”战略，开展质量提升行动；要注重从 6 个方面着手，发挥标准引领作用，实施精品名牌工程，强化质量技术攻关和创新，推广先进质量管理方法，发挥质量技术基础支撑作用，全面加强质量监管。（邹定波）

【“标准强链、质量强园”质量提升集中培训活动】 2018 年 9 月 29 日，天心区“标准强链、质量强园”质量提升集中培训活动在远航企业广场举行。培训的主题是标准体系建设和企业卓越绩效管理，区质监分局局长曾飞玲、区经信局副局长罗群峰、先锋街道办事处副主任傅中辉等，天心区多家医药物流、新能源、地理信息及其他服务行业等企业参与培训。区中小微企业服务中心主任周密主持。曾飞玲对培训学习提出要求。湖南省标准化研究院副院长，博士、研究员级高级工程师盛立新讲解《标准化与质量提升》课程，内容涵盖企业标准化体系的基本专业知识以及标准化持续改善的运用等，对实际案例与标准化体系的有机融合进行重点强调。湖南省质量协会副秘书长、湖南大学工商管理学院质量品牌客座教授郑长征以《追求卓越，应对挑战》为题，讲解企业创造卓越绩效的具体办法。通过培训，使参训者对卓越绩效模式有了更深认识，有利于在工作中运用卓越绩效先进管理模式，提升企业质量管理水平。（邹定波）

【标准化重点单位座谈会】 2018 年 11 月 6 日，天心区组织召开标准化重点单位座谈会，市质监局党组成员、副局长张炼、区政府副区长洪孟春、市质监局标准化处长刘典军，以及全区标准化试点示范企业和新申报企业 10 余家共计 30 余人参会。会议由区质监分局局长曾飞玲主持。曾飞玲介绍天心区标准化工作的亮点和特色，讲解各级政府部门对标准化工作的扶持奖励政策，部署 2019 年湖南省标准化项目申报工作。参会企业代表纷纷发言，分析在试点过程中遇到的难点和瓶颈，集中探讨企业标准化长远发展之路。刘典军针对企业提出的问题和疑惑进行解答，为企业指出正确的标准化理论和方法。张炼强调，要树立提升标准化工作的统领意识；要加大标准化试点示范创建力度；要发挥标准化助推质量提升的作用。洪孟春指出，要提高认识，明确重点，强化措施。（邹定波）

食品药品监督管理

【概况】 长沙市天心区食品药品监督管理局（简称“区食药监局”）主要负责全区食品药品行政执法监管，内设机构办公室、综合科、法规科、流通科、餐饮科、药械科、生产科 7 个职能科室、1 个副科级事业单位食品药品稽查大队和 14 个街道食品药品监督管理所，有工作人员 115 人，其中行政编制 28 人，事业编制 38 人，聘用人员 49 人。

2018 年，区食药监局以创建国家食品安全示范城市为总揽，以确保公众饮食用药安全为目标，推动“放管服”改革，全局各科、所、队齐心协力、履职尽责，加强队伍作风建设，规范部门行政行为，坚持疏堵结合，打防并举的原则，强化日常监管，深入开展治理整顿，严厉打击违法行为，构建长效监管机制，顺利通过国家食品安全示范城市省级评价验收，各项工作有序推进，食品药品安全总体形势持续稳定向好，未发生食品安全事故和重大食品安全舆情事件。（任咏梅）

【基础建设】2018年，区食药监管工作经费，年度财政预算2273.15万元，后追加899.56万元（含人员经费）；14个食药监所全部完成规范化建设，执法车、应急处置等执法装备配备到位；招聘14名编外协管人员充实基层队伍；建成农贸市场和生鲜超市快速检测室10家（全区共28家），3个涉农街道成立"农产品质量安全监管站"，食药监所均配备快检室。（任咏梅）

【日常监管】2018年，区食药监局发放各类食品经营许可证4029户、小餐饮经营许可证2256户；审批新开办单体药店5家，变更15家，补证1家，许可核发3类医疗器械零售经营企业23家，变更1家，二类医疗器械经营企业备案42家，变更备案17家，注销1家；深化全区食品药品行政审批制度改革，简化行政审批许可22项办事流程；食品安全监督抽检完成2930批次，合格率99.25%，其中食用农产品抽检完成1097批次，合格率99.27%；对22批次的不合格（问题）食品严格按照程序规定处置到位；食品生产企业100%建立纸质食品安全追溯体系，3家企业先行食品安全电子追溯体系试点；全年度检查药品及医疗器械经营使用单位662家;上报药品、医疗器械、化妆品不良反应监测报告478例，未发现群体性药品安全风险；完成"两节""两会""三考"和国际青少年足球友谊赛、长沙国际马拉松赛、长沙市第99届全国秋季糖酒交易会等重大活动食品安全保障工作；7月，组织全区，集中力量开展"十大"专项整治"百日攻坚"行动;关停"一桌餐、私房菜"74家；对非洲猪瘟全面开展排查防控工作，抑制疫情传播；落实天心区食品药品行政执法与刑事司法衔接工作制度，与司法、公安、农水等部门密切配合开展联合执法行动；全年立案306起，结案284起；罚没总计183.8万元；向公安部门移送案件18件，公安立案15件，省公安厅挂牌督办食药类案件1起；妥善处理投诉举报1081起；发放举报奖励16起，共1.88万元；受理依申请政府信息公开22起；行政复议案件17起；行政诉讼案件6起；在督促和引导100余家大中型餐饮、大中小学校和单位食堂进行"明厨亮灶"远程视频监控平台建设的基础上，全区500家小餐饮透明厨房提质工程全部完工；开展打击酒类违法行为、查处保健食品欺诈和虚假宣传案件、移送涉嫌犯罪案件至公安等重大事件联合湖南经视、湖南都市、长沙政法频道、《潇湘晨报》等媒体进行报道；组织学校、工地食堂、大中小型餐饮门店、农村厨师队伍、药店经营者等相关人员开展培训200余场次；通过网络在线学习、邀请行业专家培训、组织工作人员前往上海、杭州学习交流等方式培训100余场次，系统内人员培训率100%；通过天心区政府门户网站、手机短信及"天心食药"公众微信号等平台及时、全面、准确发布行政许可、现场检查、抽样检验、行政处罚等信息。（任咏梅）

【创建国家食品安全示范城市工作】2018年，创建示范街道2个、社区（村）4个、商业街2条、生产经营单位16个；新怡园贺龙店导入4D食品安全管理体系，被授予"4D样板示范店"；首创在7mall商场和中海环宇城等10家大型商超综合体成立"驻点式"食品安全监管联络室；区级统筹协调、重点调度，街道、社区重点负责，食药监所重点负责监管执法，协同配合发力；建立"双创"工作机制，8月开始，由区"四大家"县级干部、分管领导成立5个督查组，包干包片开展集中督查，将食品安全和文明创建工作共同推进；"食品安全进社区、进校园""你送检我送盐"惠民服务经常化，食品安全科普知识宣传在全区举办100场，承办2018年湖南省食品安全"护老行动"宣传暨食品安全进社区活动启动仪式、长沙市"3·31"投诉举报主题宣传日启动仪式等省、市宣传活动，发放、张贴、悬挂海报、宣传单、横幅、标语等近10万份；印制发放各种宣传资料48万余份、各种宣传用品27万余个，从街道到社区、从机关到部门全面铺开；制作"创食"小视频，投放到朋友圈、新潮媒体（电梯电视）、红网视频、湖南交通频道91.8等新媒体渠道。（任咏梅）

【食品安全专项整治行动】2018年1月，区食药监局对全区63家火锅店、33家烧烤店开展为期一个月的食品安全专项整治工作，责令整改火锅店、烧烤（夜宵）店21家，立案2起。2月13日，区政府副区长许波率队对鑫远白天鹅酒店、柏郡冰火楼、饭是纲酒楼等餐饮服务单位进行"年夜饭"食品安全专项督查。区食药监局对承办"年夜饭"的餐饮服务单位100%覆盖检查。3月，区食药监局对全区230余所大中院校、小学、幼儿园食堂和周边开展为期一个月的春季学校食堂食品安全及校园周边食品流通经营户专项检查。3月14日，区食药监局联合酒厂打假办工作人员开展酒类打假行动，出动执法人员28余人，共检查涉及酒类销售门店30余家，发现涉嫌违法销售假酒门店10余家，现场查获涉嫌假冒白酒270余瓶。3月15日，区食药监局就“大斌家串串火锅餐具不消毒”事件开展检查整治行动，对辖区内相关连锁门店进行全覆盖检查。6月15日，区政府副区长康镇麟带领区食药监局及有关部门人员对辖区内大润发等单位进行食品安全检查。康镇麟一行现场重点查看粽子、咸蛋、食用油、农产品、肉类等10余种端午节时令节庆热销食品的购进渠道、储存条件、生产日期、保质期等相关信息，关注各经营户销售区域的卫生环境和“三防”措施，督查食品快速检测室运营状况及食品安全监管措施。6月28日起，区食药监局开展为期两周的违法添加罂粟壳专项整治行动，对辖区内的米粉店、火锅店进行“拉网式”排查，共检查米粉店及火锅店260余家次，快速检测270余批次，未发现添加罂粟壳、吗啡、可待因、那可丁、蒂巴因等非食用物质的现象。8月10日，康镇麟率队对辖区内食品安全工作进行现场督查。督查组到黑石铺街道披塘农贸市场和桂花坪街道邻爱生鲜农贸市场，对市场内环境卫生、食品安全信息公示、摊位功能布局等方面进行全面督查。8月14日，康镇麟带队到裕南街向东南农贸市场督查裕南街食品安全工作，督查食品安全监管措施及产品追根溯源落实情况，全面了解农贸市场食品安全保障工作。8月15日，区委副书记朱远红带队到培粹中学周边、长郡中学周边、坡子街火宫殿沿线等重点区域开展食品安全工作现场督查。8月28日，区食药监局联合南托街道办事处、安监、工商、公安、城管等多部门及相关村（社区）工作人员共50余人，分两组对辖区2家食品黑作坊开展执法行动。此次联合执法，扣押640升成品菜籽油、1台榨油精滤机、1个酿酒蒸馏塔等物资及相关制作工具。10月9日，区食药监局坡子街食药监所配合坡子街街道100余人开展联合执法集中整治行动，对上碧湘街一些餐饮店和超市无证经营、店外经营、占道经营和“门前三包”责任制不落实等不规范经营行为进行清查、整治。共检查食品经营单位20余家，查处违规食品经营单位12家，暂扣占道物品一批。9月4日，市政府副市长邱继兴带队督查天心区“一桌餐”“私房菜”等无证无照餐饮单位专项治理工作。（任咏梅）

【药品安全专项整治行动】2018年2月6日，区食药监局接到电话举报，天心区某医疗美容门诊部存在不规范的经营管理行为，区食药监局联合区卫计局成立执法整治行动小组，开展医疗美容机构执法整治行动，对该门诊部进行检查。现场检查中，执法人员在药房冰箱内发现无中文标签标识的进口药品10盒和医疗器械15盒，库房内发现无中文标签标识的进口化妆品47盒，且都无法提供供货商资质及产品的相关证明文件。执法人员对以上产品均予以查封扣押、责令限期整改，并立案查处。3月26日，区食药监局联合区公安分局成功破获湘江风光带团体售卖性保健品案，在现场缴获大量性保健品，抓获无证照售卖有毒有害性保健品嫌疑人5人，线索移交区公安分局，当事人均被立案调查处理。6月11日，区食药监局联合区公安分局在坡子街街道嘉顿新天地成功查获一起涉嫌网络非法经营有毒有害性保健食品案，收缴多个品种的性保健食品，并成功抓获犯罪嫌疑人曹某。7月25日起，区食药监局全面铺开为期一周的天心区疫苗隐患大排查。稽查大队和药械科组成两个检查组，对天心区全部25家疫苗使用单位进行彻查，重点检查疫苗的购进渠道、冷链运输及疫苗储存情况。经检查，天心区未发现国家药监局通报的问题疫苗。（任咏梅）

【何报翔指导天心区食品安全工作】2018年2月9日，省政府副省长何报翔率省直有关部门主要负责人，到天心区检查指导节前市场供应工作。何报翔到长沙大道加油站、麦德龙天心商场、友阿奥特莱斯了解市场主要生活必需品的供应、价格、质量、安全、服务和应急准备等情况，要求有关部门加强对肉、蛋、禽、蔬菜、水产等食品的安全监管力度，做到品质可保证、来源可追溯、供应可持续。（任咏梅）

【新怡园贺龙店完成“4D厨房”升级改造】2018年2月28日，

天心区新怡园贺龙店完成“4D 厨房”升级改造，高分通过验收，成为天心区首家被授予“4D 样板示范店”的餐饮单位。该店从 2017 年 11 月 9 日开始导入 4D 食品安全管理体系以来，通过整理共撤掉冰箱 4 台、层架 10 个、荷台吊架 1 层、水池 2 个、调料柜 3 个、液化气灶 1 台、餐具用具若干，节约了成本，提高了工作效率。通过对厨房天花板、出风口、隔油槽、油烟罩等彻底清理，加强食品安全保障。“4D 样板示范店”是指在日常管理中导入 4D 食品安全管理体系，实现“整理到位、责任到位、培训到位、执行到位”。因为“到位”首拼为“D”，所以简称为“4D”，是一种以食品安全为核心的餐饮行业管理方式，用以解决传统餐饮行业厨房“脏、乱、差”现象，消除食品安全隐患，保障消费者的饮食安全。（任咏梅）

【天心区开展长沙市创建国家食品安全示范城市宣传活动】 2018 年 3 月 1 日，区食药监局、区教育局、坡子街街道办事处组织学生志愿者在坡子街开展长沙市创建国家食品安全示范城市宣传活动。活动中，学生志愿者向来往的群众宣传“创建国家食品安全示范城市”知识，开展有奖答题吸引群众关注食品安全，向来往群众及游客发放创建国家食品安全示范城市倡议书。宣传活动提高了大家对食品安全的关注度，加强了社会力量在创食品安全示范城中发挥积极作用。（任咏梅）

【食品生产环节食品安全工作培训】 2018 年 3 月 19 日，区食药监局组织辖区内各街道食安专干、获证生产企业负责人和食品安全管理员及食药监所所长等 80 余人开展食品生产环节食品安全工作培训，区食药监局副局长谢富平主持。会议通报天心区 2017 年食品生产环节监管工作情况，主要就辖区内生产企业硬件、软件设施存在问题进行深入剖析，同时向各企业发放《生产企业食品安全管理制度》等培训资料，要求各生产企业严格落实主体责任，抓好自查制度落实，消除食品安全隐患，规范生产秩序；传达长沙市食药监局 2018 年食品生产监管工作会议精神，强调各单位必须抓好日常监管、做好风险防控、全力推进专项整治、务必筑牢安全生产防线。各食品生产企业负责人签订“食品安全生产承诺书”，表态将严格按照食品生产各项要求，坚决落实责任抓质量，确保源头食品安全。（任咏梅）

【天心区成立首批商超综合体食品安全监管联络室】 2018 年 3 月 27 日，区食药监局组织辖区内 19 家商超综合体负责人召开专题会议。会上通报 2017 年大型商超综合体食品流通和餐饮环节监管及投诉举报情况，提出并明确在 7mall 商场、步步高商业连锁股份有限公司丽发新城分公司、叮叮 mall、国金街、华远 FaceMore 商场、平和堂（五一广场店）、天虹商场（长沙芙蓉店）、友阿奥特莱斯、王府井百货（五一广场店）、中海环宇城 10 家商超综合体成立首批食品安全监管联络室，于 3 月 30 日在“12331”投诉举报主题宣传日活动启动仪式上进行授牌。各商超综合体负责人相互交流各自食品安全管理经验。联络室主要负责商超综合体内食品安全管理工作，宣传相关法律法规和基本知识，督促经营门店开展食品安全培训，定期开展食品安全巡查工作，协助上级部门处理食品安全投诉举报和突发事件，形成监管合力。（任咏梅）

【“3·31”投诉举报主题宣传日活动】 2018 年 3 月 30 日，以“食美药安，你我共担”为主题的“3·31”投诉举报主题宣传日暨食品安全进社区进校园活动启动仪式在天心区贺龙体育场南广场开幕。活动由市食药监局、市教育局、区政府共同主办，市食药监局党组副书记、副局长毕则勇，区政府副区长康镇麟，市教育局后勤产业处主任陈珍坤等，以及市、区食药监系统工作人员、天心区各街道、社区、中小学幼儿园负责人、企业代表、群众代表 500 余人参加仪式，中新社湖南分社、中国食品安全报湖南分社、湖南经视等 10 家新闻媒体进行现场报道。启动仪式上为天心区 10 家“商场食品安全监管联络室暨‘12331’维权服务站”授牌，设有食品药品咨询专区、快速检验检测站、健康食品展示台及伪劣产品鉴别台，开展有奖问答。首堂食品安全课——《五彩缤纷的美食陷阱》，在天心区仰天湖小学开课。（任咏梅）

【药品不良反应及医疗器械不良事件监测工作暨相关法律法规培训会】 2018 年 5 月 10 日，区食药监局在区政府南栋 3 楼会议室组织召开天心区药品不良反应及医疗器械不良事件监测工作暨相关法律法规培训会，辖内区一、

2018 年 3 月 30 日，天心区举行“3·31”投诉举报主题宣传日暨食品安全进校园进社区活动启动仪式　　区食药监局 供稿

二级医院、社区卫生服务中心分管领导和药剂科主任，各门诊部、社区卫生服务站、村卫生室负责人等共 200 余人参加。会上，区食药监局副局长袁杰聪就做好药品及医疗器械不良反应监测工作，从提高认识、加强领导、提升质量、强化培训等方面明确具体要求；区食药监局副局长刘万江全面总结 2017 年度区药品不良反应和医疗器械不良事件监测报告情况，对 2018 的监测报告工作进行安排部署。区食药监局药械科科长李立民对天心区 2018 年严厉打击药品流通领域非法渠道购进药品专项稽查工作及严厉打击违法违规经营使用医疗器械专项整治工作进行部署。市食药监局药品医疗器械使用监管处郑都讲解药品不良反应和医疗器械不良事件的上报要求，剖析上报过程中的常见问题及原因，解读药品使用过程中各医疗机构经常涉及的相关法律法规条款及法律责任。通过培训，有效提高了参会人员的业务素质和监测上报水平，提高了参会人员的责任意识和法规意识。

（任咏梅）

【食品生产环节创建验收对标贯彻观摩暨业务培训会】 2018 年 5 月 31 日，区食药监局召开食品生产环节创建验收对标贯彻观摩暨业务培训会，市食药监局食品生产处副处长周新悌、区食药监局副局长谢富平、生产科科长邓林松、各食药监所所长及辖区内食品生产企业负责人、食品安全管理员等 90 余人参会。观摩会组织辖区内各食品生产企业学习观摩区食品生产示范企业长沙市彭记坊食品有限公司，现场传达讲解长沙市贯彻落实长沙市食品生产环节创建验收对标贯彻观摩会精神的具体要求，督促辖区内生产企业尽快按要求落实观摩会要求。业务培训会上，周新悌就贯彻落实长沙市食品生产环节创建验收对标贯彻观摩会精神的具体要求做详细讲解。谢富平结合天心区食品生产企业情况和市食药监局的要求等方面指出具体整改措施，明确完成时限及要求。

（任咏梅）

【无证小作坊整治】 2018 年 7 月 2 日，区食药监局、金盆岭街道办事处、天剑社区、工商所及城管中队联合对金盆岭街道天剑路扫把塘农贸市场周边进行整治，取缔一家违法生产经营的豆制品制售门店。执法人员现场检查发现该作坊经营场所环境卫生极差，未取得食品生产经营许可，工作人员不能提供有效健康证件，加工原料、空框箱和杂物随意堆放，存在极大的食品安全隐患，并且生产污水直排污染环境。执法人员当场查封违法生产工具，即刻下达停止经营制售豆腐的责令改正通知书，对经营者进行约谈并作严肃批评教育，同时对现场群众进行政策宣讲。行动出动工作人员 40 人次，湖南经视、长沙政法频道等媒体集中报道。8 月 23 日，区食药监局联合赤岭路街道办事处、城管、工商、公安等部门，依法取缔辖区内 3 家无证生产加工谷酒、豆制品、干湿面的小作坊。

（任咏梅）

【天心区食品药品监管执法车辆交接仪式】 2018 年 8 月 15 日，天心区食品药品监管执法车辆交接仪式在区政府机关大院举行，区食药监局班子成员、街道分管领导及食药监所所长参加仪式。交接仪式上，裕南街街道作为接车代表进行发言。区食药监局将执法车辆钥匙交到街道分管领导手中，并要求各所接回车辆后，务必发挥好执法车辆功用，维护好执法机关良好形象，保养好车辆性能。　（任咏梅）

【郭堘调研天心区食品安全工作】 2018年8月27日，市食药监局党组书记、局长郭堘调研天心区食品安全工作。郭堘一行到喜民农贸市场和友谊农贸市场，重点检查市场主办方的主体责任落实情况、食品安全相关制度制定和实施效果、市场规划设计的功能分区、各经营户对保证食品不被污染采取的“三防措施”、现场卫生环境状况、食品安全创建宣传氛围及群众知晓、支持率等相关市场建设条件，现场询问各经营户当前经营状况。郭堘强调，要全面落实好食品生产、经营者主体责任和监管部门监管责任，强化培训教育，深化法律意识；要全面完善各生产、经营单位的硬、软件设施；要全面浓厚食品安全宣传氛围。12月6日，郭堘调研天心区创建湖南省食品安全示范区工作。调研组一行听取天心区创建省级食品安全示范区工作开展情况；考察中南林业科技大学周边小餐饮“透明厨房”提质改造工作进展，重点查看厨房操作透明可视、制售场所环境卫生、功能布局等情况，询问附近居民群众对食药监管工作的意见建议；到裕南街食药监所慰问关心食药监管一线干部工作生活状况，检查规范化食药监所在阵地建设、执法车辆及执法装备配备、日常监管工作开展等方面运行情况。郭堘建议，要进加大食品安全工作统筹调度和创建推进力度；要对照创建标准，细化分解、明晰责任、形成合力推进监管工作；要抓好落实，强化日常监管和专项治理；要加强交流和沟通，把握时间节点。

（任咏梅）

2018年11月8日，天心区食药监局举行“2018年安全用药月—执业药师在您身边”系列宣传活动

区食药监局 供稿

【2018年安全用药月——执业药师在您身边系列宣传活动】 2018年11月8日，区食药监局在金盆路顺康大药房举行“2018年安全用药月——执业药师在您身边”系列宣传活动，区食药监局工作人员及辖区内部分医药单位代表参加。活动现场，金盆路顺康大药房的执业药师进行安全用药知识宣讲，为群众讲解真假药品鉴别对比和安全用药用械知识，就群众普遍关心的如何鉴别普通食品、保健食品、处方药、非处方药等问题进行讲解。活动发放宣传资料1500余份（册），接待群众咨询200余人次。（任咏梅）

【非洲猪瘟疫情防控工作】 2018年8月，为严防“非洲猪瘟”染疫猪肉等生猪产品流入市场，区食药监局召开专题会议，成立领导小组，制定防控工作方案，采取切实有效措施，严格执法，深入检查，多措并举严守猪肉检疫入市关。对农贸市场、超市、冷库等食品生产、经营、消费环节展开全面的排查，共排查农贸市场421家（次），商场超市1283家（次），肉制品冷库15个（次），餐饮服务单位880家（次），肉制品生产企业77家（次）；印制进一步加强猪肉和猪肉制品监督管理的通告500张，张贴到全区所有猪肉类生产企业和销售门店及大型餐饮企业；逐日对猪肉和猪肉制品进行排查并做好记录，重点排查检验检疫票据，防止问题猪肉流入市场，消除隐患；配合区农林水局动检所对黑石铺冷库、农贸市场、食品生产企业进行抽查。

11月27日，天心区召开非洲猪瘟防控工作推进会，市食药监局党组成员、副局长金雷，区政府副区长洪孟春，区农林水局、区城管局、区交运局分管负责人及区农林水局动检所负责人，各街道食安分管负责人、食安办主任，区食药监局全体班子成员及各科、所、队负责人，猪肉制品生产企业、大型餐饮企业、冷库、

农贸市场、大中型超市、大中学校及机关食堂负责人参加会议。区食安委办主任，区食药监局党组书记、局长童振宇主持会议。会上，部署下一步防控工作重点，要求采取更加严格的措施，把好产地和屠宰检验关，做好疫情监测排查、流通环节监管、餐厨废弃物监管，坚决切断泔水喂猪传播途径；强化生猪运输及其车辆的移动监管，全力封堵疫区生猪及产品输入天心区。金雷指出，要求将非洲猪瘟防控工作与“创食”、重要节日食安保障和肉及肉制品专项整治行动紧密结合，严厉打击违法犯罪行为、严格过程监管。洪孟春强调，要提高认识，坚决打好持久战；要加强源头治理，坚决切断传播途径；要严防死守，坚决做好防控工作。

（任咏梅）

【食品安全事故应急演练】 2018年11月23日，天心区食品安全事故应急演练在区人武部前坪举行。市政府应急办主任杨俊、市食药监局副局长谭志国、区政府副区长洪孟春、区食安委相关成员单位、各街道办事处相关负责人、社区（村）食安协管员和学校相关负责人、食品安全管理员等300余人现场观摩。演练采取现场实战模拟的方式进行，分为事故报告、应急响应、应急处置、舆情处置、响应终止、善后工作六个科目。模拟9月6日一小学食堂4名学生疑似出现食物中毒症状。病人先在校医院接受治疗，学校领导获悉后迅速向区教育局、食药监局和卫计局报告，并将2名症状严重的学生转至区人民医院治疗。接到报告后，天心区启动应急预案，区委宣传部、区政府应急办、区食药监局、区教育局、区卫计局、区公安分局、区疾控中心、青园街道等相关部门按预案要求，立即调度部署，组织相关人员迅速到位，医疗救治、封锁取证、执法调查、现场流行病学调查及卫生防疫等一系列工作有序开展，事件得到及时有效处置，应急指挥部决定终止响应，并展开善后工作。

（任咏梅）

【集中销毁罚没物资行动】 2018年12月17日，天心区食药监局在长沙县北山镇北山村万谷岭废物处置中心开展集中销毁罚没物资行动，对抽检查处及执法办案过程中作出行政处罚，并予以没收的不符合相关标准的涉案物品，在诉讼期期满后进行集中统一无害化处置。销毁的没收物品主要涉及腐败变质、超过保质期、无标签标识、假冒伪劣及虚假宣传等相关食品、保健食品、药品及化妆品，共计百余种，总重约4.5吨。

（任咏梅）

农业·林业·水利

【概况】 长沙市天心区农业林业水利局（简称“区农林水局”）承担着全区农业、林业、水利、畜牧水产、农机、移民、农村自来水、农村经营管理、防雷等工作，还包括农村党风廉政建设、农村三资管理、水资源保护、排水行业监管、渔政管理、农村自来水、气象防雷安全、农产品质量安全、农业保险、农业统计、农业产业化、牲畜屠宰监管、畜禽养殖污染治理、城市绿心保护区林政执法等多项职能，以及乡村振兴战略实施、美丽乡村建设、农村土地承包经营权确权登记颁证、农村集体产权制度改革、农村片区黑臭水体整治等多项工作，对口市农业委、市林业局、市水务局、市移民局、市气象局等多个部门。同时作为全区动物防疫、森林防火、防汛抗旱三个指挥部的办公室。局所属事业单位6个，分别为区动物卫生监督所（副科级事业单位）、区解放垸水利管理站、区南托垸水利管理站、区林业管理站、区渔政水产管理站、区河长制工作办公室。局机关行政编制11名，全额拨款事业编制1名。局机关有干部职工31人，其中班子成员6人（局长1名，副局长3名，纪检组长1名，区委农村工作办公室专职副主任1名），其他干部职工6人，政府雇员1人（抽调至区河长办），临聘人员3人，挂职干部1人，从基层站所抽调人员14人。

2018年，天心区有农业人口5.7万人，有暮云、南托、大托铺、黑石铺、先锋、新开铺、青园、桂花坪、赤岭路9个涉农街道，12个行政村、12个集资办（管委会）；耕地面积1733.33公顷，林地面积1836.4公顷，水产养殖水面365公顷，畜禽养殖户4230户（其中生猪养殖户1160户）；生猪存栏1.2万头，家禽9.5万羽，牛羊1700头、家犬2380只（不含城区）；动物诊疗机构19家，冷库1座；农业企业178家，农业专业合作社37家，其中省级龙头企业3家、市级龙头企业2家、境外省级现代农业特色产业园（省级示范园）2个、涉农网络信息企业2家，国家级四星（省级五星级）生态农庄1家。全区有南托垸和解放垸两个万亩堤垸以及官桥湖垸、兴马垸两个千亩堤垸；防洪设施湘江一线大堤32.05千米，其中港子河以北湘江一线大堤22.56千米，达到防御100年一遇洪水标准，南托垸湘江一线大堤9.494千米，达到防御50年一遇洪水标准；小Ⅱ型水库5座、涵闸62个、泵站17处。全区农业生产逐渐向蔬菜、瓜果、花卉苗木种植、水产养殖等休闲农业方向发展。（张 蕊）

【实施乡村振兴战略】 2018年，成立由区委书记任组长的天心区实施乡村振兴战略工作领导小组，出台《关于全面落实乡村振兴战略的实施意见》等乡村振兴“1+X”系列文件以及《天心区实施乡村振兴战略五年行动计划（2018—2022年）》《实施乡村振兴战略全域推进美丽乡村建设2018年区直部门目标任务分解表》，明确按照“五步走”的路线图，实施“十二大工程”，加快推进天心区乡村五个方面（乡村产业振兴、人才振兴、文化振兴、生态振兴、组织振兴）的振兴。建立年度重点工作项目清单、年度财政投入清单等清单化工作统筹机制；举办苏州大学实施乡村振兴战略专题培训，21个区直部门相关负责人及涉农街道工委书记（分管负责人）、乡村振兴重点示范村负责人、对口扶贫单位龙山县洛塔乡和通道县等相关负责人共52人参加；引进湖南现代农业控股集团，经市南部片区办和市两型办初步审查，拟在天心区南部片区打造“一总部、三中心、三个万亩农业公园集群”的产业布局。与土流网开展深度合作洽谈，旨在规范土地流转，加强集体资产管理，探索构建全国乡村振兴培训中心。利用搜农网的特有优势，助推区内农业生产经营大户拓宽销售渠道，帮助对口扶贫的通道县打开农产品销售通道。（张 蕊）

【全域推进美丽乡村建设】 2018年，区农林水局结合南部新城规划，形成大托铺、南托、暮云3个片区美丽乡村建设规划最新成果，全年铺排美丽乡村建设项目19个，完成17个。在建农村公路总里程20千米，27条农村公路纳入“路长制”管理，县乡道覆盖率100%。新建、续建学校建设项目12个。建成居家养老服务中心3个、敬老院2个、日间照料中心1个。（张 蕊）

【精准扶贫】 2018年，区内扶贫方面，天心区出台《天心区产业扶贫实施方案（2018—2020年）》，多次组织街道分管领导、村支部书记、各级扶贫专干、驻村工作队员和结对帮扶责任人分层次进行集中业务培训，开展2018年扶贫对象动态管理工作，为全区313户，992名建档立卡贫困户购买扶贫特惠保，铺排长沙卓越养蜂专业合作社合作和暮云新村15户贫困户开展的养蜂项目为省重点产业扶贫项目，做好春秋两季“雨露计划”职业教育扶贫补助工作，共发放11.55万元。对口帮扶通道县方面，制定《“携手奔小康”框架协议》和《天心区支持深度贫困县通道侗族自治县脱贫攻坚实施方案（2018—2020年）》，拨付对口扶贫资金1547万元，突出发展一批特色产业，引进建成辣椒产业示范基地、蓝莓种植基地、迷迭香种植、农达中药材加工工厂等多个项目，援建一批卫教设施，开展两地人才交流，为通道县提供各类就业岗位。区直各部门、街道在发展产业、人才培养、就业培训等方面开展一系列帮扶活动。对口帮扶龙山县洛塔乡方面，拨付对口扶贫资金1000万元，突出“两业”增强贫困地区内生脱贫动力，推动锥栗种植、油稻轮作等产业项目做大做强，推动村民实现家门口就近就业。实施特色产业发展、脱贫攻坚保障、基础设施建设3类12个项目，项目全部启动，项目资金拨付率100%。对口帮扶浏阳市富溪村方面，拨付对口帮扶资金150万元，天心区负责联系的9户未脱贫贫困户均制订脱贫计划、落实脱贫举措，2018年脱贫4户9人，剩余的14户贫困户全部达到脱贫标准。产业扶贫上重点发展以茶叶产业为龙头的产业项目，制订《富溪村茶叶产业扶贫项目实施方案》，全力推进土地流转工作。（张 蕊）

【配合打好“蓝天保卫战”】 2018年，区农林水局牵头组织开展秸秆禁烧工作，出台《2018年“蓝天保卫战”秸秆焚烧举报有奖试行办法》与《关于水稻收割机加装碎草装置补助办法的通知》，策划“农作物秸秆禁烧宣传月”活动，通过制作宣传横幅展板、出动宣传车下发宣传手册、开展现场宣传活动等方式开展秸秆禁烧宣传，加强秸秆焚烧日常现场巡查、劝阻和执法制止，严防秸秆焚烧情况。对全区退出的规模养殖场进行复查，共复查16家规模养殖场，严控规模畜禽养殖反弹。（张 蕊）

【天心区实施乡村振兴战略赴苏州大学培训班】 2018年7月22～29日，由区委组织部主办，区农林水利局具体组织实施乡村振兴战略赴苏州大学专题培训。培训有区发改局、区环保局、区城管执法局、区国土分局等部门及天心区各街道、村负责人共52人参加。培训班采取理论与现场教学相结合的模式，课程内容包括党建引领农村治理、生态文明建设、乡村旅游建设、村级集体经济发展、新农村建设中土地规划与管理、农业供给侧结构性改革等六大方面的内容。（张 蕊）

农 业

【农业产业发展】 2018年，区农林水局按照农业产业化经营+乡村旅游产业化的发展思路，推动旅游与农林科技、体育康养、互联网等产业深度融合，努力将生态环境资源，转化为旅游发展优势，倡导“旅游+生态”的消费模式，引导帮扶湖南新港湾生态农业示范有限公司、湖南德荣林业有限公司（辣木基地）、大托铺街道长沙生生农业科技合作社等一批乡村旅游单位发展，带动天心区美丽乡村休闲旅游。发展农业总部经济，引进北欧湖南农业产业园（基地在芬兰，生产销售肉制品）、湖南炫烨生态农业发展公司（基地在老挝，生产销售老挝大米）和湖南天香生态兰花公司（基地在天心区和凤凰县、花垣县，生产制作销售铁皮石斛）、土流网等总部企业。（张 蕊）

【动物防疫】2018年，区农林水局为防止出现免疫“空白村、空白户”现象，猪口蹄疫、猪瘟、高蓝各免疫1.8万头，牛羊口蹄疫三价0.3万头，羊小反刍兽疫0.3万头，家禽二价禽流感18万羽，鸡新城疫12.5万羽，占应免数100%，确保免疫抗体合格率达到72%以上。全面开展病死动物尸体收集及无害化处理，监督无害化处理畜禽尸体共计1.17吨，全年实现100%处理，无投诉。落实应急阶段值班备勤，强化动物防疫队伍建设和日常巡查，加强动物疫病宣传引导，自8月3日辽宁省沈阳市沈北新区首发非洲猪瘟以来，及时设立3个临时消毒检查站，检查进入天心区运输生猪和生猪产品的车辆。对辖区内从业人员和兽医技术人员进行专题培训，两次补充采购消毒药品和相关应急物资，下发消毒药品7.2吨。排查黑石铺冷库猪肉共284批次、2371吨，采样913份（其中912份为阴性，1份疑似阳性），对疑似阳性的2.2吨产品进行无害化处理。（张 蕊）

【涉农安全生产】2018年，区农林水局实施农产品质量安全网格化管理，加强农产品产地准出管理，重点强化源头治理和风险排查，开展农产品质量安全专项整治，推进街道农产品质量安全监管站规范化建设，推进大托铺街道创建市农产品质量安全示范街道。全年完成农产品监测14444批次，定性检测合格率99.99%，对不合格农产品严格按要求及时进行处置，按质按量完成省市下达各项农产品抽检监测任务176批次，合格率为100%。抓好气象防雷、水务安全、农机安全日常监管，开展农用机械长期脱检专项清查和牌证注销工作，联合区安监局、区交运局等部门开展农机安全执法检查，维护道路交通秩序稳定。（张 蕊）

【农村环境综合整治】2018年，区农林水局制定出台《长沙市天心区农村环境“五治”暨南部片区环境综合整治“百日行动”工作实施方案》《长沙市天心区关于农村人居环境整治三年行动的实施方案》，以旱厕改造、垃圾处理、规范农村建房、黑臭水体治理、推进移风易俗为重点，加强源头控制，实施系统治理，全面清理整治农村环境突出问题。共拆除违章建筑21.4万平方米；清理各类垃圾堆物2600余吨，拆除各类广告招牌500余处，整治车辆违停580余台;开展交通整治行动多次，查处违停15179起，办理案件数10281件；开展“扫黑除恶”，摸排涉黑涉恶线索122条，清理闲置土地，开展裸露黄土整治，现场交办整改问题59项。（张 蕊）

【农村集体产权制度改革】2018年，区农林水局出台《天心区农村集体产权制度改革工作实施方案》《天心区农村集体产权制度改革清产核资工作方案》《天心区村级集体产权制度改革工作经费奖补办法》等系列文件，修订《天心区农村集体经济组织成员认定指导意见》。桂花坪管委会、石人集资办经过改革，率先完成合作社注册登记工作。截至2018年12月底，天心区共对账面约18亿元的集体经济组织资产进行清理，其中用于经营的房屋、门面、店铺等经营性资产约9.33亿元；核实资产总额约17.98亿元，其中经营性资产约8.98亿元；清查集体土地总面积6093.33公顷，其中农用地总面积为4000公顷。全面完成土地承包经营权确权登记颁证工作，实现承包土地信息联通共享。按照“一村一策，一村一特”的思路，发展村级集体经济，盘活闲置的两安用地，村集体经济收入得到提高。推进农村“政经分开”改革，扩大社区股份合作社股权固化改革成果，逐步建立社区公共服务财政合理保障机制和集体经济组织按股分红收益分配机制。（张 蕊）

【农村党风廉政建设】2018年，制定《天心区2018年度党风廉政建设责任制检查考核实施方案》，督促各街道制定所辖村（社区）责任清单，加强村级党风廉政建设责任细化分解落实。建立定期不定期督查机制，派出督查组深入农村一线。通过进村入户、走访座谈、查阅资料等方式，对全区村（社区、管委会）的工作作风、履行党风廉政建设主体情况、扶贫工作开展情况、村干部是否存在涉黑涉恶情况进行实地督查。对发现的作风不实、工作不力的问题，结合“四种形态”，及时约谈相关村（社区）“两委”成员和街道联点领导。（张　蕊）

【农口线法制建设】2018年，聘请法律顾问团队，组织渔政、动物卫生监督、农产品质量安全、林业的谁执法谁普法活动，加大涉农、涉林、涉水执法力度，全年办理行政许可21起，承接市级部门下发的行政许可事项8项，行政处罚33起。严厉打击私屠滥宰、未经检疫等农产品质量安全违法犯罪行为以及非法采砂、洗砂、毁林、非法捕鱼、非法售卖野生动物等违法行为。（张　蕊）

【新型职业农民培训班】2018年3月26～27日，由区农林水局牵头，委托天心区生生农业科技专业合作社，在大托铺街道生生农业兴隆生态园二楼培训室举办新型职业农民培育工程农业专项技术培训班（D1808期）。来自大托铺、南托、暮云等涉农街道休闲农业、水稻种植、蔬菜种植等新型职业农民以及生生农业科技专业合作社社员120余人参加培训。3月26日，市农业委科教处处长夏礼明，区农林水局副局长蔡慧勇进行开班动员。湖南生物机电学院教授谈再红、副教授黄益鸿及高级农技师杨铁均等专家，讲授休闲农业、蔬菜栽培技术、无公害蔬菜生产技术、农产品标准级别等理论课程。理论课程后，组织学员到蔬菜基地进行观摩，现场指导田间技术。

（张　蕊）

【2018年度农机集中检审暨农机安全生产培训】2018年4月25日，区农林水利局组织开展2018年度农机集中检审暨安全生产培训工作。参加集中年检拖拉机50台，其中合格46台。检审前，工作人员向广大农机手发放农机安全操作手册，组织农机手关注“湖南机手之家”公众号；检审中，严格落实检审程序，遵守“谁检验、谁签字、谁负责”年检审制度，检验时要求“人、机、证”三见面；检审后，向每一名拖拉机机主宣讲“蓝天保卫战”对农机工作的相关要求。（张　蕊）

林　业

【林业管护】2018年，区农林水局完成森林防火隔离带建设任务4.97千米、“五边”植树33.33余公顷、环城绿带5.5千米、绿色示范村庄1个、绿色示范庭院10户、乡村公园1个的建设任务，并顺利通过市、区两级验收。加大对林业产业发展的扶持力度，重点扶持友邦园林、世光家具、生生农业等林业企业，鼓励当地花卉苗木企业自主发展，带动当地经济产业，加强对辖区内龙头企业监测考核工作。协调上级林业主管部门，支持区内重大招商项目和重点工程项目建设，及时协调解决林地手续问题8起。协助市森林公安局和市林业园林综合执法支队开展森林执法和林业企业安全大检查，加强林地保护和行业监管。开展森林病虫害防治工作，共清理疑似松材线虫病的枯死松树425株；加大对林业有害生物“加拿大一枝黄花”的防治力度，通过组织专业公司采取前期药物防治和后期人工除穗及砍枝的方式，共防治面积50余公顷。

（张　蕊）

【森林防火】2018年，区农林水局开展全区森林防火技能培训。全年安排值班值守人员1万余人次，在主要地段路口设卡布点，检查进山车辆1565台次，制止安全隐患26起，悬挂防火横幅320条，发放宣传画报和宣传资料1.5万余份，出动宣传车155台次，发送预警短信360条、微信宣传微文210余篇，阅读量3万余人次，实现全区不出现一次森林火灾的目标。（张　蕊）

水　利

【防汛抗旱】2018年，区农林水局及时调整充实区防汛抗旱指挥机构，落实防汛指挥分部，修订完善防汛抗旱应急预案，分别在大托、南托、暮云街道进行防汛抢险、安全转移和山洪地质灾害应急演练。重点对南托垸、解放垸防洪工程设施，排渍泵站配电设备，排涝主干渠堵点等安全问题进行排查，加强暴雨期间和干旱期间的应急指挥调度，应对汛期以来的暴雨和干旱天气。

（张　蕊）

【水利工程建设】2018年，区农林水局完成15个200万元以上的水毁修复和水利基础设施建设项目，投资7780万元；完成各街道、水管单位为建设主体的水毁工程修复和水利基础设施建设的监督管理工作共70余个，投资2730

万元。完成新港湾农庄水域、双管子河、临江渔馆附近水塘黑臭水体治理工程建设，南托港、港子河、双管子河进行应急清於工程，南托港莲华小区一体化污水处理设备工程（二期）（新增2台500吨/日一体化污水处理设备），港子河下游段303片区黑臭水体治理（二期），远征驾校至洋桥港拦水坝段清淤及生态护砌应急工程建设等5个项目，投资5200万元。配合暮云经开区完成南托港1#支流、2#支流一体化污水处理设备（二期）工程建设任务（其中：1#支流新增2台500吨/日一体化污水处理设备，2#支流新增1台1.8万吨/日一体化污水处理设备）。配合南托街道完成南托港2#支流下游段，南托港、京广铁路东西两侧黑臭水体综合治理工程建设任务。加快完成2017年冬修水利项目建设扫尾工作，通过竣工验收。铺排2018～2019年冬春修水利项目54个，项目总投资9560万元，重点解决山塘加固，排涝、灌溉沟渠损毁修复、清淤、疏滩等问题。研究制定农村饮用水实施方案，与市水业集团签订代建合同，年内计划完成农村饮水安全工程2处，项目总投资965万元，计划解决7500人农村居民安全饮水。大托铺街道饮水延伸工程于2018年4月底完成建设任务，暮云片区2400人农村居民安全饮水工程于2018年10月启动项目建设。（张 蕊）

【河长制工作】2018年，区农林水局配备完善区级河长、乡级河长、村（社区）级河长的三级河长体系，各级河长按照“第一时间发现、第一时间处理”的要求，实现河道问题“早发现、早处理、早解决”，全年区级河长巡河共108次、乡级河长巡河共751次、村级河长巡河共1898次，发现并解决200余个问题。完善河长制信息系统平台设施建设，编制一河一策，突出开展清四乱、非法吸砂洗砂、渔政执法及“僵尸船”清理、动物尸体无害化处理、违规排污等多个专项行动，完成集中式饮用水水源地整治及隐患排查和城区高排口的巡查维护工作。打造出“水清、河畅、岸绿、景美”的港子河先锋段和无淤积、无垃圾、水清质好、岸堤整洁的新港湾小微水体示范点。加强“一单四制”问题交办机制，突出问题的解决，全年交办问题135起。

（张 蕊）

【2018年防汛抢险技术培训班】2018年3月22日，天心区2018年防汛抢险技术培训班举行。各街道分管领导及专干，各村（社区）主要负责人及水管单位技术人员等共110余人参加培训。区政府副区长、区防指常务副指挥长洪孟春作动员报告，市水务局副调研员肖志海、市防办副主任陈集中授课。洪孟春强调：要认清形势，统一思想；联系实际，学以致用；做好传帮带。肖志海、陈集中两位专家分别围绕长沙防汛抗旱典型案例进行授课讲解。通过培训，有利于与会人员进一步学习掌握防汛工作中的相关理论和专业知识，提高业务水平和工作能力。

（张 蕊）

经济和信息化

【概况】 长沙市天心区经济和信息化局（简称“区经信局”）主要负责监测分析工业经济运行态势，协调解决经济运行中的重大问题；负责推进全区新型工业化工作；负责中小企业服务工作等。内设办公室、工业经济科、信息化推进科、企业服务科四个科室，加挂“中小微企业服务管理办公室”的牌子。

2018年，区经信局把握稳中求进、改革创新的要求，服务于实体经济发展，以推进创新驱动为抓手，以促进产业发展为目标，完成各项工作任务。全区在库规模以上工业企业102家，2018年完成规模以上工业总产值341.56亿元，同比增长0.1%，完成规模以上工业增加值100.21亿元，同比增长3.1%。推进绿心地区企业退出工作，361家退出工业企业中，352家全部关停，198家企业通过市级预验收销号；帮助79家企业完成产业转移。实施美丽乡村建设，为村主干道和公共场所合理配置照明路灯600盏；实现IPTV电视入户率100%。大托新村、沿江村和许兴村共新建设路灯365盏，亮化总里程17.52千米。形成“信息化村”建设方案，建设资金进入审批流程。创建平安企业，组织并指导湖南誉成广告印务有限公司和湖南双舞建设工程有限公司两家工业企业有序完成工业清洁生产审核工作，使企业实现减少污水、焊烟、风尘等污染物及排放量的目的。全年接待企业及群众来访30余起，受理电话咨询及投诉40余次，及时回复率100%。（阳利平）

【企业信息化建设】 2018年，天心区有移动互联网企业3584家，其中注册资金500万元以上的企业有800家，1000万元以上350家，超过1亿元的有1家；服务业规模以上企业17家，重点本土骨干企业6家。通过上门走访、集体座谈、问卷调查等形式掌握互联网产业基本情况，为互联网企业做好政策解读、资金申报等服务工作，指导19家企业获得省2018年移动互联网专项资金1090万元，湖南土流信息有限公司、湖南高阳通联信息技术有限公司两家企业成长为省移动互联网产业“独角兽”企业，估值均超过20亿元，湖南思洋信息技术有限公司被评为省“制造业+互联网培训咨询供应商”。与中国联通在区域内推广“企企通”的应用，30家企业因“企企通”而受益。推进“万企上云”工作，实现政府搭平台、企业降成本、为企业智能制造转型升级提供支撑。宣传解读“企业上云”相关政策，发放宣传手册5000余份。天心区在长沙市工业云平台注册企业数量达3842家，注册总量居全市第一位；组织湖南用友软件有限公司和湖南思洋信息技术有限公司申报省级制造业+互联网“企业上云”服务商。（阳利平）

【创业创新】 2018年，通过申报，天心区新增6家示范创客空间：长沙名食汇餐饮管理有限公司、宝成电商科技创客空间、沪传教育创客空间、长沙理工大学大学生创新创业园、新港湾生态农业创客空间、土流创客空间。创谷·长沙广告产业园引进清华“启迪之星”、飞马旅“金贝转创中心”两大孵化器，建设4万平方米的创新创业基地。2018年，新增“双创楼宇”3家。修订完善并落实《天心区促进创业创新发展奖励办法》政策，为区内6家示范创客空间发放90万元的扶持资金，为入驻天心区“双创楼宇”的企业发放114.4万元的奖励资金。围绕“创业创新·赢在天心”主题，开展“企业知识产权攻防之术”等主题交流互访服务活动；组织双创企业开展“登高望远”等9场活动。针对企业财税、营销、法律等不同需求，组织相应专业方向的专家进行上门服务，针对企业提出的生产经营问题给予免费诊断以及初步解决方案，为60余家企业提供免费上门诊断服务。（阳利平）

【电力保障】 2018年，区经信局出台《天心区电网供电能力提升三年行动计划（2018—2020）暨天心区电网项目建设“630攻坚”活动实施方案（2017—2018）》等系列文件，开展城南220千伏变电站、环保110千伏变电站等项目的建设，城南220千伏项目完成塔基交地；城南配套110千伏变、环保变、金盆变、和平变将各项资料报省发改委获取核准性支持文件；电力专项规划（修编）站址、廊道逐一落实；市政配套路由建设有序推进，完成长沙市电网建设“630攻坚”任务要求。协调电力部门，确保企业、居民、项目有序用电。在7月中旬的用电高峰开展有序用电检查，做好错避峰和负荷控制工作，保障居民用电和重点企业单位用电。协调处理环保督查组交办的南国嘉苑关于辐射的投诉，公示相关检测报告，上门做好相关解释工作。为天心区2018年湖南省长沙人力资源服务产业园启航发布会和2018年湖南省暨长沙市“安全生产月”咨询活动等提供活动期间电力保障工作。（阳利平）

【改制分离】 2018年，区经信局有24家共44个小区纳入驻区央企移交任务，签订分离移交正式协议14家，涉及15个小区；社会化管理无需移交的1家，涉及1个小区；3家企业涉及15个小区移交给国有物业公司，7家企业未签订移交协议。共有20家共29个小区纳入驻区省企移交任务，签订物业管理移交协议2家，10家企业的15个小区的物业管理移交给国有物业公司接管。推进国有企业退休人员试点工作，省电力线材厂完成名单造册、核对信息、签订移交管理协议等阶段性任务。做好省直机关移交，主要是涉及到零散独栋住宅楼物业管理移交，有11个单位25处小区38栋房屋，涉及6个街道办事处，相关街道完成所有摸底对接工作，签订第一批4个单位4处小区物业管理移交协议。推进市属企业扫尾，补签1家企业6个小区社会职能分离移交协议，补签市商改办4家企业9处非经营性资产移交协议（报市商改办走流程）。（阳利平）

【工业蓝天保卫战】 2018年，区经信局督促企业落实相关行业挥发性有机物排放标准，推广使用低挥发性有机物的原辅材料；指导并督促企业制定使用低挥发性有机物原辅材料推广方案。督促工业涂装、家具制造和印刷行业等涉挥工业企业在易形成臭氧为首要污染物的晴天高温时段或臭氧峰值快速上升并达到峰值140时，将产生挥发性有机物生产工序错峰到其他时段生产，减轻臭氧污染对空气质量的影响。组织工业企业开展清洁生产审核，全区有25家企业开展清洁生产审核，占全区规模工业总量的24%。（阳利平）

【“千人帮千企百日大行动”】 2018年，天心区开展“千人帮千企百日大行动”（市委、市政府抽调1000名干部，聚焦1000家重点企业，在全市开展的为期百日的专题行动），组成8个小分队37名队员联点帮扶40家重点企业，对走访中收集的问题实行“清单”式管理，为企业解决实际问题71个。安排专人跟踪帮扶企业，指导企业申报中央、省市惠企政策资金，有1.39亿元惠企资金落实拨付到位，涉及企业近500家，其中区本级1.13亿元。开展具有天心特色的“4727”活动，即围绕政策惠企、融资联企、要素扶企、环境暖企4个主题，分惠企政策专项指导、财税政策解读、政银企对接、人才招聘、做大做强、市场营销、优化营商环境7类共组织27场活动。（阳利平）

【2018年创客中国·天心赛区决赛举行】 2018年5月16日，由区经信局、区中小微企业服务中心承办的2018年创客中国·天心赛区决赛在南城边青年创新社区孵化平台多功能会议室举行。区经信局党组书记郭宏、副局长罗群峰及相关企业家、投资人、创业者、专业人士共60余人参加活动。参赛的11个企业及创业团队是从全区20余家企业及创业团队

涵盖智能制造、移动互联网、文化产业及农业等多个行业。现场，“围绕产业链、打造创新链”的考题限定在5分钟的项目陈述时间里，11个创业团队从项目介绍，创意亮点、经营模式等方面讲解演说。业界知名的代表企业负责人、创业导师、咨询专家、创投专家对参赛项目进行评审。最终，湖南新天地物联科技有限公司项目——天行北斗车联网云服务监管平台获一等奖；湖南新领域信息科技有限公司项目——汽车经销商数据网络体系建设与应用、湖南利和工贸发展有限公司公司项目——全息手术导航获二等奖；长沙雨泽文化传媒有限公司项目——UE4新一代影视制作技术泛娱乐产业应用、湖南智博汇集群注册托管有限公司项目——企动力App-您的随身创业助手获三等奖。所有获奖选手获得参加6月份举行的“创客中国”长沙市复赛的参赛资格。（阳利平）

【水电八局南托基地物业管理社会化分离移交仪式】 2018年5月28日，天心区首家驻区央企——水电八局南托基地物业移交正式协议签约仪式在基地服务管理中心举行。签约仪式由区经信局党组副书记、副局长胡伏林主持，水电八局工会主席肖华民，市企改办处长彭亚辉，区政府副调研员唐建云等出席移交仪式，区城投、内六区经信局、北控物业等单位负责人以及小区业主代表参加签约仪式。签约仪式上，唐建云宣布水电八局南托基地物业正式进入社会化、市场化管理并致贺词；水电八局授权代表基地服务管理中心党委书记、主任潘德辉与区城投天安公司总经理舒龙福、北控物业湖南分公司总经理李孝兵3方共同签订“水电八局南托小区物业管理分离移交书”。签约仪式后，潘德辉，李孝兵分别介绍“三供一业”移交、接收工作进展情况及下一步工作安排。彭亚辉希望北控物业从“搞好交接、履职到位；严格约定、加强管理；提质提档、优质服务；加强协调、确保稳定”几个方面做好物业移交后续服务工作。南托基地小区占地面积20.91公顷，有67栋家属楼，共2723户。水电八局是天心区首家与政府、物业公司正式移交“三供一业”的驻区央企，标志着水电八局南托基地物业正式迈入社会化、市场化管理的新征程。（阳利平）

【“大中小企业”供应链云服务对接会】 2018年7月11日，“大中小企业”供应链云服务对接会举行，该对接会由省经信委指导，区政府主办，区经信局、区中小企业服务中心、湖南思洋互联网产业发展有限公司联合承办，省经信委中小企业发展促进处处长徐祖春、区政府副区长张建、区经信局局长秦超，湖南思洋互联网产业发展有限公司董事长宋沙等，以及湖南省近300家大中小企业代表到场。对接会重点围绕“大中小企业融通发展”，普及深化电子商务与供应链集成创新应用，搭建大中小企业对话和链接平台，推动大中小企业融通发展。对接会现场，长沙长泰智能装备有限公司、五矿二十三冶建设集团有限公司、长沙远大住宅工业集团股份有限公司等企业代表到场，现场发布大企业采购互联网+供应链需求，和中小企业代表在现场面对面交流互动，实现需求对接。（阳利平）

【天心区中小企业公共服务平台信业金盆岭工作站启动】 2018年10月18日，天心区中小企业公共服务平台信业金盆岭工作站启动，区经信局副局长罗群峰，金盆岭街道办事处经济办副主任彭飞等，以及10余家中小微企业代表参加启动仪式暨信业金盆岭工作站首期沙龙活动。该工作站是由区经信局指导，依托天心区中小企业公共服务平台、天心区中小微企业服务中心而建设的街道/楼宇工作站。该工作站位于长沙市天心芙蓉中路新时空大厦1008房，服务站点立足于天心区，从中小微企业全生命周期和全发展价值链两大维度出发，构建包括企业孵化、财税服务、人才培育、融资贷款、法律维权等在内的八个服务平台，为区内街道、园区及商务楼宇内中小微企业的创立、成长和发展提供全方位的专业服务，为企业排忧解难、提高效益，降低成本，配合政府部门落实中小微企业扶持政策，申报项目；维护中小企业合法权益；向政府有关部门反馈中小微企业的情况。（阳利平）

【城南220千伏输变电工程顺利实现交地施工】 2018年6月29日，天心区城南220千伏输变电工程项目举行现场交接会，标志着该项目正式实现交地施工，成为长沙电力“630攻坚”行动第一家交地的项目。会上强调，各部门和街道要继续配合，做好工程项目的扫尾，协调处理好后续的建设工作。城南220千伏输变电工程项目是“提升长沙电网供电能力三年行动计划”及“630攻坚活动”的重要项目，位于月塘路、西湖路、新韶山南路交汇处，由国网长沙供电公司投资建设，总投资约1.85亿元。（阳利平）

【2035年规划新增变电站选址调度会召开】2018年12月10日，区委常委、常务副区长周志军组织召开调度会议，研究布置天心区2035年规划新增变电站选址工作，区政府副区长张建主持会议。根据《长沙市电力布局规划》，天心区辖区范围内2035年规划布局30座110千伏及以上变电站等电网设施，其中规划新增14座。会上，电力建设领导小组办公室汇报选址工作前期开展情况，并由市规勘院报告天心区规划新增变电站初步选址的建议和意见，与会单位就初步选址工作依次进行发言。周志军强调，要切实加强领导，新增变电站选址的工作任重道远，各部门、街道都要加强领导和充分重视。要切实科学布局，要着眼于空间优化，着眼于在征收、施工、线路3个方面降低成本，着眼于既有土地的充分利用，着眼于科学设计，着眼于落地可能性等5个方面。要切实加强规划落地，主要职能部门要和相关街道逐一进行选址确认，完善相关规划内容，共同推进新增变电站的建设。（阳利平）

【优化营商环境论坛暨“十佳金点子”颁奖典礼举行】2018年12月25日，天心区举行优化营商环境论坛暨“十佳金点子”颁奖典礼，区政协副主席、工商联主席罗超纲出席。组委会共收到95份金点子参赛稿件。在颁奖典礼上，对优化营商环境金点子大赛获奖选手进行表彰与颁奖。其中袁斗成等10位参赛选手获得“十佳金点子”奖，粟栋勇、荣玉平等19位参赛远手获“优秀金点子”奖。在祝贺获奖选手的同时，罗超纲表示，将全力打造“支持政策最优、保障措施最强、行政审批最快、办事效率最高”的一流营商环境，让天心区成为企业投资创业的热土、安居乐业的宝地。现场，湖南商学院市场营销系主任、硕士生导师詹志方作《如何用营销智慧，优化营商环境——原理与方法》的主题分享；区工商分局副局长夏志作《顺应营商环境，做大做强企业》的主题分享；湖南汇富康达电子商务有限公司总经理王桂丹作《优化营商环境之我见》的主题分享。（阳利平）

【大托输电线启动改造】2018年6月19日，大托输电线改造工程启动。大托线改造工程是长沙电网建设“630攻坚”活动——城市配电网建设工程中的一个项目。线路改造工作主要是优化线路结构，在线路上加装智能设备和避雷器，把老旧的架空裸导线更换为绝缘线，并进行配电变压器补点安装工作。工程完工后，线路供电可靠性可大幅提升，周边居民不会被频繁的故障停电所扰，可安稳度过夏日用电高峰。大托线全长27.30千米，投运于1994年，为天心区中意一路、机场口、大托村、新港村、新路村等地提供电力供应。随着该地区经济发展，用电需求逐年攀升，同时由于线路过长，线路和设备自然老化等原因，2018年1月起，这条线路每个月都会出现1起以上故障停电，严重影响周边居民生活和生产用电。（阳利平）

2018年12月25日，天心区举行优化营商环境论坛暨“十佳金点子”颁奖典礼

区经信局 供稿

商务·旅游·服务业

【概况】长沙市天心区商务和旅游局（简称“区商旅局”）围绕“北提南进、服务引领、民生造福”发展战略，建设“融城核心、璀璨天心”，坚持新发展理念，开展各项工作。（谢　舟）

【招商引资】2018 年，成功引进太平洋建设商楚集团、中信保诚人寿保险有限公司湖南省分公司、中交一公局桥隧工程有限公司等世界 500 强项目；招引中能建投资集团、全时集团、热风集团、航天星图、九次方等一批项目区域性总部落户；引进金融机构区域总部及分支机构 41 家，引进信息科技、文化创意类企业 200 余家；湖南地理信息产业园入驻企事业单位 89 家，湖南长沙人力资源服务产业园签约入园企业 47 家；全年在谈及入驻亿元以上项目达 15 个以上。建立健全区委书记任组长的招商引资工作领导小组，出台《天心区扎实推进招商引资工作实施方案》，定期组织召开领导小组会议，通报入驻、在谈项目进展情况以及面临的具体困难。开展驻点招商和中介招商，区政府驻北京招商站发挥靠前上门优势，精准化对接京津冀重点企业；发挥戴德梁行、华盈城市等中介机构的资源优势，全年赴北京、上海、深圳、杭州等地开展小分队招商 10 余次。开展节会招商，举办“2018 长沙天心上海招商恳谈推介会”。协同举办“2018 大数据空间信息应用博览会”“优化营商环境暨招商恳谈会”“首届长株潭一体化区域合作联席会议”等各类节会活动 10 余次。牵头出台《关于进一步优化营商环境的十条措施》，细化包括高管人才子女就学说明和“十佳优秀服务单位”评选等细则。联合工商、税务部门为中交一公局桥隧公司等项目落地提供全程服务；会同街道上门为华远华中心、保利国际、汇景环球发展中心等重点招商楼宇提供定制化的招商服务。（谭双剑）

【商贸流通】2018 年，天心区举办长株潭商圈 2018 天心汽车消费节和购物消费节等节会活动，促进长株潭商圈企业联盟发展。长株潭购物消费节期间友阿奥特莱斯实现销售额 6682.5 万元，同比增长 10.66%，接待消费者 70 万人次，同比增长 7.69%。引导传统商贸业态升级，成立五一商圈商圈联盟，牵头设计五一商圈 logo 标识，筹备五一商圈购物消费节。举办第二届市民文化节、长沙美食节等活动；推荐商圈内王府井、平和堂、海信广场、苏宁易购等企业参与长沙市第十一届“福满星城”购物消费节活动。以省、市扶持资金为依托，指导区内相关企业申报上级资金，2018 年兑现省市小微两创资金 267 万元，兑现电子商务资金 67 万元；指导区内物流企业申报 2018 年现代物流业发展专项资金，指导德园、南一门南北特申报湖南老字号企业，指导国药潇湘申报市级供应链试点项目。（贺雪辉）

【现代服务业】2018 年，区商旅局制定下发服务业发展考核责任分解表和考核细则，明确责任单位、任务目标。组织湘雅五医院、周期发布违法用地违规建设检查图二期服务平台、防灾应急体验馆3个项目申报2018年度长沙市服务业引导专项资金95万元。兑现2016年、2017年度新增“四上”单位奖励资金共计736万元。及时更新市“三百工程”重点项目、重点商务楼宇名单、市现代服务业重点项目库，实时监测“三百工程”相关重点项目建设实施情况及重点商务楼宇招商入驻情况。加强与重点企业的联系交流，及时了解重点企业在项目建设、招商合作、产业扩张等各方面的困难和问题，发挥职能部门的桥梁纽带作用，做好协调服务工作。（熊新蓝）

【旅游工作】2018年，天心区全区旅游总收入196亿元，同比增长8%，其中国内旅游收入188亿元，同比增长9%。接待国内旅客1641.6万人次，同比增长8%；接待入境旅游者15.43万人次，同比增长3%。天心区承办全市“山水洲城·快乐之都”开幕式及系列活动，其中《中国旅游报》推出《历史文化名城，长沙老街再唱胜景》专版，《湖南日报》推出《湘水南来 古韵悠悠—品鉴天心区文化旅游》专题报道，长沙晚报推出《天心，漫步历史长廊》的专刊报道。举办“休闲达人游天心”活动，推出“湖湘文化溯源游、红色经典研学游和生态科普亲子游”等精品旅游线路，《长沙晚报》推出《秋光美，悠游好客天心》专题报道。长沙市生态动物园举办“第五届动物文化艺术节”，接待游客12.7万人次，实现旅游收入1000万余元。湖南省科技馆申报国家AAA级景区，湖南省立第一师范学校旧址（毛泽东与第一师范纪念馆）成功申报全国研学旅行示范基地。支持以天心阁为主体，整合县正街、高正街、长沙简牍博物馆等资源，打造天心阁历史文化街区，抱团申报国家AAAAA级景区。为湖南新港湾生态农业等四家企业提供乡村旅游发展资金10万元。以“旅游＋互联网”等模式为导向，探索“政府引导、平台推动、企业参与”的工作模式，推进智慧旅游建设。（谢彦波）

【外贸业务培训班】2018年3月28日，区商旅局举办2018年天心区开放型经济外贸政策培训班，来自园区、街道、区属外贸企业负责人近百人参加。培训会上，市商务局副局长汪东华从为什么培训、培训什么、集中精力学等三个方面提出具体要求。星沙海关、长沙出入境检验检疫局、市国税局、市商务局、长沙电子口岸公司、湖南省中国建设银行、湘欧快线物流服务有限公司、中国出口信用保险公司等相关部门和专家负责人分别就海关的业务流程、自贸协定原产地优惠政策、出口货物退（免）税政策、外贸政策、贸易融资政策等业务知识进行专题培训。培训班邀请天心区外贸标杆企业省机械设备进出口公司副总经理胡焕进行外贸工作经验分享。通过培训，园区、街道对外贸工作有了更深认识，企业单位对外贸政策有了更新了解。（罗晓君）

【文明旅游工作会议】2018年3月29日，区商旅局组织召开全区文明旅游工作会议，区政府副区长康镇麟，各街道分管经济副职及辖区内A级景区、星级酒店、旅行社负责人参加会议。会上，康镇麟对全区旅游行业文明创建工作进行讲评，要求旅游企业主动适应新形势的发展需要，做到“安全为基、诚信为本、舒适为要、创新为魂、协作为贵”。市旅游局行业管理处处长黄洁平就文明旅游进行专题培训，从“践行文明、引导文明、运用文明、收获文明”4个方面阐述文明旅游的重要性，结合存在的问题，要求区内旅游企业认真抓好旅游行业文明创建工作，集中展现天心旅游良好形象。会上宣读并下发《天心区2018年文明旅游行动方案》，旅游企业代表向全行业发出文明旅游的倡议。（谢彦波）

【天心区到上海开展招商活动】2018年3月27～30日，区政协副主席、工商联主席、创谷长沙（国家）广告产业园管委会主任罗超纲率小分队到上海开展招商活动，区商旅局、创谷长沙（国家）广告产业园相关负责人陪同。在沪期间，罗超纲带队拜访省政府驻沪办、市政府驻沪办、上海市浙江商会、上海市江苏商会，实地考察苏商企业发展（上海）股份有限公司，推荐天心资源，共商合作事宜。（陈思思）

【“融城盛会·乐购天心”2018长株潭商圈购物消费节】2018年4月28日，“融城盛会·乐购天心”2018长株潭商圈购物消费节在中海环宇城前坪开幕。市政府副秘书长王体泽出席开幕式并宣布消费节开幕。市商务局副局长毕丽颖，区委常委、天心经开区工委书记贺国权，区政府副区长康镇麟以及长株潭商圈联盟十大商户负责人参加开幕式。购物消费节由政府引导、市场运作、商圈联动、便民惠民，集政府、企业、媒体合力，展示长株潭商圈风采。贺国权表示，举行长株潭商圈购物消费节，目的就是要进一步宣传推介长株潭商圈品牌，吸引更多的商家来这里投资兴业、集聚发展，让消费者得到更多实惠，让商圈越来越旺。5月12日，“融城盛会·乐购天心”2018年长株潭商圈购物消费节闭幕式在鑫远·鑫悦汇二楼中庭举行，宣告历时13天的长株潭商圈购物消费节闭幕。消费节期间，商圈内十大联盟商户纷纷推出让利促销活动，商圈联盟商户销售额及客流量均有较大幅度提升。4月28日至5月10日期间，友阿奥特莱斯实现销售额6682.5万元，同比增长10.66%，接待消费者70万人次，同比增长7.69%；鑫远·鑫悦汇实现销售额1950万元，接待消费者21.7万人次；弘高车世界实现销售额1456.5万元，较上年同期增长105%;长沙生态动物园实现销售额727.26万元，同比增长4.8%,接待消费者8.83万人次，同比增长7.6%。（贺雪辉）

【2018长沙休闲旅游节在天心区开幕】 2018年5月18日，“山水洲城·快乐之都”2018长沙休闲旅游节开幕式暨“中国休闲达人”长沙品鉴行在天心区坡子街火宫殿举行启动仪式。活动由省旅发委指导，市政府主办，各区县人民政府承办。省旅发委副主任尚斌、中国旅游报社社长徐行、市旅游局局长易冒、区政府副区长康镇麟等参加启动仪式。启动仪式结束后，与会领导和嘉宾考察天心区太平街、县正街等历史老街的旅游休闲产业发展情况。作为此次休闲旅游节开幕式主会场，为确保活动顺利安全举行，区委、区政府完成开幕式各项保障任务。休闲旅游节安排“老街闲情”系列体验活动——老街品吃、老街听戏、老街泡吧、老街寻秘，来自全国各地的休闲达人专家、外国驻华领馆官员以及来自国内外的游客、嘉宾、留学生，一起穿行老长沙，体验新风情，触摸长沙的城市记忆、文化根脉。作为历史老街最为集中的天心区，在老城区有机更新中不断探索，深挖太平老街、坡子街等老街历史文化底蕴。9月28日，作为2018长沙休闲旅游节的系列子活动之一，区商旅局举办“2018中国休闲达人天心区全域旅游深度体验之旅”活动。活动中，由中国休闲达人、媒体记者、市民代表、旅游大咖组成的“休闲达人采风团”，深度体验天心区全域旅游发展成果；举办“休闲达人游天心”微论坛，实地体验天心旅游产业链的休闲达人围绕天心区全域旅游发展、全域旅游的精品路线设计、“旅游+”时代融合发展、文明旅游等话题展开头脑风暴，为天心区全域旅游发展建言献策。中南林业科技大学旅游学院院长、教授钟永德认为，天心区全域旅游发展要以展示古长沙为中心，围绕北部古城区开展古城文旅活动、围绕南部生态区开展休闲及教育活动，打造一条精致精美的城市旅游观光线。湖南师范大学旅游学院副院长、教授许春晓表示，天心区要把历史文化做活，在丰富的文旅资源基础上，还需要提升文化和旅游各要素的匹配性，并上升为一种可以供主客共享的消费形态、生活形态，打造成为一张游客愿意来、乐意来的长沙名片。（谢彦波）

【天心区商贸旅游行业安全生产工作暨培训会议】 2018年7月18日，天心区商贸旅游行业安全生产工作暨培训会议召开。辖区内大型商场超市、加油站、物流企业、专业市场、星级宾馆酒店、A级景区、旅行社等100余名企业负责人参加会议。区政府副区长康镇麟参加会议。会议组织学习中共中央总书记习近平，省委书记杜家毫关于安全生产工作的指示批示精神，对2018年上半年全区商贸旅游行业安全工作进行小结，指出存在问题，部署下半年安全生产重点工作。康镇麟要求各企业做到在思想上真重视，行动上真落实；要求行业主管部门和各街道切实履行好行业监管和属地监管责任，提高监管和服务水平。会上，企业代表向区商旅局递交安全生产承诺书。区安监局局长丁洪就如何做好安全生产工作进行业务辅导。会议邀请湖南人人居安消防服务有限公司培训师进行消防安全培训。（谢彦波）

【“融城核心·璀璨天心”2018年上海招商恳谈推介会】 2018年7月25日，“融城核心·璀璨天心”2018长沙天心上海招商恳谈推介会在上海举办。推介会是2018湖南－长三角经贸洽谈周的重要组成部分，旨在与长三角的优质企业共话天心发展，助推区域经济前行，让更多企业了解天心、投资天心。会上，省政府副秘书长罗建军、省商务厅副厅长罗双锋、市政府副市长邱继兴、

2018 年 7 月 25 日，“融城核心·璀璨天心”2018 长沙天心上海招商恳谈推介会在上海举行
区商旅局 供稿

市政府副秘书长王体泽、区委书记朱东铁以及相关部门负责人与来自世界 500 强的驻沪企业总部、知名民营企业、金融机构和人力资源、文化创意等产业的 30 余家企业和机构代表进行沟通与交流，向与会企业代表介绍长沙市天心区区情、地理位置、区位优势、地方政策以及重点招商资源等。活动期间，与会企业代表表达投资天心的兴趣，一致认为天心区的生态环境、地理位置优越，在人才资源、创新氛围、综合环境和服务政策等方面具有突出优势，愿意入驻天心、投资天心，并提出产业发展建议。朱东铁诚邀企业家们到天心区实地考察、共商合作。洽谈周期间，朱东铁率队先后奔赴上海、杭州、湖州等地，拜会上海人才服务中心、上海智臻智能网络科技股份有限公司、上海德衡数据科技有限公司、太平集团，实地考察太湖健康城项目、安吉县余村村、阿里巴巴集团总部、安吉小镇等，了解长三角优质企业经营发展情况，学习先进地区生态文明建设经验。

（谭双剑）

【中能建控股集团到天心区考察洽谈】2018 年 12 月 11 日，区委常委、宣传部部长肖雄伟代表天心区委、区政府接待中能建控股集团有限公司（以投资控股为核心，涉足金融投资、能源化工、军工科技、基础设施建设、城市开发运营、国际经贸、文化旅游等多元化产业领域的大型国有企业）投资部总经理、中能建龙浩航空产业投资公司董事长鲁珂一行到天心区考察洽谈。省府新区办公室、区城改办、区商旅局、区城建投以及相关街道负责人陪同接待。鲁珂一行实地考察湘府路、书院路两厢及豹子岭公园周边地块，就文旅项目开发、数字经济产业园打造与相关单位进行探讨。肖雄伟指出，“省府新区”是区委、区政府重点打造的高端产业集聚区，欢迎有实力、有资源的优质企业前来投资开发。 （谭双剑）

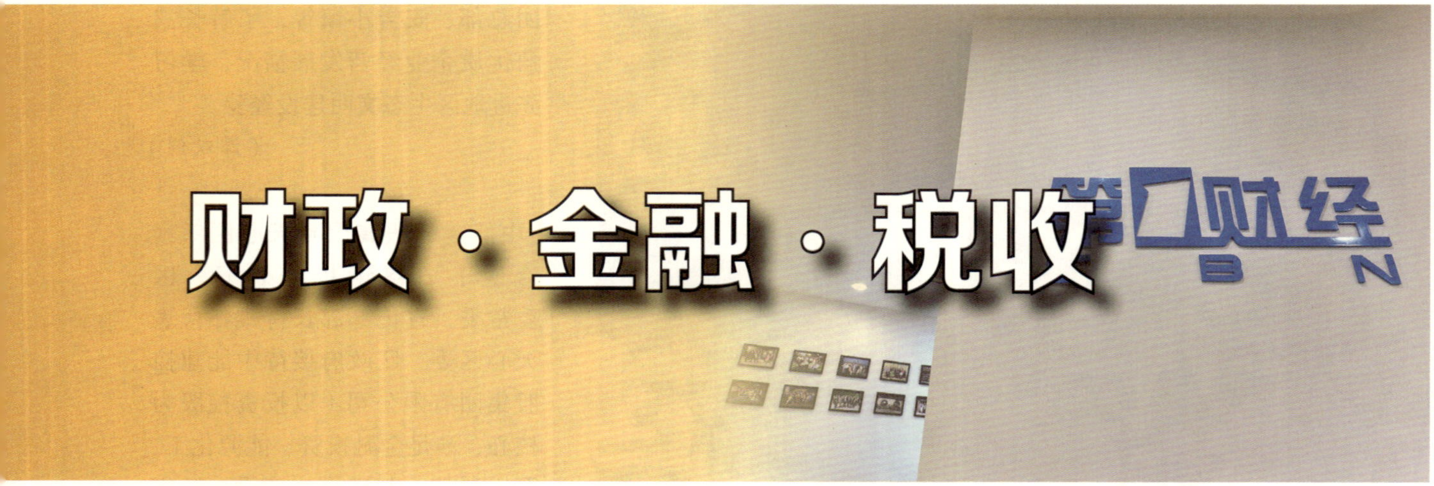

财政·金融·税收

财政管理

【概况】 长沙市天心区财政局（简称“区财政局”）主要职责是贯彻执行国家、省、市财税法律、法规和方针政策，承担全区收入组织调度、预算管理、非税管理、国库集中支付管理、国资管理、经济发展支出管理、会计管理，监督全区财税方针政策、法律法规执行等，内设办公室（财政信息管理中心）、预算国库科、行财科（社保科、公车办、控购办）、街道财政管理科（农业财务科）、经建科（企业科）、国资管理科（基金监督管理办公室）、财政监督检查科（预算绩效管理科、会计管理科、行政审批科）、金融与债务科（社会和政府合作（PPP）办公室）。

2018 年，天心区完成一般公共预算收入 137.91 亿元，同比增长 12.26%，完成进度 102.01%，全口径税收占一般公共预算收入比重 89.26%；完成地方一般公共预算收入 41.34 亿元，同比增长 3.72%，完成进度 104.80%，税收占地方一般公共预算收入比重 64.17%。获评全省预算绩效管理工作一等奖。（闵家喜）

【财政收入】 2018 年，区财政局借助资源优势、区位优势，推进金融和建筑产业发展。2018 年，金融业税收占总税收的 31%，建筑业占总税收的 11%。通过加大政策扶持力度，发展现代服务业，2018 年服务业税收占比 80%，同比提高 5 个百分点。全面推行营改增以来，天心区新增纳税户数 2.2 万户。引进平安财富中心、卓越环球中心等效益突出、带动性强、税收贡献大的项目。出台《关于进一步优化营商环境的十条措施》，落实国家减税降费政策，降低实体经济成本。深化“放管服”改革，开展千人帮千企活动。（闵家喜）

【财政保障】 2018 年，区财政局严格执行年初预算，加强财政预算的刚性约束，严控公用经费，“三公”经费持续下降。健全事权与财权匹配的管理机制，严控预算追加。注重民生资金的切入点和覆盖面，2018 年民生支出占总支出比重超过 80%，强化社会保障体系建设，维护居民健康权益，优先发展教育。统筹财力，保障城市有机更新、社区提质提档、美丽乡村、“一圈两场三道”等区委、区政府重大决策和重点项目实施。优化财政资源配置，发挥财政职能作用，聚焦聚力，支持打好防范化解重大风险、精准脱贫、污染防治“三大攻坚战”。（张喜盛）

【财政监管】 2018 年，区财政局全面实施绩效管理，天心区 140 家预算单位、162 个专项实行全方位、全过程、全覆盖的绩效管理和绩效监控，实现预算与绩效管理一体化。深化财政“放管服”改革，准确把握放与管的平衡点，取消国库集中支付 15 类面审事项，街道支付实行网络申报，代理记账、惠农补贴纳入“互联网 + 政务”平台。出台《天心区政府投资项目财政评审管理办法》和《长沙市天心区政府采购限额标准实施细则》，提升财政效能。加强内部风险防控，开展财政资金安全检查，堵塞风险漏洞。迎接各级审计检查及巡视巡察15次，开展执行中央八项规定、街道财政管理、非税票据稽查等专项检查24次。（莫惠岚）

【政府采购】 2018年，区财政局出台《长沙市天心区政府采购限额标准实施细则》，公开招标数额标准为100万元，分散采购限额标准由原来的10万元提高到20万元，网上竞价采购公告的挂网公示时间由原来的2个工作日缩短为2个小时，市政府采购天心分网顺利上线运行。（张志华）

【2019年部门预算工作布置会议】 2018年9月18日，区财政局组织召开2019年部门预算工作布置会议，全区各预算单位财务负责人、经办人参加会议。会议对部门预算编制工作的重点、难点及软件操作要点进行逐一讲解，促进各单位完成2019年部门预算编制工作。2019年部门预算编制工作立足“保重点、控一般、促统筹、提绩效”，注重四个方面：坚持“放管服”和供给侧结构性改革，服务全区经济发展；坚持强化预算刚性约束力，严肃财经纪律，从严从紧编制2019年预算；坚持全口径预算管理，推进零基预算，加大资金整合力度；坚持全面推进预算绩效管理，强化财政支出绩效评价结果应用，将近年来重点评价结果作为年度预算安排和调整的重要依据，合理安排2019年预算资金。（付 余）

【天心区财政系统知识抢答赛决赛举行】 2018年5月28日，区财政局举办财政系统学习贯彻中共十九大精神暨监察法、党风廉政建设、财政业务知识抢答赛决赛。36支队伍参加预赛，12支代表队进入决赛。知识抢答竞赛涵盖中共十九大精神、党风廉政建设知识、《中国共产党章程》《中华人民共和国监察法》及财政业务知识。竞赛活动采取必答题、抢答题、风险题3个环节进行。经过比赛，区商旅局代表队获得一等奖，区文体新局、城南路街道代表队并列二等奖，区财政局、区园林局、区食药监局代表队并列三等奖，并决出优秀组织奖6个。知识竞赛有利于调动财政系统党员干部学习宣传贯彻中共十九大精神和落实党纪党规的自觉性和积极性，提升财政干部的党性修养和专业素养。（莫惠岚）

政府金融管理

【概况】 长沙市天心区人民政府金融工作办公室（简称“区金融办”）为正科级事业单位，归口区政府办公室管理，主要服务全区金融机构，促进区域经济发展。负责联系和协调引进各类金融机构；负责协调服务企业融资和上市工作；负责小额贷款公司和融资性担保公司监管。部门有在职在编干部3人，借调人员1人，临聘人员4人。

2018年，天心区引进中信保诚人寿保险有限公司湖南省分公司、中国长城资产管理股份有限公司湖南省分公司、长城国瑞证券有限公司湖南分公司、恒大保险代理有限公司湖南分公司、国开证券股份有限公司湖南省分公司等金融机构总部及分支机构50家，全区金融机构总数346家，金融业税收占比31%。全年接待、走访金融机构和企业280余批次，主要了解企业的困难并及时协调解决。陪同区内金融机构到各平台公司进行业务对接60余批次。联合大地保险公司对接扶贫办开发金融产品精准扶贫。与区教育局对接，与区政府办、城管、规划、园林多方合力服务，为招商银行长沙分行解决现金运送通道的问题。多渠道开展防非打非集中宣传活动。召开防非打非及涉众型风险企业专项清理整治工作部署会。全年检查保利国际广场等重点楼宇内风险企业百余家，约谈20余家风险企业负责人，分类处置，提前化解非法集资隐患7起，督促风险企业清退资金1900万余元。组织召开专题部署会，对全区P2P网贷平台开展专项排查和整治，摸清风险底数。5月，区政府获评长沙市打击和处置非法集资工作领导小组颁发的“2017年度长沙市防范和处置非法集资工作先进单位”称号。（周 鑫）

【防范和打击非法集资】 2018年2月12日，区打非办在裕南街街道向东南社区蓝湾国际广场组织开展春节前防范和打击非法集资集中宣传活动，区经侦大队、裕南街街道及相关社区参加活动。活动现场，通过发放防非宣传手册（折页）、《致全体居民的一封信》，以及印有宣传标语的盒装纸巾、纸杯等方式，引导广大群众理性投资、远离非法集资，提高群众的识别能力和抵制能力。活动中，共接待群众咨询500人次，发放宣传资料2000余份。3月14日，区金融办约谈辖区内5

2018 年 2 月 12 日，区打非办在裕南街街道向东南社区蓝湾国际广场组织开展春节前防范和打击非法集资集中宣传活动　　区金融办 供稿

家小额贷款公司。区金融办主任于意要求各公司合法、合规经营，不得吸收公众存款，不得非法集资。各公司负责人在会上承诺依法依规经营。5 月 17 日，天心区就防范和打击非法集资工作召开专题调度会。会议强调要创新宣传方式，浓厚氛围；要依法从严从快处置；要完善预警机制，痕迹化管理；要切实加强领导、加强调度。5 月 22 日，区政府在保利国际广场组织开展“防非打非”集中宣传活动，将打击非法集资和打击非法传销相结合。6 月 14 日，天心区召开防非打非暨专项清理整治工作部署会。会议提出要求：要统一认识讲政治；要责任落实讲担当；加强调度讲实效。7 月 9 日，区金融办组织辖区现代担保、中鑫天府等几家融资担保公司主要负责人召开会议。会议对各公司迎接全省融资性担保公司年度现场检查的情况进行通报，指出各公司在此次现场检查中发现的问题，要求各公司负责人高度重视，并限期整改。各参会企业均表态发言。

（袁星宇）

【银企对接会】 2018 年 4 月 13 日，区金融办和天心文化产业园在北京银行长沙分行举办文化专场银企对接会。引导企业拓展融资渠道，搭建包括信托、基金、险资转债权、险资转股权以及不良资产处置等多渠道融资平台，实现金融资本与企业需求的有效对接，推动区域经济转型跨越发展。4 月 25 日，区金融办与区城建局联合举办房地产行业银企对接会，华融湘江银行等 4 家银行机构针对与会房地产企业的特点与需求，介绍各行支持房地产行业在前期准备、开发建设、销售运营等各个项目运营阶段的特色金融服务产品。8 月 2 日，由区金融办和天心文化广告园举办的“金融助力 · 文创腾飞”政银企座谈会召开。区政府副区长康镇麟出席，华融湘江银行、农商银行、交通银行、北京银行等 8 家金融机构以及园区 18 家企业参加会议。会上，区金融办、文广园管委会对落实天心“营商十条”出台贷款贴息政策进行解读；参会银行对各自金融产品的设计思路、投资标准进行推介，并解答企业融资问题。会后，新领域公司、叮咚智行公司等 7 家企业与相关银行达成合作意向；交通银行、中国建设银行与园区建立战略合作伙伴；光大银行、华融湘江银行筹划对园区文创产业制定专属金融服务方案。12 月 19 日，天心经开区（新）、区金融办、区经信局共同举办银企对接会。全区 5 家银行及经开区 32 家有融资需求的企业参会，区政府副区长张建出席并讲话。会上，天心经开区介绍“千人帮千企百日大行动”启动以来园区开展的系列工作以及园区企业的融资特点；“云政宝”平台研发专家介绍千人帮千企“云政宝”平台使用情况；中国建设银行长沙天心支行、

2018 年 12 月 19 日，天心经开区（新）、区金融办、区经信局共同举办“千人帮千企百日大行动”银企对接会　　区金融办 供稿

华融湘江银行、长沙农村商业银行湘江支行、长沙银行天心支行、光大银行长沙天心区域行 5 家金融机构代表介绍“订单贷”“贸易贷”“税易贷”“流量贷”“快乐 e 贷”等金融产品。对接会共有 9 家企业与银行达成意向放款约 7600 万元。（周　鑫）

【国家文化金融合作示范区调研座谈会】2018 年 7 月 26 日，区金融办联合天心文化（广告）产业园组织区内金融机构与清华大学文创学院的课题调研组开展国家文化金融合作示范区调研座谈，交流在文化金融领域各金融机构的政策产品、产品设计思路、行业投资考量标准以及文化金融融合状况，探讨文化与金融融合发展问题以及政府对贷款的政策引导和监督问题。（周　鑫）

【涉众型金融风险企业处置工作会议】2018 年 8 月 17 日，天心区召开涉众型金融风险企业处置工作调度会议，区维稳办、区金融办、区公安分局经侦大队主要负责人，区打非工作领导小组部分成员单位相关负责人以及部分街道、派出所相关负责人参会。区委常委、政法委书记黄文先出席会议并讲话。会议审慎分析严峻形势和存在的问题并对与会各单位下一步工作进行部署，强调对发现的风险企业要精准施策。12 月 25 日，天心区召开涉众型风险企业专项清理整治工作部署会。区打非工作领导小组成员单位负责人，街道经济工作、综治工作分管负责人，以及辖内所有工商所、派出所、税务所主要负责人参加会议。会议强调：要高度重视涉众型风险企业的潜在风险；要强化宣传和排查；要把握好重点和关键，提升全区打非专干业务能力；要明确责任和要求。（袁星宇）

【全区 P2P 网贷信息中介机构风险专项排查工作部署会议】2018 年 8 月 29 日，天心区召开全区 P2P 网贷信息中介机构风险排查工作部署会议。辖内在营 P2P 网贷平台公司负责人、区金融办、区维稳办、区工商分局、区公安分局以及相关街道负责人参加会议。会议下发《P2P 业务管理文件汇编》《天心区 P2P 网络借贷信息中介机构风险专项排查工作方案》《关于开展企业现场检查工作告知书》，明确由区金融办、区工商分局、区公安分局以及相关街道组成联合工作组，对辖内各 P2P 网贷平台进行现场检查、摸排风险，强调重点检查的几个方面，要求企业在开展自律自查的同时，配合检查组的工作。（袁星宇）

农商银行

【概　况】2018年年末，长沙农商银行湘江支行、天心支行各项存款余额分别为48.76亿元、67亿元，比年初净增4.86亿元、1.9亿元，增幅分别为11.1%和2.9%；各项贷款余额分别为44.12 亿元、47.7亿元，比年初净增5.44亿元、0.7 亿元，增幅分别为 14.1% 和1.5%；；不良贷款率分别为0.86%和1.17%；湘江支行新增法人贷款客户73户，新增个人贷款客户1333户；天心支行新增有效信用卡3128张。

（钟翠婷　陈　晓）

【银行金融服务】2018年，长沙农商银行主动服务天心区优质企业，做好基础客户群和小微客户的营销维护工作，加强存量战略客户的对接深度和广度。湘江支行针对当地市场、商圈、园区，合计举行银企对接会超过10次，参会企业超过300 家；发放符合“两增两控”小微企业贷款6.94亿元；通过农户联保、农户信用贷款等形式共发放农户和社区居民贷款4.43亿元，其中发放农户小额贷款 1647 户，贷款余额 1.8 亿元，户均11万元。天心支行主动服务天心区优质企业，制定《推进“两增两控”工作方案》，加大对小微企业的信贷支持；长沙农商银行主动服务社会公共事业，湘江支行全年代收学费72460笔，代发工资8.32万笔5.36亿元，贯彻落实《加快推进财政惠农扶贫补贴“两卡两折”发放工作》要求，已开办4000余户；全辖安装Q支付2700余户；天心支行全年代收学费51770笔，代理国库集中支付业务24238笔，养老保险、民政、计生等工资代发7.69万笔,代发金额共计2.96亿元；惠农补贴发放24560笔累积金额978万元；新增天心区公立幼儿园POS机刷卡收费和以及中小学校柜台收费业务；社保管理服务完成制卡11487张、发卡13971张，专门成立工作小组，为行动不便的困难群众提供上门制卡服务。（钟翠婷　陈　晓）

【区域网格化服务】长沙农商银行湘江支行参加天心区主办的长株潭一体化区域合作联席会议，

与六大区签订金融服务协议；湘江支行参与天心区主办的“防非打非”公益活动以及天心经开区主办的“千人帮千企百日大行动”；支持天心区金融办工作，为两个无法兑付的互联网金融平台提供投资者资金返还工作，每月汇划笔数超过4500笔；邀请小学生在网点开展学习体验活动并举办“长沙蓝 儿童财商教育进社区”活动；天心支行将区域内街道、社区、小区由网点进行服务包片，开展“五扫两进（扫街、扫楼，进社区、进门店、进园区、进楼宇、进村组）”、送金融服务进社区等营销活动；在对接对政府、学校等单位的同时导入公务员随薪贷、教师园丁贷等零售业务；在按揭业务中配套装修分期和车位分期等业务的组合，满足群众金融需求；争取到“司法拍卖二手房淘宝网一键申请贷款项目”业务资格，开办淘宝网司法拍卖房产按揭业务。

（钟翠婷　陈　峣）

【特色支行打造】针对钢材大市场内客户资金流量大、周转速度快、使用率较高的特点，长沙农商银行湘江支行为市场内个体工商户量身定制了流水贷和租金贷。一年来，累放以上两类贷款18笔3000万元，有效解决了小微企业融资贵、融资难的问题。（钟翠婷）

【银行网点建设】2018年，长沙农商银行对网点进行提质改造，湘江支行完成下辖黄合支行、机场支行、园艺支行“五小建设”工作、黑石支行搬迁工作；天心支行新增网点1个，搬迁网点2个，适应区域经济发展需求。（钟翠婷　陈　峣）

税务

【概况】国家税务总局长沙市天心区税务局（简称“区税务局”）前身为长沙市天心区国税局与长沙市天心区地税局机构合并而成，于2018年7月20日正式挂牌，2018年10月25日完成“三定”工作，位于长沙市天心区湘府中路298号（另有轻院路办公区位于长沙市天心区轻院路118号）。下设11个内设机构、2个另设机构、10个派出机构、1个事业单位，担负着天心区范围内140平方千米14个街道办事处范围的税（费）征管工作。全局单位编制数381个，领导职数12个，有在职干部381人，党员281人。

（任先鸿）

【组织收入】2018年，区税务局完成税费收入总量109.59亿元，同比增收11.82亿元，增长12%。其中：省局计划口径收入108.67亿元，完成年度计划的95%，同比增收11.68亿元，增长12%；区政府口径完成97.58亿元，完成年度计划的100%，同比增收11.18亿元，增长13%；省级收入完成11.82亿元，同比增收9933万元，增长9%；市级收入完成23.26亿元，同比增收3亿元，增长15%。（周建军）

【税收征管体制改革】2018年，区税务局挂牌以来共召开党委会议13次、中心组（扩大）学习会2次，通过各类专题会等多种形式，成立区税务局税务机构改革工作小组及12个专项组，推进集中办公地址选定、4个综合部门先行合署办公等工作。由党委班子带头，逐级对中层领导干部、一般干部开展谈心谈话377人次，完成对全局126名中层正副职、244名一般干部的定岗定责。（任先鸿）

【税收征管质效】2018年，区税务局重点开展“加强增值税发票数据应用，防范税收风险专项工作”，累计核查风险应对总户数192户，补缴税款994.29万元，调减留抵税额262.511万元，企业所得税1151.86万元，滞纳金162.21万元；全年召开税企座谈会4场，深入基层进行各类培训150余期，培训8000余人次，走访纳税人5304户，帮扶困难企业30余家，解决实际问题45条。

（黄　进）

【个税改革】2018年，区税务局将推进国税地税征管体制改革作为全局的“1号工程”。聚焦政策宣传、纳税服务等核心任务，突出便民惠民，突出纳税人需求导向，助推纳税服务再升级。围绕优化税收营商环境，推进“新时代新机构新税貌”“便民办税春风行动”“千人帮千企百日大行动”主题活动。探索建立内外协同、积极响应、落实有力的全套机制。

（孔伟成）

【2018年税收工作会议】2018年3月7日，区地税局召开2018年税收工作会议。会上，区地税局党组书记、局长雍小平作题为

《贯彻新思想，勇担新使命，全方位推进天心地税事业新发展》的工作报告。会议总结区地税局2017年的工作成效，明确2018年工作思路：对标五个“新”，打好“五大战役”，做实“稳、先、提、创、优”五篇文章，“稳”即始终保持组织收入稳中求进基调；“先”即充分把握征管改革试点先机；“提”即有效提升征管税政稽查质效；“创”即拓展系列创建活动成果；“优”即不断优化服务效能和队伍素质，重点打好组织收入保卫战、征管转型阵地战、优化服务运动战、队伍建设攻坚战、基层党建持久战等“五大战役”。（任先鸿）

【天心区税务局挂牌成立】 2018年7月20日，在国歌仪式后，新组建的国家税务总局长沙市天心区税务局挂牌成立，这标志着原长沙市天心区国家税务局、原天心区地税局正式合并，天心区税收工作揭开新篇章。区税务局成立后，具体承担辖区范围内各项税收、非税收入征管等职责，可实现“一厅通办、一网通办、一键咨询、实名信息一次采集、统一税务检查、统一税收执法标准”等“六个统一”，征纳成本有效降低、职责关系更加明确，征管质效明显提升。（任先鸿）

【省市税务部门调研天心区社保费征收工作】 2018年8月29日，国家税务总局湖南省税务局联合党委委员、副局长皮本固，国家税务总局长沙市税务局联合党委书记、局长文延风一行到天心区，就社保费征收工作进行专题调研座谈。会上，区人社局等部门负责人就天心区社保费征收规模、征收范围、征收方式、征收机构设置、信息系统建设、数据存储架构等情况进行汇报。双方就社就社保费征收工作进行专题调研座谈。会上，区人社局等部门负责人就天心区社保费征收规模、征收范围、征收方式、征收机构设置、信息系统建设、数据存储架构等情况进行汇报。双方就社保费征收政策、征缴费率、征收模式，以及征收工作中存在的难点问题进行交流和探讨。皮本固指出，此次调研全面了解天心区社保各险种具体征收情况和征收难点问题，为湖南各级税务部门推进下一步社保费征缴划转工作提供参考。会后，皮本固、文延风一行到区人社局服务大厅实地查看征收窗口的工作情况，听取相关情况汇报。

（李 烨）

教育·科学技术

教育

【概况】 长沙市天心区教育局(简称“区教育局”)为正科级单位，内设党政办、组织人事科、基础教育科、社会教育科(加挂行政审批科、安全保卫科)、财务管理科、规划建设科、监察审计室7个职能科室，以及教育科学研究中心、考试中心、艺术体育中心、教育后勤管理中心4个二级机构。局机关核定编制19名，其中领导职数6名，在职干部职工22名；退休干部15名；党员19名。办公地点设天心区新联路40号天心区实验小学，2018年12月搬迁至天心区轻院路118号。

2018年，天心区共有直属学校55所，其中九年一贯制学校2所、中学6所(其中初中5所、高中1所)、小学47所。另有行业子校3所、民办学校3所(中学2所,小学1所)、市直中学3所，民办教育培训学校64所。区属中小学在校学生51314人，其中高中1948人、初中8832人、小学40534人。全区共有幼儿园122所，其中直属幼儿园16所、企事业单位幼儿园6所、民办幼儿园100所，入园幼儿22645人。全区现有区属教师3772人，其中在职教师2003人，离退休教师1769人。辖区内有高等、中职院校21所，其中部属高校1所，省属高校、中职院校13所,市属中职院校7所。

2018年，天心区教育工作全面贯彻党的教育方针，围绕率先基本实现教育现代化目标，深化教育综合改革，全面发展素质教育，努力提升区域教育核心竞争力，全区教育事业发展迈上新台阶。在2018年全市教育工作综合考核中，天心区获市政府考核教育指标第一名，区教育局获市教育局考核一等奖。成功创建为全国社区教育数字化先行区、省教育信息化创新应用示范区、省师德师风建设重点联系区、省校车安全管理先进区、省校园足球试点区等。《中国教育报》《湖南日报》《湖南教育》《长沙晚报》和红网等省、市级媒体正面报道天心教育180余篇次，创造教育、集团化办学、支教工作、德育项目化管理、教育信息化应用等工作在全国、省、市推介。2018年，天心教育存在学前教育发展相对滞后、入学压力大、学校发展还不够均衡、教师学科结构性矛盾依然突出等需要发力推进的问题，这些发展中的短板既涉及教育保障，也涉及教育治理等方面。

(文琼 李慧)

【基础教育】 2018年，天心区中考合格率95.7%，超出全市平均水平；高二学业水平考试一次性合格率98.65%，高考一、二本上线率48.9%，超过2017年上线率3.5个百分点。全区学生参加艺体、科技等各级各类竞赛获全国奖95项、省级奖677项、市级奖4432项，获市级以上团体奖189项。开展“践行雷锋精神，护卫蓝天行动”，编写垃圾分类校本教材，仰天湖中建小学评为湖南省生态文明示范学校。承办全省“拥抱新时代，争做好队员”主题队日和全市鼓号队风采展示大赛，“天心少年”志愿服务队开展慰问孤寡老人、帮扶学困生、保护母亲河等服务活动400余次。重视学生体艺创新教育，开展中小学生

“三独”比赛、艺术展演、小学生足球、篮球等竞赛活动。全区17所学校获评“全国啦啦操示范校”，13所学校被授予“全国校园篮球特色学校”；在省市青少年科技创新、机器人等各类竞赛中，天心区获得14金2银和2个团体一等奖。创新集团化办学，出台《关于教育现代化办学管理创新的实施意见》，成立“青园教育集团”“仰天湖教育集团”，实现区域优质教育资源共建共享。推行“名校+”办学模式，成立雅礼书院中学、长郡天心实验学校。加强教学理论研究与实践探索，制定《天心区教育科学问题研究指导意见》和《天心区特色（校本）课程建设指导意见》，完善学业考试评价改革，制定《天心区2018届初中中考学业质量评价考核方案》。（文 琼　李 慧）

【学前教育】 2018年，天心区成立全市首个幼教集团“幼幼幼教集团”，全省学前教育知名品牌省文化厅艺术幼儿园落户天心区，提升区域学前教育视野及办学品质。2018年回收配套幼儿园40所，其中10所产权过户，新增公办普惠园29所，学前教育公办普惠率超过80%；按“规范一批、取缔一批、监管一批”的思路，全年清理无证办学机构208个，顺利通过教育部、省教育厅的专项检查。（文 琼　李 慧）

【学校建设】 2018年，天心区学校建设重大项目21个，总投资85025万元。新路小学、长郡天心实验学校、披塘幼儿园、保利幼儿园、南湖花苑幼儿园投入使用，南塘小学、八局小学、黑石小学、黎塘小学完成扩建，黄兴小学、文庙坪小学、铜铺街小学、南大桥小学、红卫小学完成全面提质改造，新昌学校、石人学校、青园小学友谊校区、大托小学、南塘完全中学筹建工作得到推进。2018年全区新增学位9140个。推进“智慧学区”建设和16所义务教育学校标准化建设，在全省率先完成义务教育学校标准化建设工作。（文 琼　李 慧）

【教师队伍】 2018年，天心区推进名师名校长工程，制定《名校长培养工程实施方案》《新任校长高校研修活动方案》，刘菲菲被评为长沙市首席名校长，王雅敏被评为长沙市名校长。完成教师资格认定532人，招聘名优特教师、应往届类有编制教师、编外合同制教师共355人（其中幼儿教师20人）。对230名同工同酬类编外合同制教师的待遇参照本区全额拨款事业编制教师标准发放，为全市率先之举。全区有正高教师2人，特级教师5人，省市级骨干68人，名师工作室25个。坚持把师德师风建设放在首位，围绕天心教师形象关键词，开展师德师风建设专题教育月活动，唱响天心教师之歌。重视青年教师的培训，开展问题诊断式课堂大练兵、异地跟岗等学习。查处10起违反师德师风信访案件。（文 琼　李 慧）

【主题开学典礼暨开学第一课】 2018年3月5日，第55个学雷锋纪念日，天心区辖区内59所中小学同步进行以“践行雷锋精神，护卫蓝天行动”为主题的开学典礼暨开学第一课。开学典礼的主会场设在天心区红卫小学，主题为“学习雷锋、保卫蓝天，我们在行动”的活动凝聚“吹响领巾集结号”“回忆多年前的家”“打响蓝天保卫战”“雷锋精神闪闪亮”4个篇章。开学典礼上，各校结合雷锋精神，开展内容新颖、形式多样的蓝天保卫战环保知识宣传和社会实践活动，5万名天心学子宣誓争当新时代的环保小卫士。（李 慧）

【“天心区特殊教育研究培训中心”成立】 2018年5月9日，长沙市特殊教育随班就读工作调研会在天心区书院小学举行。会上，长沙市特殊教育研究中心主任、长沙市特殊教育学校校长胡建郭宣布“天心区特殊教育研究培训中心”成立并授牌，这是长沙首个区级特殊教育研究培训中心。该中心可为学校残疾儿童入学教育和随班就读等特殊教育工作提供科研指导和师资培训。天心区特殊教育研究培训中心的成立，有利于推进长沙市特殊教育工作的开展，促进教育公平。（李 慧）

【桂花坪小学恒温游泳池投入使用】 2018年5月10日，由天心区斥资640万余元在桂花坪小学建造的恒温游泳池投入使用，并面向学生免费开放，该小学成为全省为数不多的开设游泳课的小学。游泳池长50米，宽13米，设有6条泳道，配备音响扩音系统、全彩大屏幕、循环过滤系统、杀菌消毒系统、清洁除污系统等配套设施。桂花坪小学的游泳课面向全校学生推广，每年开课时间为4月至6月、9月至11月。每个班级每周2次游泳课，每次

2 小时。授课内容主要以普及游泳技能，培养学生游泳兴趣，增强学生体质为主。（李 慧）

【与名校联合办学签约仪式】 2018 年 6 月 1 日，天心区人民政府与长郡中学、雅礼中学、明德中学举行联合办学签约仪式。市教育局党委书记、局长卢鸿鸣，区委书记朱东铁及长郡中学、雅礼中学、明德中学主要负责人参加仪式。卢鸿鸣指出，天心区人民政府和长郡中学、雅礼中学、明德中学联合办学是天心区委、区政府扩充优质教育资源，创新办学模式，办好人民满意教育的有力举措。成立雅礼书院中学、长郡天心实验学校，与明德中学开展第二轮合作，继续办好明德天心中学，是天心区在教育品牌引进、合作办学上的又一次飞跃。（李 慧）

【区教育现代化办学管理创新推进大会暨集团化办学启动仪式】 2018 年 6 月 1 日，天心区教育现代化办学管理创新推进大会暨集团化办学启动仪式在桂花坪小学举行。市教育局党委书记、局长卢鸿鸣，区委书记朱东铁，区委常委、区委办主任侯向宇，区政府副区长黄会，区政协副主席黎小玲，以及区教育局全体班子成员和相关科室负责人、各二级机构、中小学校、幼儿园校长、书记、园长及各集团学校中层以上干部、教师代表、家长代表等近 300 人参加。启动仪式上，区教育局党委书记、局长张伟宣读《关于成立教育集团的决定》等相关文件，卢鸿鸣、朱东铁等分别为天心区第一批教育集团：青园教育集团、仰天湖教育集团、幼幼幼教集团授牌。此次成立的幼幼幼教集团是长沙市首个公办幼儿教育集团。集团化办学启动仪式的举行，标志着天心区城乡义务教育、学前教育集团化办学改革的正式实施。（李 慧）

【雅礼书院中学举行揭牌仪式】 2018 年 6 月 14 日，长沙市雅礼书院中学揭牌仪式举行。天心区政府领导，长沙市雅礼中学校长刘维朝、党委书记雷建军共同为雅礼书院中学揭牌。此次天心区政府与雅礼中学合作办学，将天心一中交由雅礼中学托管办学，成立雅礼书院中学，是天心区创新办学模式，实现人才互动、资源共享的有力举措，标志着天心区在推进优质教育均衡发展、提升区域教育发展水平上迈出新的步伐。（李 慧）

【区配套幼儿园移交签约仪式】 2018 年 6 月 20 日，长沙市城区国有中小学校和幼儿园整治工作推进会暨天心区配套幼儿园移交签约仪式在区政府常务会议室举行。市政府领导，市直整治工作领导小组主要成员单位负责人、高新区管委会和各区县（市）政府分管负责人、教育局主要负责人参加会议。天心区 19 所开发商配建的幼儿园，签约移交给政府成为公办幼儿园或普惠幼儿园。区教育局与湖南鑫远投资集团有限公司等 11 家开发商签订配套幼儿园移交协议。（李 慧）

【庆祝第 34 个教师节暨“天心教师之歌”主题教育活动】 2018 年 9 月 9 日，天心区庆祝第 34 个教师节暨“天心教师之歌”主题教

2018 年 9 月 9 日，天心区庆祝第 34 个教师节暨“天心教师之歌”主题教育活动在青雅丽发学校举行 区教育局 供稿

育活动在青雅丽发学校举行。区委副书记朱远红、区人大常委会副主任谭文敏、区政府副区长黄会、区政协副主席黎小玲，以及区直各部门、街道相关负责人、区教育局班子成员、机关干部及全系统各二级机构、中小学校、幼儿园主要负责人、子弟中小学和民办中小学、幼儿园负责人，受表彰的优秀教师及部分家长代表等共计700余人参加会议。会议对2018年度天心区“十佳魅力教师”“十佳师德标兵”“十佳优秀班主任““优秀教育工作者”进行表彰。以“敬业、仁爱、博学、创新”为主题的原创歌曲《天心教师之歌》在会上正式发布。

（李　慧）

【2018年名校长培养工程】 2018年11月14日，天心区2018年名校长培养工程启动仪式在区教育局四楼会议室举行。名校长培养工程是天心区为贯彻人才强教战略，落实《天心教育“十三五”发展规划》，打造一支理念先进、学养丰厚、管理创新、个性特长的校长队伍的重要举措。首批入选的16位“名校长培养工程”的学员，是经过层层申报审议、认真推荐遴选的优秀校长代表。区委、区政府投入150万元，委托国家教育行政学院进行全程安排组织，从2018年11月开始至2019年10月结束。培训采用集中研修、入校诊断、跟岗学习、岗位实践、网络研修等多种培训形式，对参训校长进行为期一年的分阶段、连续性、递进式培训培养。（李　慧）

【区第35届青少年科技创新大赛】 2018年3月10～12日，天心区开展第35届青少年科技创新大赛暨第二届创客大赛暨红领巾“创未来”创新创意创造展示主题活动。活动以“创新、体验、成长”为主题，划分青少年和科技辅导员两个板块，内容涉及化学、物理、天文、工程、计算机等学科，共500余件作品参赛。参赛作品有变式智能货物输送平台、具有农药检测功能的手机、自锁安全防护窗、车辆道歉系统、光盘行动推动者等。全区有40项发明分别获得论文及研究性学习成果、科学DV、科技实践活动、科幻绘画等多个项目的一、二、三等奖。（李　慧）

【区2项青少年发明作品巴黎夺奖】 2018年5月9日，从市教育科学研究院获悉，在为期近两周的2018年法国巴黎国际发明展上，长沙选送的9项青少年发明作品夺得1项银奖、5项铜奖和3项列宾奖。其中来自天心区第一中学的甘汶曦、周卓尔发明的液压感应双通门控系统获铜奖，来自天心区沙湖桥小学的张荣景发明的汽车车轮松动报警器获列宾奖。

（李　慧）

【长沙市第四届中小学生象棋锦标赛在天心区举行】 5月13日，长沙市第四届中小学生象棋锦标赛在天心区蓝天小学举行，来自长沙市各中小学的200余名象棋爱好者参加活动。比赛由长沙市全民健身管理指导中心、市象棋协会、区教育局主办，区艺术体育中心、蓝天小学承办。蓝天小学的学子们用武术表演拉开活动序幕。比赛按照“象棋竞赛规则”群体比赛简明规定，采用电脑编排制，比赛七轮。经过角逐，来自明德天心中学的王见知获得少年男子组“棋王”称号、湖南师大附中星城实验中学傅柳芊获得少年女子组“棋王”称号；宁乡市白马桥街道中心小学代表队的崔奕豪获得儿童男子组“棋王”称号，蓝天小学欧阳凤萍获得儿童女子组“棋王”称号。（李　慧）

【2018第二届青春诗词大会选拔赛举行】 2018年6月29日，2018第二届青春诗词大会天心区选拔赛在天心区实验小学举行。现场200余名小选手同台竞技，争夺进入复赛的名额。最终，来自南塘小学的程昕，红卫小学的彭逸宸、罗书衡、陈思颖，湘府英才小学的陈柔伊，天心区实验小学的何君以，桂花坪小学的高晨曦、宋翔宇，中南大学第二附属小学的任钇霖，长郡天心中学的陈涵抒十位小选手在个人赛环节顺利晋级。湘府英才小学在经典咏唱环节夺得选拔赛冠军，代表天心区出征晋级赛。（李　慧）

科学技术

【概况】 长沙市天心区科学技术局（简称“区科技局”）内设办公室（政策法规科）、高新技术和科技产业发展科、科学普及和社会发展科、科技成果和知识产权科，加挂区知识产权局的牌子。

2018年，区科技局坚持“自主创新，重点跨越，支撑发展，引领未来”的科技工作方针，围绕高新企业培育、科技队伍建设、科普工作氛围等进一步完善科技管理体系，夯实科技基础，实施科技兴区和知识产权战略，加强知识产权保护与管理、努力建设创新型城区，发挥科技在加快全区经济社会发展的支撑与引领作用，为推动全区经济发展助力。全年完成科技型中小企业备案60家，全区科技型中小企业备案400家。全年科技创新小巨人认定数量达15家，申报高新技术企业87家，通过认定75家。全年全区申报市级众创空间备案18家，备案面积4万余平方米，申报市级众创空间认定4家。长沙市科技企业孵化器备案单位6家，总面积超7万平方米。2018年，全区规模以上工业企业共投入研发经费5.05亿元，全社会研究开发经费共计19.2亿元。（龙灼尧）

【科技宣传】 2018年，区科技局加大对长沙市科技创新“1+4”及配套政策的宣传力度，印发《关于促进科技创新发展的相关政策摘录汇编》及《高新技术企业认定资料汇编》等宣传资料3000余份（本）。开展天心区高新技术企业认定培训以及技术贸易合同、科技保险政策专题培训，组织辖区内百余家企业参加市科技局开展的相关培训共4场，500余人参加。逐一列出重点企业名单，由区政府副区长周志军、黄会带队走访辖区街道及龙头企业，沟通交流，宣传政府科技奖励政策，服务和指导企业科技创新。（龙灼尧）

【科技政策出台及落实】 2018年，区科技局落实区政府《关于进一步优化营商环境的十条措施》、“最多跑一次”和“两集中、两到位”的要求，市级科技计划项目申报和推荐实现“最多跑一次”的改革目标。指导全区112家高新和科技型中小企业申报所得税的减免。指导辖区88家企业申报各级研发奖补资金、高企培育经费及科技创新奖励资金共计2324万元。（龙灼尧）

【科技成果转化】 2018年，区科技局梳理筛选科技含量高的优势项目，联合区财政局进行项目资料审核、实地考察，积极推荐。全年分两批组织申报并审核推荐市级科技计划项目55项。完成所有2017年以前27个区级科技计划项目验收工作，完成19个长沙市科技计划重点项目推荐验收工作及1个一般项目验收工作。协助推进林科院“大宗木本油料全资源高值化分级利用技术及产品”项目申报和实施全省5个“100”工程（100个重大产业项目、100个重大科技创新项目、100个重大产品创新，引进100个五百强企业、100个科技创新人才）。主动对接长沙理工大学，整合校企资源，搭建产学研平台。组织湖南电器科学研究院等9家单位参加长沙市开展政产学研对接活动，加强学校与企业、企业与企业间的互动交流。区科技局推荐6家企业（团队）进入市级复赛，并有两个团队进入决赛。重点关注技术含量高的企业以及高等院校，指导开展技术贸易合同备案登记。全区完成技术贸易交易合同备案登记金额约7.6亿元。（龙灼尧）

【“科普天心”建设】 2018年，天心区以“科普天心”品牌形象，深化科普“百千万工程”，开展“科普天心·百场科普大讲堂”活动。依托区图书馆图书配送和流通的总分馆体系建立1000册以上科普图书资源库，利用科普大篷车将科普宣传送到万名群众身边，促进科普宣传在时间上向常年全面推进，在空间上向全区各街道、社区（村）、园区、企业、大中小学校全面延伸，在人群上向全区老、中、青、少各类人群全面拓展的3个均衡发展。与环保、经信、文化等部门联合，以开展蓝天卫士、智慧生活等科普宣传为切入点，举办百场讲座，购买万册书籍，送科普知识入千家万户。在政府机关推广无纸化办公等科普行动。围绕“创新引领时代，智慧点亮生活”“科技创新，强国富民”等主题，利用知识产权宣传周、科技活动周、科技工作者日、全国科普日等重要节点，面向基层、服务民生，依托学校、街道、社区，广泛开展科普宣传、科技培训和科技服务。区政府主办的天心区2018年科普日主场活动期间，《湖南日报》《长沙晚报》、长沙未成年人网、天心新闻网、天心手机报等媒体给予相关报道。以“全国科技活动宣传周”为契机，组织开展天心区“科技嘉年华”活动，将各类科技宣传活动覆盖全区各街道、园区、社区、学校，在长沙都市频道、湖南经视频道及《湖南日报》上进行报道或刊登。（龙灼尧）

【科普文化进乡村学校少年宫活动】 2018年3月3日、5日学雷锋活动期间，区科技局、区科协联合区科普教育学会的科普志愿者，深入乡村学校少年宫，为桂井小学、黄鹤小学300余名师生送去科普文化。科普文化进乡村学校少年宫活动既是天心区文明创建工作的需要，也是天心区2018年“科普天心·百场科普大讲堂”重要内容。2018年，区科协投入资金10万余元，在全区各社区、学校、企事业单位开展“科普天心·百场科普大讲堂”活动。（龙灼尧）

【2018年科技活动周暨科技嘉年华活动】 2018年5月17日，2018年科技活动周暨科技嘉年华活动在新开铺街道豹子岭社区举行。活动由区科技局、区科协、区文明办、新开铺街道主办，豹子岭社区、区科普教育协会承办。来自天心区各机关单位、科技公司、社区党员志愿者和辖区青少年、居民群众共200余人参加活动。活动现场精彩呈现机器人与真人互动主持、空中无人机高空旋转全程现场直播、科普魔术小品。体验3D打印、美食DIY、VR、机器人互动等生活中的科技体验，展示了3D打印实物、无人机、辣木籽等先进科技成果。同时发放1000余册科技图书；为获得高新技术企业资格的企业代表进行授牌。（龙灼尧）

2018年5月17日，2018年科技活动周暨科技嘉年华活动在新开铺街道豹子岭社区举行 区科技局 供稿

文化·体育

【概况】 长沙市天心区文化体育新闻出版局（简称“区文体新局”）负责本级政府社会文化、群众文化、文物、非遗、文化市场管理和体育等工作，内设办公室、群文科、体育科、市场（行政审批科）科4个科室，下设区文化市场综合执法局、区图书馆、区文化馆、区文化遗产管理所4个二级机构。2018年有工作人员（含二级机构）51人，其中领导班子成员5人。

截至2018年年底，天心区有各类文化经营场所854家，街道综合文化站14个，其中示范性街道综合文化站9个、示范性社区（村）综合文化服务中心88个，绿色网吧66个，社区图书馆分馆6个，24小时自助图书馆2个，农家书屋30个，社区图书室72个，区图书馆为国家一级馆，区文化馆为国家二级馆。2018年新投放市区两级器材147套，其中健身路径71套、乒乓球桌54张、篮球架10个、室内健身房5套、棋牌桌3个、“一圈”投放健身路径2套、篮球架2支，建成裕南街街道宝塔山社区、暮云街道丽发社区2个国民体质监测点，坡子街街道八角亭社区、暮云街道怡海社区2个健身驿站。辖区共有各级文物保护单位51处、非物质文化遗产保护项目27项，天心非遗保护展示中心正常运营，全年接待游客约20万人次。2018年，区文体新局获长沙市老年体育工作先进集体称号、长沙国际马拉松赛特别贡献奖、长沙市第九届老年人运动会优秀组织奖、湖南省文化志愿服务优秀团队、第六届湖南省艺术节长沙美术书法摄影作品展优秀组织奖。区文化市场综合执法局获长沙市文化消费试点工作先进单位称号。天心区图书馆被文化和旅游部评定为国家公共图书馆一级馆，获“书香湖南·共创共享儿童阅读新时代”系列活动组织奖。2018年11月23日，以天心区图书馆为主体组建的“长沙市天心区文博志愿者服务队”被湖南省文化和旅游厅授予“文化志愿服务优秀团队”称号。 （严思宇　易何煊）

公共文化建设

【文化活动室建设】 2018年，区文体新局建设怡海社区文化活动室，改建城南中路社区、兴马州文化活动室，从3月至11月，拨付建设资金42万元。11月30日，随着南托街道兴马洲活动室的建成，“15分钟生活圈”中的文化活动室全部建成。 （黄科程）

【图书馆建设】 2018年，天心区图书馆完成建设1个分馆（湘府文化公园分馆）和2个24小时自助图书馆（湘府站、悦方站）。从3月至11月，投资300万余元，于11月2日湘府文化公园分馆及24小时自助图书馆湘府站和悦方站建设完毕，同步开馆。

（周　琼）

【示范性社区（村）综合文化服务中心创建】 2018年，区文体新局在文化基础相对薄弱的天心区南部片区重点打造2个新建社区，3个提质社区综合文化服务中心阵地，为创建5个社区共投入资金约300万元，包括申请的体育器材，开展的文体活动等，其中社区阵地建设资金：新宇社区44万元，怡海社区37万元，南托岭社

区、北塘社区、黄合村各20万元。（黄科程）

【全民阅读】 2018年，天心区建设有坡子街社区分馆、金汇社区分馆、城南路社区分馆、小蜜蜂分馆、南托岭分馆、湘府文化公园分馆共6家图书分馆，实现区域范围从南到北均匀覆盖，实现借还图书2.6万余册次，接待读者8万人次。新购纸质图书10542种，21097册，报刊34种、杂志146种，共200余册；地方文献767种，925册（征集和购买的）；视听文献23种，111册。坚持每周开放56小时，全年发展持证读者685人，阅览室接待读者1.6万人次，书刊流通3.2万余册次，电子、期刊及多媒体共接待读者1万人次，公益电影播放约130场次。2018年，流动图书车装载图书3500余册，全年服务机关、社区、学校11个点共176次，办证100张。实现全年图书借阅册次1.66万余册。区图书馆中心馆及5家分馆共开展活动16种95场，其中包括中心馆开展的系列品牌活动（元旦春节系列活动、五月服务宣传周、七月读书节和书香天心系列活动）、志愿服务活动及市图书馆领导下的总分馆系列活动等。（周 琼）

2018年11月2日，长沙市天心区24小时自助图书馆湘府馆正式开馆
区文体新局 供稿

【区文博志愿者团队走进乡村少年宫】 2018年3月7日，区图书馆文博志愿团队走进暮云小学乡村少年宫，组织开展科普阅读推广活动。区图书馆挑选并编目100余册少儿科普图书，送进暮云小学乡村少年宫图书室。文博志愿团队的老师为小朋友们开展科学知识普及活动，宣传图书馆有关服务和活动内容。

6月7日，区文博志愿者团队走进乡村少年宫活动在暮云小学举行。活动邀请长沙窑铜官陶瓷烧制技艺传承人刘志广和陈月华现场教授暮云小学的学生们捏制陶瓷。刘志广现场讲述铜官窑的发展脉络，介绍捏制陶瓷需要使用的工具和材料。学生们在老师的指导下学习压盘、搓泥条等基本工序，捏制杯子、花篮、麻雀等泥制品。活动让学生们知晓了铜官窑的故乡——铜官镇，体验了铜官窑陶瓷的制作过程。

6月21日，区文化馆志愿服务团队到天心区黄鹤小学乡村少年宫，开展古筝表演及教学活动。活动由志愿者姜凤莲向孩子们介绍自己从事古筝表演和传承的故事，用自己的亲身经历让孩子们从中得到启发，感受古筝表演的魅力以及传承传统文化的乐趣。小学生志愿者送上古筝合奏《喜奔那达慕》等表演。表演结束后，志愿者们通过对入门知识的了解和简单的弹奏进行现场教学。活动有利于传承学雷锋志愿服务精神，开拓乡村少年宫孩子们的视野，丰富孩子们的精神文化生活。

9月7日，区图书馆文博志愿服务团队到暮云小学开展走进乡村少年宫志愿服务活动。活动邀请长沙市社区教育“学习之星”，社区教育优秀教师毛洪兵，现场带领一年级学生深度阅读绘本《来喝水吧》，让同学们学会自主阅读，并在潜移默化中教会他们要保护我们赖以生存的环境。

12月14日，区图书馆文博志愿服务团队到暮云小学开展走进乡村少年宫志愿服务活动。活动邀请毛洪兵为三年级的学生讲述《夏洛的网》故事。区图书馆文博志愿服务团队给暮云小学捐赠了《夏洛的网》图书。

（周 琼 金 杰 杨 倩）

【“阅读吧·少年”第五期阅读沙龙分享会】 2018年3月25日，区图书馆举办“阅读吧·少年”第五期阅读沙龙分享会，邀请全国著名特级教师周益民讲课。周益民用图像和诗歌的讲解，给小朋友和在座的家长们进行讲课和交流。活动有利于使家长们解决平时遇到的困惑，更好用平等方式与孩子沟通交流。（周　琼）

【“萤火虫课堂”开班】 2018年5月6日，区图书馆和萤火虫志愿服务团队联合策划的萤火虫课堂在区图书馆少儿阅览室开班。开班第一课，湖南中医药大学萤火虫志愿者老师带领孩子们学习春节有关知识。志愿者老师讲述春节的来历和夕兽的故事、春节期间各地不同的风俗习惯、年夜饭和放烟火等知识。课后，老师与小朋友们一起玩“萝卜蹲”和“抢凳子”的游戏，增强小朋友们的团队意识和反应能力。通过活动，有利于增长小朋友们的知识，对传统文化更加认同和自信。

（周　琼）

【新华书店乐之书店天心店开业】 2018年11月18日，新华书店乐之书店天心店顺利开业并投入使用。新华书店乐之书店天心店由天心区政府与长沙市新华书店合作共建，是天心区委、区政府2018年着重打造的重点民生实事项目之一。位于湖南省长沙市天心区湘府文化公园V4栋建筑。

（严思宇）

群众文化活动

【群文活动】 2018年10月25～26日，天心区与龙山县在龙山县和洛塔乡举办两场“擘画新时代 同圆幸福梦”文艺会演。2018年11月中旬开始，天心区文化惠民

2018年10月26日，天心区与龙山县共同举办“擘画新时代 同圆幸福梦”文艺会演

区文体新局 供稿

进社区系列活动启动，活动分别走进新宇社区、南托岭社区、怡海社区、黄合村和沿江村等地，为近五千多居民献上了文化大餐。发动、组织群众文艺团队参加第六届湖南艺术节、三湘群星奖比赛，获得市级金奖一个、银奖三个、铜奖四个，省级银奖一个、项目奖一个。在2018年“百姓大舞台、有艺你就来”比赛活动中，天心区有五个节目进入全市的决赛，进入决赛数量在各市排名第一位。（廖丽琼　杨　倩）

【“好戏天天演 欢乐满星城”活动】 2018年，“好戏天天演、欢乐满星城”活动开展常规演出近100余场次、服务群众3万余人次（因湘江剧场舞台改造，4～10月剧场暂停演出）。（杨　倩）

【“欢乐潇湘”大型群众文艺展演】 2018年9月18日，“欢乐潇湘·品质长沙·璀璨天心”全民健身广场舞大赛在天心区长郡湘府中学体育馆举行。活动由区委、区政府主办，区委宣传部、区文明办、区总工会、区文体新局承办。广场舞《芙蓉国里》《赞歌》在长沙市2018年喜迎十九大“欢乐潇湘·品质长沙”全民健身广场舞大赛中获银奖。（廖丽琼）

【免费公益艺术培训】 2018年，区文化馆举办各类公益培训班38个班，共456堂课，惠及人民群众和文艺团队6000人次。

（杨　倩）

【湘江风光带文化志愿者协会义演活动】 2018年，湘江风光带义演活动文化志愿者坚持周末、节假日为群众义演，全年演出28场，并在2018年获市委宣传部颁发的群文项目奖。（杨　倩）

【传统文化进校园活动】 2018年1月19日，“崇德向善迎新春·红红火火过大年”暨金盆岭街道涂新社区传统文化进校园—过传统佳节·承传统文化活动在黄土岭小学羽毛球场举办。活动由市文明办、区文明委主办，区文明办、区教育局、区文体新局、金盆岭街道办事处承办。为贴合“传统文化进校园”这一主题，活动包

含剪纸、皮影戏、写春联、国学朗诵等传统文化环节。区文体新局邀请望城影戏代表性传承人朱国强为活动表演“望城影戏”—《西游记》。朱老师用娴熟的技术操纵着一个个皮影人偶在薄薄的幕景板上跳跃，为孩子们讲述了耳熟能详的故事。活动使孩子们接受非遗传统文化的熏陶，近距离接触皮影戏艺术。（金 杰）

【迎新春群众精品文艺节目展演】 2018年2月6日，天心区2018年迎新春群众精品文艺节目展演活动在湖南省青少年活动中心举行，区委书记朱东铁、区委副书记朱远红以及四大家领导班子，各区直单位干部代表500余人观看演出。活动上演京剧歌舞《璀璨天心》、诙谐舞蹈《天心的娭毑们》、创意舞蹈《活力南城》、快板《民政工作为人民》、小品《共建家园》等节目。（杨 倩）

【惠民公益专场演出活动】 2018年7月1日，《党啊，亲爱的妈妈》惠民公益专场演出活动在杜甫江阁广场上演。活动由区文体新局、区文化馆主办，旨在纪念中国共产党成立97周年，来自天心区文化志愿者协会的7支团队参加。演出活动在国家一级指挥刘毓麟指挥的民乐演奏《金蛇狂舞》中拉开序幕。活动上演歌舞《党啊，亲爱的妈妈》《和谐阳光》《花鼓联唱》《梨花颂》、葫芦丝新疆歌舞表演《赛江南》、独唱《把一切献给党》和《再唱山歌给党听》等节目，激发广大党员和居民热爱党、热爱祖国、热爱生活的情怀。

（杨 倩）

2018年9月18日，天心区在长郡湘府中学体育馆举行“欢乐潇湘·品质长沙·璀璨天心”全民健身广场舞大赛 区文体新局 供稿

【“欢乐潇湘·品质长沙·璀璨天心”全民健身广场舞大赛】 2018年9月18日，为深入学习贯彻中共十九大精神和庆祝改革开放40周年，天心区在长郡湘府中学体育馆举行2018“欢乐潇湘·品质长沙·璀璨天心”全民健身广场舞大赛。大赛由区委、区政府主办，区委宣传部、区文明办、区总工会、区文体新局承办。比赛由裕南街街道代表队带来的《撸起袖子加油干》开场，来自天心区各街道及区总工会的15支队伍共600余名广场舞爱好者参演。经过一轮角逐，南托街道与青园街道代表队获金奖；区总工会、金盆岭、赤岭路、文源、新开铺代表队获银奖；其余街道代表队获优胜奖。通过大赛，天心区掀起了全面健身的新热潮，培育了广大群众健康、向上的生活理念。（廖丽琼）

文化市场管理

【文化市场监管与查处工作】 2018年，区文化市场综合执法局落实片区化管理，每个责任片区由一名执法局干部负责，全年立案查处文化娱乐场所46家，罚款6.54万元；安排专人负责“12345”投诉处理工作，全年受理交办的群众举报130余起，均按时进行办理和回复；下发《2018年天心区文化市场工作计划》，明确监管工作重点和工作要求。（曹康新）

【文化市场安全生产】 2018年1月23日，区文化市场综合执法局组织召开2018年全区文化市场安全生产暨文明创建工作会议，天心区180余家网吧签订“2018年天心区文化市场安全生产目标管理和文明创建工作责任书”，市、区文化主管部门、公安网监等部门的相关负责人围绕守法经营、安全经营和积极开展文化市场文明创建工作做动员培训；1月26日，在坡子街街道组织召开2018年娱乐场所安全生产暨超时营业集中整治工作会议，天心区娱乐场所经营单位与天心区文化市场综合执法局签订“安全生产目标

管理工作责任书”，对“如何抓好娱乐市场安全生产工作”组织教育培训。3 月 22 日，区文体新局组织召开全区印刷行业守法经营、安全生产、规范经营工作培训会议，市文广新局相关处室负责人对印刷企业的规范经营、内容安全、生产安全等方面工作进行授课，讲解印刷行业五项制度以及如何规范制作电子台账，使印刷企业经营业主系统掌握强化企业安全生产、杜绝安全隐患方面的知识，会议要求全区各印刷企业向区文体新局签订“天心区 2018 年印刷复制（打印复印）经营单位规范生产（经营）责任书”。12 月 29 日，区文化执法部门组织召开 2019 年元旦节前全区娱乐场所安全生产工作部署会，传达部署全区文化娱乐场所跨年夜、元旦节前安全生产工作。（曹康新）

【构筑“三道防线”遏制网吧违规经营】 2018 年，区文化市场综合执法局通过构筑“三道防线”，遏制未成年人进网吧，促进网吧监管常态化。开展联合行动，构筑自我防护防线。联合教育部门深入全区十余所中小学校，开展“送法进校园”活动，通过发放《互联网上网管理条例》《中华人民共和国未成年人保护法》资料、现场介绍和公开“12345”投诉电话等形式，广泛宣传《中华人民共和国未成年人权益保护法》《互联网上网服务营业场所管理条例》等法律法规，引导中小学生自觉远离社会上营业性网吧。联合学校家长委员会，共同引导未成年人抵制不健康上网方式。加强培训，构筑依法经营防线。2018 年 2 月，联合市文广新局、市文化市场综合执法局、区文化市场协会，组织全区 180 余家网吧经营业主开展法律法规培训，采取专家授课、现场观摩等方式，学习《互联网上网服务营业场所管理条例》等法律法规，通报网吧违规处罚及纳入黑名单监管情况，通过与网吧经营业主签订“守法经营承诺书”的方式，督促网吧经营业主提高严守不接纳未成年人进入的“红线”“底线”意识。执法人员采取错时执法、明察暗访等方式加大对网吧的巡查频次，对接纳未成年人的网吧依法从重处罚，2018 年 1 ～ 3 月，责令停业整改网吧 1 家，立案查处网吧违法违规案件 5 起。发挥“12345”举报电话的作用，引导和动员广大群众积极参与，举报网吧违规行为。由街道、社区发动文化志愿者，担任网吧义务监督员，协助街道、社区和文化部门共同巡查网吧，督促上网顾客文明上网。在全区 14 个街道、74 个社区确定一名分管负责人及一名文化市场联络员，负责街道、社区辖区范围之内网吧管理工作的对接协调，实现“区、街、社区”三级管理网络，确保网吧管理工作整体可控。（曹康新）

【“扫黄打非”工作会议】 2018 年 1 月 24 日，天心区“扫黄打非”工作会议召开。区委常委、宣传部部长、区“扫黄打非”工作领导小组组长肖雄伟，区“扫黄打非”领导小组成员单位及街道分管负责人参加会议。会上，区文化市场综合执法局局长朱德军传达学习第 31 次全国、省、市“扫黄打非”会议精神，部署天心区 2018 年“扫黄打非”工作要点；区文体新局局长张磊宣读《关于开展 2018 年春节、“两会”期间出版物市场及网络文化环境集中整治的通知》。肖雄伟要求，各街道、各成员单位要切实落实好“扫黄打非”属地管理责任和行业主管责任，要从国家长治久安、经济社会可持续发展的高度，认真抓好“扫黄打非”工作各项具体工作的落实，并提出三点意见：要从更高的认识上来把握“扫黄打非”工作形势，要从更高的站位上加强对“扫黄打非”工作的领导，要以更实的作风来提高“扫黄打非”工作的水平和效果。（曹康新）

【文化市场专项整治】 2018 年 3 月 6 日始，区文化市场综合执法局利用一周的时间，对校园周边文化市场进行专项整治，重点加强对网吧、电子游戏场所和出版物市场的监管力度，为全区中小学生提供良好的文化环境。专项整治工作的重点，查处不按规定核对、登记顾客有效身份证，接纳无身份证人员进入网吧上网行为；严厉整治网吧接纳未成年人行为；开展网络文化环境净化行动，坚决抵制低俗、色情、有害信息在网吧传播。区文化执法部门出动检查人员 20 余人次，检查网吧 15 家次，对 2 家存在违规经营行为的网吧进行立案调查。通过对学校周边文化市场的清理整治，有利于净化网络文化环境，为青少年健康成长创建良好的文化环境。6 月 13 日，区文化市场综合执法局联合暮云、南托街道、湖南经视记者，共同组织对天心区南部片区文化市场经营秩序、文明创建、安全生产等工作情况进行专项整治。联合执法检查组采取随机抽查的方式，组织对南部片区的文化市场进行抽查。重点抽查传次、魅惑、格拉瑞、惜缘等5家网吧的身份证登记、文明创建、安全生产工作落实情况。从抽查情况看，南部片区暮云、南托街道的网吧市场守法经营的意识较强，现场安全生产设施设备齐全，管理基本到位，文明创建宣传牌齐全，未发现有未成人进入网吧营业场所的情况。（曹康新）

2018年5月2日，天心区获得长沙市第二批国家文化消费试点合作单位授牌

区文体新局 供稿

【文化消费试点工作】2018年5月2日，“天心区获长沙市第二批国家文化消费试点合作单位授牌及工作部署会议”在区政府区文体新局会议室举行。会上，通报天心区获长沙市第二批国家文化消费试点合作单位名单，为天心区苏格缪斯酒吧、天心区文化市场协会等17家文化企业授牌，并对下一步如何扩大文化消费试点各项活动进行工作部署。截至2018年5月2日，天心区有文化企业800余家，其中传统文化企业300余家、新兴文创企业500余家、资产亿元企业8家、上市挂牌企业4家、后备上市挂牌企业5家。文化产业产值约170亿元。

（曹康新）

【校园周边文化场所安全】2018年9月以来，天心区文化部门结合中小学秋季开学，开展校园周边文化市场巡查。检查明德中学、明德天心中学、青园小学、井岗小学、仰天湖小学、仰天湖中建小学、先锋小学等10所小学周边共30余家书店的证照情况和有无销售政治性有害出版物、宗教类书籍、码书码报以及宣扬色情漫画的情况，未发现有涉意识形态方面的问题。对检查过程中发现部分书店所售成人漫画过于血腥暴力的问题，执法人员现场责令经营单位予以下架整改。9月10日，区文化市场综合执法局召开会议，将上级关于加强网吧市场管理的一系列要求，进行总结提炼，成为简明扼要、可操作性强的十条“铁律”，下发天心区各网吧遵照执行，决定按照从北到南，分为坡子街、城南路、新开铺、二环线以外4个责任片区，组织全区网吧经营业主开展集中培训。9月18日，市文化市场综合执法局联合区文化市场综合执法局、区科技局对出版印刷市场开展联合巡查。重点检查书店、打字复印店有无违规经营行为等问题。累计检查书店15家、打字印刷店6家，检查过程中发现长沙理工大学附近登凯数码和云印社两家打字复印店存在违规复印教辅材料的行为，执法人员依法予以立案查处。9月19日，市文化市场综合执法局联合区文化市场综合执法局，组织召开天心区文化娱乐场所中秋国庆节前专项工作会议，就安全工作进行强调。当日，区文化市场综合执法局对天心区华远纯K、妙仕娱乐城、悦然、弗洛俱乐部等6家KTV场所节前安全生产工作情况进行检查，未发现有违禁歌曲，对个别场所消防器材过期的问题，执法人员责令场所立即进行整改。9月，查处神棍、未来伊、良友、国祥四家网吧的违法经营行为。10月，对在天心区网吧安装文网卫士系统的工作进行督导检查，安装率100%。（曹康新）

【文化安全生产知识培训】2018年10月19日，区文化执法部门组织解放西路沿线的酒吧、歌厅、KTV、影剧院等文化娱乐场所共100余名负责人进行一次安全生产知识培训。培训邀请市安监局副调研员、市安全生产宣传讲师团讲师冯卫以《构建双重预防机制，坚决遏制各类事故发生》为题目授课。冯卫向娱乐场所负责人阐明安全生产在当代社会治理中的重要地位，列举每年因安全事故造成事故数量；强调安全生产只有起点，没有终点，企业主要负责人要灵活运用安全生产法中内容来分析当前的安全形势，坚持安全对等原则；建章立制；健全完善员工安全教育培训体系；强化现场设备设施管理。通过培训，提升文化娱乐场所安全生产责任意识，深化企业主要负责人及员工对新《中华人民共和国安全生产法》的理性认知，浓厚天心区文化企业安全生产的良好氛围。

（曹康新）

文博工作

【“非遗”保护工作】 2018 年，“天心非物质文化遗产保护展示中心”共接待游客近 20 万人次。组织完成第五批区级“非遗”代表性项目申报工作，公布第四批和第五批区级“非遗”代表性项目，共 7 个。启动第三批区级代表性项目代表性传承人的申报工作。完成市级第六批“非遗”代表性项目推荐申报工作，其中南一门老料法饼制作技艺被列入市级第六批“非遗”代表性项目。组织开展 2018 年度“非遗”保护工作座谈会，对项目保护单位负责人和代表性传承人进行项目申报知识培训。

（金　杰）

【“非遗”传承活动】 2018 年，天心非物质文化遗产保护展示中心开展非遗公益培训活动 3 期，开设棕叶编、核雕、面塑、花鼓戏等课程，共 30 个班，培训学员 600 人。全年举办展示体验活动共 29 场，其中，利用周末在天心非遗保护展示中心举行展示和体验活动 27 场；五一小长假期间，举行为期三天的小长假体验活动，包括诗会、雷琴表演、花鼓戏和各类非遗项目现场展示；文化遗产日前后，组织开展“自然和文化遗产日”宣传活动。全年开展志愿者活动 6 场。1 月，分别邀请望城影戏代表性传承人朱国强在涂新社区进行展演、金杵面塑代表性传承人陈金成在向家坡小学进行教学；6 月，邀请铜官窑陶瓷烧制技艺代表性传承人刘志广在暮云小学乡村青少年宫开展教学；10 ～ 12 月，邀请长沙棕叶编、金杵面塑、欧式手工钩编的代表性传承人，到天心区的美丽乡村开展展示和体验活动。

（金　杰）

【文物保护】 2018 年 7 月，区文管所对民居类文物点垃圾进行清理，消除对文物的污染损坏。联合望城区文物局进行交叉执法检查，开展天心区文物安全大排查、大管控、大整治专项行动。对全区文物点进行地毯式全面排查。做好撤销天鹅塘岭 1 号文物点的申报工作，同时报请成立天心区文物审查委员会。对楚善堂进行线路改造和维护，防止安全隐患存在。对辖区内的消防器材进行检查摸底。区文管所统一购置新灭火器 92 个，将辖区内即将过期的灭火器进行更换。8 ～ 10 月，组织 8 次针对 14 个街道文化站站长及全区 28 名社区文物保护员的文物专业知识培训。12 月，对 16 处文物点安防设备的安装，以形成人防、物防和技防相结合的安防体系。建立不可移动文物安全预警机制，要求区、街道、社区巡护员分别按周期进行安全检查，并做好台账记录。

（金　杰）

【文物专业知识培训】 2018 年 8 月 30 日，2018 年天心区文物保护专业培训课在长沙市天心区非物质文化遗产保护展示中心举行。培训旨在宣扬文物保护工作的重要意义，加强文物工作者的专业素养，激发大家对文物工作的热情。来自区文体新局各科室新入职人员、各街道文化站站长，文物爱好者以及部分游客等 10 余人参与听课。湖南省文物鉴定中心青铜鉴定专家、湖南大学考古系客座教授、湘潭博物馆青铜鉴定专家、中国青铜文化中心理事卢运全授课，从早期商、周铜镜开始，以时间为轴线，一直讲到元、明、清时期，重点分析每个时期，中国铜镜艺术的特点。（金　杰）

体育工作

【体育赛事】 2018 年 5 ～ 10 月，组织参加长沙市第九届老年人运动会，完成门球、钓鱼、广场舞等 13 个比赛项目，门球（女队）斩获第一名、广场舞（自选）获二等奖、太极拳获二等奖、太极剑获三等奖、健身球（规定）获二等奖、健身球（自选）获一等奖、柔力球（自选）获一等奖、柔力球（规定）获一等奖、柔力球（竞技）获团体第五名、桥牌获团体第五名、趣味体育获团体第五名、象棋获团体第二名，围棋获团体第四名。其中，开幕式和健身球比赛由天心区承办。5 ～ 7 月，举办天心区第三届干部职工运动会活动，分别举办趣味挑战赛、拔河比赛、羽毛球赛、跳绳比赛 4 个项目，参与人数 7000 余人次。6 月，组队参加长沙市区、县（市）

"公仆杯"篮球赛，取得季军。7月23～28日，开展暑期免费开放免费培训活动，对辖区内中小学生提供足球、篮球、羽毛球、乒乓球、游泳五项体育活动，开放服务总人数1.4万余人。8～11月，组队参加"健康湖南"全民运动会长沙市选拔赛，天心区参与足球、乒乓球、羽毛球、柔力球、门球、象棋、围棋、太极拳8个项目。其中羽毛球获中年组冠军、柔力球获第一名、乒乓球丙组混合团体获二等奖和优秀组织奖。保障2018湘江马拉松赛；保障长沙国际马拉松赛活动，获市政府颁发"特别贡献奖"。（王雅婧）

【全民健身】 2018年，各街道、社区、区属单位组建的各类健身队伍在天心区各街道社区实现全覆盖。推广体育技能培训、培养和发展社会体育指导员工作相结合，2018年完成广场健身操、气排球、柔力球等技能培训240余人。组织参加社区国民体质检测员培训一次。组队参加长沙市社会体育指导员素质大赛。（王雅婧）

【体育市场管理】 2018年，天心区依法依规开展高危体育项目审批和监管，做好体育市场行政审批和执法监督。完成"互联网+政务服务平台"录入事项，完善"最多跑一次""三级四同"网上平台信息录入，各项平台录入完成度100%。（王雅婧）

【"璀璨天心·健身惠民"竞走比赛】 2018年1月11日，天心区"璀璨天心·健身惠民——学习贯彻中共十九大精神"干部职工竞走比赛在区政府大院举行。赛事由区委、区政府主办，区文体新局承办，区卫计局、机关后勤服务中心协办。区人大常委会副主任谭文敏、区政府副区长黄会等参加活动。比赛设男女青年组、男女中年组四个组，来自全区52个单位1039人参加比赛。竞走比赛旨在贯彻落实中共十九大精神，丰富机关干部职工业余文化生活，营造积极向上的氛围，增强干部职工身体素质。（王雅婧）

【天心区第三届机关干部职工运动会】 2018年5～7月，天心区第三届机关干部职工运动会举行。运动会由区委、区政府主办，区文体新局承办，区直机关工委、机关后勤中心协办。天心区机关干部职工运动会每四年一届，该届运动会以"奋进新时代"为主题，是长沙市第七届全民健身节系列活动之一。2018年5月16日，天心区第三届机关干部职工运动会启动仪式暨拔河比赛举行。区直机关、各园区及街道共119支队伍，近3000人参赛。6月1日，天心区第三届机关干部职工运动会趣味挑战赛举行，全区各机关及街道共90余支队伍近千人参加比赛。比赛分"步步高""乒乓球投篮""三分王"3个项目，采取分组比拼的形式，项目设计体现趣味性、娱乐性、协作性和竞争性。按照小组积分制，最后再进行总排名。7月6日，天心区第三届机关干部职工运动会跳绳比赛举行，跳绳比赛共评选出6个优秀组织奖，12个道德风尚奖。随着跳绳比赛的结束，天心区2018年第三届干部职工运动会闭幕。该届干部职工运动会从2018年3月开始筹备，5月16日开始比赛至7月6日，历时4个月时间，举办拔河比赛、趣味挑战赛、羽毛球比赛和跳绳比赛四个项目，天心区机关、事业单位、街道等共375支队伍参赛，其中，拔河比赛单项参与队伍达146支，4项比赛累计参与人数7000余人次。该届干部职工运动会，有利于鼓励每位干部职工把赛场上坚韧不拔的意志，顽强拼搏的作风投入到工作和生活当中，努力奋斗。（王雅婧）

【天心区体育产业专项调查统计培训】 2018年8月8日，天心区体育产业专项调查统计培训与动员会在区政府南栋会议室召开。区文体新局党组成员、区文化市场综合执法局局长朱德军，湖南师范大学体育学院教授唐丽文，天心区各街道文化站站长参加会议。会上，朱德军对体育产业调研的背景以及其重要性进行了介绍。唐丽文就长沙市体育产业专项调查统计进行讲解及培训。会后，2018年长沙市天心区体育产业专项调查统计工作全面启动。（曹康新）

【首届"健康湖南"全民运动会跳绳选拔赛长沙站在天心区启动】 2018年9月16日，首届"健康湖南"全民运动会——跳绳选拔赛（长沙站）在天心区青园小学南校区体育场启动。比赛由市政府主办，市体育局承办，区文体新局协办，来自长沙市的上百名民间跳绳高手参加。比赛包括齐跳、两人跳、三人跳、跳短绳、十字跳、8人交错跳、花样跳绳。首届"健康湖南"

全民运动会设竞赛、活动两大板块内容，打造群众性体育运动会的新模式。各个跳绳项目的前 2 名代表长沙市参加 11 月份湖南省首届“健康湖南”全民运动会跳绳总决赛。（王雅婧）

2018 年 8 月，“健康湖南”暨长沙市第七届全民健身节羽毛球选拔赛　　区文体新局 供稿

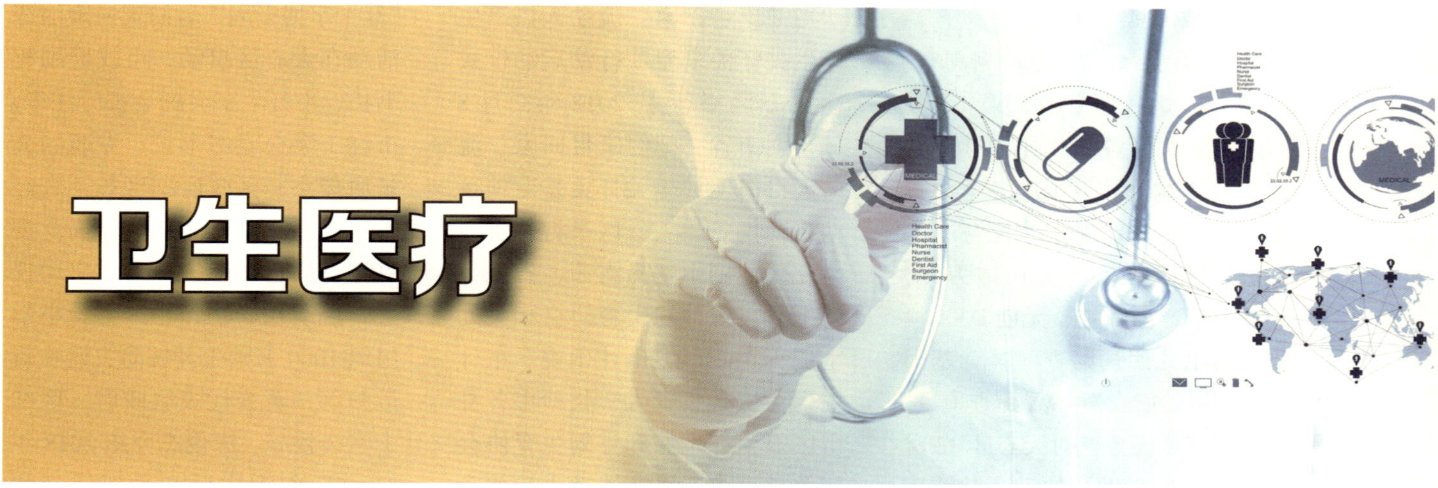

卫生医疗

卫生行政

【概况】 长沙市天心区卫生和计划生育局（简称“区卫计局”）位于长沙市湘府中路298号天心区政府南栋，于2015年10月由原天心区卫生局和天心区计划生育局合并成立，为正科级行政单位。机关编制26人，其中行政编制17人，参公编制2人，工勤编制1人，事业编制6人；党员人数21人；班子成员10人；退休干部20人。下辖区红十字会、区计划生育协会2个参照公务员管理单位，区社区卫生管理办、区血防办、区计生药具站3个直属事业单位，区疾病预防控制中心、区妇幼保健所、区卫生计生综合监督执法局、区人民医院4个二级机构（区人民医院经营管理权于2013年托管给湖南康众医药有限公司，2018年11月30日托管终止，收回区人民医院名称使用权）。所辖医疗机构395家，其中街道社区卫生服务中心13家、社区卫生服务站40家、村卫生室22家。

2018年，天心区卫计系统以“民生造福”战略为指导，以建设“健康天心”为目标，推进医药卫生体制改革，推进计划生育优质服务，天心区获评“全国基层中医药先进单位”，人口计生工作被省委省政府评为优秀区县，生育服务“一证通”创新项目获省全民健康信息化优秀案例一等奖，区疾控中心被省卫健委评为县级甲等疾控中心，保持湖南省“依法行政示范区县”称号。（彭　莎）

【硬件设施建设】 2018年，省、市、区三级重点项目中南大学湘雅五医院建设进展顺利，南栋完成主体建设，北栋开始建设裙楼。爱尔眼科医院总部项目完成地下室底板浇筑。长沙医学院附属二医院开始地下室的开挖、桩基支护工作。实施“一圈两场三道”（“一圈”即生活圈，“两场”即农贸市场、停车场，“三道”即人行道、自行车道、历史步道）中的医疗项目建设，暮云街道高云村、莲华村和南托街道滨洲新村、兴马洲卫生室投入使用。南托街道社区卫生服务中心计免门诊项目完成装修并投入使用。大托铺街道社区卫生服务中心项目启动完成围墙和“三通一平”（即建设项目在正式施工以前，施工现场应达到水通、电通、道路通和场地平整等条件），启动主体设施建设。坡子街街道社区卫生服务中心完成项目选址，完成第一轮竞价谈判。裕南街街道社区卫生服务中心、黑石铺街道社区卫生服务中心重新安装污水处理设施设备。

（李　荣　胡　娟）

【计划生育工作】 2018年，天心区户籍出生人口5173人，符合政策生育99.4%，出生人口性别比101.8。推进流动人口基本公卫服务均等化。创新打造候鸟驿站、白领驿站、务工者之家、心灵港湾服务项目。承办湖南省“把健康带回家”流动人口卫生计生关怀关爱专项行动，推出“1+X”多元卫计健康服务模式，促进流动人口社会融合。加快完善家庭发展支持政策。核定独生子女保健费、城市低保、农村奖扶、计生家庭特扶4项扶助共10718人，发放资金1590.34万元，新增

3745 名城镇奖扶对象。

（蒋敏红 田穗湘 刘朝峰）

【公共卫生服务工作】2018 年，天心区基本公共卫生服务全面覆盖，14 项基本公共卫生服务有序推进。区级财政投入 1036 万元，开展免费产前筛查、无创 DNA 检测、新生儿疾病筛查与耳聋基因检测和适龄妇女“两癌”筛查项目，均超额完成任务。对天心区 32 对夫妻实施爱心助孕扶助，孕前优生检查率 100%，孕产妇产前筛查率 97.56%。5 岁以下儿童死亡率控制在 4‰以下，适龄儿童免疫规划疫苗接种率 95%，孕产妇实现零死亡。做好打击非法行医、医疗废物专项整治、二次供水及生活饮用水和公共场所等专项执法行动，全年立案 60 起，办结 56 起，罚款 25 万余元。强化公共卫生和疾病防控工作，天心区疾控中心获湖南省第三批县级甲等疾控中心。

（熊梦飞）

【卫生计生政策落实】2018 年，天心区依法新增注册医疗机构 12 家，注销医疗机构 23 家。行政许可在线受理项目 2192 件，在线办结使用率 100%。2018 年天心区发放住院护理补贴资金 14.35 万元；投入生育关怀资金 24.1 万元，惠及计生困难家庭 294 户。扩大计划生育系列保险覆盖面，共投保 13328 份。区红十字会开展应急救护知识培训 140 场，参训 1.5 万人次。无偿献血工作超额完成市政府下达的 3400 人的任务，被评为市级无偿献血工作先进区，获评湖南省 2016—2017 年无偿献血先进区县。

（李 荣 刘胜雄 卢 茜）

【“把健康带回家”流动人口卫生计生关怀关爱专项行动启动仪式在天心区举行】2018 年 2 月 8 日，湖南省“把健康带回家”流动人口卫生计生关怀关爱专项行动启动仪式在天心区举行。省卫生计生委副主任易露茜，省卫生计生委、省计划生育协会相关处室负责人，市卫生计生委、市计划生育协会负责人，长沙市各县市区卫生计生局和计划生育协会相关负责人，以及流动人口代表共 300 余人参加活动。启动仪式上，市卫生计生委介绍长沙市活动开展情况，天心区为流动人口发放爱心健康卡，计划生育协会志愿者代表和医生代表分别提出健康服务倡议和健康服务承诺书，商圈企业与医疗机构举行签约仪式，商圈企业家代表发言。现场向 40 余名流动人口代表发放慰问金和健康支持工具包，为近千流动人口进行义诊和提供政策咨询。

（彭 莎）

【“爱在春天南湖女性健康节”暨“关爱流动人口，把健康带回家”活动】2018 年 3 月 31 日，由区文明办、区总工会、区妇联、区卫计局与长沙南湖医院联合主办的第八届“爱在春天南湖女性健康节”启动仪式暨“关爱流动人口，把健康带回家”活动在南湖整形医院前坪举行，1000 余位社区居民、义工学子参加活动。活动现场为80 名贫困妇女提供现金和医疗物资援助。

（符凤姣）

【长沙市“红十字博爱周”暨防灾避险演练活动在天心区启动】2018 年 5 月 8 日，第 71 个“世界红十字日”，长沙市红十字会 2018 年“红十字博爱周”暨防灾避险演练活动在天心区启动，市政府副秘书长、市红十字会副会长厉江华，市红十字会党组书记、专职副会长唐俊杰，区政府副区长、区红十字会会长黄会、区卫计局党委书记、局长彭彦辉等参加启动仪式。活动现场，天心区实验小学组织 1000 名师生开展防灾避险疏散演练，黄会代表区政府、区红十字会致辞。唐俊杰介绍 2018 年“5·8”纪念主题和主要活动情况。厉江华宣布长沙市红十字会 2018“红十字博爱周”正式启动。现场举行庄严的“我是红十字人”宣誓。

（卢 茜）

【天心区卫生和计划生育工作会议】2018 年 5 月 24 日，天心区召开 2018 年卫生和计划生育工作会议。会议由区政协副主席黎小玲主持。区委副书记朱远红，区人大常委会副主任、区计生协会会长谭文敏，区政府副区长黄会，区计生综治部门分管负责人，各街道办事处分管负责人及卫计办主任，各社区（村）卫生服务中心主要负责人，部分驻区企事业单位负责人，二级机构主要负责人，区卫计局机关全体干部参加会议。黄会代表区政府作全区卫生和计划生育工作报告，分析卫计工作存在的困难和问题。朱远红肯定全区卫生计生工作取得的成绩。谭文敏宣读《2017 年度全区计划生育工作考核评估通报》，12 个街道办事处和 15 个卫计综治单位获奖；各街道办事处及各卫计综治部门分管负责人向朱远红递交 2018 年卫生计生工作目标责任书。

（符凤姣）

【湖南省纪念第15个世界献血者日宣传活动在天心区举行】 2018年6月13日，湖南省纪念第15个世界献血者日宣传活动在天心区黄兴路步行街中心广场举行。活动由省卫生和计划生育委员会、市人民政府、湖南省红十字会主办，市委宣传部、市卫生和计划生育委员会、市文明办、区人民政府、湖南省血液中心、长沙血液中心、湖南广播电视台经视频道联合承办，活动主题“为他人着想，捐献热血，分享生命”。省卫生计生委副主任龙开超，省红十字会党组书记、常务副会长陈丹萍，市委宣传部副部长朱锦辉，市卫生和计划生育委员会主任周敏，市文明办副主任丁德喜，区政府副区长、区红十字会会长黄会等参加活动。宣传活动中，天心区被省卫生和计划生育委员会、省红十字会授予2016—2017年度湖南省无偿献血先进区。

（彭　莎）

【“一证通”项目获省全民健康信息化优秀案例一等奖】 2018年6月27～28日，湖南省2018年全民健康信息化优秀案例评选会举行，区卫计局《卫生计生“一证通”便民惠民项目》获全民健康信息化优秀案例一等奖。“一证通”项目具有功能强大、便捷高效、信息共享、减证便民等特点，整合多个证件为一本全新的生育保健服务证，实现“多证合一”高效便民。同时加强人口健康信息化建设，提出“一证管多证、多点办一证”的思路，明确“群众少跑路、信息全共享”的目标，为辖区居民群众提供便捷服务。

（王　黎）

【周恭伟一行到天心区开展卫计服务调查】 2018年6月28日，国家卫生计生委信息中心副主任周恭伟一行4人到天心区开展卫计服务调查。陪同调查人员有省卫生计生委信息统计中心副主任黄德建，市卫生计生委信息统计中心主任周溯力，张家界慈利县卫计局3名专家，天心区卫计局党委书记、局长彭彦辉，副局长董锡娜，部分街道卫计办和社区卫生服务中心负责人。周恭伟一行到青园街道青园社区小区居民家中，就家庭成员健康基本信息、参保情况、家庭收入、养老情况进行逐一询问，并对数据录入情况进行现场核查，对青园街道卫计信息数据等相关工作的真实度、有效性给予肯定。

（彭　莎）

【天心区卫计系统管理干部到浙江大学学习】 2018年7月12～17日，浙江大学－长沙市天心区卫计系统“实施民生造福，创新卫计服务”管理干部培训班举行。培训班旨在全面落实中共中央、国务院“关于深化医药卫生体制改革”和“实施全面两孩政策改革完善计划生育服务管理”的决定，应对卫计工作出台新政策、卫生和计生机构职能新调整、街道卫计分管领导和卫计办人员新变化、居民对健康服务的新期盼而举行。

（彭　莎）

【天心区首届“最美医生”颁奖典礼】 2018年8月12日，天心区举行首届“最美医生”颁奖典礼。市文明办副主任丁德喜，市卫计委副主任欧志明，区人大常委会副主任谭文敏，区政府副区长黄会，区政协副主席黎小玲，区文明办主任杨军，区卫计局党委书记、局长彭彦辉，区卫计局各二级机构、各街道卫计办、各街道社区卫生服务中心、辖区各医院共200余人参加活动。活动表彰23名百姓身边的最美医生，激励广大医护工作者弘扬“敬佑生命、救死扶伤、甘于奉献、大爱无疆”精神，努力形成“尊医重卫、共享健康”浓厚氛围。

（彭　莎）

2018年8月12日，天心区举行首届“最美医生”颁奖典礼，表彰23名百姓身边的最美医生　区卫计局 供稿

【天心区卫计局赴通道县开展健康扶贫】 2018年10月26～27日，区卫计局机关、二级机构、部分街道社区卫生服务中心组成健康扶贫小分队，联合湘雅三医院、省人民医院到怀化市通道侗族自治县牙屯堡镇、县溪镇开展精准扶贫，向2个中心卫生院共捐赠价值2万元的扶贫药品，免费发放给贫困患者。走访慰问牙屯堡镇和县溪镇10名因病致贫的特困户，每户赠送1000元健康扶贫慰问金。 （彭 莎）

【突发公共卫生事件应急处置与医学救援应急演练】 2018年11月23日，天心区2018年突发公共卫生事件应急处置与医学救援应急演练在区人武部前坪进行实战演练。市卫计委副主任吴敏泉、市卫计委疾控处处长杨学文、市疾控中心主任杨仁贵、市疾控中心副主任张锡兴等观摩演练。演练由区政府应急办指导，区卫计局主办，区疾控中心、区卫监局、13个街道社区卫生服务中心等单位参加演练。 （彭 莎）

【红丝带青春校园行活动走进长沙理工大学】 2018年11月25日，“美好青春我做主——2018年红丝带青春校园行”活动在长沙理工大学举行。作为湖南省第31个“世界艾滋病日”宣传主题活动之一，活动由国家卫健委、教育部、共青团中央、国务院防治艾滋病工作委员会办公室指导，中国性病艾滋病防治协会、中国健康教育中心、共青团中央权益部、中国高等教育学会、中国疾病预防控制中心主办，省疾病预防控制中心、省性病艾滋病防治协会、区疾病预防控制中心协办，长沙理工大学承办。长沙理工大学1000余学生参加活动。活动开始前，主办方通过网络答题的方式向近2000名大学生们发放调查问卷。红丝带健康大使、中央电视台主持人任鲁豫结合调查结果，现场访谈广州市第八人民医院感染病科主任蔡卫平和省疾病预防控制中心副主任陈曦，向青年学子讲解艾滋病的传播途径、预防措施、检测治疗等知识，并与学生现场互动，解疑答惑。（彭 莎）

疾病预防

【城市癌症早诊早治项目启动培训会】 2018年1月5日，区疾控中心在珊瑚大酒店9楼会议厅召开2017—2018年城市癌症早诊早治项目启动培训会。省肿瘤医院肿瘤防办主任廖先珍、区卫计局副局长刘旭峰、区疾控中心主任许超伦，各社区卫生服务中心主任、城癌专干以及街道办计生专干均参加培训会。培训会就一些实际工作中的具体问题进行培训和讨论，提高项目工作人员现场调查工作能力及组织协调能力，为完成2017—2018年度天心区城市癌症早诊早治项目打下基础。 （彭 莎）

妇幼保健

【孕产妇高危筛查专项活动】 2018年1月10日，区妇幼所在南托街道社区卫生服务中心组织开展一次孕产妇高危筛查专项活动。活动包含孕妇培训班、产前检查、高危孕妇指导等内容。培训班邀请长沙市第三医院主任医师易旺军进行授课，易旺军着重讲述孕期孕妇如何进行自我保健和营养的控制，并进行现场答疑。长沙市第三医院和长沙融城医院的妇产科医护人员们对每一位到场的孕妇进行全面认真的产前检查，包括询问病史、测量体重、血压、多普勒听胎心、化验血尿常规、胎心监护及B超检查等。共筛查孕妇54人，筛查出高危孕妇4人，重点高危孕妇2人，对新发现的高危孕妇及时纳入高危孕产妇管理，并由专人负责追踪至产后42天。在筛查高危孕妇的同时，对筛查出的高危孕妇进行了现场指导和登记管理，传授孕产期保健知识，使参与活动的孕产妇了解孕产期保健的重要性和必要性。 （彭 莎）

社会生活

人力资源和社会保障

【概况】长沙市天心区人力资源和社会保障局（简称“区人社局”）职能主要有两大领域，一个是以促进就业创业、完善社会保障体系、维护劳动者权益为核心的公共服务职能；一个是以机关事业单位公职人员管理为核心的人事管理服务职能。具体包括就业培训、社会保险、人事人才和劳动维权四项工作职能。四项职能从面上覆盖全区包括机关、企事业单位、民办非企业等各类用人单位和所有16周岁以上的城乡居民。设6个行政科室：办公室、综合管理科、工资福利科、社会保险管理科、培训和就业科、仲裁科（政策法规科、行政审批科、信访室），5家二级机构：人力资源开发服务中心、社会保险管理服务中心、医疗保险管理服务中心、城乡居民社会保险管理服务中心、劳动监察执法大队，下辖14个街道人力资源和社会保障服务站、80个社区人力资源和社会保障服务中心，24个行政村人力资源和社会保障服务中心（含1个管委会和11个集资办），232名社保工作人员。局内有工作人员84人，其中班子成员6人，在编一般工作人员36人，政府雇员2人，编外人员19人，借调社保平台人员21人。

2018年，区人社局坚持以人民为中心，优化公共服务，提高就业创业、社会保险、人事人才等服务效能，提升人社工作给人民群众的获得感、对全区发展的贡献度。全年新增城镇就业11182人，失业人员再就业4572人，就业困难对象再就业2142人，分别完成全年目标任务的111.82%、101.6%、119%；城镇登记失业率2.36%，零就业家庭100%动态清零；新增农村劳动力转移就业443人；创业带动城乡就业20569人，带动城镇就业10327人，分别完成全年目标任务的137.13%、103.27%；发放创业担保贷款1550万元，完成全年目标任务的100%。企业养老保险基金征缴16.31亿元，机关养老保险参保4433人，城乡居民养老保险征缴基金781万元，分别完成全年目标任务的189.65%、114.55%、195.25%。城乡居民医疗保险征缴基金9564万元，完成全年目标任务的106.27%。（骆建安）

【人才工作】2018年，区人社局推进人才强区战略，围绕商贸物流业、现代金融产业、文化创意产业、地理信息产业、健康医疗、旅游休闲等6个重点产业，引进复合型党政人才、紧缺岗位人才、专业技术人才，为全区经济社会发展提供人才支撑。2018年，坚持凡进必考、过程公开、全程监督，招考公务员5名，面向优秀社区书记、主任招录1名公务员，公开招聘教师340名，指导35家单位招聘188人。（骆建安）

【引智工作】2018年，天心区2家企业申报省级引智项目，5家企业申报市级引智项目，1家企业申报市级农业引智成果示范推广项目，7人申报省市121创新人才计划。（骆建安）

【人才队伍管理】2018年，区人

社局开展教育培训，分两期1000余名公务员参加培训。推行公务员平时考核试点工作，调动工作人员积极性。突出德才标准，按比例评出2017年度的优秀和基本称职（不称职）工作人员，嘉奖328人，三等功33人，基本称职（基本合格）26人，不称职（不合格）7人。做好人事日常服务，公务员登记48人，职级晋升、工资调整13家单位23人。做好涉军维稳工作，发放退休军转干部及自择干部春节慰问金34.76万元，发放困难企业退休军转干部门诊医疗及大病互助补贴19.459万元。（骆建安）

【人事制度改革工作】 2018年，区人社局开展事业单位岗位设置工作，新增3家事业单位，110人完成岗位聘用及工资兑现。严格审核编外人员工资，累计审核备案编外聘用人员工资20196人次，办理82人次新进人员入职备案，43人次解除劳动合同事宜。开展全区编外人员清查工作，区直机关单位编外合同制人员462人，两保、法检两院等编外聘用人员共6756名。完成中级教师职称评审工作，10名教师获得中级职称，认定二级教师25人；向市人社局专技处申报核准中级职数20个，副高职数5个，审查中级职称申报材料5份，高级职称申报材料2份，卫生系列基层卫生技术人员高级职称材料2份。（骆建安）

【落实长沙人才新政“22”条】 2018年，区人社局审核申报人员资料5578份，受理电话咨询2845人次，接受现场咨询2956余次，回复留言板问题40余次，办理高校毕业生租房和生活补贴2754人次，留学归国人员租房和生活补贴102人次，职业技能晋级奖励66人次，A、B、C、D类（A类即国际顶尖人才、B类即国家级领军人才、C类即省市级领军人才、D类即高级人才）高层次人才5人。（骆建安）

【劳动监察执法】 2018年，区人社局确定30家重点企业，开展日常巡视检查工作。联合区相关部门，开展农民工工资支付保障工作专项检查，检查用人单位38余家，涉及农民工7441人，抽调15人对全区14个街道在建项目进行实地核查，调处或参与5起较大群发性农民工工资拖欠事件，帮助93名农民工追回被拖欠的工资150万元；出台农民工工资支付保障工作相关办法，如农民工保证金实施方案、联合惩戒办法等。2018年，两个项目（丽发新城和龙湾国际）代表湖南省接受国务院对农民工工资支付保障工作的交叉检查。联合区相关部门，对全区507家人力资源机构或企业，集中开展人力资源市场秩序专项行动。2018年，接待举报投诉和政策咨询4000余次，立案受理劳动者各项投诉举报共197起，涉及金额248万余元。（骆建安）

【争议仲裁调解】 2018年，天心区劳动人事争议调解工作模式被人社部作为课件向全国推广。9月中旬，人社部调解仲裁司副司长刘世民调研天心区劳动人事争议仲裁工作，对“四个一”工作给予肯定。“四个一”工作即全省第一批示范仲裁院、全省第一推广公开庭审的劳动人事争议仲裁委员会、全省第一推广公益律师帮扶的劳动人事争议仲裁委员会、桂花坪街道劳动人事争议调解中心被评为第一批全国示范调解中心。仲裁湖南长机科技发展有限公司130余人等4起集体劳动人事争议案件，维护用工环境。2018年，处理劳动人事争议纠纷案件申请530起，其中调解结案164起，撤诉69起，裁决201起，调撤率53.7%，收到群众锦旗19面。（骆建安）

【劳动就业与培训】 2018年，围绕“4050”人员、高校毕业生、失地农民、返乡农民工、残疾人等就业困难群体，开展各类就业帮扶，促进各类群体就业。组织开展春风行动，分别在异地和本地举办7场大型招聘会，发放宣传资料2000余份，参加企业299家，提供岗位34851个，进场求职近2万人，3016名求职者达成就业意向。推进精准扶贫，对建档立卡贫困劳动力实施“311”就业服务，即每年至少为其推荐3次工作岗位、提供1次职业指导、提供1次免费的技能培训信息，全区建档立卡农村贫困劳动力278人实现就业；联合相关部门，举办电工等培训，培训53名通道县、洛塔乡的建档立卡贫困劳动力，并取得执业资格证书。办理“就业失业登记证”3428本，认定困难对象1896人；发放区级、市级社保补贴合计2088人，1339.91万元；发放企业社保补贴3.94万元，发放见习补贴73.8万元。

（骆建安）

【社会保障宣传】 2018年，利用就业服务节，“12333”全国咨询日，通过张贴通知、短信平台提示、更新社保政策宣传栏、现场政策咨询等方式，宣传社保政策，全年悬挂宣传条幅70余幅，张贴宣传画和宣传标语1800余份，共发放各种宣传资料1.5万余份，社保卡制卡数22.4万张，发卡数16.9万张。开展人社系统“大走访、大宣传”活动”，发动各街道、社区开展形式多样的五个一”（制作一批政策宣传精品、培训一批人社宣传人员、开展一次专题宣传活动、策划一期专题宣传栏目、建立一本社保记录台账）活动，共发放宣传资料8万余份。在对全局100余项权力清单进行再梳理的基础上，完善公共服务办事流程，60余个民生服务事项实现“最多跑一次”，10余个事项实现“就近办”，所有业务均提速30%以上。（骆建安）

【社保基金管理】 2018年，严格执行“一事两岗双审”、养老金支出四级审核复核等制度，确保基金安全完整，顺利通过财政部对天心区城乡居民养老保险资金审核。利用社保经办预警系统，及时处置社会保险基金各类预警信息56条。加强定点医疗机构监管，全面运行医保住院审核系统，严格医疗费用审核支付程序，邀请纪委、卫计、商保联合开展医疗监管行动。新增受理协议医疗机构19家，其中社区卫生服务机构2家，村卫生室1家，个体诊所9家，门诊部7家；续签协议医疗机构95家，停止续签协议8家，拒签协议1家。（骆建安）

【创新创业】 2018年，组织“民营企业招聘周”进校园活动，分别在长沙理工大学与中南林业科技大学举办就业创业指导讲座、就业创业交流沙龙等，指导创业群体创业。组织“中国创翼”创业创新大赛天心区选拔赛，100余个项目报名，其中，30个项目脱颖而出，10个项目作为天心区代表推送至长沙市参加比赛，“生物活性敷料新材料关键技术及产业化”和“一枚黑老虎的梦想”等2个项目先后参加市级、省级决赛，并分别获奖金4万元、6万元。扶持创新创业先进典型，向市级推送8家创业孵化基地，推送示范街道、示范社区，以及先进个人，并从中挑选10家优秀创业项目参加长沙市第三届创新创业博览会。（骆建安）

【公共服务平台建设】 2018年，坡子街街道、文源街道2个街道获评长沙市创新创业带动就业示范街道，坡子街街道八角亭社区、赤岭路街道新丰社区等获评长沙市创新创业带动就业示范社区，坡子街街道获评湖南省创新创业带动就业示范街道（乡镇），坡子街街道八角亭社区、文源街道金汇社区等获评湖南省创新创业带动就业示范社区（村），刘利辉、龚尧获评湖南省自主创业就业（个体工商户）先进个人。（骆建安）

【长沙人力资源服务产业园建设】 2018年初，区委、区政府决定在天心区创建国家级人力资源产业园。区人社局主动与人力资源和社会保障部、省市人力资源和社会保障部门对接，并向省人社厅提交《关于在天心区建立湖南（国家级）人力资源服务产业园的请示》，省市人力资源和社会保障部门给予工作支持和建议。期间，区人社局局长贺红云随省人社厅领导先后2次赴人力资源和社会保障部汇报工作，先后赴上海、杭州等地参与招商工作，抽出1位干部专门对接人力资源产业园推进工作。7月2日，湖南长沙人力资源服务产业园启航发布会暨企业入驻签约仪式在天心区举行，现场20余家人力资源服务企业正式签约入驻。12月18日，湖南省首个人力资源服务产业

2018年12月18日，湖南省首个人力资源服务产业园——湖南长沙人力资源服务产业园授牌仪式 区人社局 供稿

园——湖南长沙人力资源服务产业园正式授牌，省人社厅副巡视员冯奇宣读批复文件，省人社厅党组成员、副厅长黄赞佳为产业园授牌，区委副书记、区长黄滔接牌，标志着长沙人力资源服务产业园正式升级为省级人力资源服务产业园。（骆建安）

【天心区民营企业招聘周系列活动】 2018年4月19日，天心区2018年民营企业招聘周拉开序幕，就业创业指导讲座在长沙理工大学报告厅开展，就业创业指导老师和民营企业代表负责人对就业形势分析、就业创业选择和如何寻找创业项目进行分享。4月20日，民营企业专场招聘会在中南林业科技大学体艺馆开展，现场设立招聘专区、就业创业政策宣传区等活动专区，招聘会共有41家单位参会，包括湖南千思装饰、名匠装饰等知名家装品牌，提供近1400个就业岗位，毕业生进场求职达千人，达成就业意向200余人。同步在中南林业科技大学外国语学院5语咖啡进行创业沙龙交流活动，邀请创业指导专家对创业项目进行点评和指导，对适应高校毕业生的就业创业政策进行解读。（梁 慧）

【“就业帮扶，助残圆梦”专场招聘会】 2018年5月31日，区人社局与区残联联合开展的“就业帮扶，助残圆梦”贫困残疾人专场招聘会在黄兴路步行街广场举行。现场设有就业创业政策咨询处，为前来参会的有就业创业意愿和劳动能力的残疾人求职者提供就业创业政策解答、职业指导等服务。招聘会精选46家用人单位，提供就业岗位600个，包括人事、文员、设计、厨师、收银员等各类适合残疾人的就业岗位，为800余人提供就业服务，现场达成就业意向200余人，其中包括残疾人56人。（梁 慧）

2018年3月15日，“春风行动”专场招聘会在黄兴南路步行街举行

区人社局 供稿

【精准扶贫电工特种作业技能培训班】 2018年7月30日，区人社局为通道侗族自治县、龙山县洛塔乡建档立卡贫困户开办精准扶贫电工特种作业技能培训班。培训班共有学员52名，其中通道侗族自治县建档立卡贫困户43人、龙山县洛塔乡建档立卡贫困户9人。8月24日，主题为“培训就业直通车·劳务协作促脱贫”的长沙市对接省内贫困县劳务协作活动之天心区对口帮扶通道县、龙山县（洛塔乡）电工培训班结业仪式暨入职对接活动举行。来自长沙市的蓝思科技等8家企业参加，共提供适合学员的岗位350余个。来自怀化市通道县、湘西州龙山县洛塔乡的53名建档立卡贫困劳动力，全部取得电工职业资格证，百分百结业，现场企业共与27名学员签订就业意向书。（梁 慧）

【劳务协作专场招聘会】 2018年11月30日，区人社局在通道县菁芜洲镇举办主题为“天心通道一家亲，就业创业三湘行”的劳务协作专场招聘会。区人社局安排专门人员为群众提供社保、医疗等方面的政策咨询，帮助有意向前往长沙就业的群众解除顾虑，动员当地群众敢于走出家门、走出大山，早日实现脱贫致富。招聘会共有12家企业参与，为当地群众提供各类岗位350余个，包括保洁员、保安员、工程维修员、客服管家、电焊工、仓管员、财务人员等。招聘会共有200余名群众进场咨询，34人达成初步就业意向。（梁 慧）

【公开庭审劳动争议案】 2018年12月4日，天心区劳动人事争议仲裁委员会就黄某与天心区某物业公司劳动争议一案进行公开庭审，参加旁听的人员有区人大代表、区政协委员、企业法人代表、公司人力部门负责人、律师等共计40余人，《潇湘晨报》记者对此次公开庭审进行全程记录。庭审中，双方按照仲裁庭纪律、规

2018年9月19日，人社部调解仲裁司副司长刘世民（右二）一行调研天心区劳动人事争议仲裁工作　　区人社局 供稿

则，依法进行答辩、举证、质证，在仲裁庭的组织下进行发言和提问；同时本着“以人为本，相互体谅”的原则，组织调解，现场的旁听人员完整的观摩整个庭审流程。庭审结束后，负责审理该案的仲裁员向旁听人员讲解该案的具体案情、争议要点以及相关法律适用问题，解答旁听人员提出的疑惑。（骆建安）

民 政

【概况】2018年，天心区民政局践行为民爱民宗旨，助推“民生造福”战略，抓党建、抓班子、抓队伍、抓业务，承担的省市绩效考核指标、重点民生实事项目及区绩效考核工作目标均完成。受理接待群众来信、来电、来访、咨询答疑等3000余人次，办结率100%；在各类平台受理办结信访件57件；受理“12345”热线工单83条，全部按时办结，满意率100%；承办市、区两级建议提案22件，办结率、沟通率、满意率均达到100%；政务服务窗口接待群众5000人次，受理咨询3200人次，办理婚姻登记6150对，办理老年证3595本。国家、省市有关领导相继到天心区调研婚姻登记、社会组织、养老、福利中心建设等工作，天心区被确立为全省城乡社区治理创新实验区并上报国家民政部争创国家级荣誉。民政婚姻登记窗口成功创建全市服务窗口文明单位。探索开发残疾人“两项补贴”发放管理信息系统，着手开发社区管理系统，借力信息化手段，提升管理服务水平。支持配合“互联网+政务服务”以及“放管服”改革，民政政务服务事项100%纳入承诺清单，对外公布，实现群众办事“最多跑一次”；将老年证办理直接下放到社区，配套开发办证系统，并为基层配置设备。（黄 璟）

【养老服务】2018年，天心区推进居家养老试点工作，对辖区13547名老年人进行能力评估，完成30家居家养老服务中心的标准化建设；完成新增4家居家养老服务中心建设任务，实现年新增养老床位420张的预期目标，全区养老总床位数2610张。（黄 璟）

【社会保障】2018年年初，天心区开展全区春节慰问活动，安排1300万元，对17大类群体1.8万余人进行集中走访慰问；指导创建3个国家级和省级综合减灾示范社区；给受灾群众下拨应急救助金10.27万元、冬春临时生活困难救助金8.7万元；组织开展“5·12”防灾减灾集中宣传周活动。推行低保错时年审，强化动态管理，全年累计发放城乡低保金、过节费2183万元；完成特困供养标准提标，为252名特困人员：及时足额发放特困供养金219万元，实现应保尽保、应养尽养；医疗救助1230人次，拨付救助金504万元；临时救助148人次，发放救助金47万元；入院救助重症精神病患者123人次，拨付救助资金60万元，确保精神病人应救尽救；建立健全社会救助联席会议制度，整合救助资源，形成救助合力。对困难老年人以购买服务的方式全面实施基本养老服务补贴，并进行提标扩面，全年服务低保户、失能半失能、空巢等困境老人3395人次，发放服务补贴108万元。全年发放残疾人“两项补贴”674.9万元。按时完成高龄津贴发放提标，惠及高龄老人1.37万人，发放高龄津贴1700万元。组织实施友阿知青困难帮扶、低保家庭尿毒症援助等慈善项目，开展3批慈善助学，资助特困家庭学生74人，发放助学金25.4万元，确保困难学生应助尽助。提高孤儿生活补助标准，将6种生活困难的儿童纳入救助

范围，拓宽救助范围；全面落实街道留守儿童督导员和社区（村）儿童主任制度，加大对困境儿童、农村留守儿童保护关爱工作力度。针对城市生活无着落流浪乞讨人员，组织开展“夏季送清凉”“寒冬送温暖”专项救助行动，全年救助各类人员408人。（黄 璟）

【社会组织】2018年，天心区及时落实社区专职工作人员福利待遇调整工作；社区员额制管理工作有序推进，以区两办名义出台实施方案；建立区领导联点社区建设工作制度，将建设补贴提高至建设费用的60%；组织所有社区参加全市三社联动供需对接会，全区80个社区共签订合作意向123个；打造13个市级精品示范社区和示范村、6个市级社区服务品牌、8个市级“三社联动”示范项目。全年投入500万余元为群众购买专业社会工作服务；新增专业社工186名，全区持证总人数872人，为全省持证社工最多的城区。开展打击整治非法社会组织专项行动，加大社会组织培育孵化力度，培育出壳社会组织9家。（黄 璟）

【殡葬管理】2018年，天心区组织开展殡葬领域突出问题专项整治行动，全区实现火化率100%、搭棚治丧举报处置率100%；发放惠民殡葬补助金50.2万元。

（黄 璟）

【福彩工作】2018年，天心区加大福彩销售推广力度，全年中福在线共销售7280万元，确保安全稳定运行，为福利资金积累贡献力量。（黄 璟）

【拥军优抚】2018年，天心区在春节、“八一”期间组织开展对军烈属和退役军人的走访慰问，发放慰问金407万元；区领导带队走访慰问驻区部队单位，送去慰问金；累计发放各类优抚资金3048万元、发放军休干部职工各类资金2800万余元；23名符合政府安排的转业士官落实到岗到位；发放退役士兵补助金151万元；对退役士兵组织开展职业技能培训；按时按质办理中央巡视组、省委巡视组涉军信访交办件各1件；办理5批退役军人事务部工作交办件；对困难退役军人加大帮扶解困力度，全年下拨区属再就业军退人员工资和社保资金697.5万元；举办第二期全区下岗志愿兵再就业专场招聘会；部署开展悬挂“光荣牌”和退役军人信息采集工作；推进完成双拥宣传“三个一”建设。

（黄 璟）

【天心区完成“特别法人统一社会信用代码”发放工作】2018年1月31日，区民政局全面完成《基层群众性自治组织特别法人统一社会信用代码证书》的发放工作，意味着天心区80个社区居民委员会、12个村民委员会正式获特别法人“身份证”。为做好此次赋码工作，区民政局自2017年10月起开始对全区80个社区居民委员会、12个村民委员会的基本信息进行采集录入和数据比对。村（居）民委员会特别法人统一社会信用代码的赋码，有利于加强村（居）民委员会规范化建设，提升村（居）民委员会服务能力，促进城乡社区治理体系和治理能力现代化。

（黄 璟）

【胡衡华到天心区调研社会组织党建工作】2018年3月21日，省委常委、市委书记胡衡华到天心区调研社会组织党建工作，市委常委、市委秘书长夏建平，副市长李蔚，市民政局局长陈昌佳，区委书记朱东铁，区政府副区长张建陪同调研。胡衡华一行调研天心区社会组织孵化基地，区民政局局长徐艳作为基地负责人介绍基地在党建引领、社会组织党组织覆盖、社会组织培育等方面工作情况。胡衡华与在孵的社会组织相关负责人进行交谈，了解社会组织党建工作和自身发展状况。胡衡华对天心区社会组织党建工作给予肯定，要求并勉励天心区进一步强化党建引领作用，推动社会组织党建工作再上新台阶。（黄 璟）

【殡葬改革】2018年，加大殡葬改革宣传力度，3月30日，天心区在城南路街道白沙井社区、裕南街街道宝塔山社区等地开展以“推动殡葬改革，服务保障民生”为主题的殡葬改革宣传活动，旨在进一步推行节地生态安葬，倡导厚养薄葬、文明祭祀。市民政局、区民政局、城南路街道、裕南街街道相关单位负责人，街道辖区党员代表、居民群众、五老代表、青少年志愿者200余人参加活动。舞蹈表演《水墨醉江南》拉开活动序幕，以丰富多彩的群众文艺演出引导广大市民支持殡葬改革，“裕南榜样”带领志愿者宣读“倡导绿色祭祀·弘扬文明新风”倡议书。活动通过宣传横幅、宣传展板、宣传折页、流动宣传车等方式，宣传殡葬改革有关政策、法规，弘扬现代文明殡葬和节地生态安葬新观念。市、区领导给天心区蓝天督察员和白事监督员颁发聘书。志愿者们一同在“倡导绿色祭祀，巩固蓝天保卫战成果”的签名板上签名。

4 月 5 日，区民政局联合区文明办分两个时间段在裕南街、城南路、南托、暮云四个集中宣传点开展以“推动殡葬改革，服务保障民生”为主题的殡葬改革宣传月活动。通过各种现场活动，推广节地生态安葬，倡导文明祭祀新风，巩固蓝天保卫战成果。在裕南街街道举办的“殡葬改革宣传月活动”中，95 岁的社区居民傅福文争当绿色生态、厚养薄葬的“带头人”。在城南路街道的殡葬宣传活动中，许菊生等 16 名社区环保志愿者被聘为社区首批蓝天督导员，王利华等 5 名热心社区公益的社区居民被聘为社区白事监督员。成为社区绿色祭祀新风的“代言人”，在社区倡导鲜花祭扫、网络祭奠、时空邮箱、家庭追思会等文明祭祀方式。此次殡葬改革宣传月活动，让广大市民群体以文明缅怀、倡树新风的实际行动，创建文明和谐新风，形成天心区尊老敬老、厚养薄葬、绿色环保、文明节俭办丧事的良好风气。（黄　璟）

【民政工作会议】2018 年 4 月 25 日，天心区召开民政工作会议，回顾总结 2017 年天心区民政工作，分析研判民政工作新形势，对 2018 年工作进行安排部署。区政府副区长张建，各街道分管民政领导、社会事务办主任，区民政局班子成员、中层干部及局属二级机构负责人等参加。会上，区民政局局长徐艳总结 2017 年民政助力全区“民生造福”战略取得的成效，分析民政工作新形势，强调 2018 年民政重点工作。民政局班子成员分别就分管工作做具体安排。张建提出要求：要树立民政无小事的工作理念，不断完善民生工作；社区职能要回归，统筹社区减负渐进化、阵地乡土化、网格本土化、品牌特色化、主职灵魂化；构建社区共建共享共治新格局，强化政治、文化、经济纽带；加大力度培育社会组织，充分发挥社会组织在社会建设中的作用；要用新理念创新品牌，推进各项工作争先创优。（黄　璟）

【社工人才培训】2018 年，天心区社工人才培训分两个部分，第一部分是普训，以提高一线社工理论知识水平为目标，开展 2 期 150 人的大规模培训。第二部分是集训，将组织有能力、有意愿担任全区社工督导的社工进行两次集中理论培训，组织到深圳实地考察学习，学习社会工作先进城区的优秀经验。4 月 26 ～ 27 日，区民政局 2018 年社工人才第一期培训班在金桂社区培训室开班，来自各街道、社区、社工机构的社会工作者 150 余人参加培训。培训班开设“社区党建实践与创新”“社区社会工作”等四堂课程，分别聘请深圳东西方社工服务社督导朱峰艳、张晗等进行主讲。区政府副区长张建与大家开展互动答疑，回答一线社工们关于在新时代如何准确把握发展方向，摆正自身位置，发挥专业优势方面的提问。（黄　璟）

【唐白玉调研天心区居家和社区养老服务工作】2018 年 4 月 27 日，省民政厅党组书记、厅长唐白玉，省财政厅党组成员、副厅长庄大力，省民政厅副厅长杨薇等带领涉老处室，市民政局副局长范凤芝、市财政局副局长李玮玮及相关处室负责人，到天心区调研居家和社区养老服务工作。区委书记朱东铁、区政府副区长张建陪同调研，区委副书记朱远红、区政府副区长康镇麟参加座谈会。唐白玉一行人调研湖南发展侨亚养老产业公司、青园街道湘园社区居家养老服务中心，实地查看养老信息平台建设以及养老服务中心为老服务情况。调研结束后，一行人在天心区政府南栋 5 楼常务会议室召开专题座谈会，杨薇主持座谈会。会上，张建介绍天心区在居家和社区养老服务上做的主要工作，康镇麟提出推进养老工作系统化、模式多元化、服务标准化、借力信息化、供给均衡化“五化”建设的建议。与会养老机构代表先后发言，共同为养老事业发展献计献策。唐白玉对长沙市居家和社区养老服务工作及养老机构为湖南养老服务做出的贡献给予肯定，强调要加强对养老产业的研究，创新居家和社区养老服务供给方式，要加大部门协同，推动养老服务事业发展，培育一批可复制、可推广、可持续的养老服务企业品牌，打造湖南养老新名片。（黄　璟）

【举办“三社联动”项目专题培训班】2018 年 7 月 10 日，天心区“三社联动”项目专题培训班在金桂社区六楼举办，培训由区民政局主办，长沙政和社会工作发展中心承办。市民政局社工人事处处长何朝飞，区民政局党组书记、局长徐艳出席培训班开班仪式。来自天心区各社区、社会组织的主要负责人共计 83 人参加培训。培训由长沙政和社会工作发展中心主任狄琼主持，徐艳作动员讲话。何朝飞要求在下一步的工作中进一步做好融合文章，进一步突出专业特色，进一步加强沟通交流，把天心特色再次推向全国。培训邀请湖南师范大学教授胡建新进行《社区资源整合与品牌建立》授课，从理论的角度向学员讲述如何做好“三社联动”项目。邀请湘园社区书记徐卫星、天心区恒安社会工作服务中心主任戴思，从社区和社会组织的视角分析如何整合资源做好项目授课。（黄 璟）

【殡葬领域突出问题专项整治】 2018 年 7 月 27 日，天心区殡葬领域突出问题专项整治暨推进文明节俭操办婚丧喜庆事宜会议召开。区委常委、宣传部部长肖雄伟，区政府副区长张建，区各街道、社区（村）及区直相关部门有关负责人参加会议，会议由区民政局局长徐艳主持。会上，区委宣传部副部长、区文明办主任杨军通报全区移风易俗、文明操办婚丧喜庆事宜有关情况，安排布置后期工作；张建就全区开展殡葬领域突出问题专项整治工作作动员部署；裕南街街道、南托街道作表态发言。肖雄伟在讲话中强调，要提高政治站位，提升工作认识；要突出问题导向、突出综合施策、突出示范引领，开展专项整治行动，推进移风易俗；要强化组织保障，将这两项工作抓紧、抓实、抓出成效。（黄 璟）

【加强开展五一商圈区域的流浪乞讨对象救助】 2018 年，9月10日—10月8日在五一商圈综合整治办公室指挥下，区民政局配合城管、公安、城管执法大队等部门，对坡子街、太平老街、黄兴南路步行街、沿江风光带等整个五一商圈区域的流浪乞讨对象开展救助。区民政局局属二级机构区救助站在坡子街社区内设立临时救助点，配合区城管执法局，全天候开展街面劝导工作。对巡查时发现的流浪乞讨人员，告知其向有关救助机构求助，或协助拨打求助电话；对其中的残疾人、未成年人、老年人和行动不便的其他人员，积极引导、护送到救助站。坚持全天候上街巡视救助，在做好日常救助的同时，加大集中救助力度，增加对街面流浪乞讨人员主要活动场所的巡查。积极办理“12345”热线工单工作，接收市民提供流浪人员线索。通过悬挂横幅、发放宣传资料等形式使更多的人关注并参与到街头流浪乞讨人员的救助中，帮助普通人了解正确救助办法，方便居民群众对流浪乞讨人员进行救助，或供流浪乞讨人员进行自我救助 。对流浪乞讨人员，特别是未成年人、危重病人或精神病人等，依照有关法律法规，认真履行职责，协助配合公安、城管、卫生等部门，齐心协力将其送到救助管理站或当地定点医院进行救治。五一商圈整治行动以来，报公安介入未成年乞讨现象 15 起；返乡救助 5 人次；劝离假尼姑 30 人次；劝离职业乞讨 45 人次；访谈劝导流浪人员 89 人次；回访流浪人员个案 9 人次 ；医疗救助流浪人员 1 人次；食品救助流浪人员3人次；劝起睡觉流浪者 50人次。（黄 璟）

【天心区社会组织孵化培育基地第三期社会组织出壳】 2018 年 11 月 18 日，天心区社会组织孵化培育基地第三期社会组织出壳暨第四期机构入驻仪式在桂花坪街道金桂社区 6 楼会议大厅举行。省民政厅巡视员、社会组织党工委副书记李劲夫，市民政局党委副书记、副局长伍仁华，区政府副区长张建，区民政局局长徐艳等参加活动。活动现场，视频回顾一年时光里孵化基地及在孵 9 家社会组织的成长与收获，9 家社会组织在能力建设、服务项目规范化和专业化、志愿者服务保障、社区营造、资源链接多方面发展。九家出壳机构共同表演节目《我们出发了》。省、市领导上台为第三期出壳机构颁发出壳证书及扶持资金，同时授予新的 10 家签约正式入驻第四期公益孵化的社会组织 10 万元扶持资金。第三期孵化的 9 家社会组织服务领域涉及社区居家养老、环保公益宣传、青少年心理健康、特困群体帮扶、社区志愿文化建设及法律援助等方面，通过在“基地”近一年的孵化培育，在社区扎根安家，形成规范化、专业化管理运作模式，参与社会服务的能力稳步提升，通过出壳前的各项工作评估。出壳后，带着专业技能走向社会、服务基层，为居民群众提供多元且专业的公益服务。仪式最后的对话环节，由市民政局副局长伍仁华、湖南师范大学社会学教授胡建新、天心区社工局负责人、基层社区书记、社会组织代表以新时代背景下社会组织参与社区多元治理的创新模式探索为主题，共同探讨如何促进社会组织、社工站建设与社区多元治理等方面的深度融合。（黄　璟）

民族宗教外事侨务

【概况】 长沙市天心区民族宗教和外事侨务局（简称“区民宗外侨局”），为区人民政府直属事业单位。主要职责是贯彻执行党和国家、省、市关于民族宗教、外事侨务法律、法规和政策，负责组织实施、督促检查、宣传教育等工作，行使民族、宗教行政执法职能，受理有关行政复议，参与有关行政诉讼。2018年末，在职工作人员7人（含借调到广告产业园1人），其中科职干部4人，一般干部1人，临聘人员2人。

2018年，区民宗外侨局进一步完善天心区基层宗教工作三级网络两级责任制，推进宗教工作制度化，保持天心区民族宗教领域和谐稳定。区民宗外侨局局长肖哲获评长沙市民族联谊工作先进个人。（李艺喆）

【民族工作】 2018年，天心区成立少数民族群众服务站，以做好少数民族群众服务管理为工作重点。全年为83名少数民族学生办理高考加分审核手续，3名群众办理民族成份更改，满意率100%。开展“民族团结进步行”活动，向通道县溪镇第三完全小学、坪坦乡横岭小学贫寒学子捐赠书籍、书包、文具以及助学金等。（李艺喆）

【宗教工作】 2018年，区民宗外侨局抓好全区新修订的《宗教事务条例》的学习。下发《宗教事务条例》及辅导性资料1000余册。在宗教界广泛开展以“学习”为主题的和谐寺观教堂创建活动，结合“五进五好”主题实践（“五进”即宗教活动场所的中共十九大精神进场所、国旗国歌进场所、核心价值观进场所、政策法规进场所、中华优秀文化进场所；“五好”即宗教教职人员的政治品格好、守法遵规好、文明友善好、传承文化好、服务社会好），在全区宗教界部署“五进促五好”活动。指导民间信仰活动场所结合自身实际完善内部管理制度，加强民间信仰活动场所的管理。（李艺喆）

【外事侨务工作】 2018年，区民宗外侨局做好俄主流媒体团到天心区参观接待工作，展示和推介天心区深厚的文化底蕴。为做好“湘滋”（“滋”即日本滋贺县）结好35周年活动保障工作，提供保障服务。走访慰问36户困难和重点侨眷家庭，与区侨联共同建立联创共建长效机制，实现优势和资源互补。（李艺喆）

【石长松调研天心区宗教工作】 2018年4月19日，市政协党组副书记、副主席石长松到天心区玉泉寺调研宗教工作，市民族宗教事务局副局长王自书，区委常委、统战部部长刘向，区民宗外侨局局长肖哲，以及区城乡建设局、裕南街街道南站社区负责人陪同。（李艺喆）

【黄兰香到长沙理工大学调研】 2018年5月3日，省委常委、统战部部长黄兰香到长沙理工大学调研高校统战工作。市委常委、统战部部长谭小平，区委常委、统战部部长刘向，区民宗外侨局局长肖哲陪同调研。（李艺喆）

【“民族团结进步行”活动】2018年6月24～26日，天心区民宗外侨局到怀化市通道侗族自治县开展“民族团结进步行”活动，在通道县进行调研、学习、助学，借鉴

2018年11月1日，新修订《宗教事务条例》专题知识讲座举行
区民宗外侨局 供稿

当地民族工作优秀经验、共同探讨民族工作热点问题，并对贫困学校和贫寒学子进行捐资助学。

（李艺喆）

【天心区意识形态和民族宗教工作专题培训暨工作座谈会】 2018年10月24日，区委书记朱东铁主持召开区意识形态和民族宗教工作专题培训暨工作座谈会。市委宣传部副部长李卫政、市委统战部副部长刘佳勇受邀为机关、园区和街道的党 工委书记进行专题授课。朱东铁在座谈会中就如何突出抓好工作重点，进一步提升民族宗教工作能力水平，以及在如何正确对待宗教问题，加强宗

2018年10月24日，区意识形态和民族宗教工作专题培训暨工作座谈会召开 区民宗外侨局 供稿

教团体自身建设等方面提出意见如何正确对待宗教问题，加强宗教团体自身建设等方面提出意见和建议。（李艺喆）

【罗伟督查天心区宗教工作】 2018年11月1日，市民宗局局长罗伟一行督查天心区宗教工作。

（李艺喆）

园区建设

长沙天心经济开发区(新)

【概况】 长沙天心经济开发区(新)由长沙天心经济开发区、湖南暮云经济开发区于2018年7月合并成立。园区位于长沙市中心城区天心区的南部，北邻湖南省人民政府，南接湘潭昭山示范区、株洲云龙示范区。长株潭城际铁路、长沙地铁1号线贯穿全境，绕城高速、芙蓉南路、107国道与武广高铁、京港澳高速实现无缝对接。黄花机场、高铁南站、汽车南站综合枢纽均在“半小时”交通圈内。园区打造的“长株潭商圈”形成百亿规模，拥有友阿奥特莱斯、中海环宇城、鑫悦汇、德盛欢乐广场、红星欧丽洛雅等商业综合体业态；湘雅五医院、长沙理工大学、长沙市一中城南中学、长郡湘府中学、青园中信小学等医疗、教育资源。园区重点发展大数据(含地理信息)、人力资源服务等战略性新兴产业和电子商务、医药物流等生产性服务业，重点打造湖南地理信息产业园、湖南长沙人力资源服务产业园。“湖南地理信息产业园”是国家级地理信息产业园，规划“一带(万家丽路产业带)、一谷(天心数谷)、一小镇(地理小镇)”，拥有总部基地、地理空间大数据应用中心等6大产业平台和湖南地理空间大数据交易中心、“天心阁”研究院以及7个省级重点实验室，长沙市22条新兴优势产业链之一的大数据(含地理信息)产业链办公室设在园区。2018年，湖南地理信息产业园在“WGDC 2018全球地理信息开发者大会”上被评选为“2018年度最具发展潜力园区”。以“立足长株潭、辐射中西南、面向全中国”为宗旨的“湖南长沙人力资源服务产业园”于2010年7月2日开园，12月获省正式挂牌，是全省首家专业人力资源服务产业园，吸引中智、上海外服、肯耐珂萨、上海优蓝等60余家人力资源企业入驻，打造创新中心、人才社区等6大服务平台，建成全域覆盖、集综合人力资源服务外包、高端人才搜寻、培训、咨询、测评为一体的人力资源服务综合产业链。

2018年，天心经开区(新)贯彻全市园区工作会议精神，按照高质量发展要求，在发展中求变，在转型中提升，在攻坚中突破，完成两园融合发展、绿心工业退出、项目百日攻坚等重点任务。投资近亿元完成南托港、港子河污水治理，投资近6000万元建成6条道路污水管网，园区2018年退出工业企业351家，其中规模以上企业29家。帮助企业解决困难，实现平稳、安全、快速、有序退出，整改完成率100%。(李廷香)

【园区经济】 2018年，天心经开区(新)完成固定资产投资148.54亿元，增速为31.7%；完成税收总额22.75亿元，增速为30.07%；完成服务业增加值42.44亿元，增速为23%；完成高新技术产业产值33.4亿元，增速为23.4%；完成发明专利申请141件，增速为36.89%。全年亩均税收为21.14万元/亩，增速为29.93%；新增国家级平台5个，省级平台11个。(李廷香)

【招商引资】 2018年，天心经开

区（新）班子成员多次带队分组到北京、上海、深圳等地开展招商活动，参加2018贵州大数据产业博览会等节会活动，举办中国（长沙）地理空间大数据博览会，走访知名企业80余家，对接项目30余个。围绕现代服务业主导产业定位，全年引进项目26个，其中主导产业项目5个，税收项目6个，产业链项目3个。湖南地理信息产业协会和九次方大数据、中国中智等重要协会、企业入驻园区。（李廷香）

【主导产业发展】 2018年，天心经开区（新）坚持产业发展为先、现代服务业为主理念，重点引进大数据（含地理信息）、人力资源服务企业，打造特色“园中园”，培育“百亿产业”。建立完善大数据（含地理信息）、新能源装备产业链“两图、两库、两池、两报告”，对接国家发改委、人社部和省自然资源厅、省人社厅等部委厅局导入资源，抢占全国地理空间信息产业发展制高点。引进国家超级计算长沙中心服务站、国家地理空间信息中心天心阁研究院等4个国家级产业平台和地理空间大数据挖掘与应用湖南省重点实验室等4个省级产业平台。中科遥感（湖南）科技园、大数据产业基地（湘煤大厦）等物理平台实现“项目满园、企业满楼”。辉达测绘、湖南星图空间信息、威特空间信息等一批企业入驻园区。2018年大数据（含地理信息）产业链产值增速21.8%；新能源装备产业链产值增速8%。湖南长沙人力资源服务产业园建成全国首家人力资源服务产业园创新中心、一览扎堆人才社区等6个公共服务平台，吸引北京网聘、上海优蓝等4家大中华地区人力资源服务品牌100强机构入驻，集聚湖南人才市场、湘潭华顺、株洲钻石、湘楚人力等50家本土龙头企业签约入驻，完成一期楼宇招商50%以上。2018年12月18日，产业园授牌成为全省首家人力资源服务产业园。打造长株潭商圈汽车消费节、购物消费节等系列节会品牌，友阿奥特莱斯、中海环宇城等商业体组成联盟。2018年，红星欧丽洛雅家居博览中心、德盛欢乐广场等商业Mall实现开业运营，商圈销售额突破150亿元。园区现代生产性服务业、新能源、地理信息和电子商务四大产业中规模以上企业产值占园区总产值的比重达到70%以上。（李廷香）

【园区项目建设】 2018年，天心经开区（新）组织编制《暮云片区慢行系统专项规划》《中信新城站点及周边区域城市设计》《湖南长沙人力资源服务产业规划》等专项规划，相关成果纳入南部片区概念规划；启动绿心退出空间产业规划编制工作，谋划绿心退出片区实现新的发展。2018年，重点推进新韶山南路、西湖路、新园路等11条道路及城南220千伏输变电工程、南北干道等6条道路排水管网改造等工程建设。港子河路等市政道路竣工通车，新兴企业中心、中科遥感（湖南）科技园、湖南生态医博园等产业项目主体竣工，天经国际企业街区等一批产业项目开工建设。完成违法用地图斑整改。开展建设用地节约集约利用考核评价工作，督促2宗闲置土地开工建设。配合国土部门做好绿心退出土地情况摸底和土地收储政策研究工作。（李廷香）

【园区营商环境】 2018年，天心经开区（新）公布“最多跑一次”事项42项，提供“帮代办”服务19项，受理行政审批事项301件；完成“12345”市民投诉工单184件，办结率100%。按照全市“千人帮千企百日大行动”工作部署开展企业帮扶，实施全员联点“一对一”服务企业机制，收集到企业各类诉求150余条，问题解决率超过80%；打造“云政宝”政策服务平台，兑现各类政策资金5300万元；搭建银企对接平台，帮助9家企业融资7600万元；联合高校举办专场招聘会，为43家企业提供人才招聘服务。实施长株潭商圈环境提质新三年行动计划，完成商圈商业体亮化工程、智慧交通系统建设，对果子园路等9条道路进行绿化提质改造；配合实施中意路城市化改造、牛角塘城中村改造、港子河景观带、“一圈两场三道”建设，打通大托路、美联路;免费开放商圈停车场，开通园区专线、社区巴士；新路小学建成开工，黎塘小学改造工程竣工；配合开展南部片区环境综合整治“百日行动”，取缔3个流动农贸市场。引荐7家企业搬迁入驻宁乡金玉工业园，帮助绿心工业退出企业在省内园区寻址建厂。开展扫黑除恶专项斗争，化解信访矛盾，全园区未发生重大安全生产事故、环境污染事故和群体性事件。（李廷香）

【工业企业退出绿心范围】 原暮云经开区共管辖工业企业361家，其中规模以上企业50家。2013

年绿心条例颁布以来，相继有12家规模以上企业搬迁退出绿心范围。2018年，按照中央环保督察组要求，根据市、区统一部署，园区成立专门指挥部，制定方案，全力攻坚工业企业退出搬迁工作。除省两型委批准可延期的9家企业外，园区其余工业企业全面完成停产、搬迁。（李廷香）

【共建3D打印顶立学院签约仪式】2018年1月10日，暮云经开区国家重点高新技术企业顶立科技公司与湖南工业职业技术学院举行共建3D打印顶立学院签约仪式。校企双方结合各自优势，共建3D打印实训基地和国家级科研创新平台，企业技师参与课程设计、学校教师参与生产实践，把产业和教育紧密结合起来，联合建立大师工作团队，共同培养3D打印增材制造领域的技术技能型人才。此次签约，有利于强化湖南省3D打印产业的发展，服务湖南制造强省战略，服务长株潭衡“中国制造2025”试点示范城市群建设。顶立科技自2013年开始，从事金属基3D打印粉末制备技术研发，攻克超高转速等离子旋转雾化关键共性技术难题，制备的钛基、镍基、铝基等数十种金属3D打印粉末达到国际先进水平，成功应用于航空航天、武器装备等高端军工领域。湖南工业职院办学60余年，是国家示范性高等职业院校，该校以“植根装备制造业，服务湖南新型工业化”为办学定位，为湖南的装备制造企业培养了数以万计的技能人才、企业技术骨干乃至大师工匠。

（李廷香）

【湖南地理信息产业园科研平台入驻签约】2018年1月23日，湖南地理信息产业园科研平台入驻签约仪式暨中国遥感应用协会亚热带分会发展座谈会举行。中国遥感应用协会副秘书长罗秀清，省国土资源厅党组成员、副厅长金勇章，区委书记朱东铁，区委常委、常务副区长周志军，区委常委、天心经开区工委书记贺国权，区委常委、区委办主任侯向宇等参加活动。此次签约入驻科研机构有：地理国情监测湖南研究中心、精密工程测量与形变灾害监测湖南省普通高校重点实验室（中南大学），大数据研究与应用湖南省重点实验室、智慧城市地理时空大数据应用技术湖南省工程研究中心、网络安全大数据湖南省工程研究中心（湖南大学），地理空间大数据挖掘与应用湖南省重点实验室（湖南师范大学），长沙理工大学测绘遥感应用技术研究所（长沙理工大学），地理空间信息技术国家地方联合工程实验室（湖南科技大学，国家级重点实验室）。

（李廷香）

【“2018年院士专家长沙行活动”走进暮云经开区】2018年5月14日，由市科协主办的“2018年院士专家长沙行活动”走进暮云经开区，中国工程院院士沈昌祥专家团队一行对中科遥感（湖南）科技园、湖南天湘和信息科技有限公司、湖南顶立科技有限公司等重点项目和企业进行考察。考察活动围绕包括大数据（地理信息）在内的长沙高端产业领域，组织院士专家开展技术诊断、科研指导、应用咨询等活动，推动形成以企业为主体、市场为导向、产学研相结合的技术创新体系和成果转化体系。（李廷香）

【合作共建地理空间大数据产业基地】2018年5月28日，长沙市政府与国家地理空间信息中心签订合作共建地理空间大数据产业基地框架协议。国家地理空间信息中心顾问马骥、副主任刘晓明和省市有关部门负责人出席，市委常委、常务副市长舒行钢代表市人民政府签约，市委常委、统战部部长谭小平主持签约仪式。区委常委、天心经开区工委书记贺国权，暮云经开区班子成员、办局负责人及企业代表参加签约仪式。根据协议，国家地理空间信息中心与长沙市政府决定以湖南地理信息产业园为基础，合作共建国家级地理空间大数据产业基地，打造地理空间大数据产业生态链，筹划建设地理空间大数据交易中心，推动组建地理空间大数据国家产业创新中心，成立国家地理空间信息中心“天心阁”研究院，加强国际地理空间大数据产业合作交流。5月29日，马骥、刘晓明带队到天心区考察。考察团一行到长沙天心文化（广告）产业园、湖南地理信息产业园德泽苑总部基地、中南（长沙）总部基地等地，了解长沙地理空间大数据产业发展现状及最新科研成果，就推动产学研科技成果转化进行交流，探索合作共建地理大数据产业基地，推动长沙地理空间大数据产业做大做强做优。

（李廷香）

【胡忠雄到天心经开区调研】2018年5月31日，市委副书记、市长、湖南湘江新区党工委书记胡忠雄到天心区调研园区工作。胡忠雄实地走访中电48所、湖南地理空间大数据应用中心、湖南顶立科技有限公司。在暮云经开区召开座谈会，市政府秘书长张能峰主持座谈会。胡忠雄强调，要深化区区融合；要深化产城融合，推进长株潭融合；要促进跨越发展，瞄准“千亿园区、国家级园区、生态园区”目标；要坚持绿色发展，完成绿心保护区范围内工业企业退出任务；要聚焦产业发展，深耕大数据（地理信息）、人力资源服务、新型商业等产业，做大做强产业链。（李廷香）

【湖南科技职院新校区教学楼建设开工】 2018年6月29日，湖南科技职业学院新校区1#教学楼建设项目开工仪式在位于暮云片区的新校区建设工地举行。省教育厅副巡视员、湖南中华职教社秘书长杨里平，湖南科技职业学院党委书记李三福，暮云经开区党工委副书记、管委会主任王剑等参加仪式。湖南科技职院新校区规划用地规模39公顷，建设规模26.68万平方米。新校区的破土动工将促使学校在人才培养质量、师资队伍建设、学科专业布局以及办学水平提升等办学内涵方面取得更大的突破。王剑指出，项目的开工将为学校深化内涵建设、推进教学改革、提升办学质量、拓展办学空间带来新的机遇，为暮云经开区建设发展注入新的生机和活力。（李廷香）

【湖南长沙人力资源服务产业园启航】 2018年7月2日，湖南长沙人力资源服务产业园（以下简称“产业园”）启航发布会暨企业入驻签约仪式在天心区举行。活动由省人社厅、市政府主办，市委组织部、市人社局、区政府、天心经开区承办。省、市、区领导共同启动启航鎏金沙仪式，标志着湖南省首个人力资源服务产业园启航。市委常委、市委组织部部长张宏益指出，产业园要发挥“集聚产业、拓展服务、孵化企业和培育市场”的功能，为长沙经济社会发展提供人才支撑。区委常委、天心经开区工委书记贺国权发布《关于促进湖南长沙人力资源服务产业园发展的若干办法（试行）》，系专项扶持人力资源服务产业的区级政策，其中的12条政策，从各类补贴到各种奖励、各种服务保障均予以明确。天心经开区工委副书记、管委会主任刘正文代表园区与湖南中智、华顺人力资本智能（控股）集团、聚才人力集团、湖南人才市场有限公司 、金柚网等20余家首批入驻园区人力资源服务企业签约。产业园的总体定位是：立足长株潭、辐射中西南、面向全中国，致力于建成专业化、信息化、规范化、国际化的一流产业园。产业园规划总面积约13.33公顷，总建筑面积约40万平方米，初步规划建设“一核四区”。“一核”即建设长沙国际人才城，打造成集高端人才引进、企业引智服务、科技成果展示、资源共享交流为一体的专业海内外顶级人才创新创业基地。“四区”即产业聚集区、品牌引领区、企业孵化区和信息服务区，此外还将建设人力资源研究院、海外人才交流服务中心、中国人力资源服务数据中心、高端人才创新创业基地和人力资源企业孵化基地以及社会服务公共平台等。产业园一期鑫悦汇建成的约3万平方米的高品质写字楼，具备企业入驻条件。12月12日，省人社厅批复该产业园为省级人力资源服务产业园。12月18日，湖南长沙人力资源服务产业园正式授牌。（李廷香）

【湖南地理信息产业园重点企业座谈会】 2018年10月15日，天心经开区（新）组织召开湖南地理信息产业园企业座谈会，与近20家产业园重点企业进行交流。区委常委、天心经开区党工委书记、天心经开区（新）筹委会主任贺国权，暮云经开区党工委书记、天心经开区（新）筹委会成员侯烛天参加会议。会上，各企业代表从实际出发，围绕优化营商环境促发展，以及园区筹备开展的政企对接会、企业高校专场招聘会等系列企业服务活动建言献策，并结合企业发展，提出困难和需求。贺国权强调，园区要进一步强化、抓实企业服务，做好牵线搭桥工作，帮助企业开拓市场，实现政用、商用、民用市场全覆盖。湖南科技职业学院副校长黎晓明带队到园区考察，与参会企业就人才问题进行交流，希望能与经开区达成合作，共同探索“专业对口培养、人才精准输送”的人才发展新机制。（李廷香）

【“千人帮千企百日大行动”工作落实会议】 2018年10月25日，天心经开区（新）组织全体干部召开“千人帮千企百日大行动”工作落实会议。区委常委、天心经开区工委书记、天心经开区（新）筹委会主任贺国权，暮云经开区工委书记、天心经开区（新）筹委会成员侯烛天参加会议。会议传达学习长沙市“千人帮千企百日大行动”誓师动员大会精神，下发《长沙天心经开区（新）“千人帮千企百日大行动”实施方案》。园区“千人帮千企百日大行动”以落实政策为主线，以帮扶企业为主题，采取面对面、点对点的方式，着力在优化干部作风、优化政务服务、优化营商环境上下功夫，推动政策精准入企、落地惠企，进一步提振企业发展信心、提升园区经济高质量发展动能，为全力建设实力园区，争当全面建设现代化长沙的示范园区提供强力保障。（李廷香）

【全市项目建设观摩团观摩天心经开区】 2018年12月20日，省委常委、市委书记胡衡华，市委副书记、市长、湖南湘江新区党工委书记胡忠雄与各区县（市）、园区和市直部门负责人，到天心区天心经开区（新）实地观摩、督导项目建设推进工作。观摩团一行实地观摩国家地理空间信息中心长沙产业基地项目现场，听取区委书记朱东铁介绍地理信息产业发展情况；现场参观湖南九次方等入驻企业，听取负责人介绍企业运营发展情况。（李廷香）

企业选介

【友阿奥特莱斯购物广场】 友阿奥特莱斯购物广场项目位于芙蓉南路三段27号，总投资5亿元，总建筑面积16万平方米，是一个集国际国内名品折扣中心与休闲游乐公园双重概念相结合的大型综合购物中心，业态汇聚吃、喝、玩、乐、购，功能齐全，配套完善，引进国际国内知名品牌400个，同时拥有国际标准超6000平方米电影院、1.2万平方米巨型儿童游乐天地和室内冰雪世界，配置拥有3000个车位的大型停车场。该项目是中南地区最大的奥特莱斯，长株潭城市群中心地标建筑，其开放式、体验式、生态式、共享式的衔区商业，成为长株潭新商圈时尚的商业模式。2018年实行品牌再次升级，完成营业收入17亿元。（李廷香）

【中海环宇城】 中海环宇城，紧邻地铁1号线及长株潭城际铁路轨道交通换乘站，由中海地产集团投资建设，总投资20亿元，总建筑面积23万平方米，包括大型购物中心、AAAAA级写字楼及配套公寓，包含大型品牌超市、顶级百货、豪华电影院、真冰溜冰场、世界名品旗舰店、高档餐饮店等全部高档商业业态。其中购物中心面积约13万平方米，共6层，项目汇集H&M、UR、MJstyle等一线潮流品牌；提升生活品味的华夏太古国际影城、步步高超市；以及儿童零售品牌孩子王、儿童游乐天堂悠游堂、顶级儿童职业体验中心幻贝家于一体，致力打造城南家庭欢乐主题购物中心，在2016年12月24日开业后，经过2年努力，2018年全面完成商铺招商并营业。（李廷香）

【德盛欢乐广场项目】 项目位于天心区中意二路与新电路交汇处，由湖南德盛实业有限公司投资建设，总投资5亿元，总建筑面积5万平方米，包括高档酒店、商业裙楼、写字楼，项目定位为儿童+家庭消费为导向，以儿童运动馆、京东线下母婴体验店、跨境电商为特色和亮点，休闲餐饮和儿童类两大主力业态为核心，围绕儿童消费的家庭消费为业态主导，集吃喝玩乐购为一体的儿童消费目的地，着力打造南城家庭的休闲体验和娱乐消费聚集地。该项目2018年开业运营，由花样年商业管理有限公司统一运营。（李廷香）

【湖南康尔佳物流中心】 湖南康尔佳医药物流中心项目，位于天心区经济开发区新岭路60号，由湖南康尔佳药业集团投资兴建，项目占地面积4000平方米，总投资5亿元，总建筑面积约10万平方米，主要建设以医药、医疗器械、食品、日化用品为主的现代物流中心。该物流中心项目分两期进行开发建设。一期项目已建成，总建筑面积6.08万平方米，已落户湖南星浩医药有限公司、星浩大药房连锁有限公司、湖南金肽和国际商贸有限公司、湖南康尔佳医药物流有限公司、湖南云雅生物科技有限公司等企业。（李廷香）

【湖南同安医药现代物流园】 湖南同安医药现代物流园项目位于天心经开区新岭路78号，由湖南同安医药有限公司投资建设，项目总投资1亿元，总占地面积2.33万平方米，总建筑面积1.6万平方米。该物流园具有物流组织管理和依托物流服务的平台交流两大功能。湖南同安投资上千万元的资金建设现代仓储物流平台，其中包括：ERP、RF、WMS信息管理系统，自动化传送带、电子标签等，可满足年销售50亿元的医药物流配送需求，为600余人提供就业岗位，2018年实现医药物流营业额10亿元。（李廷香）

【红星·欧丽洛雅环球家居博览中心】 红星·欧丽洛雅环球家居博览中心项目位于芙蓉南路与新电路交汇处，占地面积1.04万平方米，由湖南长燃丽城置业发展有限公司投资建设，总投资10亿元，总建筑面积15.7万平方米，以一站式家居购物中心体验，为热爱生活的新中产阶级，展示有内涵、有文化、时尚、优雅、高品质的生活方式。商场于2018年11月18日开业。（李廷香）

【湖南五田医药物流园】 湖南五田医药物流园位于天心区新电路与新梅路交界处，由湖南五田医药集团投资建设，项目占地面积3.33公顷，总投资1.5亿元，总建筑面积为5.24万平方米，包括物流仓库、办公楼、员工宿舍及配套设施。项目内已落户国药集团湖南潇湘医药器械有限公司、湖南中雅阳光医疗科技有限公司、湖南五田医药有限公司、湖南爱仁医疗投资管理有限公司、湖南省华郵医疗器材有限责任公司等企业。2018年实现医药物流营业收入8亿元。（李廷香）

长沙天心文化（广告）产业园

【概况】 长沙天心文化（广告）产业园是长沙“国家创新创意中心”和“世界媒体艺术之都”建设的重要载体，园区党工委、管委会是市委、市政府派出机关，委托区委、区政府管理。国家知识产权局长沙商标受理中心、湖南版权工作站、长沙文化金融中心落户园区。2018年年末，园区管委会在职工作人员29人，其中科职干部8人，一般干部4人，政府雇员2人，临聘人员15人。

2018年，长沙天心文化（广告）产业园获评“文化消费示范园区”“长沙市文创示范园区”。截至2018年年末，园内有传统文化企业300余家，新兴文创、广告、互联网企业582家，亿元企业10家，上市挂牌企业4家，文化产业产值260亿元，增加值80亿元。（李典航）

【宣传推介活动】 2018年，长沙天心文化（广告）产业园加大招商力度，举办各类活动进行宣传推介，提升园区影响力。1月8～10日，参加香港国际授权展和亚洲授权业会议，向全球展示园区及园区企业的发展经验。文化部港澳台办副主任李健钢、省文化厅副厅长肖凌之参观展位并对园区带领企业“走出去”的做法给予肯定。4月25～28日，到杭州参加第14届中国国际动漫节并考察动漫、新媒体产业发展，对“动漫+”的发展模式和网络文学生态产业链的打造进行讨论。企业家们表示，今后会努力进行本地优势资源整合，并参照浙江先进发展模式，重振长沙动漫产业。7月26日，参加杭州湖南文化创意产业园区建设推介会，在会上作推介，并签约重大项目。9月27～29日，参加第25届国际广告节，创谷以面向未来的蓝色调展馆亮相，简洁的线条融合科技感，展现独特的现代产业园调性。（李典航）

【长沙天心文化（广告）产业园形象IP启用】 2018年，围绕迅速全面推广长沙天心文化（广告）产业园形象IP创谷君，产业园以互动型社交媒体为主，告知型大众媒体为辅，组织开展一系列传播活动，包括大型户外广告、地铁车厢广告、岳麓山创谷君综艺活动等，展示创谷的“创意、创新、创业、创投”等四创园区形象。（李典航）

2018年1月8～10日，长沙天心文化（广告）产业园区亮相香港国际授权展，参加亚洲授权业会议 长沙天心文化（广告）产业园区 供稿

【2018 首届中国·长沙文化创意设计大赛】 2018 首届中国·长沙文化创意设计大赛是由长沙市政府指导，天心区政府、长沙天心文化（广告）产业园主办，面向全国的文化创意设计大赛，目的主要是落实“长沙国家创新创意城市”建设目标，加快推进长沙文化创意和设计服务与相关产业融合创新发展，推动长沙特色文化与创意设计产品的结合，提升长沙文化创意设计水平等。6 月 27 日，市政府召开启动大赛工作调度会议，会议由市政府副秘书长厉江华主持。天心文化（广告）产业园汇报大赛前期筹备情况。与会单位负责人从积极支持园区举办活动和保障园区活动开展的角度，提出意见和建议。8 月 15 日，大赛新闻发布会在市政府新闻发布厅召开，标志设计大赛启动。比赛征集作品包括两类：文化创意设计产品及动画设计产品。9 月 19 日，大赛文化创意设计人才培训在长沙理工大学举行。11 月 13 日，大赛文化创意设计高校宣讲会在湘潭大学举行，大赛组委会工作人员对大赛背景、赛制进行介绍，阐述大赛的主题和命题的具体要求等。12 月 11 日，大赛宣讲会第二站在湖南财政经济学院人文与艺术学院开讲。湖南省设计艺术家协会文创设计专业委员会召集人、长沙理工大学设计艺术学院客座教授、长沙市岳麓区文化创意产业协会会长萧鑫进行文创讲座。

（李典航）

【陈献春到长沙天心文化产业园调研】 2018 年 3 月 7 日，省旅游发展委党组书记、主任陈献春带领省旅发委调研组一行到长沙天心文化产业园调研，区委常委、常务副区长周志军，区政协副主席罗超纲，区政府办主任李勇军，园区管委会副主任刘湘俊等陪同。陈献春希望园区在文化旅游商品设计开发以及文化金融服务上更上新台阶。（李典航）

【张严调研数字出版产业工作】 2018 年 3 月 12 日，省新闻出版广电局局长张严一行到长沙天心文化产业园调研数字出版产业工作情况。省新闻出版广电局党组成员总工程师王国庆、办公室主任黄远征、数字出版处处长张云峰及调研员李峰，湖南出版投资控股集团总经理彭玻，中南出版传媒集团总经理丁双平，区委书记朱东铁，区委常委、宣传部部长肖雄伟，区政府副区长康镇麟，区政府副区长黄会，园区管委会副主任刘湘俊等陪同。张严对天心区充分挖掘和发挥文化底蕴厚重、文化资源丰富的优势，大力实施文化强区和文化产业发展战略给予肯定。（李典航）

【2018 文化产业投融资路演活动】 2018 年 3 月 28 日，由长沙天心文化产业园主办的 2018 文化产业投融资路演活动在长沙“创谷”举行。湖南欣之凯信息技术有限公司、联拍在线（湖南）网络科技有限公司、湖南上善网络信息科技有限公司、湖南电竞文化发展有限公司 4 家企业进行现场路演，项目分别涉及网络文学、艺术品市场、文化创意、电子竞技等行业。项目路演者分别从本公司概况、行业市场竞争情况、融资方案等方面进行演讲，通过解说、展示、问答等形式与现场来宾互动。活动邀请来自三胞文娱产业集团副总裁、COO 徐源，飞马旅董事长助理、品牌总监、飞马旅爱创业股权融资平台 CEO 季怿昊，中大联合投资咨询与投资管理有限公司副总经理兼投资总监郑志强现场点评。路演结束后，长沙天心文化产业园副主任刘湘俊、区金融办主任于意为 3 位点评导师颁

2018 年 3 月 12 日，省新闻出版广电局局长张严（左一）一行到长沙天心文化产业园调研数字出版产业工作情况　　长沙天心文化（广告）产业园 供稿

发创业导师聘书。（李典航）

【2018年文化金融产品服务对接会】 2018年4月13日，长沙天心文化产业示范园联合区金融办主办、北京银行长沙分行承办的文化金融产品服务对接会（第一期）在北京银行长沙分行举行。北京银行长沙分行中小企业部产品经理做《文化IP通 文化金融服务方案推介》并和到场17家企业代表进行交流互动。各企业代表介绍项目情况及拟融资情况，银行机构负责人就金融服务项目及贷款投向重点进行解答。长沙天心文化产业园副主任刘湘俊做点评总结。（李典航）

【2018湖南文创企业版权保护运营交流会】 2018年4月19日，湖南文创企业版权保护运营交流会在创谷多功能厅举行。该交流会由省新闻出版广电局（版权局）指导，长沙天心文化产业园、中南国家数字出版基地主办，由市知识产权局、区知识产权局支持，湖南七号网知识产权服务管理有限公司协办，省新闻出版广电局（版权局）版权处处长王军湘，省新闻出版广电局（版权局）版权处副调研员宋亮，省新闻出版广电局（版权局）数字出版处调研员李峰，省文化厅文化产业处调研员李新桥，市知识产权局副局长张立，市知识产权局版权处处长甘永雄，区委常委、宣传部部长肖雄伟，区政府副区长康镇麟，区知识产权局局长刘芳妍，长沙天心文化产业园管委会副主任刘湘俊等有关负责人出席本次活动。王军湘表示，加强知识产权的保护，建立知识产权秩序完善制度和促进科技成果的转换对版权事业尤为重要。肖雄伟介绍长沙天心文化产业园文化产业发展情况。活动第二阶段，园区重点版权企业负责人分享公司在版权保护及运营方面的经验，全国版权保护运营方面专家学者向与会企业家讲述如何更好的对企业的版权资产进行保护和运营，分享高新认定、企业贯标等项目管理经验。深圳市版权协会秘书长陈彦认为，企业可以通过运营版权、版权保护和版权运用来实现企业做强做大、赢得市场和品牌效应以及实现转型升级。中国人民大学知识产权法博士徐瑞结合迪士尼、阿里鱼和腾讯阅文的典型案例展开阐述，针对版权的保护、版权布局和版权诉讼给出相应建议。（李典航）

【“南城融合，科创湘情”园校共建交流会】 2018年5月15日，“南城融合，科创湘情”园校共建交流会在长沙广告产业园会议室举行。湖南科技大学副校长胡石其，湖南科技大学校地共建办、招生就业处、党委宣传部新闻中心、建筑与艺术设计学院、人文学院、艺术学院等相关负责人及学生代表一行23人，区政府副区长康镇麟，区政协副主席、长沙天心文化（广告）产业管委会主任罗超纲、党工委书记唐华、创谷园区10余家企业代表共同参与。唐华主持。罗超纲致辞，希望湖南科技大学能在文创、互联网、金融以及更多方面向创谷园区输送高质量人才。湖南科技大学建筑与艺术设计学院、广告系、艺术学院美术系的院系负责人分别介绍学院基本情况并展示取得的成果。中匠文化提出产品设计、平面设计等方面人才的需求，邀请湖南科技大学的学生参与第二届湖南省非物质文化遗产大赛。启迪之星所主打的双创课程希望能整合全面的产学研资源，服务于高校和企业。幻维数码就供需关系提出需求。湖南科技大学和创谷园区进行授牌仪式。康镇麟授予学校“创谷长沙国家广告产业园高级人才培养基地”，胡石其授予长沙广告产业管委会“湖南科技大学校企合作产学研基地”。（李典航）

【天心区政府与中证机构间报价系统在创谷签约】 2018年5月23日，天心区政府与中证机构间报价系统股份有限公司（简称“中证报价”）在长沙天心文化（广告）产业园签署战略合作协议，拟打造文化创意金融综合服务平台（简称“文创板”）。文创板作为全国性的文创企业股权交易平台，可发挥机构间私募产品报价与服务系统（简称“报价系统”）服务企业融资的职能，帮助文创企业对接资本市场，立足天心，覆盖全市，辐射湖南省，实现文创企业与全国资本市场的面对面交流。市委常委、副市长付胜华，中国证券协会副会长、中证报价总经理葛伟平，市文广新局局长杨长江，市金融办主任李晓斌，区委书记朱东铁等参加活动。“文创版”启动仪式现场由付胜华、葛伟平、吴博文、朱东铁共同开启序幕。活动邀请兴业证券、晟道投资、北京坡上文化等金融机构及文创企业代表进行主题分享，天心区内五家成长性良好的企业负责人进行现场路演，实现企业与资本无缝对接。活动吸引近200家企业、金融机构和媒体参加。

（李典航）

【“天心艺术品论坛”】 2018年6月21日，由长沙天心文化（广告）产业园主办，湖南大球泥瓷艺有限公司、湖南省民营文化产业商会协办的“天心艺术品论坛”在创谷举行。论坛以“设计创新，助力艺术品远航”为主题，邀请艺术界领袖、知名专家学者和艺术品企业代表等参与活动，共同聚焦“一带一路”背景下的文化传承与创新、艺术品如何更好的产业化等重要课题，为以艺术品为载体的文化设计创新指明新的航线。省文化厅文化产业处调研员旷小莺，市文广新局党委委员郭学稳，市文广新局文化产业处处长何政韩，区政协副主席、长沙天心文化（广告）产业园负责人罗超纲，长沙天心文化（广告）产业园相关负责人刘湘俊等人参加活动。

（李典航）

【中南国际文化艺术交流中心挂牌】 2018年7月11日，“中南国际文化艺术交流中心”“中华善德网湖南运营中心”挂牌暨“传承好家风 中华小孝星”湖南区启动仪式在长沙天心文化（广告）产业园举行。中国国际文化传播中心顾问陶方桂，中国国际文化传播中心海南联络部部长刘新、湖南联络部副部长彭崇谷以及长沙市政协、湖南演艺集团、湖南艺术收藏家协会、长沙先导控股集团的负责人参加挂牌仪式。中南国际文化艺术交流中心、中华善德网湖南运营中心的正式挂牌启用，旨在促进中南地区的文化交流，打造优质的国内外文化艺术交流平台，推进湖湘文化传承与发展。挂牌仪式现场，原南京军区政委雷鸣球宣读成立“中南国际文化艺术交流中心”的决定；中国国际文化传播中心执行主席龙宇翔致辞；中国国际文化传播中心湖南联络部部长杨忠民讲话；湖南省文联主席欧阳斌讲话。中国国际文化传播中心湖南联络部副部长易继元与湖南演艺集团董事长吴友云签约；中华善德网董事长苏心灵与湖南艺术收藏家协会主席刘兴跃签约。

（李典航）

【2018动漫和网络文学IP运营及投融资大会】 2018年7月13日，2018动漫和网络文学IP运营及投融资大会在长沙天心文化（广告）产业园举行。大会由省文化厅、省新闻出版广电局指导，长沙天心文化（广告）产业园、湖南省动漫游戏协会、湖南省网络作家协会主办。省文化厅副厅长肖凌之，省文化厅文化产业处处长胡丕志，省新闻出版广电局（版权局）数字出版处副处长张坚，湖南省新闻出版广电局（版权局）版权处副调研员宋亮、长沙市文化广电新闻出版局党委委员郭学稳，长沙市知识产权局副局长徐拥军，长沙市文化广电新闻出版局文化产业处处长何政韩，天心区政协副主席、长沙天心文化（广告）产业园负责人罗超纲，天心区知识产权局局长刘芳妍等各级领导出席，中国作协网络文学委员会副主任、湖南省作协名誉主席欧阳友权，湖南省网络作家协会主席余艳，湖南省动漫游戏协会常务副会长兼秘书长杨春玉等以及来自全国各地的多位知名动漫产业企业家、知名网络作家及知名机构平台运营方负责人参加大会。会上，肖凌之致辞，强调应当把握时代机遇、促进相互渗透、努力厚积薄发、争取一鸣惊人。罗超纲表示长沙天心文化（广告）园区将着力推动动漫和网络文学产业联动发展打造“动漫·网络文学生态圈”。青青树动漫CEO杜军，知名网络作家、湖南省网络作协副主席曾登科（愤怒的香蕉），奥飞娱乐授权事业部总经理兼嘉佳卡通卫视副总经理罗晓星，

2018年7月11日，“中南国际文化艺术交流中心”“中华善德网湖南运营中心”挂牌暨“传承好家风 中华小孝星”湖南区启动仪式在长沙天心文化（广告）产业园区举行

长沙天心文化（广告）产业园区 供稿

阅文集团高级副总裁罗立重点讲述动漫和网络文学IP打造的现状，总结两大产业跨界融合的经验，提出未来发展的建议。省动漫协会及省网络作家协会分别就动漫作品IP和网络文学IP进行发布，《安安和小心》《缺一门》《奥特曼英雄归来》《不灭龙帝》《赘婿》等10部动漫和网络文学作品在现场发布。湖南欣之凯集团、湖南吟谷文化传媒有限公司、湖南金鹰卡通有限公司、湖南山猫吉咪传媒股份有限公司、连载阅读网、湖南欣欣向爱文化传媒有限公司等6家企业在会上做路演，自赛马资本、拉隆基金等6家单位的6位点评人对路演进行点评。大会的召开有利于促进湖南动漫和网络文学产业以及长沙天心文化（广告）产业园动漫产业和网络文学IP运营的发展。 （李典航）

【国家评估组专家调研长沙天心文化（广告）产业园发展情况】 2018年9月20日，受国家市场监管总局的委托，由《中国广告》杂志社社长、主编张惠辛带队的“十三五”广告产业发展规划中期实地评估专家组专程到长沙天心文化（广告）产业园进行调研。专家评估组通过现场考察、交流座谈、听取汇报等方式对园区深入了解，对园区在政策规划、聚焦主业、聚力发展广告、文创、互联网产业及其配套服务方面取得的显著成绩给予肯定。

（李典航）

【长沙市“千人帮千企百日大行动”金融助推企业发展论坛暨文创板上线仪式】 2018年11月20日，2018长沙市“千人帮千企百日大行动”金融助推企业发展论坛暨文创板上线仪式在长沙天心文化（广告）产业园举办。论坛由长沙市“千人帮千企百日大行动”工作领导小组主办，天心区“千人帮千企百日大行动”工作领导小组和长沙天心文化（广告）产业园承办，市经信委副主任周双恺，区委副书记朱远红，区政府副区长张建，区政协副主席、工商联主席、长沙天心文化（广告）产业园负责人罗超纲及企业家、金融机构、投资机构代表等近200人参加。活动上，周双恺，朱远红分别讲话；中国社会科学研究院博士生导师郭万超以“文化产业未来发展方向”为主题阐述文化行业的发展前景；新闻短视频企业梨视频副总裁汪庆红介绍梨视频成功的融资经历和新闻短视频企业的成功模式。中国建设银行、长沙市小微企业创业创新投资基金、长沙市小微企业信贷风险补偿基金、长沙市小微企业转贷引导基金分别作金融服务产品推介。交流互动环节，“文创板”挂牌成功企业、投资机构向与会企业分享融资和经营心得。 （李典航）

【文化创意天心阁峰会】 2018年12月7日，2018第三届文化创意天心阁峰会在长沙天心文化（广告）产业园举行。峰会以“文化金融，创意腾飞”为主题，由省文化和旅游厅、市政府指导，区委、区政府主办，长沙天心文化（广告）产业园承办。省文化和旅游厅党组成员、副厅长肖凌之，市委常委、宣传部部长高山，区委书记朱东铁，区委常委，宣传部部长肖雄伟，区政府副区长张建等参加峰会。开幕式上，朱东铁致辞，肖凌之、高山发言。肖雄伟与与会人员围绕“如何加快天心区文化产业新一轮发展”展开探讨。中央财经大学文化与传媒学院院长、文化经济研究院院长魏鹏举进行《文化领域PPP的应用前景》演讲。香樟资本合伙人，资深新零售、互联网、文创投资人钱中华以《收缩周期下的新场景机会》为主题展开演讲。东道集团董事长解建军聚焦品牌运营对城市形象的提升发展，提出看法。张建现场发布“文创板”挂牌政府支持政策。 （李典航）

坡子街街道

【概况】 长沙市天心区坡子街街道位于天心区最北端，北依五一大道，与开福区接壤，南至白沙路，与裕南街街道毗邻，东临黄兴中路、黄兴南路步行商业街，经南门口至劳动广场，西靠湘江，与岳麓区隔江相望。下辖太平街、西牌楼、八角亭、坡子街、文庙坪、登仁桥、楚湘、碧湘、创远、西湖、沙河和青山祠12个社区，区域面积1.94平方千米，常住人口6.62万人。街道内设党政办公室、纪工委办公室、综合治理办公室、维护稳定办公室、经济发展办公室、社会事务办公室、文明创建办公室、计划生育办公室、城区管理办公室、城市建设办公室、安监站、财政所、司法所、集中处理信访突出问题办公室、征收服务中心、太平街管委会办公室16个机构。2018年年末，街道有在职人员53人，其中科职干部12人（含市派挂职1人），一般干部40人，政府雇员1人。

2018年，坡子街街道突出党建引领，推动经济发展，创新社会管理，保障改善民生，努力向建设“历史文化样板街、商贸服务引领街、现代金融示范街”目标强势迈进，获湖南省创业带动就业示范街道、长沙市经济社会发展“十强”街道等各级称号13项，被《中国组织人事报》、中国文明网、《湖南日报》、红网、《长沙晚报》等市级及以上媒体报道150次。（刘 波）

【街域经济】 2018年，坡子街街道财税收入23亿元，同比增长50.5%；完成规模以上工业总产值6715万元，同比下降6.4%；完成固定资产投资21.22亿元，同比下降17.4%；完成限额以上社会消费品零售总额64.54亿元，同比增长0.5%；新增“四上”企业6家。促进产业提质升级、发展转型，商贸旅游业、现代服务业在优化升级中稳健发展，金融业作为新的经济增长极，对街域经济发展的贡献度加大。随着北京银行、国家开发银行、中国进出口银行、中英人寿等金融机构进驻，“金融外滩”聚集效应凸显。协助华远、汇景环球等项目招商，分析街域经济发展形势，宣传招商引资政策。（刘 波）

【城市管理】 2018年，坡子街街道推进项目征拆，碧湘二期项目私房签约464户，单位22家，整体签约率82%；西文庙坪项目私房签约289户，直管公房签约160房，单位13家，整体签约率36%。促进华远悠优港转型升级；华远二期及“苏州会馆”完成建设；汇景发展环球中心主体A塔封顶，B塔建至40层，年底完成封顶。加快推进城市有机更新，历史步道妙高峰段和青山祠、太平路及两厢、上碧湘街、西文庙坪及周边、黄兴路两厢、太平街地块棚改项目配套改造工程、西湖及楚湘社区7个有机更新项目开工建设。推进五一商圈建设提质，联合交警、城管等部门完善五一商圈标识标牌和设施，优化停车管理和交通疏导，加强不文明行为劝导，强力整治市容乱象，重点铺排景区化保洁力量。抓好华远二期、汇景发展环球中心2个公共停车场建设和辖区停车位改造，推进畅通城市建设工作。

（刘　波）

【社会事业】 2018年，坡子街街道春节慰问2914户，发放慰问金129.86万元；低保累计10140户，15091人，发放低保金628.26万元；大病救助297人，累计金额104.9万元。92名老人享受政府居家养老服务，为2209名老人发放高龄补贴。接受低收入家庭住房保障申请394户，棚改征收户住房保障申请303户，190户低收入家庭审批入住。开展各类专项督查30余次，新增公益广告3000余块，印发文明创建宣传资料2万余份，开展社会主义核心价值观宣传教育、“我们的节日”、未成年人关爱等各类主题活动200余场。开展健康知识宣传活动36次，完成义务献血397人，组织320名对象免费进行孕前优生检查，完成计生奖励扶助发放工作，向934名独生子女保健费对象发放21.68万元，向465名特扶对象和184名低保对象发放337.1万元。办人民满意教育，联合开展校园周边环境综合整治行动4次，开展无证办学机构专项整治，关停无证办学机构5家，督促4家培训机构办证，2家幼儿园筹设加快办证。开展食品安全集中宣传活动20余次，对全街1500余家餐饮门店进行全面摸排，对60家小餐饮实行“透明厨房”提质，开展“食美药安”“一桌餐”等专项整治行动10余次。处理中央环保督察“回头看：案卷11起，省级环保督察组案卷9起，联合环保、城管、食药监等部门开展集中整治行动60余次，出动执法检查人员4000余人次，取缔违章摊点289个，暂扣违章经营物品378车，督促538家商户安装油烟净化器，为1713户居民家庭安装油烟净化装备。办结“12345”市民服务热线工单839条。（刘　波）

【综合治理】 2018年，坡子街街道35个网格“以网定格、以格定人、以人定岗、以岗定责”，实现网格调度可视化、网格巡查全天候、网格对接无空档。将城市管理、治安防控、物业服务、流动人口管理等社会职能纳入网格。全年处理数字化案卷16058个，拆除历史违法建筑857平方米，拆除新建违法建筑218平方米，拆除违规广告招牌850余处。在五一商圈集中整治行动中，开展集中整治行动20余次，出动执法人员2000余人。领导班子每月带队开展安全生产检查，与200余家企业签订责任书，组织会议、培训、演练100余场，发放安全生产宣传资料2万余份，开展专项整治行动10余次，作出执法检查记录152次，下达责任整改指令书18家，立案处罚企业12家。联合公安派出所、红袖章协会，开展扫黑除恶、“黄赌毒”、校园周边环境等专项整治行动30余次，开展平安创建主题活动20余场，发放各类宣传资料1万余册，评选平安家庭、平安楼栋1900余户。处理中央巡视组交办案件14宗，处理省委巡视组交办案件17宗，处理其他各类信访件132件。成功化解信访积案8起。完善矛盾纠纷排查调处机制，调处各类矛盾纠纷83起。（刘　波）

【党建工作】 2018年，坡子街街道开展党工委理论学习中心组学习4次，实施青年干部素质提升工程，开办中共十九大精神专题学习班、“两新”党组织党员轮训班、入党积极分子培训班，结合“三会一课”、主题党日活动等，开展讲习活动120余场。选聘3名辖区单位党组织负责人担任街道工委兼职委员，推进党支部“五化”建设和“两新”党组织“两争一创”工作。发展预备党员12名，明确社区党组织对“五类党员”的兜底教育管理。西牌楼社区党群服务中心阵地提质基本完成，西湖社区、楚湘社区党群服务中心阵地建设有序推进。推进社区书记区级宏观管理有关工作，140名社区专职工作人员纳入员额管理。打造15分钟党群服务圈，让党组织和党员成为加强基层治理的核心力量。搭建“有事好商量”议事平台，开展议事活动30余场，实现街道、社区、网格、小区四级治理力量融合。发挥文庙坪社区“五老义务管家团”、登仁桥社区“好人理事会”等党员骨干队伍作用。建设街道、社区、网格、商圈、小区邻里党群服务中心26个，拓展活动阵地服务功能。对“候鸟驿站”“流动党员心家园”、五一新干线楼宇立体党建站、酒吧娱乐行业党群服务中心等党建品牌进行提质升级。打造“有声习社”讲习品牌，相关经验做法多次被媒体宣传报道。以区域化党建为抓手，依托五一商圈，建设提质坡子街商圈党群服务中心，打造区域特色党建品牌。（刘　波）

【“长沙太平街叙事展”在西牌楼社区展出】 自2018年1月30日始，展期4个月的“长沙太平街叙事展”在西牌楼社区展出。此次展览打破传统展览形式，通过太平街相关的历史文献、绘本、老照片、模型、影像等珍贵资源，全方位展示太平老街的“前世今生”以及文化内涵，为大众了解老长沙、感受老长沙的独特魅力提供直观而较为全面的历史考究。

（刘　波）

【胡忠雄到天心区调研城市有机更新及“一圈两场三道”工作】 2018年4月25日，市委副书记、市长、湖南湘江新区党工委书记胡忠雄调研天心区城市有机更新及“一圈两场三道”工作。市委常委、副市长廖建华参加调研。区委书记朱东铁陪同调研。胡忠雄一行实地调研天心区坡子街街道停车场配套建设等情况，察看湖南第一师范学院的人行道、自行车道、历史步道规划建设等情况，强调要加快工作进度，留住历史文脉，方便市民生活。（刘　波）

【市区政协委员开展集中学习走访活动】 2018年7月4日，坡子街街道组织开展市、区政协委员集中学习走访活动。区政协副主席赵英华、入驻坡子街政协工作室的市政协委员、区政协坡子街委员组全体委员、街道各社区负责人参加活动。活动有利于密切市、区政协委员与街道智慧政协委员工作站及各社区政协委员工作室的对接联系，加大委员学习力度。

（刘　波）

【无人机科普教育主题活动】 2018年8月3日，无人机科普教育主题活动在坡子街街道西牌楼社区青少年科技活动室举行。雅兴信息科技公司从农业无人机、消防无人机、军用无人机、网络无人机等多个方面，为青少年介绍无人机发展、用途和前景的相关知识，分两个组指导孩子们进行无人机飞行试飞操控。活动有利于提高青少年深入探索了解无人机的兴趣，在玩乐当中让他们学到无人机的基本知识和操作方式。

（刘　波）

2018年12月19日，“党建引领凝聚发展合力　千帆竞发提振五一雄风”首届商圈党群运动会暨坡子街街道全民健身周活动在黄兴南路商业步行街中心广场正式启动

坡子街街道　供稿

【文树勋考察天心区老城区有机更新工作】 2018年9月21日，市政协主席、市历史文化名城建设推动委员会主任文树勋率市推委会成员考察天心区老城区有机更新工作。市政协副主席、市推委会副主任兼办公室主任文丽霞，市政协秘书长谭志，区委书记朱东铁等参加考察。文树勋强调，要加快推进有机更新，让老城区更有长沙味。（刘　波）

【全民健身周启动】 2018年12月19日，“党建引领凝聚发展合力，千帆竞发提振五一雄风”首届商圈运动会暨坡子街街道全民健身周活动启动。活动现场，市委组织部两新工委副书记肖剑锋宣布五一商圈首届党群运动会开幕，并与区委副书记朱远红，区委常委、统战部部长刘向，区文体新局局长张磊，区两新工委书记唐珺以及坡子街街道工委书记郑州，坡子街街道工委副书记、办事处主任黄根明共同开启揭幕式。

（刘　波）

城南路街道

【概况】 长沙市天心区城南路街道位于天心区东北角，辖区东接芙蓉路、南起劳动路、西至黄兴路、北抵大古道巷，辖区面积2.1平方千米，常住人口3.1万人，流动人口1.01万人。下辖白沙井、天心阁、燕子岭、吴家坪、古道巷、熙台岭、工农桥、城南中路8个社区居委会。街道在职人员47人，离休干部1人，退休干部38人，党员65人（包括离退

休党员 22 人）。

2018 年，城南路街道获评长沙市 2017 年度无偿献血先进单位、统战“沙水同源·白沙同心”项目获评长沙市统一战线“凝心聚力·同心同行”优秀成果展示一等奖。党建工作、统战工作分别在《人民日报》《湖南日报》《长沙统一战线》等报纸及杂志报道。白沙井社区获评区2017～2018 年度关心下一代爱心团队；天心阁社区获评市 2018年度残疾人工作五星级明星社区、区 2018 年度关心下一代工作爱心团队；工农桥社区获评长沙市物业管理先进单位称号；燕子岭社区获评 2018 年度长沙市残疾人工作明星社区 长沙市红十字会示范社区 。（唐卓琳）

【街域经济】 2018 年，城南路街道完成财税收入 15.55 亿元，同比增长 11.7%；完成规模以上工业总产值 20.44 亿元，同比增长 5.7%;完成固定资产投资 9.4 亿元;完成限额以上社会消费品零售总额 18.91 亿元，同比增长 –16.2%；新增“四上”企业 15 家。街域内有商务楼宇 23 栋，入驻企业 1251 家，其中亿元楼宇 4 栋，规模以上企业 73 家。街道引导形成楼宇、项目、园区、旅游 4 大板块，打造全街乃至全区现代商贸业、文化产业、金融服务业、区域性总部四个“新高地”。财税收入连续五年过 13 亿元，2018 年完成进出口 1.48 亿美元，到位外资 5850 万美元，贡献率全区排名第一。南门口棚改项目全面扫尾，古道巷项目三期稳步推进，均被评为全区优秀项目。轨道交通一号线侯家塘站与长沙田汉大剧院地下空间开发项目获全区项目建设工作考核二等奖。（唐卓琳）

【城市管理】 2018 年，城南路街道通过数字化采集、巡违发现新建违建 4 处，全部控制处理到位。拆除历史违建 12 处，约 879 平方米。拆除各类违规广告招牌发光字 14 处。2018 年街道数字化案件处置率 100%。城市管理工作在各类信息平台、专业性媒体、综合性媒体累计报道 90 余篇次；环保工作在各类信息平台、专业性媒体、综合性媒体累计报道 60 余篇次；食安工作在各类信息平台、专业性媒体、综合性媒体累计报道 40 余篇次。2018 年接到“12345”工单 319 条，全部处置完毕。发现并整改垃圾焚烧、露天烧烤、鞭炮燃放、散煤焚烧等问题 150 余个。对本辖区 323 家餐饮油烟排放单位进行全面摸底、编制管理台账。督促完成油烟净化器安装 264 家，2018 年区级下达的餐饮油烟整治任务全部完成。开展“牛皮癣式”非法小广告整治行动，清理清除“牛皮癣式”非法小广告 3100 余处。开展垃圾分类入户宣传 650 户，悬挂宣传横幅 18 条，制作宣传栏 16 期，宣传板 40 块，发放宣传资料 5000 余份。每天播放广播 3 次。组织社区开展垃圾分类知识宣讲活动 8 次。（唐卓琳）

【社会事业】 2018 年，城南路街道完成城乡居民基本养老保险参保缴费，参保缴费任务完成率 100%，养老金发放 100%。完成区下达的城镇居民医疗保险目标任务，全街完成缴费人数 5703 人。为 3955 人进行企业养老金领取资格认证工作。及时做好就业失业登记证的发放、管理以及就业援助对象认定工作，共办理就业失业登记证 258 人。及时帮助符合条件的劳动者申请享受就业扶持政策，城镇新增就业 1005 人，失业人员再就业 458 人，就业困难对象再就业 239 人。为 173 人申请并发放社保补贴 133.72万 元。办理小额担保贷款金额为 70 万元。（唐卓琳）

【综合治理】 2018 年，城南路街道制定《党建引领共建共创平安城南活动实施方案》，召开动员部署会，开展宣传发动，由相关部门对应指导相关单位开展平安创建。7~9 月，评选出 496 户“社区平安家庭”并挂牌。9 月 14 日，通过现场评委投票，最终评选出 24 户“街道平安家庭”。全街发放扫黑除恶宣传手册 3000 余份，宣传购物袋 2000 余个，张贴公告、海报 1500 份，悬挂宣传横幅 50 余条，制作上墙标语 6 条，宣传展板 18 块，在辖区电梯张贴 100 余张宣传标签，发送宣传短信近 6000 条，利用 8 个社区应急广播、电子显示屏进行宣传，在天心阁西坪和白沙古井开展两次大型集中现场宣传活动。对“砂石土方工程涉黑涉恶线索”“党员干部涉黄涉毒”和“金融领域涉黑涉恶线索”三个专项进行摸排，共排查在建工地 2 家，征拆区域 2 处，大型商场 2 家，大型市场 3 个，大型美食城 1 个，娱乐场所 4 家，收到社区上报涉黑涉恶线索 1 条。2018 年，受理各类矛盾纠纷调处 89 起（含重大疑难复杂纠纷 3 起），调处成功 89 起，调处成功率 100％，化解 12 件信访积案，分别为中央巡视组交办 5 件，区级交办1件，街道自行交办6件。完成湘江马拉松赛、2018省社科普及主题活动周启动仪式、长沙国际马拉松赛等5次重大活动安保工作。安全有序完成各类迎检安保工作20余次，稳妥处置盛世芙蓉耕食记饭店一员工意外死亡等9起突发事件。对古道巷社区步行街沿线治安重点区域，街道综治办联合派出所、城管、安监、食安部门召开治安重点地区专项整治会议，成立城市管理组、治安整治组、安全检查组3个工作小组进行集中排查和专项整治，对庙街等20余家门店扒窃、消防安全隐患等群众反应强烈的问题进行重点整治。对辖区3所小学、4家幼儿园周边门店销售博彩性质商品、交通拥堵、流动摊贩、治安等主要问题开展摸排和整治工作，收缴黄兴小学周边门店部分三无散装食品和1台老虎机，将古道巷小学周边的拆迁渣土进行清除，围上围挡。及时成立肇事肇祸等严重精神障碍患者服务管理工作领导小组，制定联席会议制度，定期召开联席会议；对辖区肇事肇祸等严重精神病人建立台账，定期进行走访，27名重点对象（公安系统在册7人、二级精神障碍患者20人）全部签订监护人协议，购买治安保险。为290户符合条件的“两属两户”（军属、烈属、低保户、“五保”户）及有肇事肇祸危险的严重精神障碍患者统一购买治安保险。街道投入50万余元，在街道四楼新建综治中心，实现公安天网的接入。组建街道三级网格服务体系，街道为一级网格，重点打造网格化综合管理中心，构建智慧管控平台，对全街范围进行实时管理；社区为二级网格，党组织书记任网格长，统筹社区各子网格的服务运行；社区各子网格为三级网格，在全街设置22个平面网格。突出红袖章分会会员发展，发展会员889人，定期组织志愿者开展治安巡防、安全隐患排查和平安宣传工作；建立微信公众号红袖章专栏，通过各种信息平台及时宣传报导活动情况。开展综治宣传月主题活动和平安创建“五个一”活动，设计“平安创建、扫黑除恶、防邪和禁毒”四合一宣传板，张贴到每个楼栋单元，制作综治工作宣传购物袋5000个和宣传折页5000份发放给居民群众，利用自来水公司、幼幼小学、天玺大酒店、同发大酒店等辖区单位的电子显示屏滚动播放平安天心户外公益广告宣传内容，利用街道平安城南V微信公众号和街道、社区微信工作群推送综治工作宣传内容，利用街道城南先锋汇短信平台向辖区群众发送平安创建、扫黑除恶、禁毒等宣传短信2万余条，在天心阁西坪、白沙古井、贺龙火炬塔开展综治集中宣传活动，平安城南、法治城南深入千家万户。2018年，街道在三湘综治网、天心新闻网、平安天心V等平台发表稿件20余件。（唐卓琳）

【党建工作】 2018年，城南路街道工委书记主持召开6次工委会议研究部署党建工作，讲党课2次，8次到社区基层党支部开展调研指导，班子成员到联点社区进行点对点指导。评出五化五星支部18个，评选四好、四强、四心党组织10个，评选优秀网格、优秀在职志愿者党员48名。探索社区党员直管、在职党员双管、流动党员联管、离退休党员帮管、退役军人党员合管模式，实现精细化服务。完成工农桥、燕子岭、熙台岭的阵地建设，培育凌婕、柳军等一批先进典型，借助天心阁论坛等平台载体，激发组织活力。建立城南先锋汇学习主阵地1个，设立网格学习汇22个，累计培训党员2000人次，“城南先锋汇”迎接全市党建观摩。8个社区党组织结对52家企事业单，设立网格党支部（党小组）22个，新建小区党支部2个，网格、邻里党群服务中心12个。推进“城南

2018年11月5日，天心区城南路街道白沙井社区开展以“党建引领夕阳红 改革开放舞城南”为主题的重阳节活动 城南路街道 供稿

讲习所·地标篇”、天心阁论坛等一批主题活动，巩固党员中心户、廉政“家立方”等一批系列品牌，实施贺龙商圈党建、卓伯根党群服务站等一批特色项目。开展各类志愿服务210余次，走访群众2000余人。开展中共十九大精神、《中华人民共和国监察法》《中国共产党纪律处分条例》学习活动及典型案例警示教育10余次，开展各类廉政宣教14次，开展廉政谈话40余人次，开展作风纪律督查28次，通报违纪人员26人次，设置信访举报箱9处，运用第一种形态提醒谈话26人次，函询3人次，办理信访事项9起，发现问题线索6条，街道纪工委立案4起，办结4起，协助区纪委办结2起，处分6人。《长沙晚报》4次、《廉洁长沙》5次对街道党风廉政建设工作进行宣传推介。设置部门纪检联络员、社区纪检专干、居民廉情员等，结合网格化管理，将全街8个社区划分为22个网格，组建共89人的纪检监督队伍。7月，从每个社区挑选3名政治立场坚定、综合素质高的人员担任廉政监督员并颁发聘书。紧扣“家庭、家教、家风”主题，各社区共计开展活动20余次。（唐卓琳）

2018年9月13日，天心区城南路街道白沙井社区开展“城南讲习所 传递党的最强音”活动
城南路街道 供稿

【“大城管”工作】 2018年，城南路街道以3个有机更新项目（熙台岭—燕子岭、吴家坪、古道巷）、2个改造项目（五一商圈提质改造及南门口—古道巷区域综合改造）、2个市场整治（吴家坪菜市场、晏家塘市场）为重点，落实好拆违控违、环保治理、蓝天保卫、清洁城市、食品安全等集中行动和常态管理。在区2018年季度重点工作调度讲评中，街道环保一直排名全区前三位，食安连续两个季度排名第一。大城管工作多次在湖南经视频道、长沙新闻频道等媒体报道。完成“一圈两场三道”的先期示范生活圈项目建设。（唐卓琳）

【“大民生”工作】 2018年，城南路街道范围内有物业小区28个，开放式物业管理楼栋138栋，低保户407人，残疾人596人，重点对象43人，吸毒人员397人、刑释人员33人。街道通过“四心”服务、“四治”举措，努力实践共建、共治、共享的的新局面，通过“四心服务”“爱心赶集”等老品牌，“巷长制”“三型志愿者”、门店自律联盟等新亮点，“网格智慧营”“先锋创业论坛”“同心咖啡沙龙”等新平台，充实文化内涵、服务民生需求。2018年，街道投入60万余元建设网格化管理指挥中心，探索建设网格化管理服务体系。多次迎接外地、外区观摩学习。（唐卓琳）

【吴家坪社区“走进新时代，共筑中国梦”网络春晚】 2018年1月24日，“走进新时代，共筑中国梦”社区网络春晚在城南路街道吴家坪社区举行。春晚在歌舞节目《好日子》中拉开帷幕。演出节目均由社区工作人员、辖区单位的文艺爱好者、协会组织自编、自演，包括歌舞演唱、快板小品等，展现吴家坪社区人民热爱生活、昂扬向上的精神风貌，唱响和谐主旋律。通过活动，有利于向全国人民展示吴家坪社区居民的风采和对美好生活的期盼。（唐卓琳）

【“3·15”国际消费者权益保护日法律宣传活动】 2018年3月15日，城南路街道司法所、综治办联合天心阁社区在天心阁公园西坪前摆摊设点，开展“3·15”国际消费者权益保护日法律宣传咨询活动。街道司法所邀请社区法

律顾问、“法润三湘”志愿者组成普法志愿组，设置普法宣传台和法律援助点，现场提供法律援助等咨询服务；发放《中华人民共和国消费者权益保护法》《合同纠纷法律援助》《医疗纠纷法律援助》《法律援助条例》《扫黑除恶》等各类宣传资料100余份，引导消费者科学理性消费，提高消费者的维权意识。（唐卓琳）

【政协提案调研组考察天心阁社区】 2018年4月25日，区政协提案委主任刘克平、区商旅局副局长陈益文一行到城南路街道天心阁社区，与政协城南路委员组的委员们座谈，就关于打造好天心阁历史文化街区，形成文化旅游品牌的实施方案进行探讨。经区政协提案法制委立案审查会议审议，区政协五届二次会议期间委员联名提案《关于打造好天心阁历史文化街区，形成文化旅游品牌的建议》立案，成立3号提案办理工作领导小组，由区商务和旅游局牵头负责相关工作。调研组一行到天心阁社区甘棠址巷，现场查看当地自然与人文情况，就打开定湘门、打通天心阁旅游景区与天心阁历史文化街区微循环进行实地调研，就申报国家AAAAA级景区相关工作工程清单与天心阁公园、街道社区进行探讨。（唐卓琳）

【“生育关怀·我和计生协会的故事”主题宣传活动】 2018年5月25日，一场以“‘生育关怀·我和计生协会的故事’—全生命周期服务”为主题的宣传活动在城南路街道天心阁社区映山楼举行。社区计生协会会员、居民群众代表、社区计生特扶家庭代表及青少年100余人参加活动。活动围绕育儿期、新婚期、孕产期、青春期、中老年期计生全生命周期服务展开。李静懿家庭的合唱《鲁冰花》拉开活动序幕，天心阁社区计生特扶青年朱剑现场表演架子鼓《龙的传人》；计生协会骨干会员杯微微分享自己与计生协会的故事；潇洒艺术团表演花鼓戏《刘海砍樵》。（唐卓琳）

【“党徽耀城南，聚力暖人心”爱心赶集活动】 2018年5月25日，以“党徽耀城南，聚力暖人心”为主题的“爱心赶集”活动暨“党建引领社会治理大宣传大走访”启动仪式在城南路街道步行街南门口举行。活动旨在完善社区党组织对党员的兜底教育管理，通过义卖提高党员的志愿服务精神，使“暖心公益朋友圈”在社区内播下“爱”的种子。活动在党员志愿者文艺队的军鼓表演中拉开序幕，活动中，全街8个社区党组织书记认领重点工作项目，领取“四个一”工作簿（一套温馨提示、一个记录本、一张便民联系卡、一个工作牌），以党建为引领，全面开展社会治理大宣传大走访工作。活动采取现场捐赠和爱心义卖两种方式，所得善款捐赠给城南路街道贺利兰等3户特困家庭。活动通过“党员牵手，关爱他人”的爱心赶集的形式，给党员志愿者和爱心人士提供了一个关爱他人的机会。（唐卓琳）

【食品安全“你送我检”主题活动】 2018年6月13日，城南路街道在吴家坪菜市场开展食品安全“你送我检”主题活动。活动现场，城南路街道食药监所、食安办的工作人员设立宣传咨询台，现场通过为市民讲授食品安全常识，发放食品安全法规知识及长沙创建全国食品安全示范城市宣传资料等方式，向群众普及食品安全常识。食品检测人员将市民刚到集市上采购的日常蔬菜、水果等食品，进行食安检测，对检测的结果进行公示。经过现场检测，所检批次合格率为100%。活动有利于提升市民的食品安全意识，提升端午佳节期间辖区的食品安全保障水平。（唐卓琳）

【“红袖章”平安志愿者业务培训】 2018年7月27日，城南路街道“红袖章”平安志愿者分会在白沙井社区天玺大酒店会议室组织开展“红袖章”平安志愿者业务培训，各社区红袖章协会会长和60余名平安志愿者参加培训。长沙市最美志愿者、文明标兵市民、燕子岭社区“红袖章”协会会长李米沙就党员如何参与志愿服务等内容进行授课。湖南润和律师事务所主任李斌全就如何做好法律志愿者进行授课。长沙市消防安全宣传服务中心教官陈小就安全应急等主题进行授课。街道对“红袖章”平安志愿者们提出要求，希望发挥平安宣传员、治安巡防员、纠纷调解员、情报收集员和安全检查员作用。通过培训，平安志愿者开阔了视野，增长了知识，进一步提升服务意识。（唐卓琳）

【食品安全知识宣传“五进”活动】 2018年8月29日，以“尚德守法，食品安全让生活更美好”为主题的食品安全知识宣传“五进”活动在城南路街道吴家坪社区城南供电局12楼会议室启动。活动旨在提升辖区居民食品安全知晓率、支持率和满意度，增强市民对食品安全知识的了解。街道食安办主任、食药监所所长以及各社区分管食品安全负责人、辖区大型餐饮店、商城、学校、企事业单位食堂等100余人参加活动。活动中，食安办通过向各单位发放宣传资料，开展现场食安咨询，现场食安知识培训、扫“天心食药”二维码领取小礼品，转发食安宣传标语集赞领礼物等形式，向辖区百姓科普创建国家食品安全示范城市相关知识。活动现场派发创建国家食品安全城市宣传资料5000余份、宣传品6000余份。城南食药监所所长现场宣讲创建食品安全城市工作的重要性。通过活动，有利于提升企业履行主体责任和社会责任的积极性。

（唐卓琳）

【平安家庭、平安楼栋集中评选表彰活动】 2018年9月14日，城南路街道平安家庭、平安楼栋集中评选表彰活动在吴家坪社区二楼大会议室举行。区委政法委副书记、区综治办主任张庆祝，街道工委副书记、政协联络处主任徐文彩，街道红袖章分会会长刘培友等，以及来自8个社区的红袖章协会会长、工作人员、24户街道平安家庭、居民代表以及平安志愿者参加活动。平安家庭、平安楼栋评选活动按照“居民自主报名或楼栋组长推荐，社区登记审查，评定公示，入选家庭挂牌”的流程，评定产生160户社区平安家庭和32栋社区平安楼栋，各社区在评定的平安家庭和平安楼栋中分别向街道择优推荐45户和16栋，街道通过复审、走访和集体评议，最终确定24户街道平安家庭和10栋平安楼栋。活动现场，24户街道平安家庭通过讲述平安故事、展示个人才艺等形式展示平安家庭的风采。通过评委投票，最终彭国民家庭等20户家庭代表街道参加天心区平安家庭评选。

（唐卓琳）

【天心阁社区文物知识讲座】 2018年9月26日，城南路街道白沙井社区邀请天心阁公园管理处沙伟在社区开展《老物件·旧记忆—湖南第一公园的前世今生》文物知识讲座。沙伟对天心阁的历史、造型、特征3部分进行讲解，解读天心古阁的由来、传说、历史名人与天心阁的故事、印有天心阁的明信片、邮票、老照片，介绍天心阁公园的修建、毁灭、重建的过程以及天心阁的文化、故事、风景，展示各类票据、老照片，现场穿插许多小问题的互动。12月13日，天心阁社区网络课堂开展“文物拾遗录—认识长沙吴简”主题讲座活动，社区20余名中老年群众在场观看讲座视频。来自长沙简牍博物馆的梁果介绍长沙吴简的发掘、吴简记载的内容、吴简的形制以及如何制作竹简等相关内容。活动有利于加深居民群众对天心阁的了解，提升文物保护意识。

（唐卓琳）

【张界贻调研工农桥社区阵地建设】 2018年10月31日，区委常委、组织部部长张界贻到城南路街道工农桥社区实地调研指导新办公阵地建设工作。张界贻到芙蓉中路112号恒生大厦5楼实地查看工农桥社区新阵地选址，听取社区党总支书记黄升关于社区阵地建设的进展情况。张界贻要求将社区阵地打造成增强基层党组织战斗力、凝聚力的重要载体，通过标准到位、功能到位、人员到位、服务到位，实现为民服务效能最大化。

（唐卓琳）

裕南街街道

【概况】 长沙市天心区裕南街街道西临湘江，北接白沙路、劳动路，南与金盆岭相邻，面积约5.5平方千米，下辖仰天湖、石子冲、裕南街、东电、东瓜山、宝塔山、向东南、杏花园、长坡、火把山、南站11个社区，常住人口5.5万余人。街道内设党政办公室、经济发展办公室（加挂统计站牌子）、财政所、司法所、社会事务办公室、卫生与人口计划生育办公室、社会管理综合治理办公室、城市建设与管理办公室、纪检监察室9个机构，有公共服务中心（加挂政务服务中心、文化体育服务站牌子）、公共监管中心（加挂综治维稳中心、安全生产监督管理站牌子）2个二级机构。在职在编干部职工51人，其中班子成员11人。

2018年，裕南街街道获湖南省六好乡镇（街道）工会、长沙市“扫黄打非”先进集体等称号；11个社区分获“扫黄打非”省级示范社区、省级无障碍示范社区、省残疾人就业创业培训基地、市残疾人明星社区等20余项省市称号；市委副书记徐宏源三次调研街道党建、提质提档工作并给予肯定；《长沙晚报》以“裕南腾飞”为主题专版推介街道各项工作及

成效。（颜　燕）

【街域经济】 2018年，裕南街街道税收（全口径）完成2.32亿元，占全年任务的100%，同比增长10.35%；完成固定资产投资63亿元，全年任务42亿；完成规模以上工业总产值5130万元，同比增长23%；实现社会消费品零售总额19.21亿元（集团分解后为18.07亿元），占全年任务的101.11%，同比增长11.8%；规模以上服务业营业收入完成11.56亿元，同比增长9.02%；新增“四上”企业完成14家，完成率为117%。加强财税征管，集中对辖区内门店进行摸底和清查，抓紧零散税收的增收；专门召开经济工作座谈会，培植、激活税源。2018年，平安财富中心、卓越·江岸、湘江·颂3个总投资超十亿的项目落户街道；由东怡外国、蓝湾国际和保利国际等组成的集金融、商务、文化创意于一体的商业综合体和楼宇聚集群初具规模，三栋楼宇入驻企业近600余家。平安财富中心、华融湘江银行营业用房两大金融总部项目进展顺利；君合天玺、中建·江山壹号、荣盛·花语书苑等重点项目有序推进；C–05南、汽车喇叭厂地块征地拆迁完成。创立联商联谈征拆模式，在四个月内成功实现南湖巷项目地铁四号线工地内59户签约腾房，完成项目内腾房352户和15栋宿舍楼倒栋任务；以竞赛为手段，聘用二家实力雄厚劳务公司，在一年内完成天心一中项目109户签约腾房倒栋工作，及时保证天心一中教育用地开工建设；在五个月内实现原湖南生物化工厂宿舍拆迁项目37户签约腾房，签约率80.4%，成功化解枣子园棚改项目征拆遗留问题5户、天心一中校办工厂改制遗留问题5户和大椿桥社区公园拆迁遗留问题1户；以“民意”为目标，组织街道和社区骨干力量入户调查摸底，顺利完成枣子园2、3栋征收项目调查摸底工作。（颜　燕）

【综合治理】 2018年，裕南街街道办理来信、来访、投诉96件，化解裕南街原沙湖村村民集体上访事件、天心一中等6个群体纠纷。成功化解欧阳某等12件信访积案。街道投资150余万元建设的街道智慧管理中心，集综合治理、平安创建、联防联动、司法建设于一体。2018年检查各类生产经营单位共353家次，排查整改隐患213处，适用简易程序执法12起；在全区率先探索智慧消防模式，投入约80万元为四个老旧居民区300余户安装智慧式电气火灾防控监测系统。示范化食药监所建设工作多次代表天心区接受检查与调研。（颜　燕）

【城市管理】 2018年，裕南街街道开展“蓝天保卫战”行动，落实“十个严禁”，狠抓外滩综合整治，加强市容市貌和拆控违管控力度。开展联合执法行动80余次、出动人员820余人、出动执法车辆92车。拆除违章建筑23处、取缔店外占道经营、流动摊点280余处、收缴销毁散煤炉、煤球1760余个、安装餐饮门店油烟净化器160余个，杏花园社区被评为“十佳”社区，街道取得全市街道评比第4名的成绩。实行个人自愿和组织合作双重服务模式，全街成立“红帽子”“红马甲”等40支志愿服务队，形成近千人的志愿服务队伍。引进博爱家园社工服务社、“向日葵”幸福社区养老等6个专业社工服务组织和一批专业人员，设立关爱服务、文化服务、园艺服务、咨询服务、法律援助服务等服务内容。共登记备案社会组织有100家。依托“馨湖湾”“多少巷”“坡上议事厅”“小巷议事会”“流动讲习所”“裕南开讲”“德裕之南”等平台，突出“党建引领、网格覆盖、群众点单、网格接单”的工作模式，共采集处置城管类问题2760条、环保类问题204条。（颜　燕）

【社会事业】 2018年，裕南街街道确定55个惠民项目，投入668万元，对玉泉寺藏经阁危坡、生物化工厂宿舍北侧边坡成功排危。投入400万余元，完成华光外贸和枣子园地块杆线迁移工程，规范长坡社区停车场，提供停车位159个。投入资金3800万元，对火把山、长坡、向东南、南站4个社区进行提质改造，11月全面竣工。2018年，全街所有社区基本实现全面提质。春节期间，街道筹集资金近100万元对2343户低保户、五保户、残疾人、单亲家庭等困难户进行慰问。实行卫计工作网格化管理和套餐式服务，搭建一级卫计综合监督管理机构，形成全街“一盘棋”多元多岗联管联动机制。开展“牵手生育关怀·共建幸福裕南”主题活动，打造杏花园“白领驿站”、长坡“坡上幸福人家”等省市级基层自治服务品牌，注重居民健康和特殊家庭关爱帮扶，创新家庭医生签约方式。新建居民健康档案2000份，家庭医生签约300人，核实公安未匹配信息2700条，发放计生和特扶奖励、补贴等经费312万元，街道成功创建省级基层群众自治示范街道。开展“三社联动”和创新“养老一体化”，与养老服务机构联合打造“3+3”模式养老服务项目，涉及医疗、心理、就业等业务项目，形成“馨湖湾”社工服务站等一批工作品牌，在2018年市民政局“三社联动”立项评定中，裕南街街道获1个一类、3个三类；街道备案登记82个社会组织，常态化开展活动。组织社区开展“全国助残日”活动，为残疾人员申请补贴、发放辅助器具等。街道新增就业1144人，实现动态清零，社保补贴342人，补贴金额220万余元。（颜 燕）

【党建工作】 2018年，裕南街街道全面推进基层党组织“五化”建设，实现党员分类教育管理全覆盖，完善四级组织架构，建立社区、楼宇、网格、邻里等15个党群服务中心。加强保利、东怡外国、蓝湾楼宇等“两新”组织党建工作，落实社区专职工作人员员额管理，完成南站、杏花园、火把山社区办公服务用房达标建设工作，全街11个社区综合服务阵地全面达标。2018年年初，组织实施街道机关中层干部自荐和民主推荐工作，推选出一批干部。修改完善社区季度重点工作考核、社区年度工作考核、社区工作人员考核等三个考核办法，调动社区工作人员的积极性和主动性。在东怡外国六楼打造集“青年毛泽东展厅、党建服务、社会服务、企业服务”于一体的长沙外滩党群服务中心，辐射三大楼宇及整个外滩片区。评选出第二届“裕南榜样”（共5名），其中仰天湖社区党总支书记刘珍被推举为全区榜样。在宝塔山社区打造“榜样驿站”服务阵地，被评选为全区社会主义核心价值观建设十大最佳品牌项目之一。裕南街“德裕之南”和“730党员夜校”、东瓜山“春之翼·阅读吧”、东电“民情夜话”、石子冲“锋蜜在线”、杏花园“白领驿站”、仰天湖“365”等品牌巩固提升。2018年，街道召开5次工委会议专题研究党风廉政建设工作，集体开会研究决策“三重一大”事项32次。重点打造火把山廉洁文化长廊，开展仰天湖社区“听廉政故事 念廉政标语”、裕南街社区“730党员夜校—廉政红歌课堂”、宝塔山社区的“榜样述廉”等廉政活动。围绕纠“四风”、贯彻中央八项规定等重点，开展问题专项整治6次。每月进行3次以上的上下班纪律督查及文明创建、食安创建、中央环保督察“回头看”等工作的专项督查，下发督查通报14期、办理信访3起、办案6起，开展提醒谈话27次。区委第二巡察组对裕南街街道开展政治巡察，街道针对反馈的巡察情况，对照问题，制定清单逐一整改，确保巡察有实效，整改促提高。（颜 燕）

【“扫黄打非”工作】 2018年，裕南街街道所辖11个社区均配备有“扫黄打非工作站”牌匾、“扫黄打非”进基层工作制度、“扫黄打非”宣传栏、发放各类“扫黄打非”书籍和宣传资料2000份，张贴宣传海报500余份，开展各类宣传活动5次。10月18日，省新闻出版广电局、省市区“扫黄打非”办公室相关负责人对街道宝塔山社区“扫黄打非”进基层工作进行检查验收，给予街道社区肯定。2018年11月，街道被评为长沙市“扫黄打非”先进集体。（颜 燕）

【徐宏源调研火把山社区】 2018年8月24日，市委副书记徐宏源一行到火把山社区调研社区提

2018年8月24日，长沙市委副书记徐宏源（前右三）一行到火把山社区调研社区提质提档工作

裕南街街道 供稿

质提档工作，听取裕南街街道工委书记颜日强和火把山社区书记关于社区提质提档的汇报，实地查看社区提质提档工程的推进情况，对火把山社区提质提档所做的拆违工作以及社区根据实际情况制定的“经济实用，友好宜居”的提质思路给予肯定。街道、社区因地制宜，改造经贸街周边楼栋及经贸街以南的城南花苑、富康小区的单元小区，经贸街以北的物资局、中医院宿舍、煤炭公司宿舍的单元小区，总改造面积约4.2万平方米，改造楼栋51栋，总户数965户，常住人口2895人，总投资额1000万元。通过提质提档的契机，解决居民水电气等基础设施破旧的问题。（颜　燕）

【卓越·江岸项目】 2018年8月10日，卓越·江岸项目开工建设。项目位于天心区书院路，东临书院路、南临都江路、西临规划道路新城路、北临都江新苑小区。项目拟占地17928平方米，预计总投资9.58亿元，拟在2022年投入使用。（颜　燕）

金盆岭街道

【概况】 长沙市天心区金盆岭街道位于天心区中部，东枕芙蓉路，北接劳动路，南临赤岭路至书院路，西与裕南街交界，占地面积3.97平方千米，常住人口4.22万。街道下辖夏家冲、天剑、狮子山、黄土岭、涂新、赤岭路6个社区。驻地赤岭路30号金盆岭街道社区服务大楼。辖区内主次交通干道有劳动路、芙蓉路、南湖路、赤岭路、书院南路等。部门及岗位调整后，街道机关设部门8个，分别为党政办、综治办、经济办、双创办（食品安全、文明创建）、社会事务办、卫计办、城管办、征收办。街道内设5个二级机构，分别为财政所、低保站、社保站、金盆岭街道公共服务中心、金盆岭街道监管中心。共有在职在编干部39人，其中领导干部为11人；退休干部32人。

2018年，金盆岭街道与时俱进、凝心聚力，将街道打造成以“经济重地、民生福地、文明高地”为显著特色的“三地金盆”，推动经济社会各项事业发展。（罗　妍）

【街域经济】 2018年，金盆岭街道财税收入过10亿元（全口径），工业产值1.42亿元；固定资产投资17亿元；社会消费品零售总额11.95亿元；规模服务业营业收入12.9亿元。成立“金盆岭街道经济解困中心”，开展“红色领航”主题服务，由街道经济办、工商所、税务所的党员干部带头走进企业访困问需，组团帮扶。主办“贯彻发展新理念、抓住企业新机遇”经济座谈会，开展“集纳金点子、聚智促发展‘思享’沙龙”活动，邀请党代表、人大代表、政协委员、统战部门及各界别精英围绕街道营商环境、行政效能等方面各抒己见。（罗　妍）

【城市管理】 2018年，金盆岭街道围绕全国文明城市建设、食品安全城市创建工作的总体部署，培育“青苗课堂”等特色品牌。开展食品安全知识培训、食品安全宣传、监管行动。建立健全网格管家联络员制度，街道、社区、城管执法中队三方互通案情、加强联动，对重点路段、重要时段安排专人值守。推进网格化综合管理改革，将全街科学合理划分为21个网格，主动开展入户走访、信息采集、日常巡查、问题上报、政策宣传及相关问题处置等工作，发放网格“帮代办”服务事项清单。（罗　妍）

【社会事业】 2018年，金盆岭街道走访群众5232户，解决群众反映问题202个，为群众办实事好事158件，发放慰问金和物资近72万元。组建“9+”志愿服务队，形成“街道监督、社区组织、网格服务、小队对接”的志愿服务金盆模式，以特殊时间节点为契机，开展宣传教育、走访慰问、爱心义诊、困难帮扶、法律咨询等志愿服务活动。以天剑社区、赤岭路社区为居家温暖工程服务点，为辖区内的孤寡老人、高龄空巢老人和特困、重残户提供暖心服务。与三真康复医院合作，成立家庭健康管家团队，每月定期派医生开展免费会诊。依托“金盆岭街道公众微信号”，及时发布劳动就业、社会救助、计生服务等多项业务的办理流程。打造“一圈两场三道”示范点，步行15分钟即可满足市民衣食住行、看病养老、阅读健身等需求，以雅礼天心中学为中心的金盆岭街道1号生活圈接受市委副书记、市长胡忠雄的调研并得到肯定。（罗　妍）

【综合治理】 2018年，金盆岭街道全面深化“红袖章工程”，整合街道“铁骑”巡防队、步巡队和派出所“夜鹰”队，形成群防群治常态化格局，确保全国“两会”“中非论坛”等活动期间社会安全稳定。开展“扫黑除恶齐参与、平安天心共维护”主题活动，在弘林国际楼宇打掉一个黑恶诈骗团伙，刑拘30人，治安拘留7人。开展“普法进社区”工作，社区法律援助点、人民调解室、法律咨询律师专线逐步完善。综合运用人民调解、司法调解、行政调解等方式，落实领导包案制度，开展矛盾纠纷的排查调处工作，共排查调处矛盾纠纷271起，开展各类普法讲座20次，发放各类法治宣传手册8000余份。

（罗　妍）

【党建工作】 2018年，金盆岭街道以党员兜底教育管理工作为抓手，组织社区党员深入学习中共十九大精神和习近平新时代中国特色社会主义思想。推进基层党组织“五化”建设，将涂新社区第三支部打造为示范支部，在全街开展“五化”星级评定工作。加强对社区书记的教育管理，将优秀的党建专干提拔为社区副书记，实施社区专职工作人员员额管理。探索基层民主协商常态化，深化“民声金话筒”等品牌。启动金盆岭街道“初心工程”，开展“初心学堂”“初心故事”“初心岁月”“初心慢递”“初心为民”“初心榜样”六大主题活动。红网、新湖南等多家媒体对“初心工程”进行宣传推介。街道自筹资金打造光大发展大厦党群服务中心，在楼宇中构建集教育、管理、服务、交流、展示于一体的联动平台。全面推行街道大工委制，把长沙理工大学、长沙江南水务建设有限公司、湖南省第六工程有限公司等30余家辖区内具有一定规模、对街道建设有影响的驻区单位团结到一起，定期召开联席会议，研究解决各类问题。整合辖区党建资源，实现共建共享、互联互通，构建党建联合大平台。以网格化综合管理改革工作为契机，构建“纵横到边、覆盖全面、活动开放、功能互补”的基层党组织管理服务体系，为网格内居民群众提供多元化、精细化、个性化的服务。发挥网格党支部在小区治理、物业矛盾化解等问题上的组织、协调、领导作用。（罗　妍）

【黎小玲调研金盆岭街道】 2018年1月16日，区政协副主席黎小玲考察金盆岭街道夏家冲社区雷锋超市建设情况。金盆岭街道政协委员组参与社区雷锋超市活动，向社区雷锋超市捐赠总价值2万元的爱心物资。黎小玲察看社区一楼雷锋超市建设情况及物资配备，向社区书记、主任询问雷锋超市及社区困难群众情况。政协委员们讨论金盆岭街道政协委员组及金盆岭街道政协联络处2018年度活动计划。黎小玲提出要求，要遵守相关规定履行好政协委员的职责，要安排好时间组织相关政协委员开展活动，要加强提案、社情民意的报送力度。3月15日，黎小玲一行到金盆岭街道天心一中走访政协委员罗果松，调研政协委员学习实践基地。黎小玲到天心一中政协委员实践基地察看现场，了解基地的建设情况和建设规划，提出相关的指导意见。天心一中校长周景礼就2018年的工作思路作汇报。罗果松从个人履职、委员学习实践基地的申报情况进行汇报。黎小玲指出区政协将大力支持政协委员学习实践基地工作，问询罗果松对区政协意见和建议，要求政协委员积极参加区政协组织的委员学习培训。

（罗　妍）

【餐饮服务食品安全知识培训】 2018年1月17日，金盆岭街道食安办对辖区大中型餐饮、超市和学校食品管理人员开展餐饮服务食品安全知识培训。培训会上，业务人员结合《中华人民共和国食品安全法》等法律法规，从食品安全知识的相关定义、人员管理、场所布局、设施设备要求、餐饮服务食品安全过程控制5个

2018年7月26日，金盆岭街道“初心工程”系列活动之夏家冲社区“帮帮团”启动

金盆岭街道 供稿

方面向与会人员进行讲解，要求餐饮服务管理人员及其提供者围绕从业人员健康管理、食品及原材料进货查验、食品贮存，食品添加剂管理使用、食品留样、餐厨废弃物管理以及大型宴席报备等方面主动加强企业自律，保障广大消费者的饮食安全。培训有利于督促食品经营者严格落实食品安全主体责任，提升食品从业人员食品安全知识水平。（罗　妍）

2018 年 2 月 27 日，天心区委书记朱东铁（左二）一行调研赤岭路社区提质提档工作　　金盆岭街道　供稿

【提质改造工作】 2018 年 2 月 27 日，区委书记朱东铁，区委常委、区委办主任侯向宇一行到金盆岭街道赤岭路社区调研提质改造工作。朱东铁一行察看赤岭路社区提质改造后的二机小区和社区服务阵地。二机小区路面干净整洁，道路宽阔，楼栋焕然一新。改造后的办公楼设有多功能党建活动室、党员科普室等功能室。朱东铁要求全体工作人员和辖区党员维护居民群众利益，坚持为民做实事，做好事，以群众满意为目标，稳步推进各项工作。同日，朱东铁、侯向宇一行到金盆岭街道天剑社区调研水工小区提质改造工作。朱东铁一行查看天剑社区水工小区党建主题文化墙，了解天剑社区水工小区提质改造情况。朱东铁要求街道、社区要将工作落实到位，加强小区的日常管理，保持提质成效。3 月 13 日，区委副书记朱远红，区政府副区长许波一行调研金盆岭街道社区全面提质提档工作。调研组一行实地查看黄土岭社区、涂新社区提质改造总体建设情况，听取街道及相关社区负责人关于社区提质提档工作的构想思路和工作难题。调研组针对黄土岭社区、涂新社区的现实情况和工作特点进行全面分析并提出指导性建议。4 月 20 日，朱东铁来到金盆岭街道辖区天剑路，专程调研背街小巷管理工作。朱东铁听取街道负责人对街巷管理工作的情况介绍，关注沿线社区的基础设施，了解民情民意，在狮子山棚改区域现场，要求利用征拆区域闲置空地，设置临时停车场所，解决老城区居民停车难的问题。4 月 24 日，区提质提档办组织 2018 年提质提档项目涉及的十个街道分管负责人以及相关社区负责人一行到金盆岭街道赤岭路社区进行观摩。区提质提档办一行实地观摩赤岭路社区二机小区提质提档项目。区提质提档办一行肯定赤岭路社区的提质提档工作，要求通过社区基础设施、公共服务、管理水平的全面提质提档，让社区更靓丽，提升群众的幸福感。4 月 27 日，黄土岭社区召开提质提档改造意见征集会，广泛向居民群众征集提质改造的建议。5 月 10 日，涂新社区“民声金话筒”系列活动围绕社区 2018 年提质改造惠民项目，邀请辖区居民代表、单位代表为辖区发展提供意见建议。活动收集采纳代表意见 10 余条。涂新社区 2018 年提质改造主要落实在绿化带、停车位、地面硬化、空中电缆等改造项目上。8 月 23 日，朱东铁、侯向宇一行到赤岭路社区调研提质提档工作。朱东铁一行到金盆岭街道赤岭路社区二机小区，实地调研小区党建文化墙、人行道拓宽、外墙粉刷、7 栋危房建设情况等项目，询问相关具体情况。朱东铁要求，要提升社区环境品质，创新社区现代治理，让社区更靓丽，服务更便民。10 月 9 日，涂新社区联合提质改造施工方及小区内的党员、楼栋长带头拆除小区内的违章建筑，对拆除后的建筑垃圾进行清理搬运，为涂新小区提质改造腾出空间。将进行提质改造的小区内房屋大多是 20 世纪 90 年代的建筑，由于年代久远、规划设计局限、小区设施陈旧，经常发生下水道堵塞、公共用地被私人占用等问题，部分居民住户为了扩充房屋使用面积，私自在

房屋旁搭建厨房、杂物间等违章建筑，不仅占用公共空间，也影响了小区整体环境。当天，党员及各楼栋组组长带头，一楼住户积极配合，主动拆除门前的雨棚10余个。黄土岭社区被列为天心区2018年度提质提档社区，提质改造项目计划投资500万元，改造范围主要集中在黄土岭社区涂北新村、锌厂宿舍及其原木材宿舍，项目共惠及750余户。提质改造内容涉及房屋立面改造、大门改造、化粪池改造、屋顶防水层重新铺设、路面硬化、绿化提质、增设文化墙、规范停车位、门店招牌统一规范等10余项。除老旧小区提质改造外，黄土岭路特色街巷也是社区品质大提升的举措之一，黄土岭路以林荫街为主题的特色改造，建设内容包括拆除道路两厢违章建筑、增设休闲区域、亮化提质等。　（罗　妍）

【开展“6·5”世界环境日宣传活动】2018年6月6日，金盆岭街道联合天剑社区在天剑社区前坪开展“美丽中国，我是行动者”为主题的“6·5”世界环境日宣传活动。街道环保办、城管办以及社区志愿者共50余人参与活动。活动在现场悬挂横幅、摆放展板、发放宣传资料500余份，向市民朋友宣传绿色环保知识、环保理念、发放环保知识手册、签名倡议书。工作人员及志愿者在天剑路及天剑扫把塘农贸市场，向市民群众发放环保宣传袋、宣传手册。通过活动，有利于扩大环保影响，让市民了解环境保护的重要性，以实际行动来保护赖以生存的家园，争做环保志愿的先锋。　（罗　妍）

【张宏益调研天剑社区城市基层党建工作】2018年6月14日，市委常委、组织部部长张宏益到金盆岭街道天剑社区调研城市基层党建工作。张宏益一行实地查看天剑社区党建工作阵地，包括社区一站式服务大厅、家庭党校、志愿者工作站、邻里中心等，了解社区组织架构、人员配备及各岗位工作职责，重点了解社区党组织活动，党建引领社区自治，党员及志愿者如何在社区建设中发挥作用等工作的开展情况。张宏益对“天剑模式”的党建工作给予肯定，并希望社区党组织凝聚社会正能量，充分利用社会资源、党员资源为居民服务。（罗　妍）

【“集纳金点子，聚智促发展‘思享’沙龙”活动】2018年6月25日，金盆岭街道举办“集纳金点子，聚智促发展‘思享’沙龙”活动。区领导夏艳兰、刘向参加活动。活动邀请党代表、人大代表、政协委员、统战部门及各界别精英围绕街道营商环境、行政效能等方面各抒己见。街道采用的视频展播+“思享”沙龙这一创新形式，是基层党建工作引领基层民主协商的探索和尝试。　（罗　妍）

【胡衡华调研赤岭路社区提质提档工作】2018年8月27日，省委常委、市委书记胡衡华调研金盆岭街道赤岭路社区提质提档工作。区委书记朱东铁、金盆岭街道工委书记张长生等陪同。胡衡华一行到二机小区，实地察看小区前期改造情况，街道工委书记张长生作介绍。二机小区完成对地面及分离雨水井和自来水井的提质改造和配套整治措施，实施道路提质铺油、下水管网改造、绿化补栽补种、交通标线施划等一系列工程。经过提质改造后，环境整洁、道路畅通、停车有序。胡衡华肯定赤岭路社区提质提档工作，强调要坚持以人民为中心的发展思想，激发社区居民的主人翁意识，充分调动人民群众的积极性，共同参与提质提档工作，着力提升人居环境，真正做到城市让生活更美好。　（罗　妍）

【网格化工作推进会】2018年9月7日，金盆岭街道工委书记张长生在街道七楼会议室组织召开网格化工作推进会。街道班子成员、街道工商所、城管执法中队、食药监所负责人、街道干部、各社区书记主任、网格管家、网格治理力量等共80名人员参加会议。会上，解读《金盆岭街道网格党组织及网格力量配置情况表》，在原有力量的基础上，将街道干部下沉到每个网格，完善网格内人员配置。重点强调党建引领、网格责任担当和工作方法。张长生强调，要以网格为责任区，实行网格责任制，让各项工作落实在网格中。　（罗　妍）

赤岭路街道

【概况】长沙市天心区赤岭路街道位于天心区中部，东邻芙蓉南路，与雨花区接壤；南靠南二环，与新开铺街道相邻；西临湘江之水；北接赤岭路、殷家冲路，与金盆岭街道、裕南街街道交界，总面积3.72平方千米，常住人口6.6万余人，流动人口1.26万人，街道办事处驻地书院南路423号乾城1栋B座。街道下辖白沙花园社区、新丰社区、芙蓉南路社区、南大桥社区、广厦新村社区、书院路社区6个社区和新开管委会。街道内设党政办公室、综治办公室、经贸管理办公室、城管城建办公室、计划生育办公室、社会事务办公室、征收服务中心、财政所、司法所9个机构，另有区辖双重管理机构社会保障站、劳动保障站2个。有在职工作人员38名，退休干部38名，社区工作人员60名，管委会工作人员11名。（谢湘阳）

【街域经济】 2018年，赤岭路街道完成财税收入4.04亿元；全年完成社会消费品零售总额8.5亿元，同比增长16.1%；完成全社会固定资产投资20.9亿元；完成R & D研发经费634.9万元；完成高新技术总产值64.5亿元，同比增长1.8%；增加"四上"企业8家。2018年，新建西路项目成功清零，长熔项目私房100%签订协议，单位自管房大协议成功签订。新开管委会城中村改造二期签约121户，签约率90%，指导新开管委会于8月23日与武汉佰昌集团有限公司签订"楠竹冲项目合作协议"。爱尔眼科总部入驻新开管委会，湖南成美、靠谱科技、新立鸿、佰昌集团、永辉超市等相继入驻，对星宇V立方、乾城家园、乾隆樽品等楼宇加大宣传和引导，吸引优质企业入驻。（谢湘阳）

【城市管理】 2018年，赤岭路街道实行"路长制"，责任"网格化"，强化乱摆摊、乱张贴、乱停放及"店外店"等现象整治，重点抓好南二环、书院路沿线、广厦新村、湖开等重点难点区域环境整治活动，代表天心区在全市城管检查中取得全市第一名的成绩。加大"两违"建筑的清理整顿力度，全年街道开展集中拆违行动21次，累计拆除违法建筑64处，8760平方米，完成目标任务的100%，实现新建违章"零增长"；全力开展蓝天保卫战行动，在省环保督查期间，接受派发案卷8条，全部按期办结完毕。联合多个部门对辖区违规夜市开展整治行动，基本杜绝辖区内餐饮门店油烟污染、夜市露天烧烤。每季度对辖区31家物业公司进行综合考核、量化排名。（谢湘阳）

【社会事业】 2018年，赤岭路街道23个惠民项目全面完成，猴子石路师范街提质改造、白沙花园小区化粪池改造等项目完成；湖开小区提质改造、翡翠林居小区提质改造施工基本完成，通过验收；芙蓉南路社区公共服务中心建设项目、富绿新村小区提质改造、广厦新村社区广场提质、交科院家属区提质改造等项目进行施工。全年城乡低保累计救助1654户、2401人次，发放低保金总额104.8万元；特困供养对象全年累计救助48户次、48人次，发放低保金总额3.5万元。全年开展各类慰问活动500余人次，为困难居民、特困党员送去物品及慰问金30万余元，党员志愿者为民办实事、做好事、解难事200余件。（谢湘阳）

【综合治理】 2018年，赤岭路街道开展"天心梦、安全+"主题宣教活动200余场，联合人人居安消防在社区、公共场所、学校、物业小区、加油站、KTV、网吧等场所，开展灭火演练、应急疏散逃生演练31场，开展联合执法10余次，罚款8000元，移交案件1起。创办《赤岭安监》双月刊，设计三组安全生产知识文化墙。举办扫黑除恶文艺汇演，发放"扫黑除恶"专项斗争宣传资料1万余份。（谢湘阳）

【党建工作】 2018年，赤岭路街道实施"赤色堡垒、强基工程""赤色旗帜，先锋工程""赤色纽带、连心工程"来统筹党建工作，把从严治党要求向社区、管委会、两新党组织延伸。开展"学习十九大、共享幸福梦""十个一"系列学教活动以及"我们的节日"主题活动，各社区共开展各类党群活动100余次。在街道机关打造党建引领中心，推动中共十九大精神进基层、进企业、进社区、进学校、进楼栋。打造街道党建文化墙，广厦新村社区"火车头"党建公园和党性教育基地、芙蓉南路社区新的党建阵地得到推进。探索"赤领有约"共学共享模式，成立赤岭"習话汇"，采取专家授课、"三会一课"、书记领学、实地践学等形式，定期学习党的最新政策理论；成立赤岭"故事汇"，让身边的党员讲身边的故事，身边的典型讲身边的好事。开展赤岭"習话汇""故事汇"30余期。以小区为单位，构建"赤岭有约有事好商量"民情议事平台，围绕基层党的建设、经济发展、城市管理等方面存在的问题，按照"议题选定、组织议事、决议反馈、监督评议"的规定流程，定期举行民主协商议事。就社区停车痼

2018 年 6 月 29 日，赤岭路街道开展“不忘初心跟党走，幸福高唱献给党”合唱比赛　　赤岭路街道 供稿

疾、小区占道经营、项目施工等主题开展民主协商议事 30 余期。组建红色支部联盟、红色物业联盟、红色公益联盟，共同开展党建主题活动、共同推进辖区治理、共同维护街域形象。（谢湘阳）

【珠海市应急办到新丰社区考察交流】 2018 年 6 月 14 日，珠海市应急办参观成员到天心区赤岭路街道新丰社区、长沙市绿舟防灾减灾促进中心进行实地考察交流。长沙绿舟防灾减灾促进中心负责人苏青围绕机构介绍、服务对象及服务内容、工作成效、课程体系介绍、协调发展五个方面开展防灾减灾救灾知识培训。双方围绕老旧城区开展的防灾减灾工作做经验交流。从社区防灾减灾训练屋到社区风险地图，让与会人员体验在紧急状态下的应急反应能力和自救互助能力。珠海市应急办主任李军辉表示，希望加强双方合作交流，并邀请长沙绿舟前往互访，传播社区服务、校园安全教育工作经验。通过考察交流，双方希望全面加强合作，相互交流经验，共享资源优势，共同打造安全、和谐的生活环境。（谢湘阳）

【夏君云家庭获评市、区“文明家庭”】 2018 年 6 月 19 日，在天心区桂花坪小学举行的长沙市“弘扬文明家风，建设幸福家庭”网络文明传播活动中，赤岭路街道广厦新村社区的夏君云家庭以“自强不息，向上向善”获 2017 年度长沙市和天心区的“文明家庭”。这个家庭的家庭成员周莉在 17 岁时不幸成为听力一级残疾人后，全家人以乐观的心态直面困难，接受挑战。周莉 2010 年成为社区残疾人专干，解决残疾人难就业的“大难题”。户主夏君云是活跃在社区的一名优秀志愿者，凡是志愿活动她都是走在前列的标兵；她的丈夫擅长文艺活动，发动 30 余个志趣相投的退休老人成立“桑榆志愿文艺服务队”，为社区老年人学习艺术进行免费教学培训，还经常参与义务演出活动；女儿周莉 2014 年入选首批“长沙民间女艺人”，以她名字命名的“周莉红色艺能工作室”是社区残疾人特色工作的招牌，多年了周莉坚持服务残疾人，为他们做了大量好事实事。（谢湘阳）

【安置地块开发合作项目签约】 2018 年 8 月 23 日，赤岭路街道新开管委会成功举行村民安置地块的开发合作签约仪式，与来自武汉的佰昌集团有限公司签订“楠竹冲项目合作协议”。区委常委、宣传部部长肖雄伟，区政府副区长张建参加签约仪式。新开管委会安置地块项目承载着拆迁安置、医保、养老、集体发展等重大民生职责。合作项目的成功开发事关新开管委会两千余村民的幸福生活。（谢湘阳）

【新开管委会召开楠竹冲安置地块合作开发村民大会】 2018 年 8 月 30 日，天心区赤岭路街道新开管委会召开村民大会，村民大会依法依规依程序召开，由 18 岁以上具有表决权村民表决，达到三分之二以上村民表决通过的要求。为解决新开管委会拆迁村民安置、村民社保及医保问题，履行长沙市国土局安置房土地建设挂牌手续，村民大会事关新开管委会全村人生活，各小组组织召开村民大会对挂牌建设安置房进行表决，会议共 1619 人参加，表决通过率为 88%，通过村民大会达到安置房土地建设挂牌条件。

（谢湘阳）

【新开管委会集体产权制度改革党员、村民代表大会】 2018年10月14日，赤岭路街道新开管委会召开集体产权制度改革党员、村民代表大会。会上，宣读《天心区赤岭路街道新开管理委员会农村集体产权制度改革工作方案》（草案）和《新开管委会农村集体经济组织成员认定方案》（草案）。通过举手签字表决，新开管委会集体经济组织成员身份确认股权配置日期初步拟定为2018年12月31日24时，参会人员57人，其中41人同意；天心区赤岭路街道新开管理委员会农村集体产权制度改革工作方案》（草案）参会人员57人，其中51人同意；《新开管委会农村集体经济组织成员认定方案》（草案）参会人员57人，其中48人同意。《天心区赤岭路街道新开管理委员会农村集体产权制度改革工作方案》（草案）和《新开管委会农村集体经济组织成员认定方案》（草案）正式通过村民代表大会。（谢湘阳）

【赤岭“习话汇”开讲】 2018年11月22日，赤岭路街道赤岭“习话汇”在赤岭路街道办事处四楼开讲，街道机关全体工作人员，各社区（管委会）班子成员共100余人聆听党课。赤岭路街道工委书记柳宏伟以“大干四十天，位置再争先”为主题讲党课，强调要在成绩中看问题，既要满怀信心，更要补齐短板，要在决战中看实效，既要力保目标，更要务实争先，要在争位中看担当，既要压实责任，更要强力推进。（谢湘阳）

【朱东铁走访对接服务爱尔眼科集团】 2018年11月5日，区委书记朱东铁上门对接服务爱尔总部大厦项目建设，以实际行动落实“千人帮千企百日大行动”。在了解完企业需求和困难后，朱东铁现场明确相关问题的责任区领导和牵头负责单位，要求派专人上门与企业和相关单位对接，解决相关问题，全力支持企业发展。朱东铁强调，全区各级各部门要注重倾听和回应企业需求，确保“千人帮千企百日大行动”让企业真正受益。爱尔医疗投资集团有限公司总裁张跃文表示，作为企业将与天心共同成长。走访现场，朱东铁重点督察蓝天保卫战“六控”和“十个严禁”落实情况。（谢湘阳）

新开铺街道

【概况】 长沙市天心区新开铺街道毗邻省政府，北起南二环，南至湘府西路，西临湘江，东至芙蓉南路，区域面积6.41平方公里，下辖桥头、新天、新开铺、木莲、豹子岭5个社区和新天、石人2个集资办。街道内设党政办、党建办、创建办、绩效办、河长办、安监站、蓝天办、经济办、社会事务办、卫计办、综治办、城管办及公共服务中心、公共监管中心、财政所、司法所等17个办（站、所、中心）。街道行政编制核定为12名，领导职数11人。在职干部47人，退休干部25人，离休干部1人，其中党员47人。辖区常住人口3.6万余人（其中农业人口约4000人），流动人口1.2万余人。辖区内有企业近600家，有省人力资源和社会保障厅、省机关事务局、省建工集团、华菱集团、明德中学、天心实验小学等30余家行政企事业单位。（骆兰莎）

【街域经济】 2018年，完成财税收入5.12亿元，同比增长14.85%；固定资产投资2.32亿元；社会消费品零售总额9.799亿元，同比增长15.4%；规模以上服务业营业收入0.07亿元，同比增长30%。依托“两安”用地、商务楼宇、闲置楼宇开展招商推介，全年新增“四上”企业10家。2018年，全年铺排重大项目8个，长机棚改进入扫尾清零阶段，完成签约2079户，腾房倒栋136栋；新天5.07公顷（76亩）集体土地农业户签约率超过90%。“423”地块完成立项批复，湖机项目完成前期摸底，鸡公咀居民安置点安全问题稳妥推进，石人集体经济产权制度改革完成股民登记、合作社筹设。推进克拉美丽二期、湘江雅颂居二期、水墨林溪苑、万科紫台、新新花园、石人安置房、福满新城安置项目、九环置业等区级重点项目。（骆兰莎）

【城市管理】 2018年，新开铺街道编制《新开铺地区城管综合整治工作方案》，绘制街道网格地图，形成全街39个子网格“力量下沉—广泛收集—集中上报—分线派单—及时处理—定时反馈—督促核查—考核评价”的工作体系。全年拆违2761平方米，增绿5.9公顷，拆牌60余块。落实“打赢蓝天保卫战”的要求，开展大小行动219次，出动4719人次，收缴煤炉500个，关停燃煤小作坊7家，淘汰黄标车148台，实行河长巡河253次，开展河湖“清四乱”“河道保洁清理整治”等专项整治行动，辖区“僵尸船”全部清零。丽江翠园、盛世康城、新新家园等3个老旧小区提质提档基本完成，海棠路特色街巷打造有序推进，实现两个社区率先进行垃圾分类试点。深入开展最美表彰活动和不文明行为专项整治行动，承办市区创建活动50余次。（骆兰莎）

【社会事业】 2018年，新开铺街道铺排民生项目22个，重点突出居民活动阵地建设、扶贫济困、文体器材、小区基础设施改善等方面；走访慰问共计863人，发放慰问金44万元、低保金83.88万元；大病医疗救助对象48人次，累计发放救助金17.14万元，高龄老人补贴共发放2132人次，社保补贴115.17万元，办理就业失业登记证484本，城镇新增就业人数1055人，安排失业人员再就业515人，就业困难人员再就业207人。统筹推进人大、政协、统战、民宗侨务和卫计、社会事务等工作，处理“12345”工单1132个，回复群众信箱反馈件26件，市民满意率97%。全年以来，扶残助残工作受到中国残联党组成员、残联副理事长相自成、吕事明等部委领导的现场肯定，木莲社区获全国减灾防灾示范社区、新天、木莲社区获湖南省两型示范社区、豹子岭社区教育项目获全国终身学习品牌项目，石人集资办获湖南省全民健康示范单位，桥头、新天社区获长沙市残疾人工作五星级明星社区。（骆兰莎）

【新开铺街道青年学院】 2018年3月19日，新开铺街道青年学院在街道三楼会议室举行开学典礼。

2018年3月19日，天心区新开铺街道举行“新开铺街道青年学院”开学典礼

新开铺街道 供稿

区委组织部常务副部长曾科，街道全体班子成员、中层以上干部、各社区（集资办）书记（主任）、61名青年学院学员参加开学典礼。曾科与新开铺街道工委书记李可佳对参加培训的学员提出学习要求。培训为期一个月，课程涵盖公文写作、新闻网络舆情应对、征拆实践、区街历史、交流学习、活动研讨等多种形式、多个领域的知识。主要针对街道35周岁以下的年轻干部，旨在通过集中培训学习，提升青年干部的综合素质和工作水平，着力增强青年干部的政治素质、党性修养和履职能力。（骆兰莎）

【“红领新开”工程】 2018年4月27日，新开铺街道以“红领社会治理·新开新的展望”为主题的“红领新开”工程启动。市、区相关部门负责人参加，街道全体班子成员、新开铺街道青年学院学员，以及各级组织、团体、企业等负责人200余人参加。活动现场，来自新开铺街道青年学院的学员们以微朗诵的形式，传递《红领新开·四月抒怀》心声音，发布宣传片《新开新时代》、微电影《我们与新开相约》和沙画《红领新开》，区政协委员、省知名歌唱家莫娟娟现场演唱《画卷新开》歌曲。红领工程以党建为引领，通过挖掘选树一批有威望、有热情、有能力的先进示范典型，形成“点灯效应”和“头雁效应”，营造“全民共治、共建、共促、共享”的氛围。通过聚焦大党建格局、聚焦高质量发展、聚焦以人民为中心、聚焦全面深化改革、聚焦作风建设“五个聚焦”，实现经济发展新突破、激发组织建设新活力、推进项目建设新局面、打造街域面貌新品质、开创社会治理新局面、改善民生事业新福祉，建设“六新新开”。（骆兰莎）

文源街道

【概况】 长沙市天心区文源街道东起韶山南路、南到木莲冲路，西起芙蓉南路，新姚北路，北至南二环，面积5.04平方千米，下

辖文源、金汇、天鸿、梅岭、状元坡5个社区，人口6.68万，其中流动人口3万余人（含在校大学生2.4万人）。街道内设党政办公室（加挂纪检监察室牌子）、经济发展办公室（加挂统计站牌子）、社会事务办公室、人口与计划生育办公室（加挂计生协会办公室牌子）、社会管理综合治理办公室、城市建设与管理办公室。二级机构有：公共服务中心（加挂政务服务中心、文化体育服务站牌子），核定全额拨款事业编制10名。公共监管中心（加挂综治维稳中心、安全生产监督管理站牌子），核定全额拨款事业编制8名。财政所，核定财政专项编制3名。司法所（加挂社区矫正办公室牌子），为区司法局派出机构。街道在职在编干部44人，退休干部45人。

驻街有省林业科学院、省科学技术研究院、中南林业科技大学、中南大学铁道校区、湖南广播电视大学等大中专院校和科研院所9家，有“限上”贸易业19家、“限上”服务业14家、高新企业5家、资质以上建筑业6家、资质以上房地产企业3家，有和庄、BOBO天下城、长大彩虹都等4栋商务楼宇，有“四上”联网直报企业49家，有省烟草公司、省市信用联社、中华联合保险3家总部企业。（余洪波）

【街域经济】 2018年，文源街道完成全口径财政税收8亿元，限额以上社会消费品零售额8.32亿元，全社会固定资产投资10.04亿元，规模以上工业总产值5630万元，新增“四上”单位8家，新增“限上”单位8家。全口径税收超额完成全年任务，社会消费品零售总额增幅超过50%、限额以上批发零售总额增幅超过30%。2018年，文源辖区有7个重大项目，其中区级重点项目4个：和庄公寓二期、丽水熙园、华银南苑融域和中煤建工化勘院，市级重大项目3个：青园路15号长建集团安置房、林科大工程实训综合大楼和火宫殿周边零星地块（二期）棚改项目。中煤建工化勘院和青园路15号长建集团安置房项目由于施工手续办理滞后影响建设进度，火宫殿周边零星地块（二期）棚改项目因存在高风险不可实施，区政府于9月27日发布关于终止实施火宫殿周边零星地块（二期）棚户区改造项目的公告。其他项目都按计划顺利开展，丽水熙园项目于2018年5月提前完成交房，和庄公寓和林科大工程实训综合大楼项目有序推进，8月新增的新开大厦项目，进行土方外运，桩基础施工启动。（余洪波）

【城市管理】 2018年，文源街道开展餐饮油烟、散装燃煤的常态化巡查和集中整治，完成2835台老旧小区餐厨油烟净化机的安装工作，实现区域散煤动态清零，金汇社区获评全市“煤改气”清洁能源综合评价先进社区。办理“12345”涉环保类投诉140余件，群众满意率99.2%，申奥美域小区餐饮油烟综合治理工程项目被多家媒体正面报道；在中央环保督察期间，街道无一起投诉案件，成为全区唯一一个零投诉的街道。推广垃圾分类试点工作，金汇社区佳馨园小区被确定为区级垃圾分类试点重点示范小区，天鸿社区垃圾分类全面铺开，获“长沙市绿色示范社区”称号。推进林大路特色街巷、南二环铁路两厢社区公园建设，提前完成天鸿农贸市场建设，基本完成梅岭、天鸿、状元坡三个社区阵地达标建设，打造全区唯一的铁道学院轨道站点示范区，梅岭社区、金汇社区提质提档被评为全市示范。（余洪波）

【社会事业】 2018年，文源街道上报天心区特困家庭子女高等教育慈善助学金申请3人，分别获得5000元、3000元、3000元支助。申请“金叶慈善医疗卡”6张共3000元。街道为775位70～89岁的高龄老人购买保险，由街道出资38750元。为96位五类特困及90岁以上老年人购买意外伤害保险，共计4800元；完成城镇新增就业人数650人，失业人员再就业人数305人，就业困难对象再就业人数111人。办理就业失业登记证295本，为110名困难对象申请社保补贴，发放社保补贴86.5万元，发放创业担保贷款80万元，新增创业主体335家，带动城乡就业人员1015人。街道低保对象46户、67人、发放金额为24588元，重病35人、发放金额203845元，一般临时救助7人、发放金额41952元，精神病免费药物救助175人次，金额30427.5元。关爱空巢老人安秀菊，对其社会抚养问题进行探讨和安排。康复送教进家庭2户，困难残疾人个体工商户救助扶持2人，省市级创业扶持1户，医疗救助1户，辅 具适配3户，康复筛查5户，动态调查的录入211户，新增残疾办证人员9名，两项补贴新增享受人员7名。开启社工团队的建设活动、助残爱老的趣味运动会活动、防寒防冻送温暖活动各1次。在梅岭社区南园小区打造“博爱家园”医养结合型服务中心，金汇社区获“湖南省创新创业带动就业示范区”；完成幼儿园移交和无证办学清理整治任务，推进食品安全示范城市创建，林大路透明厨房改造迎接长沙市食药监局考察；街道获“长沙市健康养老先进街道”。

（余洪波）

2018年4月4日，文源街道举行学习传达2018年全国“两会”精神专题辅导讲座

文源街道 供稿

【综合治理】 2018年，文源街道接待群众来电来访81起；处理信访事项11件，办理网信投诉建议72件；成立街道“红袖章”平安志愿者协会，指导成立社区、小区“红袖章”志愿者分会，发展注册会员923人。建设平安文源法治宣传长廊，组织开展形式多样的普法宣传活动，发动辖区单位参与“平安十进”创建，全街可防性案件发案率较2017年下降32.94%；稳妥处理长大彩虹都、剑桥名门等物业小区矛盾，妥善处置涉军、涉拆和非法集资等不稳定因素。街内全年无政治安全事件、无进京非访事件，无重大群体性事件、无重大刑事案件。

（余洪波）

【党建工作】 2018年，文源街道投入483万元用于社区办公阵地建设，在天鸿中央大院打造天鸿社区新办公阵地760平方米。按照“一支部一特色”的要求，重点打造“文源学习会”品牌课堂；在文源社区打造雅林园“邻里党群服务中心”；梅岭社区打造党建花园；天鸿社区打造“党群连心广场”以及廉政文化凉亭；金汇社区推进“一园”“一会”“一馆”建设。加大案件查办力度，共立案5件，结案5件，给予5人党纪政纪处分。

（余洪波）

【社工服务站启动仪式】 2018年1月16日，文源街道“新时代、新青年、新作为”春节慰问在校大学生暨文源街道社工服务站启动仪式举行。中南林业科技大学副校长陈冬林，区委副书记朱远红，区政府副区长康镇麟及区相关部门主要负责人、文源街道全体社工、社会事务办全体工作人员以及辖区大学师生代表共同参加。活动现场，康镇麟为“文源街道社工服务站”授牌；文源街道社工代表宣读“承接时代使命 共促社工发展”倡议书；大学生代表作志愿服务宣言并递交服务承诺书；区、街相关负责人现场慰问在校大学生。文源街道社工服务站，通过专业社工联动辖区大学生志愿者等社会团体资源，为辖区长者、儿童青少年、妇女等有需要的困难群体，提供为老服务、社区教育、文化建设等专业社工服务，有效回应居民群众的个性化、多样化服务需求，同时将吸纳更多的社工组织加入进来，积极培育适合文源街道的本土社会组织，营造人人关心关爱弱势群体，主动服务社会群众，共建和谐幸福文源的良好氛围。（余洪波）

【朱远红到文源街道调研】 2018年2月1日，区委副书记朱远红一行检查天心区文源街道辖区华银南苑二期工地、康康医药仓库、橙子酒店安全生产工作。朱远红一行到华银南苑工地检查深基坑的安全情况，询问相关安全制度的建立情况和对“蓝天保卫战”采取的措施；检查康康医药仓库消防安全情况：安全制度上墙、消防知识培训、疏散逃生演练等情况；检查橙子酒店的安全巡查记录、消防器材的配备、应急逃生通道和消防控制室的情况等。朱远红强调，要加强落实属地责任，在宣传教育、制度落实、消防演练、排查整改等方面下功夫、求实效。10月30日，朱远红现场调度天心区文源街道“蓝天保卫战”工作情况，重点检查申奥美域小区餐饮油烟治理项目建设。朱远红查看公共烟道及净化设施等油烟治理项目建设进程，对工程和设备质量、治理效果进行询问和检查；走访小区餐饮经营门店及物业公司，要求经营户严格依照法律法规规范自身经营行为。物业公司应当配合政府加强管理和监督。12月11日，朱远红带队调研文源街道梅岭社区网格化社会治理工作。朱远红与社区书记、网管管家、网格居民进行交流，倾听大家对网格建设、物业管理、文明创建等工作的建议，指出南园小区网格内一些网线乱挂等问题有待规范，强调要充分发挥各方智慧，努力实现网格化综合管理改革的最终目的。（余洪波）

【何报翔检查文源街道加油站】 2018年2月8日，省政府副省长何报翔在省、市、区有关部门负责人的陪同下，到文源街道长沙大道加油站检查春节市场供应及安全生产工作。在长沙大道加油站，何报翔对轮岗值守的工作人员送去新年慰问，察看加油站安全生产保障情况，强调要加强消防安全检查，提高安全意识，做好自查工作，要加强执法督查，协助企业排除安全隐患。（余洪波）

【朱东铁走访红海人力资源公司】 2018年3月27日，区委书记朱东铁以“打造良好营商环境，全方位服务和保障企业发展”为主题，带领区委常委、常务副区长周志军，区委常委、区委办主任侯向宇，区政府副区长康镇麟以及区财政局、区人社局、区商务和旅游局负责人考察湖南红海人力资源有限公司。朱东铁一行与企业负责人一起就企业面临的主要困难和存在问题展开座谈。湖南红海人力资源有限公司副总经理文健现场汇报企业基本情况和经营状况，描绘企业发展蓝图，希望政府加大政策扶持力度，成立长沙市人力资源产业园，出台相关优惠及奖励政策，帮助企业走转型升级及自主创新之路，更好地为各行各业提供优质、高效、全方位的人力资源服务。朱东铁号召发动辖区企业学习该企业的创新思维和创新态度，解答企业关于相关奖励政策以及社保等方面的疑惑，要求区、街道各部门要加强与企业的联系与沟通，促进各项扶持政策的落实，及时帮助企业解决发展中遇到的实际困难。（余洪波）

【火宫殿二期项目启动动员大会】 2018年5月18日，火宫殿二期项目启动动员大会召开，文源派出所、坡子街社区、金建劳务公司、远博劳务公司和恒隆公司负责人及项目部科室、征收组全体人员参加。会议由项目常务副指挥长姜文志主持。姜文志对项目启动前的准备工作进行部署。文源派出所、金建劳务公司、远博劳务公司、恒隆公司、坡子街社区、征收科室和征收组负责人分别就做好项目征收工作做表态发言。项目政委许伟斌提出要求，要坚定信心，咬定目标；要认清形势，强化宣传;要直面矛盾，综合施策。（余洪波）

【张建调研文源街道社区办公用房建设工作】 2018年8月29日，区政府副区长张建、区民政局副局长陈晖一行督查指导文源街道社区办公用房建设工作。张建一行实地察看天鸿社区、状元坡社区办公用房项目建设进展情况，听取街道、社区负责人的工作开展的情况汇报。张建指出，要认真对照提质提档的标准有效加快项目推进；要弱化办公区域，强化服务阵地建设；设计阶段要注重以服务居民为本，深入挖掘社区文化、科学分配空间。（余洪波）

【市民政局指导文源街道社区阵地建设工作】 2018年8月30日，市民政局基政处处长罗文一行督查指导文源街道社区阵地建设工作。罗文一行实地察看天鸿社区、梅岭社区、状元坡社区的社区办公用房实际情况，听取社区负责人关于社区阵地建设的进度汇报，对社区阵地建设中实际存在的困难和问题进行现场沟通协调，要求街道、社区加强社区阵地建设，提升社区居民群众的幸福指数。（余洪波）

【黄会到湖南长大建设集团股份有限公司调研】 2018年11月8日，区政府副区长黄会、区科技局局长刘芳妍一行到湖南长大建设集团股份有限公司进行调研，湖南长大集团股份有限公司董事长何立伟为首的班子成员参加调研会议。会上，何立伟对集团公司发展情况做介绍，汇报公司未来发展方向，提出企业未来发展的顾虑。刘芳妍就湖南省、长沙市出台的相关优惠政策做解读，表示区科技局将为企业做出指导和服务，希望得到企业的支持和配合，实现企业发展和工作开展同推进。黄会要求区直部门和街道加强与企业联系，为企业做好服务保障工作，表示天心区政府、街道将

从政策引导、部门服务等多方面加大对企业的支持，不断优化企业的发展环境。（余洪波）

【长沙天虹百货公司“母婴关爱室”授牌】 2018年11月14日，长沙市总工会女工部部长刘茜、副部长周菲菲一行到天心区，对长沙天虹百货公司“母婴关爱室”建设进行检查验收，区总工会副主席何干才、罗洪湘陪同参加。座谈会上，何干才介绍天心区10家“母婴关爱室”的创建情况，天虹百货工会对“长沙市标准化母婴室建设点”创建工作进行汇报。2018年，天虹百货公司工会针对市、区两级总工会对商业中心母婴室创建整体要求，投入资金近10万元建设30平方米“母婴关爱室”，室内配置有空调、净水器、沙发、洗漱台、整理台等，母婴室内设有私密哺乳室3间。刘茜希望尽快使母婴室成为天心区范围内人流密集公共场所的“标配”。刘茜一行实地考察天虹百货“母婴关爱室”的建设情况，对指示牌、哺乳设备、婴儿护理台、通风设备、儿童安全设施、储物设施、宣传海报、使用记录等软硬件设施建设情况给予肯定，现场授予“长沙市标准化母婴室建设点”牌匾。（余洪波）

桂花坪街道

【概况】 长沙市天心区桂花坪街道地处省政府、区政府核心，北以湘府路为界、南以绕城高速为圪、东与雨花区接壤、西至书香路。辖区总面积6.2平方千米，总人口3.9万人，其中农业人口3277人。街道有新园、桂庄、九峰苑、银桂苑、金桂5个社区、1个丹桂社区筹备管理办公室及1个集体资产管理委员会。街道内设机构16个，即：党政办、人大办、纪工委、创建办、效能办、财政所、综治办、安监站、经济办、6S办、社会事务办、卫计办、城管办、城建办、社保站、低保站。街道机关工作人员72人：在职在编干部实有46人，临聘人员19人，党员50人。

街道辖区内有现代投资股份公司、湖南园艺建筑有限公司、湖南省现代农业集团公司、中国能源建设集团湖南火电建设有限公司、湖南省水运建设投资集团有限公司、湖南新物产集团有限公司等大中型企业；占地30.67公顷的长沙方向感国际汽车6S街区有42家车企入驻；有长沙现代凯莱大酒店、长沙维也纳酒店、湖南天怡国际青年酒店等酒店服务业；有保险职业学院、湖南省总工会干部学校、桂花坪小学、青园小学梓枫校区、湘府英才小学等教育机构；有审计署驻长沙特派员办事处、共青团湖南省委、湖南省文化厅、湖南省工商局、长沙市公安局刑侦支队等驻街单位；开发建设“三馆一中心”（湖南省青少年活动中心、湖南省群众艺术馆、湖南省科学技术馆、湖南省地质博物馆）、欧洲城、星城荣域、湘府邻伴、润屋美院、鑫远玲珑等20余个项目，在建的有日兴书香苑、鑫远翡丽郡一期、鑫远紫樾香山、兴汝金城二期、旭辉时代花园、五江国际商业广场、麦芒国际等项目。（汪欣宇）

【街域经济】 2018年，桂花坪街道完成财税收入9.1亿元，同比增长14.5%，其中现代服务业完成税收4.04亿元（其中汽车贸易业0.8亿元）、金融业完成税收1.32亿元、房地产业完成税收2.32亿元，其他行业完成税收1.42亿元；税收贡献大的单位分别是现代投资集团1.72亿元、鑫远地产1.63亿元、天心农商行1.13亿元、湘辉0.41亿元、园艺建筑0.35亿元；重点贡献楼宇为现代总部大楼1.96亿元、鑫远国际A座1.64亿元、星城荣域综合楼0.88亿元。街道限额以上社会消费品零售额64.34亿元，同比增长11.6%；限额以上批发零售销售额82.88亿元，同比增长17.9%；高新技术总产值50.32亿元，同比增长28.93%。举办“长株潭商圈·2018天心汽车消费节”，节会期间销售车辆609辆，销售额超1.2亿元。特斯拉入驻街区。长城资产湖南总部、邮储银行天心支行落户街道。制定《桂花坪街道金融产业三年发展规划》，力争到2020年实现金融产业财政收入过3亿元，年均增长30%以上，实现占街道财政收入25%以上的目标。随着鑫远国际、星城荣域综合楼的招商工作顺利推进，2018年引进湖南辉达规划勘测设计研究有限公司、湖南星途空间有限公司、湖南贝因美食品销售有限公司、长沙市博特食品贸易有限公司等4家产值过亿元单位。（汪欣宇）

【城市管理】 2018年，桂花坪街道全面启动桂花坪路、市民活动中心、园艺路中段、园艺公园、中保路、先锋路6个项目征拆工作，加快推进桂花坪东路、桂花坪西路、中保路、园艺路中段4个项目建设，协调推进鑫远紫樾香山、鑫远翡丽郡、日兴书香苑等项目建设。加快推进“一圈两场三道”建设，全面完成新园社区党群服务中心及邻爱农贸市场建设任务，重点抓好设施完善及招商引资等后续工作，配合区文体新局做好银桂苑社区多功能运动场改造工作。争取资金投入1700余万元，推进桂庄社区提质提档、新园社区微改造，计划改造面积约16.5万平方米，包括道路白改黑、地下车库改造、绿化提质、下水管网改造、单元门及顶棚改造等项目，对桂庄社区邻里中心、党群服务中心、社区文化阵地、新园社区办公服务用房进行提质建设。投资380万元，设计打造雀园路汽车特色主题街区。开展省府周边环境综合整治、清洁城市等专项行动，开展各类市容整治行动60余次，纠正占道经营1900余起，拆除户外大小喷绘广告1750块，拆除违章建筑4030平方米。打响“蓝天保卫战”，各条线开展整治行动304次，处理问题146起，整治燃煤门店72家，收缴煤炉164个，收缴散煤4吨左右，整改黄土裸露问题96起，覆盖裸露黄土24万余平米，发放“六控”“十禁”通告5000余份，办理中央环保督察“回头看”、省级环保督察交办案件33起。研究出台举报燃放烟花鞭炮奖励制度，及时制止燃放烟花鞭炮8起，处罚2起，奖励1起。举办“天心梦、安全+”宣教活动20余场次，下发宣传资料6500余份；行政执法检查生产经营单位125家，下达责令限期整改指令书57份，完成复查整改48家，移交区安监局行政处罚7家；排查较大安全隐患14起，全部移交整改或自行整改到位。全年未发生一起较大以上安全生产责任事故。开展食品安全主题宣传活动3次，集中开展食品安全专项整治行动42次，完成48家“透明厨房”提质改造任务。（汪欣宇）

【社会事业】 2018年，桂花坪街道新增城镇就业1393人，实现城镇失业人员再就业35人，带动城乡就业人数914人，发放小额担保贷款40万元，职业培训150人。企业养老保险净增参保人数562人，发放社保补贴45.3万元。发放城乡低保金3.78万元，各类专项或临时救助金4.70万元。走访慰问困难群众354户，发放慰问资金24.58万元。发放高龄老人生活补贴费19.06万元，举办老年课堂32期，惠及老年人900余人次。办理生育服务证293本，发放独生子女保健费及各类特扶奖扶资金30.72万元。开展各类卫生计生与红会健康讲座10次，大型义诊12次。组织179人参加义务献血，完成家庭医生签约7924人。（汪欣宇）

【综合治理】 举办首届基层社会治理创新“桂花论坛”，发布《桂花坪街道基层社会治理创新三年行动计划（2018–2020）》《桂花坪街道公共服务资源地图》，募集社会资金225万元，基本实现社区、社会组织、社工、社会资本“四社”联动。搭建“桂花议事堂，有事好商量”居民议事平台，在各居民小区开展议事活动25次，为居民群众解决实际问题62个。开展扫黑除恶专项斗争，制作并发放扫黑除恶宣传扇子2000把、扫黑除恶宣传纸杯3万个，举行大型专题文艺晚会1场。集中开展“禁毒宣传”“新宪法宣传活动”“农村法治宣传月”“司法行政进社区”等户外宣传活动6次，举办法治讲座10期。成功调处各类矛盾纠纷165件，调解成功率100%，无矛盾激化引发群体性事件发生。组织开展“春天里的文明话”“读书会”“彩绘风筝·清明祭英烈”等各类活动100余场。2018年，金桂社区获“省级文明单位”称号，新园社区获“市级文明示范社区”称号。（汪欣宇）

【党建工作】 2018年，桂花坪街道出台《基层党建“组织力提升工程”实施意见》，压实各基层党组织责任；制定《桂花坪街道小区党支部管理办法》，成立17个小区党支部，共建共享华天苑、夏威夷碧水春城、富景园、银桂苑等社区党群服务中心，以及多个小区邻里中心，实现对1445名离退休党员、流动党员、在职党员的兜底管理，“街道党工委—社区党总支—小区党支部—楼栋党小组”组织体系基本成形。完善首问负责、限时办结、一站服务、问题倒查等工作机制，修订《桂花坪街道办事处“12345”市民服务热线工单办理考核办法》《桂花坪街道办事处“12345”市民服务热线工单办理流程》《桂花坪街道物业小区考核评比办法》及街道和社区两级绩效考核办法。学习中共十九大精神，推进“两学一做”学习教育常态化制度化。打造“心中的梁家河”党员教育基地，接待各地参观团队554批次，21639人。举办“桂花学堂”21期，提升街道社区工作人员业务能力和实操水平。举办“桂花讲堂”12期，受益的党员群众5000余人。全年开展工作纪律督查12次，通报4次。自觉接受人大法律监督、政协民主监督和社会舆论监督，会同办理市建议提案4件、区建议提案5件，处理“12345”市民热线工单781件，信访件78件，满意率100%。（汪欣宇）

【谢群调研金桂社区】 2018年1月12日，省委组织部办公室主任谢群带领省委组织部办公室党员干部考察桂花坪街道金桂社区。谢群一行到金桂社区公共服务中心，考察金桂社区“邻里话坊”“雷锋超市”“群众工作站”等阵地建设，参观“心中的梁家河”党员学习教育基地。（汪欣宇）

【“桂花议事堂·有事好商量”居民议事活动】 2018年2月8日，桂花坪街道首期“桂花议事堂·有事好商量”居民议事活动在九峰苑社区华天苑党群服务中心举行。活动由桂花坪街道九峰苑社区书记李文军主持，桂花坪街道工委书记陈志文及班子成员、人大代表、政协委员、社会组织、物业经理、业委会代表、小区业主共40余人参加。参与活动者围绕群众提出的“如何管理和使用社区党群服务中心”的主题，开展讨论，分别就空间运营、空间共建、空间活动，谈想法和建议。议事会上，对社区党群服务中心的使用和管理，一共收集到群众意见62条，提出3种可行的开放模式。“桂花议事堂·有事好商量”通过构建简约、和睦、有效的议事平台，将话语权交给老百姓，从群众中收集问题和意见，再由群众一起共同协商讨论解决，是畅通民主渠道的重要体现。桂花坪街道充分调动社区居民群众、门店商家、驻街单位有序参与基层公共治理的积极性，全面铺开“桂花议事堂·有事好商量”的惠民工程，打造共建、共治、共享的社会治理新格局。（汪欣宇）

【许显辉调研桂花坪司法所】 2018年2月13日，省政府副省长许显辉、省司法厅厅长范运田、市政府副市长唐向阳等考察桂花坪司法所，慰问基层司法行政工作者。市司法局局长尹小英、副局长骆正平、区委书记朱东铁、区司法局局长陈玉英、桂花坪街道工委书记陈志文等陪同。许显辉一行考察公共法律服务工作站阵地，观看“视频咨询”“远程调解”系统的操作，对公共法律服务工作站给予肯定。（汪欣宇）

【“文明从排队礼让开始”主题市民素质提升行动】 2018年3月23日，“春天里的文明话”长沙市天心区“文明从排队礼让开始”主题市民素质提升行动暨网络文明传播活动在桂花坪街道湖南省地质博物馆举办。活动由市文明办、区文明委主办，长沙文明网、区文明办、桂花坪街道承办，桂花坪街道银桂苑社区、湖南省地质博物馆、保险职业学院、长沙市天心区萌习团社会工作服务中心协办。市文明办网络处副处长罗骥，区委宣传部副部长、区文明办主任杨军等参加活动。《歌唱社会主义核心价值观，我们有信仰》舞蹈拉开活动序幕。街道将前期征集的近50个有关排队礼让的音视频作品制作成一个小短片进行播放。桂花坪街道金桂社区“心中的梁家河”党员学习教育基地被授予为天心区排队礼让精品示范点，陈潇冉等10位选手获天心区桂花坪街道“春天里的文明画”排队礼让最美作品奖；街道为辖区内7个志愿服务队授旗，分别命名为月桂、兰桂、佳桂、银桂、金桂、丹桂以及保险学院青年志愿服务分队；活动走进学校、小区、门店、单位，利用微信、微博等网络平台，街道一共收到有关排队礼

2018年6月5日，桂花坪街道九峰苑社区华天苑小区“桂花议事堂”现场
桂花坪街道 供稿

让剪纸、绘画、摄影、音视频优秀作品280余份，“春天里的文明话”微博话题参与阅读量11.5万、讨论量935次。（汪欣宇）

【“桂花论坛”】2018年3月27日，首届基层社会治理创新“桂花论坛”在湖南省地质博物馆举行。论坛由市委组织部、市民政局指导，区委组织部、区委宣传部、区社建工委、区民政局、桂花坪街道工委、办事处主办。市民政局基层政权处处长罗文，区委常委、组织部部长张界贻，区委常委、宣传部部长肖雄伟，区政府副区长张建，区民政局副局长陈晖，桂花坪街道工委书记陈志文等参加活动。活动内容有1本白皮书、1个专题发布片、1张公共服务资源地图、10项服务需求项目、4位嘉宾畅谈多元共治、40家单位牵手共建、5个重点项目签约、100万元资金助力、“五百工程”耀天心·党建引领创先河。“桂花论坛”是倡导党建引领基层社会治理的一个创新点子，通过构建“党建引领、政府搭台、社会协同、公众参与”的社会化管理服务网络，打造人人参与的社会治理新格局，实现基层党组织服务群众工作的制度化、常态化、长效化，推动中共十九大精神在基层落地生根。（汪欣宇）

【朱远红调研桂花坪街道党建工作】2018年5月3日，区委副书记朱远红一行到桂花坪街道调研以党建引领社会治理和网格化综合管理改革工作。调研组到桂花坪街道九峰苑社区华天苑党群服务中心，对华天苑党群服务中心的服务宗旨和功能定位进行了解。桂花坪街道工委委员、组织委员邓亚兵对街道以党建引领社会治理创新和网格化综合管理改革工作进行汇报，桂花坪街道工委委员、人大工委主任鲁意芝就社会治理主体职责定位、社会共同体培育、多元共治的探索及成效补充汇报。桂花坪街道工委书记陈志文从“四项治理”“四个引领”“四社联动”“四位一体”“四个平台”五个方面，对天心区桂花坪街道在社会治理和网格化管理方面的主要做法及工作中存在的困难问题进行总结汇报。朱远红强调，要坚持以党建为引领，通过建立网格党支部，发挥党组织战斗堡垒作用和党员先锋模范作用，唤醒隐形党员，激发社会活力，尽快形成“四纵四横”的网格化管理模式并充分发挥作用。（汪欣宇）

【曹再兴调研桂花坪街道臭氧防治工作】2018年5月9日，市委副秘书长、市委办公厅主任、市蓝天办主任曹再兴带领市委办公厅、市环保局、市住建委相关负责人调研天心区桂花坪街道臭氧防治工作。曹再兴一行深入天心区桂花坪街道湖南顺意通汽车4S店车间查看VOC（即挥发性有机物）废气处理设备，在听取企业VOC治理方面介绍的基础上，了解VOC排放节点，治理措施和治理效果，查看喷涂废气收集装置和处理装置等VOC治理设施的运行情况。曹再兴一行通过听取企业介绍、查看现场设施运行情况以及与企业负责人就VOC治理沟通交流、掌握天心区桂花坪街道在VOC治理方面所做的工作，针对汽车维修行业的VOC综合整治工作提出要求。（汪欣宇）

【朱东铁观摩调研华天苑小区党群服务中心】2018年6月6日，区委书记朱东铁，区委副书记朱远红，区委常委、组织部部长张界贻，区属各党（工）委书记，天心经开区、暮云经开区及各街道分管党群副职，区委办、区委组织部相关负责人一行40余人到桂花坪街道九峰苑社区华天苑小区党群服务中心观摩调研城市基层党建工作。朱东铁一行实地参观小区党群服务中心，察看桂花议事堂、儿童友好区、党宣走廊等功能室，了解桂花坪街道及九峰苑社区城市基层党建工作、党建阵地建设、党的组织设置方面等情况，表示街道要充分利用办公用房、小广场、文体设施等场所，因地制宜，组织开展各项党群服务。（汪欣宇）

【张宏益调研金桂社区党建工作】2018年6月14日，市委常委、组织部部长张宏益到桂花坪街道金桂社区调研城市社区党建重点工作。张宏益一行到金桂社区服务大厅，与社区工作人员交流，询问社区人员配备、错时上班等工作情况。在金桂社区二楼会议室召开座谈会，张宏益听取相关工作汇报，对社区党建六项重点任务及其具体进展情况进行督查，就社区队伍建设、社工专业人才培养等问题展开探讨。（汪欣宇）

【孟祥定到桂花坪街道调研基层党建工作】2018年6月29日，省政府办公厅党组成员、副主任孟祥定带领省政府办公厅行管办党支部一行20余名党员干部，到桂花坪街道调研基层党建工作。调研组一行实地考察桂花坪街道九峰苑社区党群服务中心，并现场进行座谈。座谈会上，桂花坪街道工委书记陈志文就街道基本情况、工作任务及思路、党建工作开展情况做简要汇报，对以党建引领社会治理的创新举措、在职党员进社区工作的主要做法进行详细汇报。孟祥定对桂花坪街道在基层党建、社会治理等方面所做的工作予以肯定，强调要发挥街道“大工委”、社区“大党委”作用，深化与驻街单位的结对共建、资源共享，推动在职党员进社区报到、发挥作用，促进党的建设与社会治理深度融合。

（汪欣宇）

【人社部到桂花坪街道调研劳动人事争议调解工作】 2018 年 9 月 19 日，人力资源和社会保障部调解仲裁司副司长刘世民、信息中心人力资源系统管理处副处长王旭景等一行到桂花坪街道劳动人事争议调解中心，调研劳动人事争议调解工作。省人社厅副巡视员刘建民、省人社厅调解仲裁管理处处长张善雄、市人社局副局长周柏清、区政府副调研员于德海等陪同调研。刘世民一行参观桂花坪街道劳动人事争议调解中心接待室、宣教室、办公室及调解室，询问街道调解案件处理情况。在调解室，刘世民询问调解员人员情况、办事流程、案件回访情况，对街道成立劳动关系多元调解平台、设立驻街帮扶律师的做法表示肯定。刘世民对桂花坪街道的劳动人事争议调解工作给予肯定，提出要真正建立一支有组织、有机构、有人员、有场所、有经费的专业队伍，全力将劳动争议纠纷化解在基层一线。

（汪欣宇）

【参观“心中的梁家河”党员学习教育基地】 2018 年 10 月 23 日，全市组工干部班轮训班及各区县（市）领导班子到桂花坪街道金桂社区开展党性教育现场教学活动，参观“心中的梁家河”党员学习教育基地。参观由市委常委、组织部部长张宏益带队，区委副书记朱远红、桂花坪街道工委书记陈志文全程陪同。（汪欣宇）

青园街道

【概况】 长沙市天心区青园街道为省政府、区政府所在地，辖区东起韶山南路，西至书香路，北接木莲冲路，南抵湘府路，辖区总面积 3.6 平方千米，常住人口 4 万余人，辖井湾子、青园、友谊、湘园 4 个社区。内设机构有党政办公室（加挂纪检监察室牌子）、经济发展办公室（加挂统计站牌子）、社会事务办公室、人口与计划生育办公室（加挂计生协会办公室牌子）、社会管理综合治理办公室、城市建设与管理办公室；下设二级机构有公共服务中心（加挂政务服务中心、文化体育服务站牌子）、公共监管中心（加挂综治维稳中心、安全生产监督管理站牌子）、财政所、司法所（加挂社区矫正办公室牌子）。街道行政编制核定为 12 名，事业编制核定为 21 人。领导职数 10 名。

2018 年，青园街道围绕区委提出的“北提南进、服务引领、民生造福”战略和街道工委提出的“打造首善街区、建设幸福青园”的奋斗目标，践行五大发展理念，着力发挥服务省级行政中心优势，扎扎实实惠民生、从严治党转作风，统筹推进各项事业。（周　茜）

【街域经济】 2018 年，青园街道完成税收任务 16.36 亿元，实现社会消费品零售总额 38.6 亿元、全社会固定资产投资 20.7 亿元、实际到位外资 7471 万美元、内资固投 25.4 亿元、内资到位 9.4 亿元、高新产值 262.42 亿元、现代服务业主营业务收入 35.6 亿元。实行重点服务，将辖区 5 座亿元楼宇作为重点帮扶对象，并对 25 家企业实行精准服务，采取班子成员联楼宇联企业送服务上门制度，确保企业发展面临的问题及时解决；启动徐记海鲜、天城置业、海盟无同界等多个社会投资项目；推动太和广场等烂尾楼项目的依法处置；促进香樟树、杜鹃公园两安用地项目的开发。利用运城大厦等新楼宇的招商，加强指导和帮扶，完成阳光保险湖南公司和长沙分公司等 10 余家企业的入驻。（周　茜）

【城市管理】 2018 年，青园街道拆违 8 处、1614 平方米；开展占道停车、共享单车、游摊小贩、店外经营等专项整治行动 80 余次，共处理市数字化案卷 2860 条，处理区数字化案卷 929 条，拆除违规招牌 84 块。对居民反映集中的油烟、噪声扰民等问题现场督办，开展六控行动，通过送电子鞭炮等手段，杜绝鞭炮燃放；完成满庭芳、湖光山色、华铁佳苑、阳光家园 4 个小区的业委会换届选举工作；通过两代表一委员现场视察，推进完成石青路、石人路建设。推进“一圈两场三道”工作示范圈建设，9 月在市长办公会上介绍经验，完成 3 处农贸市场、1个书店、2处公园、1个居家养老服务站、2.56千米自行车道、0.5千米红色诗词文化步道的建设任务，申报开通一条连接湖南女子大学至友谊路地铁站的巴士接驳线，方便沿线多个小区近2万人的出行；推进4个社区提质提档，其中完成3个，井湾子社区提质提档、都市园艺试点项目、迎新路特色街巷建设项目进行扫尾。（周　茜）

【社会事业】 2018年，青园街道为75户城市居民低保家庭累计发放低保金58.19万元；春节慰问困难群众475户，发放慰问金25.38万元；发放高龄补贴757人次、23.59万元；发放残疾人两项补贴952人次、9.53万元；为3户残疾人进行室内改造，为9名残疾人申请所需辅具。发放小额贴息贷款9人，贷款90万元；城镇新增就业900人，城镇下岗失业人员实现再就业518人，就业困难人员再就业174人。计划生育服务管理总人口39549人，其中常住人口30295人，流动人口9254人；2018年度上报出生人口758人，计划生育率98.15%。辖区无证办学幼儿园上报6家关停6家，无证培训机构上报5家，关停4家。完成40家透明厨房改造和3000户环保油烟机免费安装。率先全区推进网格化综合管理改革试点，全区唯一探索街道为主推进农村产权制度改革，在第一阶段评比中，为全区唯一的满分，并作大会经验介绍；垃圾分类制度改革作为全区试点，取得阶段性成效。有效化解电位器厂承债式兼并过程中的遗留问题，推进杜鹃公园两安用地指标手续办理，完成农民公寓房的安置遗留问题。完成征兵走兵任务，解决13名下岗志愿兵的公益岗位再就业；深入通道县万佛山镇开展精准扶贫，支持帮扶资金10万元，慰问10户贫困学生；落实河长制工作职责，对辖区小微水体进行全程监控。（周　茜）

【综合治理】 2018年，青园街道开展辖区内幼儿园食品安全、“一桌餐”、“私房菜”、小餐饮、农贸市场等联合专项整治行动20余次。申报平安家庭680户，平安商店170家，平安楼栋128栋，平安学校1个，平安小区8个，平安企业26家，参与率80%、知晓率98%。全年调解纠纷40余起，做到“小事不出社区、大事不出街道、矛盾不上交”。发展招募“红袖章”新会员1000余名。打造“森哥志愿者工作室”“满爹和谐邻里工作室”等品牌，湘园社区的社会治理经验被多家主流媒体推介。（周　茜）

【党建工作】 2018年，青园街道召开工委会议研究党建工作12次，印发党建工作文件7个，工委书记带头上党课4次，培训党组织书记、党务骨干200余人次，在省、市各类媒体报道推介青园街道党建工作做法50篇次。投入20万元工作经费，打造“区—街道—社区—网格”四级网格化综合管理工作架构，全街共划分33个网格，建立20个网格党支部、13个网格党小组；尝试推行网格管家“帮（代）办”做法，让困难群众办事实现“零跑腿”。开展区域化党建引领网格化治理暨“聚力青园共建家园”系列活动，50余家辖区单位党组织共同参与；全面开展“三微行动”，累计实施社区惠民资金项目70个，投入党建惠民资金240万余元，惠及群众5万余人。强化监督执纪问责，每月开展“第一种形态”处置情况3件以上；上报案件线索3条，完成上级交办线索1条，完成立案查处3件。（周　茜）

【“文明创建齐参与，诚信经营我先行”活动】 2018年3月21日，“弘扬诚信文化，建设诚信长沙”主题宣传教育活动暨青园街道“文明创建齐参与，诚信经营我先行”活动举行。现场，企业代表分享诚信经营的故事，青园街道402队、湘府华城小区志愿者带来节目展演。活动评选出十家2017年度诚信经营示范单位并进行授牌，十家诚信单位在会场进行诚信经营宣言承诺。青园街道通过宣传典型，激发广大市场主体自觉践行文明诚信的经营意识。（周　茜）

【沈跃跃调研湘园社区湖南李丽心灵教育中心】 2018年3月30日，十三届全国人大常委会副委员长、中华全国妇女联合会主席沈跃跃、全国妇联书记处书记杨柳一行，考察调研青园街道湘园社区湖南李丽心灵教育中心，实地了解妇女儿童服务、社会组织发展和家庭教育工作，湖南省委副书记乌兰，湖南省妇联党组书记、主席姜欣，长沙市委副书记徐宏源，长沙市妇联党组书记、主席文方和区委副书记朱远红陪同考察。沈跃跃一行参观湖南李丽心灵教育中心的各个功能室，听取中心主任李丽关于打造“长沙市家庭教育示范基地”、开展“富心工程”项目等工作情况的介绍，并询问李丽中心的发展历程、现有团队、经费来源等各方面情况。她指出，我们要感谢这个时代，落实习近平总书记的坚持以人民为中心，贯彻执行总书记多次提出的注重家庭、注重家教、注重家风，人民需要什么，各级党委政府就要抓什么的要求。现在人民需要家庭教育，我们既要面向需要帮助的父母进行家庭教育，更要在全国各地区，特别是困难地区，发展和培育更多像李丽一样的人才和像李丽心灵教育中心这样的社会组织。沈跃跃还嘱咐身边陪同调研的有关领导，要注重发挥李丽心灵教育中心的示范带动作用，多组织市、县区及乡镇的有关单位来学习、交流，将这里十余年形成的家庭教育良好理念、经验，推广到更多的地方。乌兰表示，近年来湖南的社会组织发展迅速，在妇女儿童和家庭教育方面做了大量工作，然而目前仍有不少家庭的家庭教育不够完善，缺乏正确的方法和指导，孩子人格发展和行为习惯都需要有正确的引导。希望李丽心灵教育中心再接再厉，特别是为广大农村地区的家庭教育工作做出更大的贡献，同时有关部门要加大培育力度，培养出更多像李丽心灵教育中心这样的社会组织与社会工作人才。（周　茜）

【井湾子社区提质提档工作】 2018年5月7日，青园街道井湾子社区天心苑小区提质改造设计方案优化专题座谈会议召开，青园街道工委书记向志武、副书记阳海波、办事处副主任孙卫锋，街道城管办、井湾子社区、中建物业公司、长沙市建筑设计院相关负责人参加。会上，长沙市建筑设计院负责人结合天心苑小区的现状，介绍小区提质改造的总体思路，以及小区路面、排水、照明、弱电、机动停车位设置、公共垃圾站等基础设施改造的设计方案和经费预算等。参会人员就设计院的设计方案和施工可行性进行详细的探讨，提出修改意见和建议。10月8日，青园街道井湾子社区提质提档开工对接工作调度会召开。井湾子社区、施工方、监理方、小区物业公司、居民代表、党员等相关负责人参加调度会。10月18日，区委副书记朱远红到青园街道井湾子社区调研社区提质提档工作。青园街道工委副书记、办事处主任张毅介绍天心苑小区提质提档项目基本情况，项目共分主体项目、都市园艺项目、中建五局承诺改造范畴三个部分，计划投资1600万元，主要包括下水、弱电管网、屋顶防水、栋间坪、停车坪、安防设施改造，主次道路拓宽、硬化、铺设沥青，社区办公阵地提质等。项目将重点打造“一带两园”特色，即一个红色文化带，两个小区文化公园。11月1日，市委副秘书长谭慧慧一行到青园街道井湾子社区督查指导天心苑小区提质提档工作。向志武介绍天心苑小区提质提档项目的基本情况，谭慧慧强调，街道、社区要重点打造好“一带两园”特色和“有事好商量”南城议事品牌，在施工过程中，要不断征集居民群众的意见和建议，不断优化设计方案，将井湾子社区提质提档项目打造成示范工程、满意工程、廉洁工程。井湾子社区提质提档项目于2018年国庆期间开工，其中提质改造主体项目12月20日完工，都市园艺项目至12月底处于扫尾阶段，电改项目于2017年完工，水改项目于2018年10月完成管网铺设，暂未通水，路灯改造完成管线铺设。（周　茜）

【助力高考·一“网”直前志愿服务活动】 2018年6月7～8日，青园街道湘园社区在明德中学高考考点开展“助力高考·一‘网’直前”志愿服务活动。护考活动共设置社区护考街、护考楼、志愿服务大集市3大服务区，医护站、富心站、放松吧等10个功能区。在护考街，共设20个爱心助力站，中国联通、华润怡宝、首善公益、大道志至等20个爱心助力站为高考学生和陪考家长提供中医理疗、防暑药品、紧急救治、矿泉水、扇子、雨伞、雨衣、铅笔、橡皮擦、尺子等免费服务。在志愿服务大集市，中国女书传承人李爱莲开设书画展，表演中国女书书法。省编织工艺大师周佳霖现场教学棕编技艺。在护考楼，感动中国十大人物李丽在富心站与陪考家长进行互动交流。在放松吧，可享受按摩、理疗、健身、棋牌、上网、手工、阅读、电影等免费服务。（周　茜）

【“乐享学堂”暑期系列活动】 2018年暑期，青园街道青园社区联合天心区恒安社会工作服务中心、长沙市亲亲贝尔教育咨询有限公司举办“乐享学堂”暑期系列活动。7月11日，“乐享学堂”暑期系列活动的第一堂课“玩转指尖”魔方课堂启动，30余位小朋友在老师带领下领略魔方的乐趣，活跃了大脑。7月16日，“乐享学堂”暑期系列活动“共享阅读”绘讲堂开课，消防志愿者为孩子们讲解消防知识，并进行实地演练。8月24日，青园街道青园社区联合市民政局、长沙市天心区恒安社区工作服务中心、湖南都市频道《长鸿说电影》栏目在长沙金逸影城举办“乐享课堂”电影公开课，组织辖区小朋友与家长共同观看电影《大师兄》。（周　茜）

【“枫桥经验”集中采访】 2018年11月23日，市委政法委组织《湖南日报》、湖南广播电视台经视频道，湖南广播电视台都市频道、湖南广播电视台公共频道、《潇湘晨报》《三湘都市报》、湖南人民广播电台交通频道、华声在线、红网、“新湖南”客户端、法制与新闻、湖南长安网、《长沙晚报》、长沙政法频道、长沙新闻广播、长沙交通频道、星辰在线等10余家媒体，到青园街道湘园社区开展“枫桥经验”主题宣传集中采访。采访中，青园街道工委副书记阳海波对综治网格化管理创新项目工作推进“六化”模式创新社会治理，党建引领网格化、技防建设全域化、信息技术现代化、居民服务精细化、矛盾调解联动化、居民管理自治化等工作进行介绍与分析。媒体重点对湘园社区“满爹和谐邻里调解工作室”进行采访，“满爹和谐邻里调解室”创办人张庆华对青山小区生活环境及调解各类社会矛盾纠纷事件进行介绍与分析。（周　茜）

【“致公蓓蕾书屋”落户湘园社区】 2018年12月5日，致公蓓蕾书屋揭书暨挂牌仪式举行。活动由致公党天心区工委、青园街道湘园社区联合举办，区委统战部副部长胡浩、致公党长沙市委办公室主任彭磊、致公党天心区工委主委周帅军、青园街道人大工委主任何理萍等参加捐赠仪式。仪式上，致公党天心区工委正式向青园街道湘园社区授牌“致公蓓蕾书屋”，向社区和到场的居民群众捐赠500余册书籍。胡浩表示，致公党委将进一步整合党内资源，参与同心社区创建；走访慰问侨眷、少数民族等统战对象；动员统战对象参加社区公益事业，慰问帮扶社区孤、寡、残、贫、弱势群体，助力脱贫攻坚；丰富社区群众文化生活，共建社区精神家园。捐赠仪式后，致公党天心区工委对天心区青园街道湘园社区10名老党员和困难群众进行慰问。（周　茜）

【标志楼宇党群服务中心揭牌】 2018年12月25日，标志楼宇党群服务中心揭牌暨“千人帮千企百日大行动”进楼宇活动在青园街道标志商务楼举行。市委两新工委副书记肖剑锋，区委副书记朱远红，区政协党组书记、主席夏艳兰，区委常委、组织部部长张界贻，区委两新工委书记唐珺以及湖南标志房地产、湘财证券、湖南省浙江总商会等20余家企事业单位，党员、群众共70余人参加活动。标志楼宇党群服务中心是青园街道打造的第二家楼宇党群服务中心，全市48个楼宇党群服务中心之一，也是全市首个将党史教育馆建在商务楼宇内的党群服务中心。服务中心由湖南标志房地产开发有限公司投资建设，并无偿提供活动阵地1200平方米，用于展示党建成果、楼宇党校、楼宇党建微基地以及楼宇内党组织和群团组织开展相关活动，实现“资源共享、阵地共用、费用共担、活动共办、成果共享”。青园街道工委书记向志武就标志楼宇党群服务中心建设和“千人帮千企百日大行动”进楼宇活动作介绍。

2018年12月25日，青园街道举行标志楼宇党群服务中心揭牌仪式暨“千人帮千企百日大行动”进楼宇活动　青园街道 供稿

区政协委员、青园商会会长、湖南轩辕酒业有限公司董事长张可为分享感想和心得。朱远红宣布标志楼宇党群服务中心正式启用，并和其他嘉宾一道揭牌。启动仪式结束后，街道为参加活动的企业开展一场以新税收政策为内容的“千人帮千企百日大行动”进楼宇培训讲座。（周 茜）

黑石铺街道

【概况】 长沙市天心区黑石铺街道位于天心区南部，北抵湘府西路与新开铺街道、青园街道毗邻，东临书香路、石碑路、芙蓉南路与桂花坪街道相连，南至披塘路与先锋街道接壤，西倚湘江及京广线与大托铺街道交界，辖区面积8.97平方千米，辖披塘村1个行政村，一力、黑石铺、创谷、铭安4个社区。2018年，常住人口2.49万人，流动人口1.33万人。2018年末，在职干部职工45人；退休14人;党员34人。（曹晓姣）

【街域经济】 2018年，黑石铺街道实现财税收入6.10亿元，规模以上服务业营业收入4.2亿元，规模以上其它营利性服务业收入2.8亿元，全社会固定资产总投资32亿元，全社会消费品零售总额4.39亿元，外贸进出口总额2000万美元，外资到位4350万美元，新增“四上”单位15家，高新技术产业总产值26.66亿元。走访服务辖区企业、项目，开展“千人帮千企”百日大行动活动，优化营商环境。开展全国第四次经济普查工作，普查法人单位2391家，个体户3821家。（戴立国）

【城市管理】 2018年，黑石铺街道启动黑石集资办整村城中村改造，累计上户丈量房屋、收集资料579栋，完成1200人次集体经济组织成员集中认定和80人次单个认定、238本独生子女证认定，调取各类拆迁资料760余份。全年拆除存量违建105处4.7万平方米，严控新增违建20余处610余平方米。清除城市“牛皮癣”4.6万余条，清理裸露垃圾180余处500余吨，拆除违规广告招牌122块处1500平方米。专题部署“蓝天保卫战”84次，开展执法整治490余次，签订“禁烧承诺书”2000余份，扑灭露天焚烧垃圾228处，取缔露天烧烤、夜宵摊124起，查处存在油烟污染餐饮门店117家，制止燃放烟花爆竹33起，处理燃烧散煤现象126起。劝离湘江边垂钓200余起、游泳50余起、违规摆摊100余起。对120余处10万余平方米裸露黄土地块进行绿网覆盖，撒播草籽1吨余；处理数字化案件1.5万余条。监管主要环境企业45家，停业整顿10家，关停3家，办理办结中央环保组督办案件14起。推进“五边”植树绿化面积5公顷，超额40%完成全年任务。开展安全生产专项整治和打非治违“春雷”“飓风”“霹雳”“清剿”等专项行动，全年出动检查人员200余人次，检查各类生产经营单位、场所200余家，排查各类隐患13起，责令现场整改安全生产隐患45处，发出限期整改通知书20份，复查整改指令书20份，办理行政立案37宗，行政简易处罚2.46万元。（邓 旭 李淑云）

【社会事业】 2018年，黑石铺街道累计发放各类补助、救助金、低保金122万元。开展人社政策法规宣传活动21次、发展义务宣讲员78名、走访企业183家、个人（家庭）427户。完成肉联厂小区公共停车棚改造升级、披塘安置小区管道天然气改造。创谷、铭安社区微改造项目完工。完成披塘、黑石农贸市场综合整治。（骆 静 邹科敏）

【综合治理】 2018年，黑石铺街道开展矛盾纠纷排查工作121次，成功调处矛盾纠纷94起、重大疑难矛盾纠纷5起，接待群众来访170余人次，办理办结信访案件76件，处理“12345”热线工单760余条，解决国家信访局交办湛某斌信访积案，化解蒋某莲、徐某清等6个信访积案。建立街道网格综合管理分中心，整合配备网格力量110名，全累计接收处理各类信息13095条，办结率100%。（王展宏 李 雪）

【党建工作】 2018年，黑石铺街道开展人大代表联系监督社区（村）实事工作等活动，开展调研活动4次，提出建议意见7条；成立智慧政协委员工作室，开展调研视察活动8次、主题活动4次、上报集体提案5个、社情民意12条。制作各类文明创建宣传板、册1000余幅，主流媒体上稿报道220余篇，举办群众性活动20余次，承办市、区级活动8次。披塘村以“乡贤文化”引领移风易俗工作，作为天心区试点迎接市文明办检查。（张 健）

【朱东铁调研黑石铺街道】 2018年5月7日，区委书记朱东铁到黑石铺街道调研。朱东铁一行到湘府安石广场建设工地现场考察。项目负责人介绍工程建设情况，街道工委书记胡波就黑石集资办湘府路两厢“两安”用地开发建设情况进行汇报。朱东铁强调，要保质保量用心建设好安置房，要加快合理利用开发，做好安置工作，促推拆迁工作。朱东铁一行到黑石铺街道拆迁指挥部，就城中村改造工作进行座谈调研，区委办、区财政局、区征地办、区城建投、区城改办等9个相关部门负责人及赤岭路街道、新开铺街道、黑石铺街道、先锋街道、南托街道等街道主要负责人参加会议。会上，区城改办汇报有关工作情况，各街道汇报工作进展情况，与会部门负责人表态发言，区领导分别讲话。朱东铁强调，关于社保融资用地落地问题，要抓紧梳理，加快推进落实；关于招商引资问题，要将开发置于拆迁和安置同等重要位置，加快推进土地开发利用；关于绩效考核问题，要考重点、有侧重，加大年轻干部培养选拔力度；关于城中村改造中的公共设施配套项目建设问题，要统筹兼顾，持续推进；关于严格纪律要求的问题，要加强对“三资”管理，要加强主导、指导、引导，加强管理监督，做到依法依规、阳光公开、公平公正。6月23日，朱东铁到黑石铺街道黑石铺社区，调研社区党建引领下网格化管理工作情况。朱东铁到黑石铺社区党群服务中心，察看社区网格管理服务工作简介、工作模式、工作流程的展示，听取社区书记张敏关于社区网格划分、“四知四能”网格工作法、“六心”网格服务承诺、“六声网格”服务态度的情况介绍和胡波的补充说明，询问了解网格力量配备、网格化管理工作进展等情况。朱东铁强调，社区负责人一定要如实反映社区在实施网格化管理工作中的问题和困难，为区委、区政府调度推进提供决策依据。7月3日，朱东铁带领相关区领导和区直部门负责人实地走访调研黑石铺街道辖区长郡天心中学项目建设情况。区委办、区项目办、区工务局、区教育局负责人陪同。朱东铁察看项目建设现场施工情况，听取项目负责人关于项目建设基本情况及工程进展情况的简要汇报，并就能否保证正常开学使用及学生安全问题进行询问。朱东铁强调，要在保证安全的前提下，加班加点保质按期完成工程建设；要全面加强安全防护措施，搞好安全隐患预想预测；区相关领导要加强调度，有关部门及街道要积极配合，形成整体工作合力，及时协调解决各种困难矛盾，全力保障好项目进展。

（张　健）

2018年5月16日，黑石铺街道组织开展“践行新思想 长沙新作为”微宣讲选拔比赛活动　　黑石铺街道 供稿

【“微理论·微宣讲”演讲比赛】 2018年5月16日，黑石铺街道组织开展“践行新思想，长沙新作为”微宣讲选拔比赛活动，街道工委班子成员、全体干部和各社区（村）主要负责人及代表共100余人参加活动。参加比赛的6名选手，来自各社区（村）党组织书记或副书记及辖区非公企业党组织书记、副书记，参赛选手分别以《敢于担当·善于作为》《撸起袖子加油干》《学习贯彻十九大精神之我见》《心中有梦·脚下有路》《不忘初心·牢记使命》《群众无小事·群众事我家事》为题进行了主题宣讲。黑石铺社区副书记、主任阳碧芳，一力社区副书记、主任夏剑航，铭安社区副书记张玲英分获一、二、三等奖。

（张　健）

【“快乐端午·情暖燕离”政协委员进网格服务活动】 2018年6月15日，黑石街道政协联络处组织开展“快乐端午·情暖燕离”政协委员进网格服务活动。活动由区政协、区委统战部、区工商联、区卫计委联合主办，在天心区政协委员学习实践基地鑫明现代农庄举行，街道政协委组组长赵礼发担任主持，区政协党组副书记、副主席彭泽南，区工商联副主席彭立新，区工务局副局长邓利民，市政协委员张伟琦、欧阳侨，街道工委副书记、办事处主任龚承平，街道工委委员、办事处副主任、政协联络处主任陈城及街道政协组全体委员、一力钢材商会代表和街道全体燕离家庭参加。活动现场，龚承平致辞并通报上半年街情。出席领导和委员们为燕离家庭送上端午节日慰问，和燕离家庭成员一起制作祈福纳吉的端午香囊，并互相赠送。

（张　健）

【“寻初心、树典型、创辉煌”庆祝建党97周年主题活动】 2018年6月28日，黑石铺街道在黑石铺社区香芙嘉园广场开展“寻初心、树典型、创辉煌”庆祝建党97周年主题活动，辖区直管党员、非公支部党员、在职党员、党员群众志愿者300余人参加活动。活动中，全体党员重温《入党誓词》，上演《永葆战斗青春》革命现代京剧、《航标颂》朗诵、《赞十九大精神》快板等节目；通过视频短片的形式“寻找初心”，现场志愿者们共同倾听身边党员的感悟和心声；对黑石铺街道先进基层党组织、先进党务工作者、优秀党员、优秀在职党员、结对共建党员等进行集中表彰；对黑石铺街道在“党建引领”下成立的网格党支部进行集中授牌，进行党员网格志愿服务岗位认领。

（张　健）

【“党建引领、悦动黑石、真爱暖民心”悦动社区行】 2018年10月29日，黑石铺社区在辖区香芙嘉园文化广场开展“党建引领、悦动黑石、真爱暖民心”悦动社区行暨庆祝改革开放40周年百姓宣讲活动。活动现场社区直管党员、非公支部党员、在职党员、居民群众300余人参加。活动在未成年人志愿者的舞蹈《七彩画笔》中拉开序幕，上演快板舞《幸福健康进社区》、专业的京剧表演、“五老”模特秀，区“五老”团队的张桂兰讲述个人故事。节目中穿插十九大知识有奖问答、游戏等互动，现场设法律咨询点，新闻热线搜集点，“名医馆”等咨询台，为居民群众提供贴心便民服务。

（张　健）

先锋街道

【概况】 长沙市天心区先锋街道位于长沙市南大门，北靠桂花坪街道，东接暮云街道，南邻南托街道，西连黑石铺街道、大托铺街道。街道辖南城社区、嘉和社区、新宇社区、先锋集资办、新路村以及大托铺机场区域。区域面积16.62平方千米，常住人口2.67万人，其中农业人口5510人。街道地处长、株、潭融城核心位置，地铁一号线、五号线和长株潭城际铁路交汇于此，芙蓉南路、中意路、环保大道、新电路等城市干道贯穿全境。街道党政机关核定行政编制11名，核定领导职数11名，核定二级事业单位事业编制15名，核定财务专项编制3名。内设机构6个，即：党政办公室、经济发展办公室、社会事务办公室、公共卫生与计划生育办公室、社会管理综合治理办公室、城市建设与管理办公室。二级机构4个，分别是：公共服务中心、公共监管中心、财政所、司法所。街道机关工作人员71人：在职在编干部实有41人（其中行政编11人、事业编27人、财政编3人）、政府雇员1人、安置的转业士官7人、临聘人员15人。

（郭　银）

【街域经济】 2018年，先锋街道完成财税收入3.84亿元，同比增长45.26%。全年完成社会消费品零售额16.77亿元，同比增长17.6%；固定资产投资61.78亿元，同比增长30.5%；规模工业总产值91.67亿元，同比下降45.3%；高新技术总产值完成6.80亿元，同比增长-10.8%；规模以上服务营业收入完成11.35亿元，同比下降10.7%。德盛欢乐广场、红星·欧丽洛雅家居博览中心开业。湖南长沙人力资源服务产业园落户鑫悦汇。以建设中的中南大学湘雅五医院为核心，20家以上的医药健康企业竞相落户，以芙蓉南路为发展主轴，街域经济实现由传统房地产向商贸物流、健康医疗、人力资源三大产业转型升级。

（郭　银）

【城市管理】 2018年，先锋街道完成中信485、港子河路、新园路、机场一街征拆任务。先锋路征拆、新梅路等项目建设有序推进。中信485项目，涉拆面积近33.33公顷，过渡房屋17栋95人，各类门店、企业110家。5月5日启动签约，实现项目内95户合法房屋100%签约。对先锋村一、二组485地块、新路村铁史塘组进行全面拆违，全年拆除违章建筑共计44831平方米。组织城管队员每天上路开展机动巡查、集中整治和定点蹲守。市数字化城管案卷结案数4982件，区平台数字化案卷结案数950件，按期结案率100%。（郭　银）

【社会事业】 2018年，先锋街道累计发放低保金23万余元，发放医疗救助金5万余元。组织开展春节慰问，发放慰问金17.5万余元。城镇新增就业人数782人，农村劳动力转移就业24人，创业带动城乡就业人数1325人。成立先锋街道卫生计生综合监督管理所，打造省级计生协会居民自治示范街道。开展“我们的节日·春节”诚信文化市民教育活动暨先锋街道文化惠民项目汇报展演、长沙市移风易俗市民教育活动暨先锋街道新路村第二届新乡贤表彰大会等市、区级活动17场，小型宣讲、培训、展演等140余场。推评出市文明标兵张建明、李莜华等一批突出典型。推进“一圈两场三道”工作落地，芙蓉南路两厢建起长沙绿道，新路小学建成并在新学期投入使用，新增童话里山水嘉园、青果树中信两家普惠性幼儿园，南城社区羽毛球场、嘉和社区篮球场以及嘉和、新宇社区居家养老服务中心完成建设。街域内14条公交线路、4条社区巴士与地铁、城铁衔接。完成新路村甘塘冲组铺设路灯、仙姑岭公园铺设便民路径等20个惠民项目。（郭　银）

【综合治理】 2018年，先锋街道将街道划分为16个单元网格，健全互联网+“警网红”伞型城乡社区治理体系。完成街道、社区、村综治中心和“雪亮工程”建设，形成综治工作全覆盖、全领域监控。针对地铁城铁加强护路护线隐患排查，处理涉铁安全事故隐患26起。扩充红袖章平安志愿者队伍，发展至540人，组织志愿者开展相关活动68次。开展扫黑除恶专项行动，发现上报涉黑线索1条。开展安全生产教育“七进”活动20余次。烟花爆竹、危化品、无证办学等领域得到有效整治，中海环宇城餐饮食品安全管理模式接受市食药监局和各区县（市）的观摩。全年调解物业矛盾纠纷281处、损害赔偿纠纷及其他纠纷等21件，化解信访案件2件，稳控在位信访积案3件。配合天心经开区、区农林水局、区城建投完成港子河黑臭水体治理、港子河风光带建设、港子河路征拆建设系列综合治理工程。将港子河先锋段划为3个片区，设有片区河长3名，小微水体划分为3个片区，在每个片区设立微体公示牌，对河湖管理保护工作进行全方位、立体化监督。港子河提质改造工程潘公塘段通过明渠改造和3000米清淤，解决王家巷村民组遇雨内涝的隐患。自查自纠露天焚烧垃圾220起、燃烧散煤现象120起，取缔露天烧烤、夜宵摊206起。查处存在油烟污染餐饮门店108家，均责令其停业整改，安装使用符合环保标准的油烟净化装置。对街道范围内132处共10万余平方米裸露黄土地块进行绿网覆盖和铺撒优质草籽。对20家重点环境监管企业单位进行走访，严格按照环保部门整治标准，对4家问题企业上门督促整改。（郭　银）

【党建工作】 2018年，先锋街道工委以“一社一特”为目标，完善南城党群服务中心“红纽带”服务，延伸嘉和党群生活馆“一圈四汇”至长株潭商圈，打造新宇党群服务中心“‘乐’新宇‘乐’党建”，全年累计接待学习观摩20余次。通过发送“红色先锋短信”，为全街党员在其“政治生日”当天送去组织关怀。对党员人数超过100人的新路村、先锋集资办党支部进行党组织升格，下属支

2018年12月7日，先锋街道机关党支部赴韶山党性教育基地开展“不忘初心　牢记使命”主题党日活动

先锋街道　供稿

部选举产生支委成员。新成立一家非公党组织——麦德龙天心商场党支部。成立中信485项目临时党支部、先锋街道城中村改造项目指挥部党支部。对全街483名直管党员开展培训，完成32小时培训目标。全街841名“五类党员”纳入兜底管理，开展税法宪法等宣讲学习活动26次。通过民主评议党员、党员积分管理等方式，将党员参训考勤与评优评先对等挂钩。为4个社区（村）配备后备干部18人。（郭　银）

【长株潭商圈党群服务中心】先锋街道地处长株潭融城核心，为长株潭商圈建设的主阵地，打造和引进友阿奥特莱斯、中海环宇城、鑫悦汇、麦德龙、迪卡侬、红星美凯龙等一批商业综合体和零售巨头，商圈销售额超过150亿元。2018年，区级铺排商圈项目40余个，其中有37个在该街域范围。先锋街道优化组织架构，拓展联动平台，完善支撑体系，加快建设长株潭商圈党群服务中心。先锋街道探索建立开放的“1+4+7+X”的商圈党建“共同体”，即以“1”（长株潭商圈党群服务中心）为核心，“4”（四大区域：新宇、嘉和、南城、新路）为责任网格，“7”（七大联动项目：党的工作联建、社会治理联抓、服务群众联手、精神文明联创、社区公益联办、文化活动联谊、干部人才联育）为重点，“X”（机关、非公、学校、派出所等各类基层党组织）参与的联席会议制度，主动发挥街道工委在长株潭商圈党建共同体中的“中枢神经”作用。全街45个基层党组织、400余家企事业单位和社会组织全部纳入商圈党建共同体，实现资源互通有无、项目共驻共建、活动组织经常。街道工委主动与社区、群团、非公组织加强联动，推动商圈党建和基层社会治理的共建共商共享共赢。1月8日，携手天心经开区党委、中海环宇城等单位开展点亮“微心愿”活动，为留守儿童、困难学子送去爱心礼物。通过党群联欢和爱心活动，凸显“党建带群建，党群齐参与”的“商圈党群互动平台”。街道加强对街域资源的统筹和共享，以“在职党员进社区报到”活动为契机，推动党员志愿者参加社会治理和公益服务，参与志愿活动的党员有330名。选派4名专职党务工作者兼任“两新”组织党建指导员，并将辖区4个社区（村）划分成16个子网格，每个网格内配备党建指导员、信息员、督导员、警员、司法员，实现商圈楼宇网格全面覆盖；推动长株潭商圈党群服务中心建设，以友阿奥特莱斯党群服务站为前台，将南城“红纽带”党群服务中心、嘉和党群生活馆、新宇党群服务中心有机串联起来；统筹党建项目建设资金的安排，为嘉和党群生活馆、友阿奥特莱斯服务站等场地建设投入70万元商圈党建项目孵化资金。

2018年6月6日，区委书记朱东铁，区委副书记朱远红，区委常委、组织部部长张界贻一行到长株潭商圈党群服务中心指导商圈党建工作。8月27日，省委常委、市委书记胡衡华一行深入先锋街道长株潭商圈党群服务中心的主阵地——嘉和党群生活馆进行调研。胡衡华翻看组织生活服务定制情况的台账和留言簿，肯定党群服务有创新、有特色、有亮点，要求让更多的居民群众享受到长株潭商圈党群服务中心的服务，扩大党在城市工作的覆盖面，构建城市党建工作新格局。嘉和党群生活馆位于长株潭商圈核心地带，于年初投入使用，馆内集十九大精神宣传、党员教育、党群活动等功能于一体，定制推行组织生活服务项目“菜单”，为商圈内想开展党建活动但无阵地条件的企业、单位提供预约点单、阵地充电等服务。长株潭商圈党群服务中心开展红色马甲传递文明、文化惠民文艺展演等党群文化活动。（郭　银）

【中信485征拆项目完成签约】2018年6月6日，先锋街道中信485项目完成全部合法房屋签约。485地块位于天心区环保大道以南、新电路以北、中信凯旋蓝岸以东、龙盛高科以西，项目在涉拆面积、动迁人口、拆迁矛盾等几个方面矛盾较多。自5月5日开启签约以来，先锋街道工委坚持以党建引领征拆工作，第一时间将支部建在项目上，把国土、征地、街道、村、社区中的党员都纳入项目指挥部支部，实行集中管理、集中调度、统一指挥、统一行动。项目攻坚过程中，支部发挥战斗堡垒作用，落实“阳光拆迁”，坚持“一把尺子量到底”，奋战30天实现项目内95户合法房屋全部签约。（郭　银）

大托铺街道

【概况】长沙市天心区大托铺街道地处长株潭三市融城的前沿，

东临京广、西滨湘江，北面与黑石铺街道接壤，南与先锋街道、南托街道接壤，区域面积15.12平方千米，其中陆地面积11.86平方千米，下辖黄合村、兴隆村、桂井村、大托新村4个行政村，农村常住人口1.6万，村民组110个，党员589人，为天心区唯一没有设立社区的纯农村街道。辖区内有小型企业180家，规模以上企业18家。街道内设党政办、经济办、城管爱卫办等12个办所。有正式干部35人，其中班子成员11人。（许世栋）

【街域经济】2018年，大托铺街道全年完成公共财政预算收入5645万元，为年度任务的49.93%；完成限上社会消费品零售总额1.16亿元，同比增长61.3%；完成固定资产投资5.5亿元，同比增长-34.8%；完成规模以上其他营利性服务业收入1143万元；完成规模上以工业科研经费投入1143.6万元。上报新增"四上"单位5家。抓好辖区180家大小企业的帮扶，解决企业发展中出现的困难和问题15件。引导农户、农民对绿色蔬菜、花卉苗木、生态水产、有机瓜果等进行产业产品融合；支持辖区新港湾、湘厨旺府等生态农庄开展提质改造，推出葡萄、荷花、草莓采摘和多肉植物观光等近郊生态观光旅游项目；加大对以临江鱼馆为代表的30余家餐饮门店的服务，做强餐饮街道品牌。培育生生农业等15家专业合作社的发展。辖区内的菜菜网络科技有限公司响应国家"互联网+"号召，自主开发"菜菜农业"微信小程序网络平台并成功上线，实现小农户与现代农业发展有机衔接。累计争取上级投入3000万元开展道路提质改造、亮化、房屋外观美化、停车场等项目建设。加强对长沙港旅游客运码头、区社会福利中心等项目的服务工作，大托铺卫生服务中心启动建设，区社会福利中心进行装修施工。（许世栋）

【城市管理】2018年，大托铺街道严厉整治乱搭乱建，鼓励自拆和依法强拆违章建筑34处、面积1.5万平方米，清退混凝土企业和违法砂场5家。全面完成国土卫片图斑整改，拆除9.92公顷土地上的构建物，复绿复垦9.9万平方米。开展交通秩序和渣土整治行动200余次，查获违法偷倒行为37起，扣留处罚各类违规违章车辆300余台次。整治辖区"散、乱、污"企业，处罚停工和劝退搬离企业39家。推进"河长制"工作，开展巡河，切实加强黑臭水体治理和小微水体管理，打造全区小微水体管护示范片区。全力推进农村"厕改"工作，完成100座厕所的无害化改造。开展市容乱象整治，取缔黄合农机站赶集市场，整治规范占道经营等乱象。大托新村垃圾分类试点工作如期有序推进。制订"大托公民文明公约"，成立"红白理事会"，开展"小手拉大手移风易俗树新风"等主题教育活动。（许世栋）

【社会事业】2018年，大托铺街道加大对牛冻路等5条主次干道的提质改造，硬化和"白改黑"道路10千米，安装路灯500余盏。对石灰塘至深水垅等水渠、机台、水塘等8个项目进行清淤护砌及维修改造，形成"河、沟、渠、塘"水系有效贯通。推进农村饮用水安全工程，全街自来水入户率95%。抓好抓实黄合村农民安置点提质提档工作，解决安置点绿化缺失、管网堵塞等"硬件"问题。沿江建成2个生态停车场。开展省级规范化司法所建设。建成御庭、新港湾两座乡村公园。完成农村土地承包经营权确权登记颁证和耕地地力补贴工作。农村集体产权制度改革的清产核资进展顺利。（许世栋）

【综合治理】2018年，大托铺街道注重抓好铁路、校园周边等重点地段巡查监管，深化"红袖章"工程、"夜鹰工程"建设。摸排十种黑恶势力性质违法犯罪线索，动员群众积极举报，对涉黑涉恶嫌疑的案件和行为追查到底。开展安全生产检查排查600余次，下达责令整改文书93份，行政处罚企业59家。加强食品药品安全、交通安全、公共消防等领域综合整治力度，坚决消除各类安全隐患。做好防汛抢险应急演练工作，开展"非洲猪瘟"防控，做好抗旱、森林防火等工作。落实领导干部公开接访制度，解决好涉及群众切身利益的历史遗留问题。

（许世栋）

【党建工作】2018年，大托铺街道对直管党员、在职党员、离退休党员、流动党员进行摸底排查，成功帮12名"口袋党员"找到"家"，完成对14名入党积极分子的培训。将全街划分为4个大网格、32个子网格，建设邻里中心示范点，构建"一站式"党建服务平台。黄合村党支部"五化"建设试点、"两新"党建等工作有序推进。实施“一村一品”创建活动，全力建成御庭党建文化广场，把党建元素融入村民日常休闲之中。推进桂井村和大托新村的党群服务中心建设，完成勘测、选址等工作。围绕组织领导、队伍建设和宣传教育深入做好意识形态工作。推行“党建+”模式，建立党员联系户制度，开展党建帮扶活动。强化廉洁文化教育，发布30期“清风一刻·案件速递”，开辟“清正党风、清廉政风、清爽民风”主题展示区，开展警示教育、廉洁家书和廉洁书画作品征集活动。全力配合支持区委第三巡察组对街道的巡察工作。全街党员干部签订“文明节俭操办婚丧喜庆事宜承诺书”699份。开展“雁过拔毛”式腐败排查、村级财务清查“回头看”等专项整治行动，发布督查通报2期，通报批评15人次，约谈函询3起，诫勉谈话1人，立案审查2起。（许世栋）

2018年，天心区大托铺街道全面贯彻落实乡村振兴战略

大托铺街道 供稿

【乡村振兴工作】2018年，大托铺街道贯彻全区实施乡村振兴战略，突出抓好城郊农业，推动新型村级集体经济，持续快速健康发展。推进美丽乡村建设，开展道路提质改造、亮化、房屋外观美化、停车场等项目建设，重点突出休闲功能，建设御庭、新港湾两座乡村公园，为居民提供休闲、健身、散步的场地。（许世栋）

【“蓝天保卫战”工作】2018年，大托铺街道发挥城管网格化管理的优势，紧扣辖区秸秆、垃圾焚烧行为较多的问题，制定相应治理方案，严防各类大气污染问题。街道要求辖区在建施工单位实施百分百围挡，物料堆放百分之百覆盖，严防建筑工地大气污染问题。街道针对辖区燃煤取暖住户、露天经营商户等燃煤用户，积极入户宣传，引导改用环保无烟煤。针对露天烧烤、明炉食品加工摊点等行为，街道及时进行劝离、劝撤，严格做好全领域、全区域污染源头防控。3月2日，大托铺街道工作人员在巡逻到辖区黄合村上中棚组时发现并及时制止一起村民焚烧秸秆的行为。街道出动工作人员800人次，入户发放宣传册2000余份、悬挂横幅70条，入户宣传引导村民改用环保无烟煤60户，整改露天烧烤、街边食品制作摊点及燃煤取暖摊点等30余处，制止秸秆、树叶焚烧行为200余起，安排洒水车对辖区主次干道洒水降尘300余车次，对裸露空地绿网覆盖6000余平米。4月20日，大托铺街道组织城管执法中队、城管办在辖区开展“扬尘管控”行动，对街道辖区范围内的各类运输车辆的扬尘行为进行整治。整治行动主要针对夜间运输车辆带泥上路、密闭不严、抛洒漏等违法行为，出动执法人员50余人次，查处2辆运输车辆扬尘、抛洒等行为，发放整改通知3份，依法扣留违规渣土车1辆。5月11日，大托铺街道组织城管办、城管执法中队、各行政村开展为期3天的蓝天保卫战综合整治行动，对辖区各主次干道占道经营、燃烧散煤、露天烧烤、焚烧垃圾秸秆等违规行为进行整治。行动共出动46人，车辆7台，共发放倡议书500余份，发现12处露天焚烧垃圾秸秆现象并及时进行处置。抓扣违规渣土车、农用车4台，发现并处置散煤燃烧的门店1家，并对其进行宣导教育。8月10日，大托铺街道大托新村开展垃圾分类专题宣传活动。活动中，大托新村制作生活垃圾分类物流图解展板，组织垃圾分类督导员、劝导员向居民发放相关宣传资料。垃圾分类宣传活动，有利于增强辖区村民群众对垃圾分类知识的了解，促使居民自觉参与到垃圾分类的行动

中来。9月21日，大托铺街道组织工作人员、城管协管员、保洁人员和街道志愿者近500人，在辖区内开展环境卫生大整治行动。共清除牛皮癣100余张，清运垃圾100余车，清除卫生死角200余处，清理堆物200余处，并对辖区水塘的漂浮物和陈年垃圾进行打捞和清理。

（许世栋）

【法制宣传教育活动】2018年3月21日，大托铺街道司法所联合区关工委、黑石铺铁路派出所、综治办、卫计办在辖区新港小学开展以“安全”为主题的法制宣传教育活动。活动以引导青少年知法、守法、护法、用法为主要内容，区关工委、黑石铺铁路派出所、综治办、卫计办等部门负责人分别给学生进行防范毒品、交通安全、防范校园欺凌、青春期健康等辅导。在法制教育讲座上，宣讲员向学生宣扬法律意识和自我保护意识，为学生讲述《未成年人保护法》《道路交通安全法》等涉及未成年人的相关法律法规知识。宣讲员与学生进行互动交流，给学生解答疑难问题，向学生发放普法宣传资料。该活动有利于增强广大学生的安全意识，提高青少年综合防范能力。3月30日，大托铺司法所联合区关工委在辖区黄鹤小学开展以“学习十九大精神，宣讲综合治理”为主题的宣传教育活动。活动中，区关工委五老志愿者陈月兰以相关政策法规为主题，给学生讲法制课。通过活动，有利于增强辖区学生们的法制观念，促进学生的健康成长。4月12日，大托铺司法所组织长沙理工大学实习生在黄鹤小学为该校六年级学生上一堂普法、国防及铁路护路相关知识的教育课。讲课内容分为三个部分：第一部分为“未成年人的法律地位”；第二部分为国防知识教育；第三部分为铁路护路相关知识。通过法律知识进课堂，普及了法律知识，增强了孩子们的法制观念。（许世栋）

【农村环境“五治”工作】2018年5月30日，天心区大托铺街道环境综合整治“百日行动”暨农村环境“五治”动员大会在大托铺街道兴隆村大会议室举行。区政府副区长洪孟春，街道全体班子成员、街道机关所有办所负责人、天心区公安分局大托派出所及天心区公安交警十一、十二中队负责人、各行政村村支两委成员、各村党小组长、村民组长等共200余人参加会议。会议由街道工委副书记杨炼主持。洪孟春从借势与造势、执行与执法、利己与利人等五个方面对大托铺街道的工作提出要求，要求进一步改善城乡环境卫生、街容街貌、社会秩序等方面存在的问题，推动城乡面貌显著变化，居民生活环境美丽宜居。街道工委书记凌异对具体工作的开展提出要求。街道工委副书记、办事处主任汤宇驰就全街环境综合整治“百日行动”暨农村环境“五治”工作进行全面部署。桂井村村民代表宣读承诺书，兴隆村主要负责人代表行政村作表态发言。会后，全体参会人员在承诺墙上签字。7月2日，大托铺街道组织召开农村环境“五治”集中整治周工作会议，全面部署拆违控违、渣土管理、市容整治、企业治污、河道治理、交通整治、房屋治理、陋习整治等工作。街道全体班子成员，区环保局、大托派出所、大托食药所、区交警大队十二中队相关负责人，街道各办所负责人，各村书记、主任参加会议。会议由汤宇驰主持。会上，街道各班子成员分别就所分管的工作进行部署。环保、公安、交警等执法部门就如何推进“五治”集中整治周工作，提出建议和意见。汤宇驰强调，要转变思想，明确目的；要统一指挥，确保效果；要人员到位，严明纪律。（许世栋）

【“安全生产月”宣传咨询日活动】2018年6月22日，大托铺街道在辖区开展以“生命至上，安全发展”为主题的“安全生产月”宣传咨询日活动。活动现场，宣传人员通过设置咨询台，以宣传资料、横幅、展板等形式向广大群众宣传安全知识。集中咨询日活动的开展，有利于弘扬“生命至上，安全发展”的思想，推进安全生产宣传工作“七进”，增强全民安全意识。（许世栋）

【“党建引领·共建共创”平安家庭评选活动】2018年9月6日，大托铺街道“党建引领·共建共创”平安家庭评选活动在街道御庭乡村公园举行，20户家庭获评“平安家庭”。活动在舞蹈《全民共舞》中拉开帷幕，20户家庭分别上台介绍情况，活动中穿插小品、快板、花鼓戏等节目。活动按照分数高低从20户家庭中产生5户街道级“平安家庭示范户”、5户街道级“平安家庭”、10户街道级“平安家庭积极参与户”。大托铺街道把“平安家庭”创建作为平安创建系列活动的重要工程，街道各行政村按照宣传发动、组织报名、统一评选、集中表彰的程序进行村级平安家庭的评选，全街“平安家庭”申报率60%以上，挂牌率30%以上。（许世栋）

暮云街道

【概况】 长沙市天心区暮云街道地处长株潭融城核心区域，东接雨花区跳马镇，北接先锋街道和雨花经开区，南靠湘潭市昭山示范区，西抵南托街道。辖暮云社区、花园岭社区、云塘社区、丽发社区、卢浮社区、华月湖社区、高云社区、弘高社区、怡海社区9个社区，莲华村、许兴村、暮云新村3个村，高云集资办、西湖集资办2个集资办，辖区内大中专院校2所，省市级驻点单位6家，商业楼盘20个，安置小区3个。全街总面积34.6平方千米，绿心保护区面积为30.8平方千米，占全街总面积的89%，其中禁止开发区7.2平方千米，限制开发区7.7平方千米，控制开发区15.9平方千米。暮云街道是典型的城乡结合部，既有城区又有农村，户籍人口约6.9万，常住人口约18万。街道在职人员48人，退休6人。（李海君）

【街域经济】 2018年，暮云街道全口径财政收入4.48亿元，同比增长15.4%；全社会固定资产投资总额67.94亿元，同比增长10.1%；招商引资实际到位内资2.83亿元；招商引资内资形成的固投6.78亿元；新增“四上”单位9家；限额以上社会消费品零售总额8703万元；高新技术产值2.57亿元；专利年度申请量为410个，占比达到全区的42%，发明专利申请量256个，专利授权量87个，发明专利授权3个。（李海君）

【城市管理】 2018年，暮云街道开展整治行动46次，对辖区别墅区违章搭建、高云、西湖安置区、许兴村违建问题开展拆违行动68次。国土卫片中暮云新波纹管堆场违建拆除，完成整改。2018年拆违任务共43处，面积20127.97平方米。16期、17期、18期卫星图斑全部销案。在“百日行动”中，共拆违违章搭建180处，面积27244.39平方米。开展环境综合整治行动20余次。拆违239处，拆除面积6.32万平方米；控违21处，面积6936平方米；联合环保、城管、公安、交警、食药监、工商等部门，联合开展大大小小集中整治行动100余次，抓获并处罚违规运输建筑垃圾车辆43台，道路扬尘污染20处，焚烧垃圾30处，露天烧烤16处，责令餐饮门店安装油烟净化器40余家，收缴散煤炉51个，覆盖黄土面积187440平方米。按要求完成了辖区范围内66家工业企业的退出工作，并已验收销号。开展“蓝天保卫战”集中整治行动100余次，抓获并处罚违规运输建筑垃圾车辆43台，道路扬尘污染20处，焚烧垃圾30处，露天烧烤16处，责令餐饮门店安装油烟净化器40余家，收缴散煤炉51个，覆盖黄土面积18.74万平方米。中央环保督查组“回头看”期间和省环保督察组督查期间交办的案卷全部按时处理到位。全年处理市级数字化案卷2960条、市民随手拍12条、110接警60条，结案率100%；处理区级数字化案卷3242条，结案3124条，结案率96.4%。全年拆违239处，拆除面积6.32万平方米；控违21处，面积6936平方米。（李海君）

【社会事业】 2018年，暮云街道办理369本失业证，办理166位就业困难人员申请，登记失业率保持在2.5%以下，办理154份社保补贴，服务106位居民参加技能培训，街道城市低保保障对象67户，累计发放保障金54.31万元。农村低保保障对象94户，累计发放保障金86.89万元。办理医疗救助已救助101人次，累计按时发放救助金58.90万元。办理临时救助48人次，累计按时发放临时救助金13.53万元。辖区内共有高龄老人571人，累计发放高龄补贴19.04万元。完成丽发社区亲子绘本馆项目，构建社区教育课程体系；防性侵系列“幼童保护”志愿服务项目和“金色老年”大课堂特色课程纵深发展；完善社区教育教师库及课程库建设，配合区教育局做好社区教育双百工程，全年送课进社区30余节；摸排辖区内67家无证办学机构，全部发放整改通知书并开展相关整改工作。从救助、康复、教育、就业、维权等方面为辖区435名持证残疾人及22名未持证残疾儿童提供切实有效的服务，2018年度共为19名困难残疾人家庭学生申报就学救助;为10名困难残疾人申报临时救助。为9名残疾人个体工商户成功申报区级创业扶持；为237名三、四级困难残疾人和一、二级重度残疾人申报残疾人“两项补贴”。完成60周岁以上农村籍退役士兵信息采集、八一慰问及900余名退役军人和其他优抚对象的信息采集工作。怡海社区文化活动室投入使用。西湖农贸市场建成并投入运营，完成莲华村卫生室建设。政务中心受理“12345”工单1176件，办结率95%，满意率97%。街道承办区级以上群众性精神文明创建活动22场，其中省级活动3场，市级活动15场，区级活动4场。评选爱岗敬业、移风易俗等50位“文明之星”先进典型。开展就业服务活动，为179位贫困劳动力提供就业创业等服务，其中转移就业人员96人。及时处理和协调劳资纠纷，共处理投诉21起，涉及劳动者300余人，涉及金额500余万元。街道城市低保保障对象67户129人，累计发放保障金54.31万元，农村低保保障对象94户190人，累计发放保障金86.89万元。特困供养10人，其中集中供养5人，分散供养5人，累计发放保障金9.15万元。全年街道总出生人口1071人，办理生育证925本，符合政策生育率99.35%，出生人口性别比96。开展协会“流动人口把健康带回家”等关爱活动，参与人数3000余人，发放和张贴政策宣传资料2万余份。组织无偿献血活动，成立省红十字会无偿献血暮云志愿服务队，献血量11万毫升。街道共有各类文艺团队36支，全年开展各类文艺活动137场。

（李海君）

【综合治理】 2018年，暮云街道发放张贴扫黑除恶宣传资料2万余份，举办扫黑除恶宣传活动10余场，处理区委政法委扫黑除恶办公室交办线索2起，上报涉黑涉恶线索8条。成立多部门组成的精神卫生综合管理小组，为辖区23名严重精神障碍患者监护人签订以奖代补协议，全年没有发生精神障碍患者肇事肇祸事件。全年开展各种综治集中宣传10余次，现场接受群众咨询2万余人次，发放宣传单4万余份。针对长沙理工大学云塘校区刑事案件频发的问题，开展专项整治行动。加大对在校师生的安全教育，开展隐患排查，加强夜间巡逻，整治后长沙理工大学及周边发案率明显下降。落实安全生产行政执法检查，开具现场检查记录184次，下达整改指令10份，组织复查10次，简易程序处罚数13起，罚款金额8300元。关闭退出辖区烟花爆竹门店6家，查处非法经营销售烟花鞭炮店18家，共计缴获各类烟花185件。推进信访积案化解工作，中央巡视组交办的4件信访积案化解，全部按时完成，群众满意率100%；省委巡视组交办案卷6件全部办结；市区交办的5件信访积案，其中1件解决到位，2件基本解决，2件仍在解决。开展食品安全示范创建和精品路线创建活动，“食品安全示范学校”龙湾小学以及“食品安全示范社区”卢浮社区均通过上级部门验收，全年创建9个食品安全精品路线，完成30家“透明厨房”提质改造，集中办理健康证共计700余张，关停餐饮店、小作坊共计10家，累计罚款金额4.2万元。

（李海君）

【党建工作】 2018年，暮云街道工委辖村（社区、集资办）党组织14个，机关支部1个，共有党员1257名。全街12个社区（村）有10个完成标准化阵地建设。申报卢浮社区支部、云塘社区总支、怡海社区支部、华月湖社区支部、花园岭社区支部，5个基层党组织参加2018年“示范化五化支部”建设。机关支部开展“五化”支部建设；申报云塘社区“学习”空间站和社会主义核心价值观公园为市级党员教育培训示范基地；云塘社区“格兰邻里促进协会”和丽发社区“小丽工作室”分别获得区基层社会治理创新案例二等奖和三等奖；参加天心区学习十九大精神定向挑战赛获第一名；组织青年干部参加平“语”近人朗诵比赛；开展“三联三访”超过115户次；市级以上媒体报道党建工作信息30条次以上。组织弘高车世界党支部以“弘”军精神为主题参加“党建引领·文化传承聚活力”暨“筑梦天心·亲清统战聚人心”企业文化展示活动（全区5名企业入围）；组织天之道党支部以“诵读红色家书，传承革命精神”为主题，参加“引领两争一创树标杆——开放式主题党日”范例展评，申报华月湖“悦享空间”获市“妇女儿童之家”优秀品牌案例。街道工委书记带头讲廉政党课，纪工委书记讲《中华人民共和国监察法》。针对巡察组反馈的三个方面10个问题，街道深入查找症结，实行整改“销号制”，用实际行动巩固和扩大巡察工作成果。全年开展作风纪律督查53次，对违法违纪党员干部立案9起，3人开除党籍，1人留党察看，4人党内警告，1人诫勉谈话。

（李海君）

2018 年 1 月 9 日，天心区委副书记朱远红（右一）调研暮云街道云塘社区城市基层党建与基层社会治理工作　　暮云街道 供稿

【征拆项目】 2018 年，暮云街道官桥湖道路提质改造工程及碧家冲风雨廊桥工程完成一审、二审；西湖安置区排水改造工程办理结算进窗；许兴村暮石路至十九厂道路提质改造工程、许兴村碧家冲组道路提质改造工程完成总工程量的 95%；许兴村芙蓉南路至许家桥段村道提质改造工程、许兴村一、二、三组农村道路提质改造工程、西湖村菖蒲塘组通往跳马的村道提质改造工程、莲华村芙蓉南路至 107 国道之间村道提质改造工程、华月湖社区服务阵地标准化建设工程；丽发社区服务阵地标准化建设工程；高云社区服务阵地标准化建设工程；怡海社区服务阵地标准化建设工程；弘高社区服务阵地标准化建设工程；莲华全民健身广场建设工程；官桥湖撇洪渠堤防除险加固工程。2018 年，11个项目共征地面积 115.25 公顷，需拆 272户。2018 年签约 25 户，累计 255 户。倒房 69 户，私人青苗签约141户，迁坟 180 冢。协调规划条线工作，全面完成 4 个 15 分钟生活圈建设任务，进行图纸核实，组织网络调查，协调项目完成验收。协调国土相关工作，对接 3处违法用地督查整改；对接7宗闲置土地处置，农村治房涉及5个村、社区，入户调查及现场查勘共计 96 户。

（李海君）

【精准扶贫工作】 2018 年，暮云街道建档立卡贫困户库内剩余 114 户 374 人（其中残疾人 60 人）。暮云新村符合养蜂条件的贫困户 15 户 54 人落实中华土蜜蜂养殖产业扶贫项目。春季雨露计划职业教育补助学生审核通过 19 人，秋季雨露计划职业教育补助学生审核通过 19 人。建档立卡贫困户申请临时救助 6 人次，救助金额 12667 元；申请医疗救助 26 人次，救助金额 79486 元。解决建档立卡贫困户就业人数 18 人。

（李海君）

【美丽乡村】 暮云街道许兴村创建 3 年（2016–2018 年）通过市级美丽乡村示范村验收，暮云新村通过创建市级农村垃圾分类示范村验收。（李海君）

【怡海社区举办首届社团文化节】 2018 年 6 月 30 日，暮云街道怡海社区庆祝建党 97 周年——怡海社区首届社团文化节暨青少年志愿服务实践基地启动式举行。区委办、区委组织部、区文体新局、团区委、暮云街道等有关部门负责人，党员代表、社区社团代表、志愿者及社区居民群众 500 余人参加。活动现场,有歌曲、舞蹈、花鼓戏、京剧、旗袍秀等各式表演，舞台下各个社团招募区排起长队。在怡海社区组织下，怡海社区各文艺骨干成立、备案老年大学艺术团、交谊舞社团、乒乓球社团、礼仪社团等 10 余个社团组织，把这些有着共同爱好的人们聚集在一起。活动包括“怡海社区太极健身站启动仪式”“怡海社区首届社团文化节”“庆祝建党九十七周年——怡海社区首届社团文化节暨青少年志愿服务实践基地启动式”3 个部分，采用无人机航拍、主分会场同步联播等新形式、新举措，深化社区与居民的联系，提高居民群众幸福感和获得感。（李海君）

【“书香伴我行”阅读会】 2018 年 8 月 23 日，暮云街道云塘社区在社区书屋开展主题为“书香伴我行”的读书分享活动，辖区内 20 余名未成年人参与活动。读书活动过程中，孩子们自由选择自己喜欢阅读的图书，在社区副书记邓利娟的引导下，孩子们相互介绍书中的内容和自己读后的心得体会。通过读书分享活动，为辖区未成年人搭建了读书交流的平台,激励他们的读书热情,营造“好读书、读好书、善读书”的良好氛围，促进了社区未成年人人文素质和道德修养的提高。

（李海君）

南托街道

【概况】 长沙市天心区南托街道位于天心区南端，地处长株潭三市融合、绿心保护区的中心地带，西与湘潭、岳麓区隔江相望，北邻先锋街道，东邻暮云街道，107国道、芙蓉路贯穿南北。南托街道辖沿江、牛角塘、滨洲新村3个建制村以及南托岭、北塘、融城、南鑫、牛角塘5个社区，总面积30.05平方千米，常住人口8.7万余人。共有29个党支部，5个党总支，1146名党员。街道驻地长沙市天心区南托街道南托岭社区市场路108号。

（黄紫微）

【街域经济】 2018年，南托街道完成全口径税收收入3.71亿元，累计完成“限上”批发零售业销售额10.03亿元，同比增长6.6%；累计完成限额以上社会消费品零售额1.60亿元，同比下降7.1%；累计完成高新技术产值23.178亿元，同比增长39.8%；累计完成研究与开发经费1.42亿元，同比增长15.3%。街道引导高新技术产业加快发展，推进节能环保、地理信息、服务外包、电子商务等产业集群发展，重点扶持天心区电子商务产业园、远航企业广场、湖南地理信息产业园总部基地等重点楼宇高质量发展。全年新增“四上”单位5家，组织7家企业成功申报2017年促进区域经济发展奖项，1家企业成功申报2017年度创客空间，5家企业成功申报科技小巨人。推进107国道城市化改造项目攻坚清零。加快慕名家居、长沙市七水厂等项目扫尾工作。确保牛角塘城中村改造工作顺利进行。社会投资项目金谷豪庭、凯富南方鑫城、和泓融成府和远见·嘉华4个项目均达到目标进展要求。2017年的16个水毁项目全部验收完成，2018年6个水利设施建设项目完成。

（黄紫微）

【城市管理】 2018年，南托街道加强物业公司保洁工作巡查与监管，确保保洁到位；数字化平台管理快速反应、快速处理、快速结案，2018年处理数字化案卷1448条；加强绿化养护及造绿复绿，完成造绿3.1万平方米；加快推进滨洲新村、沿江村农村生活垃圾分类减量工作，融城社区、牛角塘社区申报创建垃圾分类社区；加快推进“一圈二场三道”工作，其中包括2处社区提质提档、1处特色街巷、1家农贸市场、3处社区卫生服务站、3处社区公共服务中心、2处社区文化活动室。制定《南托街道绿心区工业企业退出工作方案》，推进工业企业退出。南托街道绿心工业退出总任务数243家全部完成关停退出，并全部通过验收销号。拆除违章建筑面积24469平方米，清理107国道各类堆物2400余吨，清理流动摊贩约5702处，清理店外经营约3915处，完成厕所改造80座，覆盖裸露黄土27万余平方米，完成餐饮门店油烟净化装置安装180余家，取缔非法砂场2家。推进中央和省环保督察反馈问题整改工作，严肃查处一批群众身边的环境违法行为，及时办结群众环保信访投诉。

（黄紫微）

【社会事业】 2018年，南托街道发放各类救助金200万余元，探索医养结合服务模式，建成沿江村、南鑫社区两个居家养老服务站。创业带动就业中新增创业主体633家，利用“春风行动”招聘会带动就业人数共1812人。街道干部“一对一”结对子帮带推进精准扶贫工作，开展雨露计划职业教育扶贫补助实施工作，为19名贫困学生发放资金补助。南塘小学、八局小学、梨塘小学扩改建完成；推进无证办学整治工作，全年关停7家无证办学机构，净化辖区办学环境。举办“砥砺奋进结硕果·扬帆起航新征程”南托街道庆祝划入天心区三周年暨我们的节日·春节文艺汇演活动，共开展区级活动5次、市级活动2次，南托艺术团联合星光艺术团编排的《中国自信》节目代表在欢乐潇湘广场舞比赛中获一等奖。推进移风易俗，积极策划、开展各类移风易俗主题宣传活动，发动3000余名党员干部及居民群众签订“文明节俭操办婚丧喜庆事宜承诺书”。沿江村的村规民约小故事及文化墙在中国文明网进行报道。

（黄紫微）

【综合治理】 2018年，南托街道调处矛盾纠纷132件，调处成功率100%，开展矛盾纠纷大排查54次，减少民转刑案件的发生，全年未发生一起重大群体性事件。开展压实企业主体责任年活动，开展安全生产大检查，组织集中执法行动142次，出动执法人员624人次，检查生产经营单位578家，全街未发生一例安全生产事故。（黄紫微）

【党建工作】2018年，南托街道街道工委会11个议题专题研究落实上级重要会议和文件精神，组织开展各类学习活动58次。落实市委“城市基层党建年”重点任务，完成2个社区党群服务中心提质改造，打造2个“五化”示范支部、“有事好商量”议事平台8个，将全街划为45个网格，建立网格党小组37个、网格党支部8个，完成融城、牛角塘、南托岭3个社区提质提档建设，有序完成35个惠民项目，新组建非公党组织1家，创建融城社区“八融七心一园地”邻里中心管理模式、沿江村党员“亮身份、传家风、立家训”等特色项目。（黄紫微）

【美丽乡村建设】2018年，南托街道以美丽乡村建设为依托，带领农民走出一条“农业强、百姓富、生态美”的南托乡村振兴路子，以沿江村美丽乡村示范村建设为契机，在治厕、治垃圾、治水、治房、治陋习上下功夫，打造主题文化墙，涵养文明乡风；完善农田水利、供电供水、环卫、道路等基础设施建设，完成道路硬化3.3千米、白改黑18.6千米；围绕现代都市农业发展，结合产业扶持，合理利用奖补资金发展一批特色农业产业，发展规模化种植，流转土地84.4公顷，培育种植大户、农民合作社、家庭农场和农业龙头企业等农业新型主体10家，带动农民就业增收，每年村集体经济收入20万余元。2018年沿江村蝉联“市级美丽乡村示范村”，并获天心区首个“市级卫生村”称号。（黄紫微）

【绿心工业企业退出】2018年，南托街道列为市级要求退出的工业企业总任务数为243家，占全区退出完成总任务数（361家）的67.3%；截至2018年11月30日，已全部关停退出，任务完成率100%。在任务数之外，街道通过排查新发现的工业个体、异地注册及无证工业企业91家也在11月30日前全部完成关停退出，累计完成绿心地区工业企业退出总数334家。（黄紫微）

【杨桥村机砖厂关闭】2018年1月2日，杨桥村机砖厂一座52米高烟囱顺利定向爆破倒地，标志着南托街道辖区内唯一一家砖厂正式关闭。杨桥村机砖厂始建于1988年，位于南托街道牛角塘村王家坝组，产品为页岩烧结多孔砖，经营面积约3.33公顷，有一

2018年2月9日，南托街道举办庆祝划入天心区三周年暨我们的节日·春节文艺汇演

南托街道 供稿

条生产线，两条窑 62 门，年产量约 4000 万标准砖。2018 年，南托街道多次组织召开砖厂关闭拆除协调会议，落实砖厂关闭工作。行动中，严格按预先制定方案有条不紊实施，安全有序，爆破顺利结束，未造成任何生命财产的损失。（黄紫微）

【天心区开展农民工工资支付保障工作督查】 2018 年 9 月 14 日，区人社局、区建设局、区交运局、区农林水局联合多部门对南托街道、青园街道农民工工资支付保障工作进行专项督查。在南托街道徐记海鲜总部大楼工地，发现该工地劳动合同签订率为 100%；按月足额发放工资制度、实名制管理制度、农民工工资专用账户制度、银行代发工资制度都已落实到位；建立维权公示牌。督察组对检查过程中发现的问题提出整改建议。督察组相关负责人表示，希望工地继续完善各项规章制度，街道、社区会上门查看整改结果，全面规范用人单位劳动用工问题，从根本上消除欠薪隐患，推动治欠保支各项工作落实到位。（黄紫微）

2018 年 11 月 13 日，天心区委书记朱东铁（右二）督查南托街道绿心企业退出工作　　南托街道 供稿

统计资料

表 1　　2018 年天心区国民经济主要指标一览表

指　标	单位	2018 年	2017 年	增长 (%)
一、地区生产总值（现价）	万元	10191523	8982588	9.6
第一产业	万元	13936	15410	-8.5
第二产业	万元	2709321	2372503	5.5
# 工业	万元	1154555	1024649	2.1
# 建筑业	万元	1555147	1348287	9.0
第三产业	万元	7468266	6594675	11.4
二、农林牧渔总产值	万元	23508	26035	-9.7
三、全部工业总产值	万元	—	—	—
规模以上工业总产值	万元	—	—	—
四、建筑业总产值	万元	9854198	8409371	17.2
五、固定资产投资总额	万元	—	—	11.1
六、社会消费品零售总额	万元	5503981	5487442	9.7
七、高新技术总产值	万元	7819250	6742340	15.7
八、外商直接投资实际到位资金	万美元	74345	68404	8.7
九、实际到位省外境内资金	万元	1414406	1190415	18.8
十、市外境内资金形成固定资产投资金资	万元	3464093	3090700	12.1
十一、一般公共预算收入	万元	1379148	1228566	12.3
# 地区一般公共财政预算收入	万元	413350	398543	3.7
十二、公共财政预算支出	万元	606722	563566	7.4
其中：一般公共服务支出	万元	167542	180280	-7.1
十三、城镇居民人均可支配收入	元	54476	50333	8.2
十四、辖区内城镇登记失业率	%	2.36	2.42	-2.5

续表1

指　标	单位	2018年	2017年	增长(%)
十五、全区土地面积	平方千米	137.39	137.39	0
十六、年末常住人口数	万人	66.96	66.43	0.8
十七、年末辖区人口总户数	万户	18.93	18.12	4.4
十八、年末辖区户政人口数	万人	49.61	47.53	4.3
十九、居民消费价格总指数	%	102.0	101.3	0.7
二十、商品零售价格总指数	%	102.5	101.4	1.1

说明：价格商品总指数以上年为100

表2　2018年天心区主要经济指标占长沙市的比重一览表

指标名称	单位	天心区	长沙市	占全市比重（%）
一、地区生产总值（现价）	亿元	1019.15	11003.41	9.3
第一产业	亿元	1.39	318.73	0.4
第二产业	亿元	270.93	4660.19	5.8
第三产业	亿元	746.83	6024.49	12.4
二、规模以上工业增加值	亿元	—	—	—
三、固定资产投资	亿元	—	—	—
四、社会消费品零售总额	亿元	550.40	4765.04	11.6
五、地区一般公共财政预算收入	亿元	41.34	879.71	4.7
六、外商直接投资实际到位资金	亿美元	7.43	57.80	12.9
七、城镇居民人均可支配收入	元	54476	50792	高出全市平均7.25%

表3　2018年天心区地区生产总值一览表

指　标	按现价计算（万元）		按可比价计算（万元）		增长（%）	2018年现价结构（%）	2018年拉动点（%）	2018年贡献率（%）
	2018年	2017年	2018年	2017年				
地区生产总值	10191523	8982588	9476145	8647776	9.6	100.0	9.6	100.0
第一产业	13936	15410	13468	14718	-8.5	0.1	0.0	-0.2
农林牧渔业	14681	16263	14166	15533	-8.8	0.1	0.0	-0.2
第二产业	2709321	2372503	2698252	2558459	5.5	26.6	1.6	16.9
工业	1154555	1024649	1343330	1315700	2.1	11.3	0.3	3.3
建筑业	1555147	1348287	1355365	1243189	9.0	15.3	1.3	13.5

续表 3

指　标	按现价计算（万元）		按可比价计算（万元）		增长（%）	2018 年现价结构（%）	2018 年拉动点（%）	2018 年贡献率（%）
	2018 年	2017 年	2018 年	2017 年				
第三产业	7468266	6594675	6764425	6074599	11.4	73.3	8.0	83.3
交运仓储和邮政业	133185	119963	130393	118431	10.1	1.3	0.1	1.4
批发和零售业	827704	747784	789206	730809	8.0	8.1	0.7	7.0
批发业	485790	430085	463195	420322	10.2	4.8	0.5	5.2
零售业	341914	317699	326011	310487	5.0	3.4	0.2	1.9
住宿和餐饮业	417436	392268	400788	382055	4.9	4.1	0.2	2.3
住宿业	74605	70194	73318	71951	1.9	0.7	0.0	0.2
餐饮业	342831	322074	327470	310104	5.6	3.4	0.2	2.1
金融业	1033656	991729	955066	947486	0.8	10.1	0.1	0.9
房地产业	540997	518159	184224	188266	–2.1	5.3	0.0	–0.5
房地产业（K 类）	279337	282621	101410	109396	–7.3	2.7	–0.1	–1.0
居民自有住房服务	261660	235538	82814	78870	5.0	2.6	0.0	0.5
营利性服务业	3423487	2868912	3417196	2888585	18.3	33.6	6.1	63.8
非营利性服务业	1090675	954574	886411	817722	8.4	10.7	0.8	8.3

表 4

2018 年天心区财政收入情况一览表

指　标	2018 年（万元）	2017 年（万元）	同口径增长（%）
一般公共预算收入	1379148	1228566	12.30
1、上划中央收入	604074	522165	15.69
2、上划省级收入	136868	117628	16.36
3、上划市级收入	224856	190230	18.2
地区一般公共财政预算收入	413350	398543	3.72
1. 税收收入	265236	223308	18.78
# 增值税	41066	38024	8.00
改增增值税	102753	80321	27.9
营业税	664	410	61.95
企业所得税	37358	36794	1.53
个人所得税	12828	9906	29.50
房产税	24487	21694	12.87

续表 4

指　标	2018 年（万元）	2017 年（万元）	同口径增长（%）
印花税	9914	6033	64.33
土地增值税	35579	28127	26.49
耕地占用税	587	1999	–70.64
2. 非税收入	148114	175235	–15.48
专项收入	2103	1347	56.12
行政事业性收费收入	5416	7805	–30.61
罚没收入	2012	3153	–36.19
国有资源（资产）有偿使用收入	122139	129454	–5.65
其他收入	16309	33091	–50.71
捐赠收入	135	—	—

说明：1. 表 4 数据由区财政局提供。2. 从 2016 年 5 月 1 日起，营业税改增值税全面推开，增值税、改征增值税、营业税分享比例调整，相应增幅调整为同口径比较。 3. 根据上级财政部门口径，原“一般公共预算收入”改为“区级一般公共预算收入”，原“财政总收入”改为“一般公共预算收入”

表 5　　2018 年天心区财政支出情况一览表

指标名称	2018 年（万元）	2017 年（万元）	增长（%）
公共财政预算支出	606772	565104	7.37
其中：一般公共服务支出	167542	180280	7.07
其中：国防	641	1304	–50.84
公共安全	16108	17172	–6.20
教育	110491	102457	7.84
科学技术	16156	8490	90.29
文化体育与传媒	3857	4285	–9.99
社会保障和就业	55571	43278	28.40
医疗卫生和计划生育支出	23241	21615	8.36
节能环保	8848	2852	210.24
城乡社区事务	157232	140008	12.3
农林水事务	15355	12451	23.32
交通运输	1467	1863	–21.26
资源勘探电力信息等事务支出	10225	8986	13.79
商业服务业支出	1641	446	267.94
国土海洋气象支出	—	567	—

续表 5

指标名称	2018 年（万元）	2017 年（万元）	增长（%）
住房保障支出	9283	12922	-28.16
金融事务	509	507	-10.32
其他支出	40	742	—
基金支出	35152	5356	555.94

说明：表 5 数据由区财政局提供

表 6

2018 年天心区农业生产情况一览表

指　标	2018 年现价（万元）	2017 年现价（万元）
农林牧渔业总产值	23508	26035
其中　农业产值	18720	20882
林业产值	—	—
牧业产值	1602	1672
渔业产值	1806	1901
农林牧渔服务业产值	1380	1580

表 7

2018 年天心区规模工业主要经济指标一览表

指　标	单位	2018 年	2017 年
规模工业企业数	个	75	117
规模工业总产值	万元	—	3887415
全部工业增加值	万元	—	1395697
其中　规模工业增加值	万元	—	1031396

说明：规模工业指年主营业务收入 2000 万以上非国有工业企业

表 8

2018 年天心区建筑企业情况一览表

指　标	单位	2018 年	2017 年	同比增长（%）
建筑企业数	个	83	78	6.4
其中：总承包企业和专业承包企业数	个	77	71	8.5
劳务分包企业数	个	6	7	-14.3
从业人数总计	人	228987	192712	18.8
总承包企业和专业承包企业建筑业总产值	万元	9854198.3	8409371	17.2
房屋建筑竣工面积	平方米	13436756	16035450	-16.2

表 9　　2018 年天心区建筑业总承包企业生产情况一览表

指　标	单位	2018 年	2017 年	同比增长（%）
签订的合同额	万元	29285254.9	22963941.6	27.9
上年结转合同额	万元	17965763	10880657.3	65.1
本年新签合同额	万元	11319491.9	12083284.3	-6.3
直接从建设单位承揽工程完成产值	万元	9039760.7	8013672.6	12.8
自行完成施工产值	万元	8961974.3	8008512.2	11.9
分包出去工程产值	万元	77786.4	5160.4	1407.4
从建设单位以外承揽工程完成产值	万元	516331.5	130067.5	297.0
建筑业总产值	万元	9478305.8	8138579.7	16.5
其中：装饰装修产值	万元	173015.8	97508.2	77.4
其中：在外省完成的产值	万元	4828027.6	4435284.2	8.9
1. 建筑工程产值	万元	8638316.4	7505877.3	15.1
2. 安装工程产值	万元	502277.2	363386.8	38.2
3. 其他产值	万元	337712.2	269315.6	25.4
竣工产值	万元	4304816.7	4367199.7	-1.4
房屋建筑施工面积	平方米	6687767.5	6270305.1	6.7
其中：本年新开工面积	平方米	2256062.4	1664916.4	35.5

表 10　　2018 年天心区全社会固定资产投资完成情况一览表

指　标	单位	2018 年	2017 年	增长（%）
固定资产投资	万元	—	5420016	11.1
一、城镇及以上投资	万元	—	5420016	—
1. 城镇 500 万元以上固定资产投资	万元	—	3935364	—
2. 房地产投资	万元	—	1484652	—
3. 省市划跨区投资	万元	—	—	—
二、商品房销售情况				
1. 商品房销售面积	万平方米	196.52	228.42	-14.0
其中：住宅销售面积	万平方米	169.38	197.37	-14.2
2. 商品房销售金额	万元	173.29	1836026	-5.6
其中：住宅销售金额	万元	140.86	1483797	-5.1

续表 10

指　标	单位	2018 年	2017 年	增长（%）
附一：工业投资	万元	414759	160365	158.6
附二：建安工程投资	万元	3544007	3281202	8
附三：生产性服务业投资（占比）	万元	—	—	—
其中：园区工业投资	万元	—	125524	—
园区技术改造	万元	—	—	—

表 11　　2018 年天心区房地产项目情况一览表

指　标	单位	2018 年	2017 年	增长（%）
房地产项目数	个	100	92	8.7
计划总投资	万元	10886672	10392670	4.8
自开始建设累计完成投资	万元	9530669	8155876	16.9
本年完成投资	万元	1551144	1484272	4.5
本年购置土地面积	平方米	—	83754	—
房屋施工面积	万平方米	813.67	869.2470	-6.4
新开工面积	万平方米	161.9907	140.7460	15.1
竣工房屋面积	万平方米	54.19	111.8026	-51.5
竣工房屋价值	亿元	22.0842	26.9225	-13.7
商品房销售面积	万平方米	196.5206	227.8	—
商品房销售额	万元	1732922	1831927	-5.4

表 12　　2018 年天心区社会消费品零售总额分类一览表

指　标	2018 年（万元）	增　长（%）
社会消费品零售总额	5503981	9.7
一、按销售规模分		
全部限额以上企业	2600432	8.6
全部限额以下企业	2903549	10.6
二、按行业分		
1. 批发业	558277	14.8
2. 零售业	4187422	9.3
3. 住宿业	54269	4.6
4. 餐饮业	704013	8.4

表 13　　2018 年天心区商品交易额亿元以上市场一览表

序　号	市场名称	商品交易额（万元）
1	湖南钢材大市场	5200000

表 14　　2018 年天心区旅游业基本情况一览表

指　标	单位	2018 年	2017 年
一、接待旅游者总人数	万人次	1657	1520
接待国内游客	万人次	1641.6	1509.7
入境旅游人员	人次	154376	149671
二、旅游业总收入（人民币）	亿元	196	180
国内旅游收入（人民币）	亿元	188	172
旅游创汇（美元）	万美元	9811.3	9083
三、旅行社总数	个	32	28
出境组团旅行社	个	9	8
非出境组团旅行社	个	23	20
四、星级饭店总数	个	5	6
五星级	个	0	0
四星级	个	3	3
三星级	个	2	3
二星级	个	0	0
六、星级饭店客房总数	间	922	915

说明：表 14 数据由区商务和旅游局提供

表 15　　2018 年天心区三资企业利用外资情况一览表

指　标	项目个数（个）		合同外资（万美元）		实际利用外资（万美元）	
	2018 年	2017 年	2018 年	2017 年	2018 年	2017 年
外商直接投资合计	28	21	180443	205840	74345	68404
外资企业	23	20	177447	202883	71973	67236
中外合资企业	5	0	2996	0	2372	0
中外合作企业	0	0	0	0	0	0
外商投资股份制	0	1	0	2957	0	1168

说明：表 15 数据由区商务和旅游局提供

表 16　　2018 年天心区对外经济、对外贸易进出口总值情况一览表

指标	单位	2018 年	2017 年
一、内外资招商项目	个	173	197
新批外资企业	个	10	20
内资项目	个	163	77
二、外贸进出口总额	万美元	81416	61449
1. 出口	万美元	60702	44702
2. 进口	万美元	20714	16747

说明：表 16 数据由区商务和旅游局提供

表 17　　2018 年天心区教育事业基本情况一览表

指 标	单位	2018 年	2017 年	增长（%）
一、普通中学				
1. 普通中学学校数（含九年一贯制学校 2 所）	个	15	14	7.1
2. 普通中学班级数	人	523	473	10.6
3. 普通中学招生数	人	8950	8081	10.8
4. 普通中学毕业生数	人	7053	7275	–3.0
5. 普通中学在校学生数	人	24854	22853	8.8
6. 普通中学教职工数	人	2149	2071	3.8
7. 专任教师人数	人	1870	1847	1.2
二、中等职业教育学校				
1. 中等职业教育学校数	个	3	—	—
2. 中等职业教育学校在校学生数	人	3361	—	—
3. 中等职业教育学校教职工人数	人	246	—	—
三、小学				
1. 小学学校数（含教学点 1 个）	个	52	51	2.0
2. 小学班级人数	个	952	832	14.4
3. 小学招生数	个	9367	7993	17.2
4. 小学毕业生数	人	5479	5020	9.1
5. 小学在校学生数	人	43818	39200	11.8
6. 教职工人数	人	2352	2292	2.6
7. 专任教师人数	人	2326	2265	2.7
四、幼儿园				
1. 幼儿园园数	个	122	113	8.0
2. 幼师人数	人	3253	2933	10.9
3. 专任教师数	人	1551	1347	15.1
4. 入托儿童人数	人	22785	21577	5.6
五、教育基建投资	万元	91806	82550	11.2
六、标准化学校建设达标率	%	100	100	—
七、义务教育阶段一费制全免和外地学生免杂费	%	100	100	—

说明：表 17 数据由区教育局提供

表 18　　2018 年天心区科技情况一览表

指 标	单位	2018 年	2017 年	增长（%）
科学技术支出	万元	6370	6495	–1.92
科技新产品开发数	件	162	147	10.2
专利申请数	件	2889	2206	30.96
发明专利申请数	件	1405	1032	36.12
授权专利数	件	1405	1134	23.9
授权发明专利数	件	296	300	–1.33
年技术市场成交合作合同金额	万元	76000	45500	67.03
累计认定并有效的高新技术企业数	家	143	84	70.24
技术开发和服务机构数	家	—	—	—
高新技术产品产值	万元	7819000	6742340	15.97
高新技术增加值	亿元	336.6	299.7	12.3
国家或省认定的科技园区和特色产业基地数	个	5	5	—
万人拥有专业技术人员数	人	1325	1205	9.96
科技特派员人数	人	12	12	—
国家或省认定的科技企业孵化器数	个	6	5	20
专业技术人员总数	万人	7.7	7	10.0

说明：表 18 数据由区科技局提供

表 19　　2018 年天心区文化事业发展情况一览表

指 标	单位	2018 年	2017 年	增长（%）
艺术表演团体	个	113	113	—
艺术表演观众人数	万	24	24	—
公共图书馆	个	10	5	100
区属文化馆	个	1	1	—
举办运动会	次	25	18	38.9
参赛人次	人	40000	29000	37.9
公共体育场地	个	1033	—	—
健身指导站	个	14	—	—
社会体育指导员	人	2730	2574	6.1
非物质文化遗产资源项目	个	27	—	—
非遗展示中心	个	1	—	—

说明：表 19 数据由区文体新局提供

表 20　　2018 年天心区卫生事业发展情况一览表

指 标	单位	2018 年	2017 年	增长（%）
医疗卫生机构数	个	406	391	3.8
其中：区疾病预防控制中心	个	1	1	—
区妇幼保健所	个	1	1	—
区人民医院	个	1	1	—
社区卫生服务中心	个	13	13	—
社区卫生服务站	个	41	40	2.5
驻区企事业单位医疗机构	个	34	34	—
其他	个	315	301	4.7
区级注册卫生技术人员	个	7151	6624	8.0
其中：医生	人	2882	2842	1.4
护师护士	人	4269	3782	12.8

说明：表 20 数据由区卫生和计划生育局提供

表 21　　2018 年天心区劳动就业和社会保障情况一览表

指 标	单位	2018 年	2017 年	增长（%）
辖区内城镇登记失业率	%	2.36	2.42	-2.5
城镇新增就业人数	人	11182	11108	0. 7
其中失业人员再就业新增	人	4690	4836	-3.0
省级最充分就业社区	个	60	60	—
新增农村劳动力转移就业	人	454	523	-13.2
新增创业主体	户	9934	11227	-11.5
企业养老保险参保人数	人	135303	120420	12.4

说明：1. 表 21 数据由区人力资源和社会保障局提供。2. 参加失业保险人数、发放失业保险救济金、参加基本医疗保险累计人数三项指标由市级统筹，区级无法提供数据

表 22　　2018 年天心区城市公共交通运输情况一览表

指 标	单位	2018 年	2017 年	增长（%）
道路货物运输营运车辆数	辆	681	387	76.0
道路货物运输营运业户数	户	569	306	85.9
道路货运运输从业人数	人	1926	1105	74.2
牵引车	台	97	32	203.1
挂车	台	68	20	240.0
栏板货车	辆	0	103	
厢式车	辆	29	63	-54.0
罐车	辆	7	6	16.7
普通载货汽车	辆	179	178	0.1
专用载货汽车	辆	4	3	33.3
县级道路数量	条	1	—	—
县级道路长度	公里	8.45	—	—
乡级道路数量	条	9	—	—
乡级道路长度	公里	23.98	—	—

说明：表 22 数据由区交通运输局提供

表 23　　2018 年天心区环境保护基本情况一览表

指　标	单位	2018 年	2017 年
空气质量优良率	%	74.9	71.4
已批建设项目环保投入资金	万元	2239.7	10639.39
已批建设项目数	个	9	28

说明：表 23 数据由区环保局提供

表 24　　2018 年天心区园林绿化情况一览表

指　标	单位	2018 年	2017 年
绿地总面积	万平方米	2438.47	2397.16
绿化覆盖增长面积	万平方米	41.31	77.10
绿地覆盖面积	万平方米	2682.31	—
绿地率	%	41.76	41.05
绿化覆盖率	%	45.93	45.16
人均公共绿地面积	平方米	36.7	9.4
建设社区公园	个	7	—
绿化提质道路	条	10	—
新增绿地	公顷	41.31	77.1
投入金额	万元	—	69000

说明：表 24 数据由区园林局提供，2017 年将南托街道、暮云街道总面积集中纳入

表 25　　2018 年天心区市政环境卫生情况一览表

指　标	单位	2018 年	2017 年	增长（%）
市政道路长度	千米	—	678	—
市政道路总面积	万平方米	—	842	—
掏挖流泥井（含泄水井）	万个次	6.21	6.01	3.3
年末城市实有道路长度	千米	346.43	379.05	-8.7
年末城市实有道路面积	万平方米	853.18	857.09	-0.5
化粪池清掏次数	万个次	1.85	1.6	15.6
道路清扫保洁面积	万平方米	1120.7	703.01	59.4
生活垃圾无害化处理量（市政）	万吨	8.9	—	—
环卫专用车辆				
其中：垃圾运输车	辆	92	83	10.8
洒水车	辆	81	86	-5.8
清扫车	辆	40	39	2.5
公共厕所	座	131	130	0.7
垃圾站	个	126	122	3.3

说明：表 25 数据由区市政工程管理局、区市容环境卫生管理局提供

表 26　　2018 年天心区行政区域情况一览表

<table>
<tr><th rowspan="2">街道名称</th><th rowspan="2">单位合计（个）</th><th colspan="2">其中</th><th rowspan="2">社区居民委员会名称</th><th rowspan="2">村民委员会、管委会名称</th><th rowspan="2">辖区面积（平方公里）</th></tr>
<tr><th>社区居民委员会（个）</th><th>村民委员会、管委会（个）</th></tr>
<tr><td>坡子街</td><td>12</td><td>12</td><td></td><td>八角亭 西牌楼 太平街 坡子街
登仁桥 文庙坪 碧湘 沙河
青山祠 创远 楚湘 西湖</td><td></td><td>2.59</td></tr>
<tr><td>城南路</td><td>8</td><td>8</td><td></td><td>白沙井 吴家坪 古道巷 燕子岭
天心阁 熙台岭 工农桥 城南中路</td><td></td><td>1.29</td></tr>
<tr><td>裕南街</td><td>11</td><td>11</td><td></td><td>杏花园 仰天湖 石子冲 裕南街
东电 宝塔山 长坡 向东南
东瓜山 南站 火把山</td><td></td><td rowspan="2">3.05</td></tr>
<tr><td>赤岭路</td><td>7</td><td>6</td><td>1
（管委会）</td><td>新丰 书院路 南大桥
芙蓉南路 白沙花园 广厦新村</td><td>新开管委会</td></tr>
<tr><td>金盆岭</td><td>6</td><td>6</td><td></td><td>夏家冲 赤岭路 狮子山
黄土岭 涂新 天剑</td><td></td><td>4.87</td></tr>
<tr><td>新开铺</td><td>5</td><td>5</td><td></td><td>新天 豹子岭 木莲
桥头 新开铺</td><td rowspan="2"></td><td rowspan="2">11.14</td></tr>
<tr><td>文源</td><td>5</td><td>5</td><td></td><td>天鸿 状元坡 文源
梅岭 金汇</td></tr>
<tr><td>桂花坪</td><td>5</td><td>5</td><td></td><td>新园 桂庄 九峰苑
金桂 银桂苑</td><td></td><td>5.78</td></tr>
<tr><td>青园</td><td>4</td><td>4</td><td></td><td>青园 友谊 井湾子 湘园</td><td></td><td>3.68</td></tr>
<tr><td>黑石铺</td><td>5</td><td>4</td><td>1</td><td>一力 黑石铺 创谷 铭安</td><td>披塘村</td><td rowspan="3">40.94</td></tr>
<tr><td>大托铺</td><td>4</td><td></td><td>4</td><td></td><td>黄合村
兴隆村
桂井村
大托新村</td></tr>
<tr><td>先锋</td><td>4</td><td>3</td><td>1</td><td>南城 嘉和 新宇</td><td>新路村</td></tr>
<tr><td>暮云</td><td>12</td><td>9</td><td>3</td><td>云塘 暮云 华月湖 花园岭
卢浮 丽发 怡海 弘高
高云</td><td>莲华村
许兴村
暮云新村</td><td rowspan="2">64.07</td></tr>
<tr><td>南托</td><td>8</td><td>5</td><td>3</td><td>牛角塘 融城 南托岭
南鑫 北塘</td><td>沿江村
牛角塘村
滨洲新村</td></tr>
<tr><td>总计</td><td>96</td><td>83</td><td>13</td><td></td><td></td><td>137.4</td></tr>
</table>

说明：表 26 数据由区民政局、区国土分局提供

表 27　　2018 年天心区公安分局人口情况一览表

区域	年末人口总户数（户）	年末户政人口数（人）	性别（人）		年龄（人）			
			男性	女性	0 ~ 17 岁	18 ~ 34 岁	35 ~ 59 岁	60 岁及以上
全区合计	189340	496128	244822	251306	89246	107920	192829	106133
坡子街派出所	22809	55502	27138	28364	5795	9488	22514	17705
城南路派出所	12228	30864	15056	15808	3246	5323	12602	9693
书院路派出所	21270	53713	26333	27380	6193	9515	22177	15828
裕南街派出所	17145	46283	23009	23274	6952	9390	19116	10825
金盆岭派出所	14057	35136	17343	17793	6194	6486	14728	7728
新开铺派出所	17856	43477	21145	22332	9820	9131	16745	7781
文　源派出所	12002	32180	16083	16097	5998	6760	13249	6173
青　园派出所	14006	46545	24262	22283	9946	13986	17087	5526
桂花坪派出所	9312	24158	11804	12354	6631	6170	8948	2409
大托铺派出所	6404	18538	9167	9371	3749	4262	6952	3575
黑石铺派出所	9361	23329	11364	11965	4330	4933	8577	5489
先　锋派出所	7500	18433	8632	9801	5497	5907	5509	1520
暮　云派出所	14140	37369	18405	18964	9167	9953	12827	5422
南　托派出所	11250	30601	15081	15520	5728	6616	11798	6459

说明：表 27 数据由区长沙市公安局天心分局提供

附录

组织机构及负责人

中国共产党长沙市天心区委员会

书　记　朱东铁
副书记　谢　进（2018.10 免）
　　　　黄　滔（2018.12 任）
　　　　朱远红（女）
　　　　蒋红波（挂职）（2018.01 免）
常　委　张界贻　曾卫国　黄文先
　　　　周志军　苏宏洲　贺国权（挂职）
　　　　刘　向　肖雄伟　侯向宇

区委工作机构和直属事业单位

中共长沙市天心区委员会办公室

主　任　侯向宇
常务副主任　何海兵
副主任　马　薇（女，2018.08 免）
　　　　刘　哲（2018.08 免）
副主任　廖道荣（2018.08 任）　刘　振
纪委派驻纪检组长　张春辉

中共长沙市天心区委员会组织部

部　长　张界贻
常务副部长　曾　科
副部长、绩效办主任　李勇军（2018.02 免）
副部长、基层办主任（兼）　周　雄
两新工委书记　唐　珺（女）
纪委派驻纪检组长　易媛媛（女）
副部长　贺红云（兼，女）　胡志坚（兼）
副部长（兼）、绩效办主任　陈建国（2018.08 任）

中共长沙市天心区委员会宣传部

部　长　肖雄伟
常务副部长　杨　倩（女）
副部长　王若飞
副部长、文明办主任　杨　军（侗族）
纪委派驻纪检组长　钱　芳（女）

中共长沙市天心区委员会统一战线工作部

部　长　刘　向
副部长　胡　浩
　　　　兰　飞（女）　汤　沛（女）

中共长沙市天心区委员会政法委员会

书　记　黄文先
副书记　张庆祝　陈国其
纪委派驻纪检组长　董智平

中共长沙市天心区委员会直属机关工作委员会

书　记　　张　宁（女）
副书记　　周立兴　　龚群峰

长沙市天心区编制委员会办公室

主　任　　王文莉（女）
副主任　　黄　英（女）

中共长沙市天心区离退休干部工作委员会
长沙市天心区老干部工作局

书　记、局　长　　胡志坚
副书记、副局长　　周　瑛（女）
工委委员　　刘克军
副局长　　徐　辉

中共长沙市天心区委员会巡察办公室

主　任　　王　镃
副主任　　薛宏超

区委巡察组

组　长　　肖　斌（2018.08 任）
　　　　　鄢　晔（2018.08 任）
副组长　　徐　路（2018.08 任）
副组长　　何　蓓（女，2018.08 任）

长沙市天心区信访局

局　长　　雷杰淋
副局长　　王　强
　　　　　周　艳（女，2018.08 免）
　　　　　彭　卫
　　　　　刘红亮

中共长沙市天心区委员会党校
（长沙市天心区行政学院）

校　长　　朱远红（女，兼）
常务副校长　　陈泽枝
副校长　　章建华　　刘保平

长沙市天心区史志档案局

局　长　　王晓文（女）
副局长　　王富英（女）
　　　　　李　强（2018.01 任）

长沙市天心区人民代表大会

长沙市天心区第五届天心区人民代表大会常务委员会

主　任　　于　献（女）
副主任　　李　曦（女）　　颜小平（女）
　　　　　谭文敏（瑶族）　　邱忠献　　张少林

委　员（按姓氏笔画排列）
王　维（女）　　刘　建　　刘国强
余卫辉（女）　　陈　武　　陈　耿
陈　谦　　宋立湘（女）
吴　浩（苗族，2018.12 任）
林茂青　　周钰沂（女）
胡　浩　　胡金元（女）
贺　喜　　袁石岗　　黄红旗　　梁　峰
曾　科　　谢丽娟（女）　　雷燕怡（女）
薛宏远　　戴　佳（女）

区人大会专门委员会及工作部门

法制委员会

主任委员　　余卫辉（女）

财政经济委员会

主任委员　　刘国强

办公室

主　任　　贺　喜
副主任　　郭　娟（女）

内务司法工作委员会

副主任　　李昌林

农业农村工作委员会

主任委员　　刘国强
副主任　　廖宏明

城乡建设环境与资源保护工作委员会

主任委员　　吴　浩（苗族）
副主任委员　　刘灿辉（女）

教育科学文化卫生工作委员会
主任委员　　黄红旗

选举任免联络工作委员会
主　任　　宋立湘（女）
副主任　　尹娟娟（女）

区人大各街道工作委员会

坡子街街道工作委员会
主　任　　晏荣祥
副主任　　陈香兰（女，2018.10 免）
　　　　　罗　园（女，2018.10 任）

城南路街道工作委员会
主　任　　宁科良
副主任　　欧　策

裕南街街道工作委员会
主　任　　杨　红（女）
副主任　　邹彦妮（女）

金盆岭街道工作委员会
主　任　　陈秋良
副主任　　胡斯可

赤岭路街道工作委员会
主　任　　何庭洁（女）
副主任　　曹泽仁

新开铺街道工作委员会
主　任　　李清明
副主任　　张　照（女）

文源街道工作委员会
主　任　　刘　建
副主任　　沈汉林

桂花坪街道工作委员会
主　任　　鲁意芝（女）
副主任　　李淳炯（女）

青园街道工作委员会
主　任　　何理萍（女）
副主任　　刘　智

黑石铺街道工作委员会
主　任　　张　卫
副主任　　黄　毅

先锋街道工作委员会
主　任　　周军民
副主任　　李立志

大托铺街道工作委员会
主　任　　王雄兵
副主任　　彭　昂

暮云街道工作委员会
主　任　　何定安
副主任　　曹　菲（女）

南托街道工作委员会
主　任　　郭建华

长沙市天心区人民政府

区　长　　黄　滔（2018.12 任）
副区长　　周志军　　王海军　　洪孟春
　　　　　肖向东　　黄　会（女）
　　　　　许　波
　　　　　张　建（2018.02 任）
副区长　　康镇麟（2018.12 免）

区政府各部门

长沙市天心区人民政府办公室
党组书记、主　任　　蔡泽敏（2018.02 免）
　　　　　　　　　　李勇军（2018.02 任）
党组成员、副主任　　黄文杰
纪委派驻纪检组长、党组成员　　李凌波
党组成员、副主任　　吴　智　　蒋国坤（壮族）
　　　　　　　　　　王　宁（女）

易　皓（女，2018.08 任）
左　罗（苗族）

副主任　赵　纯（兼）　雷杰淋（兼）

长沙市天心区人民政府金融工作办公室

主　任　于　意（女）
副主任　马　浩

长沙市天心区人民政府法制工作办公室

主　任　赵　纯
副主任　王　园（女）

长沙市天心区人民政府电子政务管理办公室

主　任　左　罗（苗族）

长沙市天心区发展和改革局（加挂天心区物价局牌子）

党组书记、局　长　谢　巍
党组副书记、副局长　唐　军
党组成员　杨爱军
党组成员、副局长　王　翔　王永红（女）
党组成员、总经济师　张　芳（女）

长沙市天心区两型社会建设办公室

主　任　谢　巍（2018.01 ~ 2018.08 兼）
杨科应（2018.08 任）

副主任　童　莎（女）

长沙市天心区教育局

党委书记、局　长　张　伟（女）
党委副书记　刘美兰（女）
党委委员、副局长　何阳莉（女）
杨晓雄（土家族）
张其林

党委委员、主任督学　刘含冰（女）

长沙市天心区科学技术局

党组书记　邹汉明（2018.07 免）
局　　长　刘芳妍（女）
党组成员、副局长　欧定勇（苗族）
许品方（女）
苏　奇

长沙市天心区城乡建设局

党委书记、局　长　李劲松
党委委员、副局长　罗文力
党委委员、总工程师　蒋良核
党委委员、副局长　刘振华
李纪清（2018.11 任）

党委委员　谭　初　刘　武
副 局 长　邓利民
纪委派驻纪检组长　刘　武

长沙市天心区城市房屋征收和补偿管理办公室

主　任　胡伟军
副主任　严　凯
张镜文（2018.08 任）
陈全政（2018.08 免）

长沙市天心区民政局

党组书记、局长　徐　艳（女）
党组副书记、副局长　彭德华
党组成员　李运平
党组成员、副局长　陈　晖（女）
副局长　李新洲

长沙市天心区司法局

党组书记、局　长　陈玉英（女）
党组成员、副局长　崔继华　邹平义
副局长　吴洪文　张　楧（女）

长沙市天心区财政局

党 组 书 记、局　长　罗孟怡（女）
党组副书记、副局长　彭野战
党组成员　周　建
纪委派驻纪检组长　黄勇军
党组成员、副 局 长　杨　青（女）
党组成员、副 局 长　张　莹（女）
党组成员、总会计师　蒋惠英（女）

长沙市天心区人力资源和社会保障局

党组书记、局　长　贺红云（女）
党组成员、副局长　赵金辉
党组成员、主任科员　谭兴建
党组成员、副局长　何上元　王　勇　蔡　鹏

长沙市天心区农业林业水利局

党组书记、局　长　　肖四军
党组成员、副局长　　蒋哲明　肖乾军
　　　　　　　　　　蔡慧勇　尹文钊
党组成员　　易艳辉（女）

长沙市天心区商务和旅游局

党组书记、局　长　　蒋　苒（女，2018.08 免）
党组副书记、副局长　　李　超（2018.08 免）
党组成员、副局长　　陈益文　李念奇
党组成员　　李　凯

长沙市天心区文化体育新闻出版局

党组书记　　彭明霞（女）
局　长　　张　磊（蒙古族）
党组成员、副局长　　陈　萍（女）　唐　娟（女）
党组成员　　朱德军

长沙市天心区卫生和计划生育局

党委书记、局　长　　彭彦辉
党委副书记、副局长　　阎伟奇
党委委员、副局长　　朱　静（女）
党委委员　　曾怡伯
党委委员、副局长　　刘旭峰
纪委派驻纪检组长　　王　珊（女）
党委委员、副局长　　温国清　朱　斌（女）
党委委员、副局长　　周　阳　董锡娜（女）

长沙市天心区审计局

党组书记、局　长　　李伟红（女）
党组成员、副局长　　许建民　周　勇
　　　　　　　　　　陈志刚　曹永鸿

长沙市天心区城市管理和行政执法局

党委书记、局长　　杨维君（女）
副书记、副局长　　彭克伦
副局长　　段应定　李　起
　　　　　李贵勇
纪委派驻纪检组长　　吴宏智（侗族）

长沙市天心区城市管理综合执法大队

党委书记、大队长　　杨维君（女）
党委副书记、教导员　　潘顺俊
党委委员、常务副大队长　　杨　柳
党委委员、纪委书记　　刘晋军
党委委员　　马　纲
党委委员、副大队长　　黄卫权
　　　　　　　　　　　何青砖
　　　　　　　　　　　黄　丽（女，土家族）

长沙市天心区环境保护局

党组书记、局　长　　徐乙天
党组成员、副局长　　史毓和
　　　　　　　　　　王　宏（女）
　　　　　　　　　　姚和平

长沙市天心区安全生产监督管理局

党组书记、局　长　　丁　洪
党组成员、副局长　　罗振华　叶大荣
　　　　　　　　　　陈　尧　余新胜
总工程师　　邓　欣

长沙市天心区食品药品监督管理局

党组书记、局长　　童振宇
副书记、副局长　　李　驰（2018.01 免）
党组成员、副局长　　袁杰聪（2018.01 任）
　　　　　　　　　　赖湘涛（女）
党组成员、食安办专职副主任　　谢富平
党组成员、副局长　　谭亚军　刘万江

长沙市天心食品安全委员会

主　任　　童振宇
副主任　　谢富平

长沙市天心区人民防空委员会办公室

党组书记　　王建刚
主　任　　皮迎春（女）
副主任　　刘幸福　胡华波

长沙市天心区经济和信息化局

党组书记　　郭　宏
局　长　　秦　超
副书记、副局长　　胡伏林
党组成员、副局长　　符文滔（女，土家族）

党组成员、副局长　　罗群峰

长沙市天心区交通运输局

局　长　　陶曙山

副局长　　贺　颖（2018.11 任）　　王志明

　　　　　覃红伟（瑶族）

长沙市天心区统计局

局　长　　刘顺来

副局长　　刘　婷（女）　　周璐璐（女）

　　　　　范方平（挂职）　　张　校（2018.11 任）

长沙市天心区民族宗教和外事侨务局

局　长　　肖　皙（女）

副局长　　徐卫星　　刘立慧　　李　辉（女）

长沙市天心区住房保障局

局　长　　张善翥

副局长　　廖道荣（2018.08 免）　　熊　磊

长沙市天心区政务服务中心

主　任　　谭继超（2018.08 免）

　　　　　吴波勇（2018.08 任）

副主任　　陈湘彧　　赵文华　　罗熙明（女）

长沙市天心区工务局

局　长　　郑　凯

副局长　　周　垚　　邱　阜（2018.08 免）

　　　　　杨红波（2018.08 任）

长沙市天心区机关后勤服务中心

主　任　　盛春江（女）

副主任　　涂　虹　　周　杰

长沙市天心区人民政府征地办公室

主　任　　王学中（2018.09 任）

副主任　　刘　展

　　　　　吴　俊（2018.09 免）

长沙市天心区现代服务业发展办公室

主　任　　熊　玲（女）

副主任　　汤　莲（女）

长沙市天心区市政工程管理局

党支部副书记、局长　　罗建民

党支部书记、副局长　　林嘉凌

副局长　　曾松文　　于新丽（女）　　邓海龙

　　　　　李艳纯（女）　　熊彦添

总工程师　　禹　喜（女）

长沙市天心区市容环境卫生管理局

党总支书记、局长　　蒯建红

党总支副书记　　陈赛宏

副局长　　魏洪亮　　张文广

　　　　　龚　卓　　黄　畅

　　　　　莫　莹（女，2018.08 任）

长沙市天心区市容环境卫生公司

经　理　　蒯建红

副经理　　张文广　　魏洪亮　　龚　卓

长沙市天心区园林管理局

党支部副书记、局长　　李政煌

支部委员、副局长　　陈　惠（女）　　吴茁青

　　　　　罗朝晖（女）

　　　　　李兴秋（挂职）

支部委员　　吴　宇　　谷振祥

湖南天宏园林景观有限公司

经　理　　李政煌

副经理　　吴　宇　　谷振祥

　　　　　曾利华（女，2018.09 免）

　　　　　罗朝晖（女）　　李兴秋（挂职）

长沙市天心阁管理处

党支部书记、主任　　陈　杰（女）

支部副书记　　王　静（女）

支部委员、副主任　　钱伟明　　何　锦（女）

副主任　　王凯民

长沙市南郊公园

党委书记、管理处副主任　　张少林

副书记、管理处主任　　邹畅萍

副书记、管理处副主任　　陈　海

党委委员、纪委书记 工会主席　　杨千清

党委委员、管理处副主任　刘金勇

长沙市步行商业街管委会

主　任　杨　波
副主任　谭梓婕（女）

长沙天心城市建设投资开发集团有限公司
长沙市天心城市建设投资有限责任公司

董事长　张勇刚
党支部书记　肖　斌（2018.08 免）
　　吴佳波（2018.08 任）
总经理　谢　毅
副总经理　吴佳波（2018.08 免）
　　江　宇
　　杨　柳（女）
　　张　琳（女）
财务总监　贺利华（女）
总工程师　严志斌
总经理助理　彭　波

长沙现代服务产业示范区管理办公室
长沙市南湖新城建设开发有限责任公司

工委书记、董事长　何　竞
主　任、总经理　王　珊（女）
副主任、副经理　周　涛　秦贵光

长沙顺之安棚户区改造投资有限公司
长沙市天心区旧城建设开发公司

经　理　邹仕斌
副经理　周　亮
副经理　周　浪
副经理　李　波（女）

中国人民政治协商会议
湖南省长沙市天心区委员会

政协长沙市天心区第五届委员会

主　席　夏艳兰（女）
副主席　彭泽南　黎小玲（女）
　　陈　劲（女，兼）　罗超纲（兼）
　　赵英华
秘书长　高劲柳（女）
常　委　刘湘勇　李新洲　赵礼发
　　黄金利（女）
　　丁荣培　杨华昭（女）
　　苏　剑　刘　婷（女）
　　于剑光　肖征刚　任　健　周　雄
　　甘元春　莫跃飞　谭粮好
　　孙咏华（女）　刘　敏
　　兰　飞（女）　陈明凡
　　吴　娜（女）　梁　忆　张可为
　　彭颂华（女）　王　蓉（女）
　　李　亮　杨文献　周三中
　　饶　灿（女）

区政协各工作机构

办公室

主　任　高劲柳（女）
副主任　张　灵（女）

人口资源环境委员会

主　任　余芬秀（女）

提案法制委员会

主　任　刘克平

经济科技委员会

主　任　周文辉

文教卫体委员会

主　任　潘　琳

群团联络委员会

主　任　叶爱军（女）

各街道政协联络工作负责人

坡子街街道　陈全政（兼，2018.08 任）
城南路街道　徐文彩（兼）
裕南街街道　周　婷（女，兼）
金盆岭街道　周羌笛（兼）
赤岭路街道　李　静（女，兼）
新开铺街道　黄　健（兼）

文　源街道　　黄智君（女，兼）
桂花坪街道　　刘　洋（兼）
青　园街道　　邓　静（女，兼，2018.01 任）
黑石铺街道　　陈　城（兼）
先　锋街道　　魏铁奇（兼）
大托铺街道　　孙　辉（女，兼）
暮　云街道　　黄　栋（兼）
南　托街道　　常泽军（兼）

长沙市天心区人民武装部

政治委员　　苏宏洲
部　长　　周永顺
副部长　　李向阳

中共长沙市天心区纪律检查委员会（长沙市天心区监察委员会）

纪委书记、监委主任　　曾卫国
纪委副书记、监委副主任　　胡仕伟（常务）　尹　红
纪委常委　　陶建国　　彭　雁（女）
　　梁　晓　　段文波　　吴　丹　　孙美青
监委委员　　彭　雁（女）
　　梁　晓　　段文波　　吴　丹
　　彭　程　　邵汨波

信访室主任　　傅俊瑾（2018.08 任）
案件审理室主任　　彭　雁（女）
党风政纪督查室主任　　陶建国
第一纪检监察室主任　　郭　翔（女）
第二纪检监察室主任　　罗友明（2018.06 免）
　　杨　旭（2018.08 任）
第三纪检监察室主任　　段文波
第四纪检监察室主任　　汤晓春
第五纪检监察室主任　　肖叶嵩

长沙市天心区人民法院

党组书记、法院院长　　谭剑辉
党组副书记、法院副院长　　胡精华
党组成员　　彭　刚　　马铁夫　　彭　伟
　　汤　伟　　陈新政
副院长　　彭　刚　　杨华昭（女）
审判委员会专职委员　　戎　群（女）　　唐美华（女）

长沙市天心区人民检察院

党组书记、检察长　　袁　征
党组成员、副检察长　　周　新　　吴冠勋　　杨　赞
党组成员　　欧道华
副检察长　　冯　苹（女）
检察委员会专职委员　　张飞进　　焦　焰（女）

经济开发（产业）园区

长沙天心经济开发区管委会（新）筹建委员会（2018.08 ~ 2018.12）

筹委会主任　　贺国权
筹委会成员　　侯烛天　　刘正文

长沙天心经济开发区

党工委书记　　贺国权
党工委副书记、管理委员会主任　　刘正文
党工委副书记、管理委员会副主任　　邓志平
党工委副书记　　翁开明
党工委委员、纪工委书记　　钟书宏
党工委委员、管理委员会副主任　　钟　辉
党工委委员、管理委员会副主任　　王　磊（2018.06 始挂职）

湖南暮云经济开发区

党工委书记　　侯烛天
党工委副书记、管理委员会主任　　王　剑（2018.08 免）
党工委委员管理委员会常务副主任　　石宇峰
党工委委员 纪工委书记　　袁　勇
党工委委员 企业党委专职副书记　　马立新
管理委员会副主任　　黄大伟
管理委员会副主任　　肖集中（2018.03 始挂职）

长沙天心文化产业园管理委员会

副主任　　刘湘俊（女）

招商服务部副部长　陈红丽（女）
财务融资部副部长　张　佩（女）
规划建设部副部长　周　缇（女）

长沙（国家）广告产业园管理委员会

主　任　罗超纲（兼）
党工委书记　唐　华
党工委委员、副主任　黎　旺
党工委委员　饶　丽（女）
管委会副主任　陈　丛（女）

民主党派

民革天心区工委

主　委　刘湘勇
副主委　袁　志　罗果松

民盟天心区工委

主　委　李新洲
副主委　刘晓军　李　羽（女）
李昌林　肖宗文

民建天心区工委

主　委　王德军
副主委　赵礼发　任超文
侯四海

民进天心区工委

主　委　黄金利（女）
副主委　杨纪军　贺建华　吴　治

农工党天心区工委

主　委　李光焰
副主委　杨　昕　刘　敏
王　菁（女）　高智颖（女）
但　旦（女）　舒华兵

致公党天心区工委

主　委　周帅军
副主委　杨华昭（女）
邓　静（女）　王　蓉（女）

九三学社天心区工委

主　委　苏　剑
副主委　胡　芳（女）
张西军　李　雷
秦　超　吴　娜（女）

人民（社会）团体

长沙市天心区总工会

主　席　肖时昴
副主席　罗洪湘　何干才（2018.01 任）
周立兴（2018.06 始，挂职）
张　维（2018.06 始，兼职）

中国共产主义青年团长沙市天心区委员会

书　记　周钰沂（女）
副书记　邓玉冰（女）
何汶蔚（女，2018.06 始，挂职）

长沙市天心区妇女联合会

主　席　孙咏华（女）
副主席　张　平（女）

长沙市天心区归侨侨眷联合会

主　席（兼）　汤　沛（女）
副主席　王　琼（女）

长沙市天心区残疾人联合会

党组成员、理事长　夏继明
党组成员、副理事长　何映章
党组成员、副理事长　郑跃晖（2018.01 任）

长沙市天心区工商业联合会

主　席　罗超纲
党组书记、第一副主席　兰　飞（女）
党组成员、副主席　付　翔　彭立新

长沙市天心区文学艺术界联合会

名誉主席　陈曦民
主　席　张少林
副主席（兼）　陈　萍（女）　李春和

副主席（兼）　雷永鸿
秘书长　田　谧（女）

长沙市天心区科学技术协会

主　席　邹汉明（2018.07 免）
副主席　苏　奇

街　道

坡子街街道

中共长沙市天心区坡子街街道工作委员会

工委书记　郑　州
工委副书记　黄根明　鄢　晔（2018.08 免）
工委委员、纪工委书记　孟立国
工委委员　晏荣祥　陈全政（2018.08 任）
刘　幸　周红辉（女）
陈　实（挂职）
刘秉玺

长沙市天心区坡子街街道办事处

主　任　黄根明
副主任　邓继红　彭建中　刘　幸
副主任　陈全政（2018.08 任）　刘秉玺

城南路街道

中共长沙市天心区城南路街道工作委员会

工委书记　徐　伟
工委副书记　蔡果时　徐文彩　封　颖（女）
工委委员、纪工委书记　刘利才
工委委员　宁科良
邱　阜（2018.08 任）
工委委员　谭　啸（2018.06 始挂职）
邢　瑛（女）

长沙市天心区城南路街道办事处

主　任　蔡果时
副主任　宁科良　杨纪军（苗族）
邱　阜（2018.08 任）　周成军

裕南街街道

中共长沙市天心区裕南街街道工作委员会

工委书记　颜日强
工委副书记　何　东　湛　果（驻龙山扶贫）
工委委员、纪工委书记　舒用民
工委委员　杨　红（女）　周　婷（女）
谭石泉　张　伟
刘　晖　周　彦

长沙市天心区裕南街街道办事处

主　任　何　东
副主任　周　婷（女）　张　伟　李　园（女）

金盆岭街道

中共长沙市天心区金盆岭街道工作委员会

工委书记　张长生
工委副书记　喻　俊　周雅娴（女）
工委委员、纪工委书记　马旭奇
工委委员　陈秋良　周羌笛　李　佳（女）
彭志远

长沙市天心区金盆岭街道办事处

主　任　喻　俊
副主任　周羌笛　彭志远　顾　勇　李　帅

赤岭路街道

中共长沙市天心区赤岭路街道工作委员会

工委书记　柳宏伟
工委副书记　陈　泽
工委委员、纪工委书记　蒋月异（女）
工委委员　何庭洁（女）　李　静（女）
韦向怡（2018.01 任）
宋　刚
周克俭　郑启军

长沙市天心区赤岭路街道办事处

主　任　陈　泽
副主任　李　静（女）　宋　刚　周克俭
副主任　莫志勇　任博文

新开铺街道

中共天心区新开铺街道工作委员会

工委书记　李可佳（2018.09 免）
蒋　苒（女，2018.09 任）
副 书 记　刘傲雪　黄　健
周　云（女）
工委委员、纪工委书记　池宏志
工委委员　李清明　曹福新　肖险峰
杨宏志　唐志波

长沙市天心区新开铺街道办事处

主　任　　刘傲雪

副主任　　曹福新　　杨宏志

文源街道

中共天心区文源街道工作委员会

工委书记　　许伟斌

副 书 记　　黄振国　　彭　勃

　　　　　　刘赛华（女，挂职，2018.03 免）

工委委员、纪工委书记　　孙学文

工委委员　　刘　建　　付佳明（2018.11 任）

　　　　　　黄智君（女）

　　　　　　周　晓（女）

　　　　　　赵　哲

长沙市天心区文源街道办事处

主　任　　黄振国

副主任　　付佳明（2018.11 任）　　周　晓（女）

　　　　　赵　哲　　姜文志　　田　烨（女）

桂花坪街道

中共长沙市天心区桂花坪街道工作委员会

工委书记　　陈志文

副 书 记　　夏　天（女）

　　　　　　周　艳（女，2018.08 任）

工委委员、纪工委书记　　钟　奎

工委委员　　鲁意芝（女）　　刘　洋　　姚云辉

　　　　　　张志云　　朱建军（2018.11 任）

　　　　　　袁　刚　　邓亚兵　　黎　硕（挂职）

长沙市天心区桂花坪街道办事处

主　任　　夏　天（女）

副主任　　刘　洋　　朱建军（2018.11 任）

　　　　　袁　刚

青园街道

中共长沙市天心区青园街道工作委员会

工委书记　　向志武（土家族）

工委副书记　　张　毅　　阳海波

工委委员、纪工委书记　　刘殿军

工委委员　　何理萍（女）　　江建华

　　　　　　孙卫锋　　谢小宁

长沙市天心区青园街道办事处

主　任　　张　毅

副主任　　邓　静（女）　　杨志宇　　孙卫锋

副主任　　谢小宁

黑石铺街道

中共长沙市天心区黑石铺街道工作委员会

工委书记　　胡　波

副 书 记　　龚承平　张文军

工委委员、纪工委书记　　唐涌华（女）

工委委员　　张　卫　　贺舜贤　　王　帆

　　　　　　陈　城　　许　姣（女）

长沙市天心区黑石铺街道办事处

主　任　　龚承平

副主任　　张　瑜（女）　王　帆　　陈　城

先锋街道

中共长沙市天心区先锋街道工作委员会

工委书记　　骆　理（女）

副 书 记　　陈　丹（女）

　　　　　　赵　星（挂职，2018.06 任）

工委委员、纪工委书记　　周　军

工委委员　　周军民　　魏铁奇　　裴中宏

　　　　　　傅中辉　　喻　备（女）

长沙市天心区先锋街道办事处

主　任　　彭元强

副主任　　裴中宏　　喻　备（女）　　魏铁奇

　　　　　皮文奎

大托铺街道

中共长沙市天心区大托铺街道工作委员会

工委书记　　凌　异

副 书 记　　汤宇驰　　杨　炼

工委委员、纪工委书记　　虢海鹏

工委委员　　王雄兵　　曹　军

工委委员　　李　飚（女）　　吴荣娥（女）

　　　　　　孙　辉（女）

长沙市天心区大托铺街道办事处

主　任　　汤宇驰

副主任　　曹　军

　　　　　李　飚（女）

　　　　　吴荣娥（女）

　　　　　陈云龙

　　　　　孙　辉（女）

暮云街道

中共长沙市天心区暮云街道工作委员会

工委书记　蔡　逸
副书记　吴波勇（2018.08 免）
　刘　哲（2018.08 任）
　杨　英（女）
工委委员、纪工委书记　罗敏德
工委委员　何定安　黄　栋　刘良涛
　刘凌彬　毛桂平

长沙市天心区暮云街道办事处

主　任　吴波勇（2018.08 免）
　刘　哲（2018.08 任）
副主任　黄　栋
　毛桂平
　谢灿英（女）
　刘良涛

南托街道

中共长沙市天心区南托街道工作委员会

工委书记　冯学武
工委副书记　王钰莹（女）
工委委员、纪工委书记　周厚翔
工委委员　郭建华　常泽军　杨　广
　潘　锋　徐　路（2018.09 免）
　戴次强　吴　俊（2018.09 任）

长沙市天心区南托街道办事处

主　任　王钰莹（女）
副主任　杨　广　潘　锋
　徐　路（2018.09 免）
　吴　俊（2018.09 任）
　曾　文

双重领导与垂直管理单位

长沙市公安局天心分局

党委书记、局长　肖向东
党委副书记、政委　肖明华（2018.02 免）
　罗　晖（2018.02 任）
党委委员 副政委、纪委书记　朱旭东（2018.08 免）
　杨海军（2018.08 任）
党委委员、副局长兼政工室主任　邹笑平
党委委员、副局长　吴　俊（2018.08 免）
　陈　劲（2018.08 任）
　胡福德（2018.08 免）
　龙　江（2018.08 任）
党委委员、副局长　周辉煌（2018.08 免）
　黎银波（2018.08 任）
　苏强军（2018.08 免）
　苏泗元（2018.08 任）
　朱旭东（2018.08 任）
　曹鹏飞（2018.08 任）
　胡松奇

长沙市工商行政管理局天心分局

党委书记、局长　邹　展
副书记、副局长　谢慧敏
党委委员、纪委书记　贺岱峰
党委委员、副局长　肖军民　王　密
　夏　志
党委委员　涂　亮

国家税务总局长沙市天心区税务局

党委书记、局长　雍小平
党委副书记、副局长　谭　卫
党委委员、纪检组长　廖小玲（女）
党委委员、副局长　吕　健
　李维波
　黄　静（女）
　刘　信
　邓　军
　钟仲华
　刘　刚（女）
　黎元元
　李剑平

长沙市城乡规划局天心分局

党支部、局长　贺念虎
党支部书记　杨　媚（女）
副局长　周　讯

长沙市规划监察执法支队天心区大队

大队长　魏心田
副大队长　谢时英（女）

长沙市国土资源局天心分局

党组书记、局长　刘勇军
党组副书记、纪检组长　张　杰
党组成员、副局长　邓智亮　朱振宏
姚　文

长沙市国土资源执法监察支队天心区大队

大队长　邓智亮

长沙市质量技术监督局天心分局

党支部书记、局长　曾飞玲（女）
副局长　舒宗文　白　亮

长沙市天心区交警大队

大队长　周文胜（2018.11 免）
张　星（2018.11 任）
教导员　胡雄力（2018.11 免）
余卫东（2018.11 任）
副大队长　周正军
李建军（2018.11 免）
沈新章（2018.11 免）
刘浩平（2018.11 免）
邓日超（2018.11 任）
胡新宇（2018.11 任）
李　陵（2018.11 任

长沙市天心区消防（救援）大队

大 队 长　陈卫华
教 导 员　杨立明
副大队长　陈　冶

长沙市农村商业银行湘江支行

行　　长：邓术清
副 行 长：王　刚
行长助理：张洁群

长沙市农村商业银行天心支行

行　　长：周松柏（2018.07 免）
邝　斌（2018.07 任）
副 行 长：夏海东（2018.07 免）
雷丽娜（女，2018.07 任）
行长助理：邹　圆（女）

文件选录

2018年中共长沙市天心区委员会、区委办公室文件目录

中共长沙市天心区委员会文件目录

天发〔2018〕2号　印发《关于进一步优化营商环境的十条措施》的通知

天发〔2018〕3号　关于转发《长沙市天心区人大常委会2018年工作要点》的通知

天发〔2018〕4号　关于转发《政协长沙市天心区委员会2018年工作要点》的通知

天发〔2018〕5号　印发《关于进一步加强和改进年轻干部培养选拔工作的实施意见》的通知

天发〔2018〕6号　关于印发《长沙市天心区"强力推进环境大治理坚决打赢蓝天保卫战"三年行动计划（2018—2020年）》的通知

天发〔2018〕7号　关于印发《中共长沙市天心区委常委会2018年工作要点》的通知

天发〔2018〕10号　关于印发《中共长沙市天心区委全会工作规则（试行）》的通知

天发〔2018〕11号　关于印发《中共长沙市天心区委常委会工作规则》的通知

天发〔2018〕12号　印发《关于加强中共长沙市天心区委常委会自身建设的意见》的通知

天发〔2018〕14号　印发《关于开展违反中央八项规定精神突出问题专项治理工作的实施方案》的通知

天发〔2018〕15号　关于印发《长沙市天心区农村集体产权制度改革工作实施方案》的通知

天发〔2018〕16号　印发《关于全面落实乡村振兴战略的实施意见》的通知

天发〔2018〕17号　印发《关于推进安全生产领域改革发展的实施方案》的通知

天发〔2018〕18号　关于追授罗伟军同志"天心区优秀共产党员"荣誉称号的决定

天发〔2018〕19号　关于印发《长沙市天心区发展壮大新型村级集体经济的实施意见》的通知

天发〔2018〕20号　关于2017年度促进区域经济发展先进单位的通报

中共长沙市天心区委员会办公室文件目录

天办发〔2018〕1号　关于印发《长沙市天心区部门党组（党委）党建工作责任清单》的通知

天办发〔2018〕2号　关于印发《长沙市天心区2018年春节期间"进万家、送温暖、解难题"活动实施方案》的通知

天办发〔2018〕3号　关于印发《长沙市天心区推进"健康天心"建设实施方案》的通知

天办发〔2018〕4号　关于印发《长沙市天心区防控化解政府债务风险工作方案》的通知

天办发〔2018〕5号　关于2017年度全区基层社会治理创新案例评选结果的通报

天办发〔2018〕6号　关于2017年度全区落实党风廉政建设责任制检查考核情况的通报

天办发〔2018〕7号　关于2017年度全区党风廉政建设工作考核结果的通报

天办发〔2018〕8号　关于2017年度全区党政领导班子和领导干部绩效考核结果的通报

天办发〔2018〕9号　关于长沙市天心区2017年度优秀工作人员的通报

天办发〔2018〕10号　关于2017年度全区"三大板块"征拆工作考核结果的通报

天办发〔2018〕11号　关于印发《长沙市天心区推进2018年重大项目安排表》的通知

天办发〔2018〕12号　关于2017年度全区政法综治工作考核评估结果的通报

天办发〔2018〕13号　关于印发《长沙市天心区健全落实社会治安综合治理领导责任制实施办法》的通知

天办发〔2018〕14号　印发

《关于开展第十七次“凝聚两心兴天心”党风廉政主题教育活动的实施方案》的通知

天办发〔2018〕15号　关于2017年度全区各民主党派工委、党外知识分子联谊会参政议政优秀调研成果的通报

天办发〔2018〕16号　关于印发《长沙市天心区开展宪法学习宣传贯彻系列活动实施方案》的通知

天办发〔2018〕17号　印发《关于以政治建设为统领进一步加强科级领导班子和干部队伍建设的实施意见》的通知

天办发〔2018〕18号　印发《关于开展城市基层党建年活动推进城市社区党建工作的实施方案》的通知

天办发〔2018〕20号　关于下达长沙市天心区2018年重大项目投资计划的通知

天办发〔2018〕21号　印发《关于做好2018年市领导联点项目及市本级在区其他项目建设工作的实施方案》的通知

天办发〔2018〕22号　关于印发《中共长沙市天心区委办公室2018年工作要点》的通知

天办发〔2018〕23号　关于印发《长沙市天心区2018年社区全面提质提档工作实施方案》的通知

天办发〔2018〕24号　关于印发《长沙市天心区网格化综合管理改革工作实施方案》的通知

天办发〔2018〕25号　关于印发《天心区支持深度贫困县通道侗族自治县脱贫攻坚实施方案（2018—2020年）》的通知

天办发〔2018〕26号　关于印发《实施乡村振兴战略全域推进美丽乡村建设2018年区直部门目标任务分解表》的通知

天办发〔2018〕27号　关于印发《长沙市天心区2018年六大产业实施方案》的通知

天办发〔2018〕28号　关于印发《长沙市天心区2018年防汛应急预案》的通知

天办发〔2018〕29号　关于印发《长沙市天心区农村环境“五治”暨南部片区环境综合整治“百日行动”工作实施方案》的通知

天办发〔2018〕30号　关于2017年度全区计划生育工作考核评估结果的通报

天办发〔2018〕31号　关于印发《长沙市天心区2018年九大民生工程实施方案》的通知

天办发〔2018〕32号　关于印发《长沙市天心区老城区有机更新工作方案》的通知

天办发〔2018〕36号　印发《关于加强民办学校党的建设工作的实施意见（试行）》的通知

天办发〔2018〕37号　关于印发《中共长沙市天心区委全面深化改革领导小组2018年工作要点及责任分工》的通知

天办发〔2018〕38号　印发《关于进一步做好新时代关心下一代工作的意见》的通知

天办发〔2018〕39号　关于印发《长沙市天心区绿心地区工业企业退出工作方案》的通知

天办发〔2018〕40号　印发《长沙市天心区关于加强农村基层党建工作的实施方案》的通知

天办发〔2018〕41号　印发《长沙市天心区关于建立健全村务监督委员会的实施方案》的通知

天办发〔2018〕42号　关于印发《2018年度市绩效考核工作目标责任分解表》的通知

天办发〔2018〕43号　印发《长沙市天心区2018年党政领导班子和领导干部绩效考核与管理实施细则》的通知

天办发〔2018〕44号　关于印发《长沙市天心区2018年度重点工作季度考核实施办法》的通知

天办发〔2018〕45号　印发《长沙市天心区实施乡村振兴战略五年行动计划（2018—2022年）》的通知

天办发〔2018〕46号　关于印发《长沙市天心区配合中央环境保护督察“回头看”和省级环保督察总体工作方案》的通知

天办发〔2018〕47号　关于一季度重点工作考核结果的通报

天办发〔2018〕48号　关于二季度重点工作考核结果的通报

天办发〔2018〕51号　关于印发《中共长沙市天心区委常委会2018年党风廉政建设主体责任分工》《中共长沙市天心区委常委会2018年党风廉政建设主体责任任务分解表》的通知

天办发〔2018〕52号　关于印发《长沙市天心区“千人帮千企百日大行动”实施方案》的通知

天办发〔2018〕53号　印发《关于贯彻稳中求进基本工作方针推动全区纪检监察工作高质量发展的实施意见》的通知

天办发〔2018〕54号　印发《关于进一步加强社区专职工作人员队伍建设的实施细则（试行）》的通知

天办发〔2018〕55号　关于三季度重点工作考核结果的通报

2018年长沙市天心区人民政府、区人民政府办公室文件目录

长沙市天心区人民政府文件目录

天政发〔2018〕4号 关于2018年市人民政府《政府工作报告》实施目标任务责任管理的通知

天政发〔2018〕5号 关于分解《政府工作报告》2018年度目标任务的通知

天政发〔2018〕7号 关于表彰2017年度见义勇为先进个人的决定

天政发〔2018〕24号 关于开展"僵尸船"专项清理整治的通告

天政发〔2018〕33号 关于印发《长沙市天心区人民政府工作规则》的通知

天政发〔2018〕34号 关于同意设立怡海社区居民委员会、弘高社区居民委员会和高云社区居民委员会的批复

天政发〔2018〕48号 通告

天政发〔2018〕55号 关于天心区农村环境"五治"暨南部片区环境综合整治"百日行动"工作的通告

天政发〔2018〕56号 关于印发《天心区扎实推进招商引资工作实施方案》的通知

天政发〔2018〕63号 关于印发《天心区推进"最多跑一次"改革工作方案》的通知

天政发〔2018〕75号 关于认真做好第四次全国经济普查工作的通知

天政发〔2018〕100号 关于印发《天心区农村集体经济组织成员认定指导意见》的通知

天政发〔2018〕105号 关于严厉打击电鱼、毒鱼、炸鱼等非法捕捞行为的通告

天政发〔2018〕112号 关于依法做好暮云砂石基地关停拆除和复垦工作的通告

天政发〔2018〕155号 关于加强餐厨剩余物（泔水）管理的通告

长沙市天心区人民政府办公室文件目录

天政办发〔2018〕1号 关于规范村务公开栏工作的通知

天政办发〔2018〕2号 关于成立天心区电力设施建设和保护工作领导小组的通知

天政办发〔2018〕3号 关于2017年度建议提案办理工作考核情况的通报

天政办发〔2018〕4号 关于印发《天心区低温雨雪冰冻灾害应急预案》的通知

天政办发〔2018〕5号 关于印发《天心区重大动物疫情应急预案》的通知

天政办发〔2018〕6号 关于成立天心区处理私房改造遗留问题协调领导小组的通知

天政办发〔2018〕8号 关于进一步加强和改进行政应诉工作的实施意见

天政办发〔2018〕9号 关于认定天心区第四批区级非物质文化遗产代表性项目名录的通知

天政办发〔2018〕10号 关于印发《天心区公共场所安全事故应急预案》的通知

天政办发〔2018〕11号 关于做好2018年度夏季无偿献血工作的通知

天政办发〔2018〕12号 关于印发《天心区绿心地区生态补偿办法》的通知

天政办发〔2018〕13号 关于加强政务督查工作的通知

天政办发〔2018〕14号 关于取消一批区直单位要求申请人提供的证明材料的通知

天政办发〔2018〕15号 关于加强困境儿童保障工作的实施意见

天政办发〔2018〕16号 关于印发《天心区政务便民服务"马上办、就近办、一次办"改革实施方案》的通知

天政办发〔2018〕17号 关于印发《长沙市天心区人民政府公文处理"马上就办"工作实施办法》的通知

天政办发〔2018〕18号 关于印发《2018年天心区城管系统项目建设实施方案》的通知

天政办发〔2018〕19号 关于进一步加强会议管理工作的通知

天政办发〔2018〕20号 关于印发《天心区健康民生项目实

施方案》的通知

天政办发〔2018〕21号 关于印发《天心区绿心地区规模以上工业企业退出工作实施方案》的通知

天政办发〔2018〕22号 关于印发《天心区油气长输管道突发事件应急预案》的通知

天政办发〔2018〕23号 关于成立天心区“多规合一”工作领导小组的通知

天政办发〔2018〕24号 关于印发《天心区“五治”工作三年行动计划（2018—2020年）》的通知

天政办发〔2018〕25号 关于印发《天心区第二次全国污染源普查实施方案》的通知

天政办发〔2018〕26号 关于促进湖南长沙人力资源服务产业园发展若干办法（试行）的通知

天政办发〔2018〕27号 关于印发《天心区第一批政务便民服务“就近办”事项目录》的通知

天政办发〔2018〕28号 关于印发《天心区政府投资建设项目财政评审管理办法》的通知

天政办发〔2018〕29号 关于印发《天心区既有多层住宅增设电梯工作实施方案》的通知

天政办发〔2018〕30号 关于印发《天心区生活垃圾分类制度实施方案（2018—2020年）》的通知

天政办发〔2018〕31号 关于进一步明确城南路街道、青园街道示范生活圈相关项目建设工作的通知

天政办发〔2018〕32号 关于成立天心区健康扶贫“一站式”结算工作领导小组的通知

天政办发〔2018〕33号 关于对区级行政审批中介服务事项进行动态调整的通知

天政办发〔2018〕34号 关于印发《天心区创建全省城乡社区治理创新实验区实施方案》的通知

天政办发〔2018〕35号 关于印发《天心区人民政府耕地保护责任目标考核实施细则》的通知

天政办发〔2018〕36号 关于印发《天心区城市管理工作考核办法》的通知

天政办发〔2018〕37号 关于印发《天心区政府合同管理办法》的通知

天政办发〔2018〕38号 关于王贤等同志任职的通知

天政办发〔2018〕39号 关于修订《天心区应急抢险救灾工程实施办法》的通知

天政办发〔2018〕40号 关于完善农村土地所有权承包权经营权分置办法的实施意见

天政办发〔2018〕41号 关于公布天心区第五批区级非物质文化遗产项目名录的通知

天政办发〔2018〕42号 关于印发《天心区便民生鲜农产品供应体系建设工作方案（2018—2019年）》的通知

天政办发〔2018〕43号 关于成立天心区学校建设工作领导小组的通知

天政办发〔2018〕44号 关于印发《天心区绿心地区工业企业退出常态长效管理实施办法》的通知

天政办发〔2018〕45号 关于印发《天心区低温雨雪冰冻灾害应急工作方案》的通知

中共长沙市天心区委员会 长沙市天心区人民政府关于进一步优化营商环境的十条措施

天发〔2018〕2号

2018年3月8日

为进一步优化我区营商环境，充分激发市场主体活力和社会创造力，推动区域经济高质量发展，特制定如下措施。

一、理顺工作机制。

健全制度体系。制定天心区优化营商环境的任务书、责任表、流程单和路线图；建立联席会议制度，定期研究解决企业反馈营商环境的相关问题；实行“首问责任制”，凡接受企业首次来电、来访、来函的单位，必须负责解释、办理或联系、协调相关部门办理企业所提出的事项，并报区优化办备案，特别重大的事项要及时向区委、区政府报告，确保问题及时有效解决。搭建服务平台。在区政务服务中心设立优化营商环境服务窗口，开通“85898808”营商环境投诉热线，广泛听取和收集企业的投诉、建议和反映的具体问题，实行分类交办、限时办结，原则上3个工作日内予以答复。

（牵头单位：区政务服务中心；责任单位：各园区、各有关单位、各街道）

二、构建“亲”“清”新型政商关系。

积极作为靠前服务。严肃整治以各种理由拖着不办、懒作为、不作为等行为，严厉查处涉企事项办理过程中索、拿、卡、要等行为，坚决惩戒以权谋私、权钱交易。构建新型政商关系。建立党政领导干部和部门与企业家常态化联系沟通机制，鼓励领导干部与企业家交朋友，帮助企业解决问题；健全“为担当者担当、为负责者负责”的机制，让各级干部在涉企交往中依法办事、善于作为。建立企业家激励制度，积极弘扬企业家精神，倡导讲真话、说实情、建诤言。

（牵头单位：区纪委（区监察委）；责任单位：区委组织部、区委统战部、天心经开区、暮云经开区、区文化（广告）产业园、区金融办、区商务和旅游局、区优化办、区工商联、区工商分局、区国税局、区地税局等，各街道）

三、优化审批环境。

以“放管服”改革为重点，建立部门审批承诺制，公布“权力、责任、审批手续办理、行政事业性收费、证明事项取消、人才公共服务”等一批清单。全面实现“网上办”。打造“互联网+政务服务”系统，加强各部门业务办理系统融合与数据互通，推动行政服务事项“全程网上办理”。全力推行“马上办”。加快涉企事项办理，城市综合体户外商业活动城管审批手续1个工作日内完成，新开办企业工商、税务等注册登记2个工作日内完成，不动产登记4个工作日内完成，重大项目(活动)城管审批手续7个工作日内完成，工业建设项目施工许可45个工作日内完成。探索实行“同步办”。成立全区重大投资项目联合服务办公室，设在区项目办，市级以上审批手续由办公室集中协调办理，区内审批手续统筹多部门并联同步办理。

（牵头单位：区编委办；责任单位：天心经开区、暮云经开区、区文化（广告）产业园、区项目办、区政务服务中心、区电政办、区发改局、区城乡建设局、区商务和旅游局、区城管执法局、区环保局、区安监局、区国税局、区地税局、区工商分局、区国土分局、区规划分局等，各街道）

四、加强引导支持。

突出产业引导。建立区领导联系重点产业、产业链、龙头企业、重点项目工作机制，重点支持发展现代服务业，特别是商贸物流、现代金融、文化创意、地理信息、健康医疗、旅游休闲六大重点产业和大数据（含地理信息）、新能源装备两大产业链，促进重点产业集聚发展。完善奖扶政策。修订完善《天心区促进区域经济发展奖励办法》，研究制定扩大对外开放积极利用外商直接投资相关政策的实施意见和重点楼宇“一事一议”政策，促进区域经济持续健康发展；搭建政策解读平台，加大上门宣传、辅导力度；严格兑现向企业作出的承诺，确保政策执行的连续性和严肃性。

（牵头单位：区发改局；责任单位：天心经开区、暮云经开区、区文化（广告）产业园、区金融办、区科技局、区财政局、区商务和旅游局、区经信局等）

五、完善配套服务。

全面落实长沙人才新政“22 条”中人才引进补贴政策，积极为区域内企业高管及高端人才创造优质生活环境。按政策帮助解决子女入学问题。统筹区域内优质教育资源，安排区域内重点企业高管及高端人才子女义务教育阶段入学就读。提升医疗服务水平。增加高端医疗服务供给，与城区内大型医院合作，开设人才医疗“绿色通道”，由居住地卫生服务中心建立人才健康档案，定期提供健康管理、咨询等医疗服务。解决住房保障问题。支持各园区自建或购买人才公寓，帮助解决区域内重点企业高管及高端人才住所问题。

（牵头单位：区委组织部；责任单位：天心经开区、暮云经开区、区文化（广告）产业园、区教育局、区民政局、区人社局、区卫计局、区住房保障局等，各街道）

六、加大企业帮扶。

引导金融服务实体经济发展。园区通过政府出资，设立政府性融资担保机构，缓解中小微企业融资难问题；支持、引导中小企业在多层次资本市场直接融资，建立全区上市企业数据库和企业上市服务专员队伍，完善企业上市挂牌孵化体系，为企业上市提供优质服务。加强人才支持。搭建人力资源服务平台，统一组织企业到人才富集地举办招聘会，广泛开展校企“订单式合作”，补充紧缺急需人才。强化用地保障。优先保障重大产业类招商引资项目的建设用地需求；探索实施“工业用地弹性出让”机制，降低企业用地成本，促进土地集约利用。优化创新环境。加大研发经费投入，大力实施高新技术企业强基工程，鼓励企业搭建科研平台，积极推进产学研合作，加快科研成果转化，加大对知识产权成果转化的奖励力度，加强知识产权的运用、保护和维权援助服务。

（牵头单位：区商务和旅游局；责任单位：区法院、天心经开区、暮云经开区、区文化（广告）产业园、区金融办、区人社局、区科技局、区国土分局、区规划分局等）

七、规范涉企办案。

法院、检察院、公安等部门相互配合、相互监督，严厉打击危害企业合法权益的违法犯罪行为；严禁超期限、超标的、超范围查封、扣押、冻结企业财产，依法依规及时处置涉案财产；对法定代表人采取限制人身自由的强制措施时必须合法、严谨、慎重；严禁利益驱动办案，严禁办关系案与金钱案；在执法、司法办案中出现有瑕疵的及时予以纠正，出现违法违纪行为的由纪检监察等部门严肃查处，实行向相关部门通报违法责任人违法行为制度。

（牵头单位：区委政法委；责任单位：区纪委（区监察委）、区法院、区检察院、区公安分局、区司法局等）

八、依法推进涉企监管。

严肃查处各种乱收税费行为，及时向社会公示涉企收费目录清单。严格执行涉企执法检查备案制度，行政执法机关进行涉企检查后 5 个工作日内向区优化办报备检查情况。严格落实“企业宁静日”制度，积极探索“首违不罚”制度。

（牵头单位：区优化办；责任单位：区纪委（区监察委）、区发改局、区城乡建设局、区财政局、区城管执法局、区环保局、区国税局、区地税局等）

九、严查涉企违法。

深入推进扫黑除恶专项斗争，依法严厉打击涉黑涉恶违法犯罪分子和恶势力团伙，查处违规干预和插手微观经济活动，搞权力寻租、权钱交易，甚至与民争利等行为。坚决整治在建筑工程、交通运输、仓储物流等重点行业和领域强揽工程、强买强卖、强行阻工等行为，各街道相关负责同志、公安派出所所长或分管副所长必须在接到相关报告后 1 小时内赶至现场处理，5小时内进行有效处置，恢复施工经营秩序。

（牵头单位：区委政法委；责任单位：区法院、区检察院、区公安分局等，各街道）

十、强化领导和考核。

加强组织领导。成立天心区优化营商环境工作领导小组，办公室设在区优化办，领导小组下设政府效能提速、规范执法司法行为、优化创业创新环境等三个专项工作组。强化考核评价。构建全区优化营商环境综合考评体系，让考核指挥棒促进全区上下进一步优化营商环境。

（牵头单位：区绩效考核办；责任单位：区委办、区政府办、各园区、各有关单位、各街道）

中共长沙市天心区委员会 长沙市天心区人民政府 长沙市天心区"强力推进环境大治理坚决打赢蓝天保卫战"三年行动计划（2018—2020年）

天发〔2018〕6号

2018年4月2日

中共十九大报告指出，要建设美丽中国，全面实施污染防治攻坚，打赢蓝天保卫战。中央和省市区委经济工作会议强调，今后三年要重点抓好污染防治等三大攻坚战。为深入贯彻落实中共十九大、中央和省市区委经济工作会议精神，区委、区政府决定在全区开展"强力推进环境大治理坚决打赢蓝天保卫战"三年行动（2018—2020年），特制定本行动计划。

一、指导思想和基本原则

（一）指导思想

坚持以人民为中心的发展思想，树牢创新、协调、绿色、开放、共享的新发展理念，全面贯彻落实中共十九大、中央和省市区委经济工作会议精神，以生态文明建设为统领，着力解决大气、水和土壤等环境领域存在的重点问题，突出打好蓝天保卫战，切实改善区域环境质量，努力让天心自然生态更秀美、城乡环境更优美、城市风貌更精美，为加快"融城核心、璀璨天心"建设，争当全面建设现代化长沙示范区奠定坚实的环境基础。

（二）基本原则

1. 坚持标本兼治，长期见效。既要立足当前，也要着眼长远，强化短期管控治标，建立长效机制治本，科学确定三年行动计划的质量目标、工作目标、工作举措以及推进时限，力求一年见成效、两年上台阶、三年大提升，为天心高质量发展打下坚实基础。

2. 坚持突出重点，专项治理。秉承聚焦重点、解决问题、补齐短板的原则，在坚持大气、水和土壤等环境领域污染同治的基础上，重点打好蓝天保卫战，全面实施系列专项行动，切实严控污染增量，有效减少污染存量，严格实行环境管控，坚决解决突出问题。

3. 坚持问题导向，精准施策。围绕重点区域、重点行业、重点污染源、重点时段等方面存在的突出环境问题，以及中央环保督察组反馈问题，特别是人民群众反映强烈的重点环境问题，实施分类别、分用途、分阶段治理，强化治理措施的针对性、科学性和可操作性，形成党委政府负总责、有关部门各负其责、排污者承担主体责任、城乡居民积极履责、社会多方监督的污染防治责任体系。

4. 坚持夯实责任，联防共治。坚持一级抓一级、协同抓推进、全面抓落实，各方统筹推进，强化属地管理，理清企事业单位和各级各部门的环境保护责任，落实各污染防治主体及监管责任单位，明确区、街道、社区（村）三级职责，切实宣传发动社会共同参与，充分发挥人民群众的监督作用，达到源头控制、过程监管、末端治理的良好局面。

5. 坚持从严执法，严管重罚。像对待生命一样对待生态环境，像保护眼睛一样保护生态环境，实行最严格的生态环境保护制度，严格执行法律法规，切实加大执法力度，保持严厉打击环境违法行为的高压态势，始终做到环境监管应查尽查、应罚尽罚、应移尽移。

二、环境现状和主要问题

"十二五"以来，在区委、区政府的高度重视下，我区生态环境保护力度不断加强，环境监管能力逐步提升，环境安全得到有效保障，环境质量整体稳中向好，圆满完成市政府下达的污染减排任务。2017 年空气质量优良天数 257 天，优良率 71%，湘江天心段水质优良率 100%，土壤环境质量总体稳定。但污染防治形势依然严峻，环境质量改善任务依然艰巨，当前突出问题主要体现在：

（一）大气环境质量改善任务较重。秋冬季特护期空气质量反复徘徊。究其原因，一是机动车排气污染问题凸显。机动车、混凝土搅拌车、运砂车、渣土车等重型柴油车污染管控措施未完全到位；非道路移动源污染管控尚未起步。二是施工工地扬尘管理问题突出。市政工程、建筑工地点多面广线长，监管难度大，管理比较粗放，尤其是城乡结合部的道路管理普遍不到位，存在路面未硬化、未绿化等情况。三是餐饮油烟、夜市摊点、露天烧烤监管尚存死角，监管长效机制亟待建立。四是挥发性有机物治理工作刚刚起步，推行难度大。五是科学治气、精准治霾手段和方法有待改进，监测预警预报的能力有待进一步提升，大气污染防治和空气质量改善决策的定量化、科学化短期难以实现。

（二）水环境质量改善压力较大。一是城乡基础设施仍不完善。排水管网建设仍不完善，排口截污不彻底。二是黑臭水体整治任务仍很繁重，部分已整治项目未从根本上控源截污，水质改善效果不明显，长效机制尚未建立。三是畜禽养殖等农业农村污染治理难度大、易反弹。

（三）土壤环境治理和生态保护基础较薄弱。一是污染土壤、农用地防治任务艰巨。农用污染土壤的治理、土壤安全利用等工作任务重，资金需求大，技术复杂。二是绿心保护压力大，绿心地区发展愿望强烈，由于历史遗留问题较多，资金投入不足，生态补偿机制不完善，现有的违反绿心保护规划的项目亟待整治。

三、质量目标和工作目标

（一）质量目标

到 2020 年，实现天更蓝、水更清、环境更美，让老百姓的环境获得感、幸福感、安全感在家门口升级。

1. 大气环境质量：2018 年，PM2.5 年均浓度低于 48 $\mu g/m^3$，PM10 年均浓度低于 68 $\mu g/m^3$，空气优良天数达到 275 天以上，空气优良率大于 75%，有效防范和应对重污染天气，重污染以上天数较 2017 年减少 3 天。2019 年，PM2.5 年均浓度低于 44 $\mu g/m^3$，PM10 年均浓度低于 66 $\mu g/m^3$，空气优良天数 283 天以上，空气优良率大于 77.5%，重污染以上天数较 2018 年减少 2 天。2020 年，全区主要污染物的排放总量大幅减少，大气环境质量总体改善，PM2.5 年均浓度低于 40 $\mu g/m^3$，PM10 年均浓度低于 64 $\mu g/m^3$，空气优良天数 292 天以上，空气优良率达到 80% 以上，重污染以上天数较 2019 年减少 2 天。

2. 水环境质量：2018 年，"一江四港"（湘江天心段、港子河、南托港、双管子、官桥湖）水质全面提升，满足水环境功能区划要求，湘江干流水质优良率达到 100%。

3. 土壤和生态环境质量：2018 年，绿心问题基本整改到位。2020 年，受污染耕地安全利用率达到 91%，污染地块安全利用率达到 90%，生活垃圾回收利用率达 35% 以上。

（二）工作目标

1. 大气环境保护方面：到 2020 年，严控机动车排气污染，实施大气污染防治特护期（秋冬季节）机动车限行措施，加强机动车监测监控网络建设，全面加强高污染排放车辆管控，执行国家机动车大气污染物排放国Ⅴ标准。市政及建筑工地严格落实 5 个"100%"，实现在线监测、视频监控，全面推行新型智能环保渣土车。严控渣土扬尘污染。城郊结合部裸露地面基本实现全硬化、全绿化，道路保洁率达到 100%。主城区取缔露天烧烤，规模餐饮油烟处置率 100%。全面推进挥发性有机物(VOCs)治理，严格执行挥发性有机污染物排放标准。初步建立大气污染防治科学管理体系。

2. 水环境保护方面：到 2020 年，完善污水收集管网、推进海绵城市建设，实现建成区生活污水和工业园区工业废水全截污、全收集、全处理。消除建成区黑臭水体并实现长效治理。湘江沿岸 1000 米范围内畜禽养殖全退出。全区年用水总量得到有效控制，农田灌溉有效利用系数提高到 0.58。

3. 土壤和生态环境保护方面：到 2020 年，加快实施土壤重金属污染重点项目和农田土壤治理，严格落实生态红线，完成绿心地区工业企业清理、整治，建立和完善生态补偿机制和长效管理机制，全面实施生活垃圾分类减量，实现生活垃圾回收利用率达到 35% 以上。

四、以提升空气质量为目标，坚决打赢蓝天保卫战

（一）强力推进移动源污染防治

1. 加强机动车污染防治。积极落实机动车分时段、分号限制通行的交通管理措施。在主要进城口设置固定整治点，加强对夜间进入市区的混凝土搅拌车、运砂车、渣土车等重型柴油车污染整治和环境违法行为的查处力度。鼓励淘汰国Ⅰ、国Ⅱ排放标准汽油车。逐步建立机动车监测监控网络，配合安装交通主干道固定遥感监测设施，对道路行驶机动车进行监督监测。自 2018 年起新注册机动车实行国Ⅴ标准。推广实施在用机动车排气污染检测与维护（I/M）制度。积极配合推行清洁能源汽车，加快推进公交和出租车清洁能源改造，提倡短途客车优先使用汽油。

2. 加强非道路移动源的污染防治。加强非道路移动机械污染管控，2018 年启动非道路移动源污染防治工作。对船舶发动机及有关设备进行排放检验，严禁向非道路移动机械等销售渣油和重油，加强船舶的污染管控。

3. 提高燃油品质，加强油气回收治理。2019 年全面供应国Ⅵ标准汽、柴油。加强汽油储油库(罐)、油罐车、加油站油气回收装置的运行维护和监管，年销售汽油量大于 5000 吨及其他具备条件的加油站安装油气回收在线监测设备。

（二）强力推进扬尘综合整治

1. 加强建筑施工扬尘和渣土扬尘综合整治。市政及各类施工工地严格落实 5 个“100%”扬尘污染防控措施。施工工地扬尘污染防控成本纳入整体建设成本，建立扬尘污染控制工作台账，实现施工工地重点环节和部位的精细化管理。全区规模以上施工工地全面安装规范的扬尘在线监测系统，到 2020 年实现扬尘在线 24 小时动态监测全覆盖。所有拆迁(拆除)施工工地，实行湿法作业。各类长距离的市政、公路、水利等线型工程以及大面积建设工程，全面实行分段施工，并落实扬尘污染防控措施。开展裸露地面和场地平整阶段工地的扬尘污染治理，严格落实硬化、绿化、覆盖等治理措施，及时排查扬尘隐患并对治理措施进行增补。强化渣土扬尘污染管理，渣土运输车辆全面提质改造，车辆运输管理规范化，渣土扬尘污染防治全覆盖，消纳场管理全规范。推行装配式绿色建筑，确保完成市级年度目标任务。

2. 加强道路保洁、城郊结合部扬尘综合整治。建立城郊结合部扬尘污染综合整治工作体系，按照网格化工作要求，责任到人；到 2020 年，城郊结合部裸露地面基本实现全硬化和全绿化；加强主次干道扬尘治理，强力推行人机结合清洗、机械化洗扫、精细化治理、地毯式吸尘、洒水降尘“五位一体”除尘措施，合理安排清洗时间、频次和强度，采取上喷下洒相结合的方法，加强道路扬尘治理。加强城市出入口及城市周边干线公路路段道路保洁，到 2020 年，全区能实现机扫的区域基本实现全覆盖。

（三）强力推进面源污染防治

1. 控制餐饮油烟污染。主城区餐饮服务经营场所全部安装高效油烟净化装置，规模以上餐饮企业安装污染物排放自动监测设施，建立定期清洗和长效监管制度，确保餐饮油烟达标排放；全面开展小型餐饮门店油烟污染整治。2018 年 6 月前，严格规范整治夜市，杜绝露天烧烤，创建无烟烧烤示范街。2018-2020 年按全市计划要求完成老旧小区居民家庭餐厨油烟污染治理。

2. 加强其他面源污染防治。强化散煤污染整治，严禁高污染燃料禁燃区内经营和使用散煤，依法查处销售散煤的无照经营行为。持续推进清洁能源改烧工程，加快老社区天然气改造工作。严禁秸

秆、生活垃圾露天焚烧，全面提高秸秆综合利用率，2020年农作物秸秆综合利用率达到90%。严格落实烟花爆竹禁限放规定，相关部门和街道依职责加强对烟花爆竹燃放的规范管理。

（四）强力推进工业企业废气污染防治

1. 完成“散乱污”企业整治。按照“先停后治、分类施策”的原则，强化执法监管，淘汰取缔一批、停产整治一批、限期整改一批、搬迁入园一批。2018年6月底前，对全区“散乱污”企业开展拉网式排查，建立“散乱污”企业整治清单；2018年底前，基本完成限期整改任务；2019年底前，全面完成淘汰取缔任务，基本完成搬迁入园企业的厂区拆迁任务；2020年6月底前，完成“散乱污”企业整治验收；持续开展督导检查和“回头看”。

2. 全面推进工业VOCs综合治理。2018年，建立动态更新的重点企业整治名录及监管台账；全面推进表面涂装、包装印刷和家具制造行业的VOCs综合治理，完成30%以上重点行业VOCs治理；全面完成汽车4S店等汽车维修行业的综合整治；2019年，完成50%以上重点行业VOCs治理任务；全面推进重点企业及涉VOCs集中排放区（工业园区和产业聚集区）的在线监测系统建设工作；加快推进重点行业排污许可制度；2020年，全面完成表面涂装、家具制造、印刷行业等重点行业、重点企业的达标改造，基本建成以改善环境空气质量为核心的VOCs污染防治管理体系。

（五）强力开展大气污染防治特护期工作

完善特护期应急响应机制。突出源头防控，强化特护期污染管控措施。根据大气污染防治特护期间重污染天气情况实行机动车分流、限行措施。严格执法巡查，确保工业企业废气治理设施正常运行；加强道路扬尘治理，加强渣土扬尘污染防控，加强对渣土车、混凝土搅拌车、运砂车等重型柴油车的路面执法；严禁露天烧烤，严禁露天焚烧农作物秸秆、垃圾和落叶，消除执法死角；加强重污染天气的预警预报和会商研判；每年修订完善特护期各类工作方案、重污染天气应急预案，建立特护期预警会商、环境执法及专项督查等各项工作机制。根据水泥等重点行业错峰生产工作部署，科学制定工业企业错峰生产实施方案。明确重污染天气时停、限产企业清单，督促企业按照“一厂一案”的要求，将应急减排措施细化至各产污环节。

（六）建立健全科学管理体系

编制源清单和达标规划。2018年9月底前，配合市相关单位编制完成大气污染物排放源清单，逐步构建大气环境质量科学管理的决策实施体系和技术支撑能力，提高污染来源与成因分析精细化水平。2018年12月底前，配合市相关单位编制完成大气环境质量达标规划。将城市通风廊道建设纳入规划布局，降低城市热岛效应，提升污染物扩散效率。配合市相关单位建立科学预警预报体系。

五、以全面实施河长制为抓手，全力打好碧水攻坚战

（一）保障城乡饮用水安全。完成僵尸船专项整治并建立巡查机制；提升水环境污染事故应急处置能力。加快加油站地下油罐更新改造，分年度按要求完成市级下达的任务。

（二） 推进污水处理厂扩建与提标改造。2019年，配合完成新开铺污水处理厂提标至准Ⅳ类，配合完成暮云污水处理厂中水回用工程。2020年，配合完成新开铺污水处理厂、暮云污水处理厂扩建工程。加快污水处理厂污泥减量，污泥脱水率达到50%，污泥无害化处置率达到90%。

（三）加快排水管网建设与改造。加强污水收集管网体系的管理和维护，2018年完成错接、漏接、淤堵大排查大整治，确保建成区无溢流污水下河；完善排水管网建设。新城区严格实行雨污分流制，全面完善新城区雨污分流管网建设与改造。推进海绵城市建设，以湘江库区天心段为重点，统筹实施雨水调蓄减污、污水收集能力提升、初期雨水及面源污染削减等项目，建成一批雨水调蓄设施，减少雨季污水下河。

（四）加强工业集聚区污染治理。完善经济开发区污水收集管网建设，实现清污分流。加强企业环境监管，深入开展工业污染源全面达标排放、重点排污单位自动监控专项整治。打造“互联网＋环保”智慧云平台，推进工业集聚区污水处理设施和配套管网建设，提升环保监测、环境监管、公众参与等智能化水平，实现对重点工业企业、污水处理设施和敏感区域的自动在线监控联网。

（五）防控农业农村污染。2018年，加强执法监管，巩固湘江沿岸1000米范围内畜禽养殖全退出成果，确保不反弹。控制农业面源污染，农药和化

肥使用量逐年减少。

（六）强化水资源与水生态保护。充分发挥河长制统筹调度作用，加强港子河、南托港、双管子河、官桥湖不达标水体和小流域综合整治，编制专项实施方案，持续改善水体水质，基本消除劣质水体。加强河湖水生态修复，开展解放垸湿地建设，实施退耕还湿和水系绿化。

六、以坚守生态红线为底线，深入推进净土持久战

（一） 严格落实土壤（生态）保护工作。推进土壤、农用地污染防治。积极开展农用土壤污染的治理工作，完成年度省、市控指标任务。到2020年，受污染耕地安全利用率达到91%，污染地块安全利用率达到90%。抓好“绿心”整治保护工作。建立生态绿心地区保护目标责任制和生态补偿机制，2018年完成区域内工业企业清理、整治和退出。

（二）强力推行生活垃圾分类减量。推行“四分法”分类模式，逐步构建分类投放、分类收集、分类运输、分类处置，编制垃圾分类指导手册，设置规范的分类收集设施。按要求实施生活垃圾处理阶梯式收费管理，以经济杠杆促减量，通过分类试点、服务外包、前段分流等措施促减量，加快垃圾终端处理设施（垃圾中转站等）规划建设，以末端处置引导前端分类。根据辖区垃圾分类减（控）量目标，适应分类要求，全面提质改造老旧垃圾站。2018年，开展装修垃圾分类处置和农贸市场果蔬垃圾就地处置试点、生活垃圾自然增量与分类减量基本持平，我区试点范围覆盖面不少于30%；2019年，我区试点范围覆盖面不少于50%；2020年，全面实施生活垃圾分类减量，实现生活垃圾回收利用率达35%以上。

七、保障措施

（一）加强领导，落实责任。成立天心区“强力推进环境大治理坚决打赢蓝天保卫战”工作领导小组，负责领导全区开展工作。各园区、街道要成立相应的组织机构，制定具体实施方案，明确责任，落实任务。区直各单位由主要负责同志牵头抓总、分管领导具体负责，明确专门科室负责联络和解决具体问题。

（二）细化分解责任。各级各部门要按照本方案及相关专项工作方案要求，结合自身职能，积极主动作为，认真履行职责，加强协调配合，实施项目清单化管理，切实细化、量化、具体化目标任务，确保责任到部门、到牵头领导、到具体负责人、到完成时限，形成强大工作合力。

（三）落实经费投入。“强力推进环境大治理坚决打赢蓝天保卫战”工作资金纳入财政预算。配合建立长沙市污染防治项目库，加大财政资金对污染防治项目的支持力度，积极争取市级财政资金。区财政按照年度计划对当年实施的污染防治项目给予配套支持。创新建立以财政投入为引导、金融资金和社会资本共同参与的投融资模式、绿色金融体系以及多元化投资机制。

（四）加大宣传教育力度。宣传、教育、环保部门要精心策划，从绿色出行、低碳生活、节约用水、节约用纸、垃圾分类等方面加强中小学生环保宣传教育，践行环保生活；推动环保知识进课堂，环保活动进学校，在党校开设环境保护专题讲座。开展环保公益活动、环保社会活动，制作污染防治系列专题教育节目，在街道、社区（村）、学校、机关、企事业单位广泛开展污染防治科普宣传。加大网络、报纸、电视台等媒体宣传力度，大力宣传法律法规，公开曝光违法行为，推广工作中的好做法、好经验，营造全民参与环境保护、积极投身大气污染防治的浓厚氛围，形成环境保护宣传教育常态化机制。

（五）严格监督问责。建立督查调度机制，定期对环境大治理工作进行调度，及时对环境质量和环境大治理工作进行会商。每季度对各街道、园区的工作情况进行考核，每半年对区直相关部门的工作情况进行考核，纳入年度绩效考核，考核结果予以通报。区委督查室、区政府督查室、区环委办要坚持定期抽查和不定期督查相结合，狠抓督查落实。对达不到工作标准的要限期整改；对工作推进不力、任务完成不好的要予以通报批评，对环境质量明显恶化、工作严重滞后以及不作为、乱作为的，由区纪委（区监察委）根据有关规定进行约谈、问责。

附件：1. 长沙市天心区建立蓝天保卫战负面清单制度工作方案

2. 长沙市天心区坚决打赢蓝天保卫战“三个月治标”目标任务（略）

附件 1

长沙市天心区建立蓝天保卫战负面清单制度工作方案

一、负面清单主要内容和列入标准

蓝天保卫战负面清单内容以大气污染防治“六控”和“十个严禁”的措施为主，兼顾其他环境违法行为。各单位辖区内或监管职责范围内出现违反“六控”和“十个严禁”措施的行为或现象，纳入负面清单。

（一）违反渣土管理制度的行为。渣土处置工地扬尘污染防控未全面到位的；重污染天气渣土施工的。

（二）违反渣土消纳场管理制度的行为。擅自设立消纳场受纳渣土的；未经批准或超出核准范围处置渣土的；随意倾倒渣土的。

（三）违反建筑工地污染防治制度的行为。在建工地未达到大气污染防治 5 个 100%，即没有做到建筑施工工地围挡 100%、路面硬化 100%、100% 洒水压尘、裸土 100% 覆盖、进出车辆 100% 冲洗的；重污染天气下进行土石方施工的。

（四）违反专业车辆污染整治制度的行为。渣土车、混凝土搅拌车、运砂车等各类车辆车身不洁、带泥上路的；顶盖未密闭运输、堆装超载、沿途抛洒的；未按照规定运输线路规范行驶的；未经核准或使用不符合规定的车辆运输建筑垃圾的；拖拉机、低速货车、三轮汽车等高污染排放车辆在城区道路上通行的。

（五）违反禁燃区燃煤管理制度的行为。在全区高污染燃料禁燃区范围内制作、销售、运输散煤的；禁燃区一个月内发生多处或同处多次发生燃烧散煤的；禁燃区外非法制作、销售散煤的；禁燃区内使用、新建燃煤锅炉的。

（六）违反烟花爆竹禁限放制度的行为。在全年禁止燃放区域内燃放烟花爆竹的；在禁止燃放区域的禁止燃放时段燃放烟花爆竹的。

（七）违反垃圾处理制度的现象。露天焚烧生活垃圾、医疗垃圾、建筑垃圾、工业固体废物、杂草落叶以及其他违规处置垃圾的现象。

（八）违反餐饮油烟污染治理制度的行为。城区内进行露天烧烤的；违规夜市（摊点）以及餐饮单位未安装、未正常使用油烟净化设施，超标排放油烟的。

（九）违反秸秆处理制度的行为。露天焚烧农作物秸秆的。

（十）违反道路环境卫生的行为。城区道路、城乡结合部道路、渣土运输线路未落实清洗保洁措施的。

（十一）砂石场、沥青及混凝土搅拌厂未采取有效污染防治措施的行为。

（十二）其他对环境影响较大的问题。

二、建立负面清单的责任主体

（一）区蓝天办

1. 区蓝天办督查问责组负责对督查过程中发现的违反大气污染防治“六控”“十个严禁”和其他造成环境污染的行为或现象，列入负面清单的收集范围。

2. 区蓝天办监管执法组负责对巡查过程中发现的违反大气污染防治“六控”“十个严禁”和其他造成环境污染的行为或现象，列入负面清单的收集范围。

3. 区蓝天办宣传报道组负责对媒体、网络等渠道举报的违反大气污染防治“六控”“十个严禁”和其他造成环境污染的行为或现象，列入负面清单的收集范围。

（二）负有大气污染防治监管职能的区直部门

1. **区城乡建设局**：负责收集、汇总未落实建筑工地污染防治、重污染天气下土石方施工、混凝土搅拌厂未采取有效污染防治措施等职责范围内的环境问题，列入负面清单的收集范围。

2. **区公安分局**：负责收集、汇总违规燃放烟花爆竹等职责范围内的环境问题，列入负面清单的收集范围。

3. **区交警大队**：负责收集、汇总高污染排放车辆进城、禁燃区内运输散煤行为等职责范围内的环境问题，列入负面清单的收集范围。

4. **区国土分局**：负责收集、汇总土地整理项目施工工地扬尘污染等职责范围内的环境问题，列入负面清单的收集范围。

5. **区农林水利局**：负责收集、汇总露天焚烧秸秆、砂石场未采取有效污染防治措施等职责范围内的环境问题，列入负面清单的收集范围。

6. 区城管执法局、区城管执法大队：负责收集、汇总渣土车、混凝土搅拌车、运砂车等各类车辆车身不洁、带泥上路、未密闭运输、堆装超载、沿途抛洒，渣土车未按规定运输线路规范行驶，“黑车”参与渣土运输，违反渣土和渣土消纳场管理制度，道路积泥积砂积尘严重，禁燃区餐饮服务单位使用小煤炉或燃烧散煤，违规夜市（摊点）、餐饮单位未安装油烟净化设施超标排放油烟，露天焚烧垃圾、露天烧烤，施工工地扬尘污染防治等环境问题，列入负面清单的收集范围。

7. 区环保局：负责收集、汇总禁燃区内使用燃煤锅炉、沥青搅拌厂未采取有效污染防治措施等职责范围内的环境问题，列入负面清单的收集范围。

8. 区工商分局：负责收集、汇总禁燃区散煤制售、禁燃区外散煤制售无照经营等职责范围内的环境问题，列入负面清单的收集范围。

（三）区政务服务中心

收集通过12345市民服务热线反映的涉及违反大气污染防治“十个严禁”情况。

三、工作要求

（一）高度重视，积极收集负面清单。蓝天保卫战负面清单是区委、区政府评价各级各部门履行环境保护职责、打赢蓝天保卫战的一个重要参考，是蓝天保卫战追责问责的一个重要依据，将纳入区环委会对各街道和区直部门绩效考核。具有收集负面清单责任的单位务必高度重视此项工作，安排专人，认真履行工作职责。

（二）严谨细致，规范建立负面清单。区直部门和区蓝天办发现的负面清单要建立台账和图集，要求有图片、详细地址、问题描述、问题类型等内容。

（三）按时保质，及时报送负面清单。区城乡建设局、区城管执法局、区城管执法大队、区环保局建立的负面清单向区蓝天办督查问责组每天一报，其余单位每周一报（联系电话：85898408；邮箱：txlantianban@126.com）。区蓝天办督查问责组每天收集各单位报送的负面清单，每周五收集本周的负面清单小结，报区蓝天办相关领导审定，并对负面清单情况每周进行通报。

中共长沙市天心区委员会　长沙市天心区人民政府关于全面落实乡村振兴战略的实施意见

天发〔2018〕16号

2018年7月20日

实施乡村振兴战略，是中共十九大作出的重大决策部署，是实现中华民族伟大复兴的重大历史任务，是新时代“三农”工作的总抓手。为全面落实乡村振兴战略，根据《中共中央国务院关于实施乡村振兴战略的意见》和省、市关于实施乡村振兴战略的工作部署，结合天心实际，提出如下实施意见。

一、加强乡村振兴顶层设计

1. 把握目标任务

坚持以习近平新时代中国特色社会主义思想为指导，全面贯彻中共十九大精神，加强党对“三农”工作的领导，围绕建设“融城核心、璀璨天心”和“北提南进、服务引领、民生造福”发展战略，按照“产业兴旺、生态宜居、乡风文明、治理有效、生活富裕”的总要求，建立健全城乡融合发展体制机制和政策体系，统筹推进农村经济建设、政治建设、文化建设、社会建设、生态文明建设和党的建设，加快推进乡村产业振兴、人才振兴、文化振兴、生态振兴、组织振兴，把农村建成安居乐业的美丽家园。力争到2020年，乡村振兴取得重大进展，制度框架和政策体系基本形成；到2035年，乡村振兴取得决定性进展，农业农村现代化基本实现；到2050年，乡村全面振兴，农业强、农村美、农民富全面实现。

2. 遵循基本原则

坚持党管农村工作，健全党管农村工作领导体制机制，确保党在农村工作中始终总揽全局。坚持农业农村优先发展，在干部配备上优先考虑，在要素配置上优先满足，在资金投入上优先保障，在公共服务上优先安排，加快补齐农业农村短板。坚持以人民为中心的发展思想，切实发挥农民在乡村振兴中的主体作用，把维护农民群众根本利益、促进农民共同富裕作为出发点和落脚点，不断提升农民的获得感、幸福感、安全感。坚持城乡融合发展，推动城乡要素自由流动、平等交换，加快形成城乡互补、全面融合、共同繁荣的新型城乡关系。坚持新发展理念，把创新、协调、绿色、开放、共享发展理念贯彻落实到乡村振兴的各个方面，尊重规律、统筹规划、有序推进乡村振兴。坚持高质量发展的要求，突出质量第一、效益优先，推进乡村发展质量变革、效率变革、动力变革，努力实现更高质量、更有效率、更加公平、更可持续的发展。

3. 突出规划引领

加快构建城乡融合的现代规划体系，以科学的发展规划引领乡村全面振兴。编制乡村振兴战略规划，结合长沙南部片区规划、天心区土地利用规划和全域推进美丽乡村建设规划，制定《长沙市天心区实施乡村振兴战略五年行动计划（2018-2022年）》，通过部署一批重大工程、重大计划、重大行动，加强各类规划的统筹管理和系统衔接。完善乡村规划体系，按照“多规合一”要求，落实生态保护红线、永久基本农田控制线、城镇开发边界线，实现农村片区规划编制“全覆盖”，把乡村振兴规划作为用地安排、项目铺排、资金投入的重要依据。在区重大项目管理和招商引资中对乡村振兴项目实行单列，对纳入规划的项目在要素服务、用地保障、资金安排等方面优先支持。强化规划刚性约束，对不符合规划的项目、建筑和设施，依法开展清理和整治，定期对规划执行和落实情况组织评估，对未经批准变更规划、未依规划配置资源的，追究相关责任人责任。加强规划知识宣传培训，引导和推动基层干部特别是街道、村（社区）负责人重规划、懂规划、用规划。

（责任单位：区规划分局、区发改局、区经信局、区财政局、区交运局、区国土分局、区农林水利局、区商务和旅游局、区环保局、区城乡建设局，各涉农街道）

二、加快城乡产业融合步伐

4. 调优产业结构

大力实施“服务引领”战略，围绕商贸物流、现代金融、文化创意、地理信息、健康医疗、旅游休闲六大重点产业，培育引进、扶持做大一批符合实际的战略项目，推动产业结构由低效向高效调整。优化种植品种结构，引导农民种植高效益作物，支持发展生态规模和特色种植。推动发展方式由传统向现代调整，坚持现代都市休闲农业的基本定位，大力发展以观光、休闲、体验为特点的都市农业，大力发展设施农业，推进农业生产操作机械化、控制智能化、质量标准化。实施智慧农业发展工程，提高互联网、物联网、大数据、人工智能等现代信息技术在农业生产、管理、服务方面的应用水平，搭建农业互联网综合服务平台，培育壮大农村电商市场主体，创新基于互联网的新型农业产业模式，不断提高农产品网上销售比例，培育一批智慧农业示范企业。

（责任单位：区农林水利局、区经信局、区科技局、区商务和旅游局，各涉农街道）

5. 实施质量兴农工程

开展农产品质量安全街道创建活动，加强农业全链条全过程质量安全监管，增加更多安全优质农产品供给。加强农资质量管理，规范种子、农药、化肥等农资生产经营管理，全面禁止使用高毒高残留农药，严厉打击制售假冒伪劣农资行为。加强产地安全管理和食品安全全程监管，落实生产企业农产品质量安全主体责任，加大农产品监督抽查力度，加快追溯体系建设和应用，实现主要农产品生产过程可控制、产品来源可追溯。加强动植物疫病防控，推广农作物病虫害统防统治和绿色防控，强化重大动物疫病和重点人畜共患病防治，健全完善病死动物无害化处理体系，加强屠宰行业管理和动物卫生监督执法，杜绝病死动物流入市场。

（责任单位：区农林水利局、区食药监局、区工商分局、区公安分局、区质监分局，各涉农街道）

6. 加大农业品牌建设力度

推进农业品牌认证与管理，支持农业企业申报认证绿色食品、有机农产品、农产品地理标志，鼓励农业企业创建国家级、省级、市级农业品牌标识，加强农产品品牌保护，严厉打击侵权行为。壮大农业品牌企业，支持龙头企业实施产业整合。加大品牌宣传推介力度，支持农业品牌“走出去”，依托对外交流合作平台，拓宽农产品外销渠道，扩大农业品牌知名度。

（责任单位：区农林水利局、区财政局、区经信局、区食药监局、区商务和旅游局、区工商分局、区质监分局，各涉农街道）

三、深入推进全域美丽乡村建设

7. 加强农村环境综合治理

强化农村生态环境保护，重点加强绿心地区生态保护，实施重要生态系统保护和修复工程，健全生态系统休养生息制度，加大对绿心地区生态补偿力度。建立健全农村环境保护工作机制，加强农村环境监管能力建设，实施农村环境“五治”和南部片区环境综合整治，做好“五减量”（农药化肥减量、添加剂减量、生活污水减量、废弃物排放减量、农业用水减量）、“五加强”（加强荒地荒山、裸露山体、道路两厢、房前屋后、河岸塘边等绿化美化），推广农村生活污水处理模式，推行村庄保洁制度，建设美丽宜居乡村。全面落实“三大战役”（蓝天保卫战、碧水攻坚战、净土持久战）要求，突出治理好露天焚烧垃圾、农作物秸秆焚烧、散煤污染、村庄建设扬尘、工业废气等问题，全面加强畜禽养殖污染治理，建立健全覆盖到村的河长、湖长组织体系，突出“一江四港”、小型水库、骨干山塘和湖泊治理及小微水体管护，巩固提升生态文明建设成果。

（责任单位：区环保局、区农林水利局、区城乡建设局、区城管执法局、区民政局、区交运局、区国土分局、区爱卫办、区河长办、区蓝天办，各涉农街道）

8. 加强农村基础设施建设

以加快南部新城建设为抓手，按照规划同步、建设同质、投入同量、管护同标的要求，全面提升农村道路、水利、电力、燃气、自来水、物流、通信、网络等基础设施建设标准。提升农村防灾抗灾能力，推进山洪灾害防治、病险水库水闸除险加固及防洪非工程措施建设，系统治理防洪抗旱除涝薄弱环节。大力推进农村危房改造。完善农村交通物流体系建设，实施城乡公路联网提速行动，实现自然村水泥（沥青）路通村达组。提升农村电力通信燃气供水保障能力，加快农村电网改造升级，确保农村生产生活供电足量、平稳、安全；加快农村燃气供应网络建设，实现燃气供应全覆盖，随城镇化进程配套供应天然气。实施农村自来水普及工程，进一步提高农村自来水普及率，确保农村居民用水方便、喝水放心。加快农村信息网络建设，推动农村网络设施全覆盖，重要公共区域无线网络全覆盖，推进农村智慧交通、智慧医疗、智慧教育、智慧旅游发展，推动农村行政事务、经济事务、社会事务、民生事务、党的建设网上办理。

（责任单位：区发改局、区经信局、区城乡建设局、区交运局、区农林水利局、区商务和旅游局，各涉农街道）

9. 加强城乡公共服务能力建设

提高城乡教育均衡发展水平，坚持向农村倾斜的义务教育发展政策，实施义务教育优质均衡发展行动，深入推进集团化办学，持续推进农村标准化学校建设，到 2020 年义务教育标准化学校建成率达 98% 以上；落实城乡统一的中小学教职工编制标准，健全完善义务教育学校教师交流轮岗制度，加快农村学前教育发展，进一步扩大公办学前教育资源，引导和鼓励优质幼教资源向农村地区延伸，发展农村优质普惠性幼儿园，为农村群众提供方便就近、灵活多样的学前教育服务。提高农村医疗服务水平，推进健康乡村建设，全面推进村（社区）卫生室标准化建设和医共体建设，促进上级医院优质医疗资源下沉，加强乡村医生队伍建设，开展和规范农村家庭医生签约服务。提升农村养老服务质量，完善城乡居民养老保险制度，构建居家为基础、社区为依托、机构为补充、医养相结合的多层次农村养老体系。加强农村住房保障工作，健全多元化农村低收入群体住房保障机制，逐步建立不同对象分类指导的农村住房集中改建的模式和政策体制保障体系。提高特殊群体保障水平，完善统一的城乡居民基本医疗保险和大病保险制度，做好农民重特大疾病救助工作。健全农村留守儿童和妇女、老年人关爱保护以及困境儿童保障体系。加强和改善农村残疾人服务。提升农村生活便捷性，推动“一圈、两场”便利生活服务向乡村延伸。到 2020 年行政村客运班线通达率达100%，不断优化农村农贸市场、金融网点、超市商场等布局。

（责任单位：区教育局、区卫计局、区民政局、区城乡建设局、区人社局、区交运局、区商务和旅游局、团区委、区妇联、区残联，各涉农街道）

10. 加强农村乡风文化建设

充分发挥农村文化蕴含的优秀思想观念、人文精神、道德规范在凝聚人心、教化群众、淳化民风中的重要作用。注重保留乡村风貌，避免大拆大建，发掘和弘扬文物古迹、传统村落、传统建筑、农业遗迹等历史文化遗产所蕴含的精神内涵和时代价值，推动优秀农村文化遗产合理适度利用。加强农村文化阵地建设，引导社会资本投入乡村文化建设，按照有标准、有网络、有内容、有人才的要求健全乡村公共文化服务体系，培育农村文艺队，实现村级综合性文化服务中心全覆盖。搭建农村文化传播载体，巩固提升广播“村村响”、电视“户户通”的建设水平，实施送文化进村行动，鼓励开展具有特色的优秀传统文化活动。深入整治农村社会不良风气，反对彩礼、人情、建房等攀比之风，反对自私自利不遵守社会公德的行为，抵制大操大办、买码赌博、庸俗表演、厚葬薄养等陈规陋习，清除各类封建迷信活动。创新引导农民移风易俗举措，制定完善村规民约、村民文明行为守则，充分利用村规家训、牌匾楹联、俗语格言等乡风教化资源。深化中共十九大精神、习近平新时代中国特色社会主义思想和社会主义核心价值观宣传教育，加强爱国主义、集体主义和社会主义教育。建立道德激励约束机制，制定村民文明行为准则和道德模范评选标准，开展形式多样的道德实践活动，深入宣传凡人善举、道德模范、身边好人的典型事迹。深入挖掘乡村熟人社会蕴含的道德规范，结合时代要求进行创新，强化道德教化作用，引导农民向上向善、孝老爱亲、重义守信、勤俭持家。

（责任单位：区委宣传部、区文体新局、区教育局、区卫计局、区科技局、区民宗外侨局、团区委、区妇联，各涉农街道）

四、实施共同富裕计划

11. 壮大新型农业经营主体

培育适度规模生产经营主体，推广“公司+合作社+农户”等新型农业组织模式，发展多种形式适度规模经营，重点培育一批服务型农民合作社、领军型农业龙头企业，促进小农户与现代农业有机衔接。培育专业化农业服务组织，探索建设农业综合服务中心，推广农业生产全程社会化服务，健全农业社会化服务体系。提升新型农业经营主体的经营管理水平，完善内部管理体系，建立现代企业制度，引进专业管理人才，增强其参与市场竞争的能力。加大政策扶持力度，财政涉农资金重点向各类新型农业经营主体倾斜，综合运用农业补贴、项目扶持、用地支持、税费减免等措施支持新型农业经营主体发展。强化农业保险支持，对接多层次普惠性农业保险政策，加大农业保险补贴力度，提高新型农业经营主体参保比例。

（责任单位：区农林水利局、区财政局、区金融办、区国土分局、区工商分局、区地税局，各涉农街道）

12. 增强新型农村集体经济活力

把发展新型农村集体经济作为实现共同富裕的基础、推进乡村振兴的抓手，到2020年全面解决集体经济薄弱村发展问题，90%以上的农村集体经济组织年经营收入达15万元以上。推进农村集体产权制度改革，全面开展农村集体资产清产核资、集体成员身份确认，加快推进集体经营性资产股份合作制改革，到2019年全面完成全区农村集体产权制度改革任务。创新农村集体经济发展模式，鼓励农村集体经济组织申报各类产业扶持项目，鼓励农村集体经济组织通过土地合作社参与农业经营及提供生产服务增加集体经营收益，开展财政农业产业发展专项股份量化支持村级集体经济发展试点，增加农村集体经济组织收入。允许将整治节余的农村土地确权至村集体，对现有和新增农村集体自留地、自留山，以及农村土地确权登记颁证过程中新增的土地统一确权至村集体，增加农村集体经济组织资产。支持农村集体经济组织发展集体资源性资产股份合作，盘活农村土地、山林、水面等资源资产，参与农村一二三产业融合项目。鼓励农村集体经济组织发展村村合作、村企联建等多样化的联合经营，促进优势互补、共同发展、共享收益。加强农村集体经济管理，以现代企业管理理念管理集体经济组织，健全完善内部管理结构和收益分配机制，保障成员合法权益，规范农村集体经济收入使用。加强基层农村经营服务机构和队伍建设，强化农村集体“三资”（资金、资产、资源）监管。发挥村党组织对集体经济组织的领导核心作用，防止集体资产流失。

（责任单位：区委组织部、区农林水利局、区发改局、区财政局、区审计局、区商务和旅游局，各涉农街道）

13. 不断提高农民收入水平

出台促进农民持续增收的政策措施，多渠道增加农民收入。增加农民财产性收入，依法保障农民土地承包经营权、宅基地使用权、集体收益分配权等财产性权益，建立进城落户农民“三权”自愿有偿退出机制。增加农民工资性收入，实施农民工职业技能提升行动，统筹职业教育资源支持农民工职业技能培训，引入职业院校、大型企业开展就业技能教育合作，提高农民工职业技能培训的精准性。健全农村公共就业服务体系，建立健全区、街道、村（社区）联动的农村就业服务平台，大力实施“春风行动”，对吸纳贫困劳动力稳定就业的企业实施社保补贴和岗位补贴。增加农民经营性收入，鼓励农民就近创办农业企业，降低农民创业门槛和经营成本，支持农民采取合作、联合、参股等方式发展一二三产业经营项目，落实农村创业税费减免和用地、用电、用水等方面的优惠政策，引入众包、众扶、众筹、众智等新模式，帮助农民提升创业质量。增加农民转移性收入，不断加大强农惠农政策力度，严格落实各项政策性惠农补贴，健全完善城乡低保救助体系、社会救助标准等动态调整机制，让农民享受更多政策红利。巩固脱贫攻坚成果，坚持扶贫同扶志、扶智相结合，不断加强精准识别、精准帮扶、精准脱贫工作，继续实施驻村帮扶、结对帮扶、专项帮扶、社会帮扶，确保建档立卡贫困户脱贫不返贫。

（责任单位：区农林水利局、区发改局、区民政局、区财政局、区人社局、区商务和旅游局、区国土分局、区地税局，各涉农街道）

五、激活乡村振兴要素活力

14. 盘活农村土地资源

优化农村土地利用布局，按照集约节约用地的原则，依法依规推进基本农田、农业设施用地、废旧宅基地和集体工矿用地整理。巩固和完善农村基本经营制度，落实农村土地承包关系稳定并长久不变政策，衔接落实好第二轮土地承包到期后再延长30年的政策，积极探索推广农村土地合作经营新模式，适度推进农村土地合作社规范化建设，到2020年行政村农村土地合作社建设实现全覆盖。全面完成土地承包经营权确权登记颁证工作，实现承包土地信息联通共享。稳步推进农村土地制度改革，稳妥推进农村土地征收、集体经营性建设用地入市、农村宅基地制度改革试点，鼓励社会资本下乡，盘活提升农村承包地、宅基地、集体建设用地等“三块地”资源价值。构建土地流转服务体系，建立健全街村调解、区级仲裁、司法保障的农村土地流转纠纷调处机制，促进农村土地经营权有序流转。探索宅基地所有权、资格权、使用权“三权分置”，完善农村宅基地管理制度，创新民宅建设制度体系，落实宅基地集体所有权，保障宅基地农户资格权和农民房屋财产权，适度放活宅基地和农民房屋使用权。在符合农村宅基地管理规定和城乡规划的前提下，允许农户以宅基地使用权及农房财产权入股发展农宅合作社，允许返乡下乡人员和当地农民合作改建自住房，探索城镇居民与当地农民合作建房，鼓励企业采取租赁、入股等方式盘活闲置农房发展乡村民宿、乡村客栈。严禁违规违法买卖宅基地，严格实行土地用途管制，禁止下乡利用宅基地建设别墅大院和私人会馆。落实土地管理法律法规和国家集体建设用地入市办法，有序推进集体建设用地入市。鼓励农村集体经济组织依法以集体经营性建设用地使用权租赁、入股、联营等形式与其他单位、个人共同开发经营。对利用收储农村闲置建设用地发展农村新产业新业态的，在新增建设用地指标方面给予支持。

（责任单位：区国土分局、区城乡建设局、区农林水利局、区发改局，各涉农街道）

15. 强化乡村振兴投入保障

建立健全实施乡村振兴战略财政投入保障制度，公共财政预算更大力度向乡村振兴倾斜。调整完善土地出让收入使用范围，进一步提高农业农村投入比例。优化财政供给结构，加快建立涉农资金统筹整合长效机制，推广“大专项＋任务清单”管理模式，允许在完成约束性任务的前提下，在同一大专项内调剂使用资金。提高财政资金使用的精准性和示范性，重点支持在实施乡村振兴战略中具有示范、引领、支撑作用的企业和项目。拓宽农村投融资渠道，引导金融机构加大投入，加强街村金融服务站建设，合理运用风险补偿、担保贴息等政策措施，激励金融机构加大对涉农领域的信贷支持，努力实现涉农贷款增速高于全部贷款平均水平。引导国有企业及国有控股企业加大对乡村振兴的支持力度，推动盘活区、街道、村闲置资源资产，多渠道解决农业农村发展投融资问题。推广政府和社会资本合作模式，支持社会资本以特许经营等方式，参与农村公益性项目建设运营。支持符合条件的涉农企业发行企业债券、上市、新三板挂牌和并购重组。推广一事一议、以奖代补等方式，鼓励农民对直接受益的乡村基础设施建设投工投劳。鼓励社会资本投入乡村振兴，出台规范引导社会资本参与乡村振兴的政策，落实和完善融资贷款、配套设施建设补助、税费减免、用地保障等政策，加强社会资本下乡监管。

（责任单位：区财政局、区发改局、区农林水利局、区金融办、区国土分局、区地税局，各涉农街道）

16. 加强涉农专业人才队伍建设

大力培育新型职业农民，建立健全职业农民遴选机制、培养机制、认定机制、服务机制，构建以院校、各类培训机构为依托的多元培育体系，支持农民专业合作社、专业技术协会、龙头企业等主体承担培训，培育爱农业、懂技术、善经营的新型职业农民。实施乡村人才振兴工程，设立农业创业人才奖励基金，对新型职业农民优秀代表、农业发展带头人、返乡创业优秀人才、扎根农村优秀大学生等实行奖励。落实《长沙市建设创新创业人才高地的若干措施》，重点引进培养一批农业职业经理人、乡村规划师、乡村工匠、文化能人、非遗传承人等。加强懂农业、爱农村、爱农民的“三农”工作干部队伍建设，加强干部队伍的培养、配备、管理、使用，注重提拔使用在农村一线工作实绩优秀的干部，形成人才向农村基层一线流动的用人导向。建立有效激励机制，鼓励社会人才投身乡村振兴。

（责任单位：区委组织部、区委统战部、区人社局、区农林水利局、区总工会、团区委、区妇联、区工商联，各涉农街道）

六、构建乡村治理新体系

17. 加强农村基层党组织建设

强化农村基层党组织领导核心地位，创新组织设置和活动方式，提升支村“两委”服务能力，着力引导农村党员发挥先锋模范作用。整体优化提升农村带头人队伍，大力引进高校毕业生、机关企事业单位优秀党员干部、复转军人、农村致富能手、专业合作组织负责人、外出务工经商人员、返乡创业人员到村任职，选优配强党组织书记。扩大基层党组织选才覆盖面，采取培养、引进、推举相结合的方式选配优秀人才充实基层党支部委员会。加大在优秀青年农民中发展党员力度，建立农村党员定期培训制度。整顿软弱涣散村党组织，建立选派第一书记工作长效机制，全面向软弱涣散村和集体经济薄弱村党组织派出第一书记，稳妥有序开展不合格党员处置工作。

（责任单位：区委组织部、区农林水利局、区人社局，各涉农街道）

18. 完善乡村社会治理体制

健全和创新村党组织领导的充满活力的村民自治机制，推动网格化综合管理改革向农村地区延伸，逐步开展农村社区建设试点工作，在试点的村逐步推行“选聘结合、三位一体”的治理模式，增强支委会、村委会、村级自治组织治理能力，依托村民会议、村民代表大会、村民议事会、村民理事会、村务监督委员会等，形成民事民议、民事民办、民事民管的多层次基层协商格局。加强农村服务阵地建设，推行信息化服务。深入推进农村“放管服”改革，整合优化公共服务和行政审批职责，打造“一门式办理”“一站式服务”的综合服务平台。发挥新乡贤和村民自治章程、村规民约的积极作用。推进法治乡村建设，加强农村法治教育，增强干部群众法治意识和法治素养，深入推进综合行政执法改革向基层延伸，健全农村公共法律服务体系，加强对农民的普法教育、法律援助和司法救助。完善农村基本公共服务体系，推动城乡公共服务一体化。在农村社区逐步推行“三社联动”社会化服务模式，引入专业社会组织（社工机构）根据村民需求开展专业化、社会化服务，提升农村社区服务能力。全面推进平安乡村建设，健全落实社会治安综合治理领导责任，完善区、街道、村三级综治中心功能和运行机制。深入开展扫黑除恶专项斗争，严厉打击农村黑恶势力、宗族恶势力以及黄赌毒、盗拐骗等违法犯罪。依法加大对农村非法宗教活动和境外非法势力渗透活动的打击力度，突出整治私设乱建现象，规范民间信仰场所管理。健全农村公共安全体系，加强警务、消防、安全生产工作，开展农村安全隐患治理，坚决防范重特大安全事故。

（责任单位：区委组织部、区委宣传部、区委统

战部、区委政法委、区发改局、区民政局、区司法局、区农林水利局、区民宗局、区安监局、区消防大队、区公安分局，各涉农街道）

19. 加强农村党风廉政建设

健全完善农村党风廉政建设工作体系，不断强化农村基层党组织全面从严治党主体责任，推动全面从严治党向基层延伸。加强农村基层干部党风廉政宣传教育工作，提高基层干部群众廉政廉洁意识。完善村级党务村务财务公开制度，健全农民群众参与监督机制。强化村级财务监督管理，定期组织村级财务审计。推行村级小微权力清单制度，加大基层小微权力腐败惩处力度，全面规范村级权力运行。大力整治蝇贪、蚁腐，建立“小官大贪”“雁过拔毛”整治常态化工作机制，坚决查处惠农补贴、扶贫资金、集体资产管理、土地征收等领域侵害群众利益的不正之风和腐败问题。

（责任单位：区纪委（区监察委）、区委组织部、区财政局、区民政局、区农林水利局、区审计局、区国土分局，各涉农街道）

七、坚持和完善党对乡村振兴工作的领导

20. 完善党的农村工作领导体制机制

健全党委统一领导、政府负责、党委农村工作部门统筹协调的农村工作领导体制。成立天心区实施乡村振兴战略工作领导小组，由区委书记任组长，区长任第一副组长，区委专职副书记任常务副组长，有关区委常委、区政府副区长任副组长，区直相关部门为成员单位，领导小组下设办公室（设在区农林水利局），由区政府分管农业农村工作的副区长兼任领导小组办公室主任。按照党政一把手是第一责任人的要求，落实实施乡村振兴战略领导责任制和定期述职报告制。建立清单化工作统筹机制，由区发改局牵头建立年度重点工程项目清单，区财政局牵头建立年度财政投入清单，区委农村工作办公室牵头建立年度农业农村改革任务清单，领导小组办公室牵头制定考核目标清单，定期向领导小组反馈清单落实和进展情况。区直相关部门要按照职能职责，强化资源要素支持和制度供给，做好协同配合，形成实施乡村振兴战略工作合力。将乡村振兴战略实施情况纳入区绩效考核范畴，把促乡村振兴作为区直部门、各涉农街道党（工）委书记抓基层党建述职评议考核的重要内容，将考核结果作为考核评价领导班子和选拔任用领导干部的重要依据。建立实施乡村振兴战略督查机制，将实施乡村振兴战略列入区委、区政府重点督查清单，强化工作推进情况的督查落实。

（责任单位：区绩效考核办、区委督查室、区政府督查室、区实施乡村振兴战略工作领导小组各成员单位）

21. 营造乡村振兴良好氛围

将实施乡村振兴战略作为全区新闻宣传工作的重点，加大宣传力度，持续深入宣传党的乡村振兴方针政策和丰富实践，振奋广大基层干部和群众精神，凝聚振兴乡村强大合力，引导全社会积极参与乡村振兴战略实践。全面加强实施乡村振兴战略调查研究、经验总结、政策建议工作。加强实施乡村振兴战略区域合作，讲好乡村振兴天心故事，创造更多天心经验、天心模式。

（责任单位：区委宣传部、区委政研室、区政府政研室、区农林水利局，各涉农街道）

中共长沙市天心区委员会办公室 长沙市天心区人民政府办公室 关于2018年度全区优化营商环境、项目建设工作考评结果的通报

天办发〔2019〕4号

2019年2月3日

区属各工委、党委（党组），各街道，区直机关各单位：

2018年，全区各级各部门深入学习贯彻习近平新时代中国特色社会主义思想和中共十九大精神，按照中央和省市区决策部署，紧紧围绕年度目标任务，团结协作，攻坚克难，锐意进取，聚焦六大产业发展，大力优化营商环境，全力推进项目建设，取得了显著成效。经各牵头单位组织考评，报区委、区政府审定，决定对区文体新局等优化营商环境“十佳服务单位”、谢理等“十佳窗口人员”、推进“产业项目建设年”服务案例（区发改局：刘伯韬）等“十佳服务案例及工作者”、长沙市天心区五一商圈建设工作领导小组办公室等3个“特别贡献奖”，天心一中周边地块棚改项目等4个“三大板块”征拆标杆项目、太平街地块棚改项目（一期）等23个优秀项目、区公安分局等10个优秀保障单位、周凭智等24名征拆工作先进个人，湘雅五医院项目等13个重点产业项目进行通报表扬。

2019年是新中国成立70周年，也是全面建成小康社会的关键之年。希望受表扬的单位和个人珍惜荣誉，再接再厉，再创佳绩。全区上下要学习先进、赶超先进，按照“营商环境优化年”“产业项目建设年”工作要求，坚定信心，咬定目标，抢抓机遇，着力抓征拆、强产业、优服务，推动区域经济高质量发展，为全力建设“融城核心、璀璨天心”，争当全面建设现代化长沙示范区贡献力量。

附件：2018年度全区优化营商环境、项目建设工作考评结果

附件：

2018年度全区优化营商环境、项目建设工作考评结果

一、优化营商环境工作

（一）十佳服务单位

区文体新局　区政府办　区科技局

区工商分局　区人社局　区税务局

区政务服务中心　区编办　区司法局

区财政局

（二）十佳窗口人员

谢　理　粟　旭　曾　凌　朱斯杰

刘玉萍　粟晓宇　周舒婷　杨艳华

刘雪峰　杨　洋

（三）十佳服务案例及工作者

推进“产业项目建设年”服务案例（区发改局：刘伯韬）

华光外贸地块招商服务案例（南湖新城公司：周 涛）

楠竹冲安置用地合作开发服务案例（赤岭路街道：韦向怡）

大地保险、肯德基总部招商服务案例（裕南街街道：何 东）

太平洋建设楚商集团、中信保诚人寿保险招商服务案例（区商务和旅游局：李念奇）

平安财富中心招商服务案例（区金融办:罗鑫欣）

集体土地征拆服务案例（区征地办：黄 鸣）

中信485地块征拆服务案例(先锋集资办:张 伟)

财政评审流程简化案例（区财政局：杨 欢）

城中村改造融资服务案例（区城建投：江 宇）

（四）特别贡献奖（3个）

长沙市天心区五一商圈建设工作领导小组办公室

长株潭商圈建设及南大门提质改造领导小组办公室

区政协办

二、“三大板块”征拆工作

（一）标杆项目（4个）

天心一中周边地块棚改项目

新建西路零星地块棚改项目

中信新城工业建设用地（中信485地块）项目

伊莱克斯大道西延线项目

（二）优秀项目（23个）

太平街地块棚改项目（一期）

碧湘街周边地块棚改项目（二期）

南门口棚改项目

古道巷有机棚改项目（三期）

劳动广场及周边零星地块棚改项目（S1地块）

长熔电器厂棚改项目

长沙机床厂及周边零星地块棚改项目（国有土地）

友谊路176号（中铁十二局）地块棚改项目

太平街地块有机更新项目

历史步道妙高峰段有机更新项目

城中村改造项目新开管委会段（二期）

长沙机床厂及周边零星地块棚改项目（集体土地）

园艺路项目

中保路项目

新昌学校项目

天心区11号农民社保建设项目

新园路项目

中意路城市化改造工程项目

天云科技项目

长沙县玻璃深加工建设项目（慕名家居）

长沙城南220千伏输变电工程项目

许兴小学、许兴幼儿园项目

暮云“一所两队”项目

（三）优秀保障单位（10个）

区公安分局	区城管执法大队	区法院
区政府法制办	区城建投	区规划分局
区国土分局	区委政法委	区财政局
区住保局		

（四）征拆工作先进个人（24名）

周凭智	谭石泉	宁科良	彭志远
何庭洁	李清明	何理萍	代 旭
阳 宁	易 炬	唐 斌	杨宏志
张志云	罗安定	汤铁安	魏铁奇
裴中宏	熊 岸	严 文	蔡 逸
曾喜军	朱振宏	邹笑平	刘 展

三、重点产业项目建设工作

一等奖（3个）

湘雅五医院项目

长利家居组装配送中心项目

长沙平安财富中心项目

二等奖（6个）

领诺雷克4S店项目

环球资本集群示范中心（汇景发展环球中心）项目

长株潭烟草物流园项目

峰高医药健康产业基地项目

轨道交通一号线侯家塘站与长沙田汉大剧院地下空间开发项目

湖南地理空间大数据应用中心（二期）项目

三等奖（4个）

中小企业研发及孵化基地项目

北辰中央公园项目

徐记大厦项目

远见嘉华项目